DIE MENSCHLICHE GESELLSCHAFT

IN IHREN ETHNO-SOZIOLOGISCHEN GRUNDLAGEN

VON

RICHARD THURNWALD

PROFESSOR AN DER UNIVERSITÄT BERLIN
EHRENMITGLIED DES K. ANTHROPOLOGISCHEN
INSTITUTS IN LONDON

ERSTER BAND

REPRÄSENTATIVE LEBENSBILDER VON NATURVÖLKERN

MIT 12 TAFELN UND 12 TEXTBILDERN

BERLIN UND LEIPZIG 1931
WALTER DE GRUYTER & CO.
VORMALS G. J. GÖSCHEN'SCHE VERLAGSHANDLUNG — J. GUTTENTAG, VERLAGSBUCHHANDLUNG — GEORG REIMER — KARL J. TRÜBNER — VEIT & COMP.

REPRÄSENTATIVE LEBENSBILDER VON NATURVÖLKERN

VON

RICHARD THURNWALD

MIT 12 TAFELN UND 12 TEXTBILDERN

BERLIN UND LEIPZIG 1931
WALTER DE GRUYTER & CO.
VORMALS G. J. GÖSCHEN'SCHE VERLAGSHANDLUNG — J. GUTTENTAG, VERLAGSBUCHHANDLUNG — GEORG REIMER — KARL J. TRÜBNER — VEIT & COMP.

Druck von J. J. Augustin in Glückstadt und Hamburg

VORWORT

Der Zweck dieses Werkes besteht darin, zunächst ein Material zu unterbreiten, von dessen Hintergrund eine Übersicht über die Gestaltung und den Wandel der menschlichen Gesellschaften gewonnen werden kann. Die Tatsachen, die der Soziologie und der Kulturphilosophie gewöhnlich zugrunde gelegt werden, beschränken sich auf die letzten paar Stadien der menschlichen Entwicklung, einige Augenblicksbilder aus unserer eigenen Vergangenheit oder der unserer Kulturvorfahren, auf Vorgänge, die sich nur auf einen kleinen Ausschnitt des menschlichen Lebensraumes beziehen. Will man wagen, Gemeinsames und allgemein Gültiges von den Formen und Vorgängen, dem Ablauf und der Gestaltung der Kulturen auszusagen, so sollte es erforderlich erscheinen, die Gesamtheit der menschlichen Gesellungsphänomene heranzuziehen, soweit sie erreichbar sind. Man muß erstaunt sein, daß vier Fünftel bis neun Zehntel und mehr der Menschheit dabei gewöhnlich außer acht gelassen wird.

Sollte nicht eine Ausdehnung der Blickweite und der Bezugnahme auf alle heute erfaßbaren menschlichen Gesellschaften, die Träger der verschiedensten Kulturen, angezeigt sein? Es ist Material, das man als „völkerkundlich" zu bezeichnen pflegt, das eine Einbeziehung und Berücksichtigung fordert. Wenn von soziologischer oder kulturphilosophischer Seite Nachrichten von den Völkern verwendet werden, die außerhalb des modernen europäisch-amerikanischen Kulturbereiches und dessen familialen und zivilisatorischen Vorfahren stehen, so verblüfft oft die Oberflächlichkeit und der Mangel an Perspektive, mit dem solches geschieht. Die ungeheueren Unterschiede z. B., die sich innerhalb der Welt der sogenannten Primitivität auftun, werden in der Regel völlig außer acht gelassen. Andere Darstellungen leiden an einer Formelhaftigkeit, die oft nicht mit Unrecht der Soziologie vorgeworfen wird. Fast immer begnügen sie sich mit Material aus dritter und vierter Hand, oder ziehen aus ein paar zufällig herausgegriffenen Beispielen von vereinzelten Fällen ungebührende Verallgemeinerungen, die notwendigerweise das Bild verzerren. Solches mag hingehen, wenn politische Wünsche oder anderweitige Thesen nebenbei durch ethnologisches Material gestützt werden sollen. Das Material der völkerkundlichen Kenntnis von Gesellungserscheinungen ist indessen derartig angewachsen, daß es ein Eigenleben führt, das von den älteren Disziplinen nicht mehr übergangen werden sollte und dessen wissenschaftliche Durcharbeitung für die soziologische Erkenntnis fruchtbar zu werden verspricht. Allerdings bereitet dieses Gebiet besondere Schwierigkeiten. Sie bestehen vor allem darin, daß sie eine Anpassung des Denkens an die andersartigen

Lebensformen notwendig machen, die gerade den Großstadt- und Schreibtischmenschen verwirren, weil er sozusagen die Kleider seiner Zivilisation vorher ablegen muß, wenn er sich zu den Naturvölkern begeben will. Dem allgemein Menschlichen aber begegnen wir auch hier, wenn manchmal auch allzu ungeschminkt und in bizarrer Gestalt.

Was heute der Soziologie besonders nottut, dürfte eine gewisse „neue Sachlichkeit" sein, die auszugehen hat von einer Befruchtung durch weltweites Material. Dies gilt auch von gewissen Richtungen innerhalb der Ethnologie. Begriffe und Etiketten werden für Realitäten genommen und gegeben. Ein solches Manipulieren mit zu einem Eigenleben verzauberten Abstraktionen ist besonders gefährlich auf völkerkundlichem Gebiet, weil es namentlich in der Hand von Personen, die den psychologisch-soziologischen Gestaltungen keine Rechnung tragen, zu den gröbsten Mißverständnissen führt — wie z. B. eine große Menge von Traktaten über das „Mutterrecht" lehrt. Ebenso gefährlich ist die Verwendung von Gesichtspunkten, die aus anderen Gebieten, etwa der Biologie entnommen sind, z. B. der einlinige schematisierende Evolutionismus.

Es muß daher unser heißes Bemühen sein, aus dem Stoff heraus sorgfätig und behutsam zu Verallgemeinerungen vorzudringen; ein langwieriges, Selbstdisziplin und beständige Verbesserungen erforderndes Verfahren. Natürlich darf man sich nicht verhehlen, daß man auch induktiv nicht mit äußerster Konsequenz vorgehen kann. Selbstverständlich ist eine ständige Ergänzung durch wählende Gesichtspunkte unvermeidlich. Doch besteht ein erheblicher Unterschied in der Wahl der Methode; insbesondere, ob man von vorneherein bestimmte Dinge sucht oder beweisen will, oder ob man mit Selbstverleugnung auf die Sprache der Quellen hinhorcht. Auf die Dauer scheint letzterer Methode nicht nur der Erfolg sicher zu sein, sondern die unvergleichlich reichere Fülle der Ernte.

Das vorliegende Werk ist die Frucht einer Arbeit vieler Jahre und beruht nicht nur auf Schreibtischgelehrsamkeit, sondern zum Teil auch auf eigener Anschauung, auf sechs Jahren Erfahrung und Leben unter verschiedenen Stämmen von Naturvölkern, insbesonders Neu-Guineas und der Salomo-Inseln. Der Stoff selbst bietet allerdings mancherlei Rauhheiten, die häufig übersehen werden:

Zweierlei muß in Rücksicht gezogen werden:

1. Die Bedingungen, rein technisch an das Material zu gelangen. Nicht allein, daß Reisen dazu oft nötig sind. Wichtiger ist das Ermittelungsverfahren, die Möglichkeit, geeignete Gewährsmänner zu beschaffen und die Fähigkeit des Forschers, nicht nur die Gewährsmänner zum Sprechen zu bringen, sondern auch wirklichkeitsgetreue Auskunft zu erhalten. Gerade soziologische Untersuchungen sind besonders schwierig und setzen entsprechende Vorbildung des Forschers voraus, die leider nicht immer vorhanden ist. Überdies kann das Material nicht auf einmal gewonnen werden, sondern nur durch eine geduldige Mosaikarbeit, oft überhaupt nicht durch Beschreibung in Worten von Seite der Gewährsmänner, sondern nur durch Beobachtung des Verhaltens bei besonderen Ereignissen und Fällen.

2. Die Darstellung durch den Forscher selbst bildet eine nicht zu unterschätzende Fehlerquelle. Man hat in Monographien manchmal versucht, der dadurch möglichen Entstellung teils durch wörtliche Schilderungen der eingeborenen Gewährsmänner in ihrer eigenen Sprache zu begegnen, teils durch ausführliches in die Einzelheiten eingehendes, nur beschreibendes und statistisches Material. Allein derartigen zweifellos sehr exakten Angaben haftet hie und da der Mangel an, daß sie zu keiner für unser Denken übersichtlichen Darstellung gelangen. Der befragte Eingeborene kennt nicht die soziologischen Probleme, und auf beschreibendem und statistischem Wege allein kann man zur Beantwortung der sozial-psychologischen Fragestellung vor lauter Einzelheiten nicht gelangen. Es muß daher alles drei gegeben werden: die Äußerungen der Eingeborenen, das statistisch-beschreibende Material und das zusammenfassende Bild des Berichterstatters. Derartige glänzende Auskunft erhalten wir aber nur in den allerseltensten Fällen und müssen uns fast immer mit einem Torso begnügen, der viele Fragen, die wir noch zu stellen hätten, unbeantwortet läßt. Zudem gibt es die sozial-psychologisch „Blinden", die entweder von einem romantischen oder anderem europäisch befangenen Standpunkt aus den sozialen und politischen Gestaltungen der Eingeborenen hilflos gegenüber treten. Das Studium der Gesellungsvorgänge hat namentlich auch darunter gelitten, daß es manchmal in der Hand von allzu einseitig eingestellten Medizinern oder Museumsleuten lag oder sonst unter irgendwelchen Zeit- oder Modeströmungen litt.

Aus allen diesen Gründen findet man gutes und brauchbares Material viel spärlicher, als nach der Fülle von Reiseberichten zu vermuten wäre. Manchmal müssen Haufen von Schutt oder doch von anderem Baumaterial durchwühlt werden, bis einige Goldkörner zum Vorschein kommen. Aber auch die besten Quellen sind fast immer verhältnismäßig einseitig.

Es ist teils unmöglich, alle Quellen restlos zu erfassen, teils ist fast jede Quelle irgendwie aufmerksamkeitsbetont und erstreckt sich nur auf einen Teil der gewünschten Auskünfte. Eine Sichtung hat daher mit verschiedenen Erwägungen zu rechnen: einerseits mit der Qualität der Quelle, andererseits mit der Schilderung von solchen Phänomenen und Vorgängen, die für den Zusammenhang wichtig sind oder wichtig zu sein scheinen.

Will man „realistisch" verfahren und sich streng nur an das Gebotene halten, so bleibt nichts als ein Kompromiß übrig, das das jeweils zur Verfügung stehende Material als Mosaiksteine zu einem Bild zusammen zu fügen sucht, an dem leider immer noch viele blinde Stellen verbleiben. Der Aufbau des vorliegenden Werkes geht von einer Geschichte der Völkerkunde als Wissenschaft aus und zerfällt im übrigen in zwei Abschnitte, 1. eine Schilderung der Gesellungstypen innerhalb ihres kulturellen Zusammenhanges (1. Band) und 2. eine Darstellung der Einrichtungen und Lebensbräuche in den Gesellungen selbst (2.—5. Band).

Wenn wir das weite Bereich der sozialen Gestaltung überblicken wollen, müssen wir versuchen, das Ähnliche aneinanderzufügen und auf einen gemeinsamen Nenner zu bringen. Bei einem solchen typisierenden Verfahren können verschiedene Wege eingeschlagen werden. Wir konstruieren z. B. in intuitiver Weise aus den Eindrücken allgemeine Züge eines Kulturtyps oder auch einer Einrichtung wie des Häuptlingtums, der Blutrache, der Sippenorganisation, des Mutterrechtes und dgl. Der Vorteil eines solchen Verfahrens liegt in der logischen Glätte und gedanklichen Schärfe, hat jedoch den Nachteil, mit den zahllosen Varianten der Wirklichkeit leicht auf Kriegsfuß zu kommen. Die Gewinnung solcher „Idealtypen" (im Sinne von Max Weber) hat außerdem zu Mißverständnissen geführt, als ob es sich dabei um das Erstreben von gewissen, einer Gesellschaft vorschwebenden Idealen handelte, zu denen es ein „aufwärts" und von denen weg es ein „abwärts" gibt. Demgemäß erhält auch die gesamte Gesellschaft ihr wertendes Prädikat. Dieses Verfahren ist namentlich auch darum irreführend, weil wir eine am Schreibtisch ausgeklügelte „Idee" einer ganzen Zeit oder einem Volk, auch noch anderen Zeiten und Völkern, als willkürlichen Wertmaßstab aufdrängen. Sollten wir nicht mit Feingefühl und Skepsis fragen, ob wir zur Anwendung derartiger einseitiger „Tests" berechtigt sind? Man spricht z. B. von „verfallendem Mutterrecht" oder „verfallendem Hirtentum", vom „Verfall einer Kultur" überhaupt, ohne sich dabei Rechenschaft zu geben, daß wir dabei immer vom Standpunkt eines Idealtyps gewissermaßen Partei ergreifen.

Die Aufstellung derartiger Idealtypen leidet außerdem noch daran, daß diese ganz falsche Auffassungen erwecken und, wie im Falle von „Mutterrecht" oder „Totemismus", höchst heterogene und mannigfaltige Varianten unzulässigerweise zusammen werfen. Dies ist nur dadurch möglich gewesen, daß die Bearbeiter außerordentlich selten auf ein umfassendes Studium der ersten Quellen selbst zurückgingen und sich meistens begnügten, alten oder veralteten Zusammenfassungen die Lesefrucht einiger neuer Werke hinzuzufügen.

Wie soll man aber überhaupt anders verfahren? Ragen die Idealtypen tatsächlich im sozial-psychischen Leben wie Leuchttürme hoch, welche die einzelnen Gesellschaften nach einander anpeilen und ansteuern? Haben diese „Leuchttürme", das ist die Frage, eine reale Bedeutung im Leben der Menschheit oder sind es nur Lichter unseres eigenen Denkens, das sich im Chaos des Geschehens danach zurecht findet? Es scheint nur das Letztere der Fall zu sein! Dann aber wird es besser sein, ihnen den „zauberischen" Namen zu nehmen, um deutlich zum Ausdruck zu bringen, daß wir uns nur von uns selbst geschaffener Helfer bedienen, wie etwa eines Koordinaten-Systems, dem keine Linien in der Wirklichkeit entsprechen. Denn was sollen wir sagen von all den Fällen, in denen eine Gesellschaft es etwa nicht zu einem „reinen Mutterrecht" gebracht hat oder zu einem Idealtyp des „Feudalismus"? Und sind wir nicht berechtigt, in jedem „Untergang" der Kultur auch gleichzeitig die Entstehung einer neuen zu erblicken? Wenn Feldbauern sich mit Hirten mischen, so geht ein guter Teil sowohl der Hirtentraditionen wie der Überlieferung des Feldbauerntums zu Grunde, ja auch der physiologische Typ der einen wie der anderen verschwindet oder leidet durch die Mischung; es entsteht jedoch ein neues Volk und eine neue Kultur. So ist auch der Untergang vieler historischer und prähistorischer „Völker" zu deuten und das manchmal verblüffend plötzliche Auftauchen eines „neuen“ Volkes aus den geheimen Falten der Geschichte.

Wäre es darum nicht richtiger von „Begriffstypen“ zu reden und gewisse besondere Gestaltungen als „Extremfälle“ oder „Extremtypen“ aufzufassen? Wir könnten etwa von einem Begriffstyp des Totemismus oder des Mutterrechts sprechen, und diesen auf Grund des vorliegenden Materials nach den Erfordernissen der wissenschaftlichen Abstraktion mit einer Anzahl von Eigenschaften ausstatten, so daß die betreffenden Ausdrücke gute gangbare gedankliche Münze werden. Dies wäre nicht nur wünschenswert, sondern in der geistig noch viel zu wenig durchgearbeiteten Ethnologie ein dringendes Desideratum. Von einem solchen Begriffstyp unterscheidet sich der „Extremtyp“ dadurch, daß er, wie etwa das Mutterrecht der Trobriander, sich in der Wirklichkeit findet und eine verhältnismäßig extreme Betonung mutterrechtlicher Theorien und Gedankengänge innerhalb der Eingeborenen-Welt darstellt. Derartige „Extremtypen“ wurden gerne als „Idealtypen“ bezeichnet. Dies ist namentlich darum falsch, weil auf diese Weise der Eindruck von etwas besonders Vollkommenem erweckt wird und von einem allgemeinen Durchgangsstadium der Menschheit. Wird man die Bewegung zu gedanklichen Gefügen und Einrichtungskomplexen, wie wir sie bei den Trobriandern finden, nicht mit Recht als eine extreme Ausgestaltung zu werten haben, wie wir sie auf verschiedenen anderen Gebieten, etwa auch der Blutrache, der Kopfjagd und dgl. finden? Solche Extremtypen stellen aber nicht das „Normale“ oder „Ideale“ dar, sondern sie sind im Gegenteil Abweichungen von einer mittleren Linie, von einer Ausballanciertheit, die im übrigen vorherrscht.

Erst wenn wir von „Extremtypen“ sprechen, können wir mit der früheren Auffassung einer einlinigen und gradlinigen Entwicklung brechen, die z. B. in der Frage des Mutterrechtes zu vielen unfruchtbaren Streitigkeiten geführt hat. Wir lernen dann die Besonderheit der Wirklichkeit erörtern, ohne uns durch falsch gefaßte Begriffe von einem allgemein giltig sein sollenden, konstruierten, aber an der Realität nicht genügend ausgeprobten „Idealtyp“ ablenken zu lassen. Denn der Glaube, daß etwa ein „Abstieg“ von Idealtypen, z. B. in der Raubehe erfolgt sei, die etwa überall „Reste“ und „Rückstände“ von ihrer „ursprünglich“ allgemeinen Verbreitung zurückgelassen hätte, ist wohl ebenso wenig haltbar als der an ein „ursprüngliches“ Mutterrecht — zumal wenn man keinen Begriffstyp von „Mutterrecht“ vorher aufstellt. Bei all diesen Schlagworten hat man sich, wie aus einer schwülen und wortreichen Literatur hervorgeht, selten klar gemacht, worin etwa die Einrichtungen des Mutterrechts tatsächlich bestehen oder bestanden haben, die man dithyrambisch verherrlicht.

Da die Fülle des Materials eine Ordnung und auch eine Subsumption unter gewissen Bezeichnungen erforderlich macht, und die Beherrschung des Materials nur durch die Aufstellung von Typen möglich ist, so wird man dieses Ziel nur dadurch erreichen, daß begriffliche Typen den Kern- und Ausgangspunkt bilden, um den sich Varianten als repräsentative Beispiele gruppieren. Dabei muß der Nachdruck auf die Auswahl von repräsentativen Einzelfällen gelegt werden.

Die Vorteile eines solchen Verfahrens liegen darin, daß gerade dem Leser, dem das Leben der Naturvölker in seiner Eigenart fremd ist — und das dürfte wohl die große Mehrheit sein —, durch Ausschnitte aus der Wirklichkeit Bilder vorgeführt werden, von denen aus er selbst zu einem Urteil gelangen kann. Der Nachteil dieses Verfahrens liegt in der Schwierigkeit der Auswahl und in der Spezialität der Fälle selbst. Übt man jedoch beständig Kritik, so ist das repräsentative Verfahren bei solchen Darstellungen jedem anderen unzweifelhaft vorzuziehen. Dazu kommt noch, daß nur auf diese Weise auch die *historischen Zusammenhänge* und die *geographischen Bedingtheiten* berücksichtigt werden können, und daß nur aus diesen Voraussetzungen heraus die *sozialen und politischen Konstellationen* ins rechte Licht gerückt zu werden vermögen. Nur am *Einzelfall* läßt sich die historische Verästelung einer Gestaltungsform untersuchen. Die Aufstellung von Idealtypen führt dagegen zu falschen Schematisierungen, die historisch unmöglich sind. Die soziologischen Ergebnisse müssen immer aus der Menge von Einzelvorgängen erarbeitet, dürfen nie in sie hineinkonstruiert werden.

Es konnte hier aber auch nicht versucht werden, etwa eine erschöpfende ethnographische Beschreibung aller Kulturen zu geben, nur das *soziologisch Wichtige* konnte an einigen Varianten herausgegriffen werden. Auch sollte hier kein „Museum“ von soziologischen Merkwürdigkeiten zur Ausstellung kommen, kein soziologisches Kuriositätenkabinett, sondern nur eine von Tatsachen getragene Erörterung soziologischer Probleme. Vor allem wichtig erschien in dieser Hinsicht in erster Linie die Frage des *Kulturfortschritts*, seiner Veränderungen und individuellen Ablaufprozesse innerhalb von Gemeinden, Gesellschaften oder Kulturepochen.

Während auf der einen Seite die frühere Auffassung von einem einlinigen Entwicklungsprozeß zur Seite geschoben werden muß, da sie der unendlichen Mannigfaltigkeit der Phänomene und Abläufe nicht gerecht wird, muß doch auf der anderen Seite gleichfalls jene Geistesrichtung bekämpft werden, die — wie das so häufig der Fall zu sein pflegt — in das andere Extrem verfiel und überhaupt nicht von Fortschritt reden will. Man mag darüber verschiedener Meinung sein, ob dieses Problem interessant ist oder nicht. Dadurch, daß man ihm gegenüber aber die Augen verschließt, löst man es nicht.

Die Dinge erfordern eine Unterscheidung. Der Fehler der früheren Auffassungen pflegte der zu sein, daß man unterschiedslos von „Fortschritt“ sprach, ohne sich klar zu machen, worauf sich dieser beziehen soll. Im Banne der Auffassung von einer gleichmäßigen und einheitlichen Entwicklung vermochte man gedanklich gar nicht zu derartigen Unterscheidungen vorzudringen. Etwas anderes ist es, wenn man von der Vielfältigkeit der Entwicklungswege ausgeht und dabei außerdem noch berücksichtigt, daß man erhebliche Unterschiede machen muß zwischen 1. den Menschen als Träger einer Kultur, 2. dem was wir eine „Kultur“ nennen, 3. deren zivilisatorischem Gehalt, 4. den sozialen Gestaltungen, an denen die betreffenden Menschen teilnehmen und die von gewissen zivilisatorischen Stützen getragen werden,

5. endlich von den Geistesverfassungen, die sich a) auf die Träger und b) auf die Gemeinden usw. verteilen. Für alle diese unter sehr verschiedenen Gesichtspunkten zu gruppierenden Einheiten gelten andere Probleme und Fragen des „Fortschrittes“. Die Fortschritts- und Entwicklungsfrage im alten Sinn ist vor allem deshalb unlösbar, weil sie die heterogensten Dinge in einen Topf wirft, und weil trotz aller philosophischer Verbrämung die Fortschrittsfrage in der Regel nicht sachlich, sondern nach Stimmung und Geschmack behandelt wird.

Um dieses Problem hier nur ganz kurz anzudeuten (vgl. dazu T. [29]), sei auf die notwendige Unterscheidung der verschiedenen Kräfte der Kulturgestaltung hingewiesen, auf die im Laufe dieses Buches noch wiederholt eingegangen werden wird:

1. Ein irreversibler Akkumulationsprozeß wirkt im Sinne eines „Fortschritts“. Dieser erstreckt sich vor allem auf die Erringung neuer Fertigkeiten und Kenntnisse. Jede spätere Technik setzt eine frühere „primitivere“ voraus. Unser Wissen baut sich auf dem früherer Generationen auf. Diese Tatsache macht sich jedoch nicht allein innerhalb des Gebietes von technischen Fertigkeiten und Kenntnissen allein geltend, sondern sie wirkt sich nach den verschiedensten Richtungen hin, jedoch in ungleicher Weise, aus. Die Größe der politischen Gebilde z. B. ist ohne eine gewisse Verkehrstechnik nicht möglich. Sei es Schiffahrt, sei es die Anlage von Straßen, die Verwendung von Trag- oder Reittieren, von Wagen, oder schließlich von Eisenbahnen, Flugzeugen Telegraphen usw. So greifen die technischen Kenntnisse und Fertigkeiten gestaltend in die politischen Entwicklungsformen ein. Das Lehenssystem hängt zu einem Teil mit der Naturalwirtschaft zusammen. Die Entstehung gemünzten Geldes setzt eine gewisse Technik in der Gewinnung und Behandlung der Metalle voraus und beeinflußt so den Handel. Es ist fast überflüssig auf die große Bedeutung der Technik für die Wirtschaft hinzuweisen. Wir brauchen nur an die speziellen Fertigkeiten zu erinnern, die sich etwa mit dem Grabstockbau, den Bewässerungs- und Entwässerungsanlagen, dem Halten gewisser Tiere verbinden, gar nicht zu reden von der Rolle, welche die Technik für das Handwerk spielt. Diese nicht-umkehrbaren Anhäufungsvorgänge von Fertigkeiten und Wissen wirken sich aber für das Schicksal des staatlichen Ablaufes nur so weit aus, als etwa eine besonders überlegene Bewaffnung, besondere Methoden der Kriegsführung in Betracht kommen, oder aber das Hereinströmen fremder Bevölkerungen, die sich im Besitz besonderer Fertigkeiten befinden. Noch viel weniger wird die Bedeutung des irreversiblen Akkumulationsprozesses greifbar etwa in der Veränderung von Heiratssitten, für das Vaterrecht oder das Mutterrecht usw. Allerdings, wenn wir genauer zusehen, werden wir auch da Auswirkungen dieses Anhäufungsvorganges finden. Die Herausentwicklung eines starken Patriarchats hängt z. B., wie wir sehen werden, mit einer Zerschlagung der Sippenverbände zusammen, einer Verselbständigung der Einzelfamilien und mit Sklavenbesitz. Dergleichen Vorgänge finden wir jedoch nicht innerhalb des technischen Horizonts von Wildbeuterstämmen, sondern namentlich dort, wo eine Über-

schichtung von Feldbauern durch Hirten stattgefunden hat. Es besteht also ein weitläufiger Zusammenhang mit einem gewissen „Fortschritt" an Fertigkeiten und Kenntnissen, der sich jedoch erst auf verschlungenen Umwegen auswirkt. Hier sehen wir also den Zusammenhang mit ganz anderen Gestaltungskräften.

2. Diese anderen Gestaltungskräfte sind umkehrbar und stellen keine Anhäufung dar. Sie werden bedingt durch die Gegebenheiten des Menschen und der Sachen und der Schwankungen, die sich aus deren Natur und den unter ihnen möglichen Beziehungen ergeben. Man kann nicht sagen, daß der Übergang vom Vaterrecht zum Mutterrecht oder umgekehrt einen „Fortschritt" darstellt im Sinne einer nichtumkehrbaren Anhäufung von Kenntnissen oder Wissen. Dabei soll nicht geleugnet werden, daß innerhalb der Gemeinde, in der sich ein solcher Umschwung vollzieht, dieser subjektiv als „Fortschritt" gewertet werden kann. Der Unterschied dieser Kräfte gegenüber den voraufgegangenen besteht darin, daß ihre Veränderungen für den Anhäufungsvorgang an Fertigkeiten und Kenntnissen objektiv irrelevant sind, nur mehr oder minder begrenzte Möglichkeiten enthalten, unter denen im Laufe der Zeit ein gewöhnlich von sehr starken Affekten begleitetes Pendeln sich vollzieht, während der unter 1. beschriebene nicht umkehrbare Anhäufungsprozeß an Fertigkeiten und Kenntnissen in erheblichem Ausmaß objektiv feststellbar, ja zum Teil sogar meßbar ist. Dabei soll nicht geleugnet werden, daß ein Umschlagen des Pendels von Bedeutung für den Anhäufungsprozeß sein kann.

Im Gebiete der sozialen und geistigen Gestaltung wirken sich diese beiden Hauptkräfte in der Weise aus, daß sie den Ablauf des Schicksals der konkreten Gemeinden, der politischen, sprachlichen oder kulturellen Einheiten beeinflussen, und zwar auf teils direkten, teils indirekten Wegen mannigfacher Art. Alle diese verschiedenen Einheiten besitzen jedoch ihr Eigenleben, ihren eigenen sehr verschiedenen „Lebensablauf" von unterschiedlicher Dauer. Sie sind auch ihrerseits wiederum vergesellt mit ähnlichen Einheiten in der Nachbarschaft oder solchen, die aus ähnlichen Konstellationen oder Beeinflussungen hervorgegangen sind.

Die Zentralfrage des Fortschritts und der Entwicklungstheorie ist die, ob die Menschheit als solche, nämlich die leibseelischen Träger der Kulturen und sozialen Verbände, einem „Fortschritt" unterworfen sind. Auch hier müssen wir fragen, was in einem solchen Falle als „Fortschritt" oder „Entwicklung" angesehen werden kann. Objektiv ließe sich nur eine Veränderung in einer bestimmten Richtung feststellen. Die Frage, ob sich eine Akkumulation von Fähigkeiten dabei im Laufe der Geschichte vollzogen hat, deckt sich nicht mit der oben erörterten Anhäufung von Kenntnissen und Wissen. Denn auch immer gleichbleibende Töpfe würden Wasser in einem Gefäß aufspeichern können. Die Aufspeicherung bedingt nicht notwendigerweise auch eine etwaige Vergrößerung der vergleichsweise erwähnten Töpfe. Indessen läßt das Material der anthropologischen Funde aus sehr lange vergangenen Zeiten die Möglichkeit offen, daß auch die leibseelischen Einheiten der Kulturträger, also der Menschen, einem solchen, vielleicht sogar objektiv meßbaren Akkumulationsprozeß unterworfen sind. Nur würde, wenn wir diesen menschlichen Entwicklungsvorgang ins Auge fassen, dieser auf ungleich weitere Zeiträume zu verteilen sein als die zivilisatorische Akkumulation. Auch hier kann von keiner glatten Parallelität die Rede sein. Dadurch wird aber das Fortschritts- und Entwicklungsproblem kompliziert.

Dies ist um so mehr der Fall, als die Menschheit nicht wie Sandkörner am Meer verteilt ist, überall in gleichmäßigen Mengen derselben Zusammenhänge und unter gleichen Bedingungen und Beziehungen. Vielmehr haben wir es überall mit Ballungen der Menschen zu tun, mit Ballungen, denen teils die Verwandtschaft, teils das örtliche Zusammenleben, teils endlich geistige, wirtschaftliche und andere Interessen zugrunde liegen. Alle diese Ballungen sind aber nicht feststehend, sondern verändern sich beständig, einerseits durch den Altersablauf der sie tragenden Menschen, andererseits durch Verschiebung der Basis, auf Grund deren sie zu einer Einheit zusammengeschlossen sind.

Alle diese Umstände müssen wir uns überlegen, bevor wir an die Untersuchungen herangehen. Wenn im ersten Abschnitt des vorliegenden Werkes Material von Stämmen und Völkern verhältnismäßig geringer technischer Fertigkeiten und eines wenig ausgedehnten Wissens, und demgemäß einer wenig ausgebildeten Abstraktion (vgl. T. „Primitives Denken") gegeben wird, so bildet diese zivilisatorische Armut ihrer Ausrüstung nur eine von vielen Bedingungen ihrer Lebensgestaltung. Es ist z. B. nichts damit ausgesagt über ihre leibseelische Verfassung. Ihre sozialen Gestaltungen sind dadurch allerdings zu einem Teil bedingt, zu einem anderen Teil, etwa in der Frage der Gleichordnung oder Überordnung, wie wir das sehen werden, nur verhältnismäßig wenig, und der Ablauf des Schicksals einer einzelnen Gemeinde vollzieht sich ebenfalls, abgesehen von den oben erwähnten Einschränkungen, ziemlich unabhängig. Das Schicksal der sprachlichen und kulturellen Gemeinschaftsbildungen hat wieder einen anderen Verlauf, an dem die Träger der einzelnen Gemeinden, die untereinander in loser Weise vergesellt sind, gleichfalls Anteil haben.

Wenn nun ein Volk oder ein Stamm als „repräsentativ", wie das hier geschieht, vorgeführt wird, so handelt es sich um eine oder mehrere Gemeinden, die in einem gewissen Schicksalsablauf von dem betreffenden Beobachter „überrascht" wurden. Wir dürfen uns niemals verhehlen, daß trotz der starken konservativen Tendenzen, die in allen Gemeinden der sogenannten Naturvölker in außerordentlichem Maße zur Geltung kommen, es sich dabei doch um das Festhalten nur einer „Sekunde" im Generationsschicksal der betreffenden Menschen und ihrer Ballungen handelt.

Wenn wir uns fragen, unter welchen Gesichtspunkten wir die ungeheure Mannigfaltigkeit des ethnologischen Materials zum Zwecke einer soziologischen Darstellung gruppieren sollen, so werden wir gewahr, daß man nicht mit einem einheitlichen Ordnungsprinzip auskommt. Auch hier macht sich die Auswirkung des irreversiblen Akkumulationsvorganges geltend. Für den Menschen armer Technik hängt die Lebensgestaltung in viel weitergehendem Maße von der Art der Nahrungsgewinnung ab als später. Es muß hier eingeschaltet werden, daß Nahrungsgewinnung nicht, wie es gewöhnlich fälschlich geschieht, ohne weiteres mit „Wirtschaft" gleichgesetzt werden darf. Auch die Wirtschaft erschöpft sich nicht in der Methode des Nahrungserwerbes. Der Mensch armer Technik ist aber viel stärker von den Naturbedingungen abhängig als der mit Hilfe einer fortgeschrittenen Technik in mehr oder minder komplizierten Ballungsaggregaten lebende. Aus diesem Grunde wurde zunächst und vor allem auf die Form der Nahrungsgewinnung als Existenzgrundlage zurückgegriffen. Dieses Prinzip muß jedoch mit einem anderen verbunden werden, nämlich mit der Form der Gesellungsaggregate. Letztere Form tritt um so stärker in ihrer Bedeutung hervor, je mehr wir uns den Völkern nähern, die hier kurz als „archaisch" bezeichnet werden, als welche etwa in Staaten lebende Völker des alten Orients zu gelten haben, und die ihnen ähnlichen, die über die Schwelle der Zivilisation der Naturvölker hinausgelangt sind, die also des Ackerbaues sich bedienen und einer Lautschrift, die Rad oder Wagen besitzen, sowie eine größere Zahl von Kulturpflanzen und Haustieren, und in einer gestaffelten und geschichteten Gesellschaft unter einer autoritativen Führung organisiert sind, die eine mehr oder minder geordnete Rechtspflege ausübt.

Es war nötig, bei der primitivsten Form der Nahrungsgewinnung unter den Wildbeuterstämmen die geographischen Faktoren besonders stark in den Vordergrund zu rücken, während bei den sogenannten höheren Naturvölkern, sowohl bei den Feldbauern als auch bei den Hirten, gewisse ähnliche Züge in der Gestaltung der Staffelungen und Schichtungen zu beachten waren. Nichtsdestoweniger wird auch hier eine sorgfältige Untersuchung lehren, daß es von mehr sekundärer Bedeutung ist, ob ein Stamm, in dem eine Gliederung der Bevölkerung vorhanden ist, wesentlich aus Feldbauern oder hauptsächlich Großviehzüchtern besteht.

Vor allem wird uns auffallen, daß wir an den „Anfang" die Spezialisierung zu setzen haben, die bis zur feinsten physiologischen Anpassung an die besondere klimatisch-geographische Umgebung gesteigert ist. Eben daraus ergibt sich eine außerordentlich weitläufige geographische Spezialisierung, die später als besondere „ethnische Eignung" namentlich dort auftritt, wo Aggregate verschiedener ethnischer Herkunft anzutreffen sind, die in den Staatsgebilden höherer Naturvölker und archaischer Kulturen zu einer Symbiose gelangten. Nicht nur in den Überschichtungen, in der Ausbildung von Priesterschaften, sondern auch in den kastenartig abgeschlossenen Handwerker- oder Händlergemeinden, vor allem aber in der grundlegenden Arbeitsteilung zwischen Mann und Frau, kommt diese primäre Spezialisierung zum Ausdruck.

Der zweite Abschnitt (2.—5. Band) ist den Institutionen gewidmet, die innerhalb der Gemeinden und Kulturen in sehr verschiedener Verbreitung zu finden sind. Wir lösen hier also gewisse Sitten und Bräuche aus dem Zusammenhang los und sehen bei dieser Gelegenheit, wie sich Einrichtungen nicht nur über weitauseinander liegende Landstriche, sondern auch innerhalb sehr verschiedener Kulturen finden, wie etwa die Blutrache oder das Asyl usw. Derartige Beobachtungen zeigen unter anderem, daß die Lehre der Kulturkreisvertreter insofern erheblicher Korrekturen bedarf, als die Institutionen nicht ohne weiteres mit gewissen sogenannten „Kulturkreisen" identifiziert werden dürfen, wovon in der Einleitung noch die Rede sein wird.

Auch die Institutionen sind nichts Festes und Unabänderliches. Aber nicht allein in ihrer Form, sondern auch ihrem inneren Kern nach. In den losen Vergesellungen der größten Zahl von Wildbeuterstämmen kommt ihnen nicht diese Starrheit zu, die wir mit einer „Einrichtung" zu verbinden pflegen. Auch die Institutionen sind geworden. Sie stellen sich zunächst ähnlich wie das Recht in seiner primitivsten Form als Wiederholung eines voraufgegangenen Einzelfalles von Verhalten oder Reaktion dar, der als „Muster" dient. Man wird Vertreter von niedrigen oder mittleren Naturvölkern gewöhnlich vergeblich fragen, was sie in diesem oder jenem Fall zu tun pflegen. Schon eine solche kasuistische Verallgemeinerung überschreitet die zulässigen Ansprüche an die Abstraktionsfähigkeit. Es ist ähnlich wie mit den Sprachen. Die schriftliche Fixierung macht sie haltbarer, aber auch spröder. Primitive Institutionen sind mehr persönlich gebunden, mehr durch den Augenblick und seine Konstellation gefärbt. So sehr auch sonst die Kontinuität von Herkommen und Sitte, von Gewohnheit und Nachahmung fremden Tuns sich durchsetzt, ergibt sich doch eine außerordentliche Schmiegsamkeit der überlieferungsmäßigen Einrichtung für die Individualität eines jeden Sonderfalles. Gerade dieser Umstand aber erschwert, wie schon angedeutet, die Ermittlung und Aufzeichnung von Institutionen durch den Europäer, der jederzeit geneigt ist, im schroffen Gegensatz zum Eingeborenen, jeden Sonderfall zu verallgemeinern. In der Tat werden kaum zwei Berichterstatter aus derselben Gegend durchaus das Gleiche berichten, schon weil ein jeder andere individuelle Fälle sah, denen er ungebührliche Verallgemeinerungen zu geben sich stets versucht fühlt. Nur so sind auch die manchmal schulmeisterlich gehässigen Kritiken kurzsichtiger Reisender oder anderer Persönlichkeiten zu erklären.

Um diesen Umständen, der Individualität der Einzelfälle etwas mehr Rechnung zu tragen, war es auch notwendig, die Institutionen möglichst in den Zusammenhang des Geschehens und der anderen Einrichtungen zu setzen. Erst so erhalten die oft recht merkwürdigen und auf den ersten Blick bizarr anmutenden Sitten ihren Sinn. Darum ist es aber nicht ausreichend, irgendeine Darstellung der Gebräuche nur mit einer allgemeinen „Etikette" zu versehen, etwa davon zu reden, daß hier oder dort „Mutterrecht" herrscht, daß „Totemismus" existiert, daß ein „Häuptling" vorhanden ist oder ähnliches. Gerade die Umstände und die besondere Schattierung dieser oder jener Sitte, verleihen ihr erst Sinn und Bedeutung, ja, sind manchmal viel wichtiger als die allgemeine Wortmarke. Die Bezugnahme darauf, die Vermengungen mit dem Zeremoniell u. dgl., erforderten häufig längere Ausführungen, die gerade dem soziologischen Leser, der den Zuständen im Leben der Naturvölker ferner steht, die Voraussetzungen des Lebens und Denkens nahe bringt, in die eine Institution eingebettet ist.

Die Auseinandersetzungen des Buches sind keinem vorgefaßten System dienstbar, sie beabsichtigen nicht, aprioristische Lehrmeinungen zu „beweisen", sondern sie wollen aus der Synthese des Lebens und seiner farbenglänzenden Wirklichkeit einen Beitrag zu dem Phänomen Mensch erringen.

Die Verfügung über eine große Menge von Tatsachen ist gerade für die soziologische Forschung wichtig, die sich heute allzu sehr in das Spekulative verliert. Da das Experiment in allen Dingen der menschlich-gesellschaftlichen Dimensionalität fehlt, ist die Betrachtung des menschlichen Zusammenlebens unter ganz andersartigen Bedingungen als bei uns von weittragender allgemeiner Bedeutung. Denn die Wiederholung, die Ähnlichkeit der Situation und die daraus sich ergebenden Abläufe enthalten das soziologisch Bedeutsame. Nur so können wir auch z. B. den an verschiedensten Orten und unter den sonst ungleichsten Bedingungen auftretenden „Feudalismus", die politischen Krisen, die Abfolge gewisser Verfassungsformen u. dgl. aus den singulären historischen Ereignissen richtig herauslösen.

Allerdings spricht eines hier gegen das eingeschlagene Verfahren. Die Menschen gehen mit Zagen und Hemmungen an die Erforschung der eigenen gesellschaftlichen Vorgänge, da sie hier allzu stark durch Affekte gebunden sind. Nur daraus ist auch die Flucht in phantastische Konstruktionen erklärbar, die Wunsch- oder Furchtgebilde schaffen. Sie haben außerdem den Vorzug, vielfach durch leidenschaftliche Einseitigkeit hinreißend zu wirken, während die Berücksichtigung der ungeheuren Kompliziertheit des Lebens weniger an die Affekte als an den Verstand appelliert.

Schließlich müssen noch ganz andere Bedenken erwähnt werden: sie beziehen sich auf die Schreibung der Eigennamen. Sie variiert bald infolge der Nationalität der einzelnen Berichterstatter, bald wegen undeutlichen Hörens oder der Aussprache von Leuten verschiedener Gemeinden. Es konnte nicht die Aufgabe dieses soziologischen Werkes sein, der „richtigen" Schreibung der Namen nachzugehen. Im allgemeinen ist die Schreibung von den Quellen selbst übernommen worden, wenngleich dies auch hier und da zu Mißständen führte. Die Gewährsmänner selbst befolgen darin oft kein sichtliches System. Es tauchte die Frage auf, entweder eine streng phonetische Schreibweise durchaus zu beobachten oder aber die Grundregeln der deutschen Schreibung durchzuführen. Das eine wie das andere hätte zu den allergrößten Komplikationen geführt, weil in der überwiegenden Zahl der Berichte die „richtige" Phonetik überhaupt nicht feststeht, und weil die Wiedergabe der Namen nach der deutschen Schreibung einerseits umständlich, andererseits wegen des Fehlens mancher in Eingeborenensprachen vorkommenden Konsonanten und Vokale unmöglich gewesen wäre.

Fast noch schwieriger ist die rechte Wahl der Fachausdrücke. In den Reiseberichten kegeln die Ausdrücke Familie, Stamm, Sippe ebenso durcheinander wie Häuptling, Fürst, König, Patriarch u. dgl. Bald spricht man von Stamm, wenn nur ein Gau gemeint ist, man unterscheidet nicht die vielfach mit besonderen Namen ausgestatteten Weiler, aus denen eine Dorfsiedlung zusammengesetzt ist, man spricht von Hackbau, wenn tatsächlich Grabstockbau gemeint ist, von Wirtschaft, wenn es sich nur um die Form der Nahrungsgewinnung handelt usw. usw. Der völkerkundliche Stoff ist geistig noch zu wenig durchgearbeitet. Immer und immer wird neues Material herangetragen, man schreibt „Monographien“ über „Monographien“, ohne sich über den Zusammenhang, in den das herbeigeschaffte Material einzuordnen ist, immer genügend Klarheit zu verschaffen, vielfach aber auch ohne die nötige soziologische Schulung, oder höchstens getragen von einigen wenigen soziologischen Problemen, wie es etwa die Verwandtschaftsnamen sind u. dgl. Ganz besonders sind die Fragen der primitiven Wirtschaft mit wenig Ausnahmen übergangen worden, die man mit Erörterung über Ernährungsfragen oder solchen über Kulturpflanzen und Haustiere allein erledigen zu können meinte. Hier zeigt sich wiederum das andere Extrem; die Überfülle von Material, das nicht mit der nötigen Begriffsschärfe gemeistert wird. Beides muß sich eben ergänzen. Dazu möchte die vorliegende Arbeit beitragen. Wendet man sich an die Soziologen, so fühlt man sich berufen, ihnen Tatsachen und Material vorzusetzen, in der Völkerkunde dagegen möchte man die Bedeutung der begrifflichen Zusammenfassungen, natürlich nicht mit Vergewaltigung der Tatsachen, sondern ebenfalls aus ihnen heraus, in den Vordergrund stellen.

Die Grundanschauungen, die aus diesem Werk sich ergeben, können vielleicht kurz so zusammengefaßt werden: die Spezialisierung des Lebens steht sozusagen bereits am „Anfang“ der Menschheit. Sie ist nur anders geartet als bei uns heute. Gemäß der primitiven Spezialisierung sind die Menschen besonderer Lebensführung auf verschiedene geographisch-klimatische Räume verteilt, sie stehen der Natur passiver gegenüber, weil ihre Mittel, sie zu meistern, gering sind. Wir haben heute bis zu einem gewissen Grade diese geographisch-klimatische Gebundenheit überwunden. Die modernen Spezialisten leben durch- und nebeneinander und greifen mit ihrer Tätigkeit ineinander über. Soziologisch liegt, wenn wir von den niedrigsten zu den höchsten Formen, denen wir heute begegnen, aufsteigen, eine zunehmende, immer feiner werdende Vergesellung vor, ein Spezialistentum ganz anderer Art, das sich auf lauter Teilleistungen innerhalb derselben Gesellschaft erstreckt. Im primitiven Leben gibt es eine Unzahl von Gemeinden und Gesellschaften. Zu je moderneren Formen wir gelangen, desto größer wird die Anzahl der vergesellten Menschen und das Territorium, über das diese ausgebreitet sind. Ganz eindeutig macht sich hier die Wichtigkeit des irreversiblen Akkumulationsprozesses geltend.

Selbstverständlich bedeutet eine solche Formenkette nur die Verbindung von Gipfel zu Gipfel innerhalb des Lebensprozesses einzelner politischer Gemeinden oder Staaten. Wir dürfen uns ja überhaupt den Verlauf der menschlichen Kultur nur etwa an der Hand eines Bildes vorstellen, das von einer außerordentlich breiten, kaum von Hügelzügen unterbrochenen „Basis“ über zahllose Wege kreuz und quer in ein Hochland hinauf führt, das von vielerlei Gipfelhöhen, aber auch schroff abstürzenden und tiefen Tälern durchfurcht wird. Die Berghöhen bedeuten in diesem Bilde das konkrete Schicksal der einzelnen Gemeinden, von denen immer wieder Wege zu anderen hinführen und über deren schroffsten Abhängen auch noch ein Pfad sich findet.

Innerhalb der einzelnen und besonderen Gesellschaften hat man es abermals mit einer Vielfältigkeit der Persönlichkeiten zu tun, die aus den Varianten und der Intensität der Begabung in einer ebenso großen Mannigfaltigkeit unter Naturvölkern wie unter Vertretern höherer Kulturen zur Geltung gelangen. Dies tritt namentlich zu tage, wenn man sich klar macht, daß in Einheiten von oft nur wenigen Dutzend Köpfen, die sich auf Männer, Frauen und Kinder verteilen, Zauberer, Priester, Dorfhäuptlinge, Wirtschaftssachverständige, Handwerker, Künstler, etwa Schnitzer oder Maler, hervorragende Tänzer oder Sänger, besonders passionierte und erfolgreiche Jäger, Krieger, Zeremonienmeister der Sippen, Erzähler von Mythen und Sagen usw. sich befinden. Es tritt somit neben die gruppenweise Spezialisierung noch eine persönliche. Diese bedeutet noch keineswegs eine Staffelung in der Gemeinde, sondern nur eine Auszeichnung auf diesem oder jenem Gebiet.

Mit den Schichtungen und Staffelungen aber beginnt ein ganz neuer Prozeß im Schicksal der Menschen. Damit ist die Lehre von einer besonderen Wirkungskraft, von einem „*Mana*“ verbunden, das von einzelnen Persönlichkeiten oder von Gruppen von Personen ausstrahlt. Es ist der Glaube an eine Überlegenheit, die ursprünglich von den „Unterlegenen“ oder den sonst sich unzureichend Fühlenden denjenigen, die man als überlegen und stärker ansieht, entgegen gebracht wird. Der Punkt, von dem die Überlegenheit ausgeht, wurde früher irrtümlich nur als rohe Gewalt angesehen. Sicher mit dem allergrößten Unrecht. Es war die Auffassung einer durchaus materialistisch gebundenen Epoche. Alle genaueren Untersuchungen lehren, daß die Dinge nicht so grob zu deuten sind. Vor allem dürfte es die Überlegenheit sein, die mit dem irreversiblen Akkumulationsprozeß verbunden ist, also die höhere Technik und das reichere Wissen, wenn das auch in zauberischem und mystischem Gewande auftrat. Nur eine Funktion dieser Überlegenheit an Fertigkeiten und Kenntnissen bildet z. B. die bessere Bewaffnung. Aber schließlich bedeutet diese nicht Macht an sich, sondern nur ein Mittel zur Macht.

Von besonderer Bedeutung ist dabei die schon erwähnte Überschichtung von Feldbauerstämmen durch Hirten und deren Vermischung miteinander. Die Zusammenfassung verschiedener Stämme mit besonderen Spezialitäten durch Hirtenvölker machte den Weg zur eigentlichen Staatsbildung frei.

Doch muß der Ansatz zu Staffelungen innerhalb der gleichen Gesellschaft teils auf Überlagerungen, die inzwischen zum Ausgleich gelangt sind, teils auf die Herausbildung besonderer wirtschaftlicher Wertsymbole zurückgeführt werden. Sie knüpft an das vorhandene Großfamilien- oder Sippensystem an und fügt ihm Gefolgsleute hinzu, wodurch kleinere und größere Herrenhöfe entstehen, die in eine Rivalität miteinander gelangen.

Dabei ist von besonderer Bedeutung die Verwirtschaftlichung der Frau, wie wir sie namentlich im westafrikanischen Gebiet antreffen, die auf Monopolisierungsbestrebungen durch die Führer der Herrenhöfe hinauslaufen, ohne daß jedoch die Stellung und das Wohl der Frauen dabei erheblich leiden.

Die völkerkundlichen Arbeiten haben bisher der politischen Gestaltung nur wenig Beachtung zugewendet. Man hatte vergessen, daß die Heiratsordnungen, denen bisher das überwiegende Interesse zugewendet war, doch nur einen Teil und keineswegs immer den wesentlichsten des ganzen Gesellschaftslebens kennzeichnen. Allerdings muß berücksichtigt werden, daß auch im Leben der Naturvölker verschiedene Vergesellungsprinzipien miteinander in Wettbewerb stehen. Man muß sie alle berücksichtigen. Außer der politischen Gemeinde kommt die Gemeinsamkeit der sprachlichen Verständigungsmittel in Betracht, der gemeinsame Besitz von Techniken, die gleiche oder ähnliche Art von Nahrungsgewinnung, die Gemeinsamkeit der Tradition, der Kunstbetätigung usw. Wenn wir diese verschiedenen Gesellungsprinzipien nebeneinander halten, so sehen wir, daß sie sehr verschiedene Verbreitungsgebiete beanspruchen. Die politische Gemeinde umfaßt z. B., wenn wir etwa Verhältnisse in Neu-Guinea herausgreifen, mehrere Dutzend Köpfe. Sie siedelt am gleichen Ort, stellt somit eine Art „Dorfstaat" vor. Dieser wird durch die Häupter kleinerer oder größerer Familien auf demokratischer Basis geleitet. Davon unabhängig ist die Heiratsordnung oder die Heiratssitte, nach der Verbindungen zwischen Angehörigen gewisser Sippen erlaubt oder verboten sind. Die Vergesellung auf Grund dieser Heiratsordnungen überschneidet die politische Gemeinde. Schwäger können einander feindlichen Dorfstaaten angehören. Wenn man die sprachliche Zugehörigkeit untersucht, so ergibt sich ein viel weiteres Bereich von Zugehörigkeit trotz aller dialektischen Unterschiede, die sich schon zwischen den einzelnen Dorfstaaten bemerkbar machen. Wenn wir, wie es häufig geschieht, die Leute als einen „Stamm" bezeichnen, die sprachlich einander trotz ihrer dialektischen Individualitäten verstehen, so wird die falsche Meinung hervorgerufen, als läge gleichzeitig eine politische Organisation vor. Von einer solchen kann aber keine Rede sein, denn nicht nur innerhalb eines solchen Stammes gibt es unzählige Dorf- oder Sippenfehden, sondern es kommt auch vor, daß Angehörige von verschiedene Sprachen redenden „Stämmen" miteinander befreundet ,etwa gegen ihre eigenen Sprachgenossen kämpfen. Allerdings besteht häufig unter den Angehörigen der gleichen Sprache eine Ähnlichkeit in den mythologischen und religiösen Überlieferungen und Vorstellungen. Allein diese haben wieder ihren Kernpunkt in den Sippen, in denen sie gepflegt werden, höchstens noch in den Dorfschaften. Sowie von den vielen Lokalsippen „Rassen" abstrahiert werden, so erhalten wir das Gemeinsame der Tradition an Mythen und religiösen Anschauungen auch nur auf dem Wege von Abstraktionen, die wir aus den konkreten Sippentraditionen herausdestillieren. Der „Stamm" als solcher existiert in dem gedachten Beispiel weder als eine objektive Sprachgemeinschaft, noch als Traditionsgemeinschaft, noch als Rasse. Genau ebenso ist es auf künstlerischem oder auf wirtschaftlichem Gebiet.

Untersuchen wir jedoch die Grundlagen der Wirtschaftsführung oder der politischen Organisation als solche, so finden wir überraschende Parallelen in den verschiedensten Gegenden und Zeiten. Diese Parallelen weisen auf den Stand und die Richtung, manchmal auch auf den Nebenweg, den bei gewissen Völkern der Akkumulationsprozeß gegangen ist. Infolgedessen gibt es hier weitausgreifende Ähnlichkeiten, die wir zusammenfassend etwa als „Wirtschaftshorizont" kennzeichnen können.

Damit ist gemeint, daß z. B. das Wildbeuterleben in ganz bestimmter Weise auf die Lebensgestaltung einwirkt, wie auch wiederum der Grabstockbau der Frauen, die Bewässerungswirtschaft der Männer, das Kuhhirtentum usw. Außerdem bedingen ähnliche Konstellationen des politisch-wirtschaftlichen Lebens in verschiedenen Gegenden ähnliche Gestaltungen, wie das etwa an dem Beispiel eines südamerikanischen Hirtenstammes gezeigt werden wird.

Aus alledem geht hervor, daß die Gemeinsamkeiten und Anklänge von sehr verschieden weitem Bereich sind, und daß drei Hauptfaktoren die konkreten Gestaltungen prägen; 1. die örtlichen Voraussetzungen, 2. die Traditionen bestimmter Menschen und 3. die Nachahmung im Denken und Handeln, das von den Nachbarn und Fremden erlernt oder auch umgestaltet wird.

Diese Erwägungen zeigen, daß sich, wie schon angedeutet, die Physis eines Volkes, die Sprache, die Wirtschaft, die zivilisatorische Ausstattung usw. keineswegs mehr bei den Naturvölkern decken. Allerdings fordern wir logisch, daß es einmal eine Zeit gegeben haben muß, in der dies der Fall war. Wir werden das für die ältesten und am weitesten zurückliegenden Zeiten gelten lassen können. Die Völker indessen, die in das Licht der Geschichte treten und die noch der völkerkundlichen Forschung zugänglich sind, wurden bereits zu viel durcheinander geschoben, als daß sie sich eine solche ursprüngliche Übereinstimmung noch hätten bewahren können.

Der einzelne Träger einer Kultur oder Sprache nimmt somit gleichzeitig an verschiedenen Gemeinsamkeiten mit Nachbarn und Fremdvölkern teil, wenn auch diese spezialen Sphären noch keineswegs so vielseitig sind, wie in komplizierteren Gemeinwesen, oder gar bei uns heute.

Es hätte den Rahmen dieses Werkes gesprengt, wenn auch noch die archaischen Völker in den Rahmen dieser Darstellung und die Untersuchungen einbezogen worden wären, so verlockend diese Aufgabe auch erschien. Nur gelegentlich konnte ein Blick auf das Altertum oder das Mittelalter geworfen werden. Auch der Versuch der Konstruktion eines Mechanismus des Kulturablaufes mußte hauptsächlich aus Raumgründen unterbleiben. Ein Teil der Ausführungen dieses Werkes ist bereits in Ebert's Reallexikon der Vorgeschichte erschienen. Dort ist er aber auf verschiedene Bände verteilt und nicht nach systematischen Gesichtspunkten geordnet. Es war empfehlenswert, unter Hinzufügung verschiedener Ergänzungen, Umstellungen und Erweiterungen den Stoff für die Interessenten der behandelten Sondergebiete zusammenzufassen und in einzelnen kleineren Bänden zugänglich zu machen.

Bevor ich dieses Vorwort beende, drängt es mich, meinen Gewährsmännern aus allen Teilen der Welt zu danken: den einen, die mit unermüdlicher Geduld und nicht genug anzuerkennender Geschicklichkeit Fragen stellten und oft unter den schwierigsten Verhältnissen Auskünfte erlangten und festhielten; den anderen, den Söhnen aller Sonnen, die ungeschult in Gedankenarbeit doch willig und ahnend bereit waren, den Schrein ihrer Herzen zu öffnen, um uns, die ihr Menschentum oft mißbrauchten, zu neuen Kenntnissen zu verhelfen — vielleicht zu Erkenntnissen!

Zum Schluß möchte ich Herrn Dr. Bobertag meinen Dank aussprechen für die Besorgung des Umbruchs und der damit verbundenen Arbeiten, die er während des Jahres meiner letzten Afrikareise die Freundlichkeit hatte vorzunehmen. Das Register wurde von Fräulein Greta Lorke angefertigt, die sich auch der Mühe einer teilweisen Lesung der Korrekturen und des Umbruches unterzog. Schließlich haben Herr Herbert Baldus und Herr W. E. Mühlmann durch Lesen der Korrekturen mich in dankenswerter Weise unterstützt. Dem Verlag endlich bin ich für sein vielseitiges Entgegenkommen und die reiche Ausstattung mit Bildern zu Dank verpflichtet.

INHALTSÜBERSICHT ÜBER DAS GESAMTWERK

INHALT

EINLEITUNG

§ 1. Ethnologie und Ethnographie.

Die Ethnographie vermittelt, so wie die Geschichte, Tatsachen. Gewöhnlich beziehen sich allerdings die ethnographischen Tatsachen auf die Ausrüstung des Lebens, die Einrichtungen und den Glauben einer Gesellschaft. Sie sind jedoch auch historisch „geworden", wenngleich wir diese Geschichte in der Regel nicht kennen oder nur vage zu konstruieren vermögen. Indessen sind auch politisch historische Schicksale vereinzelt, z. B. aus Afrika, bekannt geworden. In dieser Einmaligkeit und Einzigkeit der Erscheinungen und Tatsachen liegen die starken Berührungen zwischen der Ethnographie und der Geschichte. Ähnlich wie die Demographie, Wirtschaftskunde, Soziographie u. dgl. berichtet und beschreibt die Ethnographie. Völkerkunde verdeutscht nur den Begriff der Ethnographie, nicht den der Ethnologie. Sucht man ein geeignetes Wort, um Ethnologie zu übersetzen, so würde man vielleicht am besten von „Völkerforschung" reden.

Die Ethnologie will über das Beschreibende hinaus und möchte die Fülle der Erscheinungen und Tatsachen oder dessen, was dafür gilt, geistig meistern. Zu diesem Zweck muß sie Übersichten gewinnen, vergleichen und zusammenfassen und sich einheitlicher Gesichtspunkte bedienen.

Diese Gesichtspunkte sollen aber auch aus dem Material selbst sich ergeben. Nur dann ist die Sicherheit vorhanden, daß wir ein Gebiet erkenntnismäßig erschlossen haben. Die Anwendung fremder Gesichtspunkte, wie etwa aus der Biologie, birgt immer die Gefahr, daß Bilder oder Symbole für echt genommen werden, ein Fehler, der für ein unexaktes Denken stets charakteristisch ist.

Allein es ist außerordentlich schwierig, auf induktivem Wege Übersicht und Einsicht zu gewinnen, da das ethnographische Material so überaus vielseitig ist, von allen möglichen Zonen, Rassen und Kulturen stammt.

Stets herrschte die Versuchung, Gesichtspunkte, die man von der Ordnung anderer Erscheinungen gewonnen hatte, „Logophoren", Sinnträger, zu benutzen, um an passend zusammengesuchtes Material rasch eine Stuckfassade von Bildern oder Symbolen zu heften, um so eine Struktur der ethnologischen Phänomene vorzutäuschen.

Ein solches Verfahren stellt z. B. die grobe Anwendung der alten Entwicklungslehre in der Ethnologie dar. Es ist ähnlich wie etwa die Anwendung physikalischer, mathematischer oder biologischer Gesichtspunkte in der Soziologie. Die Verwendung von Symbolen aus anderen Forschungsgebieten verzerren und entstellen die Ordnung und die Zusammenhänge an einem wesensfremden Material ganz anderer Dimensionalitäten.

§ 2. Das Material.

Das Material, das der Völkerkunde zugrunde liegt, die Tatsachen und Erscheinungen, bedürfen einer kurzen Beleuchtung. Es stammt von verschiedenen Seiten her, von Berichten der Forschungsreisenden, von Missionaren, Pflanzern, ethnologischen Forschern, Kolonialpolitikern und nicht zuletzt auch von Weltbummlern. Jeder sieht die Dinge von seinem Standpunkt, und man braucht nur Berichte über denselben Stamm von etwa zu gleicher Zeit anwesenden Vertretern der erwähnten Kreise miteinander zu vergleichen, um zu sehen, nicht nur daß einem jeden etwas anderes aufgefallen ist, sondern daß auch die Deutung sehr verschieden ausfällt. Dazu kommt noch, daß gerade in den Zeiten, die der Erforschung der in Frage stehenden Völker durch die Europäer im letzten Jahrhundert galten, sich außerordentliche Veränderungen im raschen Tempo vollzogen. Die Ethnographie liefert stets nur Querschnitte aus der Geschichte einzelner Völker oder Stämme. Die Zeiten, da man von „geschichtslosen" Völkern redete, ist vorbei, denn man weiß heute, daß es geschichtslose Völker überhaupt nicht gibt, daß die Veränderungen höchstens langsamer, vielleicht auch andersartig verlaufen sind als etwa in unserer Vergangenheit. Das Nichtwissen der Geschichte der Anderen darf uns nicht verleiten, von einem egozentrischen Standpunkt aus in Abrede zu stellen, was wir bloß nicht kennen.

§ 3. Herkunft des Materials.

Woher schöpfen wir das völkerkundliche Material? Wir haben uns gewöhnt, die sog. „Naturvölker" als den Kreis von Menschen zu betrachten, dem wir das ethnographische Material entnehmen. Welche Völker sind nun aber Naturvölker? Man hat dafür verschiedene Kriterien in Anwendung zu bringen versucht. Man sprach von „schriftlosen" Völkern. In der Tat ist dieses Unterscheidungsmerkmal nicht unglücklich gewählt, wenn wir dabei an die Lautschrift denken. Primitivere Schriftarten finden wir indessen auch bei den sog. Naturvölkern (vgl. T. „Schrift"). Allein sozial oder politisch nur wenig organisierte Stämme hatten das Glück, mit Völkern in Berührung zu kommen, welche Schriftformen höher entwickelt hatten, und nahmen sie von ihnen an. Bei Naturvölkern finden wir aber auch von höheren Schriftarten abgeleitete Schriftformen. Außerdem besaßen viele der Völker, die wir heute nicht als Naturvölker bezeichnen würden, bis zu einem gewissen Zeitabschnitt ihrer Geschichte keine eigene Schrift wie etwa die älteren Griechen oder die alten germanischen Stämme.

Man wird daher gut tun, den Ausdruck Naturvolk besser für ein Entwicklungsstadium im Leben aller Völker zu gebrauchen und ihn nicht allein auf heute existierende Stämme einzuschränken.

Wie erwähnt, sprach man auch von „geschichtslosen" Völkern. Diese Bezeichnung hat insofern allerdings eine gewisse Berechtigung, als das

Fehlen einer Schrift auch das Festhalten der Tradition beeinträchtigt. Weiterhin aber kann dieser Ausdruck in dem Sinne verstanden werden, daß es sich um Völker handelt, deren Werdegang sich außerhalb des Rahmens derjenigen Rassen und Kulturen vollzog, auf die alle Völker der modernen europäisch-amerikanischen Völkerfamilie als ihre Vorfahren leiblicher, geistiger und schicksalsmäßiger Natur zurückblicken. Allein auch in dieser Beziehung sind keine festen Grenzen zu ziehen, denn einerseits gibt es Völker, die über das Naturvölkerstadium hinausgelangt sind, ohne eine sehr tiefgehende Einwirkung auf die Nationen unserer heutigen europäisch-amerikanischen Schicksalsgemeinschaft ausgeübt zu haben, wie bis vor kurzer Zeit noch die Inder oder die Chinesen, während die Beziehungen zu den afrikanischen Negern bis in die älteste ägyptische Geschichte zurückgreifen. Es handelt sich somit um Fremdvölker, die ihr Leben mehr oder minder außerhalb des Lebenskreises unserer kulturhistorischen Vergangenheit gestalteten.

Ein Faktor scheint jedoch besonders wichtig zu sein, das ist der Grad der Beherrschung der Natur durch Werkzeuge, Vorrichtungen, Fertigkeiten und Kenntnisse. Als Naturvölker werden wir am richtigsten solche Stämme bezeichnen, die für den Erwerb ihrer Nahrung, wie für ihr ganzes Leben, sich nur sehr einfacher Mittel bedienen und eine nur geringe Einsicht in die Vorgänge der sie umgebenden Natur besitzen. Dieses Kennzeichen verbindet sie mit den vorgeschichtlichen Völkern, mit jenen, von denen keine geschriebenen Urkunden auf uns gekommen sind und deren Leben wir ausschließlich auf Grund dessen, was an Gegenständen erhalten blieb, beurteilen können.

Bevor wir auf diese Frage näher eingehen, müssen die Einstellung zu den Fremdvölkern und die darin zutage tretenden Wandlungen einer Erörterung unterzogen werden.

§ 4. Wandlung der Einstellung zu Fremdvölkern.

Manche Wandlungen hat die Völkerkunde durchgemacht. Die Kulturverhältnisse der fremden Völker außerhalb der Linie unserer leiblichen und geistigen Vorfahren haben je nach den Zeitläuften sehr verschiedene Wertung erfahren. Die Erweiterung und Berichtigung des äußerlichen Weltbildes hat sich auch auf das Bild erstreckt, das wir uns von anderen Menschen, Einrichtungen, Auffassungen und Denkweisen machten.

Bei Naturvölkern betrachtet sich oft nur die einzelne Gemeinde oder Sippe, höchstens der ganze Stamm, als die „wirklichen" Menschen. Sie glauben an die Herkunft von übermenschlichen Wesen numinoser Art und erheben sich auf Grund dessen über ihre Nachbarn, die sie entweder verachten, oder fürchten und hassen.

Im alten Orient trat man mitleidslos gegen den Besiegten auf, schlachtete ihn ohne Gefühl, stach ihm die Augen aus, hieb ihm die Hände ab, entmannte ihn usw. Der Fremde wird dienend oder tributbringend auf den ägyptischen und assyrischen Zeichnungen dargestellt, sofern er nicht der kriegsgefangene oder unterlegene Feind ist.

In der Antike verachtete der Grieche oder Römer die übrigen Völker als Barbaren. Selbst erlesene Geister wie Plato oder Aristoteles können sich die Welt und den Gang der Dinge nicht ohne Sklaverei vorstellen, die dem Fremden skrupellos auferlegt wird.

Im Mittelalter galten die Fremdvölker als Geschöpfe des Teufels, denen man eine Seele nicht zusprechen konnte. Insbesondere ging die Sage von den Völkern Gog und Magog im Osten und Westen „hinter der großen Mauer, die Alexander der Große erbaut hatte". Am Tage des jüngsten Gerichts würden sie hervorbrechen, um als Scharen des Teufels den Untergang des christlichen Abendlandes herbeizuführen. Bis ins 17. Jahrhundert erhielt sich der Glaube daran, obgleich die Entdeckungsfahrten die Grenzen dieser sagenhaften Völker mehr und mehr nach den äußersten Grenzen des erdkundlichen Wissens hinausrückten.

Ebenso wie die Kunde von den fremden Menschen knüpften auch die wunderlichen geographischen Vorstellungen des Mittelalters an die Überlieferungen des Altertums an, die jedoch vielfach auf richtige Beobachtungen zurückgehen. Dazu gehören z. B. das gefürchtete „geronnene" Meer, von dem die *Merigarto* = Erdbeschreibung — des 11. Jahrhunderts zu berichten weiß, oder der „Magnetberg", der größte Schrecken der seefahrenden Christenheit, die an die Grenzen der jeweilig bekannten Welt verlegt wurden (Hen. [29] 546 ff.).

Daneben erzählte man sich von allerlei fabelhaften Völkern: von Kopflosen mit dem Gesicht auf der Brust, von einbeinigen Schattenfüßlern, die einen Fuß als Sonnenschirm gebrauchten, von Nomaden mit Schlangenfüßen, von Menschen ohne Mund an den Quellen des Ganges, die sich vom Geruch der Wurzeln und Waldäpfel nährten, von Langlebigen, die bis 200 Jahre alt werden und deren Haare in der Jugend weiß und im Alter schwarz sind, von Leuten mit Hundsköpfen, die bellen, von geschwänzten Menschen, von einem Volk am Himalaya, dessen Füße nach hinten gerichtet, die aber trotzdem vorwärts laufen, von Amazonen usw. Die Sagen von diesen „portenta" oder Fabelwesen waren zum größten Teil aus der Antike übernommen und lebten noch weit bis ins 17. Jahrhundert, ja sogar noch bis in den Anfang des 19. Jahrhunderts hinein fort (Pli. [26]).

Nur langsam hat die tatsächliche Berührung mit den Fremdvölkern seit dem Entdeckungszeitalter ein allmähliches Kennenlernen angebahnt. Es ist geradezu beklemmend, zu beobachten, wie außerordentlich langsam und schwer dieser Prozeß des Kennenlernens vor sich ging. Er erstreckt sich über viele Jahrhunderte.

Selbst verhältnismäßig gute Reiseberichte, wie etwa die des Freiherrn von Herberstein aus dem 16. Jahrhundert, der als Diplomat im Dienste des Kaisers an den Hof zu Moskau gekommen war und eine Beschreibung Sibiriens brachte, sind nicht frei von unklaren Angaben, zumal oft sprachliche Verwechslungen Unheil anrichteten. So wurde z. B. in der Erzählung von dem See *Kithay* dieser mit dem *Kara-Cathay*, den „schwarzen Mongolen", und weiterhin mit China verwechselt (Heng. 85 ff.).

Die Reisewerke der Entdeckungsfahrer betrachten die farbigen Menschen als Ausgeburt der Hölle, die zu vertilgen als verdienstliches Werk galt. Man hörte daheim mit Vorliebe von den Menschenfressereien, den heidnischen Greueln und Martern, den absonderlichen Gebräuchen und ungewöhnlichen Einrichtungen. Abnormitäten und Kuriositäten standen im Mittelpunkt des Interesses.

Derartige Auffassungen waren den damaligen Kolonialmächten Spanien und Portugal bequem, die ihren Hunger nach Gold, Silber und Gewürzen stillten und die Bewohner der neuentdeckten amerikanischen Küstenstriche in die Bergwerke steckten oder in den Plantagen arbeiten ließen. In einem halben Jahrhundert wurden so 15—20 Millionen Menschen von den Spaniern in Amerika dem Tode entgegengeführt. Z. B. besaß Haiti im Jahre 1508 noch 60000 Einwohner, 1548 nur mehr 500. Innerhalb von 40 Jahren wurde die Bevölkerung also fast vernichtet.

Da man aber auf die eingeborene Arbeitskraft angewiesen war, damals so gut wie heute, entstand eine wirtschaftliche Schwierigkeit. Das Hinopfern der Menschen blieb auch nicht ohne seelischen Rückschlag. Dieser wird durch die Persönlichkeit des späteren Bischof Las Casas gekennzeichnet, durch dessen Bemühungen schon seit Beginn des 16. Jahrhunderts Neger als Arbeitssklaven nach den westindischen Inseln eingeführt wurden, und dessen Tätigkeit auch die Bulle des Papstes Paul III. vom 2. Juni 1537 zu danken ist, welche verkündigt, daß auch Indianer eine Seele haben und Geschöpfe Gottes seien, und daher fordert, daß die spanische Krone für deren Seelenheil zu sorgen habe.

Damit ergab sich eine völlig veränderte Einstellung diesen Völkern gegenüber. Man will jetzt den „Teufelsanbetern“ die Segnungen des Christentums bringen, wenn nötig mit Gewalt. Aber dadurch, daß diese Völker Objekte einer geistigen Beeinflussung wurden, ergab sich die Notwendigkeit, sich mit ihren kulturellen Verhältnissen zu befassen. Obwohl man viele für „unzähmbar“ hielt, und obwohl damals die Bezeichnung „Wilde“ aufkam, ja, obgleich man vielen den Besitz der menschlichen Sprache bestritt, brach sich doch durch wachsendes Kennenlernen eine veränderte Auffassung Bahn. Trotz vieler sensationslüsterner Entstellungen tauchen damals schon die ersten verläßlichen und unvoreingenommenen ethnographischen Berichte auf, wie z. B. die des Jesuitenpaters Lafitau über die Irokesen, auf Grund der Studien seines Ordensbruders Garnier, der 60 Jahre unter den Indianern gelebt und auch ihre Sprachen erlernt hatte. Er ist auch der Erste, der Vergleiche zwischen diesen Völkern und solchen der Antike zieht, namentlich in Bezug auf Mutterrecht, von dem Herodot berichtet, und auch bezüglich der Kuvade, dem sog. Männerkindbett.

Übrigens wurden schon im 17. Jahrhundert Zusammenfassungen, ethnologische Überblicke, versucht, wie z. B. in der *Anthroposcopia* des M. Andreas Ottho [1647], in der von der Schädelbeschaffenheit, der „Complexio“, der Haar- und Augenfarbe, der Form von Mund und Zähnen, von den Handlinien, der Ernährungs- und Lebensweise usw. Rückschlüsse auf geistige Eigenschaften und Charakterzüge gewonnen werden. Allerdings denkt das

17. und 18. Jahrhundert bei der Charakteristik von Menschengruppen, wenn es von „Anthropologie“ spricht, nur nebenher an Naturvölker. Reisewerke las man nur um der Erlebnisse und Abenteuer willen.

§ 5. Die Entstehung der Völkerkunde.

Wieder eine völlig neue Einstellung und Deutung gegenüber den Fremdvölkern bereitet sich durch die Aufklärungsphilosophie vor, die nach den großen Religionskämpfen ein überkonfessionelles wahres Christentum, mit Hilfe der Vernunft eine natürliche Religion schaffen und auch das gesellschaftliche Leben nach den Erkenntnissen und Gesetzen der Vernunft regeln möchte. Als Ziel schwebt ihr die Glückseligkeit aller vor. Wo ist sie aber zu finden und wie? Rousseau, der sich zwar gegen die Herrschaft der Vernunft wendet, macht die Kultur für alles Unglück verantwortlich. Daher verlangt er, die Kultur abzuwerfen und zur natürlichen Einfachheit der Kulturlosigkeit zurückzukehren, zu einem paradiesischen und natürlichen Urzustand. Ja, so weit ging er, daß er sogar den aufrechten Gang verwarf, nur der vierfüßige sei naturgemäß.

„Natur“ ist unter den Völkern zu finden, bei denen ein jeder sich damit begnügte, sich in Tierfelle zu kleiden, sich Bogen und Pfeile oder ein einfaches Boot zu bereiten, kurz: so lange er nur Arbeiten kannte, die ein jeder für sich allein verrichtete, war der Mensch frei, gesund und glücklich.

Unter dieser romantischen Abkehr von den eigenen Verhältnissen und Zuständen wurde die Fremde und Ferne vergoldet. Eine völlige Umkehrung greift Platz. Auch die Reiseberichte werden unter dem Bann dieser neuen Einstellung verfaßt. In überschwenglichen Worten wird von den paradiesischen Zuständen auf den Südseeinseln gesprochen, die Charakterzüge werden in den rosigsten Farben geschildert, wie z. B. von dem Dichter Chamisso, der unter dem russischen Kapitän Kotzebue 1815—18 eine Weltumsegelung unternahm. Der Franzose Levaillant, der 1780—85 im Inneren Südafrikas reiste, spricht von den „zauberischen Einöden“, die noch nie ein Seufzer störte, noch niemals Tyrannei befleckte. Er ist gerührt, als die Branntweinflasche unter den Hottentotten kreist, und ruft aus: „Voll Bewunderung und Ehrfurcht, bis ins Innerste meiner Seele gerührt, warf ich mich dem Anführer in die Arme“ usw.

Erneutes Interesse für die Fremdvölker greift also Platz, jetzt aber nicht aus Begierde nach materiellen Schätzen, sondern man könnte sagen, nach solchen der Seele. Man möchte ihrer vermuteten Glückseligkeit teilhaftig werden.

Zweierlei fällt auf und ist von Bedeutung. Trotz dieser erneuten Beschäftigung mit den Fremdvölkern findet man so wenig wie im Zeitalter der Entdeckungen die Menschentypen nach ihrer wirklichen Eigenart bildlich dargestellt. Eigentlich beachtet man nur den Unterschied der Hautfarbe und die Größe. In der Rousseau'schen Epoche wird der Rassetyp sogar nach dem Vorbild antiker Statuen idealisiert, die Kleidung wird im

Faltenwurf der Gewänder griechischer Götter wiedergegeben, volle Mannes- und Frauengestalten stellt man in eine überquellende Üppigkeit der Natur. Wegen dieser Naturnähe fing man damals an, von „Naturvölkern" zu sprechen. Ihre Sitten und Gebräuche erschienen als das Natürliche, das dem Künstlichen, der Kultur, vorangegangen war. Nannte man diese Völker doch deshalb so, weil man meinte, daß sie der Natur näher ständen, und „Natur" war das große Schlagwort, das damals die Gemüter bewegte. Was konnte man Besseres tun als etwa nach der Südsee fahren, Europas Tünche von sich streifen und mit den „unschuldigen Naturkindern" philosophische Gespräche führen. Eine romantische Verklärung strebte hinweg von den Schattenseiten des heimischen Lebens und malte sich jenseits der Wasser in der Fremde und Weite ein besseres und schöneres Leben aus.

Freilich, immer wieder tauchen, unbeeinflußt durch Mode-Strömungen, durch vorgefaßte Meinung, unbestechliche Persönlichkeiten auf, wie z. B. die deutschen Naturforscher und Begleiter der Cook'schen Weltreisen im 18. Jahrhundert, Reinhold und Georg Forster, Vater und Sohn.

Seit der 2. Hälfte des 18. Jahrhunderts beginnen rein wissenschaftliche Antriebe für Entdeckungsfahrten in den Vordergrund zu treten. Die Aufspeicherung des Wissens hat vor allem die Wandlungen des Lebens von Erde, Pflanzen, Tieren und auch von Menschen erkennen lassen (Pli. [29] 62). Die Verschiedenheit der Menschenrassen fällt zum ersten mal auf und wird jetzt in den Abbildungen festgehalten, ja, man vergleicht die Prognathie, das schnauzenartige Vorspringen der Nasen- und Mundpartie bei Negern, bereits mit den Schimpansen. Noch im 18. Jahrhundert — lange vor Darwin — dehnt man den Entwicklungsgedanken auch auf das Geistige aus und erblickte in den Kulturen der Fremdvölker Vorstufen der abendländischen Kultur. Philosophische Spekulationen wurden, allerdings ohne das nötige Beobachtungsmaterial, über die Anfangszustände der menschlichen Kultur angestellt. Da jeder dieser Philosophen sich nur auf ungenaue Berichte über ganz wenige Völker sehr verschiedener Art stützte, fielen die Denkergebnisse auch sehr einseitig aus. Es ist eine Methode, die auch heute leider noch nicht ausgestorben ist. Voltaire kritisiert sehr glücklich Rousseaus Auffassung von einem ursprünglichen isolierten Leben und betont die Bedeutung der Gesellung in Leben und Arbeit.

In seiner wenig beachteten *Anthropologie in pragmatischer Hinsicht* faßte Kant im Sinne des 18. Jahrhunderts die „Anthropologie" als eine Beschreibung und Betrachtung des Menschen von seiner geistigen Seite auf und dachte dabei an eine seelische Charakterologie oder differenzielle Psychologie, die sich auch auf Menschengruppen erstreckt. Dieses letzte von ihm selbst (1798) herausgegebene Werk war die Frucht eines Kollegs, das er 20 Jahre lang gehalten hatte. Als er mit dem Kolleg begann, meinte er in einem Brief an Marcus Herz, er wolle „aus der Anthropologie eine ordentliche akademische Disziplin machen", und bemerkt weiter: „die Absicht, die ich habe, ist, durch dieselbe die Quellen aller Wissenschaften, die der Sitten, der Geschicklichkeit (wir würden heute sagen: „Technik"), des Umgangs (entspricht dem, was man jetzt etwa unter „Soziologie" versteht), der Methode,

Menschen zu bilden und zu regieren (d. h. also „Erziehung“ und „Politik“), mithin alles Praktische zu eröffnen. Da suche ich alsdann mehr die Phänomene und ihre Gesetze, als erste Gründe der Möglichkeit der Modification der menschen Natur überhaupt . . .“. Das Buch behandelt im ersten seiner zwei Teile als „anthropologische Didactik“ etwa das, was wir heute individuelle Psychologie nennen würden; der zweite Teil befaßt sich mit der „anthropologischen Charakteristik“ sowohl einzelner Persönlichkeitstypen, als auch der Geschlechter, Volksschichten, Rassen und Völker; man würde das heute „differenzielle Völkerpsychologie“ nennen.

Von großer Wichtigkeit ist Herders Stellungnahme, der den Menschen nicht so auffassen will, wie er „nach den Begriffen eines Träumers hätte sein sollen“, sondern so, wie er überall auf der Erde ist und wie er sich aus natürlichen Bedingungen entwickelt habe. Er betrachtet den Frieden als den Naturzustand der Menschheit, Wildheit und Krieg als Stand der Not. Anders Schiller. Dieser stellt Wildheit und Roheit an den Anfang. Beide aber suchen nach einem beherrschenden einheitlichen Gedanken der Entwicklung.

Abermals hat in der ersten Hälfte des 19. Jahrhunderts das Abendland zu viel mit sich zu tun, um intensiveres Interesse den Fremdvölkern zuzuwenden. Inzwischen rückt aber die Naturwissenschaft mehr und mehr in den Vordergrund. Von entscheidender Wichtigkeit wird das 1859 erschienene Werk Darwins über „Die Entstehung der Arten“ und im Anschluß daran die Werke von Spencer über „Die Entwicklung der Gesellschaft“. Durch diese Werke wurde, was früher wohl schon als hingeworfener Gedanke ausgesprochen, in ein festes System eines nur auf Erfahrung begründeten Denkens, des sogenannten naturwissenschaftlichen Denkens, gebracht. Freilich war die Erfahrung auch hier nicht vollständig und lückenlos. Sie stellte sich als Emanzipation von der heiligen Schrift dar, die seit einem guten Jahrtausend allein das Denken in Bann gehalten hatte. Gleichzeitig boten sie Ordnung und Deutung für das viele Unbekannte der fremden Völker und Welten, die schon begonnen hatten, durch die Beschleunigung des Verkehrs und Verkürzung der Entfernungen sich uns gewissermaßen zu nähern. Die Einführung einer auf Prüfung und Zusammenstellung und Erfahrung aufgebauten Forschung wird so auch für die „Anthropologie“ entscheidend.

Die „Entstehung der Arten“ lieferte das Schema, nach dem Spencer das Material sammelte, wobei er die biologischen Ergebnisse ohne weiteres auf das Kulturleben übertrug. Die Naturvölker wurden nur als Überreste früherer Entwicklungsstufen gewertet, von denen eine gerade Linie zu uns heraufführte. Man betrachtet sie als zurückgeblieben, als „Kryptogamen des Menschengeschlechtes“, wie Bastian zu sagen pflegte.

Wenn diese Ansicht uns heute als zu „großzügig“ erscheinen muß, sie der historischen Vielgestaltigkeit in ungenügender Weise Rechnung trägt, so hatte die Beteiligung naturwissenschaftlich geschulter Geister doch den Vorteil, daß eine systematische Beobachtung und Beschreibung der Naturvölker einsetzte. Insbesondere waren es Mediziner, die sich den körperlichen Erscheinungen zuwendeten, eine Art vergleichender Rassenanatomie schufen, die sich allerdings in Anlehnung an prähistorische Funde fast völlig auf das Skelett beschränkte. Die Kulturforschung dagegen lenkte ihr Augenmerk hauptsächlich auf das materiell Greifbare.

Während, wie wir sahen, sich im 18. Jahrhundert die Anthropologie sowohl auf das Körperliche als auch, ja fast noch mehr, auf das Geistige bezog, brachte die Betonung des Naturwissenschaftlichen eine Spaltung des Forschungsgebietes mit sich. Die psychologisch und sprachwissenschaftlich eingestellten Forscher sammelten sich um die Flagge der „Völkerpsychologie". Dieser Ausdruck war zuerst von W. von Humboldt geprägt worden und wurde dann durch die im Jahre 1860 von Lazarus und Steinthal begründete „Zeitschrift für Völkerpsychologie und Sprachwissenschaft" weiter verbreitet. Dagegen scharte sich die naturwissenschaftliche Richtung, von Anfang an stark unter dem Einfluß von Medizinern stehend, die auf Grund anatomischer Merkmale die Menschen zu klassifizieren suchten, um die Personen des Forschungsreisenden Bastian und des Anatomen Virchow. Ihr Arbeitsorgan wurde die „Berliner Gesellschaft für Anthropologie, Ethnologie und Urgeschichte" mit ihrer seit 1869 erscheinenden „Zeitschrift für Ethnologie". Die Ergebnisse von Ausgrabungen auf heimischem Boden und die Kenntnis von Volksgebräuchen faßte man hier als „Urgeschichte" und „Volkskunde" auf und gliederte sie den anderen beiden Wissensgebieten an. Besonders unter Virchows Einwirkung gestaltete sich die Anthropologie zu einer wesentlich auf das Anatomische gestellten, klassifizierenden Kunde körperlicher Merkmale der Menschengruppen, Bastian dagegen rückte teils sammelnd, teils zusammenfassend philosophierend die „Völkerkunde" in den Vordergrund. Während sich so eine ziemlich deutliche Scheidung zwischen somatischer Anthropologie auf der einen Seite und Ethnographie und Ethnologie auf der anderen Seite bei uns vollzog, blieb in den angelsächsischen Ländern die ältere Auffassung von der „Anthropologie", wie sie im 18. Jahrhundert üblich war, erhalten.

So ist die 2. Hälfte des 19. Jahrhunderts, namentlich bei uns, auf dem Gebiet der körperlichen Menschenkunde mit Messungen und Einteilungen beschäftigt, die kulturelle Völkerkunde füllt die Museen mit den Schätzen der materiellen Kultur. Es war die Zeit eines äußerlichen Sammelns, der wir unsere Dankbarkeit auch dann nicht vorenthalten dürfen, wenn wir heute glauben, über sie hinausgewachsen zu sein und einer inneren Sammlung zustreben. Denn für die Begründung einer jeden Wissenschaft ist die Aufspeicherung von verläßlichem Material zunächst einmal unabweisbar. Allerdings darf dieses Material nicht so einseitig sich auf Kuriositäten und auf das Materielle beschränken, wie es tatsächlich, einem Zug der Zeit folgend, geschehen ist.

Aber schon die Fülle von Gegenständen materieller Kultur rückte ein wichtiges Problem in den Vordergrund. Wie sollte Ordnung und Übersicht geschaffen werden? — Ja, hatte man denn nicht das Darwin-Spencersche Stufenprinzip, das den Schlüssel zu einer Übersicht anbot?

Das war es eben, daß der Fülle von Material gegenüber dieses Prinzip versagte! Man merkte, daß die Dinge nicht so einfach liegen konnten. Die bunte Vielfarbigkeit und Mannigfaltigkeit des Materials ließ sich nicht in die Einlinigkeit des Spencerschen Schemas pressen. Die Varianten häuften sich, während die Meinung, daß wir es überall nur mit Überbleibseln und mit selbständigen Erzeugnissen der einzelnen Völker zu tun hätten, im wachsenden Maße der Kritik der Fachleute begegnete.

§ 6. *Strömungen in der modernen Völkerkunde.*

Eine neue Auffassung kam von geographischer Seite: sie wird durch den Namen des Leipziger Geographen Ratzel gekennzeichnet. Er sah und betonte die geographische Nachbarschaft und die daraus sich ergebenden Beeinflussungen.

Ratzel wirkte verhältnismäßig im kleinen. Er brachte zwar keine neue, den ganzen Kulturablauf umspannende Auffassung, aber er trug um so mehr der Wirklichkeit Rechnung, den konkreten Lebensbedingungen, wie sie durch Raum, Land und Natur geschaffen werden.

Seine Gedankengänge boten starke Möglichkeiten für eine Neuordnung der völkerkundlichen Tatbestände, zunächst nach geographischen Gesichtspunkten. Auf Grund des Museumsmaterials wurden geographische Verbreitungsgebiete gewisser Kulturgüter aufgestellt. Man konstatierte z. B., daß die Rundhütte, das Lederschild, das Palmfasergewebe, Baumwollstoffe und dgl. bestimmte Verbreitungsgebiete besitzen. Sodann fand man, daß die einzelnen Verbreitungsgebiete der Kulturgegenstände, so sehr sie sich auch überschnitten, in einer gewissen Wechselbeziehung stehen.

Wenn z. B. in der einen Gegend Rohrschilde, in der anderen solche aus Holz, in einer dritten Schilde aus Fell oder Leder sich finden, so erscheint die eine Gattung regelmäßig zusammen mit Keulen, die andere gemeinsam mit Wurfhölzern oder mit Schwertern usw. Diese sich teilweise deckenden Verbreitungsgebiete derartiger Museumsobjekte lassen sich weiterhin in Beziehung zu gewissen Gebräuchen setzen, wie etwa der Leichenbehandlung und Totenbestattung, zu sozialen Einrichtungen wie Mutterrecht oder Heiratsordnungen, und schließlich zum Vorkommen gewisser Mythen, Sagen oder religiöser Vorstellungen.

Frobenius als Schüler Ratzels hatte zuerst auf derartige Zusammenhänge hingewiesen. Etwa ein Jahr später, 1904, traten Ankermann und Graebner, die sich eher gegen Frobenius gewendet hatten, nunmehr ausgerüstet mit reichem Museumsmaterial und Karten in zwei Vorträgen über die afrikanischen und ozeanischen Kulturen in der Anthropologischen Gesellschaft in Berlin auf (Z E. [05] 57; Glob. [06] 90).

Am schärfsten, aber auch zugleich am vorsichtigsten, war dieses Verfahren in dem erwähnten Vortrag von Ankermann über die afrikanischen Kulturen zum Ausdruck gebracht worden. Er untersuchte darin systematisch die Verbreitung gewisser Hausbauformen, wie die Verwendung der Giebeldachhütten, der sogenannten Bienenkorbform, der Rundhütten mit Kegeldach und der quadratischen Hütten, ferner die Verbreitung gewissen Bekleidungsmaterials, wie Rindenstoff, Palmfasergewebe, Fell- und Lederkleidung, Baumwollstoffe und dgl. mehr. Nachdem er die Verbreitung einer Reihe derartiger „Kulturgüter" mit den Sitten und sozialen Übungen in Beziehung gesetzt hat, gelangt er zur Aufstellung bestimmter „Kulturkreise" für Afrika.

Graebner hatte in seinem Vortrag dasselbe Verfahren für die Südsee in Anwendung gebracht und war hier ebenfalls zu gewissen Korrelationen unter einzelnen „Kulturgütern" gelangt. Allein damit nicht genug. Die im afrikanischen Gebiet und in der Südsee gewonnenen „Kulturkreise" wurden miteinander und weiterhin mit solchen in Australien in Zusammenhang gebracht. So gelangte man zu einer Entsprechung zwischen der nigritischen Kultur Afrikas und der ältesten australischen; die westafrikanische wurde der ostpapuanischen, die Sudankultur der westpapuanischen gleichgesetzt, deren Ursprung man in Indonesien suchte, usw. Auf diese Weise begründete man die Hypothese einer Gemeinschaft dieser Kulturen. Man stellte sie sich fernerhin irgendwo „beheimatet" vor.

In diesem Zusammenhang sei gleich darauf hingewiesen, daß P. W. Schmidt glaubt, in Ergänzung dieser Hypothesen die gleichen Kulturkreise auf Grund derselben Indizien auch in Amerika wiederzuerkennen. Allerdings wird diese Ausdehnung auf Amerika von den meisten Amerikanisten entschieden abgelehnt.

Das Interessante und Bezeichnende dieser Lehren besteht darin, daß man historisch sich ablösende, über die ganze Erde verbreitete gleiche Kulturschichten sich vorstellt, also um einen „entwicklungsgeschichtlichen" Gesichtspunkt in letzter Linie nicht herumkommt. Man bediente sich eines Schemas, nach dem der Kulturablauf der Menschheit sich vollzogen habe. Vom alten sogenannten „evolutionistischen" Standpunkt unterscheidet sich diese Auffassung darin, daß gewisse Kulturzentren und Ausstrahlungspunkte angenommen werden, von denen durch Wanderungen die „Kulturgüter" übertragen wurden. Wie sich diese Übertragung etwa psychosoziologisch vollzog und auswirkte, darüber zerbrach sich Graebner auch in seinem Buch über die „Methode in der Ethnologie" [09] nicht den Kopf. Für ihn vollzogen sich die Übertragungen mechanisch, etwa wie man einen Gegenstand aus einem Museumsschrank in den anderen setzt. Der Gegensatz zur „evolutionistischen" Auffassung, wie sie außer bei Spencer und Tylor, vielleicht am schärfsten bei Morgan, Mac Lennan und auch in den Bastianschen Schriften zum Ausdruck kommt, besteht hauptsächlich darin, daß diese alten „Evolutionisten" gewöhnlich annahmen, die Kultur eines jeden Volkes sei wesentlich ein bodenständiges Eigengewächs, das sich von irgendwelchen „Uranfängen" her kontinuierlich ohne fremde Beeinflussungen entwickelt habe.

Das Verdienst von Ankermann und Gräbner liegt darin, daß sie, insbesondere Graebner in seinen „Methoden", die sich an Bernheims Werk über die „Methode der Geschichtswissenschaft" anlehnten, nachdrücklich betonten, daß jede Wissenschaft, auch die Ethnologie, einer spezifischen Methode folgen muß, die sich aus ihrem eigenen Erfahrungsbereich ergibt.

Mit Recht wird der „evolutionistischen" Auffassung vorgeworfen, daß sie sich verleiten ließ, die Verfahrensarten und Ergebnisse der Biologie auf einem ganz anderen Gebiet anzuwenden.

Die Bezeichnungen und Abgrenzungen der „Kulturkreise" sind seit den Vorträgen vom Jahre 1904 nicht dieselben geblieben. Die ersten Konstruktionen verwendeten verschiedene Gesichtspunkte zur Unterscheidung: teils sprachlich-rassische, wie „nigritisch", „papuanisch", „melanesisch"; teils wurden sie der materiellen Kultur entnommen (Bumerang-, Bogenkultur), zum Teil endlich bedienen sie sich gewisser soziologischer Kriterien durch die Benennung „Zweiklassenkultur" oder „totemistische Kultur".

Trotz anfänglicher Gegnerschaft (Glob. 87, 174, 176, 189 und Glob. 86, 97, 363 und Graebn. [09] 39, 61, 125, 147), ließ sich P. W. Schmidt von der Graebnerschen Auffassung bald bekehren, weil ihm die Einstellung gegen den Evolutionismus aus apologetischen Gründen sympathisch war. Jedoch begnügte sich P. W. Schmidt nicht mit einer bloßen „Übernahme" der Graebnerschen Anschauungen, sondern bildete sie in seiner Weise weiter (Schmidt und Koppers [24]). Er versuchte die Kulturkreiseinteilung nach einem einheitlichen Gesichtspunkte zu gestalten und glaubte, das entscheidende Kriterium in den Heirats- und Nachfolgeordnungen gefunden zu haben. Demgemäß spricht er u. a. von dem vaterrechtlich-großfamilialen Kulturkreis, von dem exogamvaterrechtlichen oder totemistischen, vom mutterechtlichen Kulturkreis und endlich von sekundären, aus Mischung hervorgegangenen Kulturkreisen. Dabei handelt es sich um Einteilungsprinzipien, die jedesmal bestimmte Korrelationen mit anderen „Kulturgütern", mit dem Besitz von Geräten, Fertigkeiten, Einrichtungen und Vorstellungen zum Ausdruck bringen sollen. Er hebt von sich selbst hervor, daß er ein Nacheinander dieser Kulturkreise konsequent durchführe (Schmidt und Koppers 69), er ist also ebenfalls der Ansicht, daß eine „Entwicklungsbeziehung" unter den einzelnen Kulturschichten bestehe, wie das von Graebner und Ankermann auch betont wurde. Ja, er nennt seine Schule zur Unterscheidung von der Graebnerschen Kulturkreislehre die „kulturhistorische", und zwar deshalb, weil er sein besonderes Augenmerk eben auf die Konstruktion der sich ablösenden Kulturschichten von weltweiter Verbreitung richtet.

§ 7. Kritik.

Für eine Kritik der Kulturkreislehre und der sogenannten kulturhistorischen Schule kommt die Beantwortung der folgenden Fragen in Betracht:

a) Ist die Aufstellung von Kulturkreisen überhaupt berechtigt? — Es steht außer Zweifel, daß Geräte, Werkzeuge, soziale Einrichtungen, religiöse Anschauungen usw. jeweils durch die in einem Gebiet zusammen lebenden Menschen auf Grund zeitlich ablaufender Begebenheiten in eine Art Dauerbeziehung gebracht werden. Kommt eine solche schon dadurch allein zustande, daß die einzelnen Zivilisationsgüter in Berührung mit einander gelangen? Ist die behauptete Korrelation zwischen Zivilisationsgütern etwas Zufälliges, oder etwas ethnisch Bedingtes? Kann man nur innerhalb der aufgestellten Kulturkreise Korrelationen unter den Zivilisationsgütern feststellen? Erschöpfen sich überhaupt die aufgestellten Kulturkreise 1. innerhalb mehr oder minder bestimmter Landesgrenzen, können sie auch nur einigermaßen von einander abgegrenzt werden? 2. Gibt es nicht Gemeinsamkeiten unter verschiedenen Kulturkreisen und Schichten?

Der Kontakt unter einzelnen Zivilisationsgütern findet nicht so statt wie der zweier Gegenstände im Museumsschrank, sondern ist von Menschen getragen, die unter sehr verschiedenen Umständen miteinander in „Berührung" kommen. Die Art dieser „Berührung" ist entscheidend für den daraus resultierenden Ablauf von Begebenheiten, für die Bedingungen, unter denen harmonische Dauerbeziehungen unter den einzelnen Zivilisationsgütern entstehen können. Dabei stellt sich heraus, daß durch den Umstand, daß die Zivilisationsgüter von lebendigen und denkenden Menschen getragen werden, durch Menschen ferner, die in bestimmten geistigen und sozialen Bindungen leben, zweierlei Erscheinungen sich geltend machen: 1. von dem zur Verfügung gelangenden Zivilisationsgut wird nur das ausgewählt, was dem augenblicklichen Zustand der Geistesverfassung oder Gesellschaftsstruktur entspricht (Zeremonie der Jungfernweihe), was besondere Vorteile verschafft (Waffen, Schmuck, Erregungs- oder Berauschungsmittel) oder bequem erworben werden kann (Tragtiere, heute Automobile), 2. die übernehmende Gemeinde assimiliert sich das fremde Gut, d. h. es finden manchmal geringere, manchmal größere Änderungen, Entstellungen, Abwandlungen des Gegenstandes selbst, seiner Gebrauchsart, seiner Form, der Deutung einer Sitte usw. statt. Dadurch kommt 3. manchmal etwas ganz Neues zustande, was im Sinne einer „Erfindung" gedeutet werden kann, manchmal aber Abänderungen, die wir als „Verfallserscheinungen" buchen. Derartige Änderungen wurden namentlich durch Rivers (Riv. [14] 2) zum ersten Mal nachdrücklich hervorgehoben. Den Gedanken, daß mit Übertragungen Kulturverfall verbunden sein kann, haben die Schüler und Nachfolger von Rivers: Elliot Smith (Smith Ell. [29]) und Perry [23] in umfassender Weise weiter gesponnen. Die Korrelation zwischen Zivilisationsgütern kann man nicht im Sinne von Graebner und Schmidt als bloß mechanische Vorgänge auffassen, etwa wie Additionen von losgelösten Kulturtrümmern, sondern muß sie als das Ergebnis von sozialpsychologischen Prozessen untersuchen.

Die Vertreter der Kulturkreislehre und der sogenannten kulturhistorischen Methode stellen gerne die Dinge so dar, als ob nur innerhalb der aufgestellten Kulturkreise Korrelationen unter den Zivilisationsgütern in Betracht kämen. Hierin liegt aber einer der verhängnisvollsten Fehler. Selbst wenn wir absehen von der Frage, ob die Konstruktion dieser oder jener „Kulturkreise" berechtigt ist, muß doch jede unbefangene Untersuchung bald zu dem Ergebnis führen, daß wichtige Zivilisationsgüter auch anderen Kulturkreisen angehören. Man darf nicht vergessen, daß die sogenannten Kulturkreise nur auf Grund sehr weniger Merkmale kombiniert sind. Je weniger derartige Merkmale herausgegriffen werden, desto leichter ist es, auf Grund von deren Verbreitung Gebiete zu konstruieren und diese zu „Kulturkreisen“ zu ernennen. Es werden sich auch immer Korrelationen zwischen irgendwie herausgefischten Zivilisationsgütern finden. Die Frage, die hier noch nicht angeschnitten werden soll, aber doch schon Erwähnung finden muß, ist die, als wie lebenswichtig, wie entscheidend für die Existenz und das Schicksal eines Volkes irgendeines der erwähnten Zivilisationsgüter betrachtet werden kann. Unbefangene Beobachtung zeigt, daß z. B. sehr wichtige Erscheinungen über verschiedene „Kulturkreise“ hinweg Verbreitung haben. Dazu wird man z. B. die Art der Nahrungsgewinnung rechnen dürfen oder die Frage der politischen Organisation, etwa auf demokratischer, aristokratischer oder despotischer Basis. Oder die Rolle etwa, die Blutrache und Asyl in den Gemeinwesen spielen. Wenn wir von derartigen Gesichtspunkten ausgehen, finden wir, daß die „Kulturkreis“-Einteilungen versagen, daß sie sich mit den erwähnten Verbreitungsgebieten überschneiden oder mehrere einbeziehen usw., aber niemals decken. Bei weiterer Untersuchung zeigt sich, daß es Einrichtungen und Gebräuche gibt, die verbreiteter, und andere, die weniger verbreitet sind; zu ersteren gehören etwa die Blutrache, die Einrichtung von Jünglingsweihen, zu letzteren z. B. geheime Gesellschaften oder Polyandrie. Gehen wir in unserer Untersuchung noch weiter, so finden wir, daß gewisse Gegenstände und Einrichtungen oft Bestandteile sehr verschiedener Kulturen sind, sich unter Umständen Jahrtausende hindurch unter den mannigfaltigsten Schicksalen entfalten können, während andere längst dem Untergang geweiht wurden. Denken wir etwa an das heutige Ägypten, in dem wir Geräte, Werkzeuge, Techniken und Verfahrensarten finden, wie sie vor Jahrtausenden in den alten Gräbern abgebildet wurden. Die Sprache dagegen hat große Veränderungen durchgemacht, die Religion ist völlig verdrängt durch den Islam, die politische Verfassung hat im Laufe der Zeit ein Auf und Ab verschiedenster Schicksale durchgemacht. Setzen wir diese einzelnen Zivilisationsgüter jedoch in Beziehung zu ihrer gleichzeitigen Verbreitung, so erleben wir die verschiedensten Überschneidungen und Umfassungen. Das Beispiel von Ägypten hat den Vorteil, daß wir hier in der Tat eine außerordentlich lange Geschichte überblicken können, während diese bei den meisten Naturvölkern sich unserer Kenntnis, namentlich in Bezug auf die Einzelheiten, entzieht. Im Grunde liegen aber überall die Dinge so ähnlich.

Die Aufstellung von Kulturkreisen kann höchstens als eine gewisse ordnende Vorarbeit angesehen werden, die zahlloser Ergänzungen, Berichtigungen und Erweiterungen bedarf.

b) Sind die Kriterien für die einzelnen Kulturkreise richtig umschrieben?

Die aufgestellten „Kulturkreise“ umfassen verhältnismäßig weite Gebiete, in denen heute verschiedene Stämme oft verschiedener Sprache und Herkunft leben, die also das Endergebnis einer zweifellos komplizierten und vielfach ineinandergeschlungenen Geschichte darstellen. Es ist schon darauf hingewiesen worden, daß, je weniger Merkmale ausgewählt werden und je weniger Stämme man innerhalb eines Gebietes berücksichtigt, um so leichter sogenannte „Kulturkreise“ zu konstruieren sind. Was soll man z. B. zu dem sogenannten „sudanesischen“ Kulturkreis in Afrika sagen? Dort haben vielfache Überlagerungen von aus verschiedenen Richtungen eingedrungenen Kulturen und Wanderungen stattgefunden. Neben Völkern niedriger Zivilisation leben solche verhältnismäßig hoher. Wenn die Anhänger der Kulturkreislehre von der „Armut der Sudankultur“ sprechen, so greifen sie nur einige Stämme dieses großen Gebietes willkürlich heraus, ohne die anderen zu berücksichtigen. Zweifellos liegt hier das Bild eines Eindringens verschiedener höherer Zivilisationen in das Gebiet von niedrigeren vor. Unter den höheren Zivilisationen ist es keineswegs die jüngste Welle des Islams allein, sondern wir haben es vor allem noch mit der berberischen und älteren ätiopischen Strömungen zu tun (Schilde 149ff).

Bei der Aufstellung des sogenannten „mutterrechtlichen Zweiklassensystems“ unterlaufen andere Fehler. Zunächst erweckt der Ausdruck „Klasse“ die Meinung, es würde sich um verschiedene soziale Schichten handeln. Dies ist aber nicht der Fall, sondern es stehen sich zwei Hälften eines Stammes einander gleichberechtigt gegenüber, die in regelmäßige Heiratsbeziehung zu einander treten, ohne daß von irgendeiner sozialen Schichtung dabei die Rede sein könnte. Man wird daher richtiger von einem „Halbierungs-“ oder, wenn man will, von einem „Verdoppelungssystem“ reden können. Dazu kommt, daß dieses „Zweiklassensystem“ keinesfalls immer mutterrechtlich ist, sondern mitunter auch, wie z. B. im südlichen Neu-Guinea oder in Kalifornien, vaterrechtlich. Bei allen genaueren Darstellungen versagt das Schema um so mehr, je eingehender die Untersuchung ausfällt. Dem konnten sich auch die Schüler und Anhänger von P. W. Schmidt nicht entziehen, wie aus verschiedenen Aufsätzen der Festschrift für P. W. Schmidt hervorgeht. Es ist merkwürdig, daß die Schule, die sich „kulturhistorisch“ nennt, so wenig den individuellen historischen Sondergestaltungen Rechnung trägt. Dadurch, daß sie sich an den Schematismus der „Kulturkreise“ gebunden hat, verbaute sie sich die Möglichkeit, den historischen Besonderheiten gebührend Rechnung zu tragen.

c) Ist die Annahme einer weltweiten Verbreitung der aufgestellten Kulturkreise berechtigt?

Es wurde schon darauf hingewiesen, daß die Aufstellung von Kulturkreisen gleichzeitig im Sinne eines Nacheinander gedacht ist. Daß in einzelnen Ländern das geforderte hypothetische Nacheinander vorgekommen sei, bedürfte natürlich erst genügender Beweise. Die Annahme der weltweiten Verbreitung der aufgestellten Kulturkreise führt den vertriebenen Evolutionsgedanken bei der anderen Tür als kulturhistorische Entwicklung wieder herein. Der ganzen Frage der Entwicklung ist von den beiden Hauptträgern der Kulturkreislehre, von Graebner und P. W. Schmidt, in ungenügender Weise Rechnung getragen worden. Es ist bezeichnend, daß gerade Pater Kreichgauer, der Bearbeiter des technischen Teiles des Schmidt-Koppers'schen Werkes, am häufigsten den Ausdruck „Entwicklung“ gebraucht.

Auffällig ist auch der stark hervorgekehrte Materialismus in dem Abschnitt über die Wirtschaft der Urvölker. Die Rolle, welche zauberischen und abergläubischen Gedankengängen und Maßnahmen in der primitiven Wirtschaft zufällt, ist indessen außerordentlich groß und ihre Verwobenheit mit dem sozialen Leben der Gemeinde, selbst mit den Heiratsordnungen, mannigfaltig. Eben deswegen, weil die Ausführungen diesen so überaus wichtigen Faktoren keine Rechnung tragen, muß man sie als materialistisch bezeichnen. Die Bedeutung von Magie und Aberglauben ist überdies in ihrer Allgemeinheit allen Kulturkreisen von Naturvölkern eigen, wenn sie auch im besonderen verschiedene Färbungen und Varianten erfährt.

d) Erschöpft die Untersuchung von Zusammenhängen, Beeinflussungen und Wanderungen die Aufgaben völkerkundlicher Forschung?

Es ist ein Zug beider Vertreter der Kulturkreislehre, daß sie über den Einteilungen, über dem Versuch einer Typisierung die eigentlichen Probleme der völkerkundlichen Forschung verlieren. Niemals werden die komplexen historischen Erscheinungen irgendeines Stammes oder einer Gemeinde dem Leser vorgeführt, und jede Analyse der Kultur und der kulturellen Kräfte wird unterlassen. Wir erfahren niemals, wie und warum etwa Blutrache, Asyl, wirtschaftlicher Kommunismus, Patriarchat, Altenherrschaft, Kannibalismus, Menschenopfer, Häuptling- und Königtum, soziale Schichtung, Kasten, Hörigkeit, Sklaverei usw. usw. entstanden oder vergangen sind, in welchen Rahmen von Vorstellungen und sozialer Gestaltung sie sich einfügen.

Nach dieser Richtung hin ist vielleicht am meisten von Lowie [20] gearbeitet worden. Aber auch Lowie hat sich mit dem Entwicklungsproblem nicht auseinandergesetzt, ja er geht in seiner sicher berechtigten Bekämpfung von Morgan und Mac Lennan so weit, daß er alles, was nach stufenmäßigen Unterschieden aussieht, verwirft. In ähnlicher Weise verfährt auch Goldenweiser [24]. Schaltet man jedoch die Begriffe Fortschritt und Entwicklung völlig aus, so darf man auch nicht von „primitiver" Gesellschaft wie Lowie, oder von „früher" Zivilisation wie Goldenweiser reden.

Alle Betrachtungen führen dazu, daß wir gewisse Gemeinsamkeiten in den historischen Schicksalen aus bestimmten Konstellationen herleiten, also soziologisch verfahren, und weiterhin, daß wir diese Konstellationen in ihrer psychologischen Bedingtheit und den daraus sich ergebenden Abläufen erfassen, somit die sozial-psychologischen Grundlagen der Zivilisations- und Kulturvorgänge ermitteln.

e) Worin besteht eine historische Forschung?

Die Benennung der „kulturhistorischen" Methode als „historisch" ist irreführend, da sie gerade nicht der historischen Einmaligkeit und Einzigkeit Rechnung trägt, sondern, wie schon angedeutet, mit einigen wenigen „Tests" Schemata von Kulturschichten konstruiert, denen höchstens ein typologischer Wert zukommt. Die Gestaltungen der Wirklichkeit sind aber unendlich mannigfaltiger, als es die Vertreter der „kulturhistorischen" Schule darstellen; diese Mannigfaltigkeit findet bei ihnen nicht die gebührende Berücksichtigung. Man konstruiert zu vereinfachte „Idealtypen", die der Wirklichkeit nicht gerecht werden.

Der Fehler liegt dabei nicht darin, daß man überhaupt Typen aufstellt — denn ohne solche kann man keine Übersichten gewinnen —, vielmehr in der Täuschung, als ob diese Konstruktionen, ohne den Dingen Gewalt anzutun, so weit Wirklichkeit wären, daß überall dort, wo sich die wenigen Kriterien des Schemas vorfinden, auch das übrige Leben gleich wäre, als ob somit überall, wo sich etwa eine Stammeshalbierung findet (das sogenannte „Zweiklassensystem") oder eine Aufspaltung in Heiratsgruppen (sogenannte „totemistisches" Heiratssystem), auch alle übrigen Lebensformen gleich wären.

Davon ferner, daß die Typen selbst sich in einem Ablauf befinden, ist nirgends die Rede, sondern sie werden wie etwas absolut Starres, somit durchaus unhistorisch betrachtet.

Die sogenannte „kulturhistorische" Schule könnte man eher als ein „soziologisches" Verfahren ansehen, da es darauf hinausläuft, Idealtypen aufzustellen. Allerdings dürfte sie den Soziologen deshalb nicht befriedigen, weil ein zu geringer Teil sozialer Phänomene dabei erfaßt wird. Es war ein Irrtum von Graebner, wie auch von Rivers und P. W. Schmidt, Darstellungen zu geben, als erschöpfte sich mit Heiratsordnungen, Zugehörigkeits-, Nach- und Erbfolgebezeichnungen und mit Verwandtschaftsnamen „die soziale Organisation". Im Grunde handelt es sich überdies zumeist um durchaus oberflächliche Feststellungen über die Heiratsordnungen, darüber, wie man über die Familienzugehörigkeit und die Erbfolge in einigen Fällen denkt, wobei man außerdem in der Regel es völlig unterläßt, etwa Unterschiede in Bezug auf die Nachfolge in Würden und in Besitz zu machen, Unterschiede zwischen der Angehörigkeitsberechnung zur Familie oder zur Sippe vorzunehmen usw. Außerdem kann den Vertretern der „kulturhistorischen" Schule der Vorwurf nicht erspart werden, daß sie die neueren sehr eingehenden Forschungen auf diesem Gebiet einfach ignorieren, und damit der ganzen Problematik und sozialpsychologischen Verflechtung der Phänomene, etwa des Mutterrechts und der Heiratsordnung, völlig aus dem Wege gehen (s. z. B. Mal. [30]). Derselbe Vorwurf betrifft auch die „Übertragung" und das „Wandern" von sozialen Systemen (s. z. B. Goldw. [21], Kroeb. [27]). Man kann dabei nicht advokatorisch vorgehen und dem anderen gegen die eigene Behauptung die Beweislast zuschieben, sondern man muß diese Probleme in ihren historischen Abläufen zu ermitteln und auf sozialpsychologischem Wege zu untersuchen trachten.

Dazu kommt noch ein Punkt, dem noch an anderer Stelle dieses Werkes Aufmerksamkeit zugewendet werden soll. Es gewinnt nämlich den Anschein, daß dort, wo Idealtypen verwirklicht zu sein scheinen, tatsächlich Extremformen vorliegen. Damit soll gesagt sein, daß wir es nicht etwa mit „Mutterrecht" als Idealtyp in der Menschheitsgeschichte zu tun haben, sondern daß, wo wir eine Anzahl von Institutionen vorfinden, die mit Mutterfolge und Fraueneinfluß zusammen hängen, extreme Gestaltungen vorliegen. Dafür spricht schon der Umstand, daß wir nur sehr vereinzelt und gerade nicht bei den niedrigsten Stämmen derartige Extremformen, wie z. B. bei den Trobriandern, antreffen. Tatsächlich ist das „Mutterrecht" eine Konstruktion, der sehr verschiedenwertige, größere und kleinere Komplexe von Einrichtungen entsprechen (s. z. B. auch Baum [26]).

Dabei ist es klar, daß es trotzdem immer nützlich sein wird, gelegentlich einen Ausdruck wie „Mutterrecht" zu gebrauchen, nur muß man ihm einen anderen weniger spröden Sinn unterlegen, ihn eben nicht als „Idealtyp" gebrauchen. Es ist ähnlich, wie etwa bei der Verwendung der Ausdrücke „Grabstockbau", „Hackbau" und „Ackerbau" usw. — obgleich gerade die Vertreter der „kulturhistorischen" Schule diesen so überaus wichtigen wirtschaftlichen Unterscheidungen keine Bedeutung beimessen zu brauchen glauben, jedoch auf diese Weise aller Art von Mißverständnissen Tür und Tor öffnen.

Völlig unhistorisch ist auch schon das von Graebner übernommene Kriterium, daß w e i t e r v e r b r e i t e t e Gegenstände oder Einrichtungen „älter" sein müssen, einer „tieferen" Kulturschicht zuzurechnen sind. Das k a n n sein, m u ß aber nicht sein. Die Verbreitungsrhythmen sind außerordentlich verschieden. Für Reizmittel wie Tabak sind sie anders als für Kulturpflanzen, mit deren Anbau die Lebenshaltung in bestimmte Bahnen gedrängt wird, oder für die Viehhaltung, oder etwa für Schmuckgegenstände usw. Die Übernahme der einen oder anderen Einrichtung oder Lebensform hängt von vielerlei Bedingungen ab, z. B. von geographischen und klimatischen, und schließlich von den Menschen selbst, ihren Traditionen und Neigungen. Die Ausbildung von Geräten wird wiederum in erheblichem Maß durch den Zweck bestimmt, dem sie dienen. Mit dem Wechsel des Ortes können sie sich bei Fortdauer der Zweckidee verändern, oder der gleiche Gegenstand wird einem anderen Zweck gewidmet: aus der Waffe wird z. B. ein Kultgegenstand, wie der ägyptisch-sumerisch-australische Bumerang in den Neuen-Hebriden und auf den Salomo-Inseln.

Für Graebner ist die Kultur etwas Starres, etwas S t a t i s c h e s, nichts Lebendiges, Dynamisches. Er setzt gewissermaßen unveränderliche Zustände voraus, die sich höchstens irgendwo „ausgebildet" haben. Über diese Ausbildung selbst aber läßt er sich nirgends aus, ebenso wenig darüber, wo das geschehen sein kann. Einen inneren Ablauf der Kultur anerkennt er nicht, sondern führt alles auf mechanische Übertragungen ohne weiter dabei sich ergebende Veränderungen zurück. Das heißt jedenfalls durchaus unhistorisch verfahren. Seine „Kulturen" stellen nur das mechanische Nebeneinanderreihen von zivilisatorischen „Gütern" dar, sie sind rein additiv gedacht und verneinen den Gedanken einer wechselseitigen Anpassung, einer inneren Harmonisierung und Konsolidierung, einer Abstimmung aufeinander.

Darum sucht man auch bei Graebner vergebens nach dem Gedanken, daß die einzelnen Zivilisationskomplexe sich verändert, nebeneinander v a r i i e r t haben könnten. Von ihm, wie von der kulturhistorischen Schule, werden alle derartigen Varianten bestimmten Schichten zugeschrieben, was sicher eine starke Übertreibung bedeutet.

Darüber, was man eigentlich unter „K u l t u r" zu verstehen hat, wird man sowohl bei Graebner wie auch bei den orthodoxen Anhängern der kulturhistorischen Schule vergeblich fragen. Dazu kommt noch, daß sie die engeren und weiteren Verbreitungsgebiete von Einrichtungen und Gegenständen, die sich mit ihren herausgegriffenen Kriterien nicht verbinden lassen, einfach ignorieren. Es sei etwa an die Verbreitung des Glaubens an den bösen Blick, der Hand als Abwehrzeichen, des Zusammenhangs von Blutrache und Asyl, des Gottesurteils usw. erinnert. Die Fragen der politischen Gestaltung insbesondere werfen Probleme auf, denen die Kulturkreislehre und die kulturhistorische Methode in keiner Weise gewachsen sind.

Tatsächlich wenden beide Schulen eine Methode an, als ob wir es in der Ethnologie mit Material zu tun hätten wie in der Vorgeschichte, und nicht gerade den Vorteil besäßen, von den lebenden Menschen und der Fülle der Phänomene unsere Kenntnisse vom menschlichen Leben unmittelbar zu beziehen. Man kann sagen, daß beide Schulen mit Konstruktionen arbeiten, die am Museumsmaterial ausgebildet sind, auf die sie nie verfallen wären, wenn die beiden darin tonangebenden Persönlichkeiten wirklich einmal Feldforschung getrieben hätten.

Man hat die beiden Schulen nicht mit Unrecht als „mythologisch" in dem Sinn bezeichnet, daß sie wie die alten Mythenbilder verfahren. Vielfach hat die kulturhistorische Methode sich darauf berufen, daß sie in anderen Ländern, z. B. in Amerika, Nachfolge gefunden hätte. Das ist jedoch irreführend. Das, was die Amerikaner als „cultural areas" bezeichnen, ist etwas durchaus anderes und der ganzen Methode nach von der kulturhistorischen Methode verschiedenes (s. z. B. Kroeber, Wissler, Lowie).

§ 8. Lage und Sinn der heutigen Völkerkunde.

Dieser andeutungsweise historische Rückblick führt uns schließlich in die heutige Zeit, und wir haben uns die Frage vorzulegen, wie steht es zur Zeit mit der Völkerkunde, was haben wir von ihr zu erwarten, wo liegen ihre Aufgaben und welche Wege sollen wir einschlagen?

Damit treten wir in den positiven und aufbauenden Teil dieser Auseinandersetzungen ein.

Ist alles erledigt, wenn wir hören, wie die Leute in Neu-Guinea oder in Afrika ihre Häuser bauen, ihre Trommeln schnitzen, ihre Pfeile ausstatten, wie sie sich zum Tanze schmücken, welche Sitten und Gebräuche sie bei der Hochzeit oder beim Begräbnis beobachten, welche Eheverbote sie haben, was sie von dem Walten der Geister, von der Seele, vom Jenseits meinen, welcherlei Zauberkünste sie üben, woran sie Vorbedeutungen ablesen und dgl. mehr? Gewiß, exakte und verläßliche Beschreibungen, unbefangene und genaue Beobachtungen bilden die Grundlage, auf der die Völkerkunde genau so aufbauen muß, wie etwa die Geschichte auf peinlich genauen Untersuchungen von Denkmälern und Schriften, oder die Zoologie oder Botanik auf Kenntnis und Beschreibung ihrer Objekte. Es ist weiterhin notwendig, sich darüber zu orientieren, welche ähnlichen Gegenstände,

Sitten, Einrichtungen, Gebräuche, Mythen, Sagen und dgl. noch anderswo vorkommen. Auch Einteilungen auf Grund derartiger Ähnlichkeiten bilden weiterhin eine notwendige und unabweisbare Grundlage der Forschung. Nur müssen wir bei diesen Einteilungen Vorsicht walten lassen und nicht unsere Wünsche hineintragen, nicht mit vorgefaßten Meinungen dabei zu Werke gehen.

Die Völkerkunde muß sich gerade so wie jedes andere Forschungsgebiet in Welt und Wissen einordnen. Daraus ergeben sich mehrere Fragepunkte, 1. wonach die Welt und Zeit fragt und 2. wonach die Wissenschaft die Völkerkunde fragt.

Schließlich ergeben sich aber aus den völkerkundlichen Studien der kulturvergleichenden Betrachtung eigene Probleme. Eine 3. Frage besteht also darin, was für Gesichtspunkte durch die Völkerkunde selbst zu Tage gefördert werden, welches Licht sie auf unser Leben wirft und welche Forderungen sie an unsere Zeit stellt, von welcher neuen Seite her sie die Welt und die Wissenschaft zu befruchten vermag.

Diese drei Punkte sollen hier kurz zur Erörterung gestellt werden.

Gerade der erste Punkt ist vielleicht von besonderer Bedeutung. Wenn wir auch heute keine eigenen Schutzgebiete besitzen, so ist die Frage unserer kolonial-wirtschaftlichen Beziehungen trotzdem nicht tot. Unsere Stellung zu den fremden Völkern und Kulturen hat sich durch den Gang der Ereignisse zwar anders gestaltet, sie ist aber heute sowohl direkt wie indirekt eher wichtiger geworden als vor dem Kriege.

Von zwei Seiten her nähern sich der Völkerkunde die Probleme des Kontakts der zeitgenössischen Kulturen. Unsere Kaufleute, Pflanzer und Missionare in den Tropen und Subtropen haben unabhängig davon, welchem staatlichen Verbande die betreffenden Gegenden zugeordnet sind, stets mit Vertretern fremder, sogenannter „primitiver" Kulturen zu tun. Nicht bloß für Verwaltungsmaßregeln, sondern auch für den geschäftlichen und persönlichen Umgang ist eine Kenntnis des Verhaltens und Denkens sowie der äußeren und inneren Form des Zusammenlebens dieser anderen Menschen, mit denen sie in Berührung kommen, nötig. Vielfach, ja in der Regel, sind sie auf diese anderen Menschen als ihre Arbeitskräfte angewiesen. Der Pflanzer wird um so besser mit seinen Arbeitern auskommen und auch um so mehr aus seinem Betrieb herausschlagen, je glücklicher er sich in die Leute einfühlt, mit denen er zu tun hat. Man mag einwenden, daß das eine Angelegenheit persönlichen Geschicks, eine besondere Begabung und Kunst ist. Keine Frage, daß das zutrifft. Aber um so wichtiger sind dazu sowohl positive Kenntnisse über den betreffenden Stamm, als auch eine allgemeine Stellungnahme zur Gesamtheit primitiven Denkens und Lebens. Es wären nicht so viele Angriffe auf Weiße vorgekommen und weniger Blut wäre sowohl bei den Europäern als auch auf Seite der sogenannten Wilden vergossen worden, wenn man auf die seelischen Voraussetzungen ihrer Einrichtungen mehr Rücksicht genommen hätte. In der Tat hat es ja nicht an Ansätzen gefehlt, nach dieser Richtung hin die Lücken zu ergänzen. Kolonialschulen z. B. tragen der gekennzeichneten Notwendigkeit Rechnung.

Aber ein wie geringer Prozentsatz derjenigen, die nach den Tropen gehen, hat eine entsprechende aufklärende Unterweisung durchgemacht!

Die Missionen haben natürlich zuerst, wie schon aus dem geschichtlichen Überblick hervorgeht, die Notwendigkeit erkannt, Leben und Art der Eingeborenen kennen zu lernen. Fast alle großen Missionsanstalten, was immer für einer Konfession, suchen ihre Sendboten schon in Europa völkerkundlich auszubilden.

Noch ein zweiter Punkt kommt besonders nach dem Kriege hinzu. Die strahlende Gloriole um den weißen Mann verblaßt mehr und mehr. Die ungeheure Propaganda der Weststaaten hat während des Krieges nicht davor Halt gemacht, die verschiedenen Naturvölker und andere Fremdvölker zu Haß und Verachtung gegen einen Teil der Weißen aufzureizen. Diese Fremdvölker sahen bald die Schwächen auf beiden Seiten, hüben und drüben vom Stacheldraht, denn die Berührung war enger und alltäglicher geworden. Dazu tritt noch etwas weiteres. Durch den Unterricht wurde den Naturvölkern der Schlüssel der technischen Überlegenheit des weißen Mannes gezeigt. Ein starkes Selbstgefühl ist an die Stelle der Anerkennung einer Überlegenheit des Europäers getreten und wirkt sich in der Ausbreitung eigener nationaler Bestrebungen aus. Ja, dieses wird außerdem durch kommunistisch-revolutionäre Lehren belebt und gipfelt in der Forderung nach einer Emanzipation von dem umgarnenden Einfluß Europas und der Europa-Amerikaner.

Diese neue Sachlage, die bei uns in Deutschland vielfach unterschätzt oder völlig ignoriert wird, erfordert in noch gesteigertem Ausmaß ein viel vorsichtigeres Verhalten gegenüber der Eigenart von Sitten, Einrichtungen und Geistesart der Fremdvölker.

Die Welt der Eingeborenen, ja fast alle Völkerschaften der Fremde und Ferne, Asiens und Afrikas, einschließlich der Neger Amerikas, sind in eine ungeheure Krisis gestürzt, die ihresgleichen nicht hat. Wir gebrauchen heute gerne das Schlagwort vom Untergang des Abendlandes. Wenn wir aufrichtig sein wollen, ist unsere eigene Krisis eine Kleinigkeit gegenüber der, in welcher sich der ferne Osten und der ferne Süden befinden. Mit viel mehr Berechtigung sollte man heute von einem Untergang des Morgenlandes — ich meine seiner alten Kultur — und seiner Ausstrahlungen, ja, von einer schweren Krisis fast aller Kulturen außerhalb der europäo-amerikanischen Völkerfamilie sprechen. Hier überall geht es um Leben und Sterben, um den Untergang von Völkern und Kulturen, zu Dutzenden. Wir leben mitten in einer Katastrophe, die wie eine Sündflut über diese Völker und Kulturen hereingebrochen ist, manche schon weggeschwemmt hat, andere bedroht, aus dieser Gefahr heraus aber auch die Widerstände der Kämpfenden und Ringenden außerordentlich verstärkt hat.

Hervorgerufen wurde diese Krisis der fremden Welt durch uns, durch das Zusammentreffen jener Völker mit den Weißen, durch die ungeheure wirtschaftliche und politische Expansion der europäischen Kultur und ihrer Träger, vor allem infolge der technischen Fortschritte. Es wäre lächerlich oder vermessen zu sagen, daß bei unseren Vertretern eine andere Absicht dahinter gesteckt hätte als das Erreichen kleiner kurzgesehener Vorteile wirtschaftlicher Nutzung oder Ausbeutung. Noch weniger, oder vielleicht nur ganz vereinzelt, wurde diese Katastrophe vorausgesehen.

Diese selbe Technik, die auch über uns gewissermaßen hereingebrochen ist, uns zum Werkzeug erkoren hat, die auch von uns noch lange nicht verdaut, d. h. mit den übrigen Seiten unseres Lebens weitaus noch nicht in inneren Einklang gebracht worden ist, bewirkt aber noch etwas weiteres. Von Tag zu Tag werden die Entfernungen verkürzt, die Flugzeuge bringen die Kontinente aneinander, wir sprechen drahtlos von Kontinent zu Kontinent, wenigstens zwischen England und Amerika. So nähern sich uns die Fremdvölker, trotz hunderter und tausender Kilometer. Die Technik gestaltet gewissermaßen die Geographie um.

Können wir diesem Gewitter kultureller Vorgänge zusehen, ohne unsere eigene Haltung zu verändern? Ganz abgesehen davon, ob wir Kolonien haben oder nicht, werden wir in den Wirbelwind, der über die Erde hinwegfegt, hineingezogen. In der wirtschaftlichen Versorgung mit den tausend Produkten der Tropen und Subtropen, mit Ölen, Fetten, Baumwolle, Stoffasern, Kautschuk, Leder, Reis, Kaffee, Tee, Kakao usw. sind wir hoffnungslos verstrickt mit den Arbeitskräften der Fremdvölker.

Vergeblich haben wir während der Kriegsblockade uns mit Ersatzstoffen abzufinden versucht. Unser Interesse ist unlösbar mit diesen Völkern verknüpft, die inzwischen eine ganz andere Haltung einzunehmen begonnen haben.

Ihre Kulturen freilich, mag man einwenden, sind dem Untergang geweiht. Ja! und nein! Ein wichtiger Anpassungsprozeß wird hier nötig sein. Wir haben den Irrtum eingesehen, daß wir unsere Art und unser Wesen nicht ohne weiteres den anderen aufstülpen können und dürfen. Manches von unserer Technik und einiges von unserer wirtschaftlichen Organisation werden diese Völker wohl übernehmen, in ihrer Seele aber werden sie bleiben, wie sie sind. Die Kraft eigener Tradition, die in ihnen lebendig ist, darf von uns nicht unterschätzt, nicht untergraben und auch nicht mißachtet werden. Je mehr diese fremden Völker aus den Erschütterungen heraus zu ihrem eigenen Wesen wieder zurückfinden, einem neuen kulturellen Ausdruck auf Grund der veränderten Sachlage Rechnung tragen, desto besser für sie und auch für uns, desto leichter wird die große Krisis und der innere Aufruhr eine Entspannung finden, werden die Krämpfe, von denen sie heimgesucht sind, ausklingen. Dazu sollen wir ihnen in unserem eigensten Interesse behilflich sein.

§ 9. Aufgaben der Völkerkunde.

Es ist unsere Aufgabe und Pflicht, bei dem Anpassungprozeß der fremden Kulturen und Völker an die unsere die geistige Führung zu übernehmen, wie es auf technischem Gebiet geschehen ist. Es ist keine Frage mehr, ob wir wollen und wünschen, ob es gut oder schlecht ist, daß die alten Kulturen zerbrochen werden und eine neue Zeit beginnt. In unserem eigensten Interesse liegt es, den Übergang zu neuen Lebensformen für die Fremdvölker zu erleichtern. Wie können wir aber anders an sie herantreten als dadurch, daß wir ihre Einrichtungen und ihr Denken selbst kennen lernen? Doch nicht allein das. Wir müssen fragen, wie kam es gerade hier zu diesen oder jenen Formen, zu Heiratsverboten, zur Bildung von Schichten und Staffelungen der Gesellschaft, zu Despotie und Zeremoniell? Wodurch waren sie bedingt? Der Verweis auf unsichere und starre Kulturkreise versagt schon wegen der ungeheuren Mannigfaltigkeit und des Durcheinander unter den einzelnen Stämmen eines oft kleinen Gebietes, wie etwa in Neu-Guinea oder Südamerika, die gerade dadurch ihre einzigartige historische Schicksalsgestaltung verraten.

Aus diesen im weitesten Sinn kolonialen Problemen, aus unseren aktuellen und drängenden Beziehungen zu den Natur- und Fremdvölkern und ihren Kulturen ergeben sich allgemeine Fragen soziologischer und psychologischer Art, für deren Lösung in erster Linie die Wissenschaft von den Völkern, die Völkerforschung, berufen ist.

Damit kommen wir auch zu dem Fragenkomplex, der von Seiten der Wissenschaft an die Völkerkunde herangebracht wird. Das ganze Kulturbild eines gegebenen Volkes, ob es die Herero Südwestafrikas oder die Hottentotten oder die Bantu-Stämme als Gesamtheit sind, müssen wir als je einmalige und einzige Gestaltung aus im Laufe der geschichtlichen Begebenheiten gewordenen geistig-gesellschaftlichen Vorgängen zu erfassen suchen. Dabei müssen wir uns klar machen, daß mit „Kultur" etwas sehr zusammengesetztes gekennzeichnet wird: Sprache, Rasse, politische Organisation, Art der Siedlung, des Hausbaues, traditionelle Werkzeuge und Handwerke, Gebräuche bei der Ausübung verschiedener Fertigkeiten, bei der Gewinnung der Nahrung, die Art der Wirtschaftsorganisation, der rechtlichen Bindungen, der Heiratssitten usw.

Von diesem Blickpunkt aus führen hunderte von Fäden zu den übrigen Wissenschaften. Warum?

Wir kommen hier zu einer der schwierigsten Fragen der Völkerkunde. Wenn die anderen Wissenschaften bei der Völkerkunde Auskunft heischen, so tun sie das gewöhnlich mit einem Hintergedanken. Man möchte nicht so sehr wissen, wie etwa ein Rechtsbrauch, eine Wirtschaftsorganisation, eine Heiratssitte, die Art des Häuptlingstums, der Glaube an die Macht von Tieren oder Geistern usw. sich in die kulturelle Gestaltung eines bestimmten Einzelvolkes einordnen, sondern man wünscht zu erfahren, ob und wie hier für die Entstehung der betreffenden Einrichtung oder des ihr zu Grunde liegenden Gedankens überhaupt etwas zu gewinnen ist. Man geht also von einem Standpunkt aus, der um unsere Kultur als den Brennpunkt zentriert ist. Man möchte unsere Kultur auf diese Weise durch Entwicklungsreihen deuten oder eine erweiterte Verallgemeinerung gewinnen.

Ob ein solcher Standpunkt objektiv gesehen nun richtig oder falsch ist, fällt gegenüber der Macht, mit der er sich stets wird geltend machen können nicht ins Gewicht. Wir müssen ihm unbedingt Rechnung tragen, wenngleich wir uns bestreben, die positiv oder negativ geladene Egozentrizität des Standpunktes, seinen „Optimismus" oder „Pessimismus", dadurch zu dämpfen, daß wir eine möglichst weitreichende Veränderungskette mit allen ihren Bedingtheiten und Verästelungen in den Vordergrund stellen. Damit gelangen wir zur Erörterung der allgemeinen Bedingtheiten in der Gestaltung und Abfolge der Kulturen, nicht nur zu dem Unternehmen einer Rekonstruktion der Geschichte nach rückwärts, sondern auch dazu, aus den Einzelvorgängen das Gemeinsame an sozial-psychologischem Gehalt zu gewinnen. Hier scheidet sich wieder eine vergleichende Charakterkunde der Menschheit, eine „differenzielle Völkerpsychologie" ab von den Zusammenfassungen und Abstraktionen aus der Kleinarbeit, die uns auf induktivem Wege eine Art von möglichst wertfreien Soziopsychogrammen, von Volksbiographien ermöglichen, um aus der Fülle der „Gesellungspersönlichkeiten" das sozial-psychologisch Gemeinsame abzuleiten. Es wäre z. B. festzustellen, durch welche Faktoren das Verhältnis der Geschlechter zueinander bestimmt wird, worauf sich der Einfluß in einer Gemeinde gründet, der zu Führerschaft oder zu vergötterten Idealpersönlichkeiten führt, indem man die Richtung des Strebens und der Wertungen ermittelt, die Rolle der Gemeinde im System der Kulturen abgrenzt, den psychologischen Ablauf einmal gegebener soziologischer Konstellationen untersucht, die Bedeutung erforscht, die den persönlichen Auseinandersetzungen oder Kämpfen je nach den Umständen zufällt, den Veränderungen nachgeht, welchen die Einrichtungen der politischen Gemeinden, der Rechtsinstitutionen und Sitten durch die sich wandelnde Geistesverfassung oder durch den inneren Ablauf dieser Institutionen selbst unterworfen sind usw.

Das Entwicklungsproblem selbst aber darf weder im alten Sinne grob und unterschiedslos angenommen werden, noch kann man es ohne weiteres leugnen, wie im § 7 angedeutet, vielmehr bedarf es einer analytischen Untersuchung. Wir haben es nicht einzig und allein mit Entwicklungsvorgängen zu tun. Die Entwicklung bildet nur eine Komponente in einem weitläufigen Kräftespiel. Sie stellt einen nicht umkehrbaren Vorgang der Anhäufung und Mehrung an Zivilisationsgut dar. Einen solchen Vorgang können wir auf dem Gebiete der technischen Fertigkeiten, der Anhäufung des Wissens und der Einsicht in die Bedingtheiten und ursächlichen Zusammenhänge feststellen. Der Pflug ist ohne den Gebrauch der Hacke beim Hackbau, letztere ohne den Grabstock nicht denkbar. Aber noch etwas anderes: Vor den Pflug wird der Ochse gespannt, somit bildet eine Voraussetzung des mit dem Pflug betriebenen Ackerbaues auch die Zähmung von Tieren, vor allem des Rindes. Der bloße Hackbau oder der Grabstockbau wird allein durch die menschliche Arbeitskraft bewerkstelligt. Hier findet also eine Häufung von Kenntnissen statt, und die folgende Technik ist ohne die vorherige undenkbar. Das ist Fortschritt. Gerade so wie die Dampfmaschine die Luftpumpe voraussetzt, die Flugmaschine die Konstruktion des Automobilmotors usw. Eben wegen dieser Anhäufungen ist eine Umkehrung solcher Prozesse nicht möglich.

Nun sehen wir aber folgendes: der eine Fortschritt findet bei diesem Volk statt, der andere bei jenem. Außerdem aber führen ähnliche Ereignisse keineswegs immer zu den gleichen Ergebnissen.

Trafen Hirten mit Feldbauern zusammen, wie das gewiß zu den verschiedensten Zeiten sehr oft der Fall war, so kann verschiedenes daraus resultieren. Es kann etwa zu einer bloßen Symbiose, zu einem Neben- und Miteinanderleben der Hirten und Feldbauern kommen, ohne wechselseitige Einmischung in die Angelegenheiten anderer, wie z. B. in der älteren Geschichte der *Bakitara* Ostafrikas. Es kann aber später auch eine Schichtung entstehen, wie etwa in Ruanda und anderen ostafrikanischen Despotien, während die *Masai* ganz andere Zustände aufweisen. Es kann aber auch eine Herrschaft der Hirten über die Feldbauern sich breit machen, wie z. B. gelegentlich der Eroberungszüge der Mongolen. Doch auch eine staatliche Organisation mit rationeller wirtschaftlicher Verwertung der menschlichen Arbeitskraft, eine Führerschaft der einen Schicht gegenüber der anderen, kann — namentlich bei wiederholten Überlagerungen — zustande kommen, wie z. B. im alten Sumer, im Zweistromland oder im alten Ägypten.

Man sieht also, derartige Ereignisse bilden unter verschiedenen Voraussetzungen und zu anderen Zeiten den Anstoß für ein keineswegs immer gleiches Verhalten der dabei beteiligten Menschen. Die einzelnen Völker verhalten sich in ähnlichen Situationen nicht immer gleich. So ist auch das Schicksal der Völker selbst verschieden.

Bei der Betrachtung derartiger Erscheinungen können wir verschiedene Gesichtspunkte einschalten: wir können die nicht umkehrbare Anhäufung von Fertigkeiten und Kenntnissen verschiedener Völker miteinander vergleichen, ihre kulturellen Leistungen also zueinander in Beziehung setzen. Dann erhalten wir das Bild einer notwendigen Entwicklung, eines Fortschritts, wie er gelegentlich des Beispiels vom Grabstock, der Hacke und dem Pflug gekennzeichnet wurde.

Wird z. B. bei einem Volke eine Erfindung gemacht, wie etwa das Wurfmesser, so übernimmt ein anderes diesen erfundenen Gegenstand, verwendet ihn jedoch nicht in der gleichen Weise. Das Wurfmesser der Sudanstämme dient als Waffe, wird jedoch bei einigen Bantu-Stämmen als Hausgerät, bei anderen als Kultgegenstand verwertet.

Ähnlich ist es auch bei Entdeckungen von Ländern. Nicht alle Völker ziehen daraus die gleichen Konsequenzen. Man braucht nur an die verschiedenen Methoden der Kolonisation zu denken, etwa den Unterschied zwischen dem spanischen, dem französischen und dem angelsächsischen Verfahren.

Hier und da gehen auch Erfindungen oder Entdeckungen verloren. Es sei an die Kenntnis von der Kugelgestalt der Erde erinnert, welche dem alexandrinischen Ägypten in den ersten Jahrhunderten nach Ch. bekannt war, in der Zeit der Patristik aber, als die Aufmerksamkeit ethischen und religiösen Dingen zugewandt war, verloren ging und erst viele Jahrhunderte später unter Aufwand großer Kämpfe sich wieder durchzusetzen vermochte. Ähnlich ist es mit der Entdeckung Amerikas durch die Normannen. Die

Menschheit muß den zerrissenen Faden dann neu anspinnen. Das geschieht aber nicht immer durch dieselben Völker, sondern im Gegenteil gerade durch andere, und auch aus ganz anderen neuen Voraussetzungen heraus.

Es gibt aber Faktoren, die außerhalb einer anhäufenden und nicht umkehrbaren Entwicklung liegen. Viele Übergänge stellen nur ein Pendeln innerhalb mehr oder weniger zahlreicher, also begrenzter Möglichkeiten dar, so z. B. der Übergang von mutterrechtlichen zu vaterrechtlichen Gesichtspunkten oder umgekehrt, die Regelung der Nachfolge oder des Erbgangs, das Vorwalten aristokratischer oder demokratischer Prinzipien im politischen Leben, das Verschieben der Überbewertung der Volksleidenschaft, bald nach der kämpferischen, bald nach der religiösen, bald nach der kommerziellen Seite, bald nach einer Kunstübung. Ja, die Abfolge verschiedener hauptsächlicher Stilrichtungen usw. pendelt wieder innerhalb einer gewissen Zahl von Möglichkeiten. Man kann den Übergang etwa vom naturalistischen zu einem geometrischen Stil, oder umgekehrt, ebensowenig als Fortschritt bezeichnen.

Wohl aber kann ein solches Hinüberpendeln durch Fortschrittselemente, z. B. durch eine vertiefte Auffassung über die Bedingtheiten der Lebens- oder Naturvorgänge, ausgelöst werden.

Dadurch, daß neue Gemeinschaften auf den Plan treten, welche die Gedanken anderer verändern, umgestalten und in ihrer Weise weiterbilden, wird der ganze Entwicklungsprozeß kompliziert. Eben darum kann er nicht einlinig sein. Die Begabungen, die Fortschritts- und Gestaltungsmöglichkeiten sind verschieden. Jede Gruppe handelt aus ihren inneren Antrieben und äußeren Anstößen und Nöten heraus. Für die Eskimos der Polarländer, denen sich eine reiche Möglichkeit für den Fischfang bietet, hat der Pflanzenbau keinen Sinn. Eine Ansammlung großer Menschenmengen auf fruchtbarem Boden, wie im Zweistromland oder in Ägypten, begünstigte den Hack- und Ackerbau.

Doch dieser äußerliche geographisch-klimatische Rahmen bildet nur einen von vielen Faktoren. Die Technik von Hand und Kopf wirkt sich wieder in den veränderten Lebensbedingungen aus, in der veränderten Stellung der Natur gegenüber. Die intensivere Bebauung des Bodens ermöglicht größere Gemeinwesen. Aber auch die Nutzung menschlicher Arbeitskraft in der Form der Hörigkeit oder gar der Sklaverei ermöglicht eine stärkere Auswertung der Nahrungsquellen, verbreitert somit die Existenzmöglichkeit. Vergleichen wir die winzigen Gemeinden etwa der Bergdama-Jäger Südwestafrikas, der Zwerge der Kongowälder, der Papuas in den Gebirgen Neu-Guineas mit wenigen Dutzenden von Seelen, mit den Sultanaten Ost- oder Westafrikas mit ihren merkwürdigen sakral-aristokratischen Gemeinwesen, oder den kleinen und vielen Inseln der Südsee: von Ponape, Kusae, Yap, von Samoa, Hawaii, den Maori Neu-Seelands usw. — welch ein Unterschied und welche Fortschritte zwischen den winzigen souveränen Sippengemeinden der Jäger, Fänger und Sammlerinnen dort, und den geschichteten, vorwiegend auf Bebauung des Landes gestellten Organisationen hier!

Alle diese Gemeinwesen sind jedoch historisch geworden, einmalige und einzige Gebilde. Jedes hat sein eigenes Schicksal, es entstand einmal, wuchs und nahm eine gewisse Gestalt an, die es als Dauerform so lange beibehält, bis von außen oder von innen störende Ereignisse herantreten. In dieser einmal gewonnenen Gestalt liegt das Schicksal des betreffenden Gemeinwesens beschlossen. Die Art der sozialen Gestaltung ist untrennbar verbunden mit einer bestimmten Geistesverfassung, von der das Leben der das Gemeinwesen tragenden Menschen erfüllt wird. Daher finden wir, daß gewisse politische Formen auch mit einer bestimmten Lebensauffassung und einem eigenartigen Weltbild systematisch verbunden sind. Diese Verbindungen stellen nichts zufälliges dar, sondern sind notwendige Begleiterscheinungen. So finden wir z. B. gewisse Agglomerationen von Gemeinwesen auf religiös-zeremonieller Basis durch den Glauben an das entscheidende Walten mythischer Ahnen zusammengeschlossen, d. h. durch eine besondere Form von „Totemismus". Die oben gekennzeichneten sakralaristokratischen Staatsgebilde werden vor allem durch den Glauben an die besondere Wirkungskraft von Menschen und Erscheinungen, durch das „Mana" und durch die damit zusammenhängenden Meidungsvorstellungen, die wir gewöhnlich als „Tabu" bezeichnen, charakterisiert.

Eine Störung kann von zweierlei Seiten eintreten: 1. dadurch, daß das Weltbild einen Stoß erleidet durch neue Gedanken, wie etwa durch Einführung des Christentums oder irgendeines anderen fremden Glaubens, 2. dadurch, daß der soziale Bau selbst erschüttert wird, etwa durch Auftreten irgendwelcher neuer Völker im Bereich des bisherigen Lebens. In jedem Fall zieht die Erschütterung auf der einen Seite eine solche der anderen nach sich: die des Weltbildes auch eine des sozialen Baues, und umgekehrt die des Gemeinwesens auch eine der Geistesverfassung.

Damit hängt auch die oben gekennzeichnete moderne Krisis zusammen: denn auf der einen Seite stürzt die Mission den alten Glauben, auf der anderen untergräbt der Händler und der Pflanzer das alte Wirtschaftssystem und der Kolonialbeamte die alten Stammesautoritäten.

Wir lernen also das Menschenschicksal „*sub specie aeternitatis*", unter dem Gesichtswinkel der Ewigkeit kennen. An Stelle einer mit oberflächlichen und einseitigen Verallgemeinerungen arbeitenden Spekulation soll induktiv, d. h. von der ungeheuren Fülle tatsächlich aufgespeicherten Materials ausgehend, eine Einsicht in das Kultur- und Menschenleben gebahnt werden.

Aber gleichzeitig müssen uns die im historischen Überblick angedeuteten Mängel vieler Berichte, ihre Hingegebenheit an gängige Vorurteile der Zeit, vor einem kritiklosen Glauben an das warnen, was sich oft als Beobachtung oder Reisebericht ausgibt. Die Länge des Aufenthalts tut es nicht allein, auch nicht die Menge des Gesehenen, der gute Wille oder die amtliche Stellung, sondern einzig und allein die Nüchternheit und Unbestechlichkeit des Urteils.

Jede Tendenz bei der Berichterstattung, alles Beweisenwollen bei der Zusammenfassung von Material muß uns mißtrauisch machen.

Das Bild, das sich uns bei objektivem Vorgehen bietet, ist manchmal enger, manchmal verwickelter und schwieriger zu entwirren, aber darum auch grandioser. Denn wir gewahren die Buntheit von Gestaltungen menschlichen Zusammenlebens, die Irrwege des Denkens (wie die Vergöttlichung der Herrscher, der Glaube an absonderliche Vorbedeutungen), die Sünden oft an Wahnsinn grenzenden fanatischen Handelns (man denke an Kopf- und Skalpjägerei, Kannibalismus, Menschenopfer)!

Von hier spannt sich aber auch eine Brücke zum modernen Aberglauben und zum naiv-vulgären Denken von heute — ein Thema, das noch sehr wenig bearbeitet ist.

Aus einer solchen Behandlung der Völkerkunde, die in Welt und Wissenschaft eingebaut wird, quellen natürlich andere Aufgaben als aus bloßer Museumskunde oder aus den Fragen der Kulturkreislehre. Gute und nötige Vorarbeit, Hilfsmittel, aber kein Endziel bilden sie. Dieses liegt, wie wir sahen, höher: es müssen Brücken geschlagen werden von fernster Vergangenheit und vom Kulturaufstieg des Menschengeschlechts zur Gegenwart und zu den Problemen dräuender Zukunft. Das allgemein Menschliche der beschränkten Möglichkeiten schließt immer wieder einen neuen Bund mit dem Fortschreiten, das aus innerer Notwendigkeit quillt, zu den zahllosen einzelnen und einzigen Gestaltungen von Gesellschaft, Kultur und den Ausdrucksformen des Geistes.

§ 10. Aufbau des vorliegenden Werkes.

Um den hier gestellten Aufgaben gerecht zu werden, dürfte eine Dreiteilung dieser ethno-soziologischen Untersuchungen angezeigt sein. Den Ausgangspunkt muß eine Kenntnisnahme der tatsächlich vorhandenen Gesellungsgestaltungen bilden. Derartige soziographische Querschnitte sollen uns ermöglichen, die Wirklichkeit des Lebens und gleichzeitig ihre kulturelle Systematisierung kennen zu lernen. Denn schließlich bilden alle Einrichtungen nur Bestandteile eines bestimmt strukturierten Systems.

Die unendliche Mannigfaltigkeit der tatsächlich vorkommenden Gesellungsformen nötigt uns jedoch zu Vereinfachungen, zu Überblicken, zu Typisierungen. Jeder Typologie haftet etwas Unvollkommenes an. Sie ist aber ebenso unvermeidlich wie notwendig. Allerdings dürfen wir uns in Klassifizierungen nicht erschöpfen. Sie bilden keinen Selbstzweck. Sie dürfen nicht irgendwelchen vorgefaßten Meinungen dienen, sondern müssen aus der Fülle des Materials sich ergeben, induktiv erarbeitet werden.

Eine weitere Schwierigkeit ist logischer Natur. Die Wirklichkeit ist nicht logisch, sondern biologisch. Suchen wir nach logischen Gesichtspunkten für eine Typisierung, so leiden wir Schiffbruch. Es ist ebenso unmöglich, die Typen etwa nur aus den geographischen und klimatischen Existenzbedingungen zu gewinnen, oder nur aus den sogenannten wirtschaftlichen Zuständen, oder nur aus gewissen Heirats- und Erbfolgeformen, oder nur aus dem Vorkommen gewisser Gegenstände und dgl. mehr. Es ist vielmehr notwendig, zu berücksichtigen, daß alle diese Gesichtspunkte und noch viele andere nicht nur gleichzeitig in Betracht kommen, sondern daß zu verschiedenen Zeiten der eine wichtiger, der andere weniger wichtig ist. So tritt z. B. der geographische Gesichtspunkt ganz besonders ausschlaggebend für Jäger- und Sammlervölker hervor, die ihr Leben bald in Wäldern, bald in Steppen, bald in der Eiswüste den besonderen Umweltbedingungen anpassen müssen. Der Gesichtspunkt der wirtschaftlichen Organisation wird in niedrigeren Gesellschaften von dem technischen der Nahrungsgewinnung überschattet. Die Arbeitsteilung unter den Geschlechtern hängt stark mit dem Gebrauch bestimmter Werkzeuge durch die Männer oder Frauen zusammen. Die Art des Viehs bestimmt teilweise in außerordentlichem Maße das Leben der Hirten, das sich bei Schaf- und Ziegenhaltern ganz anders gestaltet als bei Kuh- oder Kamelzüchtern. Der Anbau gewisser Pflanzenarten, der Halmfrüchte, bedingt die Bearbeitung mit der Hacke, während das Einsetzen von Schößlingen sich mit dem primitiveren Grabstock begnügen kann. Von außerordentlicher Bedeutung wird die politische Schichtung, jedoch erst bei höheren Naturvölkern. Jäger und Sammler leben durchweg ungeschichtet, falls nicht ihre Gemeinden als solche in eine Abhängigkeit von Völkern höherer Technik gelangt sind (Schum. [28] **23** 412ff); doch spielt die Trennung zwischen der männlichen und weiblichen Lebenssphäre hier eine große Rolle. Hauptsächlich unter den ungeschichteten Feldbauern sehen wir Heiratsordnungen hervortreten. (Ob und in wie weit die australischen Heiratsordnungen endogen sind, bedarf noch der Untersuchung.)

Bei allen diesen Völkern fehlt es jedoch an der Einrichtung fester Rangstaffelungen, wenngleich nicht zu leugnen ist, daß überall gelegentlich bedeutende Persönlichkeiten von hervorragenden Anlagen eine einflußreiche Stellung einnehmen. Eine solche ist dann aber nur an die einzelne Persönlichkeit geknüpft, in keine institutionsmäßige Ordnung eingebaut.

Eine engere Symbiose mehrerer Völker, insbesondere von solchen verschiedener Technik der Nahrungsgewinnung, führt zu sehr verschiedenen Formen der Auseinandersetzung, deren eine Variante in eine ethnische Schichtung, in eine Überordnung der einen und eine Unterordnung der anderen, mündet. Damit ist der Anfang zu einem bestimmten sozial-psychischen Ablauf gegeben, der sich in prinzipiell gleicher Art vollzieht, nämlich in dem Übergang zur sozial-plutokratischen Schichtung in Erscheinung tritt. Eine Umlagerung in der Struktur der beteiligten Gemeinwesen findet in der Weise statt, daß es zu einer Monopolisierung und Rationalisierung des Machtbesitzes in der Hand einzelner Familien (Dynastien) und Persönlichkeiten (Despoten und Tyrannen) kommt.

Endlich dürfen die mit dem Kontakt und den Auseinandersetzungen verbundenen Kämpfe nicht übersehen werden, denen eine ganz andere Tragweite zukommt, als etwa den politisch bedeutungslosen Blutrachefehden unter Jägern und einfachen Feldbauern.

Aus dem Gesagten ergibt sich, daß einzelne Typen untereinander im Zusammenhang stehen, weil sie als Ergebnisse von Veränderungsreihen und sozial-psychischen Abläufen zu verstehen sind. So knüpft einerseits der Pflanzenbau an die Sammeltätigkeit, andererseits die Viehhaltung an Jagd und Fang an. Jagd, Fang und Sammeltätigkeit beschränkten sich auf eine Ausplünderung dessen, was die Natur bietet. Der Anbau von Pflanzen und das Halten von Tieren bringen eine pflegliche Behandlung des Lebendigen in der Natur mit sich. Sie führen zur Domestizierung von Pflanze und Tier und stellen einen ungeheuren Fortschritt gegenüber den älteren, als primitiver zu bezeichnenden Methoden der Lebensführung dar.

Untereinander stehen aber Viehhaltung und Feldbau in keinem stufenmäßigen Zusammenhang.

Der Übergang zur pfleglichen Behandlung der Natur, insbesondere des Viehes, scheint zu einer pfleglichen Behandlung auch des Menschen geführt zu haben, zu den erwähnten Symbiosen unter Angehörigen verschiedener Arten der Nahrungsgewinnung. Die dadurch bedingten Beziehungen der Menschen führten auf dem Gebiete der politischen Gestaltung zu eigenartigen Abläufen und Kulturprozessen, deren Phasen und Varianten durch besondere Typen dargestellt werden müssen.

Die einzelnen Typen dürfen aber nicht aus dem konkreten Zusammenhängen des Kulturlebens herausgerissen werden. Sonst kommen wir zu vagen Konstruktionen. Der einzige Weg, der offen bleibt, besteht darin, repräsentative Gemeinden auszuwählen, die genügend gründlich und verläßlich untersucht und dargestellt wurden. Damit kommt allerdings ein gewisser „Zufallsfaktor" ins Spiel, der bei der Vertreterwahl unvermeidlich ist. Der Vorteil dagegen, konkrete soziale Systeme dadurch vor Augen geführt zu erhalten, fällt entscheidend ins Gewicht.

Derartige historisch gewordene repräsentative Typen sollen im ersten Abschnitt dieses Werkes vorgeführt werden. Nach den gemachten Ausführungen wird keineswegs der Anspruch erhoben, daß diese Typen etwa wie die „Kulturkreise" etwas dogmatisch Feststehendes sind, auch werden sie nicht aus irgend einer „ursprünglichen Beheimatung" hergeleitet; sie sollen nur einzelne Kulturquerschnitte darstellen. Wie weit der Entwicklungsgedanke hereinspielt, wie weit Übertragungen und Beeinflussungen vorliegen, muß in jedem Fall und für jedes Zivilisationsgut im besonderen untersucht werden.

Die allgemeinen Probleme der Genetik, Veränderungsreihen und Varianten von aus dem übrigen Kulturgefüge notwendigerweise losgelösten Institutionen im Längsschnitt des zivilisatorischen Fortschritts innerhalb der Situationen und Bedingtheiten, die sich bei der Gestaltung und dem Ablauf der Kulturen ergeben, sollen im zweiten Abschnitt ausführlich untersucht werden (2.—5. Band).

Die allgemeine Problematik der verschiedenen Seiten des sozialen Lebens, die sich aus dem Ineinanderwirken des räumlichen und systematisierten Kulturgefüges durch seinen zeitlichen Lebensablauf und mit den zivilisatorisch akkumulativen Bestandsveränderungen ergeben, bleibt einer späteren besonderen Schrift vorbehalten; sie konnte im Schlußteil nur flüchtig angedeutet werden. —

Schließlich muß noch auf die Umgrenzung des hier in Betracht gezogenen

Kreises von Stämmen und Völkern ein Blick geworfen werden. Da die Darstellung auf Grund des ethnologisch erreichbaren Materials fußt, kommt hier nur der Vollmensch in Frage, nicht irgendwelche vormenschlichen Wesen oder Gesellschaften. Die Grenzen nach unten sind also gegeben. Viel schwieriger ist die Abgrenzung nach oben. Da das Entwicklungskriterium im Erwerb der technischen Fertigkeiten und des Wissensschatzes gesucht wird, muß das primitive Leben auch an dem Besitz von Fertigkeiten und Kenntnissen und deren Auswirkungen im sozialen Leben seine Orientierung finden. Natürlich ist eine scharfe Grenzführung unmöglich. Immerhin wird man im allgemeinen den Ackerbau, die zusammengesetzte maschinelle Vorrichtung, das Rad und den Wagen, das Schmelzen von Metallen, den Gebrauch einer Lautschrift, eine geschichtete, autoritär-gestaffelte Gesellschaft, das Vorhandensein eines in kasuistischer Form niedergelegten Rechtes usw. als die ungefähren Grenzsteine ansehen können, die das primitive Leben gegenüber dem archaischen, wie wir es aus den Staaten des alten Orient kennen, scheiden. Es wird indessen notwendig sein, an vielen Stellen besonders im zweiten und dritten Abschnitt auf die archaischen und selbst auf auch mittelalterliche Einrichtungen und Gestaltungen gelegentlich einen Blick zu werfen.

Stellenweise, namentlich im 1. Kapitel des I. Abschnitts, war es notwendig, etwas ausführlicher zu werden. Gerade das Wildbeuterleben bedurfte einer eingehenden Würdigung, zumal in ihm zahlreiche Ansätze und Ausgangspunkte vorhanden sind, die für das Verständnis vieler höherer Formen wichtig sind. Die Bedeutung des I. Abschnitts liegt darin, daß die Einrichtungen in ihren funktionellen Zusammenhang gestellt werden, ihre Einordnung in das Gefüge einer Kultur aufgezeigt werden soll.

Nur so können wir auch der Gefahr entgehen, welche die Konstruktion von „Idealtypen" birgt und worauf noch ausführlicher im Schlußteil eingegangen werden soll. Solche Idealtypen ermangeln der Möglichkeit, den Funktionsablauf sowohl des Kulturgefüges wie auch der einzelnen Institutionen zu beobachten und den Situationsveränderungen Rechnung zu tragen. Wohl ist den Idealtypen der Vorzug nicht abzusprechen, ein Phänomen scharf vor die Augen hinzustellen, doch bergen sie den ungeheuren Nachteil, das Veränderliche, das allen sozialen Erscheinungen anhaftet, zu vernachlässigen. Der Ablauf erleidet eine Verzerrung dadurch, daß alles Geschehen nur unter dem Gesichtspunkt eines Hinstrebens zum Idealtyp oder einer Wegwendung von ihm aufgefaßt wird und auf diese Weise die Gestaltungsreihen im Sinne einer „Aufwärtsbewegung" oder „Abwärtsbewegung" eine Umdeutung erleiden, die einzig und allein durch die willkürliche Wahl und Umgrenzung des Idealtyps gegeben ist. Einer Bemühung um eine objektive Erfassung der Vorgänge spricht ein derartiges Verfahren Hohn. Der Idealtyp selbst versteift sich unter der Hand zu einem „Ideal", wird zur „richtigen", vollkommenen", „orthodoxen", „höchsten" Ausgestaltung dieser oder jener Einrichtung oder Kulturform. Tatsächlich handelt es sich aber sehr häufig nur um Extremformen, die wir nur deshalb besonders beachten, weil sie gelegentlich mit äußerster Schärfe und letzter

Konsequenz irgend einen Gedanken herausgebildet haben, wie etwa das Mutterrecht der Trobriander, oder den Totemismus der Ojibwe-Indianer usw., und dadurch einen logisch-ästhetischen Reiz ausüben. Derartige Extremformen sind aber Seltenheiten im Leben. Sie haben verführerisch gewirkt und die Meinung hervorgerufen, daß ihre volle und universelle Durchbildung viel häufiger und allgemeiner vorgekommen sei, als es tatsächlich der Fall war.

Um der Verwechselung gedanklicher Idealtypen und realer Extremformen zu entgehen, bleibt nur der Ausweg übrig, an ihre Stelle repräsentative Lebensbilder zu setzen und diese mit einer Anzahl von Varianten aufzuzeigen, wie das im folgenden I. Abschnitt geschehen soll.

I. WILDBEUTER

a) Kennzeichen: Männer vorwiegend Jäger und Fänger, Frauen hauptsächlich Sammlerinnen; homogene Gesellschaft ohne Schichtung.

b) Allgemeine Lebenszüge: die primitivste Form der Lebensführung beruht auf einer unmittelbaren Nahrungsgewinnung aus der umgebenden Natur. Die Versorgung mit dem Lebensunterhalt findet jedoch nicht, wie die romantische Schule es sich vorstellt, individuell durch jeden einzelnen statt, sondern in geselliger Form. Dadurch ist schon mit den niedrigsten Formen der Nahrungsgewinnung eine gesellige Lebensführung verbunden, und hier treten bereits Probleme der Gesellungsgestaltung auf. Die Lebenseinheit bildet eine Horde, die aus einem von den Nachbarn abgegrenzten Lebensraum ihren Unterhalt zieht.

Die Methode der Lebensführung besteht darin, das, was je nach den besonderen Umständen die Natur an Pflanzen oder Tieren bietet, zu erbeuten. Bei diesem mehr oder weniger auf Ausplünderung der Natur gestellten Verfahren sorgt der Mensch für keinerlei Ersatz oder Erhaltung der Pflanzen- oder Tierbestände. Prinzipiell handelt es sich also um eine Raubwirtschaft, deren sonst verhängnisvolle Folgen hier nur darum gewöhnlich nicht zutage treten, weil die einzelnen Gemeinden im Verhältnis zu den Darbietungen des Lebensraumes sehr klein sind. Es liegt auf der Hand, daß diese Menschen sich in außerordentlicher Weise in Abhängigkeit von der Natur befinden. Mehr als bei allen anderen Formen der Lebensgestaltung tritt hier das geographische Moment in den Vordergrund. Während die Gesellungseinheiten aller dieser Stämme ein unstetes und schweifendes Leben führen, obgleich durch die Grenzen ihres Gaues beschränkt, sind sie auf das angewiesen, was sie an Ort und Stelle vorfinden.

Beim Beuterleben bildet die Natur die Kampffront. Daher auch die verhältnismäßige Friedlichkeit der Lebensführung, die große Betonung der wechselseitigen Hilfe.

Durch diese Hilfe, die auf einem persönlichen Geben und Nehmen beruht, werden die Bande unter den Mitgliedern der kleinen Horden gesponnen. Bezeichnend ist dabei, wie wichtig die Ergänzung der beiden Geschlechter ist. Denn bei allen Wildbeutern finden wir eine scharfe Trennung der männlichen von der weiblichen Betätigungssphäre. Daher hat die Verbindung zwischen Mann und Frau hier neben der sexuellen auch eine eminent praktisch-wirtschaftliche Bedeutung. Unter diesem Gesichtspunkt ist es zu verstehen, daß Heirat und Frauentausch als die Träger und Symbole der sozialen Bande betrachtet werden.

Die ehelichen und nebenehelichen Beziehungen, wie wir sie z. B. bei den Eskimos kennen lernen werden, sind geeignet, die einander widersprechenden Theorien von einer ursprünglichen Promiskuität oder von einer ursprünglichen Monogamie zu lösen und auf den richtigen Nenner zu bringen. Wir können nicht mit den Begriffen unserer Kultur an die so ferne liegenden fremden Einrichtungen herangehen, so wenig wie wir mit der lateinischen Grammatik Eskimo- oder Buschmann-Sprachen zu meistern im Stande sind, oder gar mit den Begriffen der römischen Jurisprudenz das primitive Rechtsleben zu erfassen vermögen. Wir werden begreifen lernen, daß ältere Beobachter, die mit den soziologischen Problemen unbekannt waren, die Dinge leicht in der einen oder anderen Richtung verzerrt sahen oder darstellten, etwa wenn sie von den nebenehelichen Einrichtungen und dem nicht seltenen Wechsel der Frauen überrascht wurden, während andere unter Ignorierung der tatsächlichen Komplikationen nur das Zusammenleben von vorwiegend einem Mann und einer Frau bemerkten und zu übertriebenen Formulierungen entgegengesetzter Art hinübersprangen.

Eine Untersuchung dagegen, die aus den Tatsachen heraus aufbauen will und nicht europäische Meinungen und Wertungen, Strömungen und Anschauungen in ganz andersartige Gesellschaften hineintragen will, muß auch von klarsichtigen Berichten ausgehen, wie sie in der letzten Zeit uns von geschulten Beobachtern einzelner Wildbeuterstämme vorgelegt wurden. Solche sollen hier als repräsentative Beispiele für die gesellschaftliche Kultur dieser Völker vorgelegt werden.

Natürlich dürfen wir nicht vergessen, daß alle diese Stämme heute nur mehr in den periphersten Gebieten unserer Welt zu finden sind. Bei einer Projektion des durch heutige ethnologische Forschung feststellbaren Wildbeuterlebens auf prähistorische Stämme, etwa der älteren Steinzeit, müssen wir natürlich vielerlei Korrekturen vornehmen, weil selbst diese peripheren Stämme nicht ohne Berührung mit den höheren geblieben sind, durch deren Einbruch sie wahrscheinlich in ihre heutigen Wohnsitze abgedrängt wurden. Als solche peripheren Wohnsitze sind nicht nur die äußersten Enden der Kontinente zu betrachten, die Spitzen von Süd-Afrika, Südamerika und Australien, sowie die Polarländer, sondern auch alle unzugänglichen Gegenden innerhalb der Kontinente: die großen Urwaldgebiete, die Steppen und Wüstenlandschaften. In diesen war ein Wildbeuterleben noch möglich, dort konnten diese Stämme noch eine unangefochtene Existenz führen, weil weder Feldbauern noch Viehzüchter ihnen dahin folgten, da dort kein für sie geeignetes Land zu finden war.

c) Varianten: Bei der starken Bedingtheit dieser Menschen durch das, was ihnen der Landstrich bietet, auf dem sie hausen, ist es bei der Übersicht über den Typus nötig, sofort einige der charakteristischen Varianten in repräsentativen Lebensbildern festzuhalten. Nur auf diese Weise kann ein Eindruck vom geselligen Leben in diesen ganz andersartigen Kultursystemen vermittelt werden. Bei der Auswahl kam es vor allem auf gut beschriebene und verläßlich untersuchte Einheiten von Stämmen an, die sich heute noch, oder wenigstens noch bis vor kurzem, der Beobachtung darboten.

In diesem Abschnitt sollen die realen Zusammenhänge der verschiedenen Seiten des geselligen Lebens in den Vordergrund treten, während im zweiten der Wandel der Institutionen in ihrer notwendigerweise von den Zusammenhängen, in denen sie stehen, losgelösten Betrachtung dargeboten werden.

Es wird angezeigt sein, die Wildbeuter vor allem nach der Beschaffenheit der Gegend zu unterscheiden, in der sie ihr Leben führen: und zwar nach dem Eis, dem Leben in Steppen und Wüsten, im Urwald und an Ufern und Küsten. Man wird jedoch dieser Aufzählung keinen genetischen Wert beilegen dürfen. Man wird auch nicht sagen können, daß die Lebensform im Urwald notwendigerweise inferior der auf dem Eise gegenüber wäre, oder daß das Steppenleben der Existenz in den übrigen angeführten Lebensräumen überlegen wäre usw. Sowohl innerhalb der Steppenstämme wie der Urwaldvölker gibt es indessen wieder verschieden entwickelte Wildbeuter. Dazu kommt, wie schon angedeutet, der Umstand, daß manche dieser Völker sich in entlegene und schwer zugängliche Gegenden verschüchtert zurückgezogen haben. Überdies dürfen wir nicht vergessen, daß die meisten von ihnen, schon bevor sie von den heutigen Europäern aufgefunden wurden, früher mit Völkern höherer Zivilisationen in Berührung gekommen waren und von diesen mancherlei übernommen hatten, wie etwa die Bergdama die Kenntnis der Töpferei und der Ziegenzucht, die Australier vielleicht den Bumerang und die Heiratsordnungen, die sich bei anderen Wildbeuterstämmen nicht finden. Auch der Bogen ist von vielen dieser Stämme unzweifelhaft erst im Laufe ihrer Geschichte übernommen worden.

Obwohl es genetisch richtiger wäre, mit den Wildbeutern des Waldes oder der Steppe zu beginnen, da diese in Bezug auf ihre technisch-zivilisatorische Ausrüstung am niedrigsten stehen, sollen doch die Wildbeuter des Eises hier zunächst behandelt werden, weil ihre sozialen Einrichtungen einerseits dank ihrer Lebensbedingungen außerordentlich einfach und aufschlußreich sind, andererseits weil über sie besonders gute und eingehende Berichte vorliegen.

§ 1. Wildbeuter des Eises.

a) Polar-Eskimos.

Männer: Jäger und Fänger; Frauen: Helferinnen und Kleidermacherinnen.

Trotz der rauhen Naturbedingungen ist der Eskimo diesen völlig angepaßt und fühlt sich in dem Leben glücklich, das ihn beständig auf Jagd und Fang führt (nach Rasm. [21] 12ff). Das Kind wächst spielend in die nötigen Fertigkeiten hinein. Schlitten und Kayak sind die Geräte, die ihm zur Fortbewegung und zum Transport verhelfen, seine hauptsächlichste Waffe die Harpune. Vom Kayak aus werden Walroß, Narwal, weißer Wal, Robbe und Seehund gejagt, auf dem Lande die zahlreichen Seevögel und Eiderenten im Sommer. Im Winter lauert man den Seehunden und Robben hauptsächlich an Luftlöchern im Eise auf. Vor allem aber wird die Jagd auf den Eisbär geschätzt, die besonders nach der Wiederkehr des Lichtes im Frühling anhebt. Dann verlassen die Männer ihre Frauen und Kinder und machen sich für Monate auf die Jagd trotz aller Wetterunbilden. Vom halberwachsenen Burschen bis zum Greis packt sie alle das Jagdfieber. Die Freude an einem Harpunenkampf mit dem König der Eiswüste entschädigt sie für jede Anstrengung. Wenn die Polarhunde sich wie ein Sturmgewitter auf den Bären stürzen, so hat das Leben des Eskimo seinen Höhepunkt erreicht. Anders wieder vollzieht sich von Mai bis Mitte Juli die Jagd auf die Seehunde, die in listiger Weise beschlichen werden, wenn sie sich sonnen. Diese Jagdmethode wird *Utut* genannt und dient hauptsächlich dazu, um mit dem Fleisch der Seehunde und Robben Wintervorräte aufzuspeichern. Hasen gelten als besondere Leckerbissen. Ihr Fell ist nötig für die Herstellung von Fellstrümpfen. Die Zahl der Moschus-Ochsen ist bei den Polareskimos von Westgrönland in letzter Zeit erheblich zurückgegangen. Früher dauerten die Jagdunternehmungen auf Moschus-Ochsen durch Ellesmere-Land nach Heiberg-Land oft ein paar Monate, da man die Häute gleich an Ort und Stelle trocknete. Auch das Rentier hat dort sehr gelitten, obwohl es bei einigen Stämmen als unreines Tier früher nicht verzehrt wurde. Erst als 1864 die Einwanderer von Baffins Bay neue Sitten in das Land bei Renslaer-Hafen am Smith-Sund brachten, begann man dort das Rentier als Fleischspender zu schätzen. Es ist aber neuerdings in diesen nördlichen Gegenden beinahe wieder ausgerottet worden.

Das Leben der Eskimos beginnt und endet mit Wandern. Schon das neugeborene Kind wird auf dem Rücken der Mutter herumgetragen, oft durch eine wilde Gletscherwelt in Dunkel und Kälte, um schließlich in einer kalten frisch errichteten Schneehütte den Tag zu beschließen. Die Kinder, die solches Leben nicht aushalten, gehen zugrunde und werden ausgemerzt; schwächlichere erkranken, wenn herangewachsen, häufig an Rheumatismus und laufen oft noch in jungen Jahren mit krummen Rücken herum.

Der Schutz der Kleidung ist denn auch in diesen Landstrichen unabweisbar, die Sorge dafür fällt den Frauen zu. Daher sagt ein Wort der Polareskimo, daß der Mann ein so guter Jäger ist, wie die Frau ihm dazu (vermöge der Kleidung, die sie anfertigt) verhilft. Die Herstellung der Fellkleidung bildet ihren Stolz. Natürlich wird ihre Kunst auch durch die Felle bedingt, die ihr zur Verfügung stehen.

Die Wohnungen sind verschieden nach der Jahreszeit. Im Winter werden kleine Häuser aus großen flachen Steinen mit einem kuppelförmigen Dach errichtet, das ohne Stütze mit großer architektonischer Geschicklichkeit gebaut ist. Das Haus dient gewöhnlich einer Familie zum Aufenthalt. Ein niedriger langer Gang führt in das Innere, in das man von unten her durch eine enge Öffnung hineinkriecht. Die Wände sind mit hellfarbigen Seehundfellen bedeckt. Den hauptsächlichsten Raum nimmt eine große Schlafbank aus Stein ein, die mit einer dicken Lage duftigen Heus bedeckt ist und auf der ein Bären- oder Rentierfell sich ausbreitet. Licht und Wärme wird durch zwei oder drei Tranlampen geschaffen, die aus dem gleichen Stein wie die Wände hergestellt sind. Mit ihren langen Dochten aus Moos erzeugen diese Lampen eine Wärme, die dem Adamskostüm entspricht, das zu Hause getragen wird. Die Bank ist kaum breiter, als daß vier Leute eng nebeneinander sitzen können, und das Dach ist so niedrig, daß man selten aufrecht in der Hütte stehen kann. Gegenüber dem Eingang befindet sich ein Fenster aus aneinander genähten Darmhäuten. In der Mitte dieses Fensters ist immer

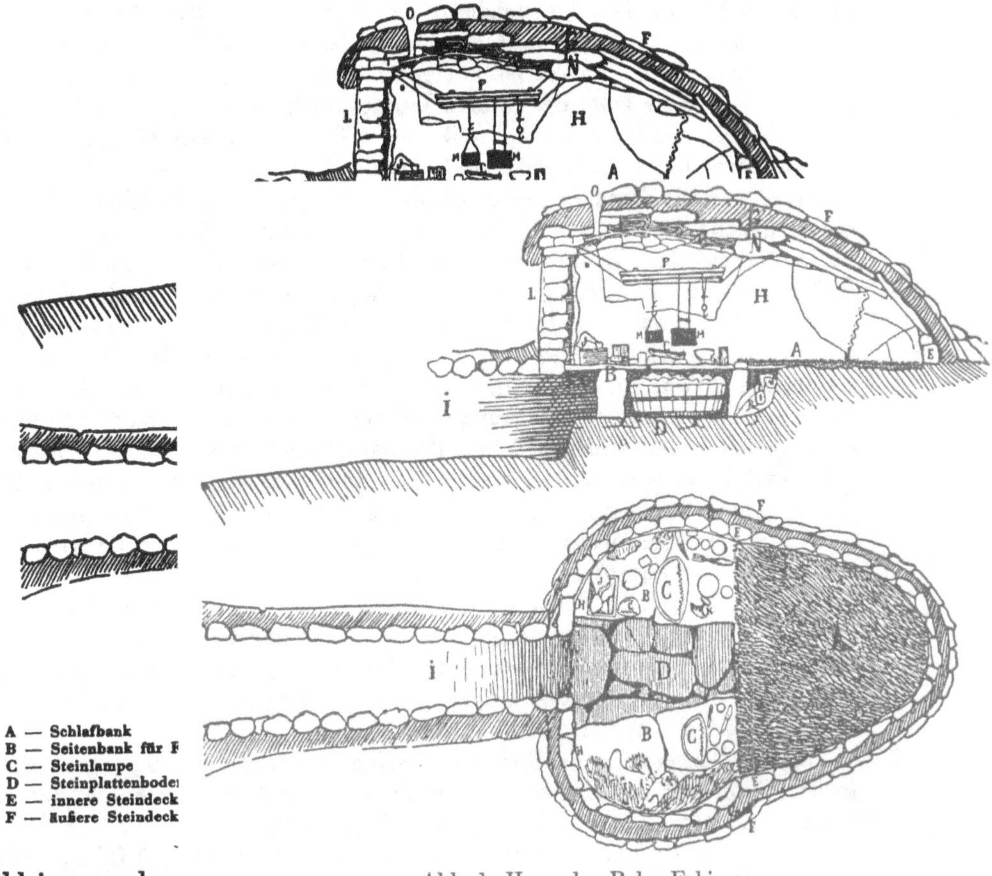

Abb. 1. Haus der Polar-Eskimos.

A — Schlafbank	G — Torf	L — Darmhaut-Fenster
B — Seitenbank für Fleisch	H — Raum über der Bank	M — Kochkessel
C — Steinlampe	I — Eingang	O — Luftloch
D — Steinplattenboden	J — Fleischtrog	P — Gestelle zum Trocknen
E — innere Steindecke	K — Frauenmesser	R — Raum unter der Bank
F — äußere Steindecke		

Aus Knud Rasmussen [21] 24; Haus der Polar-Eskimo.

ein kleines rundes
die Nase des Hause
Außer diesen verh
Häuser aus zugeha
mit langen Messern herausgeschnitten werden und nach dem gleichen Plan wie die Steinhäuser errichtet sind. Diese Häuser sind ganz besonders warm.

Der kurze Sommer ist die Zeit für das stärkende Leben in den Zelten. Das Fellzelt besteht aus zwei Lagen von Robbenfellen, die mit der Oberseite aufeinander gelegt und daher völlig undurchlässig für den Regen sind. Die Inneneinrichtung entspricht der des Steinhauses. Bis in den September hinein bewohnt man die Zelte.

Der Polareskimo pflegt nie länger als höchstens ein oder zwei Jahre an einem Ort zu verweilen; dann treibt es ihn, neue Jagdgründe aufzusuchen.

Wenn der Frühling kommt, ergreift ihn die Wanderlust, und so wie die Natur das Joch des Winters abschüttelt, löst auch er seine Bindungen an die Winterquartiere. Tatsächlich läuft es auf nichts anderes heraus als auf einen Wechsel der Häuser, denn die Jagdtiere stehen ihm überall zur Verfügung. Erregung begleitet die Wahl der neuen Jagdreviere für dieses Jahr. Man muß auch gleich wieder an das Aufspeichern der Vorräte für den nächsten Winter denken. Ein großes Hin- und Herziehen der kleinen Horden hebt an.

Das Leben dieser Völker ist auf geschicktes Auffinden von Jagdgebieten gestellt, so daß sie trotz des rauhen Landes doch ein verhältnismäßig sorgenfreies Leben führen können, weil sie auf das intensivste den örtlichen Lebensbedingungen angepaßt sind. Daher kann man hier auch in einem Zustand verhältnismäßig weitgehender Gemeinwirtschaft leben, die prinzipiell gleiche Rechte und Gelegenheiten für einen jeden enthält. Die Unbeständigkeit des Jagdglücks wird dadurch ausgeglichen, daß erbeutete größere Tiere in Stücke zerschnitten werden und auch diejenigen Leute Teile bekommen, die z. B. nicht das Glück hatten, einen Narwal zu harpunieren. Vermöge dieser Verteilung kann ein jeder Fleisch bekommen, wenn er sich nur in der Nachbarschaft von einem Jäger aufhält, der den Fleischvorrat beschafft. Allerdings rechnet der eine auf entsprechende Vergeltung durch den anderen, wenn ihn das Mißgeschick trifft. Als besondere Ehre und Stolz wird es empfunden, von der reichen Beute an andere abzugeben. Aber wenn auch nicht immer streng an Menge und Art gleiches mit gleichem vergolten werden kann, so siegt doch das Menschlichkeitsgefühl in dem Existenzkampf gegen die widerspenstige Natur. Denn es kommt noch hinzu, daß nicht alle gleich stark und gewandt sind und es gewöhnlich nur einige wenige gibt, die imstande sind, die erste Harpune auf ein unverwundetes Tier zu werfen. Erst wenn das Tier eine große Wunde erhalten hat, kann auch der mittelmäßige Jäger an der Verfolgung teilnehmen und dafür erhält er seinen Anteil an der Beute.

Für das Ansehen eines Mannes ist seine Stellung als Nahrungsbeschaffer in der Gemeinde entscheidend. Dazu gehört Tätigkeit. Der Faule, der nicht seinen Teil tut, muß seinen eigenen Weg gehen.

Wie man über Leute denkt, die von dem Ertrag der Tätigkeit anderer leben, mag folgende Geschichte illustrieren, die von der Frau *Arnajaq* erzählt wird. Ein Mann ging niemals auf die Jagd, sondern wenn er einen anderen traf, der einen Seehund erbeutet hatte, tötete er den Mann und brachte den Seehund als seine Beute nach Hause. Seine Landsleute wagten nicht, sich gegen ihn zu erheben, weil er sehr stark war. So geschah es, daß er jahrelang von Mord und Raub lebte. Eines Tages aber beschlossen sie, sich mit List an ihm zu rächen. Man lud ihn zu einer gemeinsamen Jagd ein, und als man sich des Abends in eine Schneehütte hinlegte, speerten sie ihn.

Eine andere Geschichte beleuchtet die grausame Sitte, Kinder und Schwache, die nicht kräftig genug sind, mit den anderen Schritt zu halten, einfach in eine Hütte einzusperren, sie zurückzulassen und dem Hungertode preiszugeben. Daß aber derartige Taten von der Allgemeinheit nicht gebilligt werden und bei dem Täter Gewissensbisse hervorrufen, beweist die Geschichte von einem Mann namens „Eiderente", der aus Reue über seine durch ihn dem Hungertode preisgegebenen Kinder schließlich mit seiner Frau zusammen Selbstmord durch Verhungern beging.

b) Die Kupfereskimo von Kanada.

Ergänzend zu dem Bild, das wir durch Rasmussen von den Polareskimo erhielten, mögen Berichte von Jeness hier verwertet werden, die von den wenig nördlich vom Polarkreis wohnenden kanadischen Eskimo herrühren, und die vielleicht einem der ältesten Ausstrahlungszentren des Eskimolebens entstammen.

Eine Klärung des vielfach mißverständlich gebrauchten Ausdruckes „Stamm" (*tribe*) möge als Ausgangspunkt zur Erfassung der sozialen Zustände dienen (Jess. [22] 32). Die Gruppen, in welche die Eskimo verteilt leben, sind weder dauerhaft noch stabil. Jede Gruppe besitzt einen Namen, der von der Gegend genommen ist, die sie im Sommer zu besuchen pflegt. Die individuellen Mitglieder wechseln jedoch beständig von einer Gruppe zur anderen, und zwar nicht nur zeitweilig zu irgendwelchem besonderen Zwecke, wie etwa dem Erwerb von Steinlampen, Töpfen, Holz für Schlitten und Tische, sondern auch für die Dauer, falls die andere Gegend größere Vorteile für die Jagdbeute eröffnet. Es kommt vor, daß mancher Eskimo im Laufe mehrerer Jahre in den verschiedensten Gegenden lebt. Nach seiner Heimat befragt, kann man zur Antwort erhalten: es macht gar nichts aus, wohin du mein Heim verlegst, nach *Puivlik*, *Kogloktok*, *Nennitak*, *Kiglinik* oder *Kilusiktok*, denn ich habe an allen diesen Orten gelebt. So kann man die einzelnen Leute in kurzer Zeit auf weit voneinander entfernten Orten wieder finden. In einer Eskimosiedlung des Duke-of-York-Archipel wurden z. B. im Februar 1915 Angehörige von elf verschiedenen Gegenden gefunden, d. h. die Leute, die im Augenblick in einer Siedlung am Westende des Coronation-Golf hausten, hatten einen erheblichen Teil ihres Lebens in der einen oder anderen von elf verschiedenen Gegenden verbracht. Die Folge davon ist, daß Gegenden, die arm an Wild sind, ganz oder zum Teil der Bewohner ermangeln. Da aber auch der Wildreichtum wechselt, steht die Bevölkerungsdichte in einer gewissen Abhängigkeit zu diesen Veränderungen. Trotzdem besteht die Tendenz, in der Gegend zu verbleiben, in der einer aufgewachsen ist, wo er weiß, wo sich Fische oder Caribu finden. Wenn ein Eskimo nach einer anderen Gegend wandert, so versucht er zunächst, sich mit einem der älteren Einwohner, der das Land kennt, anzufreunden. Denn die Nahrungsversorgung ist an die Kenntnis der Weide- und Zugplätze von Wild und Fisch gebunden. Trotz des häufigen Ortswechsels besteht doch ein Heimatsgefühl dort, wo einer Seen und Hügel kennt, wo er mit den Merkmalen der Gegend vertraut ist, oder die Grabstellen seiner Angehörigen findet. Hat er aber seinen Ort gewechselt, so wächst er dem neuen Platz zu, je länger er dort bleibt.

Man muß daher alle diese Faktoren berücksichtigen, wenn man Gruppen aufstellen will. Durch die genannten Umstände wechselt auch die Größe der einzelnen Siedlungen von 2 oder 3 bis zu 13, ja 15 Familien und mehr.

Die Größe der Siedlungen schwankt jedoch beständig, und die Leute können im nächsten Jahr alle verschwunden sein und an mehrere ganz verschiedene Orte sich verstreuen, wie auch umgekehrt aus verstreuten Orten sich zusammen finden. So befanden sich an der Mündung des *Kimiryuak*-Flusses Ende November 1914 in neun Doppelhäusern 56 Leute, deren Zahl nach einigen Tagen noch auf 62 dadurch stieg, daß zwei weitere Familien hinzustießen. Im folgenden Sommer jagten und fischten 18 von diesen Leuten, die miteinander verwandt oder verschwägert waren, in der Gegend von *Puivlik* und *Hanerak*; im Herbst sammelten sie sich an der Mündung des *Okauyarvik*-Baches. Die Unklarheit wird außerdem noch dadurch erhöht, daß die Bezeichnungen bald auf eine engere, bald auf eine weitere Gegend angewendet werden (Jess. 37), also auch nichts völlig Konstantes sind.

Obgleich diese Verhältnisse nicht nur für die Eskimos, sondern auch für viele andere niedrige und auch höhere Stämme, z. B. Neu-Guineas, Geltung haben, ist deren Feststellung in diesem Zusammenhang doch außerordentlich wichtig, weil sie die Ursache zahlloser Mißverständnisse aufklären.

Die Gesamtbevölkerung der Kupfereskimo schätzt Jeness auf zwischen 700 und 800, die sich 1914 auf lose Gruppen von 115 in *Dolphin* und Union-Strait, von 75 im Westen von Coronation-Golf, 200 im Osten, und ungefähr 215 in Prinz Albert-Sund und Minto-Einfahrt verteilen. Dazu kommt noch eine Bevölkerung von vielleicht nicht mehr als 150 zwischen Kent-Halbinsel und Ogden-Bay.

Die Kupfereskimos zeigen ebenso wie die von Grönland mit geringen Ausnahmen ein Überwiegen der Männer über die Frauen. So standen unter 127 Eingeborenen im November 1915 in Bernard Hafen 67 Männern nur 60 Frauen gegenüber. Die Ungleichheit verteilte sich sowohl auf die Kinder und Jugendlichen (21 männliche gegen 18 weibliche) als auch auf die Erwachsenen (46 Männer gegen 42 Frauen). Wenn man annimmt, daß ebenso viel weibliche wie männliche Kinder geboren werden, so ist die Sterblichkeit der ersteren, in dieser einen Gemeinde wenigstens, größer. Denn wenn schon die Eskimos die Knaben den Mädchen vorziehen, sind doch die Härten der Jagd, von denen auch schon die Knaben betroffen werden, vermutlich daran schuld, daß ihre Zahl veringert wird. Obgleich die Leute sehr gesund sind, bleiben sie doch namentlich von Erkältungskrankheiten nicht ganz verschont und unterliegen gelegentlich auch solchen. Verheerend wirken neuerdings die durch die Europäer eingeschleppten Krankheiten.

Wie schon angedeutet, bildet die Grundlage der sozialen Organisation die Kleinfamilie, nämlich Mann, Frau und ihre Kinder (Jess. 83ff). Adoptierte Kinder werden wie echte behandelt, desgleichen Halbgeschwister. Die Kinder bilden, wenn herangewachsen und verheiratet, neue besondere Familien. Während die Jagdbeute verteilt wird, gelten die Haushaltgeräte und Werkzeuge, ebenso wie die Vorräte an Fisch und Fleisch als streng persönliches Eigentum. Jede Frau hat ihren besonderen Bottich für Walfischspeck und ihre Gestelle für Trockenfisch. Nichtsdestoweniger helfen einander die Familienmitglieder oder Verwandten beim Herrichten der

Häuser und Felle oder beim Packen vor einer Wanderung aus. Stirbt eines der Eltern, so findet der Zurückgebliebene Aufnahme bei den verheirateten Kindern oder lebt abwechselnd bei diesen oder jenen von ihnen, während für Waisen ein älterer Bruder oder Onkel sorgt. Jedem Hüttenbewohner fallen bestimmte Pflichten zu, und ein jeder hat seinen traditionellen Schlafplatz. Die Frau schläft in der Ecke neben ihrer Lampe, und die kleinen Kinder liegen zwischen ihr und dem Gatten. Neben ihm schlafen die anderen Kinder oder ein Gast, der gerade bei ihnen Aufnahme fand.

Die Sitte des Frauenaustausches für kürzere oder längere Perioden führt zu einer gewissen Ausdehnung der Familienbeziehungen. Die Kinder der beiden Familien werden als Geschwister betrachtet, und Heirat unter ihnen ist verboten. Dies ist nicht allein darauf zurückzuführen, daß die Vaterschaft unsicher ist, sondern eher darauf, daß damit gewisse freundliche Beziehungen hergestellt sind, die Feindschaft ausschließen. Namentlich wird von dem Haupt einer besuchenden Familie eine solche Verbindung angestrebt, weil er sich dann mit den Seinen sicherer fühlen kann. Aber oft vereinigt ein solches Band auch zwei in derselben Gegend wohnende Familien. Es ist eine Sitte, die auch aus Alaska (Neumann [19]) berichtet wird. Ein derartiger Austausch findet ohne weitere Formalitäten statt, bald in der Weise, daß die Männer oder daß die Frauen die Hütten wechseln. Gelegentlich ergeben sich daraus die Vorteile, daß etwa während der Abwesenheit der einen Frau die andere den ausgetauschten Mann versorgt, während ein ausgetauschter Mann die Frau zu einem Besuch ihrer Schwester begleitet und dgl. Einflußreiche Persönlichkeiten, wie Schamanen, die manchmal drei Frauen besitzen, nützen ihren Einfluß aus, so daß man einen Frauenaustausch ihnen nicht abzuschlagen wagt. Auf diese Weise stehen die Angehörigen einer Siedlung teils durch Blut, teils durch Heirat oder Frauenaustausch miteinander in engster Beziehung. Da es keine Autoritätspersonen gibt, bilden diese Bande die Grundlage für Friede und Eintracht in der Gemeinde. Der beständige Kampf gegen die Natur und die damit zusammenhängenden Wechselfälle des Lebens tragen weiterhin dazu bei, Mißhelligkeiten vorzubeugen. Krankheit oder Mißerfolg in der Jagd machen eine Familie oft von ihren Nachbarn abhängig. Die Verwandten aber, die durch die eben geschilderten Bande verknüpft sind, sind zur gegenseitigen Unterstützung verpflichtet. Alte, Kranke, Witwen und Waisen werden auf diese Weise unterstützt. Die erwähnten Bande verpflichten vor allem auch zur gegenseitigen Hilfe bei der Blutrache. Alles dieses bildet die Grundlage für die Solidarität der Gemeinde, die auf solche Weise zu einer genossenschaftlichen Einheit zusammenwächst und mit einem Namen bezeichnet wird, der, wie schon erwähnt, von der Gegend genommen ist, die sie bewohnt, oder von einem bemerkenswerten Platz darin, wie einem See oder einem Fluß. Zu diesen Namen wird das Suffix-*miut* hinzugefügt, um die Gruppe zu bezeichnen. So nennt man *Puivlirmiut* die Gruppe oder den „Stamm", der die Gegend von *Puivlik* bewohnt.

Fremde, die sich der Gruppe anschließen, suchen bestimmte Bande mit individuellen Angehörigen der Gruppe zu schließen, etwa durch Heirat oder Frauentausch oder Tanzbrüderschaft. Auch vorübergehende Besucher verhalten sich so. Derartige Bande gelten für das ganze Leben, wenn nicht erheblicher Streit eine Entfremdung herbeiführt. Gewöhnlich hat ein Mann in einer Gemeinde zwei Tanzgeschwister, einen Mann und eine Frau. Der Willkomm beim Besuch besteht in der Aufführung eines solchen Tanzes, der selbst in der größten Not, und wenn die Leute nahe am Verhungern sind, abgehalten wird.

Neben diesen genossenschaftlichen Banden, durch die sich die Kupfereskimos gefahrlose Besuche von Gruppe zu Gruppe sichern, gibt es noch das Erlesen von besonderen Freunden. Ein Mann zeigt einem anderen besondere Aufmerksamkeit dadurch, daß er die als Leckerbissen geschätzten Hinterflossen eines jeden Seehundes schickt, den er fängt. Die beiden werden dadurch, daß der andere die Gabe in gleicher Weise beantwortet, zu „Flossenfreunden". Auch andere mehr vorübergehende Freundschaften, insbesondere zur Jagd und zur wechselseitigen Aushilfe von Jagdwaffen und Geräten, werden geschlossen.

Bei den Kupfereskimos herrscht eine strenge Arbeitsteilung zwischen Männern und Frauen. Im allgemeinen fällt die schwere Arbeit den Männern zu: sie jagen, bauen die Schneehäuser und richten die schweren Hirschfellzelte auf, die im Frühling und Herbst benutzt werden. Die Zwischenzeit wird durch kleinere Arbeiten ausgefüllt, wie die Herstellung und das Ausbessern von Geräten und Waffen. Während der Wanderungen besorgt der Mann das Beladen der Schlitten, während die Frau ihm die Geräte durch die Tür oder ein Loch in der Wand reicht. Sie hilft ihm, die Last an den Schlitten binden, während die Kinder die Hunde anschirren. Unterwegs zieht die Frau die Hunde, während der Mann neben den Hunden am Schlitten zieht, um das Hundegespann von hinten anzutreiben. Der Sohn hat seinen Platz neben dem Vater, die Tochter neben der Mutter. Bei einer Sommerreise trägt gewöhnlich der Mann das Zelt, auf das er Geräte und Waffen gepackt hat, die Frau ihre und ihres Mannes Schlafausrüstung, die Lampe und den Kochtopf, während die Kinder ihre Schlafsäcke, Bogen und Spielsachen selbst tragen.

Alles Kochen und Anfertigen von Kleidern fällt den Frauen zu. Im Sommer kommt dazu noch Sammeln von Feuerholz, obgleich auch die Kinder für dieses Geschäft ausgeschickt werden. Nur ausnahmsweise und unter besonderen Umständen läßt sich der Mann zu diesen Verrichtungen herab. Oft aber helfen die Männer den Frauen beim Abschaben der Häute, namentlich im Herbst, wenn das Tageslicht kurz ist und dringend neue Kleider für den Winter gebraucht werden. In einem solchen Fall begeben sie sich auch an das Nähen, wenn auch nur ganz ausnahmsweise.

Nur wenige Frauen beteiligen sich an der Jagd und am Robbenfang. Ausnahmsweise gibt es auch eine Caribu-Jägerin. Aber es sind gewöhnlich nur die jüngeren Frauen, die sich ganz selten auf die Jagd begeben. Nur bei der organisierten Treibjagd auf Caribu macht sich die ganze Siedlung: Männer, Frauen und Kinder auf die Beine. Auch am Fischen mit Angel und Leine durch die Eislöcher im Frühling und Herbst nehmen alle

Teil. Indessen kommt ein Unterschied insofern zur Geltung, als nur die Männer dabei die Speere verwenden. Auch beim Forellenfang durch Fischwehren in der späten Frühlingszeit laufen die Männer im Wasser herum und werfen Speere nach den Forellen, während die Frauen sie mit ihren Händen in kleinen Steinhöhlen fangen, wohin sich die Fische flüchten. Sie hängen sie dann an lange Robbenhautleinen.

Nur sehr wenige Frauen können Kayak fahren. Auch sind nur wenige Frauen im Stande, eine Schneehütte zu errichten, obgleich alle eine senkrechte Wand aus Schnee in einer Höhe von etwa 6 Fuß aufbauen können. Sie wissen zwar, wie eine Hütte gebaut werden soll, sind jedoch nicht gewöhnt, dies selbst auszuführen.

Diese Arbeitsteilung zieht auch eine Teilung des Eigentums nach sich. Man kann dreierlei Arten von Eigentum unterscheiden: persönliches, familiales und Gemeindeeigentum. Das persönliche Eigentum umfaßt Dinge, die von dem einzelnen Besitzer gewöhnlich selbst gefertigt oder durch Tausch erworben wurden und in seinem täglichen Leben Verwendung finden. Bei einem Mann erstrecken sie sich auf seine Geräte und Werkzeuge, das Zelt und den Schlitten samt den Ziehhunden. Das Eigentum der Frau bilden ihre Haushaltsgeräte, Topf, Lampe mit deren Stützen, ihre Messer, die Vorrichtung zum Feuerbereiten, ihr Nähzeug, ihre Fischangel und ihr Stock. Einige dieser Gegenstände hat sie vor ihrer Heirat von ihren Anverwandten erhalten, andere selbst verfertigt oder auf dem Wege des Tausches erworben, nur wenige vielleicht von ihrem Ehegatten, z. B. Bogen und Köcher. Auch ein oder mehrere Hunde mögen ihr gehören. Die Kleidung wird immer als Eigentum des Trägers betrachtet. Sachen, die auf der Wanderung gefunden werden, wie etwa Kupferstücke oder Treibholz, gehören den Findern. Auf diese Weise kann ein Individuum oder eine Familie eine Menge Eigentum aufstapeln. Aus den Überschüssen vermögen sie wieder weiteres einzutauschen. Auf diese Weise wird eine wirtschaftliche „Familienautarchie" entfaltet. Dies drückt eine oft gebrauchte Redensart aus: „der Mann braucht nichts weiter als ein schweres Robbenfell für die Sohlen seiner Stiefel und das Fell eines jungen Seehundes für seine Socken". Früher konnte die ganze Habe außer den Fleisch- und Wallfischspeck-Vorräten auf einem einzigen Schlitten transportiert werden. In den letzten Jahren allerdings ist das Familieneigentum durch Tauschhandel mit den Weißen stark angewachsen, wodurch die Beweglichkeit der Gruppen litt. Denn sie waren gezwungen, ihre Sachen etappenweise zu befördern, und brauchten daher auch mehr Hunde zum Ziehen ihrer Schlitten. Als Stefansson (I 238) diese Eskimos zuerst besuchte, hatten nur wenige Leute mehr als zwei Hunde, während heute der Besitz von vier und fünf keineswegs ungewöhnlich ist.

Bei Ehescheidung kehrt die Frau mit allem ihren Eigentum zu ihren Anverwandten zurück; der Mann, der weder eigenen Kochtopf noch Lampe besitzt, findet auch bei seinen Leuten Unterkunft. Im übrigen ist es häufig, daß die Leute einander etwas borgen. In einem solchen Fall wird keine Zahlung verlangt, doch es gehört sich, irgendeine Kleinigkeit oder ein besonderes Essen dafür zu geben. Wie auch bei anderen Eskimos (Boas II 116), braucht der Entleiher, wenn er den entliehenen Gegenstand verliert oder beschädigt, kein Entgelt irgendwelcher Art zu leisten; es genügt ein Ausdruck des Bedauerns. Auch wenn diese Gegenstände beschädigt wurden, werden sie vor ihrer Rückgabe an den Eigentümer nicht ausgebessert. Dagegen erfordert jedes Geschenk eine Gegengabe von gleichem Wert. Zum Tausch werden Sachen nicht angeboten, wenn nicht ausdrücklich darum gebeten wird.

Wenn zwei oder drei Männer etwa einen Caribu mit ihren Pfeilen verwunden, so kann ein Streit darüber entstehen, wem die Beute gehört. Der Jäger, der die erste Wunde zufügt, hat das Recht darauf, selbst wenn diese Wunde nur verhältnismäßig leicht ist. Aber um Mißgunst auszuschalten, gibt er seinem Kameraden, der am Schießen beteiligt war, gewöhnlich gute Fleischstücke ab.

Alles Fleisch und alle Felle, die von irgendeinem Mitglied der Familie erbeutet wurden, werden unter sie verteilt. Allerdings besteht auch noch die Verpflichtung, einen Teil der Beute an Nahrung an die Nachbarn abzugeben. Wie viel die Familie davon zu verteilen hat, hängt von der Menge an Nahrungsvorräten ab, die sich zur Zeit im Lager befinden. Wurden z. B. an einem Tage 10 Seehunde gefangen und befinden sich nur 6 Familien im Lager, so ist es natürlich überflüssig, mehr als einen unbedeutenden Teil von Fleisch jedem Haushalt zukommen zu lassen. Hat man dagegen nur einen Seehund gefangen, so muß das ganze Fleisch verteilt werden, damit keine Leute hungrig bleiben. Im Winter kann die Hausfrau, die in ihrer eigenen Hütte kocht, bessere Teile für sich und ihren Mann verbergen. Der Überschuß an Nahrung nach der Verteilung gehört der Familie und kann für eine spätere Gelegenheit weggepackt werden. Im Sommer kann man unzählige Depots von Wildfleisch und Fischen über die Landschaft verstreut finden, von denen ein jedes einer bestimmten Familie gehört. Es gilt als großes Verbrechen, ein solches Depot zu berauben, falls einer sich nicht in der größten Hungersnot befindet.

Innerhalb der Familie wird kein Unterschied in Bezug auf die Nahrung gemacht. Die Frau verwaltet allerdings die Vorräte, aber der Gatte und die Kinder können jederzeit davon nehmen. Befindet man sich beim Essen, so erfordert es der Anstand, jedem Besucher etwas anzubieten, wenn auch nur ein kleines Stück Fleisch oder Fett, selbst wenn der Besucher sehr unwillkommen sein sollte.

In gewisser Hinsicht werden auch die Kinder als Eigentum der Eltern betrachtet. Zunächst entscheiden die Eltern überhaupt, ob ein neugeborenes Kind aufgezogen werden soll. Wird es lebendig ausgesetzt, so kann ein anderes Paar es aufnehmen und als sein eigenes Kind ohne weitere Verbindlichkeit aufziehen; in einem solchen Fall haben die Eltern sich jeden Anspruchs auf das Kind begeben. Sonst müssen aber die Eltern im Falle einer Adoption entschädigt werden, wenn sie ihre Rechte aufgeben sollen. Z. B. wurde für einen Jungen ein Messer und eine Holzschüssel bezahlt. Damit geht das Kind in die Familie des Adoptivvaters über. Unter diesen Gesichtspunkten findet auch, wie wir gleich weiter unten sehen werden, die Hergabe des Mädchens zur Ehe statt.

Das Land gehört der Gemeinde, die es als ihr Jagd- und Fischgebiet gebraucht. Fremde haben darin keine Rechte, wenn sie nicht als Mitglieder des Stammes, wenigstens auf Zeit, aufgenommen sind und sich deren Gebräuchen namentlich in Bezug auf die Verteilung der Nahrung fügen. Natürlich denkt keine Familie daran, sich abseits zu halten, weil sie ohne die Hilfe und Anleitung der Ortsansässigen aus Mangel an Kenntnis der Jagdgebiete bald verhungern würde.

Sogar die Trommel scheint in gewissem Maße als Heiligtum der ganzen Gemeinde betrachtet zu werden, obgleich sie durch die Arbeit eines einzelnen Individuums hergestellt wird. Wenn nötig, wird die Trommel mit Hilfe verschiedener anderer Leute repariert, obgleich sie im Hause des Verfertigers verbleibt und während der Wanderungen auf seinem Schlitten transportiert wird. Für die Tänze aber verwendet sie ein jeder, und man würde es dem Verfertiger übelnehmen, sie den übrigen vorzuenthalten.

Andere, auch nicht greifbare Dinge werden indessen als persönliches Eigentum betrachtet: gekauft, verkauft und vererbt. Dazu gehören z. B. die Kenntnisse eines Schamanen über die Geisterwelt. Wer diese erwerben will, muß sie etwa durch eine Anzahl von Caribu erwerben. Auch muß man dem Schamanen für seine Dienste, für das Heilen von Krankheiten oder das Austreiben von Unglück, bezahlen. Auf diese Weise erwarb z. B. ein Schamane einen Knaben, den er adoptierte. Die Kunst des Schamanentums wird manchmal auch einem Adoptivsohn gelehrt, obgleich der Erwerb des Ansehens als solcher mehr von persönlichen Faktoren abhängt.

Beim Tode eines Mannes legt man immer einen Teil seines Eigentums auf sein Grab; das übrige wird unter seine Anverwandten verteilt, wobei die Kinder das meiste oder selbst alles erhalten. Eine solche Verteilung erfolgt auf Grund einer friedlichen Beratung, wobei den älteren Kindern keine besonderen Rechte zustehen. Die Geräte oder Werkzeuge von Wert, die man auf dem Grab zurückgelassen hatte, werden in späteren Jahren oft von dem einen oder anderen der Überlebenden weggeholt, so wenn einer etwas braucht, z. B. eine Lampe.

Da das ganze Leben der Kupfereskimos schon auf Grund der Arbeitsteilung auf Ergänzung von Mann und Frau angewiesen ist, trifft man weder Hagestolze noch alte Jungfern; ein solches Leben wäre für die Eskimos auch Gegenstand der Verachtung. Jeder Bursche und jedes Mädchen rechnet daher darauf, sich bald zu verheiraten. Da es indessen mehr Männer als Frauen gibt und gelegentlich ein Mann mehrere Frauen hat, so ist es manchmal für einen Mann schwer, schon in der ersten Jugend eine Frau zu bekommen. Im späteren Leben heiratet jedoch ein jeder, sofern er nicht ein Krüppel ist oder als zu schlechter Jäger eine Frau nicht unterhalten könnte. In der Niederlassung von Bernard-Hafen waren im November 1915 von 46 Männern 38 verheiratet, darunter zwei von ihnen mit nur einer Frau. Von den 8 unverheirateten waren 4 Witwer und 2 noch junge Burschen. Von den 42 Frauen waren 39 verheiratet, darunter 3 Frauen mit nur einem Mann, 2 der anderen waren Witwen von 45 Jahren und mehr, und die dritte war ganz jung, aber eben von einem Mann geschieden und im Begriff, sich wieder zu verheiraten.

Kinderheiraten kommen nicht vor. Burschen können nicht eher heiraten, als sie imstande sind, selbständig eine Schneehütte zu errichten und Fertigkeit und Kraft genug zum Jagen von Seehunden und Caribu besitzen. Daher denken sie nicht daran, nach Frauen Ausschau zu halten, bevor sie 17 oder 18 Jahre alt sind. Mädchen dagegen haben es leichter und heiraten manchmal sogar noch vor Eintritt der Pubertät. Weder für die Mädchen noch für die Burschen findet eine Jünglingsweihe statt, doch bildet das erste Erlegen eines Caribu oder Seehundes ein wichtiges Ereignis im Leben des Jungen. Die Mutter macht sich selbst ein paar Hosen aus dem erbeuteten Caribufell, und das Seehundfleisch wird unter alle Familien der Siedlung verteilt. Dadurch soll öffentlich angekündigt werden, daß der Bursche mannbar und ein ernährendes Mitglied der Gemeinde geworden ist.

Heiratet ein Mädchen und verbleibt es in der Nachbarschaft, so zahlt der Bräutigam nichts, da die Eltern sich weiterhin der Dienste ihrer Tochter und ihres Schwiegersohnes erfreuen. Wenn aber der Ehemann die Braut nach einer anderen Gegend zu nehmen beabsichtigt, so hat er die Eltern für den Verlust zu entschädigen. Dabei wird ein Abschiedsfest veranstaltet und die Braut unter Weinen weggeleitet (Jess. 91, 159). Eine wohlerzogene Braut muß immer Trauer zur Schau tragen, und manchmal ist der Bräutigam gezwungen, sie mit einem Schein von Gewalt wegzuführen. Eigentlicher Frauenraub kommt allerdings vor, jedoch hauptsächlich von Frauen, die verheiratet sind oder waren, nicht von Mädchen gegen ihren und deren Eltern Wunsch.

Das erste oder zweite Jahr der Ehe gilt als eine Art Probezeit dafür, ob beide zueinander passen. Das Mädchen kann in dieser Zeit ihren Ehemann verlassen und zu ihren Eltern zurückkehren; dann aber muß das Kaufgeld zurückerstattet werden. Oft kommt es vor, daß eine Frau selbst zwei oder drei Mal im Jahr ihrem Mann davon läuft. Andererseits sind Fälle treuer Anhänglichkeit keineswegs selten. Namentlich kommen Scheidungen nach der Geburt eines Kindes kaum mehr vor, zumal die Frau dann immer auf den Unterhalt durch ihren Mann rechnen kann. Aber auch bei kinderlosen Ehen hat die Frau, selbst wenn geschieden oder wenn der Mann eine andere Frau genommen hat, noch Ansprüche an ihn. Vielweiberei ist schon aus dem Grunde selten, weil damit die Verpflichtungen vergrößert sind, und namentlich auf Seite der Männer, die keine Frauen finden können, Eifersucht und Mißgunst hervorgerufen wird. Wer mehrere Frauen hat, übernimmt damit auch größere Verbindlichkeiten und Arbeiten. Er muß ein Mann von großer Geschicklichkeit und Energie im Jagen sein und skrupellos seine Stellung auch unter Anwendung von Gewalt behaupten können. So war ein Mann mit Namen *Uloksak*, der 3 Frauen besaß, zweifellos intelligenter als der Durchschnitt, stark und energisch und stand im hohen Ansehen als geschickter Jäger und Schamane, obgleich in seinem Charakter viel von einem Blender lag, so lange er nur mit seinen Landsleuten zu tun hatte. Seine erste Frau unterstützte seine Position mit Würde; sie war eine ruhige, freundliche Frau von Verstand und Urteil, eine ausgezeichnete Hausfrau und sogar eine erfolgreiche Jägerin von Seehunden und Caribu. *Uloksak* zog sie auch seinen anderen Frauen vor, doch hatte sie ihm keine Kinder geboren. Seine zweite Frau war als eines der schönsten Mädchen im Lande berühmt, sonst aber mürrisch und faul und nur eine Last für ihren Gatten. Er sagte, er hätte sie geheiratet, weil sie hübsch war und er jemanden brauchte, der das Fleisch, das er im Sommer ins Lager brachte, aufstapeln und zurecht richten konnte. Er behielt sie nur, weil sie ihm einen Sohn geboren hatte. Die dritte, die er später nahm, wurde die Magd der Familie.

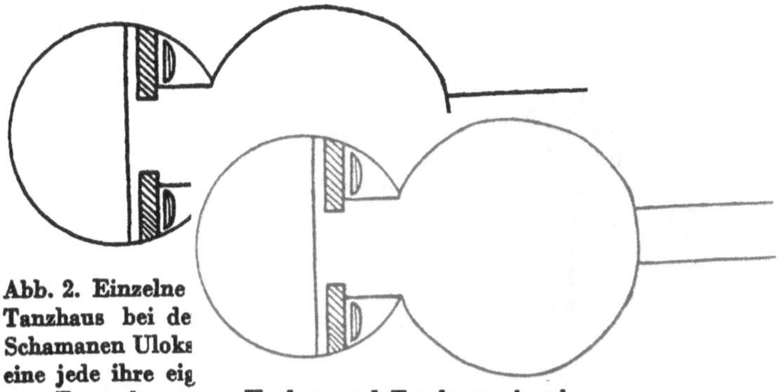

Abb. 2. Einzelne Tanzhaus bei de Schamanen Uloks eine jede ihre eig rem Feuerplatz zum Kochen und Trocknen einnahm. Aus D. Jennes.

Die Ehe bedeutet keine Unterordnung für die Frau. Sie hat ihre eigene Tätigkeitssphäre, in der sie herrscht, genau wie der Mann in der seinen. Alle wichtigen Angelegenheiten, wie die Wanderung nach einer anderen Niederlassung, werden gemeinsam erörtert, bevor ein Beschluß gefaßt wird. Sowohl innerhalb wie außerhalb des Hauses stehen sie einander gleich. Man hört die Frau ebenso im Tanzhaus, wenn irgendwelche Beratungen gepflogen werden, wie auch auf der Jagd, wenn Caribu in Sicht kommen, und wenn eine Treibjagd veranstaltet wird. Einige Frauen sind Schamanen und erlangen so erheblichen Einfluß in ihren Gemeinden. Trotzdem müssen sie aus physiologischen Ursachen die anstrengenderen Tätigkeiten immer den Männern überlassen, wie die Beschaffung von Nahrung und den Bau von Häusern, Tätigkeiten, die gerade von entscheidender Lebensnotwendigkeit sind. Streitigkeiten unter Mann und Frau sind keineswegs selten, werden aber gewöhnlich bald beigelegt. Auch zu Tätlichkeiten kommt es mitunter.

Ein hartes Schicksal haben oft die Witwen, die von ihren Verwandten unterhalten und mit einem Haus ausgestattet werden müssen. Dabei kommt es natürlich oft zu Reibungen zwischen der Frau und der verwitweten Schwester eines Mannes. Mitunter bieten sich derartige Witwen auch als Prostituierte einem Manne an, der sie für einen Tag oder eine Woche wünscht, in der Hoffnung, daß er sie dauernd behält. Jüngere Witwen haben indessen keine Schwierigkeit, einen neuen Gatten zu finden.

Auf Grund genauer Untersuchungen wurde durch Jeness (163ff) ermittelt, daß die Frauen durchschnittlich 4 bis 5 Kindern das Leben geben, von denen drei in das Reifealter gelangen. Von Zwillingen wird gewöhnlich der eine getötet oder ausgesetzt. Wenn es sich dabei um einen Jungen und ein Mädchen handelt, so wird das Mädchen das Opfer. Die Kinder wachsen in großer Selbständigkeit auf, doch bleiben die Bande zwischen ihnen und den Eltern ihr Leben lang bestehen.

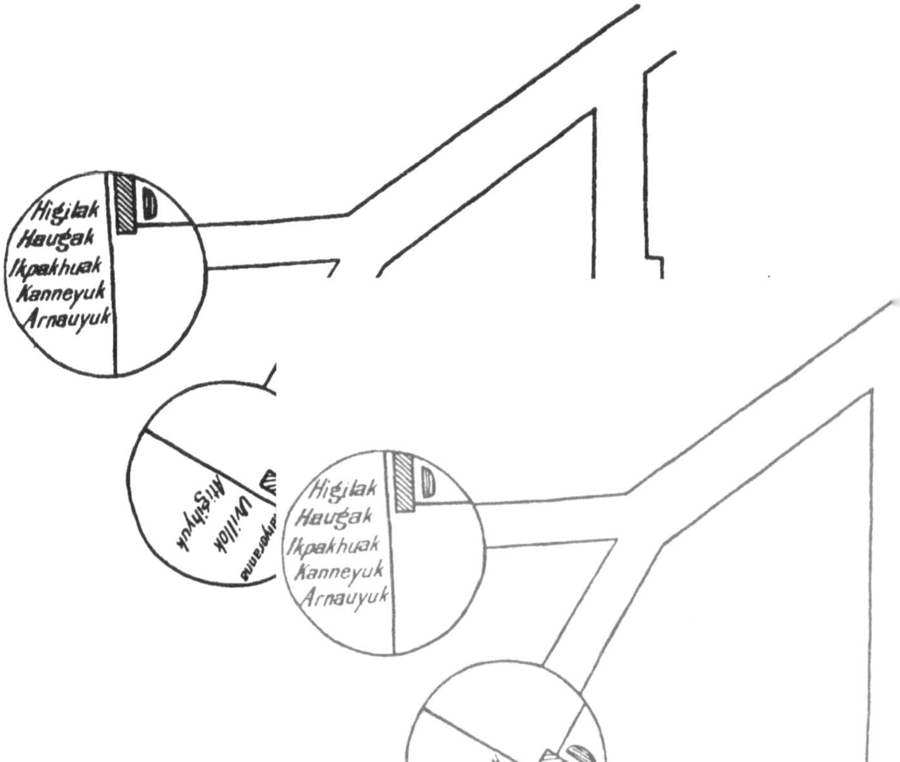

Abb. 3. Wohnstätte mit drei e
laufen und sich zu einem gen
März 1915 westlich der Liston-
zum Robbenfang gewandert w
Familie bewohnt. In der er
Higilak, seinem Neffen und
Tochter (von ihrem früheren
Ein junges Mädchen, Arnauy
Begriff war zu heiraten, hat
nächsten Hütte lebte Atigih
kleinen Tochter. In der dritten Hitkok und seine Leute. Der Gang der dritten Hütte hatte eine schmale Einbuchtung in ungefähr halber Länge zur Aufbewahrung der Schneeschaufeln und anderer Kleinigkeiten, die von den Hunden nicht beschädigt werden sollten. — Mitunter kommt es auch vor, daß zwei oder drei Häuser unmittelbar aneinanderstoßen und einen gemeinsamen Zugang besitzen. So entstehen zwei- oder dreiräumige Hütten.
Aus D. Jennes.

Die Institution einer Häuptlingschaft fehlt bei den Eskimos. Ein Mann erwirbt Einfluß durch seinen Charakter, seine Energie, seinen Erfolg auf der Jagd und seine Geschicklichkeit in der Zauberei. Es ist nicht immer nötig, daß einer auf allen diesen Gebieten zu gleicher Zeit sich auszeichnet, insbesondere braucht er nicht notwendigerweise Schamane zu sein. Aber auch Schamanen können großen Einfluß erwerben, wenn sie kühn und skrupellos sind. Einzelne erfreuen sich eines ganz außerordentlichen Ansehens, und wunderbare Geschichten werden von ihren Taten erzählt. In einer Gesellschaft, die weder Gerichte noch Richter oder Häuptlinge kennt, keine Gesetze außer den von Generationen überlieferten Sitten besitzt, ist alles auf einer stillschweigenden und allgemeinen Anerkennung oder Verurteilung aufgebaut. Geschieht irgendeine Missetat, so sind es die angesehenen Männer, welche die Initiative zu einem Ratschlag oder Vorgehen ergreifen. Dazu gehören nicht immer die vielen männlichen und weiblichen Schamanen, die von sehr unterschiedlichem Ansehen sind. Daher bleibt bei geringeren Verletzungen der Sitte, wie bei Diebstahl und Entführung, alles der Initiative des Verletzten überlassen, um Entschädigung oder Rache zu beanspruchen. Streitigkeiten können gelegentlich durch Zweikampf erledigt werden, der manchmal mit leichteren oder schweren Verletzungen endigt. Oft aber läßt man den Streit sein, während andernfalls auch Mord und Totschlag erfolgt. Im letzteren Falle, wenn eine Herausforderung vorliegt, ist es nicht bekannt geworden, daß der Totschläger bestraft wurde. Doch besteht immer die Gefahr, daß ein Verwandter des Getöteten in ähnlicher Weise Rache nimmt. Gewöhnlich entzieht sich der Bedrohte einer solchen Gefahr durch Flucht. Ist lange Zeit inzwischen vergangen, so ist man bereit zu vergessen, wenn nicht neue Herausforderungen vorliegen. Allerdings kommt es manchmal auch zu blutigen Rachekämpfen, die mehrere Opfer fordern. Manchmal greift man auch zu magischen Künsten, um Rache zu nehmen, namentlich wenn man Angst hat, seine Rache offen zu betätigen.

Obwohl die Eskimos ein Verbrechen gewöhnlich nur in der Hitze der Leidenschaft begehen oder in der Hoffnung, sich der Rache entziehen zu können, bis die Erregung verraucht ist oder in Erwartung der Unterstützung ihrer Verwandten, beruht die Aufrechterhaltung der Ordnung hauptsächlich auf persönlicher Vergeltung durch die Familie. Bei der Art ihrer Lebensführung können Missetaten selten geheim gehalten werden.

c) Nordsibirer.

Die nordsibirischen Stämme können auch den Wildbeutern des Eises zugerechnet werden, sind jedoch durch ihren Kontakt mit Hirtenstämmen vielfach zu höheren Lebensformen, insbesondere zur Viehhaltung, abgeschwenkt, während andere als Wildbeuter des Meeres an der Küste ihr Leben führen (s. unten § 4), wie etwa die Küsten-Tschuktschen.

Greifen wir die Yukagiren heraus. Deren Fisch- und Jagdexpeditionen wurden durch einen „Alten" geleitet. Er wählte die Ruheplätze während der Wanderungen der Gemeinde und wies einer jeden Familiengruppe ihren Jagdbezirk an. Er brachte auch die Ahnenopfer dar und wachte über die Befolgung der Sitten. In allen wichtigen Angelegenheiten beriet er sich jedoch mit den Häuptern der Kleinfamilien. Seine Frau nahm eine ähnliche Stellung unter der Weiblichkeit ein, obgleich die eigentliche Macht der Regierung in der Hand des männlichen Alten ruhte, dem auch die Frauen zu gehorchen hatten. Sie überwachten jedoch die Teilung der Jagdbeute. Die Stellung eines Schamanen konnte von beinahe gleich großer Bedeutung sein wie die des „Alten". Nach dem Tode wurde die Leiche eines Schamanen auseinander geschnitten, das Fleisch von den Knochen getrennt und unter seine Blutsverwandten verteilt. Der „Alte" erhielt den Schädel, den man an einen Holzstamm befestigte, mit köstlichen Gewandungen ausstattete und als Schutzgeist der Gemeinde verehrte. Als dritte ausgezeichnete Persönlichkeit trat der „starke Mann" hervor, der mit seinen Kriegern die Gemeinde zu beschützen hatte. Weder er noch der vierte Mann von Ansehen, der Jäger, waren notwendigerweise in dieser vaterrechtlichen Gesellschaft mit starkem weiblichen Einfluß (Czap. [14] 97) Blutsverwandte der Gruppe. Manchmal waren der Jäger und der „Starke" dieselbe Person, jedoch nicht immer, denn ihre Aufgaben waren verschiedener Art: der Jäger hatte tierische Nahrung und Felle für die Kleidung seiner Gemeinde herbeizuschaffen. Heutzutage sind die Ämter des „Alten", des „Schamanen" und des „Starken" wenig mehr als eine Tradition, während nur der Jäger sein altes Ansehen bewahrt hat.

Bemerkenswert ist, daß wir hier bereits eine Arbeitsteilung finden, und zwar in der Weise, daß jeder „Fachleiter" auch seine besonderen Gefolgspersonen hat. Den „Jägern" fällt übrigens kein besonderer oder größerer Anteil an der Beute zu, die sie beschaffen. Der Ansporn liegt hier vielmehr in der Ehre, die sie durch das Einbringen einer reichen Beute erwerben. Dies wird noch durch den Glauben verstärkt, daß der Jäger, der nur für seinen eigenen Vorteil auszieht, keine Hilfe von Seiten der Geister erhält (Czap. [14] 37f).

Reifeweihen gibt es nicht, doch muß das Mädchen, das das Pubertätsalter erreicht hat, gewisse Meidungen beobachten, wenn ihr Bruder auswärts auf der Jagd sich befindet: sie darf nicht hochschauen, sondern muß ihre Blicke auf die Erde heften, aber nicht auf die Fußtapfen ihres Bruders; sie darf sich auch nicht nach der Jagd erkundigen oder Erzählungen von der Jagd ihres Bruders anhören. Den Kopf oder die Vorderteile eines von ihrem Bruder erbeuteten Tieres darf sie nicht essen, nicht einmal darauf blicken.

Gastfreunden wird das Bett eines unverheirateten Mädchens angeboten, und zwar, nach der Erklärung einer alten Frau, weil das Bett eines verheirateten Paares verboten ist und die Gastfreundschaft verlangt, daß man dem Freund eine Freude bereite. Indessen bestehen Meidungsvorschriften zwischen gewissen Verwandten. Früher soll die Ehe nur unter den ersten Graden der Vetternschaft verboten gewesen sein, während die Mythen oft auf Heiraten zwischen Bruder und Schwester anspielen. Jochls. ([10] 84) selbst kannte ein Ehepaar von Schwester und Bruder. Heute werden derartige Verbindungen geheimgehalten. Vielleicht sind solche Verbindungen darauf zurückzuführen, daß bei der Nahrungssuche die einzelnen Familien weit ab für sich selbst ein isoliertes Leben führen.

Die Werbung für eine Frau beginnt damit, daß der junge Mann Dienste für die Verwandten der Frau verrichtet. Diese werden angenommen oder ohne weitere Erklärung abgelehnt. Diese Arbeitszeit gilt gleichzeitig als Prüfstein für die Tüchtigkeit des Mannes, seine Frau zu versorgen. Früher waren damit noch besondere Holzfällerdienste verbunden. Die endgültige Werbung geht durch Vermittlung eines Freundes in der Form von hergebrachten Wechselreden vor sich. Der Dienst für eine Frau dauert manchmal bis zu drei Jahren. Manchmal geben zwei Familien im Austausch ihre Mädchen der anderen als Frau.

Obgleich überwiegend Einehe herrschte, hatten doch gute Jäger, starke Krieger und Schamanen, die gewöhnlich nicht in den Häusern ihrer Schwiegerväter lebten, häufig mehr als eine Frau. Mitunter diente ein Mann einen Teil des Jahres bei einer Familie, den Rest bei einer anderen, für je eine Frau (Czap. [14] 90ff).

§ 2. Wildbeuter von Steppe, Wüste und Grasland.

Männer: Jäger, Fänger, auch Sammler; Frauen: Sammlerinnen, auch Kleintierfängerinnen.

Das Leben der Wildbeuter erhält durch Anwendung ihrer Jagd- und Fangmethoden in Steppen, Wüsten und Grasland eine andere Gestalt als im Eise. Doch sind hier wieder im einzelnen erhebliche Besonderheiten festzustellen. Es ist nicht immer leicht, dabei zu unterscheiden, wie weit die Besonderheiten des geographischen Trockengebietes sich geltend machen, und wie stark die Einwirkungen in Betracht kommen, die durch die historischen Erlebnisse in Berührung mit Nachbarn bedingt sind, die inzwischen ihr Zivilisationsschicksal weiter vorwärts getrieben hatte. Allein auch hier dürfen wir nicht vergessen, daß, wenn wir die Ganzheit einer Kulturgesellschaft untersuchen wollen, dennoch uns heute Heterogenes zu einer Einheit verschmolzen vor Augen tritt. Darin liegt auch, wie noch an anderer Stelle ausgeführt wird, die Schwierigkeit einer Transponierung von heutigen durch Tatsachen feststellbaren Lebensformen und Einrichtungen auf ferne vorgeschichtliche Vergangenheit. Um so größere Gewissenhaftigkeit ist bei der Darstellung der repräsentativen Typen zu verwenden.

Während die Wildbeuter der Polarländer, besonders die Eskimo, sich in ihren Eiswüsten verhältnismäßig unzugänglich fühlen können, scheint es, daß manche Steppenbewohner, wie etwa die Buschmänner, eine Geschichte Jahrhunderte langer Verfolgungen hinter sich haben, die sie in die unwirtlichsten Gegenden zurückdrängte. Bemerkenswert tritt bei diesen Wildbeutern die Schwierigkeit hervor, zu anderen Methoden der Nahrungsgewinnung überzugehen. Obgleich z. B. die Bergdama Jahrhunderte lang bereits in Berührung mit den Kuhhirtenstämmen der Herero stehen und von diesen sogar häufig als Knechte zum Weiden ihrer Herden verwendet wurden, oft auch Kühe als Geschenke erhielten, bildete dies keinen Anlaß für sie, zum Halten von Kühen überzugehen; ebenso wenig wie für die Indianer der Prärien Nordamerikas, als die ersten Weißen ihnen

Kühe schenkten. Die erhaltenen Tiere wurden nach alter Sitte geschlachtet und verzehrt, also konsumiert, nicht konserviert. Die spezialisierte Tradition ihrer Jägerkultur stand einer Änderung ihrer Lebensgewohnheiten entgegen. Nur mühsam werden heute solche Völker teils durch indirekten Zwang, teils durch Erziehung dem Feldbau oder der Viehzucht angegliedert.

a) Die Bergdama Südwestafrikas.

Als repräsentatives Beispiel dieser verhältnismäßig schwer zu untersuchenden Steppenvölker mögen die durch Vedd. [23] eingehend geschilderten Bergdama von Südwestafrika herausgegriffen werden. Hier hebt sich deutlich die Jäger- und Fängertätigkeit der Männer von der Sammeltätigkeit der Frauen ab. Von einer Schichtung oder Staffelung des Volkes kann keine Rede sein, obgleich dadurch, daß ein Teil der Leute zum Halten von Ziegen überging, sich eine Gabelung zwischen den Ziegenbesitzern und denen, die diese Tiere nicht haben, geltend gemacht hat.

Man siedelt in zeitweiligen Lagern, die ein oder mehrere Familien unter der Führung eines Alten umfassen und zusammen etwa 10 bis 15 Seelen in sich schließen. Der persönlich Angesehenste unter den Familienhäuptern

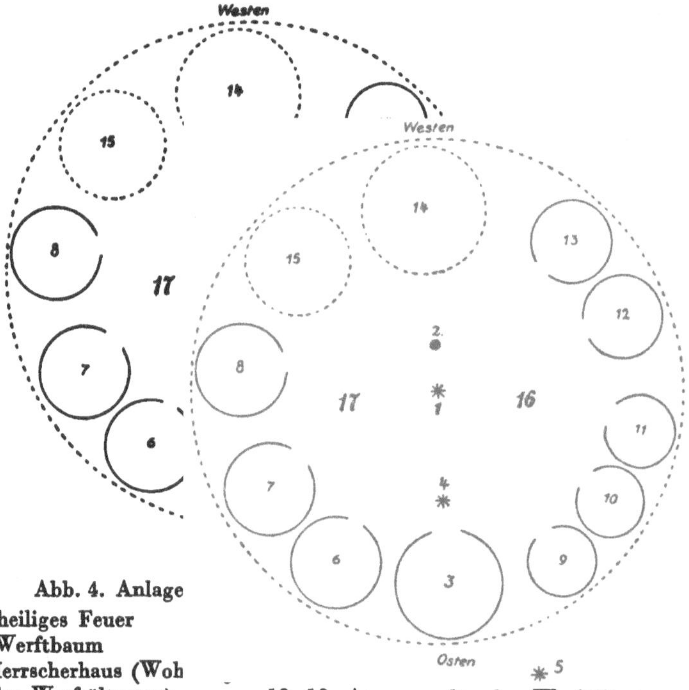

Abb. 4. Anlage

1. *Sõxa-/ais* = heiliges Feuer
2. *!Hai-heis* = Werftbaum
3. *Gao-oms* = Herrscherhaus (Woh der 1. Frau des Werftältesten)
4. Feuerstelle der Großfrau
5. Festfeuerstelle
6. 7. Wohnungen der Nebenfrauen des Werftältesten
8. *!Gĩb-oms* = Haus der Großfrau des „Mundschenken“
12. 13. Anverwandte des Werftältesten
14. Ziegenkraal
15. Lämmerkraal
16. */Gei-!keis* = kultischer Tanzplatz
17. gemeiner Tanzplatz

Aus H. Vedder.

ist der Anführer der ganzen Lagergemeinde, die mit einem burischen Ausdruck als „Werft“ bezeichnet wird. Die einzelnen Lagergemeinden stehen einander unabhängig gegenüber, jede beansprucht ihr eigenes Jagd- und Fanggebiet und schließt Fremde davon aus. Selbstverständlich fehlt es nicht an Berührungen und Beziehungen unter den einzelnen Horden, doch nur für außerordentliche Unternehmungen schließen sie sich vorübergehend einmal zusammen. Schon wegen der Kleinheit dieser politischen Einheiten und der Unstetheit der Lebensweise kommt es zu keinen anderen Kämpfen als zu Vergeltungen für die Verletzung des Jagdgebietes oder zu familialer Blutrache. So gewinnt der Beobachter auch hier den Eindruck von Friedfertigkeit. Gerade so wie bei den Eskimo kommt die erbeutete Nahrung allen zugute, und wer am meisten heimbringt, ist am höchsten angesehen. Ganz analog finden wir auch die Verhältnisse von Privat- und Familieneigentum geregelt. Persönliche Gebrauchsgegenstände, wie Geräte, Werkzeuge, Taschen, Decken, Schüsseln, Waffen und vor allem Schmuck gehören den Einzelnen. Wegen der auch hier scharf durchgeführten Arbeitsteilung unter den Geschlechtern besitzen die Männer andere Gebrauchsgegenstände als die Frauen. Folglich werden die Männer nur von den Söhnen, die Frauen nur von den Töchtern beerbt, so daß man von keiner einseitigen Erbfolge, von „Vaterrecht“ oder „Mutterrecht“ reden kann. Beide laufen vielmehr parallel nebeneinander her. Daß der Sohn eines angesehenen Mannes wieder eine angesehene Stellung einnimmt, vorausgesetzt, daß er dazu befähigt ist, kann nicht als patriarchalische Vaterfolge angesehen werden. Würde man das tun, so brächte man Auffassungen und Gedanken aus ganz anderen Kulturhorizonten in diese Wildbeutergesellschaft; ein Verfahren, das ebenso unzulässig ist, wie die Verwendung von dem modernen Staatsleben entnommenen Begriffen auf das Leben der Naturvölker im allgemeinen.

Während die Tätigkeit der Männer auf den Erwerb von animalischer Nahrung gerichtet ist und durch das Jagd- und Fängerleben sich in einem weit ausholenden Schweifungsbereich vollzieht, richtet sich die Tätigkeit der Frauen auf vorwiegend vegetabilische Nahrung innerhalb verhältnismäßig näherer Entfernung vom Lager. Von diesen zwei Seiten strömt die Nahrungsversorgung der Gemeinde zusammen. Die Männer verteilen das von ihnen erlegte Wild am heiligen Lagerfeuer und geben davon bestimmte Stücke an die Frauen ab. Die letzteren lassen hinwiederum den Überschuß an Vegetabilien, die sie in Töpfen kochen, an die Männer durch ihre „Oberfrau“ verteilen, eine Persönlichkeit, wie wir sie bei den Nordsibiriern auch kennen gelernt haben. Im Lager findet somit ein kollektiver Austausch unter der erbeuteten Nahrung, den Arbeitserträgnissen eines jeden der Geschlechter, statt. Die handwerkliche Tätigkeit erstreckt sich ebenfalls auf verschiedene Geräte für die Männer und andere für die Frauen. Die weiblichen Erzeugnisse sind vielfältiger als die der Männer.

An gelegentlichem Austausch von Gegenständen, namentlich von Schmuck, fehlt es nicht, und man kann überall bei den Bergdama oder den Buschmännern Tausch feststellen.

Als höchster Machthaber für alle Streitigkeiten gilt der Rat der Alten, der Familienhäupter, am Lagerfeuer, der sich in allen Rechtsfragen an die Überlieferung hält. Diese Familienhäupter sind die Träger des Gemeinschaftslebens, die Kenntnisse und Wissen, Fertigkeiten und Künste bewahren und pflegen. Diese „Gerontokratie" entspringt keinem anderen Umstand, als dem Zusammenschluß mehrerer Familienhäupter.

Auch hier finden wir, wie bei den paläo-sibirischen Stämmen, neben dem Siedlungshaupt noch eine andere Persönlichkeit von Bedeutung und Einfluß, nämlich den „Speisemeister". Er ist jedoch weder Jäger noch Krieger, sondern derjenige, der mit seinem Munde die zu genießenden Speisen zu beschmecken hat und daher auch seinen Namen *tsă-am-aob* „der Mann, der mit dem Mund beschmeckt", führt. Er hat die Funktion eines Fleisch- und Gemüsebeschauers. Jagdbeute wird ihm vorgelegt, unter seiner Anweisung zerstückt, gekocht und zubereitet. Vor allem nimmt er die Verteilung der Stücke an die Alten und die Jäger sowie an den zuletzt bedienten Häuptling vor. Die Leber und andere Eingeweideteile übersendet er seiner Hauptfrau, die den Akt des Beschmeckens für die weiblichen Lagerbewohner samt den Kindern beiderlei Geschlechts zu vollziehen und die Verteilung zu leiten hat. Auch die Feldkost an Beeren, Wurzeln und Knollen, die von den Frauen heimgebracht wird, darf nicht eher genossen werden, als bis der Speisemeister von jeder Art eine Kleinigkeit zu sich genommen und beschmeckt hat. Botschaften an andere Lager zu überbringen, fällt ihm ebenfalls zu. Ein alter Bergdama erklärte den Ursprung und den Zweck dieses Amtes folgendermaßen: „Wirft man eine unbekannte Kost nicht zuerst einem Hunde vor, stellt sich hin und sieht zu, ob er sie frißt und ob sie ihm schadet? Erst wenn der Hund sie frißt, weiß man, daß sie nicht schädlich ist. So läßt auch der Häuptling alle Nahrungsmittel zuerst vom Speisemeister beschmecken, denn er kennt die Pflanzen und Kräuter des Feldes. Ißt er sie, so können die anderen auch davon essen. Stirbt er daran, so hat das Lager an ihm nichts verloren. Er ist ja ein alter Mann, den das Lager ernähren muß, der aber selbst nicht mehr zum Unterhalt beiträgt" (Vedd. 20). Es scheint somit, daß diese Funktion hauptsächlich an die Sammeltätigkeit anknüpft, weniger an die Jagd. Es ist eine Persönlichkeit, die Spezialkenntnisse in der Nutzflora des Landes haben muß und anscheinend vor allem giftige Beeren oder Wurzeln von der Ernährung der Lagergemeinde fern halten soll.

Eine weitere Persönlichkeit, die aus dem Rahmen der übrigen herausfällt, ist der Zauberer, von dem auch ein erheblicher Teil der priesterlichen und der ärztlichen Tätigkeit getragen wird.

Während wir bei den Arktikern nur außerordentlich bescheidene Ansätze zur Einführung der Jünglinge in die Tätigkeit eines vollwertigen Jägers und Fängers finden, ist bei den Bergdama ein sogar über mehrere Jahre sich erstreckendes Zeremoniell zur Einführung in die Jagdtätigkeit vorhanden. Bei diesen Jünglingsweihen handelt es sich einerseits darum, den herangewachsenen jungen Mann in die Geheimnisse und Fertigkeiten von Jagd und Fang einzuführen, andererseits aber, ihm die Bedeutung der Gemeinschaft als solcher in möglichst sinnfälligen Formen vor Augen zu bringen. Der Jüngling heiratet in der Regel erst dann, wenn er die Jägerweihen hinter sich hat. Haben die weiblichen Anverwandten samt dem Rat am heiligen Feuer ein für den Jüngling passendes Mädchen erkoren, so wird ihm dieser Beschluß mitgeteilt. Ist er einverstanden, so macht sich die Mutter mit einigen Verwandten, unter denen des Vaters Schwester die Hauptperson ist, auf den Weg zur Brautwerbung. Es wird dort nicht um einen Brautpreis oder um die Höhe der Morgengabe verhandelt, sondern nur die Frage erörtert, ob die Eltern der Verlobung zustimmen. Es wird festgelegt, wann der Verlobte zur Heirat in der schwiegerelterlichen Werft erscheinen soll und ob die junge Frau bald nach der Eheschließung dem Manne zum Lagerplatz der Schwiegereltern folgen kann, oder ob der Bräutigam nach alter Sitte zuvor ein halbes oder ein ganzes Jahr auf dem Lager der Brauteltern bleiben soll, um seine Jagderträge dem Schwiegervater zum Unterhalt abzuliefern. Heute wird ihm in den meisten Fällen dieses „praktische" Jahr erlassen. Die Hochzeit findet ohne alle Formalitäten statt. Der Bräutigam stellt sich, geleitet von Mutter und Tanten, in der Werft des Schwiegervaters ein. Beide Familien wechseln Geschenke, die aus allem bestehen können, was ein Bergdama besitzt und schätzt: eine Axt, Eisenperlen, Schüsseln, eine Ziege, gegerbte Felle und dgl. Der Anstand gebietet, nicht auf die Menge und Kostbarkeit zu sehen. Die gewechselten Geschenke stellen keinen Kaufpreis dar, sondern sollen nur die freundschaftliche Gesinnung der beiden Familien dokumentieren. Von den weiblichen Verwandten der Braut ist eine dürftige Hütte für das junge Ehepaar errichtet, in die es sich am Abend zurückzieht.

Man ersieht daraus, daß es sich hier hauptsächlich um die Form des Abverdienens der Braut durch Leistungen beim Schwiegervater einer anderen Lagergemeinde handelt, gleichzeitig aber auch um eine Prüfung des Schwiegersohnes, ob er durch seine Leistungen als Jäger und Fänger imstande ist, eine Familie zu erhalten. Ganz ähnliche Gesichtspunkte bemerkten wir auch bei den Arktikern.

Auch hier finden wir, daß in der ersten Zeit die Wahl wieder rückgängig gemacht werden kann. Sollte ein Kind die Folge einer kurzen, aber wieder aufgelösten Verbindung sein, so hat er für dieses zu sorgen, wenn er es später als sein eigenes Kind reklamieren will. Auch dieses ist ein Gesichtspunkt, dem wir ziemlich allgemein begegnen (Vedd. 52).

Wer zu Wohlstand gekommen ist, pflegt sich, wie namentlich das Lagerhaupt, mehrere Frauen zu beschaffen. Auch beim Erwerb von Nebenfrauen bilden gegenseitige Geschenke die Besiegelung des Bündnisses, doch bleibt die erste Frau die Hauptfrau.

Auch hier finden wir, wie bei den Eskimos, den Brauch, daß zwei Männer miteinander Freundschaft schließen und ihre Frauen miteinander gelegentlich austauschen, und zwar in der Weise, daß der eine Mann die Frau des anderen, auf die sich die Vereinbarung bezieht, in ihrer Hütte besucht. Die Männer tauschen Geschenke miteinander und helfen sich gegenseitig. Die Hilfe des anderen wird jedoch nicht persönlich, sondern durch Vermittlung der Frau des anderen angefordert (Vedd. 55). Neben der politischen

Verbindung durch die Männergesellschaft und dem Zusammenschluß in der Familie kommt auch hier als drittes Band eine freundschaftliche Beziehung in Betracht, welche den sozialen Zusammenschluß der Kulturgesellschaft verschärft. Das Kind aus derartigen Verbindungen erhält die Namen beider Väter.

Trotz der patriarchalischen Leitung der Familie ist die Rolle der Frau darin von großer Bedeutung und ihre Stellung sehr frei. Diese wird durch ihre Sammeltätigkeit umrissen. Das Weib hat mit den heranwachsenden Töchtern die Pflicht, die Familie mit Feldkost zu versorgen, die sie herbeischafft und zubereitet. Doch ist die Arbeitsteilung zwischen Jäger und Sammlerin nicht so aufzufassen, als ob die Frau nichts heimbringen dürfte, was man gewöhnlich nur von der Hand des Jägers erwartet, und daß der Mann nie Feldkost nach Hause trüge. Die Feldkost besteht in Nahrungsmitteln, die ohne Pflege im Felde wachsen. Eine besondere Rolle spielen dabei die Zwiebeln, die besonders nach der Regenzeit an üblichen Fundstellen ausgegraben werden (Vedd. 66ff). Dazu kommt noch die Erbeutung der Vorräte von Tieren, die Speicher an Zwiebeln und Körnerfrüchten anlegen, wie vom Hamster, der kleinen Feldmaus, insbesondere der Termiten und der kleinen schwarzen Ameisen. Dazu werden noch als animalische Zukost Raupenarten, fliegende Ameisen, Heuschrecken, die junge Brut von Termitenvölkern, Ameisen usw. erbeutet.

Der Sammlerin verdankt die Lagergemeinde eine einigermaßen regelmäßige Ernährung. Sie, nicht der Jäger, ist es, die täglich mit wohlgefüllter Tasche nach Hause kommt. Der sonst mit dem Lobe der Frau karge Bergdama pflegt daher in richtiger Erkenntnis dieser Tatsache im Sprichwort zu sagen: „Die Lagergemeinde ist Sache der Frau", d. h. ohne die Tätigkeit der Sammlerin würde die Lagergemeinde nicht bestehen können. Schwindet das Jagdglück des Mannes und bleiben die Töpfe am heiligen Feuer kalt, so wird in der Schüssel dieser oder jener Frau noch etwas für den Mann vorhanden sein, um seinen Hunger zu stillen. Doch so wie er streng darüber wacht, daß die Frau von der Mahlzeit am heiligen Feuer nur die ihr zustehenden Stücke erhält, die ihr zugesandt werden, aber nicht selbst nimmt, so wacht sie darüber, daß er nicht eigenmächtig über das verfügt, was sie aus dem Felde heimgetragen hat. Ohne ihre Erlaubnis darf er nicht an ihren Topf gehen, in dem sie einen Brei aus Feldzwiebeln, ein mageres Mahl aus Erdknollen oder ein Gericht aus Eidechsen und großen Fröschen bereitet hat (Vedd. 39).

Erst in neuerer Zeit sind die Bergdama hauptsächlich durch den Einfluß der Missionen zur Anlage von Gärten und zu etwas Ziegenwirtschaft herangezogen worden.

Die Bergdamastämme können, wie schon aus dem Gebrauch der Töpfe, dem Halten von Ziegen und verschiedenen Anklängen an Sitten der Herero (Vedd. 37) hervorgeht, nicht mehr als unbeeinflußte Wildbeuterstämme angesehen werden. Überdies gingen vor mehreren Jahrzehnten über die Buschmänner und Bergdama die Kämpfe mit den Nama-Hottentotten hinweg, die sogar zur Annahme der Nama-Sprache und deren Dialekt bei den Bergdama führte. Ja auch der Bogen wird kaum als eine selbständige Erfindung der Bergdama zu betrachten sein.

b) Die Buschmänner Südafrikas.

Obgleich mit den Bergdama verwandt, mag eine kurze Betrachtung des Lebens der Buschmänner wegen der noch größeren Primitivität ihrer Lebensweise in den südafrikanischen Wüstenstrichen, insbesondere der Kalahari, am Platze sein, zumal wir in diesen Stämmen hauptsächlich die Reste einer Bevölkerung zu erblicken haben, die dereinst weite Gebiete des östlichen Teiles von Afrika, vielleicht bis hinauf zum alten Ägypten, bewohnten. Von dort scheinen sie im Laufe der Jahrtausende namentlich durch Eindringen der Hirtenstämme mehr und mehr zurückgedrängt worden zu sein. Noch in historischer Zeit saßen sie am Zambesi, wo man auch heute noch in den *Masarwa* die Nachkommenschaft von Buschmannmüttern und Bantuvätern, in den *Katia* vielleicht die Abkömmlinge von Buschmannvätern und gefangenen Bantufrauen erkennen kann (Willghb. [23] 26). Noch als die Europäer erschienen, dehnte sich das Gebiet der Buschmänner über den größten Teil der Landschaft südlich des Zambesi aus. Immer mehr wurden sie durch das Eindringen der Hirtenmischlinge in die unzulänglichsten Gegenden des Südens zurückgescheucht: Bantu, Hottentotten, Buren und Engländer machten auf sie Jagd, und Tausende von ihnen wurden ohne weiteres erschossen, so daß ihnen heute nur mehr die Bergöden und Wüsten Südafrikas übrig geblieben sind (Willghb. 29).

Diese Leute sind leichtfüßige und schlaue Jäger von scharfem Gesicht und einem sicheren Instinkt im Auffinden ihrer Wege. Des Buschmanns Waffen sind vor allem vergiftete Pfeile und die geschickte Anlage von Fallgruben und Fangschlingen. Er ist ein Nomade der Wildnis, der weder Gärten anlegt noch Haustiere hält. Bei rauhem Wetter nimmt er seine Zuflucht zu einer Höhle, einem überhängenden Felsen oder zieht sich in eine Grube zurück, die ein Ameisenbär angelegt hat. Ist nicht Besseres aufzufinden, so biegt er Zweige eines Busches zusammen, macht sie fest und häuft etwas Gras darauf. Unter einem solchen Dach birgt er sich und seine Habe. Hier kauert er sich mit seinen geschmeidigen Gliedern und seinem biegsamen Rücken in einer kleinen Grube wie ein Hund zusammen. Wasser ist das kostbarste Gut der Wildnis, die er bewohnt; er befördert es in Straußeneierschalen, in denen er es auch in der Erde als Vorrat vergräbt. Seine Habe besteht aus wenig mehr als Bogen, Köcher und vergifteten Pfeilen, Sandalen, ein oder zwei Fellen, heute noch einem Eisenmesser, und vor allem einem Grabstock mit durchbohrtem Stein. Das mit dem vergifteten Pfeil angeschossene Wild muß er oft lange verfolgen. Seine Familie folgt ihm und lagert dann an der Beute, die sie verzehrt, bis nur das Skelett übrig geblieben ist. Neben der Verwendung von heißen Steinen kennt man aber auch die Herstellung von Töpfen, für die man Erde aus dem Ameisenhaufen verwendet.

Jede Horde der *Naron*-Buschleute hat ihr eigenes Territorium, zu dem gewöhnlich mehrere Wasserlöcher gehören. Die Grenzen sind den Leuten wohl bekannt, und über diese bewegen sie sich auf ihren Jagdzügen nicht hinaus, wenn auch gelegentlich ein einzelner, hauptsächlich für Handelszwecke, die Grenzen überschreitet. Ihr Umherziehen wird hauptsächlich durch Versorgung mit Nahrung und Wasser bedingt. Haben sie die Früchte und Wurzeln an einem Ort aufgezehrt, so ziehen sie nach einem anderen; außerdem halten sie sich im Sommer an anderen Plätzen auf als im Winter. Ihre primitiven Unterkünfte errichten sie gewöhnlich in der Nähe von Wasserlöchern, jedoch nicht unmittelbar daran, um nicht das Wild zu verscheuchen, das dorthin zur Tränke zieht und dann leicht geschossen oder gefangen werden kann. Die Familien, die bei einer Wasserstelle leben, hausen gewöhnlich zusammen, wenn auch mitunter einige Hütten abseits liegen. Manchmal kann man drei oder vier Hütten, mitunter aber auch zwanzig, mit 60—80 Bewohnern antreffen. Alle paar Wochen taucht eine neue Hütte auf oder aber ein leerer Platz zeigt, wo eine verschwunden ist. Dieses beständige Fluktuieren erschwert es — wie wir das auch bei den Eskimo gesehen haben —, die Zahl einer Horde oder eines „Stammes" festzustellen. Jede Hütte besitzt 2—5 Bewohner; Mann, Frau und ein bis drei Kinder, manchmal nur ein Paar allein, oder Mädchen, die zu alt sind, um mit ihren Eltern zusammen zu leben, mitunter auch einen alten Witwer mit seinem Sohn, während eine Witwe mit ihren Kleinen gewöhnlich zusammen mit Mädchen wohnt. Ist keine ältere Frau bei ihnen, so steht die Hütte des Mädchens in der Nähe ihrer Eltern, wohin sie sich etwa flüchtet, wenn ein heftiges Gewitter losbricht. Die älteren Knaben und Jünglinge schlafen unter einem Baum. Bei nassem Wetter errichten ihre Mütter ihnen eine Hütte. Die Hütten errichten die Frauen; die Männer helfen dadurch, daß sie ihnen Zweige, Bast und Grasbüschel heranschleppen. Die Hütten werden hauptsächlich zum Schutz gegen die Regenzeit errichtet.

Die Männer jagen gewöhnlich allein oder zu zweien, etwa ein älterer und ein jüngerer Mann zusammen. Hunde dürften keinen ursprünglichen Besitz der Buschmänner ausmachen. Sie haben sie von den Betschuanen und Klipkaffern, neuerdings von den Weißen erhalten. Eine beliebte Jagdmethode besteht im Anzünden des Grases, das gleichzeitig einerseits das Wild aufscheucht, andererseits den Boden düngt, so daß die Zwiebeln besser kommen.

Die *Naron*- und *Auen*-Buschmänner hatten früher angeblich Häuptlinge, die ihr Ansehen jedoch nach den Kämpfen mit den Klipkaffern verloren. Diese Häuptlinge sollen die Bewegungen ihrer Gemeinden geleitet haben, so wie auch die Grasbrände angeordnet und insbesondere Führer im Kampf gewesen sein. Denn Kämpfe sowohl unter den Buschmannstämmen, als auch gegen die von allen Seiten her eindringenden Hirtenvölker waren an der Tagesordnung. Die Häuptlingschaft scheint hauptsächlich von der Persönlichkeit abgehangen zu haben. Etwa 30—40 Familien dürften die Autorität eines solchen Häuptlings anerkannt haben, dem gegenüber jedoch keinerlei feste Bindung bestand, so daß bald einzelne absplitterten, bald andere hinzukamen. Sicher gab es jedoch keine Oberhäuptlinge oder Stammesführer. Sie zeichneten sich durch nichts anderes aus, als daß sie in der Regel zwei Frauen besaßen. Das Wort für Häuptlingschaft ist der *Nama*-Sprache entlehnt.

Unter den südlichen Buschmännern gab es keine Häuptlinge und auch kein Wort für „Häuptlingschaft". Irgendwelche soziale Unterschiede gibt es unter den *Naron* und *Auen* nicht. Auch die Medizinmänner leben genau so wie die übrigen, nur erhalten sie Geschenke für ihre gelegentlichen Dienste. Wenn auch einige Frauen geschickter und fleißiger in der Herstellung von Schmuckketten als andere sind, einige Männer besser Stricke drehen, Wassergruben anlegen können als andere, so sind das Kenntnisse, die sie doch mit den anderen teilen. Doch zeichnen sich einzelne Stämme, wie z. B. die *Naron*, durch Herstellung guter Felle und Taschen aus, die sie von den *Auen* für Metalltöpfe, Speerspitzen, Messer, Glasperlen usw. eintauschen, was diese weiter vom Norden wieder gegen Holzschüsseln und Löffel, die sie selber herstellen, erwerben. Austernschalenketten werden unter allen Stämmen getauscht, aber die *Kun*, ein südlicher Stamm, sind dafür bekannt, sie besonders gut herzustellen. Diese Ketten werden auch an die Bantustämme verhandelt. Den Betschuana und den Weißen verhandeln die Buschmänner hauptsächlich Felle von Schakal, Luchs und Leopard, gegen Tabak und andere Handelsartikel usw. (Bleek [28a] 36ff).

Bei den Wanderungen gehen beide Eltern gewöhnlich mit den Kindern zusammen, für die täglichen Ausflüge zum Herbeischaffen von Nahrung sieht man jedoch in der Regel eine Rotte von Frauen und Kindern in der einen Richtung im Gänsemarsch sich bewegen, während die Männer mit etwa vier oder fünf Jungen in einer anderen Richtung gehen, dann wieder kleinere und größere Mädchen, hierauf wieder Männer usw. Am Nachmittag treffen sich die Rotten wieder bei den Hütten, wo die Feuer angezündet werden und man sich gegenseitig Besuche abstattet.

Nur die Besitzer halten sich in der Hütte auf, die Besucher versammeln sich außen um das Feuer; die Frauen in einer Hütte, die Männer in einer anderen; einige treiben sich hier und dort herum, ältere Jungen und Mädchen in Rotten für sich. Manchmal bleibt eine Frau mit ihrem Gatten in der Hütte, auch wenn Besucher des anderen Geschlechts erscheinen. Auch ein Mann kann bleiben, wenn Frauen kommen, obgleich das ungewöhnlich ist; in der Regel begibt er sich dann selbst auf das Besuchemachen. Eine Frau sitzt nicht neben einem Mann, außer wenn es ihr Gatte, Vater, Onkel oder Großvater oder ein Bursche, der viel jünger als sie ist. Ein erwachsener Bruder und eine Schwester dürfen unter keinen Bedingungen zusammensitzen, auch nicht miteinander reden, außer auf eine gewisse Entfernung. Das gleiche gilt zwischen Schwiegermutter und Schwiegersohn. Die Mädchen sind völlig frei in der Gewährung ihrer Gunst, nicht so die verheirateten Frauen.

Sowohl Knaben wie Mädchen müssen durch eine Reifeweihe gehen, wenn sie das entsprechende Alter erreicht haben. Insbesondere ist die Behandlung der Jungen während eines Monats, den sie in einem abgeschlossenen Lager mit knapper Nahrung von wenig Wurzeln und Beeren unter Aufsicht von Zauberern oder alten Männern verbringen müssen, sehr hart, so daß schwächere dabei leicht sterben. Dabei, wie auch bei der Mädchenweihe, werden Tänze abgehalten (Bleek [23]).

Die Eheschließung findet hier hauptsächlich in der Form von Entführung statt. Aus einem anderen Lager kommt ein Mann mit einem älteren Anverwandten zu Besuch und unterhält sich über verschiedene Dinge, ohne seine Absicht zu erkennen zu geben. Bei einer guten Gelegenheit bemächtigen sie sich des Mädchens und bringen sie weg. In der ersten Zeit bewacht der junge Mann seine Braut. Erst später, wenn ein Kind erwartet wird, kehrt das Paar nach dem Heimatlager des Mädchens zurück, wo sie manchmal einige Jahre verbleiben und das sie immer wieder von Zeit zu Zeit besuchen. Tatsächlich gehen der Entführung Verhandlungen über die Heirat voraus. Dabei gehört es sich, daß die Mutter sich dagegen sträubt, während die Männer sich teilnahmslos verhalten. Bei der Entführung muß sich das Mädchen auch entsprechend sträuben.

Wenn hingegen die Mutter ernstlich gegen die Angelegenheit ist, sei es, daß sie ihre Tochter noch für zu jung hält oder daß ihr der Bewerber aus irgend einem Grunde ungeeignet erscheint, so ruft sie die Männer zu ernstlichem Widerstande auf, und der Heiratskanditat muß samt seinem Begleiter unverrichteter Dinge abziehen. Früher gaben derartige unwillkommene Entführungen oft Anlaß zu ernstlichen Kämpfen.

Manche Mädchen heiraten noch vor ihrer Reifezeit, die meisten jedoch mit 17 und 18 Jahren, fast alle vor ihrem zwanzigsten; die Jünglinge ungefähr zwischen 18 und 21. Es herrscht keine strenge Regel darüber, daß die Braut aus einem anderen Lager stammen muß und daß das junge Paar etwa auf dem Platz des Mannes sich nieder zu lassen hat. In Sandfontain war etwa die Hälfte der verheirateten Männer nach den Heimatsorten ihrer Frauen gezogen. In einigen wenigen Fällen waren beide vom gleichen Lager. Augenscheinlich ist nur die Verheiratung von Bruder und Schwester verboten. Monogamie herrscht vor, aber eine zweite Frau zu nehmen, wird unter den *Naron* keineswegs als Unrecht betrachtet. Ob in einem solchen Falle die Frauen eine Hütte teilen oder eine jede für sich eine errichtet, hängt davon ab, wie sie miteinander auskommen. Man sagt, daß es für einen Mann besser sei, wenn er eine zweite Frau wünscht, die jüngere Schwester seiner ersten Gattin zu heiraten, weil es dann keinen Streit gibt.

Nach der Ehe muß der Mann seiner Frau Geschenke geben und zwar in Gestalt von Kleidungsstücken und Schmuck, die er sich durch Tausch verschafft. Auch den Eltern der Braut bringt er bei Besuchen Geschenke. Die Dauer der Verbindungen ist verschieden: manche altern miteinander, in anderen Fällen verläßt bald einer den anderen. Ist keine Nachkommenschaft vorhanden, so kümmern sich die übrigen nicht weiter darum. Haben sie jedoch Kinder, so pflegen sich die Verwandten einzumischen. Die Kinder gehören dem Vater. Gehen die Eltern auseinander, so nimmt die Mutter den Säugling mit, den der Vater, wenn er älter geworden ist, wieder zu sich nehmen kann. Wenn der Mann seine Frau beim Ehebruch ertappt, so sucht er den Ehebrecher zu töten und schlägt seine Frau, schickt sie jedoch nicht weg, wenn Kinder von ihr vorhanden sind. Witwen kehren häufig zu ihrem Stammlager zurück und heiraten, wenn sie jung genug sind. Dann nimmt sich der zweite Gatte auch ihrer Kinder an, sonst erwartet man von dem

Bruder ihres verstorbenen Gatten, daß er Sorge für die Kinder trägt (s. T. [RL] „Levirat“).

Die Frage der Erbfolge entsteht selten, da ein Mann gewöhnlich nicht mehr Eigentum hat als mit ihm begraben wird. Auch ernstliche Streitigkeiten unter den Mitgliedern eines Lagers sind selten. Entstehen solche, so greift man zur Selbsthilfe und zur Rache, auch im Falle eines Diebstahls. Das kann wieder zu Vergeltungstaten führen (s. T. [RL] „Blutrache“). Für Straußeneier werden, gerade so wie für Honig, Zeichen vom Finder an Ort und Stelle angebracht, womit der Eigentumsanspruch geltend gemacht ist. Nimmt ein anderer solche Sachen dann weg, so wird er als Dieb betrachtet. Der Eigentümer geht den Spuren des Diebes nach und verlangt die gestohlene Sache zurück. Erhält er sie, so ist alles in Ordnung. Doch muß sich der Dieb Vorwürfe von den Nachbarn des Finders gefallen lassen. Sonst kommt es zur Gewaltanwendung (Bleek [23], 32ff).

Vgl. a. Werner [06] über die Heikum- und Kungbuschleute; sowie Pass. [07].

c) Die Australier.

Die Bewohner der australischen Steppen und Wüsten gehören ebenfalls zu den Wildbeuterstämmen. Bei der Größe des Kontinents handelt es sich natürlich um sehr verschiedene Stämme. Trotz mehrfacher Besonderheiten, auf die in diesem Zusammenhang nicht eingegangen werden kann, weil hier das Gemeinsame und Typische ihrer Lebensführung in Rede steht, sind die starken Ähnlichkeiten ihrer Gesellschaftsgestaltung doch überwiegend. Hier sollen die Südostaustralier des Staates Viktoria auf Grund der Darstellungen von Smyth [78] als gut beobachtete repräsentative Vertreter herausgegriffen werden.

Die Stämme zogen häufig von Ort zu Ort, hielten sich jedoch innerhalb der Grenzen ihres Gaues. Einmal hielten sie sich auf, wo sie Aale in Bächen fangen konnten, dann zogen sie nach den Weideplätzen der Känguruh, ein ander Mal begaben sie sich nach dem dichteren Wald, um Holz für Waffen herzustellen, dann zogen sie wiederum nach der Seeküste auf Fischfang, hierauf wieder zur bestimmten Jahreszeit in das Innere, wo sie wilden Yams suchten. Obgleich immer unter dem Druck, ihre Nahrungsbedürfnisse zu befriedigen, vermochten sie durch ihre Wanderungen der Not leicht zu entgehen, und ihr Leben entbehrte keineswegs der Freude.

Die Wanderungen wurden durch das Gemeindehaupt im Einvernehmen mit den älteren Männern geleitet. Beladen mit ihren Säcken und Taschen, ihren Geräten und Waffen zogen sie zu kleinen Trupps durch Wald und Feld, die Männer für sich und die Frauen für sich. Beständiges Gerede und Lärm, manchmal die lauten Rufe der Männer, dienten zur Unterhaltung auf der Wanderschaft. Dabei achtete ein jeder scharf darauf, was er etwa unterwegs finden konnte: ein Opossum fangen, Beeren oder Früchte pflücken, oder Würmer und Schaltiere auflesen und dgl., insbesondere, wenn Rast gemacht wurde.

Schlug man ein Lager auf, so holten die Frauen Feuerholz und Wasser. Die Windschirme aus Zweigen oder Rinde für längeren Aufenthalt wurden nach einer bestimmten Ordnung aufgestellt, aber in 5—6 Meter Entfernung voneinander. Größere Horden zerfielen in Unterabteilungen, von denen jede wiederum etwa 20 Meter voneinander lagerte. Solche größeren Horden konnten bis zu 800 Menschen umfassen. Jeder Windschirm (*miam*) wurde von einer Kleinfamilie mit eigener Feuerstelle bewohnt. Die unverheirateten Jünglinge und Mädchen errichteten sich je ihre eigenen Unterkünfte. Offiziell mußten sie einander aus dem Wege gehen, obgleich tatsächlich Beziehungen stattfanden, die nicht selten zu Streitigkeiten führten. Doch kamen im allgemeinen selten Mißhelligkeiten vor, selbst wenn verschiedene Gemeinden zusammen lagerten, wobei etwa 100, 150 bis 200 Windschirme in einem Lager gezählt werden konnten. Abends wurde das erbeutete Wild gleich auf den Feuern gebraten, während die Frauen und Kinder ihre Wurzeln, Zwiebeln und Früchte zurecht richteten.

Auch hier hören wir von der Rolle, die hervorragende und besonders fachliche Spezialisten spielen. Das sind die Zauberer, die unter Umständen große Macht ausübten. Krieger, die in unruhigen Zeiten die Leitung übernommen hatten, inspirierte Träumer, welche die Bewegungen eines Stammes lenken, bis ihr Gesicht sich erfüllt hatte oder es vergessen war, die alten Männer, die Berater des Stammes, ohne deren Zustimmung selbst die Krieger Bedenken trugen, einen Entschluß zu fassen; und endlich, nicht zu vergessen, die alten Frauen, die mit ihren Absichten und Wünschen laut die männlichen Führerpersönlichkeiten zu beeinflussen suchten. Nur die jungen Männer und diejenigen unter den Älteren, die nicht weiter hervortraten, ferner die Frauen und Kinder ließen sich hauptsächlich vom Stammeshaupt leiten. Dieses vermied dabei in der Regel sorgsam, sich mit dem Altenrat oder mit den Zauberern und Träumern in Widerspruch zu setzen. Obgleich ein jedes Familienhaupt mit Hilfe seiner Frauen und Kinder seine Bedürfnisse befriedigte und einer niemals einen anderen als seinen Diener betrachten konnte, fühlte sich ein jeder mit der Gemeinde aufs engste verbunden. Man gehorchte freiwillig dem anerkannten Spezialisten (Smyth [78] 123ff).

Wenn ein Stamm lagerte, so durfte der Angehörige eines anderen Stammes sich nicht ohne Zeichen zu geben nähern, noch weniger eine ganze Horde. Auf jeden Fall mußte ein Bote mit einem besonderen Symbolstock in das Lager gesandt werden und die Absichten der Besucher bekannt geben. Hierauf beriet der Stammesführer mit den alten Männern. Derartige Ankündigungen machten einen Bestandteil des altaustralischen „Völkerrechtes" aus. Denn sie wurden sowohl bei freundlichen wie bei feindlichen Absichten überbracht. Auch gehörte es sich nicht, daß der Bote ohne weiteres das Lager betrat, sondern er mußte in einer entsprechenden Entfernung niedersetzen, bis er gesehen und eingeladen wurde, das Lager zu betreten. Bei Spannungen unter den in Betracht kommenden Stämmen fanden oft lange Debatten mit dem Boten statt, dessen Person aber immer als unverletzlich betrachtet und gastfreundschaftlich behandelt wurde.

Der Heirat geht auch hier eine oft umständliche Jünglingsweihe voraus, auf die in einem anderen Zusammenhang eingegangen werden soll, und die hauptsächlich von den zentralaustralischen Stämmen ausführlich beschrieben wurde (Strehl. [07—20, insbes. 10 u. 13], Spenc. u. G. [99, 04, 12, 14, 27], Bsdw. [25] 230ff).

Die Zusammenkünfte gelegentlich der Jünglingsweihe sind bei den Australiern von großer Bedeutung. Dabei kommt eine Art zeremonieller Friedensbann zustande. Dieser hat aber auch noch die weitere Bedeutung, daß er einen Gedankenaustausch unter den einzelnen Stämmen herbeiführt, zumal die entfernteren Stämme wiederum mit anderen in Verbindung stehen und ihrerseits wieder an ähnlichen Zusammenkünften andernorts teilnehmen. Dadurch wird einerseits ein gewisser Ausgleich von Auffassungen und Ansichten herbeigeführt, andererseits indessen die Möglichkeit gegeben, veränderte Meinungen und Einrichtungen zu verbreiten (Wheel. [10] 80ff). Derartige Veränderungen dürfen nicht übersehen werden. In Nord-Queensland werden z. B. die Festtänze (corroborri) von einem Stamm zum anderen in neuer Form gelehrt und verbreitet, und zwar insbesondere an den Handelsstraßen entlang und über die Märkte. Manchmal werden sogar geeignete Männer auserlesen und zu einem entfernten Stamm geschickt, um einen neuen Tanz zu erlernen. Tänze, an denen man Gefallen findet, verbreiten sich so schnell über die verschiedenen Stämme als besondere Kunstform (Roth W. E. [97] 117).

Auch bei den hier herausgegriffenen Stämmen fehlen nicht die teilweise komplizierten Heiratsordnungen, die den Gegenstand weitläufiger Erörterungen bildeten und die nach Brown A. R. [13] im wesentlichen darauf hinauslaufen, daß die Kinder oder die Enkel von Bruder und Schwester einander heiraten sollen. Auch diese Einzelheiten werden in einem anderen Zusammenhang noch erörtert. Hier interessiert uns das Lebensbild in seiner Gesamtheit. Es genügt daher, auf diese Einrichtungen hier hingewiesen zu haben.

Die Verheiratung findet bei den Südaustraliern in Formen statt, wie wir sie ganz ähnlich bei den Buschmännern fanden. Die Vereinbarungen sind vorher getroffen, und das Mädchen muß Widerstand und Betrübnis zeigen. Auch die Mutter ereifert sich und schlägt mit ihrem Stock auf den Boden, während der Vater, auf seiner Abmachung bestehend, auf die Tochter losschlägt; die Nachbarn laufen herbei, und die Hunde fangen an zu heulen. Die Heiraten finden immer zwischen Angehörigen verschiedener Stämme statt; die Frauen werden vielfach im Austausch gegen die des eigenen Stammes gegeben. Ein Mann ohne weibliche Verwandte, die im Tausch gegen eine Frau für ihn gegeben werden könnte, war in einer schwierigen Lage. (Vgl. dazu das System der Bánaro von Neu-Guinea: T. [21/a] 40ff). Nicht nur, daß er sich selbst versorgen mußte, sondern er war auch Gegenstand des Mißtrauens der älteren Männer, die vielleicht zwei oder drei junge Frauen hatten. Außerdem bestand die Gefahr, daß er sich mit Gewalt des Mädchens eines Nachbarstammes bemächtigte und so einen Kampf veranlaßte. Mitunter erhielt er aber von einem der älteren Männer eine Frau, deren dieser überdrüssig geworden war. Ein Krieger verführte manchmal auch die Frau eines anderen Stammes dazu, mit ihm fortzulaufen. Doch brachten solche

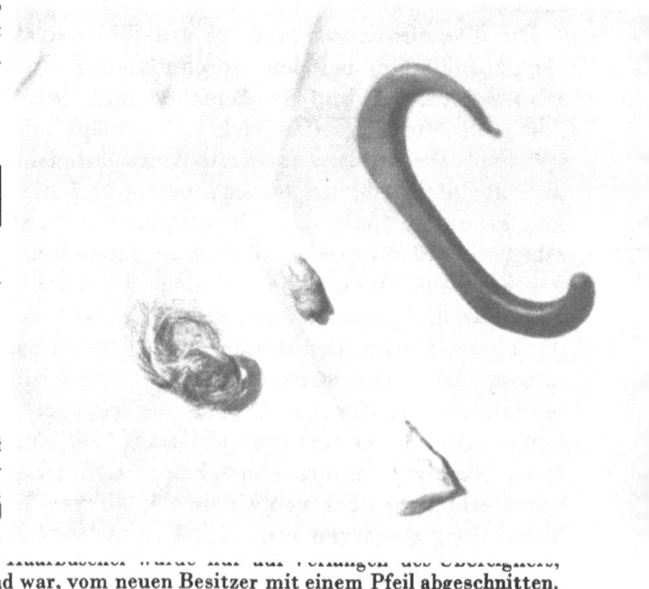

a. Aranda-Mädchen beim Gebrauch
Yams gräbt. Aus Basedow [25]. -
oder Landstückes diente ein Stück
gewöhnlich noch einen Zahn des Ü
das Land von einem Verstorbenen
wichtigstes Zubehör hinzu. Dieser
wenn er schwer krank oder sterbend war, vom neuen Besitzer mit einem Pfeil abgeschnitten. Die betreffenden Stücke bewahrt der neue Besitzer in einem Beutel auf. Hier befindet sich noch ein Stück Metall als Feuerzeug neben dem Quarzstück, einem Zahn und der Haarlocke. Aus Seligman [11].

Die erörterte Zugehörigkeit zu den Heiratsabteilungen spiegelt sich vor allem in den Verwandtschaftsnamen und beweist damit, daß diese in erster Linie durch die Art der Familienbildung und die soziale Ordnung bestimmt sind (s. a. Bsdw. 223f, insbes. Mal. [30]).

Im ganzen scheint die überwiegend dichtere Bevölkerung in einzelnen Teilen Australiens im Zusammenhang mit verhältnismäßig guten Ernährungsbedingungen zur Vergrößerung der sozialen Einheiten und damit zur Schaffung von Unterabteilungen geführt zu haben. Dabei machte sich, wie wir das schon bei der Anlage von Hütten sahen, ein Streben nach Ordnung und Übersicht geltend, das zunächst wahrscheinlich seinen Ausgang nahm von zwei Hälften, die ihre Frauen miteinander tauschten, und bei weiterem Anwachsen der Einheiten zur Schaffung von Unterabteilungen führte. Dabei trat als Norm die Verehelichung der Kinder von Bruder und Schwester, und weiterhin von deren Enkeln, in den Vordergrund (s. insbes. Brown [13]). Auf diese Weise schon macht sich die Tendenz zu einer Ordnung der Sexualbeziehung geltend.

Aber auch die politischen Zustände sind keimeswegs ungeordnet. Die letzte Souveränität scheint allerdings bei den Familienhäuptern zu liegen. Doch wurden bei den meisten Stämmen Persönlichkeiten von hervorragenden Eigenschaften als überragende Führer anerkannt, namentlich wenn sich in ihnen verschiedene Qualitäten, etwa ansehnlicher Wuchs und Gestalt, Rednertalent und magische Kenntnisse vereinigten. Jedoch nur dann wurden deren Söhne oder Brüder zu ihren Nachfolgern bestimmt, wenn sie nach dem Urteil der Gruppe die nötige persönliche Befähigung für die Ausübung des Amtes aufwiesen. Die definitive Vergebung der Würde erfolgte manchmal erst nach einer gewissen Frist, mitunter sogar erst nach einem Zweikampf zwischen verschiedenen Anwärtern. Damit erhält die Organisation und selbst die Institution eines solchen politischen Führertums eine solche Unsicherheit, daß sie jederzeit durch die Persönlichkeit bedingt ist. Hauptsächlich im zentralen Gebiet ist das Oberhaupt auch Vorsteher einer totemistischen Kultgemeinschaft.

Der Altenrat setzt sich aus den Familienhäuptern zusammen. Vor allem Mord und Verstöße gegen die Stammessitte, Preisgabe der Rats- und Weihegeheimnisse sowie Beratung über Krieg und Frieden bildeten die Gegenstände, die hier zur Verhandlung kamen. Bisweilen scheinen die Tagungen auch den jüngeren Gemeindegenossen geöffnet worden zu sein. Sie wird vom Häuptling einberufen. Das Verhältnis zwischen Häuptling und Altenrat wird schwankend angegeben und hing wohl hauptsächlich wieder von der Persönlichkeit des Häuptlings beziehungsweise von den im Altenrat vertretenen Familienhäuptern ab.

Bei der starken Unabhängigkeit der einzelnen Persönlichkeiten, namentlich auch der Frauen, wurde aber der Altenrat bei wichtigen Angelegenheiten oft noch durch eine Volksversammlung ergänzt, der alle erwachsenen Männer, hie und da sogar auch Frauen, beiwohnten (Knabh. [19] 111ff).

Trotz grundsätzlicher Gleichartigkeit sind nicht unerhebliche lokale und regionale Unterschiede festzustellen. Unter den großen Stämmen des westlichen Viktoria scheinen die Häuptlinge einen beträchtlichen Grad von Machtfülle gegenüber dem Altenrat errungen zu haben. Dem Häuptling und seiner Familie werden allerlei Ehren erwiesen, ihm, seinen Weibern und Kindern eine besondere Bedienung zugestanden. Auch soll sich die Würde regelmäßig von dem Vater auf den Sohn vererbt haben. Ähnliche Verhältnisse sind von einigen andern küstennahen Völkerschaften der südlichen und südöstlichen Randgebiete bezeugt. Auch die Häuptlinge der Narrinyeri sollen eine beträchtliche Macht besessen haben. Von hier ist auch eine vollendete Organisation des Altenrates bekannt. Bei den *Kulin*-Stämmen ist von einer besonderen Gefolgschaft des Häuptlings die Rede, der den jüngeren Leuten ganz bestimmte Arbeiten vorschrieb. Die *Kurnai* im südlichen Gippsland kannten bereits Oberhäuptlinge, die größeren Stammesteilen vorstanden usw. (Knabh. 181). Es ist bemerkenswert, daß in den Waldgebieten von Quensland die Häuptlingsinstitution fast völlig fehlt. In den wenig fruchtbaren Gegenden der Zentralstämme mit ihren vorwiegend totemistischen Lokalgruppen gibt es zwar Häuptlinge, doch scheint deren Macht nur sehr schwach gewesen zu sein, obgleich ihre Würde als erblich bezeichnet wird. Ähnliches gilt auch für die Südstämme.

Wie weit die von Grbn. [05, 06, 08, 09/b] gegen Hwtt. [04] gemachten Einwendungen von „Kulturschichten" in Australien berechtigt sind und deren weitere Zusammenhänge heute noch als begründet anerkannt werden können, mag in diesem Zusammenhang dahingestellt bleiben. Mit Recht wird man sich aber der Einwendung von Knabh. (189f) anschließen müssen, daß nicht alle Unterschiede ohne weiteres bloß mit historischen Schichtungen erklärt werden können (s. a. hier Einleitung, § 7), sondern vielfach auch durch geographische Bedingungen, durch die Möglichkeit, auf Grund örtlich besserer Ernährungsbedingungen größere Gemeinden zu bilden, die weiterhin wieder zu besonderen politischen Gestaltungen führen.

Zum Schluß muß noch auf die Beziehungen unter den Stämmen selbst hingewiesen werden, also auf eine Art internationaler Beziehungen, die sich gelegentlich der Besuche, der Handelszüge usw. in der Unverletzlichkeit der Boten, in geregelten Sühnekämpfen in Duellform und einer Art Gerichtsverhandlungen äußerte (Wheel. [10]).

Anhangsweise mögen hier einige Nachrichten über die inzwischen völlig ausgerotteten Tasmanier Platz finden, wie sie von Roth Lg. [90] zusammengestellt wurden. Danach führten diese Wildbeuterstämme ein ähnliches Leben wie die Australier, zogen namentlich zu gewissen Jahreszeiten vom Innern nach der Küste zum Austernfang, und zurück zur Jagd und zum Sammeln ins Binnenland. Auch von ihnen wird angegeben, daß ein jeder Stamm aus mehreren Familien bestand und jede Familie ihren eigenen Feuerplatz besaß (Roth Lg. [90] 119). Ihre Hütten sollen sie aus abgebrochenen und zusammengebundenen Zweigen errichtet haben, die mit Gras eingedeckt waren und eine kreisförmige Form besaßen. Verhältnismäßig nur wenige Hütten fanden sich zusammen, höchstens 7 bis 8. Andere bedeckten ihre Hütten mit Rinden, so daß der Regen nicht durchdrang. Auch hier wurden die Hütten gelegentlich in bestimmter Ordnung aufgestellt (122). Neben überwiegender Einehe hielten einige mehrere Frauen. Das Halten des Hundes war unbekannt, doch besaßen einige zahme Känguruhs. Das Halten von Lieblingstieren ist ja häufig bei Wildbeuterstämmen zu finden. Es führt zunächst so wenig zu einer wirtschaftlichen Nutzung der Tiere wie etwa das von kriegsgefangenen Menschen zu einer rationellen Sklaverei.

d) Kalifornische Indianer.

Als Repräsentant der kalifornischen Wildbeuter mögen einige Züge von den verhältnismäßig gut bekannten Pomo-Indianern dienen, die zur Gruppe der *Hokan* gehörten und nördlich vom heutigen San-Francisco wohnten. Sie suchten nicht die Wälder auf, die Hirsche und Eicheln lieferten, sondern teilweise die Küste und hauptsächlich offene Höhenzüge der sonnigeren Prärien, oder weniger bedeckte Täler. Hier entstanden verhältnismäßig dauernde Siedlungen mit kleinen Gemeinden als Mittelpunkt. Die politische Einheit scheinen mehrere Siedlungen mit einem von allen anerkannten Häuptling gebildet zu haben. Wahrscheinlich bildete die Grundlage des Landbesitzes der Anspruch der einzelnen Familien, denen auch die Eicheln und die vegetabilischen Produkte, sowie Hirsche und Kleinwild gehörte. Dagegen scheint das Fischen in den größeren Bächen und Seen keinen Einschränkungen unterworfen gewesen zu sein. Auch Obsidian und Magnesit konnte im Gebiete fremder Gemeinden gesammelt werden. Sie hatten gewisse Hauptplätze, von denen ihre Jagdunternehmungen ausgingen. Im Besitz der nordöstlichen Pomo befand sich ein weit berühmtes Salzlager, das zu verschiedenen Konflikten führte, weil von den Besitzern Geschenke von denen gefordert wurden, die Salz holten. Infolgedessen fanden Versuche statt, das Salz zu stehlen, teils durch alte Feinde, teils durch solche, die sich den Abgaben entziehen wollten, so z. B. mit den Leuten des Töpfertales und den Leuten vom „Klaren See‘ (Clear Lake). Berühmt waren die Korbflechtereien der Pomo. Sie stellten auch hauptsächlich das Muschelgeld für die zentral-kalifornischen Stämme her.

Die Heirat fand vorwiegend durch Austausch von Geschenken statt, nicht durch Kauf. Der Bräutigam gab Hirschfelle und Perlenschnüre aus Fruchtsamen, die etwa mit Körben vergolten wurden. Doch bestand keine feste Bewertung und kein Eigentumsrecht an der Frau, auch entstand keine Verschuldung, wenn die Zahlung als ungenügend betrachtet wurde. Es handelte sich somit, wie in ähnlichen Fällen, um eine symbolische Bekräftigung der Freundschaft. Bei den östlichen Pomo folgten dem ersten Geschenk mehrere andere von geringerem Wert. Bald ließ sich das Paar in der Gemeinde des Mannes, bald in der der Frau oder an einem dritten Orte nieder. Bei den nördlichen Pomo wurde ausdrücklich festgestellt, daß erst nach der Geburt des ersten Kindes das Paar ein eigenes Haus zu bewohnen begann. Hier herrschte auch ein streng gehemmtes Verhalten zwischen Gatten und Schwiegermutter.

Die Stellung der Frauen war hier günstig, es gab auch weibliche Häuptlinge neben den Männern, und die Frauen fanden Zutritt zu den geheimen Gesellschaften (Kroeb. [25] 222ff; Giff. [23]).

All dies zeigt, wenn wir diese Stämme mit anderen Wildbeutern vergleichen, daß sie in ihrem Zivilisationsgut verhältnismäßig reich sind, insbesondere aber deutet die Ausbildung des Häuptlingtums auf eine bereits kompliziertere Organisation hin. Sie mögen einer älteren Bewohnerschicht angehört haben, haben aber zweifellos durch die Berührung mit Nachbarn Einrichtungen, wie die Herstellung des Muschelgeldes übernommen, die sicher nicht aus ihrer eigenen Wirtschaft oder ihren eigenen sozialen Lebensbedingungen entsprungen sind (s. Kroeb. [25] 830ff).

e) Indianische Sammler vom großen Salzsee.

Als Volk, das hauptsächlich vom Sammeln vegetabilischer Produkte lebte, kann das der Gosiute-Indianer betrachtet werden, das früher im Süden des großen Salzsees von Nord-Amerika lebte und sich westlich bis in die östlichen Teile des heutigen Nevada erstreckte. Das Land war vor der Einführung der modernen Bewässerung verhältnismäßig kahl und tierarm. Der jährliche Regenfall auf den Bergen und in den Tälern ist sehr gering, reicht aber doch aus, um in dieser Trockenzone mehr Pflanzenwuchs hervorzubringen, als man zunächst vermuten würde. Die Hauptaufgabe eines mit geringen technischen Mitteln ausgerüsteten Volkes bestand hier in einem richtigen Aufsuchen der Gründe, wo entsprechend der Jahreszeit Wurzeln, Beeren und Früchte reiften und wo vielleicht auch etwas Wild in die Falle ging. Denn selbstverständlich verschmähten sie letzteres nicht. Antilope, Hirsch, Bär und anderes großes Wild tauchte hier nur gelegentlich auf. Allein eine Hasenart kam namentlich im Herbst in Betracht. An den großen Treibjagden auf Hasen beteiligte sich der ganze Stamm und manchmal auch Nachbarn.

Die besondere Aufmerksamkeit galt jedoch dem Pflanzenwuchs, und was in der Beziehung irgendwie nützlich oder schädlich war, wußten die Gosiute genau. Namentlich bemühten sich die Großeltern um die Unterweisung der Kinder in dieser Beziehung. Nicht nur Wurzelstöcke, Knollen und Zwiebeln verschiedenster Art wurden bald in den Tälern, bald in den Bergen geerntet, eßbare Beeren und Samen, Eicheln und Nußarten wie z. B. von einer Fichtenart wurden genossen, sondern die Blätter und Stengel von verschiedenen Pflanzen gekocht, von minzähnlichen Blättern ein Aufguß bereitet; ein solcher von anderen Blättern war unter den ersten europäischen Ansiedlern als „Bergtee" bekannt. Auch Kaugummi wurde aus gewissen Wurzeln gewonnen, Blätter einer Tabakart getrocknet und geraucht. Natürlich dienten die verschiedenen pflanzlichen Produkte auch zur Herstellung von Körben, Schüsseln, Wasserflaschen, Kinderkörben oder Wiegen usw. Eine glasurartige Innenseite wurde den Gefäßen dadurch verliehen, daß sie mit dem Harz der Nußfichte ausgedichtet wurden, insbesondere erhielten auch irdene Gefäße eine solche Oberfläche dadurch, daß man sie mit einer schleimartigen Masse überzog, die aus den Stengeln und Blättern von Malvastrum munroanum (*koi'-na-komp*) gepreßt wurde. Die Bogen stellte man aus dem Holz von Bergmahagoni her. Für den Bau der Häuser verwendete man ausschließlich Zedernholz.

Bemerkenswert ist, daß man die Heilkräfte vieler Pflanzen kannte, namentlich auch Abgüsse aus Blättern und Wurzeln für Heilzwecke herstellte. Den Tieren indessen begegnete man mit vielerlei abergläubischen Zeremonien, die Klapperschlange durfte z. B. nur in einer besonders zeremoniellen Weise durch einen Pfeilschuß auf ihren Kopf getötet werden (Chamb. [11] 331 ff).

§ 3. Wildbeuter des Waldes.

Männer: Jäger, gelegentlich Sammler; Frauen: Sammlerinnen, auch Kleintierfängerinnen.

Zu den Wildbeutern des Waldes gehören vielfach Zwergstämme, die lange Zeit die Phantasie beschäftigten und zu allerlei sensationellen Nachrichten über sie Anlaß gaben. Teils hoffte man in ihnen ein Zwischenglied zwischen Mensch und Affe gefunden zu haben, teils wurden Nachrichten verbreitet, hier sei ein Volk ohne Feuer oder ohne Religion angetroffen worden usw. Neuere Forschungen zeigten, daß diese Stämme allerdings arm an Werkzeugen und Kenntnissen sind, jedoch daß von einer Tierähnlichkeit keine Rede sein kann. Auch besitzen sie alle Kenntnis und Beherrschung des Feuers, und diejenigen Forscher, die tatsächlich mit diesen Zwergen in Berührung kommen und sich nicht mit oberflächlichen Eindrücken oder Fragen begnügten, haben sämtlich Gedankengänge festgestellt, die wir als „religiös" zu bezeichnen pflegen. Die Schwierigkeit besteht darin, dieser gewöhnlich sehr scheuen Leute habhaft zu werden. Zweifellos haben wir es aber bei diesen Zwergvölkern tatsächlich mit niedrigen Menschenrassen zu tun, die sich verschüchtert vor dem Andrängen größerer, stärkerer und mit Waffen und Werkzeugen besser ausgerüsteten Völker zurückziehen mußten. Einen erheblichen Teil ihres Besitzes an Zivilisationsgütern haben diese Wildbeuter des Waldes zweifellos von Nachbarn im Laufe der Zeit erworben. Verhältnismäßig unbeeinflußt davon blieben jedoch ihre sozialen Einrichtungen. Die Schwierigkeit, mit diesen Leuten in Verbindung zu treten, erschwerte jedoch auch das Studium ihrer Gesellschaft sehr. Fast nur von den aussterbenden Eingeborenen der Andamaneninsel liegt eine ausführliche und systematische Untersuchung vor. Daher war es angezeigt, die Wildbeuter des Waldes, obgleich sie unzweifelhaft sehr niedrige Gesellschaftsformen bewahrt haben, erst an dritter Stelle zu behandeln.

a) Bewohner der Andamanen-Inseln.

Bei der Besetzung der Andamanen-Inseln lebten die Eingeborenen auf der Hauptinsel in kleinen Gemeinden, die über die Insel verstreut waren, hauptsächlich an der Küste, aber einige auch in den Wäldern des Inneren. Jede Gemeinde wurde als „lokale Gruppe" bezeichnet und führte ein selbständiges und unabhängiges Leben. Jede Gemeinde unterhielt Beziehungen mit den Nachbarn, die auch gelegentlich einander besuchten. Manchmal traten zwei Gemeinden zusammen, feierten Feste während einiger Tage und veranstalteten Tänze. Mitunter gab es Streitigkeiten unter den Nachbarn, die zu oft über viele Monate sich erstreckende Blutrachekämpfen führten. Unter mehr als 50 Meilen entfernten Gemeinden herrschte keine unmittelbare Berührung mehr. Eine Anzahl von Gemeinden, die eine gleiche Sprache redeten und ähnliche Sitten beobachteten, kann man als „Stamm" bezeichnen. Jedoch war dieser ohne erhebliche Bedeutung für das soziale Leben. Die Eingeborenen unterschieden die Waldgemeinden von den Küstengemeinden. Zu einem „Stamm" konnten sowohl Wald- wie Küstengemeinden gehören. Eine Gemeinde zerfiel in Einzelfamilien, von denen eine jede aus Mann, Frau und ihren unverheirateten eigenen oder adoptierten Kindern bestand. Auf der Hauptinsel unterschied man 10 Stämme mit eigenem Dialekt. Das Land gehörte der Gemeinde und nicht dem Stamm. Die Gemeinden führten keinen anderen Namen als den von dem Ort, auf dem sich ihr Lager befand. Der einzelne wurde der Gemeinde zugerechnet, in der er geboren war, doch konnte einer seine Gemeinde wechseln, wenn die andere ihn aufzunehmen bereit war. Bei einer Heirat konnte das junge Paar sich frei entscheiden, in welcher Gemeinde, in der des Mannes oder der Frau, sie leben wollten. Ein Mann durfte aber nur in seiner Gemeinde jagen, und jede hatte ihre herkömmlichen Lagerplätze, die sie gewöhnlich während bestimmter Zeiten im Jahr benutzen. Aus den manchmal viele Fuß tiefen Abfallhaufen von Muscheln und Tierknochen ist zu schließen, daß diese Lagerplätze mitunter viele Jahrhunderte lang benutzt wurden. Man kann somit von einem halb-nomadischen Leben reden. Die Küstenbewohner verblieben selten länger als wenige Monate am gleichen Ort, doch hielten sie sich gewöhnlich in der Nähe eines Wasserlaufs auf. Neben dem Wechsel der Jahreszeit bildete einen der Hauptgründe, das Lager zu wechseln, der Umstand, daß der Abfall in die nächste Nähe hingeworfen wurde und daher mit der Zeit den Aufenthalt unerträglich machte. Die Waldbewohner waren verhältnismäßig weniger nomadisch als die Küstenleute. Die Lager legte man verschieden nach der Dauer an, für die man sie bestimmte. Man kann eine Art permanenter Lager unterscheiden, die als Hauptquartier der Gemeinde zu bezeichnen sind. Auf einem solchen wurde gewöhnlich auch eine Art „Gemeindehalle" errichtet. Allerdings sind letztere, seitdem in neuerer Zeit die Eingeborenen auf der Hauptinsel unsteter zu leben begonnen haben, außer Gebrauch gekommen, obgleich sie auf der kleinen Insel noch vorhanden sind. Der Bau einer solchen Gemeindehalle erforderte viel Zeit, sie hielt aber auch mehrere Jahre lang. Die Küstenbewohner errichteten weniger haltbare Unterkünfte. Ein Dorf bestand aus ungefähr 8 Hütten um einen mittleren offenen Platz, dem sie alle zugewendet waren. Dieser Platz wurde rein gehalten und diente als Tanzboden des Dorfes. Jede Hütte bewohnte eine Familie, die aus Mann, Frau und Kindern bestand. Die einfachsten Hütten sind aus einem schiefen Dach aus Palmblättern auf vier Pfeilern, von denen zwei höher und zwei niedriger sind. Selbst solche Hütten sind gut haltbar und können wieder bewohnt werden, falls sie einige Zeit verlassen standen.

Beabsichtigten die Leute nicht, längere Zeit zu verweilen, so legten sie ein zeitweiliges Lager in Gestalt eines Dorfes an, bauten jedoch alles viel leichter und einfacher. Insbesondere wurden die Dächer nur mit zusammengebundenen Blattbündeln, nicht mit geflochtenen Palmwedeln bedeckt; derartige Bauten hielten etwa drei Monate. Gegenwärtig werden fast nur Häuser der letzteren Art errichtet. Mit ganz flüchtigen Bauten begnügt man sich bei Jagdunternehmungen im Walde, wenn man nur wenige Tage bleibt. Höhlen oder Unterkünfte in Felswänden, wie etwa bei den Veddas, sind hier nahezu unbekannt.

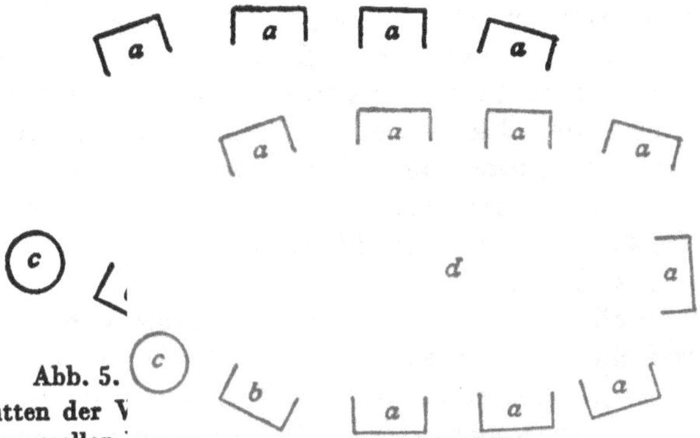

Abb. 5.
a. Hütten der V
b. Junggesellen-Hütte
d. Tanzboden.
Aus Brown.

Der Unterhalt der Andamanen-Leute wird aus der See und dem Wald erworben. Aus der See fängt man Dugong und Schildkröten, eine große Menge von Fischarten, Krabben und Molusken aller Art. Krabben und Fische werden auch aus den Lagunen und aus dem Süßwasser erbeutet. Der Wald liefert außer dem Fleisch des wilden Schweines und des Leguan noch wilden Honig und eine große Menge von Wurzeln, Früchten und Beeren, also hauptsächlich vegetabilische Nahrung. Zu den verschiedenen Jahreszeiten fischt und fängt, jagt und sammelt man natürlich verschiedene animalische und vegetabilische Nahrung (Brown A. R. [22] 36ff). Die Küstenbewohner hängen weniger vom Wetter und der Jahreszeit bei ihren Jagd- und Fangunternehmungen ab als die Waldbewohner.

Im Jagdbezirk der Gemeinde üben deren Mitglieder darin gleiche Rechte aus. Doch besteht ein gewisser privater Anspruch auf Bäume. Wenn z. B. ein Mann einer Küstengemeinde im Urwald einen Baum findet, der ihm geeignet für die Herstellung eines Kanus erscheint, so macht er den anderen davon Mitteilung, beschreibt ihnen den Baum und seinen Standort. Von nun an gilt der Baum als sein Eigentum, auch wenn inzwischen etwa Jahre verflossen sein sollten, ohne daß er von seinem Recht Gebrauch gemacht hätte. Ein anderer Mann dürfte den Baum nicht fällen, ohne den Besitzer gefragt zu haben. Ähnliches gilt auch bezüglich der Früchte z. B. von einer Art Artocarpus-Bäumen. Das Schwein gehört — ganz ähnlich wie bei der Jagd der Eskimos — dem, dessen Pfeil es zuerst getroffen hatte, ohne Rücksicht darauf, ob es davon schon getötet wurde. Ein Dugong, ein großer Fisch oder eine Schildkröte wird dem Mann zugesprochen, der die Harpune warf und das Tier heranzog. Bei den Wassertieren scheint also eine stärkere Einwirkung als auf das Jagdtier gefordert zu werden. Bei einer Honigscheibe verlangt man, daß der Mann auf den Baum geklettert und sie abgeschnitten habe. Der Fisch, den ein Mann mit Speer oder Pfeil schießt, gehört ihm ebenso, wie der Frau die Wurzeln, die sie ausgräbt, die Beeren, die sie sammelt, die Krabben, die sie in ihrem Netz erhascht, oder die Molusken, die sie vom Riff nach Hause bringt. Auch gehören einem Mann die Waffen, die er anfertigt, so wie der Frau ihre Geräte. Ein Mann darf nicht über das persönliche Eigentum der Frau verfügen. Die Hütte gehört aber der Familie, und die Frau besorgt Feuerholz und Wasser zum Kochen. An einer Gemeindehalle haben alle Familien gleichen Anteil, die daran mitgearbeitet haben, und bessern sie entsprechend aus. Ein Kanu wird durch die Anzahl von Männern besessen, die an der Auswahl des Baumes, am Fällen und Aushöhlen sich beteiligt hatten. Gewöhnlich leitet die Arbeit einer der älteren Männer, der sich der Hilfe der Jüngeren versicherte. In einem solchen Fall gilt er als der Eigentümer des Kanus.

Während so alles bewegliche Gut im Eigentum von einzelnen Individuen steht, besitzen die Andamanesen doch Gebräuche, die auf einen beständigen Austausch von Geschenken beruhen und so ein Netz von Freundschaftsbeziehungen weben. Sogar im täglichen Leben des Dorfes herrscht ein beständiges Nehmen und Geben von Geschenken. Ein junger Mann oder eine Frau gibt wohl einem Älteren etwas, ohne eine Gegengabe zu erwarten oder zu erhalten, aber unter Gleichaltrigen erwartet eine Person, die ein Geschenk gibt, immer eine Gegengabe von gleichem Wert. Wenn zwei Freunde einander treffen, die sich lange nicht gesehen haben, so ist es das erste, einander zu beschenken. Bei den Zusammenkünften unter nachbarlichen Gemeinden ist der Austausch von Geschenken das Wichtigste. Jeder Besucher bringt eine Zahl von Gegenständen mit sich, die er unter die Angehörigen der besuchten Gemeinde verteilt. Wenn die Besucher heimkehren, sind sie mit Geschenken beladen, die sie von ihren Wirten empfingen. Dieser Austausch von Geschenken erfordert einen gewissen Takt unter allen Beteiligten, um unangenehme Gefühle der Benachteiligung beim Austausch zu vermeiden. Dabei gilt es als ein Bruch der Etikette, der Bitte um einen Gegenstand nicht zu entsprechen. Ein jeder wird sie sofort erfüllen, und der Empfänger trachtet, die Gabe gleichwertig zu entgelten, falls beide einander gleich stehen. Einem älteren verheirateten Mann gegenüber würde ein jüngerer, verheirateter oder unverheirateter Mann aber eine solche Bitte überhaupt nicht erheben; bäte ein älterer Mann gegen einen jüngeren, so würde der jüngere keine Gegenleistung erwarten. Auf diese Weise wechselt aller beweglicher Besitz der Andamanesen beständig den Eigentümer. Sogar die Kanus werden weggegeben, doch ist es häufiger, daß sie von dem Besitzer an seine Freunde verliehen werden. Dieser Geschenktausch ist hier wie bei vielen anderen Völkern als Freundschaftsband gedacht und von großer vergesellender Bedeutung. Wir begegnen ihm insbesonders in Verbindung mit der Heirat. Er legt die Grundlage für den zeremoniellen Tausch, wie wir ihm im *Kula*-Handelsspiel der Trobriander begegnen. In Afrika bei den *Pangwe* ist er für Handelszwecke bereits wirtschaftlich rationalisiert.

In Bezug auf die Nahrungsmittel ist es indessen vielfach anders. Hier herrscht im allgemeinen das Gesetz, daß ein jeder von seinem Überfluß den anderen etwas abgibt. Ein älterer, verheirateter Mann reserviert für sich selbst und seine Familie so viel als er braucht, gibt aber das übrige an seine Freunde. Von einem jüngeren Mann erwartet man, daß er das Beste, was er bekommt, an die älteren Leute abgibt. Das ist ganz besonders der Fall bei den Junggesellen. Tötet ein unverheirateter junger Mann ein Schwein, so muß er es sich gefallen lassen, daß einer der älteren Männer es verteilt, alle besseren Teile an die „Geronten" gehen, während er und seine Gefährten sich mit den minderen Stücken begnügen müssen. Als Folge dieser Sitte wird tatsächlich alle erbeutete Nahrung in der Gemeinde gleich verteilt; die Ungleichheit besteht nur darin, daß die Jüngeren gegenüber den Älteren benachteiligt sind. Damit hängt auch die religiöse Fundierung mancher Speiseverbote in der Form von „Tabu" zusammen. Indessen ist es eine Ehre für den Jäger, möglichst reiche Beute seiner Gemeinde heimzubringen.

Auch hier beherrscht die Arbeitsteilung zwischen den Männern und Frauen das wirtschaftliche Leben: jeder Mann kann jagen und fischen, ein Kanu aushauen, Bogen und Pfeile und sonstige Geräte herstellen, sein Beil und Messer und Stricke für die Harpune; jede Frau sammelt Früchte und gräbt mit ihrem Stock nach Wurzeln, fängt Krabben und kleine Tiere und besorgt das Kochen, sie fertigt Körbe, Netzbeutel und persönlichen Schmuck für sich und ihren Mann an.

Die Angelegenheiten der Gemeinde werden hauptsächlich durch die älteren Männer und Frauen geleitet, denen sich die jüngeren unterzuordnen haben. Dies tritt nicht nur bei der Verteilung der Jagdbeute zutage, sondern insbesondere auch beim Wechsel des Lagers und der Jagdgründe. Die Leitung gründet sich hauptsächlich auf die reifere Erfahrung der Alten, und findet sogar in besonderen Anredeformen an ältere Männer und Frauen ihren Ausdruck (Brown A. R. 44). Diese „Alterstitel" werden auch den Namen der legendarischen Ahnen vorangesetzt und sogar auf Sonne und Mond ausgedehnt.

Neben diesem Respekt vor dem Alter tritt noch ein solcher vor bestimmten persönlichen Eigenschaften in Erscheinung. Dabei handelt es sich vor allem um Geschicklichkeit in der Jagd und in der Kriegsführung, um Großmut und Freundlichkeit und um eine gleichmäßige Liebenswürdigkeit im Umgang. Ein Mann mit solchen Eigenschaften erlangt stets einen bedeutenden Einfluß in seiner Gemeinde, ja er kann sogar seine Ansicht gelegentlich gegen einen älteren Mann durchsetzen. Die Jüngeren schließen sich ihm an und sind bestrebt, ihm dadurch zu gefallen, daß sie ihm Gaben bringen oder bei der Arbeit helfen, wie etwa bei dem Aushauen eines Kanus, ihn auf die Jagd oder den Schildkrötenfang begleiten. In jeder Gemeinde fand sich stets ein Mann, der auf diese Weise andere in ihrem Tun lenkte. Unter den Häuptern mehrerer miteinander befreundeter Gemeinden gelangt der eine oder andere von ihnen vermöge seiner persönlichen Qualitäten zu einem stärkeren Einfluß als die anderen. Junge Leute waren bestrebt, sich der Gemeinde anzuschließen, zu der er gehörte. Er wurde populär und gewann bei den jährlichen Zusammenkünften der verschiedenen Gruppen an Ansehen und Macht, so daß sein Ruf sich sogar über die engen Grenzen seiner kleinen Gemeinde hin auszubreiten vermochte.

Es gab keine andere Bezeichnung für solche Persönlichkeiten als daß sie in der Sprache des Nordens „Grosse" geheißen wurden. Häuptlinge darf man sie jedoch nicht nennen, da es sich weder um eine Institution noch um eine Organisation dabei handelt (Brown A. R. 55ff). Es waren „natürliche" Führer (T. [26] 14).

Frauen, insbesondere die Gattinnen derartiger „Häupter" oder „Grosser", konnten einen paralell gehenden Einfluß über ihre Geschlechtsgenossinnen erlangen. In die Jagdangelegenheiten der Männer mischten sie sich jedoch nicht.

Männer und Frauen — ähnlich wie bei den Nordsibirern — konnten als im Besitz von übernatürlichen Kräften angesehen werden und wurden „Traumredner" genannt. Ihnen wurde namentlich die Macht zugeschrieben, Krankheiten sowohl hervorrufen wie heilen zu können. Aus diesem Grunde versuchte man sich mit ihnen gut zu stellen. Auch die erwähnten Häupter oder Grossen konnten gleichzeitig solche „Medizinmänner" sein. Doch unterschied man prinzipiell beide Eigenschaften voneinander.

Zweierlei Arten von antisozialem Verhalten kannte man: das erste richtete sich gegen das private Individuum, in Gestalt von Mord oder Verwundung, Diebstahl, Ehebruch oder absichtlicher Beschädigung fremden Eigentums. Derartige Angelegenheiten wurden von den Betroffenen je nachdem durch Geschimpfe oder Vergeltung auf dem Wege der Beschädigung des Eigentums des Missetäters oder endlich von Blutrache erledigt. Doch scheinen Mordtaten nur verhältnismäßig sehr selten vorgekommen zu sein, und Streitigkeiten wurden innerhalb der Gemeinde durch angesehene Persönlichkeiten beizulegen versucht. Fälle von Diebstahl scheinen sich nur selten ereignet zu haben. Auch Ehebruch wurde als eine Art Diebstahl betrachtet.

Als ein antisoziales Verhalten gegen die Gemeinde galt vor allem Faulheit, besonders in der Beschaffung der nötigen Nahrungsmittel. Man pflegte zu dem Betreffenden zwar nichts zu sagen, doch sank er in der Achtung seiner Gemeindegenossen. Auch eheliche Untreue, Mangel an Respekt gegenüber den Älteren, Geiz und schlechte Laune konnte zu einem Verlust an Achtung führen. Eine solche Geringschätzung wurde in neuerer Zeit auch einem jungen Manne gegenüber an den Tag gelegt, der sich weigerte, die Entbehrungen der Jünglingsweihe durchzumachen. Insbesondere traf eine soziale Entwertung auch den, der rituelle Verbote übertrat, wie z. B. Bienenwachs verbrannte oder eine Zikade tötete. Bei der Übertretung anderer Tabuvorschriften meinte man, daß dadurch allein automatisch der Missetäter durch die übernatürlichen Mächte getötet werde. Unter Berücksichtigung dieser Gedankengänge ist es verständlich, daß man vor allem bösen

Zauber fürchtete und der Mann, der dessen verdächtig erschien, der Rache der Betroffenen ausgesetzt war. Das Erleben der Jünglings- oder Mädchenweihen bildete ebenfalls ein Gebot der sozialen Disziplin, das auf allgemeinen Forderungen beruhte.

Für die Wahl der Heiratspartner scheinen keine strengen Vorschriften bestanden zu haben. Ein Mann konnte seine Frau aus seiner eigenen oder einer fremden Gemeinde wählen oder auch von einem anderen Stamm. Nur die allernächsten Blutsverwandten waren dafür verboten. (Brown A. R. 73). Die Heiraten wurden durch die älteren Männer und Frauen vereinbart, manchmal Kinder schon einander verlobt. Vor der Ehe pflegte es außerordentlich frei zuzugehen, nach der Ehe herrschte eine Gebundenheit, die allerdings nicht mancher Übertretungen ermangelte. Auf den Andamanen finden wir eine Heiratszeremonie, die darin besteht, daß die Frau auf einer Matte sitzt, die auf dem Tanzboden ausgebreitet ist, Verwandte und Freunde um sie herum, ihr gegenüber der Bräutigam in gleicher Weise, worauf einer der älteren Männer eine Ansprache an die Braut hält und sie an ihre Pflichten erinnert, in entsprechender Weise dann zum Bräutigam redet, den er zur Braut geleitet und neben sie hinsetzen läßt, während alle Verwandten und Freunde laut weinen. Die Schüchternheit des jungen Mannes geht manchmal so weit, daß er davon zu laufen versucht, aber von seinen Freunden, die darauf gefaßt sind, erwischt und zurückgebracht wird. Hierauf läßt der Alte den Arm des Mannes um die Braut, ihren um den Bräutigam schlingen, und schließlich den Bräutigam auf dem Schoß der Braut sitzen. Eine Hütte war vorher für sie errichtet worden und diese bildet nunmehr den Schauplatz, auf dem sich die arbeitsteilige Tätigkeit der beiden Geschlechter wirtschaftlich ergänzt. Eine Heirat gilt indessen nicht als endgültig bis zur Geburt eines Kindes, womit auch eine Änderung im Namen der Frau vor sich geht.

Eigenartig ist die Sitte der Adoption von Kindern über 6 und 7 Jahren, eine Sitte, die als ein Freundschaftsbeweis gegen den Vater gilt. Damit geht das Kind zu seinem Adoptivvater, der seinerseits seine Kinder durch den ersteren Vater adoptieren läßt, so daß ein Kindertausch zustande kommt. Die Bluteltern statten regelmäßige Besuche den Adoptiveltern ab und nehmen manchmal auch das Kind auf ein paar Tage zu sich. Ein Mann kann so viele Kinder adoptieren als er mag, muß sie jedoch ebenso behandeln wie seine eigenen (Man [82] 125). Auf diese Weise wechseln die Kinder auch ihre Gemeinde.

Vom 10. Jahre angefangen können die Kinder praktische Hilfe im Haushalt der Familie leisten. Vom Eintritt der Pubertät angefangen, beginnen die Reifeweihen, für die den Jünglingen eine besondere Hütte errichtet wird. Auch nach der Verheiratung fährt ein Sohn fort, seine Eltern oder Adoptiveltern mit Nahrung und sonstwie zu versorgen, auch wenn er in einer anderen Gemeinde leben sollte.

Beachtenswert ist hier ein gehemmtes Verhalten zwischen den Eltern zweier Gatten. Sie vermeiden einander anzusehen, und die Männer schicken einander beständig Geschenke. Diese Scheu beginnt von dem Augenblick an, da die Heirat unter ihren Kindern zum ersten Mal als eine Möglichkeit besprochen wird, und dauert auf Lebenszeit. Auch unter Männern, die gemeinsam die Schildkröten- und Schweineverspeisungszeremonie bei der Jünglingsweihe durchgemacht haben, herrscht ein ähnliches gehemmtes Freundschaftsverhältnis, mit Tausch von Geschenken. Den psychologischen Anlaß dazu wird man vielleicht in der Sorge zu suchen haben, Streitigkeiten könnten auf mystischem Wege Schädigungen des Kindes oder der Freunde nach sich ziehen, die auf den Urheber zurück wirken.

Bemerkenswert im Gesellschaftsbau der Andamanesen ist die große Rolle, die das Alter, wie wir sahen, spielt. Dazu gehören auch die Pflichten des jüngeren gegen den älteren Bruder.

Die freundlichen Beziehungen unter den Gemeinden wurden vor allem durch Zwischenheiraten unter deren Angehörigen, durch die Adoption von Kindern aufrecht erhalten, die weiterhin Besuche, Geschenke und Zusammenkünfte im Gefolge hatten. Besuche von Einzelnen fanden hauptsächlich in der Zeit des guten Wetters (Dezember bis Mai) statt. Die Zusammenkünfte ganzer Gemeinden wurden durch die angesehenen Persönlichkeiten von Zeit zu Zeit veranstaltet und dazu oft auch noch Nachbarn eingeladen. Die Besucher verblieben dabei mehrerer Tage, wobei Jagden, Schmausereien und Tänze, sowie der oben erwähnte Austausch von Geschenken veranstaltet wurde. Namentlich auch zur Beendigung von Streitigkeiten und Kämpfen dienten derartige Gemeindebesuche, denn wenn auch im allgemeinen die Leute friedlich waren, so fehlte es nicht an selbst jahrelangen Blutrachekämpfen (Brown A. R. 86).

b) Die Weddas von Ceylon.

Zu den primitiven Waldstämmen, die in voller Auflösung begriffen sind, gehören die Weddas von Ceylon. Ein großer Teil von ihnen hat sich mit den Singhalesen vermischt und lebt teils in Dörfern, teils an der Küste. Verhältnismäßig am reinsten erhalten sind diejenigen Stämme, die heute noch Felswände und Höhlen in den Urwaldgegenden als Unterkünfte benutzen; sie sind kleiner an Wuchs als die Mischlinge. Die einzelnen Familien werden einem Stamm oder einer Sippe = *waruge* zugerechnet, die gleichzeitig die Einheit für ein exogames Heiratssystem bildet. Die Zugehörigkeit dazu wird nach der Mutter berechnet. Einige Stämme oder Sippen, wie die *Morane* und *Unapene*, betrachten sich als überlegen anderen gegenüber, den *Namadewa*, *Uru* und *Aembala*. Die letzteren Sippen waren nämlich verpflichtet, an die ersteren gewisse Abgaben zu leisten, wenn ein großes Tier erlegt oder ein besonderer Fisch gefangen worden war; sie mußten auch die Strickleitern zum Einsammeln des wilden Honigs herstellen. Worauf diese Verpflichtungen zurückzuführen sind, konnte leider nicht ermittelt werden.

Während die Küstenweddas ihre alten Gewohnheiten zum Teil aufgegeben haben und auch ihren Zusammenhang mit den übrigen im Laufe der Zeit fast verloren, die Dorf-Weddas zum Anbau von Feldern übergingen, leben die „wilden Weddas“ unter den Felsüberhängen und Höhlen noch nach alter Art. Diese Felsunterkünfte spielen eine wichtige Rolle in der Bewegung der Familien und Familiengruppen. Sie wechseln diese traditionellen Unterkünfte je nach der Jahreszeit und dem ihr entsprechenden Beuteertrag. Sie ziehen diese Felsunterkünfte[1]) dermaßen den Hütten vor, daß sie lieber große Entfernungen zurücklegen und gelegentlich die Nacht unter einem provisorischen Schutz verbringen. Bei der Felswand ist gewöhnlich auch ein Tanzplatz angelegt.

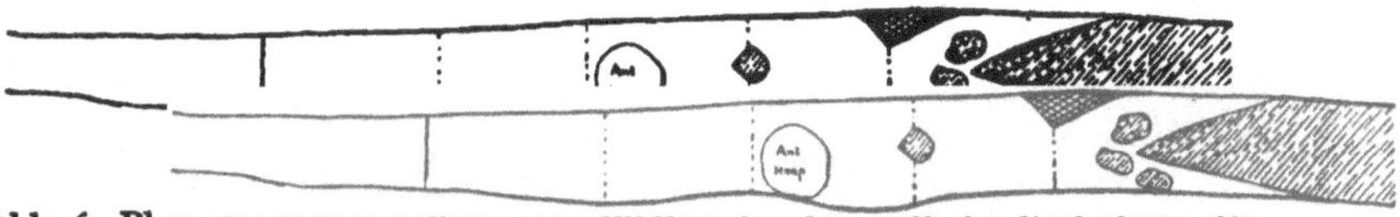

Abb. 6. Plan der Felsensiedlung von Pihilegodagalge, mit der Verteilung der einzelnen Familien. Jede Familie bleibt streng innerhalb ihrer Grenzen, die Frauen genau auf dem gleichen Platz. Ebenso legen sich die heimkommenden Männer auf dieselbe Stelle. Das Essen wird mitunter von einer Frau für alle Familien zusammengekocht; die Waffen der Männer an einem bestimmten Platz zusammengestellt. Aus Seligmann.

Die Männer ziehen gewöhnlich in Gruppen auf die Jagd, die Frauen graben nach wilden Yamswurzeln. Zur Jagd wird oft ein Teil des Waldes angezündet. In der Regenzeit steht das Fangen von Leguans und Baumbären im Vordergrund. In der Trockenzeit sammelt man Beeren und Früchte. Entsprechende Vorräte werden aufgestapelt und der Überschuß an Gemeindeangehörige mit geringerer Beute verteilt. Wenn mehrere Familien in einer Hütte oder Höhle zusammenleben, so hält sich jede streng an den ihr zukommenden Bezirk; die Frauen befinden sich immer mit ihrer Feuerstelle an dem gleichen Platz, und wenn der Mann kommt, so hält er sich ausschließlich dort auf. Die Nahrung wird häufig von einer Frau gekocht und an die übrigen Angehörigen der Gemeinde verteilt. Bemerkenswert ist, daß die Männer Bogen und Pfeile niemals mit sich in ihren Bezirk nehmen, sondern stets auf einen bestimmten Platz, „das Arsenal", hinstellen. Auch hier ist die Arbeitsteilung nicht so zu verstehen, daß nicht Männer gelegentlich auch nach Yams graben würden oder kochten; die Männer besorgen aber hauptsächlich das Trocknen und Räuchern von Hirschfleisch, das sie für Zeiten dürftigen Jagdertrags aufbewahren. Die Ehe beruht auf vorherrschender Monogamie, und die Verbindungen sind dauernd. Die Frauen werden in der gleichen Weise behandelt wie die Männer, die sie eifersüchtig bewachen, insbesondere Fremden gegenüber.

Nur unter den Weddas, die von Tamilen oder Singhalesen beeinflußt sind, scheinen Reifeweihen abgehalten zu werden. Die Auswahl der Braut geschieht in der Weise, daß zwei Personen niemals in die Familie ihrer Mutter heiraten dürfen. Das würde als „Blutschande" gelten und mit dem Tode bestraft werden. Die Tochter heiratet entweder den Sohn von ihres Vaters Schwester oder den von ihrer Mutter Bruder, die beide nicht den gleichen Sippennamen tragen. In Ermangelung der erwähnten Person nimmt sie irgend einen aus einer anderen Sippe (Slgm. C. G. [11] 75).

[1]) Man vergl. Slgm. [11] Tafel XVII—XIX u. XXII mit „Minateda" RLVg. 8 Taf. 59.

Die Heirat findet in sehr jungen Jahren des Mädchens statt, manchmal noch vor Eintritt der Pubertät. Der Mann wirbt bei seinem künftigen Schwiegervater mit einem Geschenk von Honig, Yams, Körnerfrüchten oder getrocknetem Hirschfleisch oder Leguan, die er an seinem entspannten Bogen bringt. Die Braut gibt ihrem Bräutigam einen Leibgurt, den sie selbst

Abb. 7. Marl
der Stamme
Aus Seligmann.

hergestellt hat und den er nicht ablegt, bis er abgetragen ist und später durch einen anderen seiner Frau ersetzt wird (Slgm. C. G. [11] 97). Der Schwiegervater gibt dem Bräutigam ein Stück Land, gewöhnlich einen Hügel, der mit Stöcken von Felsenbienen bevölkert ist, oder einen Bogen, oder ein bis zwei Pfeile. Die Sitte, daß der Bräutigam der Braut zusammen mit den Werbegaben Haarlocken überreicht, stirbt jetzt aus. Beim Tode einer Frau heiratet der Witwer häufig deren Schwester, die Witwe dagegen den Bruder ihres Mannes (69). Beachtenswert ist die Freundschaft zwischen Schwiegervater und Schwiegersohn. Eine Tochter wird deshalb geschätzt, weil sie dem Vater einen Schwiegersohn zubringt. Die letzteren gehen nicht nur zusammen auf die Jagd, sondern der Schwiegersohn hilft dem Schwiegervater auf verschiedene Weise, durch Heimbringen von Jagdbeute, dadurch daß er ihm beim Bau einer Hütte oder Tragen der Beute behilflich ist, usw. Dagegen besteht eine strenge Meidung gegenüber der Schwiegermutter des Mannes, beziehungsweise von Seite der Frau gegen den Schwiegervater und umgekehrt (68).

Auch hier müssen die Sippenansprüche an Hand von individuellem Eigentum unterschieden werden. Die Grenzen sind allen bekannt, hier und da werden aber noch besondere Zeichen angebracht, Nahrungssuche auf fremden Gebiet führt zu ernstlichen Streitigkeiten. Eigenartig sind die Ansprüche von einzelnen Familien auf bestimmte Sondergebiete, außer von Höhlen und Felsunterkünften auf bestimmte Beuteplätze, insbesondere von Honig (112). Die Übertragung solcher Sondergebiete vollzog sich durch repräsentative Übereignung von mit bestimmten Zeichen versehenen Kieselsteinen[1]) in Nußgröße, einer Haarlocke und eines Zahns, manchmal auch noch von einem Feuerstein. Diese Symbolobjekte nannte man *Seisin* (114). Als persönliches Eigentum eines angesehenen alten Mannes der *Henebedda*-Weddas wird angegeben: Axt, Bogen und Pfeile, drei Töpfe, ein Hirschfell, ein Feuerstein mit Stahl, Zunder, ein Kürbis für Wasser, ein Betelnußbeutel und eine Kalkbüchse mit Spatel. Jetzt besitzen die Weddas auch noch etwa ein Lendentuch (117). Besonders geschätzt sind die Hunde. Es kommt vor, daß für vermeintlichen Zauber an Hunden blutige Rache genommen wird.

Bei Streitigkeiten über das Jagdgebiet bringen die Parteien ihre *Seisin*-Objekte mit, die sich auf das betreffende Land beziehen, legen diese in gesonderte Töpfe, und nach darüber ausgeführten Zeremonien werden die Geister angerufen. Man nimmt an, daß dadurch ein wildes Tier, gewöhnlich ein Elefant, herbeigerufen wird, der dann den Topf der Partei, die im Unrecht ist, zerstört.

Ähnlich wie bei den Australiern finden sich auch hier Botenstäbe.

c) Negritos der Malakka-Halbinsel.

Die Lebensverhältnisse der anderen primitiven Waldstämme, die man zusammenfassend als Negritos bezeichnet, werden einerseits durch die besonderen Naturbedingungen, andererseits durch den Einfluß der mit reicherem Zivilisationsgut ausgestatteten Nachbarn gestaltend bedingt. Eine ausführliche Schilderung würde hier zu weit führen. Wir müssen uns damit begnügen, einige Besonderheiten oder soziologisch bemerkenswerte Züge zu erwähnen.

Die Sakai z. B. leben überwiegend von vegetarischer Kost, nur ausnahmsweise gelingt es ihnen, ein Wildschwein, einen Affen oder eine Bambusratte mit dem giftigen Pfeil des Blasrohres zu treffen. Der Sakai geht seltener auf die Jagd als der ihm stammverwandte Semang. Er betätigt sich mehr als Fallensteller. Hühner, die natürlich als fremdes Kulturgut bei ihm Eingang gefunden haben, genießt der Sakai ebenso wenig wie deren Eier. Bemerkenswert ist, daß hier in einer gewissen Abhängigkeit von be-

---

[1]) Vielleicht sind die bemalten Kieselsteine von Mas—D'Azil und des Azilien (s. Obermaier u. RLVg. 1 302 ff.) in ähnlichem Sinn zu deuten.

nachbarten höheren Stämmen die Sakai zu leben scheinen (Schbst. [28] 36, 171).

Die Windschirme der Semang werden planmäßig angelegt (Schbst. [27] 54, 66), ähnlich wie wir solches auch von den Südostaustraliern hörten.

Die Semang stehen in einem gewissen Abhängigkeitsverhältnis von den Malayen. Mit der einen oder der anderen Persönlichkeit unter den Malayen wird eine Art Handelsbündnis unterhalten. Zu ihm bringen sie von Zeit zu Zeit die Erzeugnisse ihrer Wälder, um dafür Reis, Eisenmesser oder auch Tücher einzutauschen. Auf diese Weise sind die Malayen zu einer Art Vormundschaft über die Waldzwerge gelangt, von der sie persönliche Vorteile ziehen. Hat einer Arbeit nötig, so holt er die Leute aus dem Wald. In anderen Fällen fordert der Malaye Waldprodukte: Rotan oder Hapoi, geflochtene Matten aus Rotan, Blattwerk zum Decken der Hütten oder Harz und dgl. Von Zeit zu Zeit zieht das ganze Somang-Lager aus, um einer solchen Beschäftigung nachzugehen. Will man mit einer Gruppe von Semang in Berührung kommen, so muß man sich des malayischen Mittelmannes bedienen (Schbst. [27] 29ff, 161).

Bemerkenswert ist, daß der König von Siam (Schbst. 255) sich für die in seiner Nachbarschaft wohnenden Zwerge interessierte und einige an seinem Hofe hielt. Das Verhältnis scheint hier also ein nicht bloß auf Unterdrückung, Versklavung gerichtetes gewesen zu sein, sondern menschlichen Charakter getragen zu haben, etwa von der Art, wie man Lieblingstiere hält. Man darf auch nicht vergessen, daß auch die Zwerge durch die Berührung mit den Stämmen höherer Zivilisation Vorteile zogen. Haben sie doch vermutlich verschiedene Fertigkeiten, Waffen und Geräte auf diese Weise erworben, wie etwa das Blasrohr von den Javanern etwa im 14. Jahrhundert (Schbst. [28] 225). Dazu ist noch zu bedenken, daß die einzelnen Stämme ihre Wohn- und Beutegebiete im Laufe der Zeit wechseln und daher immer wieder eine Berührung mit anderen Stämmen höherer Zivilisation zur Geltung kommt (Schbst. [27] 247).

d) Die Kubu von Sumatra.

Auch von den Waldstämmen der Kubu auf Sumatra hören wir ganz ähnliche Nachrichten über ihre soziale Verfassung. Dabei ist bemerkenswert, daß auch sie Handelsbeziehungen zu ihren Nachbarn unterhalten, und zwar zu den dortigen Malayen. Die Handelsbeziehungen vollzogen sich auf dem Wege des Depothandels. Hier haben sich ähnlich wie auch bei den Malaya-Zwergen und bei den Batwa von Zentralafrika Zustände herausgebildet, die zu einem teilweisen Abhängigkeitsverhältnis führten. Die scheuen Völker, die offenbar in Angst davor lebten, in eine Falle oder einen Hinterhalt gelockt zu werden, unterhielten nur durch besondere Vertrauensleute, die *Djenang*, Beziehungen zu ihren malaischen Nachbarn. Das Wort *Djenang* bedeutet eine Würde oder ein Amt, welches denjenigen unter den Adligen der Palembangschen Sultanszeit verliehen wurde, die sich nach dem Binnenland begaben, um dort die Aufbringung der dem Sultan zukommenden Abgaben zu überwachen, also eine Art Steuereinnehmer waren.

Tatsächlich handelte es sich dabei vielfach um Malayen, die eine Kubu-Frau geheiratet hatten und auf solche Weise in ein Verwandtschafts- und Freundschaftsverhältnis getreten waren, oder um deren Nachkömmlinge, also Kubu-Mischlinge. Diese *Djenangs* übten eine Art Handelsmonopol zwischen den Malayen und Kubus aus. Malayische Dorf- und Distriktsvorsteher trachteten oft danach, *Djenang* der Kubu zu werden, weil diese Handelstätigkeit sehr einträglich war: für Elfenbein, Harz, Bienenwachs und dgl. verhandelten sie ihnen Reis, Tabak, eiserne Waffen und Geräte, Kattun usw. Dem *Djenang* vertrauten die Kubu vollständig, während dieser nicht zögerte, sie nach Möglichkeit auszubeuten (Hag. [08] 118ff). Vgl. a Hose u. McD. [12] über die nomadischen Punans von Borneo.

e) Zentralafrikaner.

Von den zentral-afrikanischen Batwa (Kiou) hören wir, daß sie, ähnlich wie das von den Andamanesen berichtet wurde, ein unstetes Jägerleben führen, jedoch nicht ohne feste Standlager. Vor allem wird ihr Umherstreifen durch die örtlichen Wildverhältnisse bedingt. Bemerkenswert ist hier die Abhängigkeit der Gemeinden von dem hamitischen Sultan der *Bahutu*, dem sie einen Teil ihrer Jagderträgnisse abzuliefern haben (Schum. [27, 28] 400), und der auch eine Art Gerichtsbarkeit bei Streitigkeiten unter den Sippen ausübt, somit in ihr Leben autoritär eingreifen kann. Außerdem stellen die Batwa dem Sultan eine Art Palastgarde und erfreuen sich am Hofe einer, allerdings verachteten, Ausnahmestellung. Für besondere Dienste wird der eine oder andere aber durch eine Frau aus hamitischem Geschlecht und mit Rindergeschenken belohnt. Aus solchen Verbindungen entstanden Mischlinge.

Für die Tribute entrichtet der Sultan Gegengaben in Vieh, und zwar für ein Pantherfell ein Stück Vieh, für einen Elefantenzahn zwei Stück Vieh, für zwanzig Affenfelle ein Stück Vieh. Bei einem Häuptling erhalten sie für zwanzig Affenfelle einen Bullen (Schum. [27, 28] 414).

Vgl. a. David [04] über die Pygmäen des Huriwaldes.

§ 4. Wildbeuter des Wassers.

Eine besondere Spezialisierung des Jägers- und Fängerlebens stellen die Fischervölker dar. Der Fischfang erfordert, wenn er zur Lebensgrundlage gemacht werden soll, besondere Vorrichtungen oder Geräte, die Anlage von Fischwehren, die Herstellung von Netzen, Reusen, Angeln und dgl. An der See ist die Benutzung von Kanus geboten, wenn man sich nicht mit dem Fang von Schaltieren begnügen will. Es ist also ein nicht geringes Maß von zivilisatorischem Gut hier Lebensbedingung. Auch Bewohner der Steppe und des Waldes, wie die Südostaustralier oder die Andamanesen, treiben gelegentlich Fischfang. Die Spezialisierung für das Wasser bringt indessen noch Einrichtungen von besonderer sozialer Tragweite mit sich.

a) Die Küsten-Tschuktschen Ostsibiriens.

Das Leben an der Küste (des Großen Ozeans) brachte bei diesen ostsibirischen Stämmen soziale Organisationen mit sich, die deutlich den Stempel ihrer Abhängigkeit vom Nahrungserwerb tragen. Die soziale Einheit bildet die „Bootsbesatzung“ (*attwat-yirin*), bestehend aus 8 Ruderern und einem Steuermann, der als Meister des Bootes funktioniert, dessen Eigentümer früher auch sein Erbauer war. Denn das Fellboot der alten Zeiten ist jetzt durch ein amerikanisches Wal-Boot verdrängt. Die Bootsbesatzung bilden die nächsten Verwandten seines Eigentümers, ähnlich wie auch bei den asiatischen und amerikanischen Eskimo. Das Fangergebnis wird unter ihnen in der Weise verteilt, daß kleine Seehunde dem zufallen, der sie getötet hat, der Bootsherr aber immer ein oder zwei erhält, auch wenn er keinen erlegt hat. Fleisch und Fett von Robben und Walroß werden zu gleichen Teilen unter allen Mitgliedern der Besatzung verteilt; den Kopf erhält der Bootsherr und die Hauer gleichfalls. Zu gewissen Zeiten spielen diese Köpfe bei dem Zeremoniell eine Rolle; dann werden die Walroßhauer unter die Familien der Besatzung verteilt. Beim Verteilen der Häute des Walrosses erhält der Bootsherr die vom ersterbeuteten Tier, der Mann vom Bug das zweite Tier, und die folgenden Häute die übrigen Ruderer einer nach dem anderen. Falls die Zahl der getöteten Walrosse zu klein ist, wird die Verteilung im nächsten Jahr der Reihe nach fortgesetzt (Bog. [04—10] 631).

Die Siedlung scheint dieser Organisation zu folgen. Denn der Bootsherr ist der Besitzer des sogenannten Haupthauses, des Hauses des „Stärksten“, und heißt *attooralin*, der vom Haupthaus, oder *armaci-ralin*, der vom Hause des „Stärksten“. Er beansprucht eine bevorzugte Beziehung zum Ortsgeist und erhält gelegentlich Abgaben. Allerdings gibt es auch Dörfer ohne ein solches Haupthaus. Die Zugehörigkeit zu dem Bootsherrn bzw. dem Besitzer des Haupthauses ist nicht allein durch Verwandtschaft bestimmt. Es scheint vielmehr, daß es sich dabei um eine freie Ballung um eine starke und kluge Persönlichkeit handelt. Früher gab es Sklaven, die Kriegsgefangene von anderen Stämmen waren oder auch Leute des gleichen Stammes, die man statt bei der Blutrache zu töten, versklavte. Man holte sich z. B. einen Jungen von der Familie des Mörders, um damit den Getöteten in der Gemeinde zu ersetzen. Diese „Ersatzmänner“ mußten ihren Herren gehorchen, wenn sie nicht getötet werden wollten. Frauen versklavte man ebenfalls in dieser Weise, auch verkaufte man sie an andere Lager. Doch war ihre Stellung nicht wesentlich verschieden von den übrigen Frauen.

Die soziale Einheit bildet die Familie eines Mannes mit einer oder mehreren Frauen und ihren Kindern. Nicht selten zieht ein erwachsener junger Mann oder ein Mädchen weg, um wo anders ein neues Heim zu finden. Derartige individuelle Wanderungen von den Küsten-Tschuktschen zu den Rentier-Tschuktschen und umgekehrt finden nicht selten statt und zeigen die Berührung an, die zwischen diesen beiden Gabelungen des Lebens der Tschuktschen bestehen.

Verwandte Familien schließen sich zu einem *Varat*, einem Blutracheverband, zusammen, doch wechseln die Familien, die einem solchen Verband angehören, fast jedes Jahr infolge der unsteten Lebensweise, ähnlich wie wir es bei den Eskimos sahen. In früherer Zeit soll die *Varat*-Organisation dauerhafter gewesen sein und 10 bis 15 verwandte Familien umfaßt haben, welche die verschiedenen Tätigkeiten des Jagens, Fischens und der Rentierzucht untereinander verteilt hatten. Somit wird man zu der Auffassung geführt, daß eine Spezialisierung der Lebensweise mit der Zeit unter den Tschuktschen Platz griff, die auch ihren Besitz an Zivilisationsgütern wesentlich beeinflußte. Später führten die Russen ein Klansystem mit Häuptlingen ein, das jedoch nicht in unmittelbarer Beziehung mit den *Varats* stand (Czap. [14] 23ff).

b) Die Lokele-Fischer-Händler vom Kongo.

Als Repräsentanten einer soziologisch untersuchten Fischer- und Schiffergesellschaft mögen die Lokele dienen, welche die Ufer des Kongo unterhalb von Stanleyville bis an den Unterlauf des *Jsangi*, der Mündung des *Lomani* bewohnen. Es ist ein Volk von halb-nomadischer Lebensweise, etwa von der Art, wie sie von den Bewohnern der Andamaneninsel berichtet wurde. Ihre Hütten bewohnen sie nur zeitweilig. Wenn die Vorzeichen günstig sind, entschließt sich eines Tages das Familienhaupt mit den Seinen, zwei oder drei Jünglingen oder Erwachsenen seiner Verwandtschaft und ein oder zwei Frauen mit oder ohne ihre Kinder, eine Fischfang- und Handelstour zu unternehmen. Das Kanu, daß als Hausboot eingerichtet ist, an dessen hinterem Ende auf einer Lehmunterlage stets ein Feuer brennt, neben dem ein Bottich für die unterwegs gefangenen Fische steht, und das in der Mitte von einem Dach überspannt ist, wird bereitgestellt. Die Reise dauert mehrere Wochen. Man dringt in die kleinen Nebenflüsse und engen Wasseradern ein, soweit es die Vegetation gestattet. An den größeren Nebenflüssen umgeht man behutsam die Stromschnellen. Unterwegs bildet der Fischfang die Grundlage der Ernährung. Gleichzeitig treibt die Familie Handel. Zu einem Dorf bringen sie Öl von den heimischen Pflanzungen und verlangen dafür Reis, zu den anderen geräucherten Fisch, um dafür Palmnüsse einzutauschen, zu wieder einem anderen abgelegenen Dorf Eisengeld (*shoka*), das an den größeren Handelszentren jetzt stark entwertet ist. Sie besuchen heute auch Europäer und bieten ihnen Fische und Geflügel an, sie kommen zu den Faktoreien, um dort die in den besuchten Dörfern eingehandelten Erzeugnisse abzusetzen und dafür Waren zu erstehen, die sie wieder verhandeln oder selbst gebrauchen können. Dabei sind die Leute selbst sehr sparsam und machen keine Aufwendungen für Luxus.

Ihre Häuser errichten sie an den flachen Uferdämmen der Flüsse an baumlosen Stellen, die sich nur wenig über den Stand des Hochwassers erheben. Die sonnige Lage beschützt sie vor der Tsetse-Fliege und verhindert eine Ausbreitung der Schlafkrankheit. Indessen reichen die Pflanzungen für den Unterhalt nicht aus.

Die Lokele, die heute ungefähr 15000 Seelen ausmachen, bestehen aus einer Anzahl unabhängiger Sippen. Sie ordnen sich in zwei große Stämme, die *Ya-Wembe*, die homogen sind, und die *Ya-Okandja* heterogener Herkunft.

Letztere zerfallen in Sippen, die durch Iguana, Pangolin und eine Schlange gekennzeichnet sind. Die *Ya-Wembe* sind alle Leopard-Menschen und führen sich auf den gemeinsamen Ahnherrn *Wembe* zurück, der in die achte oder neunte Generation zurückversetzt wird. Von *Wembe* stammen 6 Söhne, die Eponyme von 6 großen exogamen Klans (*lituka*) sind. Höchstwahrscheinlich ist der ganze Stamm der *Ya-Wembe* aus einem einzigen exogamen „totemistischen" „Klan" hervorgegangen. Einer der erwähnten heutigen Klans der *Ya-Wembe*, die *Ya-Likina*, spaltete sich in jüngerer Zeit in zwei Agglomerationen, von denen die eine am rechten, die andere am linken Ufer des Flusses sich ansiedelte und für sich je eine exogame Einheit bildete. Man ersieht daraus, daß die totemistische Gruppe nicht immer mit der exogamen, die enger sein kann, zusammenfällt.

Obgleich die jungen Leute sich den Eltern keineswegs unterordnen, wirken doch die Sexual- und Heiratsvorschriften mit magischer Macht. Die Leute gleichen Totemnamens betrachten sich als Brüder und Schwestern. Das geht soweit, daß heute die missionierten Personen noch so weit an den Gedanken des Tabu der Namensgemeinschaft sich gebunden fühlen, daß ein mit dem Namen „Josef" Getaufter sich weigert, ein Mädchen, das „Josefine" benannt wurde, zu heiraten (Bert. [20] 79).

Die erwähnten Klans zerfallen wieder in Sippen, die stärker oder schwächer sind. Diese Sippen sind rangmäßig gestaffelt, und zwar darnach, ob sie ihre Herkunft auf einen älteren oder jüngeren Sohn des eponymen Klanahnen als Stammvater zurückleiten. Dem Vertreter derjenigen Sippe, die sich von dem ältesten Sohn herleitet, fällt der Vorrang zu. Weiterhin wird ebenso der Vorrang der Familien errechnet. Der älteste in der Linie gilt als das anerkannte Oberhaupt des Ganzen. Ihm fällt es zu, bei kriegerischen Verwicklungen seine Leute zu den Waffen zu rufen. Dieser Verpflichtung entspricht das Recht, den Löwenanteil an der Beute oder den Frauen sich zu sichern. So gelangte die Spitzensippe zu einer wirtschaftlichen Überlegenheit und zu größerer Stärke. Dadurch sind die Sippen der jüngeren Nachkommen in eine gewisse Abhängigkeit von den anderen gelangt; als Folge davon erscheint die gesamte Bevölkerung hierarchisch gestaffelt.

Hat z. B. der Angehörige einer untergeordneten Sippe einen Leopard erlegt, so muß er das Fell dem Oberhaupt der Spitzensippe anbieten. Sonst fällt aber den Spitzensippen kein Recht zu, Abgaben zu beanspruchen. Auch in der Lebensweise der einzelnen treten keine Verschiedenheiten auf. Die Frauen des Oberhauptes erfreuen sich keiner bevorzugten Stellung. Geradeso wie die anderen arbeiten sie mit ihrer Hacke in den Pflanzungen, sammeln Feuerholz mit einem Beil, besitzen einige Messer und einen kleinen Hühnerhof. Nur haben die Senioren eine größere Zahl von Frauen erworben, etwa sieben oder acht. Doch werden die Frauen nach „Messerfrauen" und „Schildfrauen" unterschieden. Letztere sind Kriegsgefangene, erstere mit Messer gekaufte, die unter dem Schutz ihrer Brüder und Eltern stehen. Für die Töchter und Schwestern müssen von ihrer Verheiratung an die Schwiegersöhne und Schwäger Leistungen verrichten, die eine Rente darstellen, die nicht dem Familienhaupt selbst zufällt, sondern dazu dient, dessen Söhne und jüngere Brüder auszustatten.

Eine Einnahmequelle des Oberhauptes bilden die Streitigkeiten unter seinen Angehörigen, bei denen er als Schiedsrichter fungiert. Außerdem fällt ihm die Aufsicht über Sitte und Brauch zu. Seine Macht beruht somit auf sozialer Geltung.

Die geschilderten Einrichtungen setzen somit oft junge Leute in leitende Stellung, ja manchmal sogar Kinder. Doch ist der Nachfolger eines Oberhauptes sein nächstgeborener Bruder, nicht der Sohn des ältesten, der erst nach der Erschöpfung aller seiner väterlichen Onkel in Betracht kommt. Trotz dieser vaterrechtlichen Beziehungen werden in den Sippen die durch die Frauen vermittelten Familienbande streng beachtet, da sie die Grundlage für die Heiratsordnung abgeben.

Gegenwärtig erscheinen die *Topoke* an den Flußufern und beginnen mit der Zustimmung der Uferbewohner Hütten zu bauen und die Dörfer der Lokele mit deren Zustimmung zu vergrößern. Doch bewahrt eine jede Gruppe ihre völlige Unabhängigkeit. Bemerkenswert ist dabei, daß ihnen die Bodenbenutzung zugestanden wird, doch bleiben die von den Lokele gepflanzten Bäume und Palmen den letzteren vorbehalten. Dabei kann man die Anpassung der Waldleute, der Topoke, an das Uferleben am Fluß beobachten. Einige Gruppen der Lokele, die *Ya-Kusu* und die *Ya-Boni* erzählen, daß ihre Vorfahren aus den Gegenden gekommen seien, die jetzt von den *Topoke* und *Turumbu* bewohnt sind. Auch andere weniger wichtige Gruppen der Lokele erinnern sich fremden Ursprungs. Indessen leben sie mehr am Rande des Lokele-Gebietes und nehmen eine bemerkenswert untergeordnete Stellung ein. Dabei handelt es sich um Trümmer versprengter Sippen, deren Schwäche sie genötigt hat, bei Stärkeren Schutz zu suchen.

Im übrigen fehlt die Sklaverei, obgleich sich die Lokele früher gegen die Überfälle der Araber zu wehren hatten, die Frauen und Kinder raubten. Um diesen Überfällen zu entgehen, flüchteten sie auf die Flußinseln und in die schwer zugänglichen Sümpfe. Trotzdem waren sie imstande, in ihren kleinen beweglichen Gemeinden die verschiedenartigen Stürme zu überleben (Bert. [20] 75ff).

In den Lokele finden wir ein Beispiel von Waldleuten, wahrscheinlich Wildbeutern des Waldes, die an das Wasser gelangt sind und hier, vielleicht von anderen, die Kunst des Schiffbaus erworben hatten und weiterhin den Handel ausbildeten. An sich ist der Handel den Waldleuten nicht fremd, doch finden wir nur selten Wildbeuterstämme, die regelmäßig Handel betreiben so wie die Lokele. Auch die Halbierung in zwei Stämme mit exogamen totemistischen Klans und Sippen zeigt eine Organisation, wie sie dort auftritt, wo Dauergemeinden sich niedergelassen hatten. Bemerkenswert ist dabei, daß damit eine Rangstaffelung verbunden ist und später zugezogene in einer weniger geachteten Stellung verbleiben müssen. Auffallend ist die extreme Ausbildung der Gerontokratie zu einem Seniorat, wie es sonst bei Hirtenvölkern auftritt. Dieses Seniorat liegt der hierarchischen Staffelung der Sippen zu Grunde, ein Zug, der die Herausbildung eines gewissen Patriziertums, namentlich gegen zuziehende Fremde, andeutet. Allerdings fehlt die Ausbildung eines Häuptlingtums; das „Oberhaupt“ ist nur Schiedsrichter. Die Führerschaft wird durch das Seniorat auf künstlichem Wege ausgesiebt. Im Seniorat herrscht die Vaterfolge, in der Heiratsordnung die Mutterfolge. Bemerkenswert ist der Unterschied zwischen kriegsgefangenen Frauen ohne Rückhalt, die in eine stärkere Abhängigkeit vom Mann kommen, und gekauften Frauen, die an ihrer Familie Rückhalt finden. Wenn auch die Sklaverei fehlt, so deutet die Rangstaffelung doch darauf hin, daß bei dem halbnomadischen, halbseßhaften Leben versprengte Familien bei den Stärkeren Schutz suchten, was wiederum als eine Folge von Kämpfen an den verschiedensten Punkten zu betrachten ist. Dadurch wurde auch diese Fischer- und Händlergemeinde beeinflußt, und zwar in der Weise, daß dadurch, daß die Alteingesessenen den Flüchtlingen Aufnahme gewährten, die Alteingessesenen eine bevorzugte Stellung sich vorbehalten konnten. Dadurch wurde aber die Entstehung einer Rangstaffelung gefördert.

§ 5. Soziologische Ergebnisse.

Versuchen wir, Grundzüge für die Lebensführung der Wildbeuter aus den hier aufgeführten repräsentativen Varianten zu gewinnen. Diese erheischen darum besondere Aufmerksamkeit und Beachtung, weil sie die breite Basis bilden, in der alle höheren Lebensformen wurzeln. Vielleicht am stärksten fällt uns bei diesen Stämmen auf, daß feste Institutionen, wie wir sie in höheren Zivilisationen finden, fehlen, daß alles auf die Persönlichkeit und den individuellen Fall gestellt ist und daher auch eine außerordentliche Flüssigkeit in der Ausübung alles dessen, was wir Recht und Rechtsformen nennen, herrscht. Man kann nicht sagen, daß etwa Recht und Rechtsformen nicht vorhanden wären; ein, wenn auch sehr egozentrisch orientiertes Gefühl für Gerechtigkeit und Ordnung kann nicht in Abrede gestellt werden. In den kleinen Gemeinwesen gewinnt jedoch alles eine so persönliche Färbung, daß Versuche zur Aufstellung von allgemeinen Normen und allgemeinen Ordnungen an den zu kleinen Geltungsbereichen scheitern.

Die Führerauslese beruht hier durchaus auf „natürlicher Siebung" (T. [29] 288), nicht auf einer offiziellen Ordnung, etwa durch Nachfolge des Sohnes oder des Neffen und dgl. Wird ein solcher nächster Anverwandter des letzten Führers sein Nachfolger, so ist das immer dessen persönlicher Fähigkeit zuzuschreiben, nicht dem Erbgang.

Die Führerschaft selbst kann sich auf verschiedene Eigenschaften gründen, bald auf mehr politisch-wirtschaftliche, bald auf magisch-ärztliche, bald auf rednerische oder künstlerische als Tänzer usw.

Fast durchwegs haben wir es mit Gemeinden von wechselnder Zusammensetzung zu tun, deren letzte untrennbare Einheiten die Familien bilden. Diese Familien schließen sich je nach den wechselnden Lebensbedingungen für einige Monate untereinander zusammen, stieben dann auseinander, um nach einiger Zeit irgendwo anders in einer neuen Kombination wieder aufzutauchen. Auf diese Weise können je nach den Umständen bald hier, bald dort größere Gemeinden sich vorfinden, die freie Gesellungen darstellen, und unter denen die eine oder andere Persönlichkeit oder mehrere zusammen besonderen Einfluß auszuüben vermögen. Einige oder alle Familienhäupter bilden dann mit ihren herangewachsenen Söhnen je nach den Umständen kleinere oder größere Jagdgesellschaften, die ihr Jagdgebiet namentlich gegen Fremde abgrenzen und verteidigen. Dieses Gebiet bildet den Gau, aus dem die zusammengeschlossenen Familien ihren Unterhalt gewinnen. Er stellt die wirtschaftliche Grundlage für die Nahrungsgewinnung der in ihrer geselligen Zusammensetzung wechselnden Gruppen von Einzelfamilien dar.

Beachtenswert ist, daß auch hier bereits unter den einzelnen Familien und namentlich unter den verschiedenen Stämmen Besonderheiten und Spezialitäten festzustellen sind, die zu einem Gütertausch führen.

Es wurde wiederholt darauf hingewiesen, daß diese Stämme verhältnismäßig friedlich sind (s. Hobh. [28, 29/a, 29/b]). Das ist bis zu einem gewissen Grade richtig, darf jedoch nicht übertrieben werden. Vielfach leben diese Wildbeuterstämme in hartem Kampf gegen die Natur, ein Umstand, der Rivalitäten und Feindschaften weniger aufkommen läßt. Außerdem können sie sich bei Zwistigkeiten und Unstimmigkeiten leichter voneinander trennen. Die Institutionslosigkeit bringt nicht die Probleme, die immer wieder zwischen legaler und natürlicher Führung entstehen. Indessen wäre es falsch, durchaus paradiesische Zustände ohne Eifersucht, Überheblichkeit, Unzulänglichkeit aller Art anzunehmen (Spenc. u. G. [12] 2, 384). Tatsächlich brechen die Triebe manchmal recht ungehemmt los und enthüllen nichts weniger als hohe moralische oder ethische Qualitäten, wie z. B. in dem Entwurf des Lebensbildes der Eskimos gezeigt wurde.

Ein Faktor, der von großer sozialer Bedeutung ist und vielleicht noch nicht genug Würdigung fand, von den Eskimos besonders deutlich geschildert wurde, ist der Frauentausch, der neben der Verschwägerung ein besonders starkes Band der Freundschaft unter den einzelnen Familien zu spielen geeignet ist. Dazu kommt noch, wie auf den Andamanen, der Kindertausch. Derartige familiale und sexuale Beziehungen scheinen die Freundschaften unter den Männern besonders zu festigen. Aus Australien ist uns außerdem die Veranstaltung von Jünglingsweihen einer Gemeinde für die anderen bekannt. Außerdem finden noch wechselseitige Besuche ganzer Gemeinden statt. Auf diese Weise erfolgt ein beständiger geselliger Gedankenaustausch, der in gemeinsamen Auffassungen und Sitten mündet, die auch bei dem Verkehr unter den einzelnen Gemeinden und Stämmen Beachtung finden und zu einer Art primitiven „Völkerrecht" führen.

Daraus geht hervor, wie falsch die älteren Ansichten sind, die ein individuelles Wirtschaften von Jäger- und Sammlerstämmen annahm. Im allgemeinen herrscht nämlich, wenn die geographischen Bedingungen es erlauben, bei den Wildbeutern eine Arbeitsteilung, bei der, wie wir sahen, die Männer Jagd und Fang betreiben, die Frauen dagegen als Sammlerinnen auftreten. Diese Arbeitsteilung erleidet natürlich durch die besonderen örtlichen Lebensbedingungen gewisse Einschränkungen und Veränderungen. So fällt bei den Eskimo die Sammeltätigkeit der Frau aus, da es in diesen Gegenden nichts an Vegetabilien zu sammeln gibt. In den Steppen- und Waldgebieten dagegen überwiegt namentlich zu gewissen Jahreszeiten das Sammeln, dem sich dann auch die Männer in hohem Maße zuwenden (s. Desc. [25, 26]). Wir dürfen derartige Einteilungen nie starr auffassen, sondern müssen von der unendlichen Vielgestaltigkeit der Lebensbedingungen ausgehen, zumal im Sommer oft ganz andere Lebensgewohnheiten herrschen als im Winter. Hier sei auch darauf hingewiesen, daß man sich den primitiven Jäger vielmehr als listvollen Fänger, denn als derb und gewaltsam vorgehenden Jäger vorstellen muß (s. a. Soerg. [22]).

Bei dem Umstand, daß der Besitz an Kenntnissen und Fertigkeiten trotz traditioneller Überlieferungen zu einem erheblichen Teil auf die im Leben erworbene Erfahrung des Einzelnen gegründet ist, kommt den Alten, insbesondere den „souveränen Familienhäuptern", ein starker Einfluß zu, der sich gelegentlich zu einer Art Gerontokratie verstärkt. Parallel damit findet sich oft eine analoge Stellung des Einflusses der Frauen der betreffenden hervorragenden Alten in der weiblichen Tätigkeitssphäre.

Die Familien sind überwiegend monogam, wenn auch ausnahmsweise der eine oder andere einflußreiche Mann mehrere Frauen besitzt. Die schon erwähnte Sitte des freundschaftlichen Frauentausches hat früher oft zu falschen Interpretatioenn Anlaß gegeben. Auf keinen Fall kann man von einer „ursprünglichen" Promiskuität bei diesen Wildbeuterstämmen reden. Tatsächlich bilden die Kleinfamilien auch die Grundlage der Wirtschaft, die sich auf einer Ergänzung der spezialisierten männlichen und weiblichen Tätigkeiten aufbaut. Vielfach werden z. B. die Hütten von den Frauen errichtet.

Eigentumsansprüche können unter dreierlei Gesichtspunkten betrachtet werden: 1. der Anspruch der Gemeinde auf ihr Beutegebiet, 2. der Familie auf ihre Vorräte, 3. der Einzelperson auf besondere verfertigte oder erworbene Gegenstände. Daraus geht hervor, daß es sich nur bei der Ernährung um gemeinwirtschaftliche Gesichtspunkte handelt, bei Geräten, Werkzeugen, Schmuck usw. dagegen familiale oder individuelle Ansprüche überwiegen.

Heiratsordnungen fehlen, wie alle starren Institutionen. Dagegen ist die Jünglingsweihe, namentlich als Einführung in die Fertigkeiten der Jagd und als Nachhilfe für die Ergiebigkeit der Beutegebiete hier stellenweise, so namentlich in den Steppengebieten, zur Ausbildung gelangt. Gewöhnlich schließt sich dieser die Heirat an. Tatsächlich herrscht vor der Ehe ziemlich freies Liebesleben. Die Sexualschranken erstrecken sich gewöhnlich nur auf die Verbindungen zwischen Bruder und Schwester, Vater und Tochter, Mutter und Sohn. Doch werden ausnahmsweise auch solche Verbindungen festgestellt. Diese Schranken sind wahrscheinlich zunächst darauf zurückzuführen, daß durch sie das Familienleben in seiner Eintracht geschützt werden soll.

Bei der scharf getrennten Lebenssphäre der beiden Geschlechter kann man hier weder von einem ausgeprägten Vaterrecht noch einem Mutterrecht reden. Zweifel kann nicht daran bestehen, daß die Leitung der Familie, wie das aus der ganzen Lebensweise sich ergibt, dem Manne zufällt.

Trotz des im allgemeinen friedlichen Lebens kommen, wie schon angedeutet, gelegentlich Übergriffe vor, namentlich Diebstahl und Mord oder Totschlag. Je nach den Verhältnissen kommt es infolgedessen zu einem Ausgleich oder zur Vergeltung auf dem Wege zur Blutrache (Hobh. [29/a, 29/b]).

Bei der großen Zahl von Varianten, die wir unter den Wildbeuterstämmen finden, haben wir zunächst uns vor Augen zu halten, wie die einzelnen Stämme mit ihren beschränkten technischen Fertigkeiten sich in einer bestimmten geographischen Umgebung zurecht finden und zu behaupten vermögen. Der Mangel fester Institutionen ist aber besonders geeignet, hier diese, dort andere Varianten hervorzubringen. In der Tat sehen wir an Beispielen, die uns mehrere Jahrzehnte zurückblicken lassen, daß fast ununterbrochen Veränderungen vor sich gehen. Als Beispiel dafür sei etwa auf die nordostaustralischen Stämme hingewiesen, von denen oben die Rede war, oder auf die Ermittelungen von Brown A. R. [22] auf den Andamanen-Inseln, die Vergleiche mit den älteren Forschungen von Man, der dort in den achtziger Jahren arbeitete, gestatten, und auf inzwischen eingetretene Veränderungen hinweisen. Aus diesem Grunde wäre es verfehlt, so wie es die ältere Ethnologie meinte, jede Sitte wie etwas Dauerndes und Starres zu betrachten. Damit wird es auch unmöglich, einzelne Traditionen ohne weiteres sogenannten Kulturschichten zuzuschreiben, wie es von der Kulturkreislehre und von der aus ihr hervorgegangenen sogenannten kulturhistorischen Lehre geschieht.

Damit soll natürlich keineswegs die Beeinflussung der heutigen Wildbeuter durch höhere Stämme in Abrede gestellt werden. Ganz im Gegenteil muß sie sogar viel stärker betont werden, als es von der sogenannten kulturhistorischen Schule geschieht. Wir dürfen jedoch nicht vergessen, daß geistige und soziologische Zivilisationsbestandteile einer Veränderung und Anpassung durch das übernehmende Volk unterliegen, die sie nach ihren Bedürfnissen und gemäß ihrem Kultursystem umgestalten und sich aneignen.

Wie stark dieser Faktor ist, tritt vor allem bei der Schwierigkeit zutage, die für diese Leute entsteht, wenn sie mit Angehörigen anderer Kulturhorizonte in Berührung kommen. Trotz des sich über viele Generationen hin erstreckenden Kontaktes der Kongozwerge mit den Yaunde sind diese nicht zum Feldbau übergegangen. Das gleiche gilt für die Semang, die Sakai, die Kubus usw. Nur dort, wo Mischungen erfolgten, scheint ein solcher Übergang möglich gewesen zu sein. Auch die Bergdama wurden trotz Jahrzehnte langer Berührung mit den Herero, und obwohl sie von diesen Kühe erhielten, doch keine Rinderhirten. Zweifellos herrscht eine starke Inzucht unter all diesen Wildbeuterstämmen, die besonders den geographischen Bedingungen angepaßte Lokalrassen von starker Spezialisierung herausgezüchtet hat. Damit wird die gesamte konstitutionelle kulturelle Umstellung so außerordentlich schwierig. Darum erscheinen uns diese Völker heute gegenüber den Anforderungen einer Neuanpassung besonders spröde, wie das z. B. Vedd. [23] bezüglich der Bergdama ausführt.

In diesem Zusammenhang drängt sich uns schon jetzt das Problem auf, wie der Übergang zu der pfleglichen Behandlung von Pflanze und Tier sich vollzogen haben mag.

Davon wird noch die Rede sein. Jetzt sei nur darauf hingewiesen, daß z. B. nord- und südamerikanische Indianer nach einigen Generationen zum Halten des durch die Europäer eingeführten Viehes übergingen, obgleich sie es zunächst ablehnten. Ja, der Viehbesitz wurde bei diesen Indianern zu einem Maßstab gesellschaftlicher Auszeichnung ganz ähnlich etwa wie unter den Berberstämmen Nordafrikas die Kamele. Außerdem kann systematische Erziehung in verhältnismäßig kürzerer Zeit zur Viehhaltung führen, wie das heute z. B. bei vielen Eskimostämmen geschieht, die zur Rentierhaltung von den Europäern erzogen werden.

Daraus geht hervor, daß bestimmte Einwirkungen aus dem Wildbeuterleben herausführen: 1. wenn sie lange genug stattfinden, 2. wenn sie mit der gehörigen systematischen Intensität betrieben werden.

Unter den heutigen Wildbeuterstämmen wird man vielleicht eine Unterscheidung machen können zwischen denen, die, wie die Indianerstämme oder Australier dank einer geographischen Isoliertheit zurückgeblieben sind, während andere, wie die Eskimo, namentlich aber die Negrito- und Pygmäenstämme offenbar verschüchtert sich in unzugängliche Gebiete von Eis, Steppe oder Urwälder zurückgezogen haben. Die letzteren waren ihren Verdrängern gegenüber zweifellos zivilisatorisch unterlegen, konnten von ihnen aber im Laufe der Zeit verschiedene Fertigkeiten und Kenntnisse aufnehmen, wie z. B. Töpferei, Blasrohr und dgl. Die ersteren hatten sich von den Zentren des zivilisatorischen Fortschritts außerordentlich weit entfernt und ermangelten eines befruchtenden Kontakts. Wo sich ein solcher aber einstellte, wie in Zentral-Amerika und Peru, entstanden hohe Kulturen.

Wie das nun aber immer gewesen sein mag, müssen wir doch folgende soziologisch entscheidenden Gesichtspunkte festhalten. Den Wildbeuterstämmen fehlt das, was wir „Geschichte" nennen, soferne die einzelne Gemeinde in Betracht kommt. Die Verschwommenheit aller Institutionen und die Flüssigkeit der Gemeinden selbst gibt deren Schicksal überhaupt keinen festen Ablauf, sondern setzt sich nur aus eigenwilligen Einzelfällen und wenig untereinander zusammenhängenden Einzelvorkommnissen zusammen. Die Kleinfamilie mit ihrer Kleinwirtschaft ordnet sich unmittelbar ohne Vermittlung durch Sippen oder politische Siedlungsorganisationen in die Kulturgesellschaft ein. Nur die letztere hat ihre eigene Tradition.

Erst das pflegliche Verhalten zur Natur in Bezug auf die Nahrungsgewinnung führt, wie wir sehen werden, zu einer beständigen Sonderung von Familien und deren selbständigen Leben in politischen Gemeinden, denen ein eigenes Dauerschicksal zufällt, das auch einem eigenen Ablauf unterliegt.

Erst hier kann von einer politischen Geschichte im Sinne einer Schicksalsreihe, die von Dauergruppen erlebt wurde, die Rede sein. Die Kulturgesellschaften selbst haben keine politische Geschichte unmittelbar, sondern nehmen daran nur durch ihre politischen Organisationen teil.

Für die gegenwärtig lebenden Wildbeuterstämme muß allerdings in einigen Fällen eine Ausnahme zugestanden werden, die jedoch auf den friedlichen oder feindlichen Kontakt mit höheren Völkern zurückzuführen sein dürfte. Nur so werden wir etwa die Anfänge einer inneren Staffelung etwa bei den Lokele am Kongo, vielleicht auch die starke Betonung des Respektes vor den Alten bei den Andamanesen, zu deuten haben, obgleich der Altenrespekt allen Wildbeutern nichts Fremdes ist. Das Ungewöhnliche liegt bei den erwähnten Völkern nur in der institutionsmäßigen Verhärtung dieser verbreiteten sozial-psychischen Haltung. Auch müssen wir z. B. bei den ostsibirischen Stämmen berücksichtigen, daß die Gemeinden mitunter von der Viehhaltung zu einem Wildbeuterleben hinüber gewechselt haben, daß sie uns also nicht das Bild von Völkern vermitteln, die noch nie über ein primäres Wildbeuterleben „hinausgelangt" wären.

Alle diese Wildbeuterstämme sind einseitig den besonderen Lebensbedingungen angepaßt und zwar sowohl körperlich wie geistig. Die Behinderung, ihre alte Lebensweise fortzusetzen, bedeutet für sie die schwersten Erschütterungen. Die Berührung mit der europäischen Kultur und deren Einflüsse hat ihre Zahl teils dezimiert, teils auf dem Wege der Mischungen das Fortleben der bisherigen konstitutionellen und traditionellen Einheiten untergraben (z. B. Eick. [28]).

Wollen wir die Charakterzüge des Lebens der Wildbeuter kurz zusammenfassen, so gelangen wir zu folgenden Ergebnissen:

1. die Persönlichkeit überwiegt stets die Einrichtung, das Leben ist darum viel bildsamer als bei höheren Völkern,
2. die Wirtschaftseinheit und Existenzbasis ruht in der souveränen Familie. Die soziale Verzahnung innerhalb der Familie geht auf die Ergänzung der aus der Eigenart der Geschlechter sich ergebenden speziellen Leistungen von Mann und Frau zurück.
3. Die einzelnen Familien schließen sich frei zusammen oder trennen sich voneinander, so daß es in der Regel nicht zur Bildung von Dauergemeinden kommt. Nur bei höheren oder beeinflußten Wildbeutern finden sich Dauergemeinden.
4. Die interfamilialen Beziehungen werden durch auf Gegenseitigkeit beruhende Freundschaftsakte gefestigt. Diese bestehen im Austausch von Frauen, von Kindern durch Adoption, gegenseitige Bereitung von Festen, Tausch von Geschenken oder von Leistungen, und besitzen die Bedeutung von Realsymbolen.
5. Eine besondere Bedeutung kommt in dieser Beziehung den von den Männern gemeinsam veranstalteten Unternehmungen zu Fang und Jagd zu, weil diese einerseits auf die gegenseitige Anerkennung hinauslaufen, den Lebensunterhalt aus einem bestimmten Gebiet (Gau) zu gewinnen, und andererseits in der Verteidigung dieses Wohn- und Versorgungsgebietes gegen Fremde gipfeln.
6. Die Gesellschaft ist politisch homogen. In sozialer Beziehung machen sich jedoch sowohl Unterschiede zwischen den Geschlechtern, als insbesondere unter den Altersgraden geltend. Die allge-

mein verbreitete Altersauszeichnung führt vereinzelt zu der Extremform eines Seniorats (Lokele), das indessen möglicherweise mit fremden Einflüssen in Zusammenhang zu bringen ist. Weniger mag das bei der Stellung eines Ersatzmannes für den Getöteten in abhängiger Stellung (Ansatz zu Sklaverei) der Fall sein (Küstentschuktschen), obgleich hierbei die wirtschaftliche Wertung der menschlichen Arbeitskraft in den Vordergrund tritt.

7. Neben der Altersauszeichnung tritt die persönliche auf Grund außerordentlicher Leistungen oder Charakterzüge. Sie läßt sich als Aussiebung natürlicher Führer betrachten.
8. Je vorübergehender der Zusammenfluß der Familien ist, desto weniger tritt eine dauernd führende Persönlichkeit hervor. Nur bei Zusammenschlüssen mehr dauernder Natur, erscheinen Oberhäupter von Gemeinden, die aber nicht mit autoritären Häuptlingen reicher gegliederter Gesellungsformen verwechselt werden dürfen.
9. Die Eigentumsansprüche staffeln sich in solche des Einzelnen, der Familie und in die häufig hoheitsrechtlichen Charakter verratenden der jeweiligen Gemeinde.
10. Heiratsordnungen fehlen überwiegend und sind nur dort, wo Dauergemeinden auftreten (Australien) zur Ausbildung gelangt. Familienzurechnung und Erbgang schwankt in der Berechnung zwischen väterlicher und mütterlicher Linie.
11. Häufiger tritt die Jünglingsweihe in Erscheinung (sie fehlt bei den Eskimo und einigen Waldstämmen). An sie schließt sich in der Regel unmittelbar die Heirat, der oft Tausch oder Abverdienen zu Grunde liegt.
12. Ob die Haupttätigkeit auf das Jagen und Fangen tierischer Nahrung oder das Sammeln vegetabilischer Produkte gerichtet ist, hängt hauptsächlich von den geographischen Bedingungen ab.
13. Die wichtigste Aufgabe, die das Leben den Wildbeutern stellt, besteht in dem geschickten Aufsuchen der Jagd- und Sammelgründe je nach der Jahreszeit, dem Leben der Tiere und Pflanzen.
14. Die Armut und Schwäche der Institutionen bedingt einerseits eine große Veränderlichkeit, eine starke Variabilität unter den nebeneinander lebenden Stämmen, ermöglicht aber auch eine geschickte Anpassung an die Lebensbedingungen.
15. Wildbeuterstämme sind dort, wo sie verschüchtert von höheren Stämmen zurückgedrängt werden oder mit diesen sonst in Berührung traten, häufig in eine politische oder wirtschaftliche Abhängigkeit geraten.

Aus dieser Zusammenfassung geht hervor, daß man die Wildbeuter, die heute leben, nur unter mancherlei Einschränkungen soziologisch zusammenfassen kann. Die zahlreichen repräsentativen Beispiele zeigten, daß an den verschiedenen Stellen der Erde, an denen man heute Wildbeuter noch findet, diese trotz einer grundsätzlichen Ähnlichkeit in der Technik der Nahrungsgewinnung und in ihrem sozialen Leben doch weitgehende Eigenartigkeit aufweisen. Diese manifestiert sich sowohl in den soziologischen Besonderheiten, die wir kennen lernten, als auch im Besitz verschiedener Werkzeuge und Geräte je nach der Lebensführung in Eis, Steppe oder Wälder. Nicht selten aber haben sie überdies Waffen oder Werkzeuge von höheren benachbarten Völkern übernommen.

So können wir nur mit großer Zurückhaltung von ihnen auf vorgeschichtliche, wirklich primitive Wildbeuter, etwa der Altsteinzeit, zurückschließen. Die oben aufgeführten charakteristischen Züge können nur unter gewissen Einschränkungen auf die frühgeschichtlichen Menschen angewendet werden. Alles, was als unzweifelhaftes Ergebnis des Einflusses höherer Völker betrachtet werden muß, wird sowohl auf ethnologischem wie auf soziologischem Gebiet ausgeschlossen werden müssen. Wenn der Mensch der Altsteinzeit z. B. die Schwippgalgenfalle nicht kannte, so wird er auch nicht den Bogen besessen haben. Wenn er in keinen dauernden Gemeindeverbänden lebte, so kann er auch kein Häuptlingtum gehabt haben. Wenn keine Überschichtungen oder sozialen Staffelungen vorhanden waren, kann es auch keine Sklaverei gegeben haben usw.

Doch müssen wir gerade unter Berücksichtigung der oben geltend gemachten Punkte auf eine große Zahl von Varianten schließen und dürfen diesen sicher nicht als einen einheitlichen Typ betrachten, sondern müssen verschiedene Varianten nebeneinander gelten lassen. Daher werden auch viele Funde nicht ohne weiteres sukzessivisch einzuordnen sein, sondern man wird vielleicht mehr den Gedanken eines variablen Nebeneinanders gelten lassen. Überdies darf man sich auch dem Gedanken von möglichen Extrembildungen nicht verschließen.

Man wird fernerhin für den Altsteinzeitmenschen einerseits soziale Stufen, andererseits soziale Entdeckungen und Erfindungen zuzugestehen haben. Dazu gehört etwa die Jünglingsweihe (die heute z. B. bei den Eskimo und den Nordsibirern fehlt), ferner die Heiratsordnungen, die sich an das Entstehen von festen, größeren und dauerhaften Gemeindebildungen geschlossen haben dürften.

So vermögen wir mit Hilfe der Völkerkunde auf induktivem Wege und unter Anwendung der nötigen Vorsicht und Kritik auch einen Blick auf das Lebensbild der prähistorischen Vorfahren des Menschentums zu werfen. Das Bild dürfte größere Sicherungen verheißen als die früher allzu verbreitet gewesene rationalistische Spekulation, die sich bald der einen, bald der anderen Maxime bedient.

II. PFLEGER VON PFLANZEN UND TIEREN

Einen prinzipiellen Unterschied gegenüber den Wildbeuterkulturen bildet die pflegliche Einstellung gegen Pflanze und Tier. Allerdings wird man sich den Übergang von dem einen Kulturhorizont zu dem anderen nicht scharf und kantig vorstellen dürfen, sondern als ein für die betreffenden Menschen fast unbewußtes Hineingleiten in neue Verhältnisse. Anders aber müssen die Übergänge betrachtet werden, wo sie in der Form der Übernahme fremder Kenntnisse und Fertigkeiten sich vollzogen. Dabei ist es von entscheidender Bedeutung, daß die pflegliche Behandlung der Pflanzen an die Sammeltätigkeit der Frauen angeknüpft hat und offenbar durch sie vollzogen wurde, während das Hirtenleben sich an das Jagen und Fangen der Männergesellschaft schloß. Der eine wie der andere Fortschritt war von unausmeßbarer Tragweite für das Schicksal und die soziale Organisation der Menschen. Für den Übergang zur Spezialisierung auf die Pflege der Pflanze oder des Tieres wird man zunächst, roh gesprochen, die besonderen Lebensbedingungen verantwortlich machen, unter denen die Menschen an einem bestimmten Orte standen, durch die „Reize" der Umgebung an Flora oder Fauna. Allerdings darf man nicht vergessen, daß solche Bedingungen allein nicht genügen, sondern auf diese in spezifischer Weise regierenden Menschen notwendig sind; außerdem verschiedene Faktoren der Tradition und der spezifischen Vorliebe. Denn unter denselben weiteren Bedingungen des Sudan oder von Ostafrika suchen die einen Völker diejenigen Landstriche auf, wo sie Felder bebauen können, die anderen, wo sie Herden weiden, während ihre Nachbarn am Wildbeuterleben haften bleiben.

A. Die Pfleger der Pflanzen (Feldbauer).

Wie schon angedeutet, muß als Ausgangspunkt für die pflegliche Behandlung der Pflanzen die Tätigkeit der Frauen als Sammlerinnen genommen werden. Als emotionelles Motiv ist die Sorge der Frauen um eine regelmäßige Ernährung, insbesondere ihrer Kinder, zu betrachten. Möglicherweise boten Abfallplätze, wie wir sie etwa bei den Andamanen Leuten kennen lernten, oder sumpfige Stellen mit üppiger Vegetation den Anlaß, hier besondere Beobachtungen beim Abernten der Früchte, Beeren, Wurzeln, Stengel usw. anzustellen.

Bemerkenswert ist dabei die Erscheinung, daß wir bei den heute unserer Beobachtung zugänglichen Feldbauern immer die Männer als Helfer feststellen können, die den Urwald oder das Gebüsch roden und das Land für die Bebauung urbar machen. Erst dann tritt die Frau als Pflanzerin in Erscheinung. Außerdem pflanzt der Mann Bäume.

Außerdem beobachten wir bei den heutigen oder historisch noch erreichbaren niedrigen Feldbauern allenthalben auch das Halten einiger Tiere, und zwar mehr durch die Frauen, weniger durch die Männer. Man könnte sagen, daß zwei große Gebiete dabei zu unterscheiden sind, ein östliches, in dem das Schwein vorwiegt, und ein westliches, in dem hauptsächlich Ziege und Schaf als Kleintiere gehalten werden, während fast überall, mit nur wenigen Ausnahmen, selbst zu Wildbeutern der Hund gedrungen ist. Selbstverständlich gibt es heute eine große Zahl von Mischgebieten, namentlich in Asien und Afrika, in denen einerseits Ziege und Schaf, andererseits auch das Schwein gehalten werden. In den Kulturländern des alten Amerika tritt statt Ziege und Schaf Llama und Alpaca auf. Wenn vom Feldbau die

Rede ist, muß dabei somit immer noch die Kleinviehzucht mit in Rechnung gestellt werden, zu der namentlich auch das Huhn mit besonders rascher Verbreitung hinzugetreten ist.

Wie stets, wenn der Mensch eine Erfindung gemacht hat, wird er von dieser abhängig und muß sich gewissermaßen seinen eigenen Schöpfungen gegenüber behaupten, sich mit ihnen auseinandersetzen. So ist es bereits bei diesem allerersten und vielleicht größten Fortschritt der Menschheit vom Wildbeuterleben zur pfleglichen Behandlung von Pflanze und Tier der Fall gewesen. Vor allem wirkte der Anbau von Feldern örtlich bindend, wenigstens auf ein oder zwei Jahre. So sehen wir bei niedrigen Feldbauern zwar kein vollkommenes Aufgeben des nomadischen Ortswechsels, aber doch eine Verlangsamung im Rhythmus. Dazu kamen noch weitere Umstände. Die Behauptung des Gaues als Nahrungsquelle erhielt eine schärfere Ausprägung, die besseren Ernährungsbedingungen ermöglichten eine Vergrößerung und vermutlich auch eine bessere Fruchtbarkeit der Gemeinden selbst. So erhielt die Gemeinde ein stärkeres Eigenleben und größere innere Stabilität als bei den Wildbeutern, die sich in stark ausgeprägtem Solidaritätsgefühl niederschlug, wie es namentlich bei überwiegendem Feldbau nachdrücklich betont wird.

Die Rolle der Frau als Hauptträgerin der pfleglichen Feldbestellung wurde ihr zum ungleichwertigen Schicksal. Einerseits verhalf sie ihr zu ausgezeichneter Stellung durch die Betonung ihrer Verwandtschaftsbeziehungen, dadurch, daß die Sippe oder Familie, aus der sie stammte, dauernd auf sie und ihre Nachkommenschaft Anspruch erhob, daß in den Gesellschaften, in denen die Männer bei Jagd und Fang verblieben waren, ihr Einfluß, wie namentlich bei vielen amerikanischen Stämmen, zu außerordentlicher Bedeutung aufstieg. Aber andererseits wurde gerade die wirtschaftliche Bedeutung, die ihr zufiel, zum Verhängnis in anderen sozialen Konstellationen. In einem großen Teil des westlichen Afrika z. B. wurde sie gerade wegen ihrer wirtschaftlich wichtigen Arbeitskraft, vielleicht unter dem Einfluß des Hirtengeistes, wenigstens formal zur Sklavin, zum Kebsweib herabgedrückt.

Dies hängt indessen nicht mit der Feldbauerbevölkerung allein entsprungenen Gedankengängen zusammen, wie schon angedeutet. Darauf wird noch später in anderem Zusammenhang zurückgekommen werden müssen.

Bei den soziologischen Erörterungen dürfen wir nie die technischen Gesichtspunkte außer acht lassen. Gerade für die Entstehung der pfleglichen Behandlung von Pflanze und Tier spielen sie eine entscheidende Rolle. Gewiß wird man das Vorkommen gewisser Pflanzen, ihr Gedeihen und Fruchttragen zunächst nur als sozialpsychische Reize auffassen dürfen, die erst von den gegebenen Menschen unter gewissen Umständen genützt werden. Das Entscheidende dabei bildet die Konstatierung von Zusammenhängen und Bedingungen des Pflanzenwuchses. Eine solche Einsicht liegt an der Wurzel des Fortschritts. Allein damit ist es noch nicht getan, sondern sie muß auch Allgemeingut der ganzen Gemeinde werden, d. h. das, was ein Einzelner festgestellt, entdeckt, erfunden hat, muß auch von den übrigen angenommen werden. Der Dogmatismus des menschlichen Denkens überhaupt und die ängstliche Traditionsgebundenheit der primitiven Gesellschaften insbesondere bilden ein starkes Hemmnis, sowohl von einzelnen erkannte Fortschritte anzunehmen, als auch von anderen geübte Verhaltungs- und Handlungsweisen zu befolgen. Denn wir dürfen uns nicht darüber täuschen, daß von der ungeheuren Menge der andersartigen Dinge, die etwa ein Volk bei einem anderen, fremden zu beobachten hat, zunächst nur ein verschwindend geringer Teil Nachahmung findet. Erst wenn gewisse greifbare Erfolge vorliegen, findet eine emotionelle Umwendung statt, die eine entgegengesetzte Einstellung herbeiführt, die Schleusentore öffnet. Doch werden deren Übernahmeprozesse zeitlich und sachlich um so mehr beschränkt, als das Eigene auf die Dauer doch mit Macht sich wieder Geltung verschafft.

Für die Entstehung des Pflanzenbaues werden vielleicht zweierlei Dinge ausschlaggebend gewesen sein: 1. Abfallhaufen auf alten Lagerplätzen und 2. das Sprießen von Pflanzen an sumpfigen Stellen. Auch dürfte das Pflanzen von Setzlingen als „älter" anzusehen sein, denn das Ziehen aus Samen. Es ist klar, daß die Beobachtung der Entwicklung der Pflanze aus Samen schwieriger ist. Ist doch auch heute bei vielen Naturvölkern die Entwicklung der Puppe aus der Raupe und des Schmetterlings aus der Puppe nicht bekannt. Auch die Tatsache, daß sich bei allen niedrigen Feldbauern derselbe Grabstock als erstes Feldbaugerät vorfindet, den die Sammlerin gebraucht, weist darauf hin, daß das Pflanzen von Setzlingen sich unmittelbar an die Sammeltätigkeit anschloß.

Es waren also wohl Zwiebeln und Knollenfrüchte und ähnliche Pflanzen, die im Anschluß an das Ausgraben von wilden Wurzeln, Knollen, Rüben und dgl. durch die Sammlerin zunächst gepflanzt wurden und so eine Veredelung erfuhren.

Dabei spielten vielleicht Taroarten eine nicht geringe Rolle, zumal es scheint, daß auch in prähistorischer Zeit *Arum*-Arten, mit dem Volksnamen „Zehrwurz", einen wichtigen Nahrungsbestandteil in Mitteleuropa bildeten (Krämer [28] 168). In diesem Zusammenhang kann natürlich nicht auf das sehr komplizierte Thema der Pflanzenzucht, des Genusses und der Zubereitung verschiedener Pflanzenbestandteile, Wurzelstöcke, Triebe, der Blätterstengel, Säfte, Samen usw., von Kräutern und Gräsern, Stauden und Bäumen eingegangen werden. Dazu kommt noch die Bereitung von Aufgüssen, gegorenen Getränken usw. (Maurz. [27b]).

Von besonderer soziologischer Bedeutung ist das Ziehen von Sumpfgewächsen, und zwar deshalb, weil die Anlage von Bewässerungen und Entwässerungen, die sich teils beim Anbau von Reis, teils in Verbindung mit Getreide einbürgerten, zur Zusammenfassung von einer großen Menge menschlicher Arbeitskräfte führte, und, wie wir sehen werden, auch politisch von großer Tragweite war.

Vielfach sind es zunächst die Frauen, welche die schwere Arbeit des Feldbaus und auch der Naßkultur besorgen. Bei letzterer gebrauchen sie mit ganzer Hingabe z. B. auf der Karolineninsel Palau als einziges Gerät ihre Arme und Hände, mit denen sie nach der Ernte den Leberkäs-ähnlichen

Frau als]
weise kan
gesandt w
recht an i
werden di
vorher mit Fett und rotem Ocker eingerieben und in bestimmter Weise geschmückt. In der Rechten trägt sie eine lange schwertartige Kampfkeule, die mit Daunen geschmückt ist. in der anderen einen dicken Holzstock, der von ihrem Gatten zurechtgemacht und besprochen wurde. Auf dem Bilde ist sie im Begriff, die bezauberte Keule auf den Feind zu schleudern. Sie macht sich in der Nacht zu ihrem Racheunternehmen auf und überfällt ihre Opfer meuchlings.

Aus Spencer u. Gillen [27].

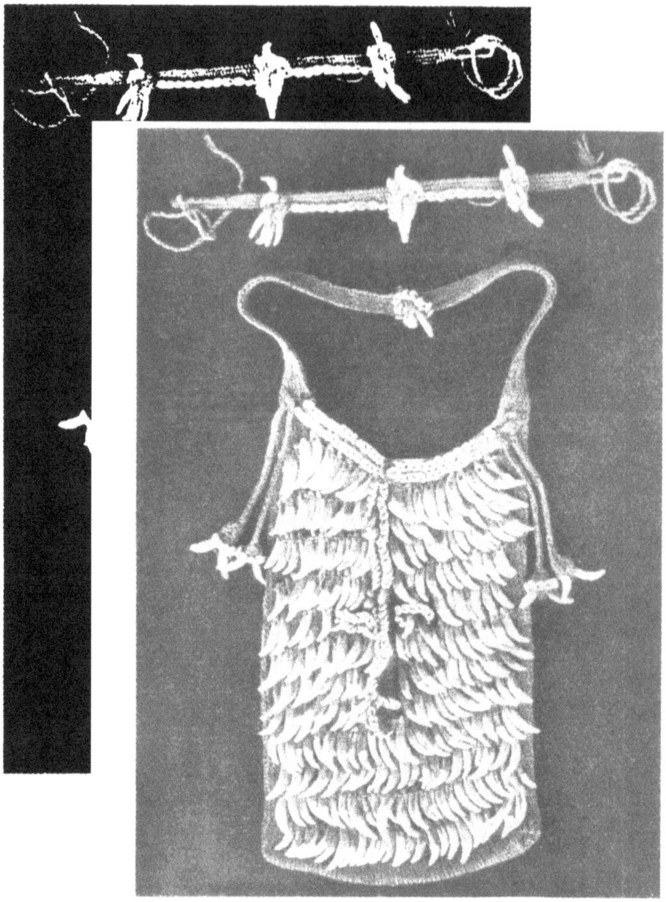

a. Stirnschmuck und Hund ... ck
stellt einen hohen Wert da ... er-
wendet. Es sind 350 Hun ... im
Besitz einer Sippe, als deren Bevollmächtigter und Repräsentant der Häuptling handelt. —
b. Umbrechen des Bodens in Sialum. Drei bis vier Männer stellen sich in einer Reihe auf und stoßen ihre langen zugespitzten Stöcke einige Male kräftig in den Boden, ein anderer schiebt seinen Stock darunter und nunmehr werden mit einem kurzen Ruck die Schollen umgeworfen. Die Arbeit geht schnell vonstatten, und der Boden wird bis zu beträchtlicher Tiefe aufgelockert. Aus Neuhauss [11].

Sumpf armtief herausheben, um eine Menge von Lianenblätter in den Untergrund zu betten und wieder zuzudecken, wie das auch sonst auf den polynesischen und mikronesischen Inseln üblich ist (Krämer [26] 3, 49; Murphy [25] 356, 380). Daran schließt sich als Fortschritt und Ausgestaltung, insbesonders in Anwendung auf höher gelegene Landstriche, die Anlage von leicht bewässerbaren terrassenförmigen Wasserbeeten an Abhängen. Solche sind aus den verschiedensten Teilen der Welt bekannt geworden: aus Indien und Ceylon, dem malaischen Archipel und aus Japan, aus Fiji, Neukaledonien, dem polynesischen Mangaia und aus den Neuen Hebriden sowie aus Ocfemia von Hawai (Krämer [28] 170), insbesondere aber aus Südamerika, aus dem alten Peru.

§ 1. Homogene Jäger-Feldbauer.

a) Die papuanischen Kai-Leute aus Neu-Guinea.

Wenden wir uns einer papuanischen Gemeinde zu, der der Kai-Leute, die im Hinterland des Hüon-Golfes in den Bergen sitzen. Bei einer Zählung der Urwohner des Sattelberges im Umkreis von vier Stunden kam man alles in allem auf kaum 900 Menschen. Nimmt man dazu noch die Gegend nördlich und südlich bis zur Meeresküste, soweit sie von Kai-Leuten bewohnt ist, so dürfte man eine ungefähre Bevölkerungszahl von 2500 erreichen. Allerdings finden sich auch noch in den dichter bewaldeten Bergen des Hinterlandes Siedlungen, die dem kleinwüchsigen Kai-Volk zuzuzählen sind. Die Siedlungen umfassen 2 bis 6 Häuser, von denen gewöhnlich mehrere zu einem Gau gehören, der ein abgegrenztes Gebiet besitzt. Jedes Dorf steht nur etwa $1^1/_2$ bis 2 Jahre. Nach dieser Zeit werden die Hütten so morsch, daß sie neu errichtet werden müssen. Dies bildet den Anlaß, einen neuen Wohnplatz aufzusuchen. Gewöhnlich wendet man sich dann einem älteren verlassenen Platz zu und kehrt, wenn man inzwischen noch eine Weile auf zwei oder drei anderen Orten gesiedelt hat, nach einiger Zeit wieder auf den ersten zurück, eine Lebensweise, die man etwa als halbnomadisch bezeichnen könnte, und wie wir sie nicht unähnlich auf den Andamanen-Inseln kennen lernten.

Von den Wohnplätzen eines Gaues zeichnet sich einer gewöhnlich aus, an dem die Hauptfeste gefeiert und die Dorfhäupter begraben werden. Jede kleine Siedlung hat ihr Oberhaupt. Die Häuser, besonders der Hauptdörfer, werden so angeordnet, daß sich zwischen ihnen ein freier Platz befindet, auf dem Tanz und andere Festlichkeiten abgehalten werden. Das größte Haus besitzt das Oberhaupt, das auch fremde Gäste beherbergt. Zur Zeit der Jünglingsweihen werden besondere Hütten errichtet, die auch zur Aufbewahrung der bei diesem Feste benötigten Schwirrhölzer dienen. Weiter im Inland baut man Hütten der letzteren Art nicht. Dort haben die Männer ihre Häuser für sich und ebenso die Frauen, und die Männer kochen ihre Speisen meist selbst. Bei den Kai jedoch leben die Eheleute zusammen, oft sogar zwei Paare in einer Hütte, in diesem Fall jeder an einer besonderen Seite mit eigenem Feuerplatz, jedoch durch keine Wand getrennt.

Die Hauptnahrung der Kai-Leute besteht in Knollenfrüchten, namentlich Taro und Yams, welche sie auf ihren Feldern bauen. Im Inlande kommt noch die Süßkartoffel hinzu. Bei der Bestellung der Felder greifen die Tätigkeiten von Männern und Frauen ineinander über. Nachdem ein Stück Land für das neue Feld bestimmt ist und jeder Dorfbewohner im voraus seinen Anteil mit Beschlag belegt hat, wird von den Männern der Wald umgelegt. An jedem Tag während dieser Arbeit wird abends im Dorf unter tanzenden Bewegungen des Körpers ein Lied gesungen,

Ist das Feld gerodet, so begeben sich die Männer am folgenden Tag auf die Jagd, und die Frauen schaffen Taro für ein Festmahl heran. Erst nach einigen Monaten, wenn der niedergelegte Wald genügend ausgetrocknet ist, beginnt man mit dem Brennen und Aufräumen von Ästen und Zweigen. Dann beginnt die Bepflanzung des Feldes, und zwar in der Weise, daß die Männer mit spitzen Pfählen den Boden lockern und die Löcher stechen, die Frauen hingegen die Saatknollen hineinlegen. Die Baumstämme, deren Beseitigung bei der nur einmaligen Benutzung des Feldes zu viel Mühe kosten würde, bleiben liegen, so daß ein bepflanztes Feld nicht immer einen guten Eindruck macht. Die Abteilungen der einzelnen Besitzer werden durch Stangen voneinander abgegrenzt und zuletzt das gesamte Feld mit einem Holz- oder Bambuszaun umzogen, von dem jeder Teilhaber des Feldes ein bestimmtes Stück aufzustellen hat. Dieser Zaun soll das Feld vor dem Einbruch von Schweinen schützen. In jedem Felde werden neben der Hauptfrucht noch eine Anzahl anderer Gewächse gezogen wie Zuckerrohr, Bananen, Gemüsekraut, Kürbisse usw. (Keyss. [11] 13ff, 35).

Die Art des Arbeitens wird von Keyss. ([11] 52f) in folgender drastischer Weise geschildert: die Kai sind keine Langschläfer, aber Vielschläfer. Meist sind sie schon vor Tagesanbruch wach und unterhalten sich, während sie um das Feuer sitzen und gemeinschaftlich eine Zigarette rauchen oder Betel kauen. Die Sonne steht schon bedenklich hoch, bis einer an die Arbeit denkt. Mehrere brechen gemeinsam auf, um sich in den Wald auf die Feldlichtung zu begeben. Dort angekommen zündet man wiederum ein Feuer an und raucht zunächst eine Zigarette, um dabei die Arbeit für heute zu besprechen. Endlich bricht einer auf und begibt sich an die Arbeit. Ihm folgt vielleicht nach ein paar Minuten der zweite. Die anderen bleiben zunächst noch zaudernd sitzen. Endlich entschließen auch diese sich, an ihre Arbeit zu gehen, nachdem sie gegähnt und sich gereckt haben. Plötzlich schnellt einer empor und ruft mit Entschlossenheit: „Feld, nun sollst du es auch spüren; ich will dich gehörig bearbeiten!“ Mit einer Art Wut stürzen sich nun die Leute auf die Arbeit und lassen ihre Kräfte am Boden oder an Holzstämmen und dgl. aus. Diese Tätigkeitswelle verbleibt jedoch nicht lange auf ihrem Höhepunkt, bald ermüdet der eine oder der andere, klagt etwa über Schmerzen, während ihre Kameraden vielleicht noch weiter unter Schreien und Würgen nach zwei bis drei Stunden das Ziel, das sie sich gesteckt haben, erreichen. Dann werden die Arbeitsgeräte weggeworfen und man läßt sich erschöpft auf dem Boden an dem unentbehrlichen Feuer nieder, wo man zunächst wieder Zigaretten anzündet, um etwa nach halbstündiger Ruhe den Heimweg anzutreten. Andere Arbeiten, wie etwa den Bau einer Hütte, verrichtet einer oft ungemein lässig und trödelnd, statt sie in drei bis sechs Wochen fertig zu haben, wie er es bequem schaffen könnte, braucht er dazu oft sechs Monate und mehr. Manchmal bleibt einer tagelang untätig liegen, bis er sich zu irgend einer Besorgung entschließt. Prompt etwas zu machen, wie der Weiße es fordert, erscheint dem Kai unmöglich.

Den Schluß der Bepflanzung eines Feldes bildet ein Fest (57), bei dem die gebrauchten Handwerkszeuge in zeremonieller Weise durch den Saft einer Schlingpflanze gereinigt werden. Die erste Zeit nach der Feldbestellung darf niemand in die Nähe des neuen Feldes gehen, „um nicht das Wachstum zu stören“. Der Frau fällt dann insbesondere die Arbeit des Schürens des Feuers, des Jätens und auch des Erntens zu.

Das Pflanzen von Bäumen ist ausschließlich Sache der Männer. Es sind Kokos- und Betelpalmen, Sago- und Brotfruchtbäume, die gepflanzt werden, auf die aber auch im Walde wildwachsend Beschlag gelegt wird. Insbesondere sind dies die wilden Sago- und Brotfruchtbäume, Pandanus, Mango-, Rosenäpfel- und Nußbäume. Schnell hat sich seit verhältnismäßig kurzer Zeit der Tabak verbreitet, der von den Kai so erfolgreich angebaut wurde, daß er sogar zu den Jabim der Küste schon verhandelt wird.

Von besonderer Wichtigkeit ist das Halten der Schweine, namentlich in Verbindung mit den Festen und den daran sich knüpfenden Handelsgeschäften. Gehalten werden nur Säue und kastrierte männliche Tiere, die mehr Fett ansetzen. Zur Zucht überläßt man die Schweine den verwilderten Ebern des Waldes. Beim Schweinehandel werden deshalb die männlichen Tiere den weiblichen Tieren vorgezogen und besser bezahlt. Wie in großen Teilen der Südsee ist auch hier das Schwein als Zeremonialtier zu betrachten, das bei großen Festlichkeiten, namentlich bei der Jünglingsweihe und bei den Totenfeiern, genossen wird, während die Hauer der Eber (7) als besondere Schmuckstücke, als Familienschatz aufbewahrt und bei festlichen Gelegenheiten in künstlerisch ausgestatteten Fassungen von Muschelstückchen und dgl. getragen werden. Das Schlachten des Schweines geschieht mit dem Speer, und zwar durch einen Stich ins Herz. Nach dem Stich soll das Tier keinen Laut mehr von sich geben, höchstens ein Röcheln. Schreit das Schwein, so schilt man den ungeschickten Metzger hauptsächlich darum, weil dann Blut verloren geht, das man genießen will. Offenbar liegen diesem Ritus Gedankengänge zugrunde, die mit der Rolle des Blutes als Lebens- und Kraftträger zusammenhängen. Die Verteilung des Fleisches an Freunde und Verwandte geschieht unter der stillschweigenden Voraussetzung, bei nächster Gelegenheit vom anderen ein entsprechendes Stück ebenfalls zu erhalten.

Nicht so hoch im Wert wie das Fleisch der Schweine steht das der Hunde. Bei Festlichkeiten werden außer Schweinen immer auch Hunde geschlachtet. Will man einer Respektsperson eine Ehre erweisen, ohne gleich ein Schwein zu opfern, so schlachtet man einen für die Jagd unbrauchbaren Hund.

Schweine und Hunde werden wie Lieblingstiere behandelt. Die Frauen tragen die Jungen in ihren Netztaschen mit sich herum, man nimmt sie auf den Schoß und wartet sie. Geht das alte Tier zugrunde und hinterläßt Junge, so kommt es vor, daß sich die Frauen der kleinen Tiere annehmen und sie säugen. Im Walde gefangene Frischlinge sucht man auf die gleiche Weise am Leben zu erhalten. Indessen sind das nur Ausnahmefälle (Keyss. [11] 17ff).

Aus dem Gesagten ergibt sich, daß mit dem Feldbau eine Kleinviehhaltung verbunden ist, die namentlich in Bezug auf das Schwein einen gewissen sakralen Charakter trägt. Man hat indessen den Eindruck, daß trotz Feldbau und Viehhaltung Jagd, Fang und Sammeln noch immer eine starke Lebensgrundlage bilden. Namentlich abseits gelegene Gemeinden Neu-Guineas und der großen melanesischen Inseln widmen sich dem Wildbeuterleben in erheblichem Ausmaß. So dürfte man nicht fehl gehen, anzunehmen, daß letzteres die ursprüngliche Lebensgrundlage der Papuaner bildete, die erst später, etwa von melanesischen Zuwanderern, Feldbau und Schweinezucht übernommen haben.

Neben dem vielerlei Wild und eßbaren Getier ist natürlich der Fang von verwilderten Schweinen nicht nur ein beliebtes Vergnügen, sondern wird in ritueller Weise auch für Feste von Hausschweinen vorgenommen. Die wilden Schweine fängt man meist in etwa 2 m tiefen Fallgruben, in die kurze Spieße gesteckt sind, während sie oben mit Reiser und Laub bedeckt wurden, und die man dort anlegt, wo die Tiere zu wechseln pflegen. Eine andere Fangmethode bedient sich großer Netze, auf die zu man eine Treibjagd veranstaltet. Gerne fängt man die Tiere darin lebendig, wobei der zunächst stehende Mann sich rasch dem ins Netz verstrickten Schwein auf den Rücken wirft, um dieses an den Hals zu fassen und zu halten, bis seine herbeistürzenden Kameraden es festgemacht haben. Es ist eine Fangart, die nicht ohne Gefahr ist und viel Geschicklichkeit erfordert. Mit Vorliebe begibt man sich bei starkem Regen auf die Schweinejagd, da die Tiere dann in ihrem Lager schlafen und den nahenden Jäger nicht hören. Auch kleine Känguruhs werden mit Netzen gefangen.

Beliebt ist die Jagd mit Feuer, das natürlich nur auf Grasflächen entzündet werden kann und gewöhnlich bei Windstille kreisförmig angelegt wird, um es sich gegen die Mitte ausbreiten zu lassen. Dabei erbeutet man gewöhnlich einige Schweine, Känguruhs, Beutelratten, Mäuse und Vögel. Letztere werden auch auf Leimruten gefangen. Fliegende Hunde und Fledermäuse fängt man mit Netzen oder Steinwürfen. Auch manche Schlangen, insbesondere sämtliche Riesenschlangen, werden erbeutet, einige Arten hingegen verschmäht man. Als Delikatesse gelten die Krebse und kleinen Fische der Bäche, für deren Fang man ebenso wie für die Aale Reusen anfertigt. Aus dem giftigen Saft einer Liane wird ein Betäubungsmittel hergestellt, um verschiedener kleiner Tiere, Fische, Krebse und Aale in kleinen Tümpeln oder in abgeleiteten Wasseradern habhaft zu werden. Als Nahrung dienen ferner die Rieseneidechsen und kleinere Eidechsen, verschiedene Frösche und Kröten, Arten von Heuschrecken, die großen Bockkäfer und vor allem deren Larven im faulenden Holz, die Eier einer gelben, im Laub der Bäume ihre Nester bauenden Ameisenart, bestimmte Schmetterlingsraupen und gewisse Spinnen und Zikaden. Der dünnflüssige, scharf schmeckende Honig einiger zum Teil stachelloser Bienenarten wird in Bambusrohre gepreßt und getrunken. Das Wachs dient als Klebemittel für die Felle der Trommeln und für die Muschelverzierungen am Halse der Betelkalkflaschen.

Die Tiere werden stets getötet und gebraten. Rohes Fleisch zu genießen, sei es auch geräuchert, gilt dem Papua als ein Greuel. Zwar kocht er sein Wildpret nie ganz weich, aber es muß so weit gar sein, daß beim Schneiden kein blutiger Saft herausquillt. Die Kai-Leute der näheren Umgebung des Sattelberges kennen kein Konservieren des Fleisches durch Räuchern. Dagegen räuchern die Binnenländer das gekochte Fleisch der auf ihren weiten Jagdzügen erbeuteten Tiere, das hart wie Holz wird und sich gut hält (Keyss. [11] 17ff).

Das Sammeln vegetabilischer Nahrung erstreckt sich außer auf die Besitzergreifung gewisser Bäume des Waldes, wovon schon die Rede war, auf das Holen der Blätter von Kräutern, Sträuchern und Bäumen, von jungen Bambusschößlingen, von Blütenrispen einer Rohrart, Einsammeln wilder Brotfrüchte, von Pandanusfrüchten, von Mango, Nußarten und sonstigen Waldfrüchten usw., die teils roh genossen, teils als Beimischung für gewisse Breie und Kuchen in Verbindung mit Kokosnußmilch oder Taro und dgl. Verwendung finden.

Zur Gewinnung von Salz gingen früher die Leute zum Meer und brachten das Wasser in Bambusröhren und Kürbisflaschen sowie in reichlich mit Meerwasser durchtränkten Holzklötzen heim. Letztere wurden zu Hause sorgfältig verbrannt und deren Asche als Speisesalz verwendet. Das Salzholz wurde auch um guten Preis weiter verhandelt. Die Küstenleute verlangten hier, wie auch auf anderen Inseln, eine Abgabe für das Holen von Meerwasser, dessen unbefugtes Schöpfen als „Diebstahl" betrachtet wurde. Weiter im Inland benutzte man als Ersatz für Salzwasser kleine Tümpel mit brackig schmeckendem Wasser.

Schließlich dient als Genußmittel auch der rote Lehm, den man zu kleinen Kugeln dreht, an Stäbchen aufspießt und zum Trocknen über das Feuer hängt. Erst in vollständig getrocknetem Zustand wird er in kleinen Portionen genossen (15ff).

Mit dieser Art der Nahrungsgewinnung hängt auch die Handfertigkeit (21ff) zusammen und deren Verteilung unter die Geschlechter. Außer dem Kochen der Mahlzeiten, der Sorge für Wasser und Feuerholz, fällt der Frau das Stricken der Tragnetze zu und in den Gegenden, wo Töpferei betrieben wird, die Anfertigung der Töpfe. Die verwickelte und anstrengende Kuchenbäckerei ist Sache der Männer, ebenso wie die Herstellung der verschiedenen Jagdnetze von den kleinsten bis zu den größten. Geht ein Mann zu Besuch in ein Dorf, so hat die Frau die gesamte Last an Feldfrüchten, manchmal auch noch ein kleines Kind, zu tragen. Nur im Notfall hilft er ihr, trägt jedoch die Last höchstens bis in die Nähe des Dorfes und gibt sie ihr vorher zurück, um nicht bei der Verrichtung von „Weiberarbeit" gesehen zu werden.

Es gilt überhaupt nicht als anständig, Sorge oder Zuneigung zu Frau und Kindern zu zeigen. Mann und Frau tragen ein Benehmen zur Schau, als ob sie einander vollständig gleichgültig wären. Ein Mann unterhält sich mit Männern, nicht mit seiner Frau. Er ißt mit Männern aus einer Schüssel, aber nicht mit seiner Frau. Um nicht sagen zu müssen „meine Frau", sagt der Kai „meine Mutter", meint aber seine Frau damit. Auch gilt es nicht als anständig, bei einem Manne sich nach seiner Frau zu erkundigen.

Mädchen und Frauen sollen nicht ohne Begleitung zum Feld oder nahen Wasser gehen, wenigstens ein Kind, das selbständig laufen kann, bei sich haben. Es ist eine Sitte, die wohl hauptsächlich auf die Unsicherheit zurückzuführen ist, die früher allgemein herrschte. Auch das Benehmen der Burschen und Mädchen untereinander wahrt den Schein, als ob die einen nicht das allergeringste Interesse für die anderen hätten. Die Beziehungen werden durch die verschiedenen Gebärden, Steinwerfen oder Fußtritte angeknüpft (47). Bei Vergehen von jungen Burschen mit noch nicht erwachsenen Mädchen wird der Mann als der schuldigere Teil angesehen, der oft von den Verwandten des Mädchens als deren Besitzer mit Speeren bedroht und für einige Tage aus dem Dorfe verjagt wird. Man weist in solchen Fällen darauf hin, daß ein solches Mädchen Kinder bekommen könnte, bevor sie imstande sei, dieselben zu ernähren.

Die Kai-Leute veranstalten sowohl für die Jünglinge wie für die Mädchen eine Pubertätsweihe. Die Jünglingsweihe ist eine weitläufige Zeremonie, die nur in größeren Zeitabschnitten abgehalten wird und sich über ungefähr 3 Jahre hin erstreckt. Dabei spielt das Mästen von Fettschweinen eine wichtige Rolle. Die Zeremonie selbst besteht in einem „Verschlucken und Ausspeien" der Jünglinge, wie es in vielen Gegenden Neu-Guineas geübt wird. Bemerkenswert ist die Rolle der den Großvater vorstellenden *Ngosa*-Hölzer, die den australischen *Tjurunga* gleichen, und das Schwingen des Schwirrholzes mit einer Art von Peitsche. An den Jünglingen wird eine Zirkumzision vorgenommen, beim Abschluß sind verschiedene Torturen an den Jünglingen üblich. Die Mädchen werden bei Eintritt der Pubertät eingeschlossen und erhalten nach Beendigung ihrer Isolierung im Walde gute Lehren.

Die Heiratsverbote erstrecken sich nur auf echte Geschwister und Stiefgeschwister der gleichen Mutter und die Verbindung zwischen dem Mann und der Schwester seiner Frau und zwischen diesem und seiner Schwiegermutter, nicht dagegen auf Halbgeschwister verschiedener Mütter oder zwischen Bruder und Schwägerin eines Mannes. Verbindungen zwischen Mutter und Sohn oder Vater und Tochter kommen zwar selten vor, doch sind solche Fälle bekannt geworden (45). Auch gibt es kein Verbot der Heirat in irgend eine Sippe oder Dorfschaft. Tatsächlich heiraten die Frauen nie in ein weitentferntes Dorf, weil ihre Verwandten dadurch sonst ihrer Arbeitskraft gänzlich und dauernd beraubt werden würden, so daß sie keinen Vorteil mehr von ihr hätten. Doch liegt es auch im Interesse der Frau, in der Nähe ihrer Verwandschaft zu wohnen, in deren Schutz sie sich jederzeit flüchten kann, wenn ihr Mann sie roh und ungerecht behandeln sollte. So finden alle Heiraten im Umkreis nur kleiner Distrikte statt.

Die Heirat kommt erst nach langen und eingehenden Beratungen der auf jeder Seite maßgebenden Verwandten der jungen Leute zustande. Nicht selten sind Kinderverlobungen, weil der Vater seinem Sohn bei Zeiten eine Frau sichern möchte. Daher werden oft schon ein bis zweijährige Mädchen mit Beschlag belegt. Doch zahlt man einen Vorschußpreis in diesem Alter noch nicht, sondern erst, wenn das Mädchen das 8. oder 10. Jahr erreicht hat. Dieser Preis besteht in Töpfen, Speeren und dgl. Damit gilt das Mädchen schon als Frau des Knaben. Jedoch erst nach Erreichung der Geschlechtsreife wird der restliche Preis bezahlt und sie dem Manne übergeben. Stirbt das Mädchen vorher, so müssen seine Verwandten die erhaltenen Gegenstände zurückgeben.

Der Preis für eine Frau ist sehr verschieden. Er hängt vor allem von der Zahl ihrer nächsten Verwandten und von ihrem Ansehen ab. Ein angesehener Mann ist einem gewöhnlichen gegenüber immer im Vorteil. Das Schwein, welches er feilbietet, erzielt einen besseren Preis als das Tier geringerer Leute; das Mädchen, welches er verkauft, muß besser bezahlt werden als ein anderes. Doch erwartet man von ihm auch, daß er selbst bei seinen Einkäufen reichlicher bezahlt als andere. Beim Frauenkauf kommt es auch noch darauf an, ob das Mädchen guten Ruf hat. Männersucht, Gefräßigkeit und Mangel an haushälterischem Sinn gelten als tadelnswerte Eigenschaften; auch soll sie nicht an Ringwurm leiden. Der gewöhnliche Preis für ein junges Mädchen besteht in einem Eberhauer oder einer Hundezahntasche, einem Schwein und noch einiger geringwertiger Gegenstände, wie Töpfe, Speere, Baststoff und dgl. Hat das Mädchen drei Onkel (Mutterbrüder), so genügt ein Wertstück nicht, sondern es müssen wenigstens zwei sein, von denen der Hauptonkel eines erhält und das zweite die beiden anderen gemeinsam. Jedenfalls muß jeder Onkel und jeder erwachsene Bruder bedacht werden. Mehr als zwei Wertstücke und zwei Schweine neben anderen Gegenständen werden jedoch nie bezahlt. Da die meisten nur den Preis für eine Frau erschwingen können (90), überwiegt die Einehe. Werden mehrere Frauen erworben, so bleibt die erste die Hauptfrau. Die Eltern des Mädchens erhalten von dem ganzen Kaufpreis nichts; dafür ist aber der Schwiegersohn verpflichtet, für den Schwiegervater zu arbeiten. Das Schwein, welches bei der Übergabe des Mädchens geschlachtet wird, muß in regelrechter Weise verteilt werden, denn jeder der Verwandten hat auf ein bestimmtes Stück Fleisch Anspruch.

Dabei kommen die Eltern am schlechtesten weg, denn sie erhalten nur die Eingeweide und vielleicht noch ein paar Knochen. Die Onkel mütterlicherseits und die erwachsenen Brüder erhalten auch hier den Löwenanteil, die besten Fleischstücke. Die Großeltern mütterlicher Seite bekommen das Eingeweidefett, das Blut und die Innenteile, Herz, Leber, Milz, Lunge.

Aus dieser Verteilung geht hervor, daß die Arbeitskraft des Mädchens als Pflanzerin der Muttersippe abgekauft wird und daß das ganze Verkaufsverfahren augenscheinlich einer älteren Sitte des Abverdienens der Frau durch den Schwiegersohn beim Schwiegervater aufgepfropft zu sein scheint. Der Kaufpreis der Frau wird vom Manne und seinen nächsten Verwandten aufgebracht: dem Vater, den Onkeln und den älteren Brüdern. Manchmal hilft auch der Großvater mit. Dafür muß sie der Mann bei ihrer Arbeit unterstützen, und die gekaufte Frau muß ihnen dann und wann Taro kochen.

Die gekaufte Frau geht natürlich nach dem Tode des Mannes in den Besitz seiner Verwandten über. Ist ein lediger Bruder des Verstorbenen vorhanden, so nimmt sie meist dieser zur Frau. Man sieht daraus, daß die Sitte des Levirats auf das engste durch den Frauenkauf bedingt ist. Begehrt aber ein Fremder die Witwe, so wird sie an diesen von der Sippe ihres verstorbenen Gatten gegen verhältnismäßig niedrigen Kaufpreis abgegeben.

Das Eheverhältnis ist vor allem auf eine Ergänzung der beiderseitigen wirtschaftlichen Leistungen gegründet. Der Mann gewährt der Frau eine Wohnstätte, rodet den Platz für das Feld, sticht die Pflanzlöcher und sorgt für Fleischnahrung, während die Frau pflanzt, jätet, kocht und sammelt. Doch ist jede Gütergemeinschaft der Ehegatten ausgeschlossen. Die Frau und ihr Besitz ist und bleibt Eigentum ihrer Angehörigen, ihrer Onkel mütterlicherseits und ihrer Brüder, die sie mit ihrer von ihnen prinzipiell beanspruchten Arbeitskraft dem Mann gegen bestimmte Wirtschaftswerte abgetreten haben. Selbst über ihr Feld hat der Gatte kein, oder doch kein alleiniges Verfügungsrecht. Beschädigt der Mann im Streit mit der Frau etwas von ihrem Eigentum, so bekommt er es mit ihren nächsten Verwandten zu tun. Zerschlägt er z. B. einen Topf, so muß er den Schaden ersetzen. Diese Verwandten sind auch die Erben beim Tode der Frau.

Im Falle von Streitigkeiten findet die Frau stets Rückhalt an ihnen, wie der Mann an den Seinen. So können Familienstreitigkeiten mitunter zu Sippenkämpfen führen. Doch vermögen sich manche Frauen sehr gut ihrer Haut zu wehren. Eine schlug einmal ihrem Manne mit einem brennenden Holz über den Kopf, daß sein Haar versengt wurde, eine andere warf ihrem Gatten im Streit eine Hand voll glühender Asche ins Gesicht und entfloh. Nach einigen Tagen ließ sie der Mann wieder holen, und der Vorfall wurde nicht mehr erwähnt. Eine andere Frau stürzte ihren Mann heimtückisch einen Abhang hinunter aus Rache dafür, daß er sie vorher geschlagen hatte (43f). Das Zusammenleben eines Mannes mit mehreren Frauen führt oft zu Streitigkeiten. Polygamische Ehen, in denen die Nebenfrauen sich gut zueinander gewöhnt haben und friedlich miteinander leben, finden sich erst in vorgerückteren Altersstufen.

Mit der ehelichen Treue wird es auf keiner Seite streng gehalten, zumal auch im vorehelichen Leben trotz äußerer Wahrung der Form von Zurückhaltung keine Rede sein kann. Trotz der Beanstandung von vorehelichen Kindern herrscht ziemliche Freiheit (44). Der Mann erhebt jedoch die Forderung der Treue gegen seine Frau, weil er sie gekauft hat. Obwohl manche Männer 3 bis 5 Frauen haben, besitzen sie nur wenige Kinder.

Wenn der Mann der Treue der Frau mißtraut, so ißt er nichts mehr von dem, was sie ihm vorsetzt, umgekehrt hört die Frau auf, den Mann mit Essen zu versorgen, wenn sie glaubt, Argwohn für die Treulosigkeit des

Mannes haben zu müssen. Läuft die Frau einem Manne weg, so wendet sich der Mann an der Bruder und Onkel um Entschädigung für den Kaufpreis. Hat die Frau einen anderen Beschützer gefunden, so wenden sich ihre Verwandten an diesen, der nun für den Kaufpreis aufkommen muß. Weigert sich der Galan jedoch zu zahlen, so entsteht Unfriede, der hauptsächlich zwischen dem neuen Mann und den Verwandten der Frau auszutragen ist, von denen der frühere Gatte den Kaufpreis zurückfordert. Ist der Entführer der Frau ein Mann aus dem gleichen Dorfe, somit ein Freund des geschädigten Ehemannes, so hat er zwar nichts zu bezahlen, doch muß er es sich gefallen lassen, mit dem Speer in Schenkel oder Waden gestochen zu werden. Ist Blut geflossen, so spricht der verlassene Mann vielleicht seinen Verzicht auf die Frau aus. Die beiderseitigen Verwandten mögen dann dem verlassenen Mann anderweitig zu einer Frau verhelfen.

Gelegentlich kommt es vor, daß ein Dorfhaupt einem jungen, unbedeutenden Mann seines Anhangs eine Frau wegnimmt. Dabei kommt jener Faktor der Persönlichkeit zur Geltung, der in alle Grundsätze primitiven Rechts (s. zweiter Abschnitt, E) hineinspielt. Der geschädigte Mann vermag mit seinem Protest gegen das einflußreiche Oberhaupt der Sippe nicht aufzukommen. Allerdings wird dem Geschädigten ein Ersatz für den Verlust seiner Frau geschaffen (87).

Jede Sippe hat ihr Oberhaupt, das bei Gelegenheit der Jünglingsweihen gewählt wird (35, 100). Dabei scheint es sich hauptsächlich um die Übernahme der Familienjuwelen an Eberhauern und Hundezähnen zu handeln. Der Nachfolger wird dem Anschein nach unter den Söhnen des alten Oberhauptes gewählt, er übernimmt jedoch erst nach dem Tode des Alten seine Repräsentationspflichten. Je nach der Zahl der Sippen können in einer Siedlung auch zwei oder mehrere Oberhäupter wohnen, was jedoch bei den Kai nur selten vorkommt. Das Oberhaupt hat seine Sippe insbesondere beim Schweinehandel, bei kriegerischen Unternehmungen und beim Abschluß von Bündnissen oder bei Festlichkeiten zu vertreten. Zu alledem bedarf er der Wertstücke der Familienjuwelen, während ihm solche Wertstücke auch wieder zufließen. Er erteilt die Anordnungen bei Schweineschlächtereien, ohne selbst Hand anzulegen; sein Feld wird immer zuerst bestellt und ist das größte, weil ihm auch die Repräsentationspflichten gegen Gäste zufallen. Er kauft Schweine ein und schlachtet sie für seine Leute; von seinen Feldfrüchten muß er Mahlzeiten auch an Tarokuchen für seine Arbeiter zurichten lassen, ihnen Tabak und Betelnüsse abgeben. Er ist also Sippenrepräsentant, hat jedoch nichts zu befehlen und kann auch keineswegs auf unbedingten Gehorsam seiner Leute rechnen; ihm fällt keinerlei Strafrecht zu.

Gastfreunde werden stets auf das freigebigste bewirtet, ihnen die besten Sitzplätze und eine gute Matte angeboten. Doch darf der Gast ohne Aufforderung kein fremdes Haus betreten, dann aber nicht ohne die Füße sorgfältig gereinigt zu haben.

Eigentumsansprüche knüpfen sich vor allem an die persönliche Tätigkeit. Jeder Fruchtbaum, auch der mitten im Wald, Brotfrucht,

Mango, Rosenäpfel, Nußbäume haben ihre besonderen Eigentümer, die ihren Anspruch entweder dadurch sichern, daß sie an den Bäumen Zeichen anbringen oder deren Lage im Dorfe mitteilen (95). Das gleiche gilt für Felder und Fruchtbepflanzungen, die ein Dorf jedoch nur auf seinem Gebiete anlegen darf. Was jemand gepflanzt hat, kann ihm aber niemand streitig machen. Baut einer auf dem Gebiete eines fremden Gaues eine Hütte, so bedarf er der Zustimmung der anderen Gemeinde, die er leicht erhalten kann. Siedelt er sich dort an, so muß er sich der Ordnung der anderen unterstellen, erhält dadurch aber auch den Anspruch, in deren Wäldern zu jagen und zu fischen, sowie sich an ihren Gemeindeberatungen zu beteiligen. Bei einer Ablösung von Ländereien sind daher die Ansprüche sämtlicher Gemeindemitglieder zu berücksichtigen.

Die erwähnten Gesichtspunkte sind auch für den Erbgang und die Beurteilung des Diebstahls entscheidend.

Neben dem Gemeindeeigentum stehen die Ansprüche der Familie auf Schweine, Wertstücke wie Eberhauer und Hundezahntaschen sowie auf Kinder (92). Für die Schweine werden die erwähnten Wertstücke gegeben, die Familienbesitz darstellen (7). Wird nun beim Erwerb eines Schweines ein derartiges Familienstück dem anderen gegeben, so erhält er dieses nur als Pfand und muß es gegen ein anderes Schwein, das ihm später vom Eigentümer des Familienjuwels geboten wird, wieder zurückgeben. Der erste Erwerber des Schweines erhält vom Verkäufer zugleich mit dem Tier den Steckling eines Zierstrauches. Dies stellt eine Art Quittung für das abgegebene Familienjuwel, den gefaßten Eberhauer, vor und wird im Dorfe angepflanzt. Beim Rückerwerb des verpfändeten Eberhauers durch ein gemästetes Schwein muß auch der mittlerweile hochgewachsene Zierstrauch an den Handelsfreund zurückgegeben werden. — Ähnliche Geschäfte werden zwischen den Bewohnern der *Siassi*-Inseln und den Leuten des Festlandes, den *Jabim* und den Kai abgeschlossen. Wünschen z. B. die Festlandbewohner einen Eberhauer von den *Siassi*-Leuten einzutauschen, haben für diesen Zweck aber kein Schwein zur Verfügung, so erbieten sie sich, bis zur nächsten Trockenzeit ein solches heranzufüttern. Als Denkzeichen für diesen Vertrag bemalen die *Siassi* ein Brettchen vom Kapong-Holz und übergeben es den Leuten zur Aufbewahrung, bis der Vertrag erfüllt ist.

Auf ein Schwein haben häufig zwei Personen Anrecht; der Eigentümer und der Mäster. Beide gelten als gleichberechtigt und ein jeder erhält beim Schlachten die Hälfte des Tieres. Beim Verkauf wird unter ihnen der Preis geteilt (99f).

Mit der Schweinezucht hängen Schlachtfeste und eine Art zeremonieller Schweinemärkte zusammen. Zu dem Zeremoniell, das sich um die Ernährung rankt, gehört auch ein Wettbewerbspiel um reichlichen und guten Feldertrag an Taroknollen, das oft mit ernstlichen Schädigungen des Jahresertrags verknüpft und daher unökonomisch ist (54ff).

Nach dem Tode eines Mannes fällt den Brüdern und den mütterlichen Onkeln des Mannes die Verfügung über den Besitz an Schweinen und Juwelen, sowie auch über die Kinder zu. Der Mutterbruder beansprucht die Hilfe des Knaben, weil er und die Seinen ihm später eine Frau besorgen. Für das Mädchen erhalten sie den Kaufpreis. Nach dem Tode einer Frau erben die Brüder und Onkel ihre Töpfe, Tragnetze und das Feld, das sie bestellt hat. Ihre Tochter erhält nichts. Der Sohn erbt die Fruchtbäume, die Betel- und Kokospalmen, die Pandanus- und Brotfruchtbäume seines Vaters. Sind die Söhne beim Tode des Vaters schon erwachsen und leben dessen Brüder nicht mehr, so sind sie die nächsten Erben. Erst wenn ein Sohn nicht vorhanden ist, erbt der Schwestersohn. Die Gatten besitzen kein Erbrecht gegeneinander. Vermächtnisse an persönlichem Besitz, wie Messer oder Fruchtbaum, können wohl gemacht werden, nicht jedoch an Familienbesitz in Eberhauern oder Hundezahntaschen.

Diebstahl kann vor allem an Feldfrüchten, an Schweinen und an Juwelen erfolgen. In allen diesen Fällen wird es sich um Leute eines fremden Gaues handeln, somit um Angehörige einer anderen politischen Einheit. Daher vermischt sich die Reaktion gegen eine solche Tat mit der Einstellung, die man dem betreffenden Fremden entgegenbringt. Felddiebstahl löst große Erbitterung aus und führt, wenn man den Dieb auf frischer Tat ertappt, nicht nur zu Tötung, sondern auch dazu, daß man ihn auffrißt, obwohl sonst der Kannibalismus bei den Kai nicht verbreitet ist. Schweinediebstahl geschieht hauptsächlich in der Form, daß fremde Tiere in einer Fallgrube gefangen werden. In einem solchen Fall muß Schadenersatz geleistet werden, wenn die Sache bekannt wird. Diebstahl an Eberhauern und Hundezähnen ist deshalb schwierig, weil die besseren Stücke ziemlich bekannt sind und der Dieb Gefahr läuft, erkannt zu werden und sein Leben zu verwirken, wenn er sich nicht rechtzeitig flüchtet.

Ein Gerichtsverfahren gibt es nicht, da jede Autorität, die ein solches abzuhalten vermöchte, fehlt. Diebstahl wie jede Missetat ist Angelegenheit der betroffenen Parteien, ihrer Familien und Gemeinden. Daher führen Brüche der Rechtsordnung leicht zu Fehden. Vor allem aber treibt die Angst vor Zauber und die Rache für vermeintliche Verzauberung dazu, zu den Waffen zu greifen. Obwohl die Leute leicht in Erregung geraten, ist doch ein unüberlegter in der Hitze des Zornes unbedacht verübter Mord ein äußerst seltenes Ereignis.

Auch das Oberhaupt eines Dorfes entschließt sich nicht leichten Herzens zu einem Kriegszug. Dazu kommt noch, daß er oft noch eine Menge Kämpfer aus befreundeten Dörfern für Eberhauer, Hundezahntaschen mieten muß (60ff). Nur unter bisher befreundeten Dörfern wird als Kriegserklärung ein zerbrochener Speer geschickt. Sonst aber erfolgt der Überfall gewöhnlich bei Tagesgrauen überraschend. Gelingt er, so werden die erwachsenen Männer getötet, Frauen und Kinder aber manchmal geschont. Man raubt, was man leicht mitnehmen kann, und läßt im übrigen das Dorf verfallen. Bei Zauberern begnügt man sich häufig nicht damit, sie totzuschlagen, sondern sie werden zerstückelt und die Stücke umhergestreut. Die Beute der Plünderer ist persönliches Eigentum. Nach erfolgreich verlaufenem Kriegszug versichern die verbündeten Oberhäupter einander ihre gegenseitige Freundschaft und schließen durch Austausch von Eberhauern und Hundezahntaschen

Waffenbrüderschaft ab. Kommt es zu einer Versöhnung der streitenden Parteien, so muß diese durch Austausch von Wertstücken und Schweinen bekräftigt werden. Die Juwelen, welche Verbündete erhalten, dürfen diese nicht nach freier Wahl weiter verhandeln, sondern müssen sie sorgfältig aufbewahren, damit sie später durch Schweine eingelöst werden können (101ff).

Bemerkenswert ist hier die Rolle der Juwelen, die an Stelle der verzehrbaren Schweine treten. Der Wert des besonders gefaßten Eberhauers beruht somit in seiner konventionellen Eintauschbarkeit gegen Schweine, die man konsumiert. Dabei sucht der Schweinekäufer durch magische Künste das Ansehen seines Wertstückes zu erhöhen, um ein möglichst großes Schwein zu erhalten (128). Dies deutet dahin, daß die Ausstattung und Fassung der Eberhauer ebenfalls darauf hinauslaufen, mit diesen möglichst gute Schweine einzukaufen. Wahrscheinlich ist dieses Eberhauergeld ursprünglich als Symbolzahlung für das später zu liefernde Schwein aufzufassen, der Schweinehandel selbst aber darauf zurückzuführen, daß der andere im Augenblick ein schlachtfähiges Tier besitzt, während es dem Käufer fehlt.

Die außerordentliche Bewertung der Schweine dürfte wiederum darin ihren Grund haben, daß Schweine gegen Frauen getauscht wurden, und zwar von einem melanesischen Fremdvolk, das die Schweine einführte und mit dem auch der Feldbau vermutlich ursprünglich zu den papuanischen Wildbeuterstämmen gebracht wurde.

Derartige Einflüsse haben indessen zweifellos in verhältnismäßig so entfernt liegenden Zeiten stattgefunden, daß die neuen Kenntnisse und Fertigkeiten inzwischen zu einem eigenen Kultursystem verarbeitet wurden. Das Bild des sozialen Lebens der Kai-Leute zeigt uns, wenn wir es überblicken, die Männer tätig als Jäger, Fänger und Pflanzer von Bäumen, sowie als Helfer der Frauen bei der Anlage von Feldern. Das Halten der Kleintiere, von Schwein und Hund, scheint hier nicht scharf nach den Geschlechtern geschieden zu sein. Den Frauen fällt außer dem Setzen der Schößlinge das Jäten der Pflanzung und die Ernte zu, sowie die meiste Tätigkeit, die mit dem Kochen verbunden ist. Auch hier, wie bei den Wildbeutern, besteht eine scharfe Scheidung zwischen den eigenen Betätigungssphären der Geschlechter.

Daß Jagd und Fang noch eine Alltagsbeschäftigung, nicht, wie z. B. bei den gleich zu erörternden *Jibaros*-Indianern, eine ausnahmsweise Unternehmung darstellen, zeigen die verhältnismäßig weniger feierlichen Vorbereitungen dazu, obgleich es auch hier nicht an sorgsamen Maßnahmen dafür fehlt. Die Siedlungen sind bei den Kai verhältnismäßig permanenter als bei den Wildbeutern, sie tragen jedoch noch nicht den beständigen Charakter wie bei höheren Feldbauern, wenngleich die Gemeinde in ihrer Zusammensetzung selbst ziemlich konstant bleibt. Die Familie beruht im wesentlichen auf der Einehe mit nur geringem Einschlag von Polygynie, wie auch bei Wildbeutern. Die fehlende Heiratsordnung dürfte auf eine geringe Tradition der Seßhaftigkeit hinweisen. Die weibliche Arbeitskraft wird von der Mutterfamilie beansprucht und ihr mit Schwein und Schweinegegenwerten abgekauft. Parallel daneben geht das Abverdienen der Braut bei ihrem Vater durch den Bräutigam als vermutlich ältere Institution, die noch weiter lebt, jedoch durch den Schweinekauf überschattet wird. An den Wertsymbolen von Eberhauer- und Hundezahntaschen, den Gegenwerten für die Schweine, rankt sich eine gewisse patriarchalische Tendenz des Familienhauptes hoch. Jedoch scheinen die mutterrechtlichen Ansprüche der Onkel etwas später Eingeführtes zu sein. Die Ehe besteht in der Ergänzung der wirtschaftlichen Leistungen der beiden Geschlechter. Auf fremden Einfluß weist auch das „Jonasmotiv" bei den Jünglingsweihen hin, das hier ebenfalls in Konkurrenz tritt mit der Großvatersymbolik der Schwirrhölzer, der Zirkumzission und den Torturen, wie sie aus Australien bekannt sind, aber auch z. B. aus Süd-Neu-Guinea berichtet werden (Wirz [24]). Die Sippenhäupter stellen die Zentralstelle für die Verteilung der Felder dar, sie sind die Verwalter des Sippenbesitzes an Juwelen, Schweinen und Kindern. Man kann nicht von einer Schichtung, auch nicht von einer Staffelung reden, wenngleich die einzelne Häuptlingspersönlichkeit in der Lage ist, sich durch ihre Verwaltungs- und Verteilungstätigkeit einen überragenden Einfluß für seine Person zu verschaffen.

b) Verteilung der Pflanzungen bei den kolumbianischen Arhuacos (Südamerika).

Mitunter findet eine Verteilung der verschiedenen gebauten Nutzpflanzen auf mehrere entsprechend gelegene Felder statt. Die *Arhuacos* der Nordküste von Columbien zwischen Magdalena-Strom und Maracaibo-See in Südamerika legen z. B. 1. im Tiefland Bananen-, Yucca- und Yams-Pflanzungen an, 2. beim Dorf bauen sie Mais, Bohnen, Koka, Tabak und wilde Bananen (plantains), 3. in den kühlen Paramo-Höhen pflanzen sie Kartoffeln und Arracacha. In den dauerhaften Dörfern, in denen sie seßhaft sind, halten sie Hühner und Schweine sowie auch Hunde. Die Häuser werden außerordentlich nahe aneinander angelegt; das eheliche Leben findet hauptsächlich in den Hütten, die auf den Feldern errichtet werden, statt. Die *Arhuacos* sind eifrige Koka-Kauer, ohne Anerkennung von Reichtum oder Abstammung, somit ohne innere Staffelung, besitzen weder Pferde oder Maultiere, noch Schafe oder Ziegen, höchstens ein bis zwei Ochsen für Transportzwecke, sind verhältnismäßig klein von Wuchs und zurückhaltend und ablehnend gegen moderne zivilisatorische Einflüsse (Mason [26] 35).

c) Pflanzungsarten nach der Höhenlage in Peru („*Milpa*", Terrassierung, „Fußspaten").

Im alten Peru konnte man in ähnlicher Weise je nach der Höhenlage drei verschiedene Feldbausysteme finden. In den niedrigeren Tälern von 1000 m Höhe und darunter scheint das Landbausystem auf der „*milpa*" beruht zu haben, dasselbe, das auch im tropischen Amerika in geringen Höhen zu finden ist. Dieses besteht darin, daß eine neue Rodung durch Klären des

Urwaldes in jedem Jahr angelegt wird. Dieselben Flecke werden nicht dauernd bebaut. Es beruht somit auf der Brache.

Oberhalb des *milpa*-Region in den Höhen der östlichen Anden zwischen 1000 und 2000 Meter Höhe und etwas darüber herrschte im alten Peru das Terassensystem, das zu hoher Ausbildung gebracht worden war. Ungeheuere Mauern aus riesigen mörtellos aufeinandergelegten unbehauenen Steinen und Felsen, die sorgfältig nach ihrer Form ineinander gepaßt wurden, gehören zu den wunderbarsten Bauwerken einer verschwundenen Welt. Hunderte von Quadratmeilen Land wurden durch Regulierung der Flüsse, ihre Eindämmung und entsprechende Kanalisierung der Bestellung eröffnet. Wasserkanäle wurden viele Kilometer weit durch felsige Berge oder an steilen Abhängen hingeleitet, um dem in den Terassen aufgehäuften fruchtbaren Boden die nötige Feuchtigkeit zuzuführen. Selbst nach Jahrhunderte langer Bebauung mit Mais sind auch heute noch diese Terrassenpflanzungen fruchtbar und ermöglichten Millionen von Menschen in einer Gegend zu leben, die vermöge ihrer natürlichen Bedingungen für landwirtschaftliche Zwecke nicht hätte benutzt werden können.

In den noch höheren Tälern von über 2000 bis 3500 Meter ist das Klima kälter, die Feuchtigkeit reichlicher, und die Bergrücken sind sanfter. Hier besteht weniger Bedürfnis nach einer Terrassierung oder Bewässerung, aber die alpinen Gräser und andere kleine Pflanzen bilden eine dichte wurzelreiche Bodenschicht, ähnlich wie in den nördlichen Ländern bei uns. Hier verwendeten die alten Peruaner sogenannte „Fußpflüge", die in der Quichua-Sprache „*taclla*" oder „*chaquitaclla*" genannt werden und heute noch im Gebrauch sind. Sie bestanden aus einem ziemlich dicken hölzernen Stock, der fünf bis sechs Fuß lang war. Daran wird heute eine eiserne Spitze von etwa 7 bis 8 cm Breite befestigt, die zwei bis drei Mal so lang ist, also etwa 15 bis 22 cm mißt. Darüber befindet sich an der linken Seite eine Fußstütze, die mit Lederriemen am Stock befestigt ist. Mehrere Zentimeter weiter oben ist in gleicher Weise ein nach vorn gerichteter Dorn angebracht. Letzterer dient der linken Hand, die den linken Fuß unterstützt, um das ganze Gewicht des Körpers beim Einstechen in den Boden zur Geltung zu bringen. Man ersieht daraus, daß es sich bei dem sogenannten „Fußpflug" tatsächlich nur um einen verbesserten Grabstock handelt, der nicht von den Frauen, sondern von den Männern verwendet wird, der auch nicht zum Einsetzen von Schößlingen, sondern zum Umbrechen der Erde dient. Die Bezeichnung „Pflug" ist irreführend. Die alten Peruaner hatten ihr einziges Haustier, das Llama, niemals als Zugtier, sondern nur als Tragtier verwendet. Der peruanische sogenannte „Fußpflug" wurde aber auch nicht gezogen, wie das im Vorstadium des Pflugs mit der Hacke geschehen ist, sondern gestochen. Tatsächlich kann man dieses peruanische Instrument richtiger als Spaten bezeichnen, etwa als „Fußspaten".

Zum Umbrechen des Bodens arbeitet nicht einer allein, sondern immer je zwei zusammen, so daß ihre Spatenenden in den Boden nur wenige Zentimeter voneinander entfernt eindringen und die gleiche Scholle heben können. Ein Junge oder eine Frau kniet vor jedem Paar von Spatenarbeitern, um mit den Händen die Schollen, wie sie gelockert sind, heraus zu werfen. In der dünnen Luft der großen Höhen ist diese Arbeit ziemlich ermüdend. Daher wird sie in kurzen, mit Pausen unterbrochenen Anstürmen verrichtet. Obgleich das Instrument einem Spaten gleicht, ist die Anwendung insofern anders als die mit dem Spaten, weil hier eine Zusammenarbeit von drei Personen unerläßlich ist und die Scholle nicht mit dem gleichen Instrument herausgeworfen werden kann. Im Herbst, der unserem April in diesen Breiten entspricht, werden enge Bodenstreifen ausgehoben, in die nachher Kartoffeln gepflanzt werden. Erst später wird auch der übrige Boden umgebrochen, und während der Zeit des Wachstums verwittern die Schollen in lose schwarze Erde. Der Kartoffelbau wird bis zu einer Höhe von mehr als 3000 und 3500 Meter Höhe an den südlichen Abhängen des Tales in der Gegend zwischen Santa Rosa und Araranca getrieben[1]).

Abb. 8. Caschrom oder „Fußpflug", Fußspaten von den europäischen Hebriden-Inseln (aus Mitchell, The Past in the Present, 113). Auf den Hebriden und an der Westküste der Schottischen Hochländer war dieses Gerät unter dem gaelischen Namen Caschrom (Cas = Fuß, chrom = krumm) bekannt. Es erinnert an den Peruanischen Fußspaten und ein ähnliches Gerät der Maori von Neu-Seeland (vgl. Best, 25, 36a). Aus O. F. Cook.

In den hoch gelegenen Gegenden ordnet sich indessen der Feldbau der Viehzucht, dem Weiden der Herden von Llama, Alpacas und Schafen unter. Die widerstandfähigsten Arten von Kartoffeln sind zu bitter, als daß sie frisch genossen werden könnten; sie werden getrocknet aufbewahrt, man läßt sie alsdann frieren und auftauen und quetscht den Saft aus. Die Kartoffeln werden nicht gebacken oder geröstet, weil es zu wenig Brennstoff in diesen Höhen gibt. Mit den Kartoffeln wechselt man den Anbau von einer Art Chenopodium, die „canihua" genannt wird. Die letztere wird ausgesät und erfordert keine weitere Pflege. Wenn sie reif ist, reißt man die Pflanzen aus und häuft sie auf Decken, auf denen man die Samen mit der Hand herausreibt. Diese werden zu einem Mehl gestoßen. — Nach dieser zweiten Bepflanzung läßt man das Land einige Jahre liegen und benutzt es als Weide, bis man es später wiederum mit den Fußspaten bearbeitet.

Es ist bemerkenswert, daß dieser „Fußspaten" in einer ganz anderen

[1]) Beiläufig sei in diesem Zusammenhang darauf hingewiesen, daß die Kartoffel aus Südamerika, nicht aus Nordamerika, nach Europa kam, und zwar bald nach 1580 durch die Spanier nach der Pyrenäenhalbinsel. Sie gelangte dann nach Italien und 1588 nach Wien; 1663 wurde sie in Irland als Feldfrucht angebaut, und von da aus erst, nicht vor 1719, nach den Vereinigten Staaten durch Irländer gebracht (Saff. [26] 532).

Gegend, nämlich an der Westküste der schottischen Hochländer und auf den hebridischen Inseln unter dem gaelischen Namen „Caschrom" zu finden ist. Er wird hauptsächlich auf steinigem Grund verwendet (Mitch. [81] nach Cook [20] 490). Das letztere Instrument hat nur eine etwas längere Spitze und ist an der Basis des Stockes schärfer gekrümmt; auch besitzt es keinen Dorn. Das mechanische Prinzip seiner Anwendung ist jedoch das gleiche, indem das Körpergewicht zum Aufbrechen des Bodens verwendet wird. Hier scheinen somit ähnliche Voraussetzungen des harten Bodens in sehr verschiedenen Gegenden zur Konstruktion ähnlicher Werkzeuge getrennt geführt zu haben — wohl ein Beispiel konvergenter Gestaltung!

Das peruanische Gerät vermochte sich bis auf den heutigen Tag deshalb zu erhalten, weil die Methode der spanischen Kolonisten, mit Ochsen zu pflügen, auf diesen Hochländern für Kartoffeln in dem harten Boden nicht angewendet werden konnte.

d) Der Zeremonialismus der Jibaros des östlichen Ecuador (Südamerika).

Die Gedankengänge, die sich um den Feldbau ranken, schälen sich deutlich heraus, wenn wir das sogenannte zauberische Zeremoniell betrachten, das mit ihnen verbunden ist und von dem schon gelegentlich die Rede war. Durch Karsten wurden [20] an den Jibaros- und Canelos-Indianern des östlichen Ecuador diese Gedankengänge eingehend untersucht. Die Jibaros sind, nebenbei erwähnt, Kopfjäger, die Canelos am Rio Bobonaza stammen zu einem Teil von den Jibaros, teils von den Quichua, deren Sprache sie reden.

Alle Bäume und Pflanzen fassen diese beiden Stämme als durch Geister belebt auf, welche das Wachstum und Reifen der Früchte bewirken; und zwar sind es menschliche Geister, die ihre Wohnstätte in den Pflanzen aufgeschlagen haben. Menschen, Tiere, Pflanzen und unbelebte Gegenstände werden durch die gleiche Art von Geistern, also von demselben belebenden Agens erfüllt, das gelegentlich seine Existenzform wechselt. Es ist die Auffassung von einer Art „Seelenwanderung", die nicht nur für die Jibaros, sondern auch für andere indianische Religionen charakteristisch ist. Insbesondere sind auch alle Tiere nach der Auffassung der Jibaros „einstmals" Menschen gewesen. Die Jibaros reden zu den Pflanzen wie zu menschlichen Wesen, die mit Denken und Fühlen ausgestattet sind. Auch hängt die Gewohnheit der Benennung der Frauen nach Pflanzen mit der erwähnten Auffassung zusammen. Die Jibaros schreiben jeder Pflanze ein besonderes Geschlecht zu, einige Bäume und Pflanzen werden als männlich, die Mehrzahl jedoch als weiblich angesehen. Wenn die Jibaros mit gewissen narkotischen Getränken, die aus Tabak und zwei anderen narkotischen Pflanzen hergestellt werden, berauscht sind, so erscheinen ihnen die Pflanzengeister in menschlicher Gestalt von Ahnen.

Daraus geht hervor, wie die gesamte Geistesverfassung, also die „Kultur", verknüpft mit der Gestaltung des sozialen Gefüges, insbesondere auch der

a. Junge Bananenpflanzung im Sagobusch. (Südliches Holländisch Neu-Guinea). — b. Sagobusch mit den Hütten der Eingeborenen am oberen Maro. (Südliches Holländisch Neu-Guinea.) Aus Wirz [25] [22].

a. Ableiten des Bewässerungskanals für das Tarofeld. (Nordwestsanto, Neue Hebriden, Südsee.) Aus Speiser [23]. — b. Roden und Reinigen eines Yamsfeldes in Nordwestsanto. (Neue Hebriden, Südsee.) Aus Speiser [23].

Nahrungsbeschaffung ist. Die erwähnten Auffassungen sind auch für die geistige Haltung als „Pfleger“ der Gewächse bezeichnend. Dieser Sinn einer pfleglichen Behandlung liegt dem Zeremoniell zu Grunde, das einer primitiven landwirtschaftlichen „Wissenschaft“ entspringt.

Dabei ist die Vorstellung von einer großen Erdmutter *Nungüi* von Wichtigkeit, weil diese die Frauen sowohl den Feldbau gelehrt als auch alle Art von Hausarbeit gezeigt haben soll, zu der insbesondere noch das Füttern der Haustiere, des Schweines, der Hühner und der Jagdhunde gehört. Wenn neue Pflanzungen angelegt werden, die Aussaat stattfindet, wird *Nungüi* mit besonderen Gesängen angerufen. Ihr mythischer Gatte *Shakaëma* verrichtete angeblich diejenige Arbeit, die auch bei den Jibaros den Männern obliegt, nämlich das Roden des Waldes für die Anlage neuer Pflanzungen. Wenn beim „Fest der Frauen“ oder bei anderen Gelegenheiten die verheirateten Jibaro-Frauen das narkotische Getränk *natéma* getrunken haben, so erscheint ihnen nachher im Traum *Nungüi* und belehrt sie darüber, wie sie die Felder richtig bestellen sollen, damit alles gut wächst und reichlich Frucht trägt. Wenn Trockenheit eintritt und Hungersnot auszubrechen droht, erscheint *Nungüi* ebenfalls den Frauen und tröstet sie.

Ein mystischer Zusammenhang zwischen den Frauen und den Feldfrüchten, die sie kultivieren, aber auch den Haustieren, die ihrer Sorge anvertraut sind, bildet den Anlaß zu einem wichtigen Fest, das veranstaltet wird, wenn ein Jibaro heiratet. Dieses Fest, das die „Tabakfeier“ der Frauen genannt wird, soll durch Anrufung des Tabakgeistes der künftigen Hausfrau zu Fähigkeit und Kraft verhelfen, ihre verschiedenen häuslichen Aufgaben und Pflichten in der rechten Weise zu erfüllen. Man nimmt an, daß dann der Tabakgeist durch die verschiedenen Zeremonien von ihr Besitz ergriffen und sie mit geheimnisvoller Kraft erfüllt hat. Von nun an auf viele Jahre verfügt sie über die richtige Energie und Einsicht in der Wartung der Haustiere und der Besorgung der Pflanzungen von Maniok, Bohnen, Camote, Bananen usw., so daß diese alle sich recht entwickeln und reichlich Früchte tragen. Auch ihren Gatten soll sie infolgedessen richtig zu bedienen verstehen und ihre Kinder ordentlich erziehen. Sollten später im Haushalt Schwierigkeiten auftreten, so veranstaltet man ein neues Tabakfest.

Da bei den Jibaro die Frauen schon als Kinder verlobt werden, sucht man diese beizeiten durch ein „kleines Tabakfest“, das bei Eintritt der Reife abgehalten wird, auf ihren Beruf vorzubereiten. Wesentlich für die Tabakfeste sind lang andauernde Nahrungsbeschränkungen und Speisevorschriften, die nicht allein der Frau, sondern auch dem Manne auferlegt werden. Vor allem muß die Frau sich des Fleisches der betreffenden Haustiere enthalten, da der Geist der betreffenden Tiere sonst in sie eingeht und Krankheiten erregt (bekanntlich werden ziemlich allgemein dia Krankheitserreger in Tierform vorgestellt; — jedoch nicht im modernen Sinn als Mikroben). Selbstverständlich wurde der Tabak, der auf die Menschen anregend wirkt, gewählt, weil man ihm 1. die gleiche Wirkung auch für das Wachstum der Pflanzen und Tiere, beziehungsweise deren Geister zuschrieb und 2. weil man die anregende Wirkung gewissermaßen als etwas selbständig für sich Existierendes auffaßte, das man konservieren und mit dem man so ein geschicktes Handeln und Verhalten auf lange Dauer hin fördern konnte.

Natürlich mußte auch die Pflanzungsarbeit selbst mit der entsprechenden Sorgfalt und Behutsamkeit ausgeführt werden, die wieder in der ganzen Weltanschauung und in dem Zusammenhang der Dinge verankert liegt. Die Arbeit des Pflanzens wird im Sinne eines Vorbildzaubers (s. T. [RL] „Zauber") symbolisiert durch eine alte Frau, die sich eines sorgfältig zurecht gemachten Grabstocks aus bestem Holze bedient. Mit diesem pflanzt sie zunächst Maniok-Setzlinge mit ihren Gehilfinnen nach einem vorgeschriebenen und sorgfältig beobachteten Verfahren, das von bestimmten Anrufungen an die Erdgöttin begleitet wird. Darauf erst kann das übrige Pflanzen von Maniok beginnen. In ähnlicher Weise findet auch die Erntezeremonie statt.

Beim Pflanzen und Ernten anderer Feldfrüchte, von Mais, wilden Bananen usw. werden gleichsinnige Verfahren eingeschlagen.

Das Jagen und Fischen der Männer ist ebenfalls von einem reichen Zeremoniell umgeben. Wir haben es hier mit seßhaften Leuten zu tun, die von einem festen Standort aus auf Jagd gehen, nicht so wie die Wildbeuter, die überwiegend den Bewegungen ihrer Jagdtiere folgen. Eine Jagdunternehmung stellt daher bei diesen seßhafteren Stämmen ein außerordentliches Ereignis dar, an das man mit besonderen Vorbereitungen herangehen muß. Der Gedanke einer pfleglichen Sorge für das Jagdwild, den wir übrigens in nuce schon mehr oder minder bei den Wildbeutern vorfanden, tritt hier besonders deutlich in Erscheinung.

Acht Tage vor Beginn einer Jagdunternehmung enthalten sich die Canelos-Indianer des Genusses von Salz und indischem Pfeffer, weil sie meinen, daß dadurch die Hunde verdorben werden könnten. Auch die Hunde werden während dieser Zeit festgebunden, um sie vor dem Verschlingen von Exkrementen zu bewahren, weil sie sonst nach der Meinung der Indianer nicht imstande sind, die Spur von Jagdtieren aufzuspüren. Während dieser Zeit enthalten sich die Männer auch des Umgangs mit ihren Frauen, weil sie sonst, wie man meint, die Tiere und Vögel nicht mit ihrem Blasrohrpfeil oder heute mit der Flinte treffen. Überdies bemalen sie ihr Gesicht rot, weil sie so die Tiere und Vögel mehr „anziehen" und sie mehr Glück auf der Jagd haben. Sogar die Hunde färbt man rot. Außerdem werden noch verschiedene andere Zaubermittel verwendet, wie kleine Kieselsteine, Haarbüschel, Holzstücke und dgl., die man im Magen gewisser Tiere oder Vögel gefunden hat usw. Gehen die Jibaros oder Canelos zur Jagd auf Hügel, insbesondere auf solche, die sie vorher noch nicht besucht haben, so hüten sie sich, laut zu sprechen, und verhalten sich ruhig. Bei der Jagd auf wilde Eber läßt man sich von einem Zauberer erst besondere Sprüche sagen, da man meint, daß die Eber durch den Geist eines alten Weibes, die deren Mutter ist, in einem Stall gehalten werden, aus dem sie erst herausgelassen werden müssen, wenn der Jäger Glück haben soll.

Die großen Jagdunternehmungen finden namentlich zu dem Zwecke statt, Wild für die großen Feste zu beschaffen, und dauern ein bis zwei Wochen.

Sie nehmen ihren Ausgangspunkt vom Hause des Festveranstalters. Vor dem Abmarsch wird ein Trommeltanz veranstaltet, bei dem Maniok-Bier getrunken wird, das die Frauen zubereitet haben und den Männern reichen. Zum Schluß werden sie alle von einer alten Frau noch am unteren Gesichtsteil rot bemalt, dann mit einem Reiser auf Kopf, Schultern, Arme und Beine geschlagen und laufen dann fort zum Fluß, wo sie die bereitgehaltenen Kanus besteigen. Während der Abwesenheit des Mannes zur Jagd darf seine Frau das Haus nicht mit einem Besen kehren, „weil er sonst keine Beute nach Hause bringt".

Man glaubt, daß ein guter Jäger seine Geschicklichkeit im Schießen der Vögel und Tiere mit dem Blasrohr an einen Jüngeren dadurch übertragen kann, daß er Tabaksaft aus seinem Mund in die Nase des anderen laufen läßt. Dies hängt einerseits mit dem verbreiteten Glauben an den Speichel als Kraftträger (s. T. [RL.] „Idol, Zauber"), andererseits mit der Rolle zusammen, die man dem Tabak als Träger der Intelligenz zuschreibt. Eine ähnliche Operation wird mit indischem Pfeffer an den Augen vollzogen, wenn ein Jäger meint, nicht gut genug sehen zu können. Natürlich bedienen sich die Jibaros auch verschiedener Fallen für den Fang von Vögeln und kleiner Tiere; einige verwenden sie auch bei Kämpfen gegen Menschen. Das Fischen findet gewöhnlich mit Netzen oder durch Harpunieren statt, aber auch durch Vergiften von Wasseradern oder Tümpeln; in Bächen vermögen sie Fische auch mit der Hand zu fangen.

Vor der Jagdunternehmung oder vor einem Kampf sucht man häufig durch Hellsehen das Ergebnis zu prophezeien. Dazu wird vorher ein Aufguß aus Blättern mit narkotischer Wirkung getrunken.

Die Stämme der Jibaros- und Canelos-Indianer sind als Feldbauerstamm ohne soziale Staffelung bemerkenswert. Überraschend ist eine starke Ähnlichkeit mit dem papuanischen Stamm der Kai-Leute, namentlich im Halten von Hunden, Schweinen und Hühnern. Schweine und Hühner sind kein vorcolumbischer Besitz. Trotzdem finden wir sie einbezogen in das kultische Zeremoniell, ein Umstand, der darauf hinweist, daß das charakteristische Denken auch eingeführter fremder zivilisatorischer Bestandteile sich bemächtigt. Die Frauen als Trägerinnen der regelmäßigen Ernährung nehmen eine bevorzugte Stellung ein. Die Beschäftigung mit der Pflege der verschiedenen Feldfrüchte hat tief das ganze Denken und Fühlen durchdrungen. Dabei ist der mystische Zusammenhang der Zugehörigkeit im symbolischen Sinne scharf ausgebaut. Das Streben nach sorgfältiger Vorbereitung aller Unternehmungen prägt sich auch im Jagdritual aus.

e) Der „Bund der Irokesen".

Von großer Bedeutung ist der bekannte Bund der Irokesen, der gegen Ende des 16. Jahrhunderts fünf Indianerstämme zusammenschloß, um Blutvergießen und Gewalttat unter ihnen zu verhindern. Möglicherweise handelte es sich dabei um eine freie Verbündung, wie etwa beim griechischen Amphyktionen-Bund. Durch Anschluß an den Bund erlangten die Mitglieder der beteiligten Stämme Schutz auch bei den anderen Angehörigen des Bundes und zwar auf Grund des Familienschemas als Vater und Mutter, Söhne und Töchter.

Zur Zeit des Bestehens des Bundes und wenigstens noch während 75 Jahre befanden sich diese fünf Stämme umgeben von einer Zahl mächtiger und feindlicher Völker, die mit ihnen in der Sprache verwandt waren. — Die Organisation des Irokesen-Bundes beruhte auf der mutterrechtlichen Familie (*ohwachira*), deren eine oder mehrere einen Klan bildeten. Einer oder mehrere der Klans machten eine Schwesterschaft (Phratrie); zwei Phratrien bildeten die Grundlage eines Irokesen-Stammes. Zwei oder drei Stämme waren wiederum zu einer Stamm-Schwesterschaft zusammengeschlossen; der Bund selbst bestand schließlich wiederum aus zwei Stamm-Schwesterschaften.

Zu einer Familie (*ohwachira*) gehörten die ganze männliche und weibliche Nachkommenschaft einer Frau und die in dieser Verwandtschaft adoptierten Personen. Die einflußreiche Familienmutter galt gewöhnlich auch als Zauberin. Es war nicht immer notwendigerweise die älteste Frau. Wurde nämlich eine Frau zu alt, so zog sie sich zurück und überließ einer jüngeren das Amt als Familienvorsteherin. Die *ohwachira* besaß so viele Feuerplätze als verheiratete Frauen. Ihre Mitglieder hatten das Recht 1. an dem Klannamen teilzunehmen, zu dem die Großfamilie gehörte, 2. Eigentum von ihren verstorbenen Mitgliedern zu erben, 3. an den Versammlungen der Großfamilie teilzunehmen, 4. Fremde auf den Rat der Familienmutter zu adoptieren.

Die mütterliche Großfamilie (*ohwachira*) bildete die letzte Einheit der sozialen Organisation aller Irokesen-Stämme. Sie war exogam ebenso wie auch die Angehörigen des ganzen Klans, zu dem sie gehörten. Die Frauen einer *ohwachira* konnten sich nur mit Männern verheiraten, deren *ohwachira* in einem Vetternverhältnis zu der eigenen stand. Durch diese Schwägerschaftsbande wurde die ganze irokesische Gesellschaft zusammengehalten. Fremde konnten adoptiert werden, und dadurch wurden alle ihre sonstigen Verwandtschaftsbeziehungen überschattet. Ließen sich z. B. zwei Schwestern in zwei verschiedene Klans adoptieren, die in Heiratsbeziehungen standen, so konnten ihre Kinder miteinander heiraten, als ob sie von exogamen Gruppen stammten.

Der gesamte Landbesitz und das Jagd- und Sammelgebiet gehörte ausschließlich der Großfamilie. Diese hatte auch für Missetaten ihrer Angehörigen einzustehen und Entschädigung zu leisten.

Die Gründung des Bundes wird vier Männern zugeschrieben, deren Leben und Taten mythologisch und romantisch verklärt sind. Die leitende Persönlichkeit scheint dabei *Deganawida* gewesen zu sein, dem sich *Hiawatha* und die Familienmütter *Djigonsasen* und *Atotarho* anschlossen.

Die größte Bedeutung des Bundes scheint in der Festsetzung von Wehrgeld für Getötete gelegen zu haben. Für die zufällige Tötung einer Person waren 20 Streifen *Wampum*-Bänder zu bezahlen, 10 für den Toten und 10 für das verfallene Leben des Mörders; wenn die getötete Person aber eine Frau war, so mußten 30 Streifen *Wampum* entrichtet werden. Kannibalismus und das Verzehren von Menschenfleisch war verboten. *Hiawatha* soll diese Sitte abgeschworen haben, als er den Bund begründen half.

Man hielt die mystischen Kräfte, die von den Worten, Anrufungen und Gesängen gelegentlich der Bundesversammlungen ausgingen, bei denen es sich um Leben und Tod handelte, für so stark, daß man die Zusammenkünfte auf die Herbst- oder Wintermonate verlegte, damit die Aussaat und das Wachsen der Pflanzen während des Frühlings und Sommers nicht darunter litten. Der Bund wurde als ein großer Baum aus menschlichem Fleisch und Blut beschrieben, mit riesigen Blättern auf einer großen weißen Matte ruhend, mit der Spitze in den Himmel hinein ragend. Vier große weiße Wurzeln bestanden aus lebenden Männern und Frauen und dehnten sich östlich, südlich, westlich und nördlich aus.

Die bürgerlichen Angelegenheiten waren von den religiösen getrennt, so auch die des politischen Häuptlings von denen des Propheten oder Priesters. Die Betreffenden wurden durch die Stimme der Familienmütter gewählt, ihr Amt war also nicht eigentlich erblich. Nur im Klan war dies der Fall und in den Familien. Die politische Versammlung oder der Häuptlingsrat der Alten war keine religiöse Versammlung, obgleich er mit religiösen Zeremonien eröffnet und geschlossen wurde. Die Beamten der religiösen Gesellschaften und Versammlungen waren andere als die im Häuptlingsrat vertretenen. Ein Bundeshäuptling durfte nicht in den Krieg ziehen, solange er mit dem Titel und den Insignien seines Amtes bekleidet war. Zu einem solchen Zweck mußte er auf beides verzichten, so lange er sich auf dem Kriegspfade befand.

Es werden dreierlei Bundeshäuptlinge unterschieden, deren erster den Namen führte: „er ist groß, adlig“, der zweite: „sein Name ist groß, adlig“, der dritte: „der Wohltäter und Wahrer des Gesetzes“. Der letztere besaß noch einen Unterhäuptling oder „Boten“, das „Ohr“ genannt, der entweder selbst oder mit Hilfe von Kriegern oder anderen Klanmitgliedern die Durchführung der Befehle seines Oberhäuptlings zu überwachen hatte. Es scheint, daß die ersten zwei Repräsentanten der beiden erwähnten männlichen und weiblichen Hälften waren und der dritte der eigentliche Träger der Exekutivgewalt. Denn es ist bezeichnend, daß sich durch die ganze Organisation der Irokesen ein Dualismus zog, der mit gewissen mythischen Auffassungen begründet wurde, die auf die Quelle alles Lebens und dessen Erhaltung unter den Menschen auf der Erde zurückging. — Heute ist unter den Irokesen die Erinnerung an die Begründung dieser Stammeshalbierung oder Verdoppelung und die Entstehung des Bundes vollkommen in Vergessenheit geraten. Nur aus einer Analyse der Riten und gewisser Bezeichnungen läßt sich erschließen, daß diese Zweiteilung mit der Vorstellung der komplementären Geschlechter als organische Faktoren für Fruchtbarkeit und reichliche Nachkommenschaft verbunden war, daß somit eine besondere Sozialphilosophie diese Organisation trug.

Die Propheten und Staatsmänner der frühen Irokesen-Zeit und ihre Landsleute faßten den Bund der fünf Stämme als doppelgeschlechtliches Wesen auf, das Mann und Frau zugleich war (s. dazu Winth. [28]). In dem

Ritual der Einsetzung der Häuptlinge richten sich alle Gebete und Gesänge an dieses doppelgeschlechtliche Wesen. Die zwei Mitglieder des höchsten Ranges in der Struktur des Bundes wurden durch die weiblichen Gruppen zweier Stämme und die männlichen Gruppen von drei Stämmen als Mutter- und Vaterseite repräsentiert, und das Ganze war als mystische Verbindung der Lebenskräfte für das Wohl der Gemeinde gedacht.

Dazu muß noch darauf hingewiesen werden, daß der Ausdruck *agadoñ'ni* = „die Gesippen meines Vaters", zwei verschiedene Bedeutungen hat: 1. sich auf den Klan des Vaters bezieht und 2. auf die männliche oder väterliche Seite des ganzen Bundes. In ähnlicher Weise wird unter *kheya'da 'wĕⁿ* = meine Nachkommenschaft verstanden 1. der Klan der Mutter der Kinder und 2. die weibliche oder Mutterseite des ganzen Bundes. Drei Stämme bildeten die männliche oder Vaterseite des Bundesbaues, nämlich die *Mohawk*, die *Onondaga* und die *Seneca*; zwei Stämme: die *Oneida* und die *Cayuga*, die weibliche oder mütterliche Seite des Bundes. Die *Onondaga* erfreuten sich der Auszeichnung, den Vorsitz bei den Beratungen der Bundesversammlungen zu führen. Dies geschah selbstverständlich durch ihre Häuptlinge; doch hatten diese nicht das Recht, gleich im Anfang zur Frage, die zur Beratung stand, Stellung zu nehmen. Dieser offensichtliche Vorrang der *Onondaga* enthielt das Amt des Feuerbewahrers. Den übrigen Stämmen fielen andere Rechte und Pflichten zu (Hw. [20] 527ff).

Ob es sich nach diesen Ausführungen tatsächlich um eine Verbündung ursprünglich unabhängiger Stämme gehandelt hat, wie man vielfach meint, oder um eine aus einer Spaltung herausgewachsene Organisation, muß vorläufig dahingestellt bleiben. Bemerkenswert dabei ist jedenfalls, wie diese Organisation mit einer Gesellschaftsphilosophie verwachsen war.

Dabei ist besonders zu beachten, daß die durchgehende Halbierung mit der Vorstellung einer männlichen und weiblichen Hälfte verknüpft ist und die Vereinheitlichung des Ganzen in einem Zweigeschlechterwesen ihren symbolischen Niederschlag findet. Von innerer Staffelung oder äußerer Überschichtung zeigt die geschilderte Organisation, wie immer entstanden sie sein mag, keine Spur — mit Ausnahme einer Bevorzung der Onondaga, die aber über die Spezialisierung einer Amtsfunktion, wie etwa auch bei den Patwin-Indianern (MacK. [26]), nicht hinausreicht.

§ 2. Gestörte Jäger-Feldbauer.

a) Die Pangwe Westafrikas.

Männer: Jäger- und Kleinviehhalter; Frauen: Hack-Bauerinnen mit Geflügelzucht; aristo-plutokratische Ansätze.

In Afrika handelt es sich dabei wohl hauptsächlich um Jägerstämme, die durch Einflußwellen Kleinvieh erhielten und sich mit hackbauenden Frauen vermischten. Die Bedeutung, die hier bereits dem wirtschaftlichen Besitz dank der Entwicklung des Handwerks zukommt, scheint zu einer

Spezialisierung des Ansehens von wirtschaftlich Mächtigen beigetragen zu haben. Bemerkenswert ist, daß die Wirtschaftsgüter in Gestalt von Ziegen und Schafen nicht etwa von ihrem unmittelbaren Nutzen für den Konsum, sondern daher ihre Bewertung herleiten, daß sie für den Brautkauf dienen.

Im Vordergrund steht bei den Pangwe des westlichen Afrika der Hackbau der Frauen, an dem sich die Männer durch Roden der Felder beteiligen. Auf den Feldern wird Erdnuß mit Mais als Nebengewächs, ferner eine Kürbisart *(ngon)* mit Yams als Nebengewächs, und Kassawa mit Zuckerrohr als Nebengewächs gebaut. Außerdem legen die Frauen an den Häusern Gärten von Taro mit wilden Bananen als Nebengewächs und dgl. an. Als Geflügel halten die Frauen Hühner in kleinen Ställen aus Knüppeln hinter dem Hause und hängen Körbe für das Brüten an die Innen- oder Außenwand. In den achtziger oder neunziger Jahren wurde auch eine Entenart eingeführt.

Die Hauptbeschäftigung der Männer besteht im Fischfang und Stellen von Fallen für kleinere Vierfüßler. Seltener finden Jagden auf Großwild statt. Für die Ziegen und Schafe, die, wie schon erwähnt, zur Thesaurierung des Besitzers besonders für den Brautkauf dienen, errichtet man in Gegenden, die vom Leoparden gefährdet sind, Ställe in Form von Blockhütten. Die Ziegen werden verschnitten, damit sie Fett ansetzen. Wilder Honig, der in Baumstämmen zu finden ist, wird eingesammelt und roh verzehrt.

Wie bei vielen Naturvölkern spiegelt auch bei den Pangwe die Siedlungsanlage die soziale Struktur der Gemeinde wieder. Die Verschiedenartigkeit des männlichen vom weiblichen Tätigkeitsbereich findet darin ihren Ausdruck, daß ein Familienhaupt, das eine Ansiedlung gründet, zweierlei Häuser baut, eine Versammlungshalle als Aufenthaltsort der Männer, die dort tätig sind und dort Besuche empfangen, und ein Wohnhaus für die Frau und deren Kinder, also die Familienunterkunft. Hat der Mann mehrere Frauen, so wird für eine jede von ihnen eine solche „Familienunterkunft" errichtet. Tatsächlich besteht auch hier die Familie in erster Linie aus der Frau mit ihren Kindern. Wachsen die Kinder heran, so errichtet der Vater einem jeden ein Haus neben den Familienwohnungen. Die Wohnung der Hauptfrau bleibt neben der Versammlungshalle. An jedes Haus schließt sich unmittelbar ein Garten, der von den Männern mit Bananen, von den Frauen mit Planten (bitteren Bananen) besetzt wird.

Wandert ein zweites Familienhaupt hinzu, das gewöhnlich mit dem ersten nahe verwandt ist, so werden neue Häuser errichtet, und zwar entweder im Anschluß an die bestehenden oder diesen gegenüber. In einem solchen Fall gibt es zwei Familienhäupter im Dorf, die einander rechtlich gleich stehen, wenn auch tatsächlich dem einen gewöhnlich ein Übergewicht an Ansehen zukommt. Unter Umständen kann natürlich zu den zwei Familienhäuptern noch ein drittes und weiteres hinzukommen und noch eine dritte Häuserreihe, ebenfalls je mit einer Versammlungshalle, errichtet werden.

Man ersieht daraus, wie die Einheit auch hier — wie bei den Wildbeutern — die Kleinfamilie bildet, die in polygamen Fällen in eine Anzahl von Frauenfamilien zerfällt, daß jedoch unter den an sich souveränen Familienhäuptern keine anderen Beziehungen bestehen als solche freier Beiordnung, keine Unterordnung. Die Kleinfamilie kann sich dadurch erweitern, das sich ihr Einzelpersonen anschließen, die unverheiratet sind, weil sie sich wirtschaftlich zu schwach fühlen, einen eigenen Herd zu gründen, oder aus einem anderen Grunde eine Frau nicht zu tauschen vermögen, oder weil, wie bei den Yaunde, nicht im Süden, Kriegsgefangene zu Hörigen geworden sind. In beiden Fällen handelt es sich somit um durch wirtschaftliche Umstände sozial Deklassierte, im ersteren Fall um freiwillig Herabgestiegene, im zweiten Fall um unfreiwillig Heruntergedrückte. Diesen leiht das Familienhaupt Frauen auf Zeit und kettet sie an sich.

Wir sehen, wie auf diese Weise Ansätze zu einer inneren Staffelung der Gesellschaft gegeben sind, wie ferner die polygamen Verhältnisse, die wir ja bereits von den Jäger-Fängerstämmen her kennen, einen Anlaß dazu bieten, und daran Schuldverpflichtungen geknüpft werden. Gerade hierin äußert sich die große wirtschaftliche Bedeutung der Ehe, die irrtümlich gewöhnlich zu sehr nur unter dem Gesichtspunkt einer sexuellen Verbindung aufgefaßt wird. Vermöge der ganz verschiedenen traditionellen Lebenssphären und Betätigungsbereiche der beiden Geschlechter stellt sich die Ehe gerade bei Naturvölkern als ein Wirtschaftsverband zweier in ihrer Tätigkeit spezialisierten Persönlichkeiten dar. Selbstverständlich kommt hier noch die Frage der Nachkommenschaft in Betracht, die ebenfalls in wirtschaftlicher Form als Arbeitskraft, wie wir noch deutlich sehen werden, einen unverkennbaren Ausdruck erhält.

Es liegt im starken wirtschaftlichen Interesse des Familienhauptes, seine Gefolgschaft zu erhöhen. Dazu dienen nicht nur die erwähnten Persönlichkeiten selbst, sondern deren Nachkommen, zu denen die Frauen des Familienhauptes ihnen verhelfen. So wachsen seine eigenen Söhne und die der anderen zusammen auf, und wenn sie heiraten, kann die Gefolgschaft des Familienhauptes schon recht bedeutend sein.

Auf diese Weise entsteht aber im Dorf eine Staffelung, an deren Spitze das Familienhaupt oder die Familienhäupter, die Gerontokraten, stehen, von denen die Söhne und die zugezogenen Männer abhängig sind. Die Machtquelle bildet in letzter Linie der Besitz des Familienhauptes an Frauen. Durch sie erlangt er die Arbeitsleistung und Kriegsdienste seiner Leute, gewinnt das Ansehen, um sein Dorf nach außen zu vertreten, wenn Besucher erscheinen, und Autorität im Innern, wenn Streitigkeiten in der Versammlungshalle auftauchen. Trotzdem bleibt sein Einfluß persönlich bedingt, und er vermag oft nicht einmal, seine Leute zum Bau eines neuen Versammlungshauses zu veranlassen.

Die Söhne, die schon selbst Familie und auch oft noch Gefolgsleute haben, gründen häufig unmittelbar neben der väterlichen eine eigene Siedlung, wodurch das Dorf vergrößert wird. Der Reichste und Energischste der Familienhäupter kann sich oft einen über das eigene Dorf hinausreichenden Einfluß erringen. Auch dazu verhilft der Besitz von Frauen. Die angesehensten und größten Häuptlinge der *Mwele* und *Yaunde* besitzen zum Teil an 100 Frauen, *Bulu*-Häuptlinge mit 50 Weibern sind keine Seltenheit. Bei den

Fang haben sie nur 16—20, höchstens 30, in kleineren Dörfern nur 5 oder noch weniger. Nur einen kleinen Teil der Frauen, vielleicht 3 oder 5, pflegt der Häuptling für sich zu behalten, die anderen teilt er seinen Anhängern und Freunden zu oder verleiht sie gegen Bezahlung an Bekannte für eine oder mehrere Nächte, zieht also auf diese Weise ebenfalls wirtschaftlichen Vorteil. Dazu kommt noch folgendes: die Frauen halten sich oft noch eine Reihe von Verehrern und, wenn dem Ehemann deren Namen zu Ohren kommt, so verhält er den Betreffenden zur Zahlung von ungefähr 300 Speerklingen, deren Wert dem Kaufpreis für eine Frau gleichkommt.

Der Wert der Frau besteht vor allem in der Feldarbeit, die sie leistet, von der schon eingangs die Rede war. Erst die Arbeit begründet aber das Eigentum an der Pflanzung, die beliebig auf dem Boden des Gaues angelegt wird. Nur die traditionellen Felder und die Hausgärten bilden vererbbares Gut derjenigen, die sie zuerst angelegt haben. Auch die Fruchtbäume gehören demjenigen, der sie pflanzte. Für die beim Dorf wachsenden Fruchtbäume vermindert sich der Eigentumsanspruch zu einer Art Aufsichtsrecht, da die Sitte verlangt, daß jeder im Dorf von den Früchten etwas pflücken kann, wenn er dem Besitzer Bescheid sagt, der nur darauf achten muß, daß die Früchte nicht unreif abgerissen werden. Auf einen wildwachsenden Baum kann derjenige Anspruch erheben, der ihn zum ersten Mal sah, sein Zeichen an den Baum befestigte und dies im Dorf verkündigte, — ganz ähnlich, wie wir das bei den Wildbeutern ziemlich allgemein kennen lernten.

Die handwerkliche Tätigkeit ist stark spezialisiert. Dies geht soweit, daß z. B. nicht einmal die Tragbänder für Kinder, die nur aus zwei zusammengenähten Lederstreifen bestehen, von allen Familienvätern gemacht werden können, und daß einer, der Eßlöffel herstellt, keine anderen Holzarbeiten machen kann, nicht einmal Rührlöffel. Ein Schemelmacher versteht sich nur auf Schemel, ein Armbrustschnitzer nur auf Armbrüste, einer der Tragkörbchen für Männer macht, nur auf diese usw. Da es in einem Dorf oft nur einen oder zwei Leute gibt, die ein bestimmtes Handwerk verstehen, so müssen andere Gebrauchsgegenstände von verschiedenen Orten erworben werden. Dazu sind oft weite Reisen nötig. Die Handfertigkeiten erstrecken sich auch auf Rindenarbeiten wie die Herstellung von Rindenstoffen und Rindengefäßen, auf das Flechten und Knoten von Stricken, Seilen, Tragbändern, Gürteln, Matten, Körben; ferner auf Holzarbeiten, Hauerscheiden, Löffel, Pulverfäßchen, Schemel; auch auf Töpferei und Metallarbeiten. Dies alles zeigt, wie vielerlei Fertigkeiten und Kenntnisse den Pangwe zugeströmt sind und ihre Zivilisation bereicherten.

Mit aller handwerklichen Tätigkeit geht bei den Pangwe eine unmittelbare Nahrungsversorgung Hand in Hand. Der Handwerker ist also für seine Ernährung nicht unbedingt auf den Verkauf seiner Produkte angewiesen. Darum kann man nicht von „Gewerbe" sprechen, sondern nur von „Hauswerk". Im allgemeinen wird auf Bestellung gearbeitet, und der Abnehmer bezahlt nicht die fertige Ware als solche. Dies gilt auch für die Schmiede, die hier keine soziale Ausnahmestellung genießen wie an anderen Orten.

Die Töpferei liegt in den Händen der Frauen, wie dies bei allen den Völkern der Fall ist, bei denen keine Hörigen- oder Sklavenarbeit an Töpfereiprodukten zu leisten ist; nur Tabakspfeifen und Düsen werden von den Männern hergestellt, offenbar eine Folge verhältnismäßig rezenter Nachahmung von bei fremden Stämmen gesehenen Objekten.

Der Güteraustausch vollzieht sich bei den Pangwe in familial und freundschaftlich gebundenen Formen, nicht auf öffentlichen Märkten. Dazu werden Familienbesuche veranstaltet, die auf Gastfreundschaft rechnen können. Der Besucher erhält Gastgeschenke, mit denen er heimkehrt, um bald den Gegenbesuch seines Wirtes zu erwarten. Diesen muß er nun seinerseits mit Gastgeschenken beteilen, die den zuerst empfangenen die Wage halten müssen. Auf diese Weise werden die einheimischen Handwerkserzeugnisse sowie die fremden Waren verbreitet. Das beschenkte Familienhaupt nimmt nach der Heimkehr eine Verteilung der Gastgeschenke, der „Handelsbeute", unter seine Angehörigen, Frauen, Hörigen und Knechte vor.

Außer diesem Naturaltausch, der sich hauptsächlich auf Handwerkserzeugnisse erstreckt, gibt es noch eine Art von Handelsgeschäften, die sich einer Form von Speerklingen bedient. Früher verwendete man verschnürte Miniaturbeile. Diese Speerklingen dienen vor allem als Äquivalent für den Erwerb von Frauen, aber auch von Haustieren, pflanzlichen Nahrungsmitteln und Hausrat. Durch diese wirtschaftliche Bezugnahme weisen sie sehr deutlich auf von außen hereingebrachte Zivilisationsbestandteile hin.

Die Höhe des Kaufpreises einer Frau wird nicht nach deren Alter, sondern, wie wir das häufig bei in ihrer Homogenität bereits gestörten Völkern mit beginnender innerer Staffelung finden, nach den wirtschaftlichen Verhältnissen bestimmt. Der Kaufpreis kann nicht in beliebigen Wertträgern entrichtet werden, denn das sogenannte primitive Geld hat niemals universelle Tausch- oder Kaufkraft, sondern stellt stets einen gebundenen Gegenwert dar. Neben dem sogenannten Speergeld, das die Grundlage für den Kaufpreis bildet, treten heute noch Gewehre, Pulver, eiserne Töpfe, Tücher, Hüte, Messer, Glasperlen, Tabakpfeifen usw., aber auch Schafe, Hauer, Salz und dgl. Der Kaufpreis wird gewöhnlich in Raten abbezahlt. Die erste Teilzahlung wird fällig, wenn der Freier beim Vater des Mädchens anhält. Diese Zahlungen können heute leichter vor sich gehen als früher, weil in den europäischen Betrieben die Verdienstmöglichkeiten für viele sich erschlossen haben, die früher wegen Geldmangels zu dauerndem Junggesellentum verurteilt waren, das wiederum mit der Tendenz zur Monopolisierung von möglichst vielen Frauen, wie schon oben ausgeführt, zusammenhing. — Ausnahmsweise kam und kommt auch Entführung vor, und zwar in der Weise, daß das Mädchen dem Liebhaber in sein Dorf folgt und der Vater gezwungen wird, am nächsten Tage den Kaufpreis vom Schwiegersohn einzufordern.

Geschlechtsverkehr und Ehe innerhalb der Blutsverwandtschaft sind verboten. Das Verbot erstreckt sich sowohl auf den Familienverband der Mutter wie auf den der Mutter des Vaters, zeigt also eine Betonung der mütterlichen Beziehungen, jedoch sowohl in der mütterlichen wie in der väterlichen

Linie. Heute hält man sich namentlich unter den Yaunde und den Fang nicht mehr streng daran. Namentlich hat Vettern-Basenehe vielfach Platz gegriffen. Änderungen, wie wir sie so oft aus dem ganzen veränderten soziologisch-wirtschaftlichen Bedingungskomplex beobachten können, ohne daß man behaupten kann, die neue Sitte wäre eine unmittelbare Nachahmung oder Übertragung von irgendeinem näheren oder ferneren Nachbarn. Es zeigt sich jedenfalls die Tendenz, die Frauen in der eigenen Sippe zu wählen, weil der Zusammenhang unter den Familienhäuptern „handelspolitisch" von größter Bedeutung ist, wie wir sahen. Auch wenn z. B. Familienhäupter von einer Siedlung abwandern, so bleibt doch gewöhnlich der Zusammenhang unter den Verwandten durch Besuche und die dabei getätigten Gastfreundschaftsakte aufrecht erhalten.

Wie schon angedeutet, wird wenig Wert auf eheliche Treue gelegt. Namentlich bei einer größeren Zahl von Frauen stehen diese zum Familienhaupt in einem wirtschaftlichen Klientelverhältnis. Der Geschlechtsverkehr beginnt sehr früh, beim Mädchen schon oft mit 5 Jahren, zeichnet sich aber durch Einhalten konventioneller Formen aus. Die freie Liebe der Jugendzeit wächst sich bei stärkerer Neigung zu dauernden Beziehungen aus, die sich manchmal auch auf die Schwiegereltern erstrecken. Dabei sind uneheliche Kinder recht selten, wie wir das auch anderwärts bei der Jugendpromiskuität finden. Wird ein Kind trotzdem geboren, so gehört es dem Vater des Mädchens und wird, wie bei den herrschenden Anschauungen, die wir bereits kennen lernten, zu erwarten ist, als nicht unliebsame Zugabe angesehen, ja bei der Verheiratung des Mädchens wird dadurch der Kaufpreis um ein Beträchtliches hinaufgeschraubt, wenn das Kind mit erworben werden soll.

Paßt dem Mann seine Frau aus irgendwelchen Gründen nicht, so kann er sie ohne größere Schwierigkeiten zurückgeben oder gegen ihre Schwester eintauschen. Stirbt eines Mannes Frau bald nach der Verheiratung, so erhält der Witwer die Schwester der Verstorbenen als Frau entweder umsonst oder gegen geringe Zuzahlung, Sitten, die uns angesichts der weit verbreiteten Sexualbeteiligung der Geschwister sowohl bei Wildbeuterstämmen wie bei Feldbauern usw. nicht wunder zu nehmen brauchen.

Psychologisch bemerkenswert ist, daß Todesfälle in der Familie Anlaß zur Einführung der Jünglinge in die Geheimkulte bilden, ebenso wie die in jedem Jahr auftretende Trockenzeit (Tess. [13] 2, 40, 269).

Stirbt das Familienhaupt, so wird der Besitz unter die Söhne verteilt, wobei jedoch der Älteste mehr, insbesondere auch die Bäume, erhält und so der „Reiche Mann" im Dorfe wird, die „Häuptlingswürde" somit auf ihn übergeht. Ist er noch minderjährig, so verwaltet der nächst ältere Bruder des Vaters einstweilen den Besitz. Gelingt es jedoch dem Ältesten nicht, seine Ansprüche durchzusetzen, so verliert er die Möglichkeit, als „reicher Mann" seinem Vater zu folgen. — Man ersieht daraus, daß hier der hauptsächlich bei Hirten gepflegte Gedanke des Seniorats wohl Eingang gefunden hat, jedoch ohne institutionsmäßig feste Verankerung. Es fehlt ein genügend autoritärer Hintergrund, auf den eine solche Einrichtung bauen könnte. Offizielle Führerschaft kann hier immer automatisch durch eine natürliche zurückgedrängt werden.

Damit hängt auch zusammen, daß die Erbteilung nicht nach festen Grundsätzen geregelt ist; sie gestaltet sich oft sehr verwickelt und wird Ursache vieler Streitigkeiten. In erster Linie erheben die männlichen Mitglieder der engeren Familie ihre Ansprüche. Gemäß dem Aufbau der Familie und den Ansprüchen des Familienhauptes auf die Kinder seiner Frau, unabhängig davon, ob es seine Kinder sind oder nicht, wird für das Erbrecht der Söhne auch nicht die Forderung erhoben, daß sie die leiblichen Kinder des Verstorbenen sind, sondern es genügt für sie, von einer der Frauen des Verstorbenen geboren zu sein (Tess. [13] 2, 224).

Die Folge nach dem Vater wird hier durch den Kauf der Frau bedingt, während ohne diesen die Mutterfolge eintritt. Im allgemeinen hält man sich aber überhaupt nicht an ein strenges Schema, sondern versucht, einen jeden zu bedenken und keinen zurückzusetzen. In langen Beratungen werden die Fragen von den alten Leuten durchgesprochen und nach Berücksichtigung aller Umstände und Wünsche entschieden. Dabei ist die Anwesenheit eines jeden Erbberechtigten nötig, wenn er seinen Interessen Nachdruck verschaffen will (Tess. [13] 2, 228).

Da, wie gezeigt, eine Reihe von Personen vom Familienhaupt abhängig ist: seine Frauen, Klienten, Kinder und Enkel, ist er auch imstande, bei entsprechender persönlicher Qualifizierung einen autoritativen Einfluß über die genannten Personen auszuüben, insbesondere deren Streitigkeiten zu schlichten oder zu entscheiden. Ein je größeres Gefolge ein Häuptling hat, desto mehr fallen auch seine Entscheidungen bei Rechtsstreitigkeiten ins Gewicht. Die Formalitäten, die mit dem Prozeßverfahren verbunden sind, die Eide und Gottesurteile, die für die Beweisführung gebraucht werden, dürften wohl ihrem Gehalt nach fremden Einflüssen zuzuschreiben sein.

Die Struktur der Familie mit ihrem stark mutterrechtlich gefärbten Verwandtschaftsaufbau, den offenbar spätere patriarchalisch-wirtschaftliche Tendenzen erst angefangen haben zu beeinflussen, ist auch für die Rechtsauffassungen bedeutsam. Tötet z. B. jemand seinen rechten Bruder versehentlich, so geht er straflos aus, da niemandem das Recht zugestanden wird, innerhalb des allernächsten Verwandtschaftsbereichs einzugreifen. Handelt es sich aber um den Stiefbruder, also den Sohn einer anderen Frau des Vaters, so muß er den Brüdern des Getöteten eine Frau zahlen, sie also durch die Möglichkeit entschädigen, ihren Stamm zu vermehren, durch die Frau Kinder zu bekommen und so den Bruder zu ersetzen. Auf Bruder- oder Vatermord steht die Todesstrafe durch Ertränken, die offenbar von den anderen Familienangehörigen vollzogen wird. Wenn der Mutter- oder Schwestermord, obgleich er selten vorkommen soll, frei ausgeht, so liegen die gleichen Gesichtspunkte vor wie bei der Tötung eines Vollbruders. Für die Tötung einer Stiefschwester muß ebenfalls an deren rechte Brüder eine Frau gezahlt werden. Erschlug früher einer seine Frau, so blieb er straffrei, weil sie von ihm gekauft war und damit die Familie sich ihres Anspruchs begeben hatte, der Totschläger aber sich selbst wirtschaftlich schädigte. Erst unter europäischem Einfluß muß an die Familie der Frau eine Entschädigung von 1000 bis 2000 Stück Speergeld gezahlt werden. Bei Mord an Personen, die nicht zur nächsten Blutsverwandtschaft gehören, tritt Blutrache ein. — Diebstahl ist verhältnismäßig selten unter den Eingeborenen, so sehr sie in dieser Beziehung in schlechtem Ruf bei den Europäern stehen. Innerhalb ihrer Lebenssphäre verliert der Dieb seine gesellschaftliche Stellung. Mildere Beurteilung erfährt der Mundraub. Zum Schutz gegen die Entwendung von Nahrungsmitteln aus dem Hause und gegen Felddiebstahl werden vorbeugende Zaubermittel angewendet.

Da wir jede Gesellungsgestaltung aus singulären historischen Ereignissen und wiederkehrenden Konstellationen zu erfassen trachten müssen, ist es auch notwendig, soweit uns die Quellen und Hilfsmittel nicht verlassen, auf die historische Vergangenheit, soweit sie zu ermitteln ist, einen kurzen Blick zu werfen. Die Pangwe sind vielleicht aus der Hochebene gekommen, die im Westen das Becken des *Bahr-el-Gazal* begrenzt. Wenigstens dürfte sich dort ein wichtiger Abschnitt der Geschichte dieses Volkes abgespielt haben. Von dort dürfte ein Teil dieses Volkes in mehr oder minder friedlicher Weise sich ausgebreitet haben. Unterwegs sind sie vermutlich mit einem Volk von Großviehhirten in Berührung gekommen (Tess. [13] 1, 37ff). Auf eine solche Berührung mit Großviehhirten deuten verschiedene Züge im Leben der Pangwe, insbesondere die starke Tendenz zur Polygamie, das Hervortreten wirtschaftlichen Besitzes und die Anfänge von Sklaverei.

Im Mittelpunkt für die Ansätze zur Staffelung steht die Verwirtschaftlichung der Frau und das Bestreben, sie als Arbeitskraft zu monopolisieren, ein Gedankengang, der sich von Westafrika bis zum Kongo hin erstreckt und worauf schon gewisse Einrichtungen bei dem Fischervolk der oben beschriebenen *Lokele* deuten, noch mehr aber bei den hier noch zu behandelnden *Boloki*. Hier liegt der Ansatzpunkt für eine „Herrenfamilie“ und eine sich vordrängende Bevorzugung des „reichen Mannes“ (der von Reisenden oft als „Dorfwucherer“ bezeichnet wird), der andere von sich durch Schuldverpflichtungen in Abhängigkeit zu bringen versucht. Dabei wird die primitive Frauenfamilie beibehalten, die aus der Frau mit ihren Kindern besteht. Die wirtschaftliche Überlegenheit und Geriebenheit bildet hier bereits den Nenner, auf den die Führerstellung gebracht wird, während z. B. in Wildbeutergesellschaften andere Qualitäten, etwa wie die eines Tänzers, Sängers, Redners, Zauberers usw. gleichwertig hervortreten. Die Tendenz zum Seniorat, wie sie vor allem bei Viehzüchtern zu finden ist, hat auch hier Wurzel gefaßt, doch ist sie weniger konsequent ausgebildet als etwa bei den *Lokele*. Trotz der starken Betonung wirtschaftlicher Gesichtspunkte fehlt die Institution regelmäßiger Märkte. Dafür wurde ein familial und freundschaftlich gebundener Güteraustausch herausgebildet. Die innere Staffelung der Gesellschaft findet ihren Niederschlag in einer Klientel, die sich als Gefolge um das einflußreiche Familienhaupt schart und bei den einzelnen Stämmen in verschieden ausgiebiger Weise durchgeführt wurde. Die von den Wildbeutern her bekannte Trennung des Tätigkeitsbereiches der beiden Geschlechter ist auch hier noch scharf durchgeführt. Bemerkenswert ist die weitgehende Spezialisierung des Handwerks in einzelnen Familien, die wahrscheinlich mit fremden Einflüssen in Zusammenhang zu bringen ist. Bemerkenswert ist auch das Verschneiden der Ziegen, um besseres Fleisch zu erzielen.

Alles in allem sehen wir hier eine Gesellschaft, die in ihrer ursprünglichen zivilisatorischen Ausrüstung noch ziemlich ärmlich ist, im Laufe der Geschichte jedoch von verschiedenen Nachbarn einzelne zivilisatorische Bestandteile sich assimiliert und zu eigen gemacht hat. Auf soziologischem Gebiet war es ganz besonders das Streben nach Auszeichnung und Hervorhebung einzelner Persönlichkeiten, das Anklang fand. Daß dazu eine Verwirtschaftlichung der Frau erfolgte, mag vielleicht darauf zurückzuführen sein, daß die Hirtenstämme nach Negerfrauen für die Bestellung der Felder Ausschau hielten und auf diese Weise auch bei den anderen Negerstämmen selbst die wirtschaftlichen Gesichtspunkte der weiblichen Tätigkeit bei der Anlage von Feldern förderten und so die sozial-psychische Haltung hervorriefen, die für einen großen Teil des westlichen Afrika mit mehr oder minderer Konsequenz durchgebildet wurde.

b) Die Boloki vom mittleren Kongo.

Männer: Jäger und Fänger; Baumpflanzer; Frauen: Gärtnerinnen; Handwerkerspezialisten; deutlich gestaffelte Gesellschaft.

Die Kombination männlichen Jägertums mit weiblicher Bodenbearbeitung tritt bei den *Boloki* des mittleren Kongo in Verbindung mit sozialer Staffelung auf. Unter Anführung von zwei oder drei anerkannten Jägern ziehen die Männer des Dorfes täglich auf die Jagd, zu der sie Brände anlegen. Die Beute wird geteilt; derjenige, dessen Speer zuerst einen edlen Teil des Tieres getroffen hat, ergreift von diesem Besitz und darf das größte Stück für sich in Anspruch nehmen; Anverwandte, Älteste und Häuptlinge erhalten besondere Stücke der Jagdbeute. Außerdem pflanzen die Männer, insbesondere das Familienhaupt, Bäume, und zwar Palmen und Kanuarensis (*Nsafu*). Die Pflege dieser Bäume, die für die Familie eine Quelle des Wohlstandes bilden, wird vom Vater oder dem väterlichen Vorfahren übernommen.

Den Frauen fällt die Bebauung des Landes zu. Hier sehen wir indessen, daß Sklavinnen häufig zum Bestellen der Felder verwendet werden. Zum Arbeitsgebiet der Frau gehört außer Kochen die Herstellung von Röckchen aus Palmfaser, ferner als handwerkliche Tätigkeit Flechtarbeit und Töpferei, sowie die Kenntnis der mit allen diesen Verrichtungen verbundenen Zeremonien und Riten.

Die Dörfer der Boloki liegen ausnahmslos am Wasser, am Kongo und seinen Nebenflüssen; sie umfassen 20 bis 500 Hütten und mehr. Die Häuser stehen in Reihen parallel zum Fluß. Ein Familienoberhaupt besitzt in der Regel eine oder mehrere Reihen, je nach der Größe seiner Familie, zu der viele Frauen, Sklaven und deren Weiber sowie Pfandknechte und sonstiger Anhang, Klienten, gehören. Wir haben es hier somit mit Großfamilien zu tun. Dazu sind oft auch noch jüngere Brüder mit ihren Frauen, Kindern, Sklaven und Anhang zu rechnen. So hat ein Familienhaupt oft mehrere

Reihen von Hütten. Ein Ort kann aus 20 bis 100 Familien und die Einwohnerschaft aus 2000 bis 3000 Köpfen bestehen.

Auch hier zeigt sich wiederum die Spiegelung der sozialen Verfassung durch die Anlage der Siedlung. Jeder Ortsteil besteht für sich, und darin ist das Wort des Familienoberhauptes maßgebend. Die einzelnen Ortsteile sind vollkommen unabhängig, und die ganze Siedlung erkennt keinen Oberherren an, ähnlich wie wir das bei den *Pangwe* fanden oder wie das etwa in melanesischen Gemeinden der Fall ist. Gemeinsame Angelegenheiten der Siedlung werden allerdings in Versammlungen der Familienhäupter des Ortes besprochen, zu dem auch ein Gaugebiet mit Flüssen, Wäldern und Jagdrevier gehört. Liegen zwei Dörfer nahe beieinander, so stoßen die Grenzen unmittelbar zusammen: zwischen entfernter liegenden Siedlungen erkennt man ein dazwischen liegendes neutrales Gebiet an, auf dem die Bewohner beider Dörfer jagen, fangen und Holz fällen dürfen. Die Felder der Frauen werden nur auf dem engeren Gaugebiet angelegt.

Schon aus dem oben ausgeführten ergibt sich, daß die Leitung der Gemeinde in den Händen der Familienhäupter ruht. Von deren Persönlichkeiten, ihrer Gemütsart, ihrem Ehrgeiz oder Gerechtigkeitsgefühl hängt es ab, wie sich das Leben im Dorfe gestaltet. Die Häupter von Familien mit großem Anhang sind einflußreicher als die anderen. Jedoch ist dabei wichtiger, viele Sklaven und Pfandknechte zu besitzen, als eine große Zahl von Verwandten und Brüdern. Die Macht wird hauptsächlich durch die Verfügung über die abhängigen Personen gestützt.

Aus diesen Umständen ergeben sich Unterschiede innerhalb der Familienhäupter, die eine Art Patriziertum darstellen. Mit Ausnahme der Familienoberhäupter gibt es keine völlig unabhängigen Männer oder Frauen. Alle gehören zur Gefolgschaft eines Familienhauptes als Verwandte, Sklaven oder Pfandknechte; oder aber wirtschaftlich schwächere schließen sich aus freiem Willen dem Anhang eines Familienoberhauptes an. Schmilzt nämlich die Familie eines freien Mannes etwa durch Todesfälle zusammen, so vermag sie sich der Angriffe anderer Familien schwer zu erwehren und sucht bei einem einflußreichen Familienoberhaupt Rückhalt. In einem solchen Fall gehen auch die Verwandten und der Anhang in das neue Schutzverhältnis über, das man als „Klientel" bezeichnen kann.

Von den Sklaven werden geborene Sklaven von den Kriegsgefangenen und Schuldknechten unterschieden. Manche verkauften sich aber selbst in die Sklaverei, um Schulden zu bezahlen, in die sie infolge von Ehebruch oder durch einen verlorenen Prozeß geraten sind. Die Zahl der Sklaven wird auf ungefähr 25% der Gesamtbevölkerung veranschlagt. Bemerkenswert ist, daß die Sklaven gewöhnlich besser gekleidet gehen als ihre Herren, weil letztere sich scheuen, ihre Reichtümer zur Schau zu tragen. Verantwortlich für die Taten seiner Sklaven ist der Herr.

In früheren Zeiten gab es ein besonderes Haus für die unverheirateten jungen Männer. Die Mannbarkeitsweihen scheinen keine besondere Rolle gespielt zu haben, doch wurde schon in der ersten Jugend mit der Tätowierung an Knaben und Mädchen begonnen, die Zähne ausgefeilt und die

Ifugaos-
dichten Saat aufsprießenden Pflänzchen werden in die Felder umgesetzt und individuell bis zur Ernte besorgt. Säen, verpflanzen und jäten geschieht alles mit den Fingern; das einzige dabei angewandte Gerät ist eine kleine Holzschaufel. Aus R. F. Barton [29].

Die Frau behält ihr eigenes Totem, auch wenn sie heiratet; sie muß dann aber nicht nur dieses, sondern auch das ihres Ehemannes beobachten. Auf das Kind geht zunächst das Totem beider Eltern über. Wenn es älter ist, wird bei einer Zusammenkunft der beiderseitigen Familien darüber entschieden, welches Totem für das Kind zu gelten hat. In den meisten Fällen wählt man das Totem des Vaters. Die oben erwähnten historischen Umstände einer ursprünglich verschiedenen Herkunft der männlichen und der weiblichen Bevölkerung im Zusammenhang mit dem getrennten Tätigkeitsbereich der Geschlechter ist wohl auch dafür verantwortlich, daß Männer und Frauen ihre Mahlzeiten getrennt einnehmen. Doch gehört es sich für den Mann, Fleisch und Fisch mit seiner Frau zu teilen.

Eine Altersgrenze für das Aufhören der väterlichen Gewalt über den Sohn gibt es nicht. Nach dem Tode seines Vaters nimmt der älteste Sohn dessen Rang an und ererbt einen größeren Teil des Besitztums als seine Brüder, eine Sitte, die ebenfalls einen Bestandteil der Großviehhirten bildet. Da die Frau durch den Kauf unter die patriarchalische Gewalt des Mannes gekommen ist, fällt auch ihr Eigentum nach ihrem Tode dem Ehemann zu. Ist er vor ihr gestorben, so teilen sich in das Eigentum der Mutter die Söhne und Töchter.

Im großen Unterschied von Wildbeuterstämmen oder auch von einfachen Jäger-Sammlerinnenvölkern, wie es etwa die Papuaner und Melanesier sind, stellt hier die handwerkliche Tätigkeit und der Handel der Männer eine wichtige Funktion im Leben dar. Trotz mancher Verschiedenheiten wird man am meisten an die Zustände bei Mikronesiern und Polynesiern erinnert.

Nicht nur die Häute und Felle der auf der Jagd erlegten Tiere verarbeiten die Männer, sondern sie stellen auch aus der Rinde einer im Wasser wachsenden Pflanze Stricke her, ferner Matten und Gürtel, sowie Fischnetze, und benutzen für die Kleidung die Rinde des wilden Feigenbaumes.

Während die Fertigkeiten des durchschnittlichen Jägers und Fängers bei den *Boloki* nicht wesentlich über die Verwertung der Dinge hinausreichen, die bei seinem Nahrungserwerb ihm unter die Hände kommen, finden sich in den Gemeinden noch zwei Gruppen von Handwerkerspezialisten vor, die offenbar anderen ethnischen Gruppen als die Masse der *Boloki* entstammen: es sind die Kasten der Kanubauer und die Schmiede. Besondere Familien treiben diese Handwerke. Die Kanubauer sind Leute, die sich überhaupt mit der Bearbeitung von Holz befassen, sich auf Holz spezialisiert haben und auch Ruder, Schemel, Stiele für Äxte und Hacken, sowie hölzerne Kopfstützen herstellen. Durch besonderes Ansehen ragen die Schmiede hervor, denen eine besondere Zauberkraft zugeschrieben wird. Auch hier bleibt die Kenntnis der Fertigkeiten streng im Besitz der Familie. Ein Schmied weiht nur seinen Sohn oder Neffen in die Geheimnisse seiner Kunst ein, keinesfalls Fremde. Das Metall erwerben sie auf dem Wege des Handels in Gestalt von Eisenerz aus den Ländern am oberen *Lulanga* oder als Alteisen und Messing, das sie von den als Wertträger kursierenden Messingstangen abschneiden. Ihre Produkte bestehen in Hacken und Äxten, Messern und Speerspitzen, sowie in Messingringen, die als besonders geschätzter Schmuck von den Frauen getragen werden und augenscheinlich eine weit zurückreichende historische Bedeutung haben.

Das Flechten von Körben wird vielfach durch Sklaven anderer Stämme vorgenommen (Weeks [14] 63), ein Beispiel dafür, wie sich eine Technik von einem Stamm zum andern fortpflanzen kann. Die Schilde aus Flechtwerk, deren sich die *Boloki* bedienten, pflegten sie von Nachbarstämmen zu beziehen. Diese brachten auch eine Menge von Fischreusen und Körben in den Handel.

Dies alles zeigt, wie der Zivilisationsbesitz dieses Volkes aus verschiedenen Quellen gespeist wird. Der einzelne Gegenstand, den ein Sammler von den *Boloki* heimbringt und der unterschiedslos neben anderen Objekten in einem Museumsschrank als von den *Boloki* stammend bezeichnet wird, kann tatsächlich einerseits von Gruppen verschiedener Herkunft angefertigt, andererseits überhaupt nicht unter den *Boloki* hergestellt, sondern nur auf dem Wege des Handels erworben sein.

Trotz der großen Rolle, die der Handel und Handelsgeschäfte im Leben der Boloki spielen, gibt es doch keine Märkte. Der Handel vollzieht sich auf dem Wege des Hausierens. So wird z. B. auch Salz, das auf dem Wege des Verbrennens und Filtrierens der Asche von gewissen Pflanzenarten gewonnen wird, von Einzelnen zum Verkauf gebracht (Weeks [14] 86, 93, 109). Schon der Knabe begleitet den Vater auf dessen Handelsfahrten.

Häufig sind Kreditgeschäfte bei den *Boloki*, die zu schweren Verschuldungen und zu einer sozialen Deklassierung des Schuldners führen können. Sie bilden so einen wichtigen Faktor für die Herbeiführung einer Staffelung innerhalb des Volkes auf wirtschaftlicher Grundlage. Obgleich für die gestundeten Zahlungen keine Zinsen genommen werden, führen die aus ihnen sich ergebenden Verbindlichkeiten, wenn der Schuldner im Rückstand bleibt und nicht zahlen kann, zu gefährlichen Konsequenzen. Der Schuldner läuft nicht nur Gefahr, daß eines Tages in seinem Hause der Gläubiger erscheint und die Töpfe und alles, was er vom Eigentum des säumigen Zahlers außerhalb der Hütte findet, zerstört, sondern auch, daß er bei weiterer Säumnis sich Geisel holt. Zunächst wird ein Überfall auf eine der Frauen des Schuldners, oder, wenn er eine solche nicht erlangen kann, auf eine Sklavin oder sonstige Person aus der Siedlung des Schuldners unternommen. Vermag der Schuldner die Geisel nicht auszulösen, so verfällt die Schuldmagd oder der Schuldknecht in die Sklaverei. Daraus rekrutiert sich die oben erwähnte Gefolgschaft der großen Familienhäupter, die gleichzeitig eine Art von Dorfwucherer darstellen.

Die Gerichtsbarkeit liegt, wie schon angedeutet, in den Händen der Familienhäupter (*mata*). Deren Jurisdiktion erstreckt sich jedoch nur auf ihre Familienangehörigen. Kommen zwei oder mehrere solcher Familienhäupter, ihre Siedlungen oder Dörfer miteinander in Streit, so gibt es zunächst keine oberste Autorität, die eine friedliche Entscheidung herbeiführen könnte. Um jedoch zu einer solchen zu gelangen, um einen obersten Richter zu wählen, wird ein merkwürdiges Verfahren eingeschlagen, das darin besteht, den gewünschten Oberrichter außerhalb der persönlichen und familialen Blutrache zu stellen (Weeks [14] 36f).

Zur Ermittlung von Missetätern werden ordentliche Gerichtsversammlungen abgehalten, bei denen Fluch und Zauber eine entscheidende Rolle spielen, wie wir das etwa auch unter westafrikanischen Stämmen finden (Weeks 139ff).

Kommt es zu keiner friedlichen Vereinbarung, so entstehen Familienfehden. Zu diesen sucht eine jede Partei in ihrem Dorf möglichst viel Anhänger zu werben. Ernstlichere Kämpfe treten auf, wenn zwei Dörfer miteinander in Streit geraten. Gefangene können durch ein Lösegeld ihre Freiheit wieder erlangen, sonst behält sie der Sieger als Sklaven, kann sie verkaufen oder töten. Daraus geht hervor, wie sich auch dabei wirtschaftliche Gesichtspunkte geltend machen.

Die Erscheinungen, die wir an dem vorliegenden repräsentativen Beispiel der *Boloki* beobachten konnten, zeigen die starke Bedeutung, die der patriarchalischen Familie hier zufällt, die vor allem durch die Art ihres Wirtschaftsmechanismusses unter den Menschen eine scharfe Scheidung vornimmt. In erster Linie sind es die Frauen, in zweiter wirtschaftlich Schwächere oder Sorglosere, die durch das herrschende Wertungssystem in Abhängigkeit gezwungen werden. Die Großfamilien selbst bilden sich so zu selbständigen starken Gemeinwesen aus, die sich aber auch untereinander wieder wie Zellen zusammen zu schließen vermögen und so die Grundlage für eine Stadtbildung legen. In verschiedener Weise wurden hier fremde Volksbestandteile in das sozial-wirtschaftliche System aufgenommen und assimiliert; außer den Jägern und Feldbäuerinnen, welche den Grundstock bilden, noch Handwerker verschiedener Art und Knechte.

Aus diesem Grunde dürfte es wertvoll sein, einen Blick auch auf die eigene Geschichte der *Boloki* zu werfen, wenn diese auch nur über einen verhältnismäßig sehr kurzen Zeitraum zurückgetastet werden kann. Daraus ergeben sich jedenfalls bereits Anzeichen eines Zusammentreffens von Völkern verschiedener Tradition. Etwa um die Mitte des 19. Jahrhunderts kamen die *Bomuna*-Leute aus dem Wald zwischen dem *Mobangi* und dem Kongo-Fluß. Es waren Jäger, die weder schwimmen konnten noch Kanus besaßen und nur mit großen Schwierigkeiten unter ungeheuren Verlusten an Leuten mit Hilfe von Lianen den tiefen Kongo-Strom überquerten. — Vor 55 oder 65 Jahren verließ ein bis dahin am *Libinza*-See seßhaft gewesener *Boloki*-Stamm seine sumpfige Inselheimat auf flachen Kanus durch die schmalen Wasserwege; bis er den Kongo erreichte. Dort fuhren die Leute noch ein Stück flußabwärts bis zur *Mungala*-Bucht, wo damals die oben erwähnten *Bomuna*-Leute ihren Sitz hatten. Nach kurzem friedlichem Nebeneinanderleben kam es schließlich zu Kämpfen, weil der Führer der *Boloki* nach und nach alle Frauen des *Bomuna*-Führers verlangte. Nebenbei sei erwähnt, daß die *Bomuna* keine Speere, sondern nur zugespitzte, im Feuer gehärtete Stöcke als Jagd- und Kampfwaffen besaßen. Die eisernen Speere verliehen den *Boloki* eine Überlegenheit über die *Bumona*, die zum größten Teil versklavt, jedoch mit Milde behandelt wurden. — Hierbei sehen wir, wie die überlegene Bewaffnung einen erheblichen zivilisatorischen Vorteil schon für das Ansehen ausmachte, daß jedoch die beiden Stämme zunächst erst einmal friedlich nebeneinander siedelten. Bemerkenswert ist auch, daß die *Boloki* die Frauen der *Bomuna* verlangten. Die Grundzüge ihres Kultursystems, das wir kennen gelernt haben, hatten somit die *Boloki* augenscheinlich mit sich gebracht.

Als weitere Scharen von *Boloki* später folgten, floh zu diesen ein Teil der vertriebenen *Bomuna*, und es kam zu Kämpfen zwischen den früher und den später eingetroffenen Gruppen, deren jede eine Mischung aus *Boloki* und *Bomuna* darstellte. Auch an diesem Beispiel erweist sich, daß bei derartigen Begegnungen, namentlich wenn sie in kleinen Gruppen erfolgt, dann sofort Mischungen stattfinden, die eine Schichtung nach der ursprünglichen Abstammung verhindert, dafür aber innerhalb der einzelnen Gruppen auf Grund eines traditionellen Wertsystems zu Staffelungen innerhalb der Gemeinde führt, wie sie im geschilderten sozialen System der *Boloki* sich niedergeschlagen hat.

Benachbarte andere Stämme, die *Ngombe*, fingen um etwa 1906 an, sich mit Nachbarn zu vermischen, in die sie schließlich vollständig aufgingen, und deren Sprache und Stammesabzeichen sie sogar annahmen. Es ist ein Beleg dafür, wie ein Volk und eine Kultur „untergehen" kann.

Der oben erwähnte *Libinza*-See, von dem die *Boloki* ein halbes Jahrhundert zuvor weggezogen waren, war in den neunziger Jahren von Fischern und Töpfern dicht bevölkert. Ihre Fische und Töpfe verkauften diese Stämme an in der Nähe des Flußufers ansässige andere Leute, von denen sie Kassawa-Wurzeln erhielten, die auf ihrem eigenen sumpfigen Boden nicht gediehen. Im übrigen lebten diese Fischer und Töpfer von Pisang. Ob die einen oder die anderen Anwohner des *Libinza*-Sees mit den ursprünglichen *Boloki* zusammenhängen, mag dahingestellt bleiben. Nebenbei sei nur darauf hingewiesen, daß diese Fischfänger, deren Frauen Töpfe herstellten, sich mit Hilfe dieser Handwerkserzeugnisse auf dem Wege des Handels vegetabilische Nahrung verschafften, ein Vorgang, den wir auch sonst häufig antreffen und der namentlich auch andere Fleisch-produzierende Völker, namentlich Hirtenstämme, zu Tauschgeschäften veranlaßte, die weiterhin den Ausgangspunkt nicht nur für den Kontakt von Kulturen, sondern auch für weittragende soziale Vorgänge bilden. Namentlich wurden ja einseitig Fleisch-produzierende Stämme, gewisse Jäger und Hirten, zum Erwerb von Boden bestellenden Frauen aus Nachbarstämmen veranlaßt.

Unter den Stämmen am mittleren Kongo sind heute die *Boloki* sowohl wegen ihres Mutes und ihrer Tapferkeit, als auch wegen ihrer Tüchtigkeit im Rudern, die sie zweifellos als Ufervolk des Süßwassersees *Libinza* mitgebracht hatten, hoch angesehen (Weeks 123ff).

Fassen wir diese Ausführungen zusammen, so zeigt sich in den großen Siedlungen der Boloki eine verhältnismäßig starke Seßhaftigkeit, obgleich die Männer Jäger, Fänger und Baumpflanzer sind. Der entscheidende Zug liegt aber auch hier in dem Patriarchat, das sich mit einer wirtschaftlichen Ausnutzung des Frauenbesitzes verbindet und, ganz ähnlich wie wir es bei den *Pangwe* sahen, zu einer Staffelung der Gesellschaft führte, der der Reichtum des Patriarchen zugrunde liegt, um den sich seine Klienten scharen. Jedoch ist hier das Klientelverhältnis und namentlich die Schuldknechtschaft und Sklaverei in viel höherem Maße ausgebildet als etwa bei den *Pangwe.* Daß die auch hier bestehende Polygynie mit einem früher zusammengebrochenen ehemaligen Sippensystem zusammenhängt, kann allerdings schwer nachgewiesen werden, wäre indessen nicht unwahrscheinlich. Jedenfalls ist sie auch hier wirtschaftspolitisch begründet, weil der Frauenbesitz den Weg zur sozialen Auszeichnung und wirtschaftlichen Macht eröffnet. Ein wesentliches Mittel für diesen Zweck bilden die Kreditverschuldungen. Auch hier ergibt sich die soziale Staffelung der Gesellschaft aus wirtschaftspolitischen Vorgängen. Die Handwerkerkasten tragen hier deutlich die Kennzeichen assimilierter Fremdstämme.

§ 3. Rückblick auf die homogenen und „gestörten" Feldbauer.

Wie die hier vorgeführten repräsentativen Beispiele zeigten, beschränkt sich das Feldbauertum nicht auf die Vorsorge für ausschließlich vegetabilische Nahrung allein, sondern es tritt in Verbindung mit einer beschränkten Kleinviehzucht auf, die vielfach ebenfalls von den Frauen besorgt wird. Obgleich sich die Männer mehr oder weniger stark noch der Jagd und dem Fang widmen, sind sie teils indirekt am Feldbau durch die Vorbereitung der Rodungen, und teilweise daran auch unmittelbar durch Graben der Pflanzungslöcher usw. beteiligt, oder verrichten das Umbrechen des Bodens usw. Während sie aber das Pflanzen von Kräutern und niedrigen Gewächsen, Schlingpflanzen, wie Bohnen oder Yams, den Frauen überlassen, wenden sie sich gewöhnlich in mehr oder minder ausgedehntem Maße dem Pflanzen von Bäumen zu.

Der Übergang zum Feldbau bedeutete für die betreffenden Völker eine Spezialisierung, die in ihren Lebenstraditionen oft derartig Wurzel schlug, daß sie trotz fremder Einflüsse, etwa des Großhirtentums, stets diejenigen Gegenden aufsuchten, in denen der Feldbau möglich war, jedoch nicht eine Umstellung zur Viehzucht vornahmen, wenn auch reichliches Weideland zur Verfügung stand, wie bei gewissen Feldbauerstämmen des Sudans und von Ostafrika, von denen noch gesprochen werden soll.

Wenn wir in sehr weit von einander entfernten Gegenden, wie etwa den *Kai* von Neu-Guinea und bei den *Arhuacos* des nördlichen Südamerika finden, daß sie Schwein, Hund und Huhn besitzen, so zeigt das eine Assimilierung dieser drei Haustiere an ihr Feldbauerleben. Zweifellos haben die *Arhuacos* diese Tiere erst von den Spaniern in der nachcolumbischen Zeit erhalten, die Kai vermutlich auf ganz anderen Wegen diese Tiere „erworben". Dabei handelt es sich unzweifelhaft um Parallelerscheinungen, die unter ähnlichen Bedingungen zu einem ähnlichen Kulturkomplex führten, nicht jedoch darum, daß etwa der Kulturkomplex der „*Kai*" als solcher zu den *Arhuacos* „gebracht" wurde oder umgekehrt. Wir haben es also in diesem Fall mit einer sogenannten „Konvergenz" zu tun.

Die Ausdrücke „homogen“ und „gestört“ bedürfen einer Erläuterung. Der Ausdruck „homogen“ kann entweder rasslich oder sozial verstanden werden. Dort, wo wir es mit kleinen Siedlungssippen zu tun haben, wie bei den *Kai*, umfaßt er beide Beziehungen. Es handelt sich um Gemeinden, die, wie schon aus der Sitte der „Nahheiraten“ hervorgeht, eine starke „Verwandtenzucht“ befolgt haben müssen und daher naturgemäß zur Ausbildung von „Lokalrassen“ beitrugen. Auch von einer inneren Staffelung ist bei den im § 1 erörterten Gemeinden keine Rede, nur von dem Hervortreten einzelner Persönlichkeiten. Dort dagegen, wo ein Halbierungssystem sich vorfindet, wird man auf eine wenigstens zwiefache Herkunft des betreffenden Volkes schließen müssen, das erst durch in langer Zeit wiederholte Zwischenheiraten unter den beiden Hälften eine Art neue rassliche Homogenität erworben hatte. Wir finden darum das Halbierungssystem mehr bei den im § 4 und 5 dieses Kapitels erörterten Völkern.

Der Feldbau als Nahrungsgrundlage benutzte den Solidaritätsgedanken, der bereits bei den Wildbeutern vorhanden war. Auch unter diesen kam die Beute allen Angehörigen der Gemeinde zugute. Obgleich sonst die Arbeit als erste Quelle des Privatbesitzes anzusehen ist, überwog doch die Auffassung, daß die Nahrungsbeschaffung als Existenzgrundlage der Gemeinde mit dem Solidaritätsgedanken zu verknüpfen ist wie die „Beute“. Gerade dort, wo die Feldbauer als Herren auftreten (s. § 5), haben sie diesen Standpunkt mit Nachdruck zur Geltung gebracht.

In Afrika hingegen scheint der frühe Kontakt mit den Großviehhirten den Solidaritätsgedanken der Gemeinde zusammen mit der Sippenverfassung erschüttert zu haben. Während in der Südsee oder in Amerika die Feldbauer gegen die Wildbeuter sich durchsetzten, unterlagen sie in Afrika mehr oder minder dem Einfluß der Hirten oder wurden von ihnen zurückgedrängt. Man wird derartige Kämpfe verantwortlich machen müssen für individualistische Erscheinungen, wie sie in der wirtschaftlichen Verselbständigung der Patriarchen zum Ausdruck kommen.

Dabei hat offenbar der Frauenkauf eine entscheidende Rolle gespielt. Mehr als anderswo hat er in Afrika zur Verwirtschaftlichung der Frau beigetragen, eine Vorstufe zur Verwirtschaftlichung des Mannes auf dem Wege der Sklaverei, wie sie, ursprünglich jedenfalls, erst in den geschichteten archaischen Kulturen zur Ausbildung gelangte.

Die Verwirtschaftlichung und möglichste Monopolisierung der Frauen wirkte indessen tief eingreifend in das Leben der Männer hinein, sie führte zu einer inneren Staffelung der Männergesellschaft auf wirtschaftlicher Basis. Unterstützt wurde die Staffelung durch die Induktion des Senioratsgedankens, der von der näheren oder entfernteren Berührung mit der Welt des Hirtentums hereinsickerte. Damit wurde die Grundlage zur patriarchalischen Wirtschaftsführung und Gutsherrschaft gelegt, die zunächst Frauen, hierauf Frauentauschgut, wie Schmuck, Matten, Eisengeld, Metallringe usw. aufstapelte, um mit diesem „Frauenkapital“ Macht auszuüben. Auf diese Weise war es einzelnen Familienhäuptern möglich, wirtschaftlich weniger geschickte Persönlichkeiten in Abhängigkeit zu bringen, eine Gefolgschaft, eine Klientel um sich zu versammeln. Die wirtschaftlichen Fähigkeiten wurden somit ein Mittel, zu Einfluß und Macht zu gelangen, sie wurden ein Gradmesser sozialen Ansehens. Damit ist der Boden bereitet für den Gedanken einer Aufstapelung des Besitzes an männlichen Sklaven und Sklaventauschwerten.

Zu diesem Vorgang innerer Zersetzung der „homogenen" Gemeinde, der in eine soziale Staffelung ausläuft, tritt noch die Angliederung fremder Flüchtlinge, die namentlich als handwerkliche Spezialisten sich der Gemeinde nützlich machen oder als freie Händler sich zwischen den Gemeinden einschieben.

Durch alle die erwähnten Vorgänge wurde die selbständige Gestaltung des Feldbauertums in den meisten Teilen des westlichen Afrikas „gestört", sie hat daher eine andere Entwicklung genommen als in der pazifischen Welt und in Amerika, wo die Grundlage der politischen und sozialen Gestaltungen sich aus der Überschichtung der Wildbeuter durch die Pflanzenpfleger ergab. In Asien bildete vielleicht das ursprüngliche Reich der Chinesen am gelben Fluß eine verhältnismäßig einlinige Ausgestaltung des Feldbauerlebens aus, auf dessen weitere Komplikationen und Schicksalsabläufe in den folgenden Paragraphen noch näher eingegangen werden soll.

§ 4. Gruppierung und Ansätze zur Staffelung.

Die wirtschaftlichen Verhältnisse auf Neu-Guinea und den meisten der großen melanesischen Inseln liegen im allgemeinen ähnlich wie bei den schon oben geschilderten papuanischen Kai-Leuten. So wichtig in vielen Hinsichten die Form der Nahrungsgewinnung für die Grundorientierung der Lebensgestaltung ist, wäre es doch verfehlt, für alle Formen der Vergesellung nur auf sie allein zurückzugreifen. Es gibt auch eine Menge anderer wichtiger Faktoren. Solche ergeben sich vor allem aus den Wanderungen und dem daraus folgenden Nebeneinandersiedeln von Gemeinden heterogenen Ursprungs. Dabei kommt namentlich die Spannung in der Verschiedenheit solcher nebeneinander sich lagernden Gemeinden in Betracht, die selbstverständlich im Laufe der Zeit einander beeinflussen, zu einer Infiltration von Gedanken, Auffassungen und Einrichtungen führen. Diesem gegenüber wird von der übernehmenden Gemeinde eine bestimmte Stellung eingenommen, so daß das fremde Gut bei der Übernahme Veränderungen erfährt. Es ist z. B. ein großer Unterschied, ob eine Gemeinde mit Kenntnis des Feldbaues oder der Bewässerungskultur mit einer Jäger-Sammler-Gemeinde in Kontakt kommt, oder ob ungefähr mit der gleichen Technik der Gewinnung von Nahrung ausgerüstete zwei Gruppen sich treffen. Diese Verschiedenheit begründet von vorneherein die Stellung von zwei fraglichen Gruppen zueinander und damit auch in der Folge einen andersartigen Ablauf der beiderseitigen Beziehungen.

Es würde in diesem Zusammenhang zu weit führen, auf die Wanderströme im melanesischen Gebiet einzugehen (s. Friedc. [29]), die den besonderen

Gestaltungen zugrunde liegen. Das Verhältnis der mit verschiedenem Kulturbesitz ausgerüsteten ethnischen Einheiten und weiterhin die Dauerregelung der Beziehungen dieser Gruppen zu einander ist für die politische Konfiguration der Ballungen von Gemeinden verantwortlich zu machen. Auf diese Weise gelangt man zu den im folgenden nur kurz erörterten Haupttypen.

a) Sippenagglomeration (mit oder ohne Totemismus) bei den Koita.

Männer: Jäger und Fänger, Frauen: Feldbauerinnen. Die Grundlage der sozialen Organisation bilden die Sippen, die lose miteinander vergesellschaftet sind. An der Spitze der Sippen stehen Oberhäupter, denen hauptsächlich eine wirtschaftlich-zeremonielle Bedeutung zukommt. Die Gesamtheit der Siedlungen zerfällt in zwei lose Gruppierungen, die sich miteinander in einer freundschaftlich-feindschaftlichen, jedenfalls emotionell betonten Dauerbeziehung befinden. Überdies besteht eine Vergesellung mit einem fremden Stamm. Die Sippenzugehörigkeit wird durch ein eigenartiges Adoptionssystem getrübt. Besondere Freundschaftskategorien. Keine feste Heiratsordnung.

Als repräsentatives Beispiel diene die Organisation der *Koita* des südlichen Neu-Guinea. Das ganze Volk zerfällt in eine Anzahl mehr oder weniger miteinander in wechselseitiger Feindschaft lebende Stämme. Dabei wird hauptsächlich eine beständige Feindschaft zwischen den östlichen und den westlichen Stämmen betont, so daß das ganze Volk in zwei einander sich bekämpfende Hälften aufgespalten ist. Ihre Dörfer enthalten ungefähr 20 Häuser mit zusammen über 100 Bewohnern. Die Dörfer im Binnenland zeigen die Häuser in zwei parallele Reihen geordnet, in deren Mitte sich ein großer offener Platz befindet. Manche Dörfer bestehen aus mehreren Weilern. Eigenartig sind ihre Beziehungen mit den benachbarten *Motu*, die als Einwanderer zu betrachten sind und Land von den *Koita* erworben haben. Mitunter schließen deren Siedlungen unmittelbar an die Dörfer der *Koita* an. In einigen Fällen ließen sich aber auch *Koita* bei den *Motu*-Kolonien nieder. Mit den anderen Völkern traten aber die *Koita* in verhältnismäßig geringe Beziehung.

Die Bewohner jedes *Koita*-Dorfes — und auch der *Motu* — sind in eine Zahl von Sippen, *iduhu*, aufgeteilt, in denen die Abstammung in der männlichen Linie berechnet wird. Die östlichen und die westlichen Stämme zerfallen wieder in verschiedene solcher Sippen. Diese sind oft auf mehrere Siedlungen verteilt. Ist eine Sippe irgendwo schwach vertreten, so lassen sich deren männliche Angehörige von einer anderen adoptieren. Auf diese Weise erlischt dann die betreffende Sippe an dem Ort. Es kommt auch vor, daß, wenn Personen einer Sippe sich an einem Ort niederlassen, an dem keine anderen Angehörigen derselben leben, sie in eine befreundete Sippe ihrer Nachbarn eintreten. Neuankömmlinge in einem Dorf müssen sich einer der vorhandenen Sippen anschließen, sonst bewilligt man ihnen kein Land für die Anlage von Feldern.

Gewisse Sippen (*iduhu*) haben das Recht, gewisse konventionelle Muster (*dagina*) zu benutzen, die in Holzschnitzereien bestehen oder aus Anordnungen von getrocknetem Gras oder von Blättern mit einer Muschel und dgl. Man kann sie als „Sippenwappen“ bezeichnen.

Jede Sippe besitzt ihr eigenes Oberhaupt (*iduhu rohi*), dessen Amt in der direkten Linie erblich ist. Nur im Falle der Kinderlosigkeit folgt der Schwestersohn, ein Zeichen, daß augenscheinlich hier das Vaterrecht im Begriffe ist, bei der Nachfolge in der Sippenführung mutterrechtliche Auffassungen zu verdrängen. Indessen kann man überhaupt nicht von einer festen Erbfolgeordnung reden. Es kommt auf den konkreten Einzelfall an.

Das Sippenhaupt muß besonders bei den Festen die Speisen verteilen, bestimmt die Abhaltung der Feste, beaufsichtigt die Felder und überwacht das Reifen der Ernte. Die Bananen für die Feste werden zu ihm gebracht und aufgespeichert. Alle diese Bestimmungen sowie das Zeremoniell der Feste wird aber nicht von den Sippenhäuptern unabhängig bestimmt, sondern im Einvernehmen mit den alten Familienvätern. Die Sippenhäupter wachen auch über den Frieden im Dorf und die Beilegung von Streitigkeiten unter verschiedenen Sippen. Dazu gehören auch Angelegenheiten über die zu bebauenden Felder. Von dem erbeuteten Wild fällt dem Sippenhaupt ebenso wie von den gefangenen Fischen ein Teil zu. Ganz besonders aber hat er Anspruch auf den Kopf eines Schweines, wenn ein solches getötet oder auf der Jagd erlegt wurde. Manchmal erhält er auch nur den Unterkiefer, der dann auf der Veranda gekocht und von seinen Leuten verzehrt, schließlich dort aufgehangen wird. Jedes Sippenhaupt besitzt eine offene Männerhalle (*dubu*), für deren Instandhaltung er sorgt. Errichten zwei Sippen gemeinsam eine Halle, so macht die stärkere ihren Anspruch auf dem Platz am rechten Vorderpfeiler geltend und wird dadurch Eigentümer der Halle. Die andere Sippe hat ihren Platz sodann auf der linken Seite.

Jeder Stamm der *Koita* besitzt ein Sippenhaupt, das als erstes angesehen und *rohi ketaike* oder *rohi baugi* genannt wird. Dieses Amt ist gewöhnlich in einer und der selben Sippe erblich, ungefähr soweit und nach den Prinzipien wie die Sippenhäuptlingschaft überhaupt. In einem Fall konnte die Vererbung drei Generationen rückwärts verfolgt werden. Dieses erste Sippenoberhaupt ist insbesondere berufen, Landstreitigkeiten unter mehreren Sippen beizulegen. Streitigkeiten wegen Frauen oder Abtrennung von Familien werden jedoch nicht vor das erste Sippenoberhaupt gebracht, auch wenn das betreffende Sippenoberhaupt nicht imstande war, den Streit beizulegen. In den meisten Angelegenheiten ist seine Meinung von wenig mehr Einfluß als die irgend eines anderen Sippenoberhauptes oder eines anderen einflußreichen Mannes. Nur in Kriegszeiten war seine Autorität größer, da er die Operationen leitete. Unter Umständen konnte er bei entsprechendem persönlichem Ansehen einen Kampf aufhalten. Insbesonders verfügte er darüber, was mit Fremden oder Kriegsgefangenen geschehen sollte.

Auch vor der Ankunft der Weißen suchte oft ein Mann im Dorf den Einfluß an sich zu reißen. Doch war dies hauptsächlich eine Frage seines Charakters.

In der Erziehung tritt die Autorität des Mutterbruders trotz des oben erwähnten Erbganges in der männlichen Linie entscheidend hervor. Als besondere Beziehungen gibt es gewisse Freundschaftskategorien: Wahlfreundschaft und Geburtsfreundschaft. Im ersteren Fall pflegt der Mann, wenn er ein anderes Dorf besucht, sich dort bei seinem „Freund" (*vasila*) aufzuhalten, ohne Rücksicht darauf, welcher Sippe dieser angehört. Er darf die Schwester dieses Freundes nicht heiraten oder mit ihr in irgend eine Beziehung treten. Diese Freundschaft wird in zeremonieller Weise durch gemeinsames Rauchen und Betelnußkauen eingegangen. — Das *henamo*-Verhältnis kann nur zwischen Kindern des gleichen Geschlechtes eingegangen werden, die am gleichen Tage geboren wurden und deren Väter gelegentlich der Geburt der Kinder Geschenke ausgetauscht hatten. Doch scheint diese Art Freundschaft namentlich zwischen der östlichen und der westlichen Hälfte zu bestehen — somit eine Ambivalenz emotionell betonter Beziehungen zwischen diesen beiden Gruppen — und hauptsächlich von denjenigen Motu-Leuten als eingegangen betrachtet zu werden, die eine gemeinsame Handelsreise (*hiri*) nach dem Papua-Golf um Sago unternommen hatten. Bei dem oben erwähnten Geschenktausch unter den Vätern gibt der eine einen Hund, ein Schwein oder einen Armring und erhält vom anderen eine Gegengabe gleichen Wertes und fast immer auch gleicher Art.

Bei der Geburt des ersten Kindes findet eine besondere Zeremonie (*heni*) statt, die auf Senioratstendenzen hinweist. Adoption insbesondere von Mädchen kommt häufig vor. Der Adoptivvater ist gewöhnlich ein guter Freund des Vaters. Das adoptierte Kind tritt in die Sippe seines Adoptivvaters ein, wechselt somit seine Sippenzugehörigkeit. Aus diesem Grunde kann die Sippe nicht als fester Blutsverband aufgefaßt werden. — Man darf nicht den Wunsch aussprechen, ein Kind zu adoptieren, sondern muß warten, bis man danach gefragt wird. Ein Mann kann seine Kinder auch bei verschiedenen Adoptivvätern unterbringen. Die Adoption erfolgt jedoch erst, nachdem die Stillzeit vorüber ist. Die *Koita* lassen ihre Kinder jedoch nicht von den *Motu* oder umgekehrt adoptieren. Manchmal findet die Adoption auch nur vorübergehend und für ein paar Jahre statt, wenn der Vater mehr Kinder hat, als er vielleicht ernähren kann. In diesem Zusammenhang sei an die schon oben beschriebene Adoptionssitte der Leute von den Andamanen-Inseln erinnert sowie auf die im folgenden noch zu erörternden Gewohnheiten der *Marind-anim* aufmerksam gemacht.

Bemerkenswert sind die Heiratsgewohnheiten der *Koita*. Die Sippen sind nicht exogam. Doch scheint eine genaue Untersuchung nicht auszuschließen, daß sie früher exogam waren, während die der *Motu* wohl sicher nicht exogam gewesen sind. Es gibt nur gewisse Heiratsverbote, die sich bis zum dritten Grad der Vetternschaft erstrecken. Ein großer Teil der Heiraten findet unter Angehörigen derselben Siedlung oder von benachbarten Dörfern statt. Häufig sind Mischheiraten zwischen den *Koita* und den *Motu* (Slgm. C. G. [10] 41ff, 66ff).

Die Organisation aller dieser und ähnlicher Gemeinden ist etwas Flüssiges und Wandelbares. Die verschiedensten Ereignisse: Seuchen, Kämpfe, Wanderungen führen zu beständigen Verschiebungen in der Zusammensetzung der Einheiten, aus deren Agglomeration die Gemeinden bestehen und die dadurch hier bald anschwellen, dort abbröckeln. Dank dem agglomerativen Charakter können das aber diese politischen Gebilde jederzeit ohne inneren Schaden erleiden. Die Siedlung wird reicher an Familien oder verliert andere, ohne daß die Organisation der Gemeinde selbst dadurch betroffen wird. Wenn heute diese oder jene Gemeinde besonders stark und erfolgreich erscheint, so ist es kein Zeichen einer besonderen Organisation, sondern nur der Erfolg einer Persönlichkeit oder das Ergebnis des Zusammenschlusses oder einer Angliederung mehrerer Familien, einer glücklichen Konstellation des Augenblicks, die sich auch bald wieder verändern kann.

Das Bild, das wir von einer Gemeinde zu einem bestimmten Zeitpunkt erhalten, spiegelt stets nur den Querschnitt durch den stark pulsierenden Rhythmus eines ständig sich verändernden Lebens wieder. Die Tumleo-Leute, die Bewohner einer kleinen Insel an der Nordküste von Neu-Guinea, waren früher zahlreich, wurden jedoch durch Seuchen bis auf eine Zahl von 300 Seelen dezimiert. Die Einschleppung von Lungen- und Geschlechtskrankheiten hat auf den westlichen Inseln und in Neu-Mecklenburg zu einem erheblichen Bevölkerungsrückgang geführt. Das heutige Dorf *Tjimundo* am Töpfer-Fluß, dem untersten südlichen Nebenfluß des Augusta-Stromes, hat, wie ich feststellte, eine große Geschichte von Wanderungen und Kämpfen hinter sich, in deren Verlauf es teils durch Kämpfe, teils durch Seuchen schwere Einbußen erlitt.

b) Die Marind-anim, Baumpflanzer des südlichen Neu-Guinea.

Männer pflanzen Kokos- und Sagopalmen, gehen auf Jagd und zum Fischfang; die Frauen bearbeiten den Sago, treiben Kleinfischfang und handwerkliche Arbeiten, füttern die Schweine und kochen. Die Kinder werden von der Familie durch Adoption losgelöst, die Geschlechter voneinander getrennt erzogen. Auch im Leben der Erwachsenen herrscht strenge Absonderung der Geschlechter. Jedes Geschlecht ist für sich in stabile Altersbünde gestaffelt. Grundlage für die Heiratsordnung bildet die exogame totemistische Sippe. Die Ehe ist hauptsächlich auf einer funktionellen Ergänzung der herkömmlichen wirtschaftlichen Verrichtungen aufgebaut. Liebesorgien bei der Hochzeit. Praktische Gleichberechtigung der Frauen mit den Männern je innerhalb ihrer Sphäre. Die Siedlung wird durch die Sippenorganisation beherrscht. Kein Häuptlingtum, aber hohes Ansehen des Alters. In Verbindung mit religiösen Geheimkulten spielen die Kopfjagden eine große Rolle, die aber gleichzeitig als Tausch- und Freundschaftsbeziehungen in Erscheinung treten.

Unter den *Marind-anim* des südlichen Neu-Guinea bildet die Hauptgrundlage der Ernährung Sago und Kokosnuß. In zweiter Linie kommt erst die Banane, Yams und Taro in Betracht, die jedoch nur auf kleinen Beeten gezogen werden und in der Regel den Privatbesitz einzelner Personen bilden. Nebenbei sei erwähnt, daß bei den östlich des *Rorassi* wohnenden Stämmen die Dinge anders liegen: hier fehlen die Sagobestände vollständig, und auf ausgedehnten Feldern und im gerodeten Wald werden Yams und Taro gepflanzt, die den Hauptbestandteil der Nahrung jener Stämme bilden. Hier scheint es sich um eine spezielle Variante des Pflanzertums zu handeln.

Die besonderen geographischen Bedingungen haben hier zweifellos zu einer besonderen Betonung der Baumkulturen geführt. Der sandige Meeresstrand ist außerordentlich günstig für die Kokospalme, während in den feuchten Niederungen offenbar schon auf natürliche Weise entstandene Sagobestände seit altersher existierten, zu denen im Küstenstrich noch neue angepflanzt wurden. Die kleinen Beete der Pflanzungen werden gewöhnlich innerhalb der Sago- und Kokosnußbestände angebaut, die einer von seinen Vätern ererbt hat. Sie sind sippenweise verteilt. Doch besteht kein Hindernis, die Pflanzungen an einem beliebigen anderen Platz anzulegen, der günstig erscheint und in der Nähe des Dorfes liegt, vorausgesetzt, daß die Zustimmung des Besitzers eingeholt wird. Kurz vor Beginn der Regenzeit werden die Pflanzungen bestellt. Wenn möglich wählt man einen Boden, der nicht gerodet zu werden braucht und auf dem man leicht mit dem Umgraben des Bodens und Aufschütten der Beete beginnen kann. Zum Auflockern der Erde bedient man sich eines Grabstockes, der unten zugeschärft und etwas verbreitert ist. Er ist gewöhnlich aus dem Stämmchen einer Mangrowe angefertigt, aus dessen Wurzelwerk sich leicht eine verbreiterte Fläche herausarbeiten läßt, während die Inlandbewohner das Holz einer Palme verwenden, das hart und schwer ist. Das Aufeinanderschichten der Erdklöße wird mit der Hand besorgt. Hat man ein Fest in Aussicht, so legen die Bewohner einer Siedlung gemeinsam eine Pflanzung an, deren Ertrag dann auch gemeinsam verzehrt wird.

Während die Kinder, wenn sie noch klein sind, Anrecht auf die Früchte der elterlichen Pflanzung haben, legt der Vater oder der Pflegevater (dort, wo die Sitte der Adoption herrscht) schon frühzeitig für den Knaben oder das Mädchen eine Pflanzung an, welche die Kinder bald selbständig unterhalten lernen und vergrößern. Bei der Geburt eines Kindes pflegt der Vater einige Kokospalmen zu pflanzen, die später Eigentum des Kindes bleiben. Heiratet ein Jüngling oder Mädchen, so besitzt es seine eigenen Sago- und Kokospalmen. Die Pflanzungen sind oft sehr verstreut, weil sie sich Generationen hindurch von den Vätern vererbten, die sie anpflanzten oder bei ihrer Einwanderung in Besitz nahmen. Von Zeit zu Zeit pflegen die Besitzer ihre entfernteren Sagobestände aufzusuchen, um einen größeren Vorrat an Sago zu bereiten. Die Anlage der Sago- und Kokosnußpflanzungen wird von den Männern vorgenommen und erfordert verhältnismäßig nicht viel Mühe. Die Bereitung des Sago fällt den Frauen zu. Die Sagobestände der Inlandbewohner sind viel verstreuter; um sie zu erreichen, müssen oft Tage weite Reisen unternommen werden. Der Besitz an Sago- und Kokosnußbeständen bildet die Grundlage der sozialen Wertung und des Einflusses im Dorf.

Sollen auf hartem trockenem Boden Pflanzungen angelegt werden, so beansprucht man die Mithilfe der Dorfgenossen. Die Entschädigung besteht im Anbieten von Sagokuchen, Früchten und dgl. und darin, daß der Mann seine Frau in formeller Weise den Männern des Dorfes anbietet. Mit dem Aufsuchen entlegener Pflanzungsstücke ist auch ein Aufschlagen flüchtiger Niederlassungen in deren Nähe verbunden. So entstehen neben der

Hauptsiedlung verschiedene Lagerplätze oder Nebensiedlungen, wie z. B. auch bei den Paradjas usw.

Die Häuser in einem Dorf sind am Strande gewöhnlich reihenweise angeordnet, im Innern liegen sie um einen Dorfplatz oder zerstreut zu kleinen Sippengruppen in einem Kokoshain. Doch auch in den Küstendörfern rücken die Angehörigen einer Sippengruppe näher aneinander. Außer den Frauenhütten besitzt jeder Sippenweiler eine Männerhalle. Abseits vom Dorf befindet sich gewöhnlich das Jünglingshaus für die ganze Siedlung. Außerdem gibt es besondere Häuser für Schwangere und Kranke. Die beiden Geschlechter wohnen im Dorfe getrennt. Es gilt als grober Verstoß gegen die gute Sitte, wenn ein Mann eine Frauenhütte betritt, außer wenn er aus der Hütte seiner Gattin etwas holen muß. Niemals wird ein Mann in der Weiberhütte länger verbleiben oder dort gar die Nacht verbringen; der eheliche Verkehr findet ausschließlich im Busch und meistens tagsüber statt. Noch mehr meidet die Frau die Männerhalle, außer wenn sie ihrem Gatten etwas zu überreichen hat. Vollends unstatthaft ist es für einen Jüngling, eine Weiberhütte zu betreten oder auch nur tagsüber ins Dorf zu gehen. Erst abends, nachdem die Dunkelheit eingetreten ist, begeben sich die Jünglinge ins Dorf und verbringen die Nacht im Männerhaus (Wirz [25] 176ff, 189ff).

Innerhalb des Stammes der *Marind-anim* und auch bei ihren Nachbarn gibt es weder Häuptlinge noch Anführer irgendwelcher Art. Die Gesellschaft wird teils durch den „totemistischen Sippenverband", teils durch Altersbünde in verschiedene Bestandteile zerlegt. Doch kommt den alten Männern eine durchaus führende und respektierte Stellung zu, während das gesellschaftliche Schwergewicht auf der Seite der jugendlichen Altersklassen zu suchen ist. Den Alten gebührt nicht nur die Ehre, sondern sie zeichnen sich durch ihre Kenntnisse und Erfahrungen aus, die den Traditionsschatz des Stammes an profanem und religiösem Gehalt bewahren. Allerdings nimmt dieser Respekt ab, wenn der Alte seine Rüstigkeit verliert und an der Beschaffung seiner Nahrung sich nicht mehr beteiligen kann. Ein gewisser Grad von Autorität kommt auch den Frauen als Bewahrerinnen der alten Sitten und Gebräuche zu. Sie beeinflussen die öffentliche Meinung in nicht unerheblichem Maß, und einige unter ihnen sind auch in die Riten der Geheimkulte eingeweiht, so daß sie auch in dieser Hinsicht den Männern gleichgestellt sind.

Abgesehen von diesen Auszeichnungen nehmen nur die Zauberer und Medizinmänner eine ausgezeichnete Stellung ein, die jedoch durch die Persönlichkeit bestimmt wird. Abgesehen davon gibt es einige Leute, die sich durch Handfertigkeiten auszeichnen, Männer die besonders geschickt Pfeile, Trommeln und Geräte herstellen, Gesänge, Mythen, Zauberformeln kennen, Frauen, die hübsche Geflechte, solide Fischnetze handfertigen usw.

Mit der eigenartigen scharf durchgeführten Trennung der Geschlechter hängt es auch zusammen, daß die Männer mit den Jünglingen im Männerhaus in der Regel sippenweise wohnen, die Frauen mit den kleinen Kindern und unverheirateten Mädchen in den Weiberhütten leben. Infolgedessen bildet die Ehe nur einen lockeren Verband gegenüber den Altersbünden der Geschlechter und der Sippenzugehörigkeit. Dazu tritt aber noch ein weiteres. Schon als Knabe verläßt der Marind den Kreis von Mutter und Geschwistern und das väterliche Dorf und muß mehrere Jahre abgesondert im Jünglingshaus zubringen. Dort findet er seine Altersgenossen, Spielgefährten und Kameraden, so daß er nach kurzer Zeit nicht das geringste Verlangen mehr empfindet, zur Mutter oder zu den Geschwistern zurückzukehren. Überdies werden ihm Adoptiveltern zugeteilt, die sich fortan um das Wohl des Knaben bekümmern und ihm fast ebenso nahe stehen wie die leiblichen Eltern. Fortan erhält der Knabe Nahrung und Schmuck von den Pflegeeltern, denen er in den Pflanzungen, auf der Jagd und beim Fischfang behilflich sein muß.

Bei den Mädchen verfährt man ebenso. Doch werden sie nicht zusammengesperrt und isoliert wie die Knaben, sondern bleiben in der Hütte der Mutter bis zur Heirat.

Bei jedem Übertritt des Knabens oder Mädchens in die nächst höhere Altersstufe werden innerhalb der Familiensippe Feste gefeiert. Man kann sagen, daß die leiblichen Eltern mit den Adoptiveltern in der Sorge um die Kinder geradezu wetteifern.

Die Ehe ist auch hier wesentlich auf einer funktionellen Ergänzung der herkömmlichen Verrichtungen und Arbeiten der beiden Geschlechter aufgebaut: während der Frau das Bereiten von Sago und Backen von Sagokuchen zufällt, das Flechten von Matten, Körben und Taschen, die Herstellung von Fischnetzen und Fischreusen, namentlich durch die älteren Weiber, ist die Beschaffung animalischer Nahrung, Herstellung von Schmuck, Geräten und Waffen immer Sache des Mannes. Die Jagd insbesondere wird nur von den Männern geübt, während der Fischfang, wie auch die Tätigkeit in den Pflanzungen auf beide Geschlechter verteilt ist. Doch besorgen auch hierbei die Männer die schwereren Arbeiten des Umbrechens des Bodens, des Fällens der Sagopalme usw. Die Dorfschweine werden ausschließlich von der Frau besorgt. Die Arbeit ist somit unter beide Geschlechter ziemlich gleichmäßig verteilt und das Verhältnis zwischen Mann und Frau in herkömmlicher Weise geregelt. Vor Übergriffen durch den Mann ist die Frau nicht allein durch die öffentliche Meinung, sondern namentlich durch den Rückhalt an ihrer Sippe und schließlich durch ihre eigene Arbeitsleistung gesichert. Eine Frau ist dem Manne in wirtschaftlicher Hinsicht unentbehrlich, weil die Beschaffung der vegetabilischen Nahrung, die durchwegs die erste Stellung einnimmt, fast ausschließlich ihre Sache ist. Dies drückt sich in mancherlei mutterrechtlichen Zügen aus.

Die Eheschließung ist an eine Heiratsordnung gebunden, die sich auf 5 exogame Totemgenossenschaften gründet, deren jede wieder aus mehreren sehr locker aneinander gefügten Sippen besteht. Gemeinsame Mythen und mystische Spekulationen halten die Totemgenossenschaft zusammen.

Dank dieser Heiratsordnungen kommen für einen Knaben oder ein Mädchen nur sehr wenige Partner in Betracht, über die sich die Eltern sehr früh einig werden, so daß die Paare schon von frühester Jugend an von den Eltern für einander bestimmt sind. Wenn der Bursche sein Jünglingshaus des Abends verlassen hat, trifft er sich am Strand oder im Busch mit dem für ihn bestimmten Mädchen. Dabei werden gewisse Schmuckstücke, z. B. Ohrringe miteinander getauscht. Vorehelicher Geschlechtsverkehr wird also bloß im geheimen geübt, voreheliche Kinder auf jeden Fall aber als Schande angesehen. Bei den *Marind-anim* findet eine Hochzeitszeremonie statt, die darin gipfelt, daß von allen Männern und Jünglingen, selbst auch der benachbarten Dörfer und sogar der Sippengenossen der Braut, für die ganze erste Nacht und manchmal auch noch für die zweite ein *jus primae noctis* ausgeübt werden kann. Nach einigen Tagen begibt sich die junge Frau in das Dorf des Mannes und bezieht in der Regel die Hütte der Schwiegermutter und deren Kinder. (Ähnliche, jedoch schärfer geregelte Sitten bestehen bei den Bánaro am Töpferfluß, Neu-Guinea; T. [21] 16ff.)

Wie schon erwähnt, setzt sich die Gesellschaft der Marind aus einer Anzahl von Altersklassen und Unterklassen zusammen. Ein jeder gehört einer solchen an und durchläuft von seiner Geburt an die einzelnen Grade der Reihe nach. Jede Altersklasse hat ihre besonderen Rechte, Privilegien und Verpflichtungen, die das ganze soziale Leben durchdringen. Jeder Altersklasse kommt auch ein besonderer Schmuck zu, woran sie sogleich zu erkennen ist. Da das Alter nicht gezählt wird, so ist das Verbleiben der Knaben und Mädchen in ihren Altersklassen ziemlich weiten Schwankungen unterworfen. Ein besonderes Merkmal bildet natürlich der Eintritt der Geschlechtsreife. Auch nach der Länge des Haares pflegt der Übertritt bestimmt zu werden, der jedesmal durch ein Fest gefeiert wird. Dabei spielt der Mutterbruder eine besondere Rolle, da er als derjenige betrachtet wird, der dem Kinde am nächsten steht.

Daß die Knaben gemeinsam aufwachsen, bringt einen starken Geist des Zusammenhalts in sie, der sie das ganze Leben beherrscht und namentlich bei der Blutrache und den Kopfjagden zum Ausdruck kommt. Doch hat dies auch seine Kehrseiten in homosexuellen Sitten. Die streng durchgeführte Trennung der Geschlechter verlangt prinzipiell Reinheit vor der Ehe, doch hat jedes Mädchen schon früh seinen Liebhaber, wie erwähnt, mit dem es später die Ehe eingeht (Wirz [22] 33ff).

Von besonderer Wichtigkeit sind die Geheimkulte, die zum Teil mit den Kopfjagden in Verbindung stehen. Es war Sitte, daß man alljährlich auf die Kopfjagd ging. Dies war nicht nur ein beliebter und für die Jugend anziehender Sport, eine Gelegenheit, um Mut und Tapferkeit zu erproben, die Mord- und Raublust zu befriedigen und sich den Genuß kanibalischer Mahlzeiten zu verschaffen, sondern sie bot auch Gelegenheit, weite Gebiete zu durchstreifen und allerhand Abenteuer zu erleben. Sie wurde mystisch dadurch begründet, daß man sie als für die Namenverleihung an die Kinder notwendig hinstellte. Denn es bestand die Sitte, daß jedem Kind, und zwar möglichst bald nach der Geburt, der Name eines Geköpften, gleichgültig welcher Herkunft, als Haupt- oder Kopfname beigelegt wurde. Daher war ein Kopf, ohne daß man den Namen des Geköpften wußte, wertlos.

In früherer Zeit gab es für die einzelnen Siedlungsgruppen bestimmte Kopfjagdgebiete, die fast regelmäßig aufgesucht wurden. Neben den unaufhörlichen Feindseligkeiten, zu der die Kopfjägerei Anlaß gab, bestanden aber gleichzeitig und nebenbei gewisse Freundschaftsbeziehungen. Jedenfalls bestand von jeher ein ununterbrochener Wechsel zwischen friedlichem Tauschverkehr und grausamen Kopfjagden. Überdies hatten die Kopfjagden oftmals gleichzeitig den Charakter von Handelsreisen, wie sie zwischen verschiedenen oft weit entfernten Stämmen gepflegt werden. Neben den Kopfjagden finden wir überall Tauschverkehr, der sich aber äußerst zähe und träge abwickelt. Ängstlich und mißtrauisch, wie sich die Bewohner entfernter Siedlungen begegnen, wurden auch die mitgebrachten Gegenstände langsam und zögernd ausgetauscht. Nicht selten pflegte man bei solchen Gelegenheiten einen Kopf zu erbeuten. Ein ander Mal aber wurden große Expeditionen mit dem Hauptzweck ausgerüstet, möglichst viel Köpfe heim zu bringen, doch vermied man dabei, wenn irgend möglich, einen offenen Kampf (Wirz [25] 48ff).

Alle Anzeichen deuten darauf hin, daß die *Marind-anim* früher an der Mündung des Fly-River ansässig waren und von dort nach Westen wanderten. Wahrscheinlich waren es einzelne Wanderzüge kleiner Gruppen oder Sippen, Familien oder Personen, die vor allem den *Bian*-Fluß aufwärts in das Land vordrangen, denen dann andere Gruppen nachfolgten. Nachdem die Küste in Besitz genommen war, setzte sich die Ausbreitung landeinwärts fort und zog sich auch andere benachbarte Flußläufe entlang hinauf. Charakteristisch ist dabei der offenbar mitgebrachte Gedanke einer sippenweisen Verteilung der Sago- und Kokosbestände. Häufig findet sich, daß die am frühesten eingewanderte Sippe die vorherrschende ist, was auch in den meisten Fällen mit den Mythen in Einklang steht, wie denn überhaupt Sippenorganisation die Siedlungsverhältnisse beherrscht. Im Inneren sind im allgemeinen die Siedlungsverbände, die aus verschiedenen Sippen sich zusammensetzen, größer als an der Küste, da hier mehr Pflanzungsland zur Verfügung steht (Wirz [25] 150ff).

c) Halbierungssystem mit Sippenfunktionären auf der Gazelle-Halbinsel.

Die gleiche Verteilung der Arbeit unter den Geschlechtern wie bei den Koita und den Kai-Leuten. Souveräne Siedlungsgemeinden, die aus losen Zusammenschlüssen von kleinen Großfamilien bestehen. Der bewegliche Besitz einerseits und kriegerisches Kämpfertum andererseits haben ein Hervortreten von Persönlichkeiten bewirkt, die sich außer durch Führung der Sippe noch durch Verfügung über die Wertträger oder als Kämpfer ausgezeichnet haben. Macht der geheimen Gesellschaften. Die Zurechnung der Familien und Sippen zu je zwei Heiratsgemeinschaften läßt auf eine verschiedene Herkunft dieser beiden Hälften schließen, die sich offenbar aus melanesischen Zuwanderern und einer mit den „papuanischen" älteren Bewohnerschicht der Baining-Leute ableitet. In den geheimen Gesellschaften werden höchstwahrscheinlich die Kulturtraditionen der melanesischen Zuwanderer gepflegt. Auf die oben gekennzeichnete

Annahme deuten auch die früher üblichen Sklavenjagden der Bewohner der Nordküste der Gazelle-Halbinsel auf die Baining-Leute. Milde Sklaverei. Sklaven arbeiteten in den Pflanzungen „wie Frauen". Stark betontes Mutterrecht.

In jedem Dorf des Küstenvolkes der Gazelle-Halbinsel von Neu-Pommern befand sich ein Sippenhaupt. Das Dorf setzt sich aus verstreuten Gehöften zu zwei bis vier Häusern zusammen, die von kleinen Großfamilien bewohnt werden. Die Macht des Sippenhauptes ist gering, er kann nicht über die Leute seines Dorfes und ihren Besitz verfügen, trägt kein Abzeichen, wohnt nicht bequemer, ist nicht mehr geschmückt und lebt nicht besser als andere.

Die Würde eines Sippenhauptes (*agala* = der Große), des Angesehensten der Großfamilienvorstände, wird vom Mutterbruder auf den Schwestersohn vererbt. Diese Persönlichkeit verwahrt insbesondere das in Muschelgeldkränzen bestehende Sippenvermögen. Das Muschelgeld dient zum Kauf der Frauen für die jungen Leute, die dadurch von ihm in eine Abhängigkeit geraten. Ihm fließt andererseits der Preis für den Verkauf der Mädchen in die Ehe zu. Er übt die Aufsicht über Zucht und Ordnung der Sippe aus, beaufsichtigt die Bepflanzung der Felder und an der Küste den Fischfang. Doch kann er bei schlechtem Verhalten abgesetzt werden. Die zweite Würde ist die des *lûluai* (= Held), des Anführers im Kampf. Oft fällt seine Würde mit dem des Sippenhauptes zusammen. Doch hat auf den Titel eines *lûluai* nur derjenige Anrecht, der sich im Kampf hervorgetan hat und eine Gefolgschaft um sich versammelt, ähnlich wie wir das auch auf den Andamanen-Inseln kennen gelernt haben. Zu der Würde eines *lûluai* kann selbst ein in den Gau aufgenommener Fremder gelangen, der diesen Titel auch dann verliert, wenn er einmal flüchtend den Kampfplatz verließ. Er darf sich durch einen besonderen Schmuck auszeichnen, nämlich durch ein Stirnband, einen Busch weißer Kakadu-Federn, einen Gürtel und ein Halsband aus Muschelschnüren oder aus Kuskuszähnen. Im Gesicht und an der Brust malt er sich mit schwarzer Farbe eine Nuß, die als Zaubermittel gegen feindliche Waffen gilt.

Als dritte Würde ist die des reichen Mannes, des *uviana*, zu betrachten, des Bankhalters oder Geldmannes, der gewöhnlich zum Dorfwucherer wird. Auch das Familienhaupt, insbesondere das Sippenhaupt, verfügt über Muschelgeld; doch ist der Reichtum der einzelnen dieser Persönlichkeiten sehr ungleich. Da das Muschelgeld im Kriegsfall zum Werben von Verbündeten dient, so ist sein Besitz auch von großer politischer Bedeutung, und einzelne reiche Leute vermochten teils auf direktem, teils auf indirektem Wege einen überragenden Einfluß auch über Sippenhäupter zu erlangen.

Wie man sieht, handelt es sich bei allen diesen Würden mehr um Funktionsbezeichnungen, die von den einen oder anderen Persönlichkeiten mit besonderem Nachdruck ausgeübt wurden. Je nachdem einer hauptsächlich als angesehenes Sippenhaupt auftrat oder nur seinen Einfluß als reicher Mann geltend machte, fiel ihm diese oder jene Bezeichnung zu. Aber alle diese Persönlichkeiten konnten nur im Einvernehmen mit den Familienhäuptern handeln, insbesondere galt dies auch für kriegerische Unternehmungen des *lûluai* (Hahl [97a] 74ff, vgl. auch Park. [07]).

Außer durch diese Persönlichkeiten wurde früher durch die Geheimen Gesellschaften des Ingniet-Bundes und der großen Festorganisationen der Dukduk und Tubuan-Tänzer großer politischer Einfluß ausgeübt.

Die Heiratsordnung der Gazelle-Halbinsel ist diejenige, die der Kulturkreislehre als Paradigma für das mutterrechtliche Halbierungssystem gedient hat. Es ist aber vergessen worden, daß dieses hier mit Totemismus verbunden ist und darum sich nicht dazu eignet, es seiner Sippenagglomeration, die von den Kulturkreisvertretern als „totemistische" bezeichnet wird, gegenüber zu stellen. Dieses Halbierungssystem findet sich in Verbindung mit Totemismus z. B. auch auf Neu-Mecklenburg (Peek. [08], [10]). Die Angehörigen der einen Hälfte stehen in diesem System der anderen als Schwäger gegenüber, denn jede „Mutterhälfte" dieses Heiratsbundes ist exogam. Die Verwandtschaft einer Persönlichkeit zu verfolgen und im Gedächtnis zu behalten gehört zu den besonderen Aufgaben der Familien- und Sippenhäupter. Trotz dieser zwei Mutterhälften, in die das ganze Volk geteilt ist und die wegen ihrer Exogamie Verbindungen unter entfernten Verwandten ermöglichen würden, finden tatsächlich die Heiraten innerhalb nächster Nachbarschaft statt, weil ,wie das auch von anderen Orten berichtet wird, die Eltern ihre Kinder in der Nähe ihres Wohnortes wissen möchten, um sich ihrer Hilfe und Gesellschaft öfter erfreuen zu können. Dabei gilt ein nur wenige Stunden entfernter Ort schon als recht weit. Mit dem erwähnten System hängen oft sogar sehr nahe Verbindungen zusammen, wie z. B. im Finschhafener Gebiet (T. [30] 147) zwischen Onkel und Nichte. Aber auch Verbindungen zwischen Bruder und Halbschwester, Vater und und Tochter werden von dort berichtet.

d) Ansätze zur aristokratischen Staffelung auf Buin (Bougainville).

Die gleichen Ernährungsgrundlagen und Prinzipien der Arbeitsteilung unter den Geschlechtern wie im voraufgehenden Fall, nur mit stärkerer Betonung der Sagokultur. Charakteristisch ist für diese Gesellschaft eine Staffelung in verschiedene Grade von Häuptlingtum mit Sohnesnachfolge. Die mittleren und größeren Häuptlinge verfügen über Gefolgsleute von Familienoberhäuptern, die sich durch ein besonderes Zeremoniell gelegentlich der Jünglingsweihe verpflichten. Schutz gegen Treueverband. Totemistische Sippen.

In der Landschaft Buin der Salomo-Insel Bougainville gibt es ein Häuptlingssystem mit Sohnesfolge. Die Familienvorstände werden als diejenigen bezeichnet, die etwas zu sagen haben (*mûmia* = Sprecher). Sie errichten auf einem besonderen Platz eine Männerhalle, die mit Trommeln ausgestattet wird und in der sie Festessen veranstalten. Die Größe und Ausstattung der Halle hängt von dem persönlichen Ansehen des Besitzers und seinem Schatz an Muschelgeld ab. Jedes Dorf, das aus einer Anzahl von Rodungen mit je zwei bis drei Schlaf- und Vorratshäusern besteht, besitzt so viele Hallen als Hausväter. — Neben diesen gibt es Häuptlinge mit Gefolge (*mûmira bogorobore*) von Leuten, die nicht zu ihrer nächsten Verwandtschaft gehören, die Kriegsgefangene oder deren Nachkommen sind, die in einem leichten Hörigkeitsverhältnis zu ihnen stehen. Ihre Gefolgschaft ist verschieden groß. Die Gefolgsleute stehen zu ihrem Häuptling in einem Schutz- gegen Treueverband, der durch ein besonderes Fest gelegentlich der Jünglingsweihe (*unu*) gegründet wird, Auch Kleinhäuptlinge, Hausväter, begeben sich in ein Abhängigkeitsverhältnis zu einflußreicheren Häuptlingen, namentlich bei Kriegsgefahr. — Als die eigentlichen Herren des Landes sind die Oberhäuptlinge mit großer Gefolgschaft anzusehen, die „Sonnenauge-Häuptlinge" (*mūmira tūtoberu*). Ihnen sind nicht nur die Kleinhäuptlinge, sondern auch die Gefolgshäuptlinge durch das Jünglingsweihefest (*unu*) angegliedert. Auch untereinander stehen die Großhäuptlinge wieder in einem Treueverband, derart, daß ein jeder von ihnen mit einem oder mehreren anderen der Großhäuptlinge ein *unu* eingegangen ist.

Diese Staffelung wird durch Besitz an Sklaven und Muschelgeld in erheblichem Maße beeinflußt. Da die Unterstützung der Großhäuptlinge mit Muschelgeld und Geschenken an Taro, Kokosnüssen und Schweinen gewonnen werden muß, fließen ihnen beständig Abgaben zu. Es gilt als ungehörig, daß unter den Leuten, die in einem Schutzverbande (*unu*) stehen, ein Kampf ausbricht. Hat sich z. B. einer mit der Frau eines anderen vergangen, so verweist ihn der Häuptling aus dem Gau. Bei geringeren Vergehen bestimmt der Häuptling die als Buße zu entrichtende Summe an Muschelgeld. Den größeren Häuptlingen steht ein Herold oder ein Faktotum zur Seite, der sein Namensmann (*mīm*) oder Rufmann (*rarikac*) genannt wird. An ihn wendet man sich als an den Vermittler, wenn man nicht direkt zum Häuptling gehen will, und letztere beauftragt seinen Gehilfen mit Botengängen.

Trotz der erwähnten Staffelung darf man sich die Abhängigkeit nicht zu scharf ausgeprägt vorstellen. Wird z. B. ein Mann vom Häuptling zur Arbeit gerufen und kommt nicht, obgleich er nicht krank ist, so bestraft ihn nicht etwa der Häuptling, sondern er versucht seine Mißstimmung durch eine Gabe durch Muschelgeld zu beheben. Denn der Häuptling hat ein Interesse an möglichst viel Gefolgsleuten. Hält sich einer auf die Dauer von der Arbeit fern, so empfiehlt ihm der Häuptling nur, sich wo anders hinzubegeben, ohne das irgend eine Gewaltanwendung oder Machtbetätigung erfolgt (T. [12] 3, 48ff; und T. [30] 127).

§ 5. *Bevorzugte Sippen und Beginn einer Staffelung im Anschluß an Bewässerungswirtschaft.*

a) Der Einfluß der gestaffelten geheimen Gesellschaften auf den Neuen Hebriden und den Banks-Inseln.

Trennung der Tätigkeit der Geschlechter: Männer sorgen mehr für animalische Nahrung durch Jagd und Fischfang, Frauen pflanzen Taro und Yams, wobei ihnen die Männer helfen. Bewässerungsanlagen der Felder durch die Männer. Starke Absonderung der Geschlechter in Bezug auf Speisen. Sippe von ausschlaggebender Bedeutung, doch ist die Familie stärker als bei den Marind-anim. Im Süden Häuptlingtum, im Norden Herrschaft der ranggestaffelten geheimen Gesellschaften, in die man sich durch Schweineopfer einkauft. Daran sich schließende Kreditgeschäfte. Handwerkerspezialisten. Markthandel.

In der Gesellschaft der Bewohner von den Neuen Hebriden und den Banks-Inseln bildet den Hauptbestandteil der Nahrung Yams und Taro. Im allgemeinen läßt sich erkennen, daß in den Gegenden mit korallinischem Gestein mehr Yams, in den vulkanischen Gegenden mehr Taro gebaut wird. Der Grund hierfür scheint darin zu liegen, daß Yams sandigen und nicht zu feuchten Boden liebt, während der Taro entweder unter Wasser gebaut werden muß oder in sehr feuchter Erde. Dazu kommt noch Brotfrucht, Kokosnuß, Banane und Zuckerrohr, sowie Süßkartoffel. In der animalischen Nahrung nimmt das Schwein die erste Stellung ein, es liefert den Festbraten für Opfer und Zeremonien. In Santo, *Malekûla*, *Ambrym* ist es den Männern verboten, weibliche Schweine zu essen, in Pentecôte, *Aoba*, *Maevo* und auf den Banks-Inseln dürfen die Männer bei profanen Gelegenheiten wohl weibliche Schweine genießen, nicht aber bei Festlichkeiten. Vielfach verzehrt man auch Hunde. Hühner werden hauptsächlich der Federn wegen gehalten; Hühnereier verzehrt man selten und nur, wenn sie schon halb ausgebrütet sind; in Santo und *Melekûla* ist deren Genuß den Männern versagt, weil Eier „weiblichen Ursprungs" sind. Die anderen Vögel werden unterschiedslos verzehrt. Außerdem ißt man Schlangen und Eidechsen sowie die Kokosnußkrabbe; für die Küstenbewohner bilden die Fische eine wichtige Nahrung.

Es gibt eine große Zahl von teils permanenten, teils temporären Speiseverboten. Letztere können vom einflußreichen Mann bei einer Gelegenheit ausgesprochen werden. Ein solcher kann z. B. den Genuß von Kokosnüssen oder Brotfrucht für eine bestimmte Zeit mit Verbot belegen. Auf den vielerlei Inseln, und dort in den einzelnen Gegenden, herrschen die verschiedenartigsten Speiseverbote, die auch wiederum für die Männer und die Frauen anders sind. Überdies gilt z. B. in *Tanna* die Schildkrötenjagd als Vorrecht einzelner Familien, in denen sie sich vererbte. Sie allein dürfen sie auch kochen, doch dürfen dann alle auch davon essen. In *Tanna* durften die Männer auch keine Nahrung direkt mit der Hand zum Munde führen, sondern nur mittels eines Blattes. Der zugrunde liegende Gedanke war, daß ihre Hände durch die Berührung der Frauen unrein geworden seien. Knaben brauchten sich daher an diese Vorschrift nicht zu halten. Mit der Trennung der Geschlechter hängt auch das abgesonderte Kochen und Essen von Männern und Frauen zusammen, eine Scheidung, die am strengsten in Santo durchgeführt ist (Speiser [23] 131ff).

Der Feldbau ist in der Hauptsache eine Obliegenheit der Frau, nur das Roden und die schweren Arbeiten verrichtet der Mann. Der Boden gehört der Sippe, also der Verwandtschaftsgruppe. Entweder wird ein großes Feld von der ganzen Sippe bearbeitet, oder jede Familie bestellt selbständig ihre Parzelle, manchmal ist sogar jedem Erwachsenen noch ein besonderer Teil zugewiesen. Auch wenn die Felder sich in der Nähe der Dörfer befinden, hat man dort leichte Hütten errichtet, in denen sich die Frauen aufhalten.

An weiter entlegenen Feldern gibt es besser gebaute Unterkünfte, in denen der Mann mit den Frauen gemeinsam haust. In den südlichen Inseln und in *Ambrym* wechselt man in der Bestellung der Felder jedes Jahr, auf den anderen Inseln bebaut man das gleiche Stück zwei bis drei Jahre hintereinander. Beim Wechsel der Felder wählt man mit Vorliebe von früher her brachliegende Rodungen, auf denen der Urwald noch nicht zu stark geworden ist, sowohl um leichter roden zu können, als auch, weil der Boden dort schon von Steinen gereinigt ist.

Das Roden des Waldes wird selten von einer Familie allein besorgt, sondern immer mit Hilfe von Freunden oder von der ganzen Sippe gemeinsam. Die Helfer werden für ihre Arbeit durch ein Festessen entschädigt, in letzter Zeit auch durch Geld. Die wichtigste Entschädigung besteht aber darin, darf man nicht vergessen, daß bei nächster Gelegenheit der Helfer die Unterstützung desjenigen in Anspruch nimmt, dem er heute seine Arbeit zur Verfügung gestellt hat. Die Größe der einzelnen Felder ist verschieden. Als Durchschnitt mag etwa eine Breite von 30 Meter zu einer Länge von 60 Meter angesehen werden. Mehrere solcher Einheiten reihen sich meistens aneinander. Ihre Grenzen werden durch Stöcke markiert, die man in den Boden rammt. Die Tiefe der Grube, in die der Steckling von Yams gepflanzt wird, beträgt ungefähr 50 cm. Diese wird mit gesiebter Erde wieder aufgefüllt, die man schließlich über der gefüllten Grube aufhäufelt.

In den Gebieten des Taro-Baues, in West-Santo, in Pentekôte und *Aroba* in *Maevo*, auf den Banks-Inseln, in *Futuna* und *Aneitym* findet eine Bewässerung der Felder statt. Dabei stößt man auf die verschiedensten Systeme: von der direkten Benutzung eines kleinen Bächleins, das durch Stauung eine Talmulde in einen Sumpf verwandelt, in dem man den Taro pflanzt, bis zum langen, kunstvoll gebauten Kanal mit systematisch angelegten Beeten. Eines der größten Bewässerungswerke, bei *Wora* in Nord-West-Santo, benützt einen ziemlich wasserreichen Bach, der ein enges Felsental durchfließt. Da, wo er die Richtung seines Laufes ändert, ist aus großen Felsblöcken quer durch den Bach ein Damm gezogen, der das Wasser staut. Oberhalb davon zweigt ein Kanal ab, der immer ungefähr gleich viel Wasser führt, weil bei Hochwasser der Überschuß, den der Kanal nicht fassen kann, über den Damm hinweg im alten Bette weiterfließt. Der Kanal zieht sich die Talwand entlang, ist ungefähr einen halben Meter tief und einen Meter breit. Im größten Teil seines Laufes hat man ihn in die Talwand eingegraben, dort aber, wo diese zu steil abfällt, wurde die äußere Seite durch Steine aufgebaut, deren Zwischenräume mit Lehm und Kies verstopft sind. Stößt der Kanal auf eine Felswand, so stützen ihn Stangen, vom Talgrund her aufstrebende, starke, gegabelte Stämme, während Steine und Erde den Kanalboden abdichten. Wo es nötig war, hat man den Felsen unterwühlt und mit vieler Mühe große Blöcke weggeräumt. So führt der Kanal mit schwachem Gefälle auf einer Länge von etwa 500 Meter die Talseite entlang, bis er in die Pflanzungsfelder einmündet, wo der Niveauunterschied zwischen Bach und Kanal etwa 5 Meter beträgt. — Wenn die Kanalwände auch sorgsam gedichtet und im Laufe der Generationen stark verwachsen sind, so erfordern die Kanäle doch beständige Ausbesserung, zumal die Stützen des hölzernen Unterbaues dem Verfaulen ausgesetzt sind (Speiser [23] 145ff).

Diese technischen Leistungen sind aus zwei Gründen bemerkenswert, 1. deswegen, weil sie die planvolle Anlage eines Steinzeitvolkes aufweisen, die soziologisch deshalb von Bedeutung ist, weil sie das Zusammenarbeiten größerer Menschenmengen unter einheitlicher Leitung erkennbar macht, 2. aber darum, weil die heutige Bevölkerung ganz ähnlich wie auch auf Palau, wie wir noch sehen werden, derartige Anlagen nicht mehr erbauen kann, sondern sich mit der Nützung, bestenfalls mit der Erhaltung dieser alten Werke begnügt. Man wird darum annehmen müssen, daß die Feldbauerbevölkerung, die ursprünglich diese Anlagen schuf, von den Wildbeuterstämmen, die sie sich kulturell assimilierte, rasslich aufgesogen wurde, oder doch die Familien, die Träger dieser speziellen Kenntnisse und Fertigkeiten waren, erloschen.

Es scheint, daß die Bedeutung der Sippen im Laufe der Zeit gegenüber der Familie zurückgetreten ist, zumal die politische Macht mehr und mehr in die Hände der geheimen Gesellschaften der *Suque*-Gruppen übergegangen ist. Nur so weit als die Sippen sich mit den *Suque*-Gruppen decken, haben sie noch politische Gewalt.

Der Kauf der Frau ist Sippensache. Daher geht die Witwe auch auf die nächsten männlichen Verwandten des verstorbenen Mannes über (Levirat). Für den Preis der Frauen fällt außer den sonstigen Momenten die soziale Stellung der Familie des Mädchens ins Gewicht. In Ost-Santo werden für ein Mädchen 6—25 Schweine, in *Malo* etwa 10, in *Vao*, wo es ziemlich viele Mädchen gibt, etwa 5 Schweine, in Süd-*Malekûla* deren 9, in Ost-*Malekûla* 10, in Ambrym 5—30 gegeben. Der Erwerb der Frauen hängt also von der Zahl der Schweine ab, die eine Familie oder eine Sippe aufbringen kann. Dadurch wurde der Erwerb der Frauen eine Frage des Besitzes an Schweinen, somit des Reichtums. Sippenhäupter, insbesondere Persönlichkeiten, die im Besitz hoher Grade in den geheimen Gesellschaften sind, können mehrere Frauen erwerben, während ärmere sich mit einer begnügen müssen. Der Wert des Frauenbesitzes liegt in der Feldbestellung (Speiser [23] 290ff).

Die Grundlage für die Heiratsordnungen bilden die exogamen Sippen, häufig mit Totemismus (Riv. [09]). Man kann sagen, daß dort, wo der Sippenverband sich stärker erhalten hat, wie in Ost-Santo, die mutterrechtlichen Züge in den Vordergrund treten, dort dagegen, wo eine Rückbildung zur Einzelfamilie erfolgte, die vaterrechtlichen Gesichtspunkte sich geltend machen (Speiser [23] 231ff; vgl. a. Riv. [14a]). Die Dorfangehörigkeit wird auf Südwest-Santo im Gau *Tismulun* nach dem Vater, die Sippenangehörigkeit nach der Mutter bestimmt (Deac. [29] 489).

Große Unterschiede sind in politischer Beziehung zwischen den südlichen und nördlichen Inseln vorhanden. Auf den südlichen Inseln findet sich eine erbliche Häuptlingswürde ohne geheime Gesellschaften. In *Aneitym* besaßen die Häuptlinge verschiedene Vorrechte; so mußte ihnen von jeder gefangenen Schildkröte der Kopf als Leckerbissen überlassen werden. Hier fielen ihnen auch gewisse priesterliche Funktionen zu und die Leitung der Feste. Nach dem Tode folgte dem Häuptling sein Sohn, in Ermangelung eines solchen sein Bruder oder ein anderer naher Verwandter (also vaterrechtliche Gesichtspunkte). Die Häuptlinge waren durch besondere Abzeichen kenntlich, die im Norden mit den Rangzeichen der *Suque* zusammen fallen.

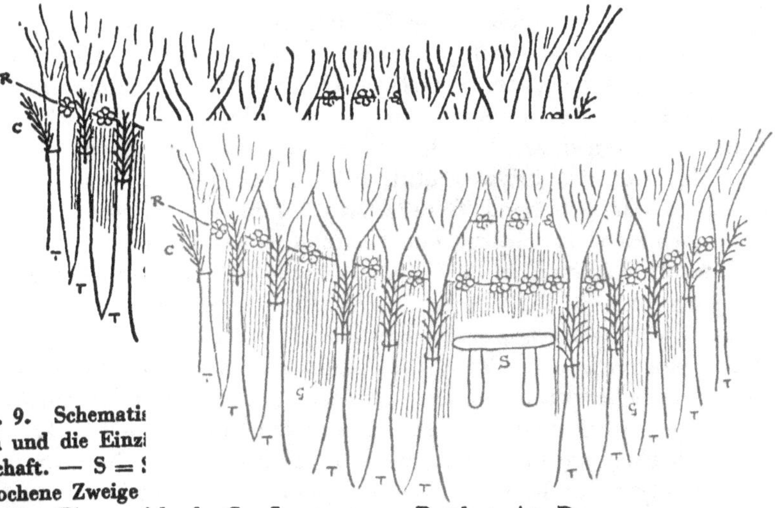

Abb. 9. Schemati[s] stein und die Einz[...] sellschaft. — S = [...] gebrochene Zweige sind; R = Blumengirlande; G = Innenzaun aus Bambus. Aus Deacon.

Diese, die geheimen Gesellschaften, bildeten in den nördlichen Teilen der Gruppe die politische Organisation. Die *Suque* umfassen jedoch nur einen Teil der Bevölkerung und sind auf einer aristokratisch-plutokratischen Basis aufgebaut. Die höheren Grade waren stets im Besitz bestimmter Familien. Rechtlich konnte sich ein jeder in die höheren Grade einkaufen, doch war dazu die Zahlung einer so großen Menge von Schweinen usw. erforderlich, daß ärmere Familien und Sippen sie nicht aufbringen konnten. Die oberen Familien hatten den sozialen Wertmesser, den Schweinebesitz, monopolisiert und hielten dadurch die anderen in Abhängigkeit von sich. Die Grade in den *Suques* entsprechen Altersklassen insofern, als das Einkaufen in höhere Grade nur allmählich mit wachsendem Alter erfolgen kann. Je höher man im *Suque*-Rang steigt, desto mehr wächst das Ansehen. In jeder Bevölkerungsgruppe besitzt ein Mann oder eine kleine Anzahl von Leuten die höchsten Grade. So hat jede Sippengruppe, jedes Dorf, jeder Distrikt, ja in seltenen Fällen jede Insel ihren Mann von höchstem Rang, den man als „Häuptling" bezeichnen kann. Seine Macht wird indessen dadurch begrenzt, daß andere gleichen Ranges neben ihnen aufkommen oder ihn im Rang übertreffen können. So liegt in der *Suque* eine gewisse Unbeständigkeit, die einer bleibenden Organisation entgegenwirkt. Denn wenn ein Mann auch in 5 Dörfern den höchsten Rang einnehmen mag, so muß er doch befürchten, daß ein anderer in einer benachbarten Dörfergruppe einen höheren Rang erreicht. In einem solchen Fall mag eine neue Gruppierung entstehen, die sich nun auf vielleicht 10 Dörfer erstreckt, die aber wieder zerfällt, sobald dieser Mann höchsten Ranges stirbt. Dann werden die im Rang verhältnismäßig höchst stehenden wieder selbständig und eine neue Gruppierung bildet sich. Überdies steigt ein Mann im *Suque*-Rang, je älter er wird. Ein Mann höchsten Ranges ist meistens so betagt, daß er nicht mehr die Kraft hat, die ihm unterstehenden Gruppen zu einer Einheit zusammenzuschweißen. Diese Gradstaffelung ist indessen in den einzelnen Landschaften und Inseln stets etwas anders, wie die Untersuchungen von Deac. [29] zeigen. Im einzelnen Dorfe bildet die *Suque* aber für die im Männerhaus versammelte Gruppe das Bleibende. Sie wird insbesondere durch die Gemeinsamkeit der Interessen an der Ausübung des Ahnenkultes, auf den sich die *Suque* stützt, zusammengehalten.

Trotz der geheimen Gesellschaften gibt es traditionelle Feindschaften zwischen den Bewohnern der Küste und des Inlandes, oder zwischen einzelnen Talschaften, in *Malekûla* herrscht ein traditioneller Krieg zwischen den Bewohnern der kleinen Inseln und denen der Hauptinsel, in *Ambrym* steht die Bevölkerung jedes Küstenzipfels der des anderen feindselig gegenüber, desgleichen in *Gaua*, Dies sind Gegensätze, die weder auf kultureller noch rasslicher Basis beruhen, sondern eher mit der relativen Abgeschlossenheit der betreffenden Gebiete zusammenhängen (Speiser [23] 335ff).

Auch hier, wie bei vielen anderen Völkern, werden bestimmte Handwerke nur von gewissen Familien betrieben, in denen sich die Fertigkeit vererbt. Dennoch vermag ein jeder für den Gebrauch des Alltags handwerklich herzustellen, was er benötigt: einen Korb zu flechten, eine Keule zu schnitzen, einen Holzpfeil zu verfertigen, ein einfaches Haus zu bauen. Allein die Produkte solcher Arbeit lassen sich in der Regel als das Werk von Dilettanten erkennen, sie reichen in der Eleganz der Herstellung nicht an die Erzeugnisse der Spezialisten heran. Der sogenannte Verfall von Kunstfertigkeiten hängt vielfach mit dem Aussterben von Spezialistenfamilien zusammen. Der Kanubau auf den Torresinseln, die Weberei auf *Ureparapara* ist so verschwunden; bald wird es mit der Töpferei auf Santo ebenso gehen. Das Erlöschen einer Spezialität kann daher nicht immer ohne weiteres im Sinne eines „Kulturverfalles“ gedeutet werden.

Die Werke der Spezialisten wie Töpfe, Federgeld, Muschelperlen, Prunkmatten, Tanzmasken usw. sind auch an die Kenntnis der magischen Hilfsmittel gebunden, der Gesänge, Zeremonien, die zum Gelingen des Werkes verhalfen, und ohne die auf der Arbeit kein Segen ruht. Die Kenntnis des Handwerks ist für die Familie eine nicht geringe Erwerbsquelle, doch nie von der Bedeutung, daß der Handwerker sich allein auf den Ertrag seiner handwerklichen Tätigkeit verläßt. Bei der Ausführung größerer Arbeiten ist er eigentlich nur der verantwortliche Leiter. Er ist Baumeister beim Hausbau und beim Bootsbau und legt nur bei feineren Arbeiten Hand an. Sein besonderes Geheimnis besteht in den Kunstgriffen und *mana*-kräftigen Mitteln (s. T. [R. L.] „Mana“). So entstand hier diese, dort jene handwerkliche Tätigkeit, die ihre Produkte nach anderen Gegenden vertrieb. Am wenigsten

Handwerk übt man in Ost-Santo aus, denn dort fehlen Holzschnitzerei, Flechterei und Töpferei. In West-Santo gibt es Schnitzer, in Nord-*Malekûla* Flechter und Schnitzer usw. Die Herstellung aller Waffen, Holzschnitzerei, Haus- und Bootsbau ist Männerarbeit. Die Frauen treiben Korb- und Mattenflechterei, Färberei, Töpferei und auch das Tätowieren. Der Mann gibt sich also mit jenen Handwerken ab, deren Produkte für ihn am wichtigsten sind, die Frau mit denen, die der Haushaltung dienen. Das Flechten von Matten, namentlich von sogenannten Geldmatten kam den Männern zugute, welche die Frauen für sich arbeiten ließen.

Obgleich, wie schon erwähnt, das Schwein im besonderen Maße als Wertträger zum Einkaufen in die geheimen Gesellschaften wichtig ist, kann es doch nicht als der alleinige Wertträger bei den lebhaften Handelsbeziehungen gelten, die durch vielerlei Märkte gestützt wurden. Als solcher Wertträger kommen noch besondere Matten, bestimmter Federschmuck, eine Art von Muschelgeld und Steingeld in Betracht, auf die hier nicht näher eingegangen werden kann (s. II. Abschnitt). Bemerkenswert ist, daß bei gewissen Märkten ein besonderer Marktfrieden galt.

Von größter Wichtigkeit für das gesamte soziale Leben sind die Kreditgeschäfte an Schweinen zum Einkaufen in die *Suque*-Grade, von denen in anderem Zusammenhang die Rede sein wird. Durch diese Kreditgeschäfte werden in nicht unähnlicher Weise, wie wir das auch bei den *Boloki* am Kongo gesehen haben, die Schuldner in eine Abhängigkeit von den Gläubigern gebracht. Doch scheint dieses Mittel hier nicht mit der vollen wirtschaftlichen Konsequenz genützt zu werden, wie in Afrika, wo eine Klientenschicht entstand, sondern nur zur Erzielung von persönlichen Erfolgen (271 ff).

Natürlich konnte hier ebenso wenig wie gelegentlich der Darstellung der anderen repräsentativen Beispiele auf die besonderen lokalen Fragen der historischen Zusammenhänge, Berührungen und Wanderungen eingegangen werden, weil sie jedesmal eine ausführliche und eingehende individuelle Untersuchung erfordern würden, die weit über den hier gezogenen Rahmen hinausginge. Schematische Behandlung solcher Fragen kann aber niemals der komplizierten historischen Wirklichkeit gerecht werden.

b) Die Mischkultur der Toradjas von Zentral-Celebes.

Feldbauer (*Reispflanzer*), *die stark durch Viehhaltung beeinflußt sind* (vgl. § 2). *Auch hier wird das eigentliche Pflanzen durch die Frauen vorgenommen. Die Viehhaltung drückt sich nicht nur durch Halten einzelner Tiere aus, sondern auch durch das Weiden ganzer Büffelherden. Halbseßhaft. Häuptlingtum, Freie und Sklaven. Geist der alten sozialen Verfassung im Verhältnis zu dem europäischen.*

Um die gesamte Geistesverfassung des Lebens der Naturvölker gegenüber unserer heutigen zu kennzeichnen und gleichzeitig auf die auflösenden Faktoren hinzuweisen, von denen die „primitive Gesellschaft" betroffen wird, seien die Ausführungen eines so tiefen Kenners der Psyche eines Naturvolkes beachtet, wie die des Missionars Kruyt [29], der mehr als 30 Jahre unter den Toradjas von Zentral-Celebes gearbeitet und über sie ausgezeichnete Werke veröffentlichte. Von dem Volke der *Poso* des mittleren Celebes erzählt er, daß sie früher in Gemeinden zusammenlebten, die vor allem durch Bande der Blutsverwandtschaft zusammen gehalten waren. Die Angehörigen einer solchen Gemeinde errichteten ihre Häuser nebeneinander an einem Orte, der gut zu verteidigen war, z. B. auf der Spitze eines Hügels, die sie mit einem Bambuszaun einschlossen. Ein Dorf bestand oft nur aus ein oder zwei Häusern, die eine große Zahl von Familien beherbergten. In diesen lebten die Bewohner nur gelegentlich während der Feste im Dorftempel, nachdem die Ernte eingebracht worden war und so lange die neuen Schößlinge noch nicht ausgepflanzt wurden. Der größte Teil ihrer Zeit wurde in den kleinen Hütten auf den bestellten Feldern verbracht — wie bei den Arhuacos von Columbien.

Das Haupt der Gemeinde wurde nicht eigentlich gewählt, sondern einer aus ihrer Zahl von ihnen übernahm diese Funktion vermöge seines größeren Verantwortlichkeitsgefühls und seiner Kenntnis von Brauch und Sitte, so daß er in allen Dingen seinen Rat erteilen konnte. Es war ein Mann von Wort und Tat, der auch die Angehörigen seiner Gemeinde zu verteidigen verstand, wenn sie mit den Leuten eines anderen Dorfes in Konflikt gerieten. Die Leute kamen mit ihren Anliegen zu ihm in der Hoffnung, von ihm Rat und Hilfe zu erhalten. Er mußte auch im Stande sein, seine Leute anzuführen, wenn sie einen Kriegszug unternahmen. Wenn er außerdem aber noch Gastfreundschaft entfaltete und nicht zögerte, etwa zur Zahlung einer Buße beizutragen, die einem seiner Verwandten auferlegt war, so vermochte er weitreichenden Einfluß auszuüben.

Jüngere, ähnlich begabte Angehörige der Verwandtschaft wurden von dem Oberhaupt als Gehilfen verwendet, um wichtige Nachrichten nach anderen Orten zu bringen, Angelegenheiten auf seine Veranlassung zu ordnen. Wenn das Oberhaupt zu alt wurde, wußte man schon, wer sein Nachfolger werden sollte, und die Überleitung der Autorität ging allmählich und ohne Schwierigkeit vor sich. Das Oberhaupt war aber nicht imstande, irgend jemanden zu zwingen, seine Befehle auszuführen; solches geschah nur auf Grund der allgemeinen Anerkennung seiner Überlegenheit. Er mußte daher immer auf die öffentliche Meinung Rücksicht nehmen. Wenn jemand sich nicht dem Willen der Gemeinde fügen wollte, so blieb einem solchen Widerspenstigen nichts übrig, als nach einem anderen Dorf zu ziehen, mit dem er etwa von Seiten seines Vaters verwandt war. Herrschte dort der gleiche Geist, so mußte er sich damit abfinden, wenn er nicht Gefahr laufen wollte, überhaupt verbannt zu werden. Im letzteren Fall blieb er allein oder mußte in Gemeinden, mit denen er in keiner verwandtschaftlichen Beziehung stand, eine untergeordnete Stellung als Diener annehmen.

Auf diese indirekte Weise übte jede Gemeinde ihre Disziplin unter ihren Mitgliedern aus, die voneinander in der geschilderten Weise abhängig waren. Auch einer, der von Natur aus geizig war, mußte einem anderen, der sich in Not befand, wenn er von ihm angegangen wurde, aus seinem Überfluß abgeben. Es mußte einer die Gefühle des anderen respektieren, weil es gefährlich war, wenn einer seinem Ärger oder seiner Laune nachgab.

Außerdem fürchtete man bösen Zauber. Auf diese Weise kam ein jeder dazu, zu denken und zu handeln wie die andern, und darum bestand eine große Abneigung gegen alles, an das man nicht seit undenklichen Zeiten gewöhnt war.

Unter diesen Umständen war natürlich jeder wirtschaftliche Fortschritt unmöglich. Jede Familie der Gemeinde besaß ihr Eigentum, auf das jedoch die anderen Mitglieder im Falle einer Krisis oder eines Sippenfestes Anspruch erhoben. In einem solchen Fall mußten die Familien, welche die besten Erfolge mit ihrem Vieh hatten, die größte Zahl davon stellen. Wenn ein Mitglied einer Gemeinde sich in Schulden befand, so mußten die reichsten Angehörigen ihm aus den Klauen seiner Gläubiger helfen. Hatte einer große Mengen einer Ware aufgehäuft, z. B. von Salz, so kamen so viele andere und verlangten davon, daß die Vorräte bald erschöpft waren. Wenn eine Person eine besondere Ware oder ein Gerät erworben hatte, so mußte das so oft verliehen werden, daß er selbst nur wenig Gelegenheit hatte, es zu benutzen. Derartige Ansinnen wies man nur selten zurück, da ein jeder fürchtete, entweder isoliert zu werden oder das nächste Mal von einem anderen eine Zurückweisung zu erhalten, außerdem aber aus Eitelkeit gern bereit war, weil er Stolz empfand, von den anderen gepriesen und besungen zu werden.

Unter den geschilderten Umständen machten sich in einer Gemeinde wie der der *Poso* keine neuen Bedürfnisse fühlbar. Auch der Besitz von Reichtümern war unter diesen Umständen von geringer Bedeutung. Die hauptsächlichsten Güter bestanden in Stücken von weißen Baumwollgeweben, die in den Reisschuppen aufgespeichert wurden, die als Schatzhäuser dienten. Man machte von ihnen nur Gebrauch, wenn eine Buße zu bezahlen war, oder wenn der Besitzer oder einer seiner nächsten Verwandten starb. Im letzteren Fall wurde eine Zahl dieser Gewebe mit ihm bestattet. Keinerlei Geld war im Umlauf, und man hätte auch keine Verwendung dafür gehabt. Die Silbermünzen, die in den Besitz der *Poso* gelangten, wurden als Kinderschmuck verwendet.

Damals dachte niemand daran, Kokosnußpflanzungen anzulegen, außer in der unmittelbaren Nachbarschaft der Häuser. Dies geschah nicht nur, weil man nicht anders daran gewöhnt war und weil man nicht mehr Kokosnüsse brauchte, sondern auch deshalb, weil bei feindlichen Angriffen das erste, was die Gegner taten, war, die Kokospalmen niederzuschlagen.

Derartige Gemeinden mußten natürlich auf dem gleichen Niveau verbleiben. Einerseits tat ein jeder, was er wollte, andererseits aber war er dadurch beschränkt, daß er nicht mißliebig bei den anderen auffallen durfte.

In diese feste Traditionsgebundenheit ihrer Geistigkeit und sozialen Verfassung kam erst durch die Europäer, und zwar von verschiedenen Seiten her, Erschütterungen. Nur einige besonders wichtige seien hier herausgegriffen, weil sie gleichzeitig auch die Festigkeit der alten Traditionen beleuchten und die Veränderungen kennzeichnen, die in allen ähnlichen Situationen mit der Einführung von bestimmten Neuerungen verbunden sind, so daß ihnen deshalb allgemeine soziologische Bedeutung zukommt.

Dazu gehört in erster Linie die Besteuerung, die auf die Einzelpersonen nach ihrem Besitz an Büffelherden und Sagopalmen gelegt wurde. Da die Steuer nicht dem Dorf als Ganzes auferlegt wurde, mußten die einzelnen als Individuen ihre Zahlungen leisten, wodurch die alte Gemeinwirtschaft erschüttert wurde. Außer der Kopfsteuer mußte auch Arbeit an den Straßen geleistet werden, wofür ein Häuptling verantwortlich gemacht wurde. Das Dorfoberhaupt hatte aber früher, wie ausgeführt, keineswegs derartige Rechte. Der Unterschied zwischen Sklaven und Freien, der von den *Poso* streng beobachtet wurde, wurde verwischt. Schließlich wurden auch die Kopfjagden verboten und damit die Grundlagen ihres religiösen Lebens angegriffen, denn der Tempel in jedem Dorf stand in Verbindung damit, und auch die Feste feierten die Erbeutung eines neuen Schädels. Die Alten fürchteten damals ernstlich, daß infolge dieses Verbots ein großes Sterben unter ihrem Volk einsetzen würde und ihre Ernten nicht mehr gedeihen könnten. Hierin zeigt sich die innige Verflochtenheit in der Auffassung von sozialen-wirtschaftlichen und religiösen Vorgängen. Schließlich kam das Christentum, das den einzelnen aus der Verbindung mit den Lebenden und Toten seiner Gemeinde loslöste (Kruyt [29] 1ff).

c) Sakrales vaterrechtliches Halbierungssystem und schwache exogame Sippenverbände bei den *Tewa*-Indianern (Pueblos) von Neu-Mexiko.

Feldbauergesellschaft mit Bewässerungssystem. Da die Großfamilien sich in Auflösung zu befinden scheinen, dürfte auch das Sippensystem an Einfluß verloren haben. Dagegen besteht eine sakrale Halbierung, die sich noch immer in endogamem Sinn in der Heiratsordnung geltend macht. Zahlreiche Bünde. Hervortreten der Frauen bei der Übereignung des Landbesitzes. Neben den sakralen Häuptlingen profane.

Bei den *Tewa*-Indianern von Neu-Mexiko, die zu den sogenannten Pueblo-Völkern gehören, bildet die Kleinfamilie heute in vielen Fällen die soziale Einheit, obgleich oft drei Generationen zusammenleben und die älteren Witwen und Witwer fast immer mit einem verheirateten Kind oder mit adoptierten Enkelkindern gemeinsam hausen. Es gibt auch viele Haushalte, in denen Seitenverwandte oder Verschwägerte zusammenleben. Eine Familiengruppe besitzt nicht selten zwei oder drei Häuser. Der Gatte und seine Frau besitzen z. B. jeder ein Haus für sich. In einem solchen Fall wohnt die Familie entweder abwechselnd in den verschiedenen Häusern oder das eine Haus wird als Speicher verwendet. Verwandte Familien haben gewöhnlich ihre Häuser in der Nachbarschaft, entweder infolge des Erbganges oder durch Kauf oder Errichtung von Neubauten.

Die männliche und weibliche Nachkommenschaft erbt der Theorie nach in gleicher Weise Land, Vieh und Häuser. Doch scheinen bei der Übereignung des Grundbesitzes die Frauen bevorzugt zu werden. Die Häuser werden gewöhnlich unter die Kinder verteilt, oder ein Raum dem einen, ein anderer Raum dem anderen überlassen. Dabei scheinen die Männer besser abzuschneiden. Juwelen, wie Ohrringe, Halsbänder werden hauptsächlich unter die Töchter vererbt (Pars. [29] 37ff).

Als Heiratsordnung scheint die Tendenz zu bestehen, außerhalb der Sippe, aber innerhalb der Heiratshalbierung die Ehe zu schließen. Die Bedeutung der Sippen ist unter den verschiedenen Stämmen der Pueblo-Indianer ungleich: unter den *Hopi* und *Zuni* ist das Sippensystem von großer Bedeutung, während es bei den *Tewa* kaum als exogame Grundlage hervortritt und mit keinen zeremoniellen Veranstaltungen verbunden ist, sondern nur für die Namengebung in Betracht kommt. Daneben gibt es eine Einteilung nach „Sommerleuten" und „Winterleuten", eine Halbierung, die in der sozialen Ordnung wichtiger ist als die Sippeneinteilung. Das Halbierungssystem baut sich auf Vaterfolge auf, die Sippen dagegen auf Mutterfolge. Infolgedessen gehen die Sippen nicht in den Hälften auf. Heiratet eine Frau einen Mann der anderen Hälfte, so tritt sie damit in diese ein. Illegitime Kinder werden sowohl der Hälfte, wie auch der Sippe ihrer Mutter zugerechnet. Auch kann jemand ohne Wechsel der Sippe wegen Krankheit in eine andere Hälfte eintreten. Selbst ein Wechsel der Sippe ohne einen der Hälfte findet statt. Man ersieht daraus die Verwirrung, die in den Beziehungen zwischen Sippe und Hälfte entstehen kann (89ff). Dazu kommen noch die häufigen Adoptionen (30).

Abb. … im We… Oben (…) … dem Mädchen (20) das Material für das Spinnen zeigt. Ihre Belohnung für gutes Lernen besteht in einer „tortilla" (19). Die untere Figur zeigt abermals die Mutter (24), die das Mädchen (26) beim Spinnen von Baumwolle überwacht. Für ihre Geschicklichkeit erhält sie $1^1/_2$ „tortilla" (25). Unten webt das Mädchen (35) an einer Decke (36) unter Leitung der Mutter (33). Die Ration des Mädchens ist jetzt auf 2 „tortilla" (34) erhöht. Aus Verill.

Das „Sommervolk" hat einen besonderen Häuptling, und das „Wintervolk" einen anderen. Der erstere wird als „alte Mutter", der andere als „alter Vater" bezeichnet. In den Erzählungen wird auf sie als „Vater" und „Mutter" des ganzen Volkes Bezug genommen; ein Hinweis darauf, wie das Halbierungssystem auf dem Gedanken des Verhältnisses der beiden Geschlechter zueinander aufgebaut ist. Der Häuptling des „Wintervolkes" herrscht vom November bis März, und von März bis November der des

„Sommervolkes" jeweils über die Volksgesamtheit. Unter den beiden Häuptlingen ist keiner höher im Rang, sondern jeder regiert zu seiner Jahreszeit. Bezieht man sich nur auf einen Häuptling, etwa in den Volkssagen, so wird der „Sommerhäuptling" erwähnt. Ein jeder von ihnen hat zwei Helfer: den Mann „zur Rechten" und den „zur Linken", die bei den zeremoniellen Gelegenheiten an den betreffenden Seiten des Häuptlings sitzen.

In allen Städten gibt es eine solche doppelte Häuptlingschaft, die auf Lebenszeit ist. Nach dem Tode des Häuptlings folgt sein Mann „zur Rechten", und „der Linke" wird Mann „zur Rechten". Theoretisch spielt die Verwandtschaft bei der Erlangung dieser Ämter keine Rolle, doch wählt ein Häuptling gewöhnlich die Helfer aus der Zahl seiner Verwandten. Für die Stadthäuptlinge wird keine Arbeit verrichtet. Auch wird von ihnen keine Arbeit an den Dämmen und Bewässerungswerken verlangt. Ihre Aufgabe ist eine wesentlich sakrale, insbesondere bei dem Ritual der Sonnenwenden und beim Wetterzauber, sowie die Leitung der großen Tänze. In jeder Stadt gibt es außerdem noch zwei „Heilgesellschaften", Feuerstein und Feuer, zwei „Clowngesellschaften", einen Jagdhäuptling, eine Kriegs- oder Skalpiergesellschaft und eine Frauengesellschaft. Dazu gehört noch eine Adler-Gesellschaft, eine Büffel-Gesellschaft sowie ein Schlangenarzt usw. Die betreffenden Funktionen besitzt ein jeder auf Lebenszeit (108ff).

Außer diesen gibt es noch einen profanen Häuptling mit zwei Gehilfen, die im Hause des „Sommerhäuptlings" gewählt werden, und sowohl vom „Sommerhäuptling" wie vom „Winterhäuptling" die Weihe empfangen. Die Zahl der Helfer ist jedoch in den einzelnen Gegenden verschieden (102ff).

d) Eine bevorzugte Sippe, die an der Spitze aller anderen Sippen des Stammes steht, bei den *Menomini*-Indianern.

Jäger-Feldbauerinnen-Gesellschaft, mit ausgeprägter, vorwiegend sakraler Bevorzugung einer Sippe. Die tatsächliche Macht liegt in den Händen ausgezeichneter Krieger. Keine Heiratsordnung. Stammesversammlung mit einer Art Gerichtshof. Bünde.

Während die *Sauk-*, *Fox-* und etwa auch die *Kickapu-* und *Potawatomi*-Indianer sich aus zwei Hälften zusammensetzen, denen der Einzelne seiner Geburt nach zugerechnet wurde, und die mehr oder minder für soziale und religiöse Angelegenheiten eine Rolle spielten, war bei den *Menomini*-Indianern dies nicht der Fall. Hier gab es eine führende, sogenannte „königliche" Sippe mit Vaterfolge, der die Häuptlinge der Sippen des Stammes entnommen wurden. Dieses Häuptlingtum hatte die Tendenz, sich zu vererben. Altersbünde, wie bei den Indianern der großen Ebene, gab es nicht. Pflichten des Sippenhäuptlings, der der Königssippe entstammte, waren ziviler Natur, während die militärischen Funktionen in der Hand des Besitzers des heiligen Kriegsbündels (*mikewuk*) ruhte. Der Bündelbesitzer oder „Held" übte außerdem eine polizeiliche Gewalt über das Lager zusammen mit anderen angesehenen Kämpfern aus und funktionierte als Sprecher oder Beauftragter des Häuptlings für öffentliche Ankündigungen, er leitete die Zeremonien und vermittelte in Streitigkeiten. In diesen Funktionen trug er ein Lederhalsband, das in einer runden sonnenartigen Figur endete, die über der Brust hing. Das gleiche Abzeichen trug auch der Häuptling, nur war dieses kleiner. Besonders wichtig war sein Einschreiten im Falle der Blutrache, das mit umständlichem Zeremoniell verbunden war. Zur Zeit der Ernte von wildem Reis leitete er die Zeremonien des Pflückens.

In Fällen von Mord fand eine Art von Gerichtsverhandlung statt, die aus einem Rat von Häuptlingen und Stammesangehörigen bestand. Die Familien des Beschuldigten und des Klägers nahmen daran teil. Die Verurteilung erfolgte durch die Gerichtsversammlung und konnte auf Tod oder Buße erkennen. Mit den Mannbarkeitsweihen waren früher Fasten, Zurückziehung in die Einsamkeit und Erlangung einer Traumvision verbunden. Heiratsordnungen werden nicht berichtet (Sk. [13] 22ff, 42ff).

Neben der „Heilhütte" gibt es unter den *Menomini* die „Träumergesellschaft", die ebenfalls Tänze abhält, und sich aus verschiedenen Funktionären zusammensetzt, wie aus dem Trommelmeister, dem Sprecher, dem Jugendleiter, 4 „Helden", einem Helfer der Helden, 4 Sängern, 4 Sängerinnen, einem Pfeifenträger für die Sänger und einem Trommelwärter (Sk. [15 a] 173).

§ 6. Fortschreitende Würfelung der Siedlungen und Sippenagglomerationen.

So wichtig die Form der Nahrungsgewinnung ist, die auch für die Gestaltung der Kulturhorizonte eines Volkes die Richtung weist, so wäre es doch völlig verfehlt, auf ihr allein die Unterschiede unter den Gestaltungen der Gemeinwesen aufzubauen. Während z. B. die Papuaner und Melanesier ganz ähnliche allgemeine Methoden der Nahrungsmittelversorgung verfolgen wie die Mikronesier und Polynesier, ebenso Feldbau mit Jagd und Fang verbinden, könnte doch nur ein anthropologisch und soziologisch völlig Blinder die sonstigen ungeheuren Unterschiede zwischen den „schwarzen Bewohnern" der großen Inseln und den Leuten der „kleinen und vielen Inseln" des Pazifik übersehen.

Worauf sind diese Unterschiede zurückzuführen? Worin äußern sie sich vor allem? Bei genauerer Untersuchung stellt sich allerdings heraus, daß auch die Feldbaumethoden bei den Melanesiern und Papuanern im allgemeinen roher, bei den Mikronesiern und Polynesiern sorgfältiger und komplizierter sind. Außerdem aber zeigt sich bei den letzteren eine starke Überlegenheit der handwerklichen Technik. Die Kenntnis der Vergangenheit, ihre nationale Selbstbesinnung, ist bei ihnen tiefer und reicht verhältnismäßig weiter zurück, sei es auch nur in der Form von Genealogien und Sagen. In allen zeigt sich eine größere Exaktheit und Plastik des Denkens und Handelns. Auch ihre Gesellschaft selbst ist plastischer. Wir haben bei ihnen mit geschichteten und gestaffelten Gruppen zu tun, die vielfach ineinander greifen und ein ausgebildetes sakrales Häuptlingstum besitzen. Doch begegnen wir innerhalb dieses Rahmens verschiedenen Varianten, die durch zwei Hauptrepräsentanten von Völkern hier vertreten werden sollen.

a) Die Gesellschaft der alten Maori Neu-Seelands.

Starke Beteiligung der Männer an der Vorbereitung zur Feldbestellung (Stechspaten), sonst Männer als Vogelsteller und Fischer; Frauen pflanzen und ernten, sind insbesondere Weberinnen. Handwerker streng verteilt unter beide Geschlechter, spezialisiert. Die soziale Organisation beruht auf Großfamilien und weiteren Verwandtschaftsgruppen. Der Häuptling tritt dem Volke nicht als andersartig gegenüber, sondern als der tüchtigste Vorarbeiter. Noch keine prinzipielle Spaltung zwischen Werkführer und politischem Führer. Doch hängt an dem Seniorat eine sakral gedachte Bevorzugung zum Führertum, die sich in einer institutionsmäßigen Berufung zum Häuptlingtum unter Bevorzugung einzelner Familien verdichtet hat. Trotz Staffelung (hauptsächlich nach Altersrang) demokratische Einstellung des Einzelnen. Großfamilien-Gemeinwirtschaft.

Unter den Maori von Neuseeland wird die übliche Arbeitsteilung unter den Geschlechtern kompliziert, nicht nur wie auch sonst durch eine solche nach dem Alter, sondern auch nach dem Rang. Auch fehlt es hier nicht an Spezialisten, obgleich zunächst ein jeder in den meisten Arbeiten bewandert ist. Manchmal geht die Arbeitsteilung so weit, daß in einen und denselben Produktionsprozeß verschiedene Spezialisten eingreifen.

Als allgemeines Prinzip der Arbeitsteilung unter den Geschlechtern kann man aufstellen, daß die Männer die mehr Energie, Kraft und Anstrengung erforderlichen Tätigkeiten verrichten, während die Frauen den ruhigen und mehr monotonen Arbeiten sich zuwenden. Dies gilt insbesondere für die Nahrungsgewinnung. Da, wo mehr Kraft, Wagemut und Initiative nötig ist, betätigen sich die Männer, während die Frauen dort zu finden sind, wo man mehr Geduld braucht und die Arbeit langwierig wird. Ihnen fiel auch der größte Teil von Arbeiten zu, die mit der Vorbereitung der Nahrung zusammenhing. Man kann so das Fangen mit Vogelschlingen, Rattenfallen und das Baumklettern der Männer dem Kochen oder Konservieren von Wildbret gegenüberstellen oder dem Sammeln von Wurzeln und Beeren aus dem niedrigen Busch. Das Fischen in der offenen See, insbesonders auch das zeremonielle Vogelstellen, wurde ausschließlich von Männern betrieben, während die Frauen nur Süßwasserfische und allerlei Arten von Muscheln, Kerbtieren und Schnecken sammelten. Unter den anderen Tätigkeiten gab es solche, die ausschließlich einem Geschlecht allein zufielen. So beteiligten sich die Frauen z. B. überhaupt nicht an der Holzschnitzerei, an der Herstellung von Kanus, am Hausbau, und mußten sich entfernen, wenn Grünstein bearbeitet wurde. Obgleich das Tätowieren an beiden Geschlechtern vorgenommen wurde, waren die Tätowierkünstler immer Männer. Außer dem Kochen, dem Holen von Wasser und dem Sammeln von Feuerholz, war das Flechten von Speisekörben ausschließlich Frauenarbeit. Auch das Weben gehörte zu den Verrichtungen der Frauen, obgleich die Herstellung von Mänteln, die man mit Hundefellen oder Kiwifedern schmückte, gelegentlich von Männern vorgenommen wurde. Es galt nicht als Schande für einen Krieger, die Webeschule (*whare pora*) durchzumachen. Alle Tätigkeiten waren durchzogen von den mannigfaltigsten Zeremonialvorschriften, Vorbedeutungen, Sprüchen und Zaubereien, deren Durchführung und Beaufsichtigung ausschließlich von den Männern ausgeführt wurde. Außerdem gab es eine Reihe von Tätigkeiten, bei der die Grenze zwischen den Geschlechtern nicht scharf gezogen war. So war das Sammeln von Früchten wie der *karaka*-Beeren, die Vorbereitung von Farb- und Färbestoffen, von tierischen und pflanzlichen Ölen, die Herstellung von Fäden, Zwirnen und Nadeln keineswegs das Monopol des einen oder anderen Geschlechtes. Beim Heranholen eines großen Baumstammes aus dem Wald beteiligten sich sowohl Männer wie Frauen.

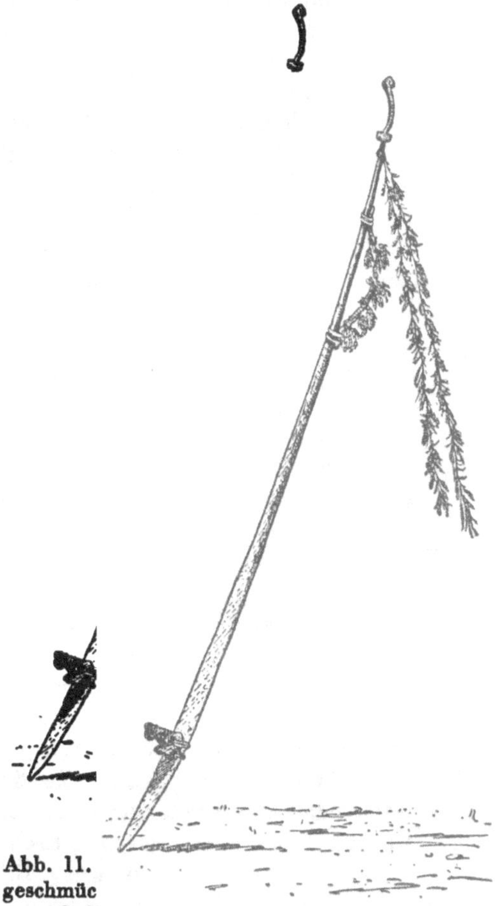

Abb. 11. geschmüc von Süßkartoffeln. An der Spitze ist ein Halbmond geschnitzt. Es gibt einen männlichen und weiblichen Halbmond. Im Mythos der Maori: Rongo = männlich, Hina = weiblich. Die zwei Namen repräsentieren ein zweigeschlechtliches Wesen (vgl. S. 36a Fig. 23a sowie S. 32a und 32b). Aus Best.

Zum Feldbau arbeiteten beide Geschlechter zusammen auf den Feldern, aber die gröbere Arbeit des Rodens, Fällens der Bäume und Brechens der Zweige nahmen die Männer vor, ebenso die schwere Arbeit des Aufbrechens des Bodens mit einem langen Grabstock mit Dorn (*ko*), der an den peruanischen „Fußspaten" (s. S. 110) erinnert. — Die Frauen ergänzten diese Arbeit dadurch, daß sie beim Verbrennen der dürren Reiser halfen, die Erdstücke mit kleinen Geräten zerhackten und die unnützen Wurzeln herauszogen. Nach dem Roden und vor dem Pflanzen findet also dieses Umbrechen des Bodens statt, das der primitivere Feldbau nicht kennt. Es ist eine Aufgabe, die erst später durch den Pflug erleichtert wurde, durch eine Hacke nämlich, die erst durch Menschen, dann durch ein großes Tier gezogen wurde.

Die Arten des Pflanzens selbst waren bei den verschiedenen Stämmen anders und erforderten ein bestimmtes zeremonielles Verhalten. In den Gegenden der Ostküste waren die Frauen z. B. vom Pflanzen der *kumara* (Süßkartoffel) ausgeschlossen. Ähnliche Vorschriften galten auch für das Einernten. Die anstrengende Tätigkeit des Jätens war immer Frauenarbeit, an der sich aber auch männliche Sklaven beteiligten. Das Herausziehen der ersten Knollen der Haupternte geschah in zeremonieller Weise durch einige alte Frauen (ähnlich wie wir das bei den Jibaros und Canelos-Indianern kennen lernten (s. § 1/d)).

Daraus geht, wie Firth ([29] 198) richtig bemerkt, hervor, daß die Maori-

Frauen keineswegs allein die Last aller Arbeit trugen. Man darf nicht vergessen, daß z. B. das Fällen der Bäume mit einer Steinaxt, das Umbrechen des Bodens mit einem Grabstock oder das Graben von 20 Fuß tiefen Kanälen mit einem Holzspaten Arbeiten sind, die reichlich Kraft und Ausdauer bei den Männern erforderten. Es wird auch darauf hingewiesen, daß auf Reziprozität der wirtschaftlichen Funktion die Beziehungen zwischen den Gatten in der Familie aufgebaut waren.

Die Teilung der Arbeit unter den Geschlechtern beruhte auf dem Herkommen, dementsprechend Knaben und Mädchen von der frühesten Jugend an beschäftigt wurden. Eine so große Rolle dabei die Tradition spielte, sind doch die Prinzipien, nach denen die Arbeitsteilung vorgenommen wurde, im letzten Grunde physiologisch bedingt. Aber es tritt auch immer ein intellektueller Faktor hinzu, der vor allem die Verbindung mit dem Zeremonialismus kennzeichnet. Letzterer ist das Ergebnis von Spekulationen über die Zusammenhänge der Betätigungen, mit denen das Weltbild zusammenhängt. Daher sind alle diese Sitten niemals auf einen einzigen Faktor allein zurückzuführen, sondern auf das Ergebnis der Wechselwirkung zwischen Technik und menschliche Konstitution einerseits und die darauf reagierende Psyche andererseits.

Von verhältnismäßig geringerer Bedeutung ist die Arbeitsteilung unter den Altersstufen. Die Kinder halfen den Älteren bei verschiedenen Tätigkeiten und übten sich auf diese Weise ein. Nur für die erstgeborenen Kinder der Häuptlinge galten schon von früher Jugend an eine große Menge von Verhaltungsvorschriften.

Von viel größerer Bedeutung war die Arbeitsteilung entsprechend der Rangstaffelung. Sie bezieht sich auf die drei Hauptgruppen: Adlige (Häuptlinge), das gewöhnliche Volk und die Knechte. Auf den letzteren ruhte im allgemeinen die weniger angenehme Arbeit: sie holten Wasser und Feuerholz, trugen Lasten von Nahrungsmitteln und Geräten, halfen beim Kochen und paddelten in den Kanus. Allerdings muß zwischen Sklaven und Hörigen unterschieden werden, von denen die einen oder anderen in der Gesellschaft der Maori vertreten waren. „Eroberte" Stämme verfielen in ein Hörigenverhältnis zu den anderen wie z. B. die *Te Manu Koau*, denen die Tätigkeit des Vogelfangs übertragen wurde. Derartige Stämme mußten ihren Herren gelegentliche Geschenke an Nahrung bringen, im übrigen aber setzten sie ihr Leben wie bisher fort. Nur standen sie unter dem „*Mana*" des anderen Stammes (s. T. [R. L.] „Mana"). Daraus geht hervor, daß die Hörigkeit bei den Maori nicht von großer wirtschaftlicher Bedeutung war.

Wichtiger waren die persönlichen Sklaven, und zwar hauptsächlich deshalb, weil sie frei von den Beschränkungen des Zeremonialismus waren und darum auch „entehrende" Tätigkeiten verrichten konnten, wie das Kochen und das Tragen von Lasten war. Für einen Sklaven gab es kein „*tapu*" (s. T. [R. L.] „Meidung, Tabu"). Selbst wenn ein Sklave früher Häuptling in einem anderen Stamm war, verlor er dadurch, daß er Kriegsgefangener wurde, das *mana* der Götter und hörte auf, in allen geistigen Dingen mitzuzählen. Daher war Kochen von Essen und was dazu gehörte von keinerlei gefährlicher

Wirkung für ihn. Darum war die Hilfe eines Sklaven für viele notwendige Aufgaben wichtig. Ein Häuptling konnte inmitten von Speisen verhungern, wenn kein Sklave zur Hand war, der sie ihm reichte. Daraus entstanden komische Situationen, wenn bei Stammeshändeln nicht sehr ernster Art es der einen Partei gelang, die Frauen und Sklaven der anderen wegzuführen. Die Krieger der beraubten Partei, die niemanden hatten, der sie ernähren konnte, mußten dann um Frieden bitten. Bei alledem wurde der Sklave nicht zu übermäßigen Arbeitsleistungen gezwungen. Während ihm auf der einen Seite zwar die unzeremoniellen Verrichtungen zufielen, blieb ihm auf der anderen Seite die Teilnahme an Arbeiten erspart, die, wie etwa die Anfertigung von Kanus, mit Zeremonialismus schwer belastet war. Man wird vielleicht sagen können, daß die Rolle der Sklaverei bei den Maori von Seeland wohl wichtig im gesamten System des gesellschaftlichen Zeremonialismus war, jedoch nicht im Abnehmen von Arbeit als solcher bestand, also nicht im Rationalismus der wirtschaftlichen Arbeitsvorgänge eingebaut war. Häuptlinge und Adel unter den Maori wollten sich der Arbeit als solcher nicht entziehen. Im Gegenteil, sie setzten ihren Stolz hinein, ihre Tätigkeit zu zeigen, ja ein Beispiel an trefflicher Feldarbeit und anderen Verrichtungen zu geben. Gerade ihnen sind die wunderbaren Werke des Kanubaus und der Ausstattung der Häuser mit Schnitzwerken zu danken. Allerdings scheinen sie sich mehr und mehr auf die feineren und interessanteren Aufgaben der Schnitzerei und der Herstellung künstlerischer Schmuckwerke zurückgezogen zu haben. Die Bereitung der Speisen überließ man den Frauen, und im Haushalt eines Häuptlings mußten die Sklavinnen Farnkräuter stoßen und kochen, während seine Gattin als „Matrona" ihre Zeit mit Weben und Beaufsichtigung der Mägdearbeit verbrachte. Von alten angesehenen Häuptlingen rühmt man, daß sie niemals träge waren, und ein Sprichwort sagt: „Kurze Fingernägel zeigen den Rang eines Mannes von Macht an". Der angesehene alte Häuptling *Te Hapuku Ngaruhe* aus *Te Aute* begab sich z. B. selber mit seinen Leuten hinaus, wenn die Zeit des Pflanzens begann. Er stellte selbst die Aalreusen her, denn das Fangen mit diesen war ein beliebter Sport. Auch nicht in den Zeiten strengsten Zeremoniells als Häuptling begab er sich seiner Pflichten. Man sah ihn sogar Töpfe ausbessern, in denen gekochte Vögel konserviert wurden. Bei der Feldarbeit arbeiteten die Häuptlinge nicht nur zusammen mit den Sklaven, sondern oft besser und energischer als sie. Von ihrer Jugend an wurden sie gelehrt, in allen Verrichtungen das beste zu leisten, und suchten sowohl auf wirtschaftlichem Gebiet wie auf anderen ihre Ehre zu wahren. Man ersieht daraus, daß die Häuptlinge Führer in der Arbeit und den Arbeitsfertigkeiten waren. Ihre Aufmerksamkeit war nicht nur auf ganz andere Aufgaben gerichtet als bei den Hirten, sondern sie unterschied sich vor allem in ihrer Einstellung von der, die bei „Despoten" zu finden ist, die Sklaven und Hörigen wirtschaftlich rationalistisch nützen.

Wie schon erwähnt, konnten beinahe alle die üblichen Arbeiten ausführen. Doch hinderte dieser Umstand nicht die Spezialisierung einzelner Persönlichkeiten auf besondere Fertigkeiten, wie die Herstellung von Steinbeilen, Holzschnitzereien, Haus- und Kanubauten, Tätowierungen usw. Dasselbe gilt auch für die Verfertigung besonders feiner Gewebe. Derartige Spezialisierungen erhielten sich auf viele Generationen hindurch in einer Familie und wurden vom Vater auf den Sohn vererbt. So gab es Familien von Steinbeilmachern, Holzschnitzern, Holzfällern usw. Die Spezialisten wurden ebenso wie die Priester oder Zauberer mit dem Namen *tohunga* bezeichnet, was darauf hindeutet, daß man die besonderen Fertigkeiten im Sinne einer Bestätigung magischer Kräfte auffaßte. Ein solcher Spezialist besaß eine große Menge technischen Wissens und Erfahrung. Dahin gehörte z. B. die Art, wie einer beim Behauen der Pfosten für ein Haus das Beil richtig schwang, daß schöne Fazetten entstanden, die Faserung des Holzes gehörig ausnutzte usw. Der feinen und schönen Arbeit wurde große Bewunderung gezollt.

Größere Arbeiten fanden unter der Leitung eines Meisters statt; sie wurden durch Geschenke und Bewirtungen entgolten. Im Falle von persönlichen Bestellungen leistete man die Bezahlung in der Form von gegenseitigen Geschenken. Als dritter Typ kann das Prinzip der wechselseitigen Hilfe, der „Bittarbeit" betrachtet werden, bei der durch andere Arbeitsleistungen, nicht durch materielle Gaben vergolten wird. Letzteres fand namentlich beim Feldbau Anwendung (Firth [29] 205ff).

In Gemeindeangelegenheiten fiel dem Häuptling die Leitung und Verteilung der Arbeit zu. Er beaufsichtigte die richtige Abfolge der Tätigkeiten, z. B. beim Bau der Kanus, beteiligte sich aber auch selbst unmittelbar an der Arbeit. Auf ihn ging in vielen Fällen auch die Initiative, z. B. des Baues einer Festhalle, zurück, eine Forderung, der er etwa durch Redegewandtheit, Gaben oder Feste Nachdruck verschaffte. Ein derartiger Bau gereichte der ganzen Gemeinde zu besonderem Ansehen. In einem solchen Fall nahm der Häuptling die Stelle eines „Unternehmers" ein, der die Arbeit durch Geschenke an die Spezialisten und durch Speisen an die ausführenden Werkleute bezahlte. Zur Beendigung fand gewöhnlich ein gigantisches Fest statt, zu dem auch die Nachbarschaft geladen und das von langer Hand vorbereitet wurde, und das natürlich außerordentliche Anstrengungen von Seite der Veranstalter erforderte. Dabei verbanden sich die Tätigkeiten des Häuptlings mit denen des Priesters. Der letztere war das eigentliche geistige Oberhaupt. Er kannte sowohl das technische Verfahren als auch die traditionellen Vorschriften, war bewandert in den mystischen Kunstgriffen und Sprüchen, im „richtigen" Zeremoniell, so daß er als sachlicher Ratgeber auch bei der praktischen Durchführung der Arbeiten galt. So ist häufig der Häuptling der impulsive Initiator, der *tohunga* der „gelehrte" Ausführer aller Stadien einer solchen Unternehmung. Doch kam es auch vor, daß in einer Person beide Funktionen sich trafen.

Neben dieser Funktion erfüllt der Häuptling noch eine andere als Oberhaupt seiner Verwandtschaftsgruppe, von der er eine Art übertragener Macht von großem Gewicht erhielt. Weiterhin ist er der Besitzer wertvollen Eigentums und der Hüter der wichtigen Gemeindeschätze. Endlich erfüllt er auch eine priesterliche Funktion und unterliegt dem schweren Bann des

Häuptlingszeremoniells (Firth [29] 222). Das Dorf der Maori bestand aus einer Anzahl von Familienhaushalten. Jede Hütte bewohnte gewöhnlich nur eine Familie, mitunter aber befanden sich noch weitere Verwandte darin; in diesem Fall bewohnte jede Gruppe von Eltern und Kindern eine besondere Ecke des Baues (76, 90).

Wie schon erwähnt, konnte man das Volk der Maori in Häuptlinge, gewöhnliches Volk und Sklaven einteilen. Jedoch ergibt sich einerseits eine Rangstaffelung unter den Häuptlingen, während andererseits von den Leuten minderen Ranges Anspruch auf Gleichstellung mit der Häuptlingsschicht erhoben wurde. Unter den Häuptlingen nahmen die *ariki* als eine Art Hochadel, als Abkömmlinge der erstgeborenen Kinder in einer fortlaufenden Senioratslinie (vgl. u. a. die Lokele vom Kongo — I § 4/b —) eine besondere Stellung ein. Die *rangatira* waren die jüngeren Verwandten der *ariki*, die Junioren. Außerdem gab es noch Ehrentitel für Häuptlinge besonderer Eigenschaften. Als gewöhnliches Volk galten die jüngeren Kinder der jüngeren Linien und außerdem Mischlinge zwischen diesen und Sklaven. Die Betonung der Erstgeborenenschaft, die auch auf Erstlinge der Ernte sich erstreckt, ist offenbar tief im Gedankensystem der Maori verankert. Die Frage ihrer Herkunft zu untersuchen, würde in diesem Zusammenhang zu weit abseits führen.

Besonderen Ansehens erfreuten sich die Priester, Zauberer und Lehrer der Stammesüberlieferungen. Doch hing dieses mehr von ihren persönlichen Fähigkeiten als von ihrer Geburt ab, obgleich sie gewöhnlich aus den Häuptlingsfamilien stammten. Tätowierer, Schnitzer, Krieger und Fachleute verschiedener Fertigkeiten erfreuten sich ebenfalls dank ihrer Fähigkeiten einer besonderen gesellschaftlichen Stellung. Doch bildeten diese Leute keine besondere soziale Schicht.

Die Unterschiede zwischen Häuptlingen und Leuten minderen Ranges wurden nicht durch irgend eine außerordentliche Respektsbezeugung gekennzeichnet. Man machte keine Verbeugungen oder Gehorsamsbezeugungen vor einem Häuptling, auch gab es keine besonderen Titel oder Anredeformen im gewöhnlichen Gespräch außer denen, die verheirateten oder alten Leuten gegenüber gebührten. Im Alltagsleben herrschte ein Geist der Unabhängigkeit. Die besondere Stellung des Häuptlings kam im Gewicht seiner Meinung zum Ausdruck, die er bei öffentlichen Versammlungen äußerte, in seiner Geschicklichkeit als Redner, in seiner Kenntnis der Genealogien, der Sprichworte und Gesänge, im Ergreifen der Führerschaft bei Kriegsfall oder wirtschaftlichen Unternehmungen, in dem größeren Ausmaß seiner zeremoniellen Verpflichtungen angefangen von der Geburt, bei der Heirat und bis zum Tode. Die Abstammung allein genügte jedoch nicht dazu, Rang und Einfluß zu gewinnen. Entschlußkraft, Charakterfestigkeit, Voraussicht, Initiative und Geschicklichkeit waren dazu gleichfalls erforderlich. Waren diese in dem erstgeborenen Sohn nicht vorhanden, so ging die Führerschaft der Gemeinde an seinen jüngeren Bruder über; war dieser auch nicht geeignet, so an seinen nächsten Vetter in väterlicher Linie, oder in Ermangelung eines solchen an seinen mütterlichen Vetter. Dieses Abweichen vom Senioratssystem bezog sich jedoch nur auf die politische Häuptlingschaft; die religiöse und zeremonielle Leitung fiel immer den *ariki*, den Senioren, zu. Hier zeigt sich wieder einmal der Widerstreit zwischen rationalistisch-praktischem Vorgehen und der Befolgung einer mystisch-religiösen Dogmatik, der hier in geschickter Weise gelöst wurde. Dabei ergibt sich, daß den mystisch religiösen „Weltanschauungen" eine stärkere Tendenz zur Bindung in eine Institution zufiel, als den durch die Notwendigkeit praktischer politischer Führung bedingten Anforderungen. Es ist übrigens ein Problem, das in mannigfachen Formen sich wiederholt, z. B. im seinerzeitigen Wettbewerb des japanischen Schogunats mit dem Mikadotum.

Als konkretes Beispiel sei aus der Geschichte der Maori angeführt, daß *Te Hira* der Geburt nach zur Erbschaft des Häuptlings berufen war, aber weder er noch sein Bruder entsprechende Eigenschaften besaßen. Infolgedessen übertrug ihr Vater sein „*mana*" (ähnlich wie einen „Segen" — s. T. [R. L.] „Segen") auf seinen Neffen *Paora Tuhaere*, der die politische Führerschaft übernahm und bis zu seinem Tode ausübte. *Hira* jedoch behielt das Ansehen seiner Geburt und konnte nicht seines Status als *ariki* beraubt werden. Er verhängte oder löste Verbote (*tapu*) und rituelle Vorschriften, die sich etwa auf Verhaltungsweisen bei der Geburt von Kindern, das Schneiden von Haaren, die Setzung von „Grenzzeichen", die Regulierung des Stammesgebietes, das Hersagen von Heilsprüchen bezogen. Dazu gehörte weiterhin auch der Empfang von Besuchern, die Reden bei offiziellen Gelegenheiten des Stammes, das Aufzählen der Stammbäume, das Verteilen und Annehmen der offiziellen Geschenke, kurz die gesamten Repräsentationspflichten. Von ihm ging auch das Recht der Namensverleihung an Kinder aus und das Ersuchen um Mädchen anderer Stämme zur Verlobung mit Jünglingen seines Volkes. Er übte auch die Bewachung der Stammesschätze (*taonga*), der Talismane (*mauri*) für die Fischerei und die Wälder aus. Der Sohn oder ein späterer Nachkomme eines solchen *ariki* kann aber wieder die politische Macht übertragen erhalten und in seiner Regierung sowohl das exoterische als das esoterische „*mana*" der Häuptlingschaft besitzen.

Der Nachfolger wurde gewöhnlich vor dem Tode des Häuptlings ernannt, entweder förmlich in der Weise, daß das versammelte Volk nicht laut, sondern vielmehr durch Stillschweigen oder Zustimmungsgemurmel oder durch Husten seinen Beifall ausdrückte, oder aber dadurch, daß der älteste Sohn, wenn es ein Mann erprobter Fähigkeiten war, ohne förmliches Einverständnis den Platz seines Vaters einnahm, und die stumme Zustimmung des Volkes sich in seinem Gehorsam äußerte.

Ein Zeichen der Häuptlingschaft bestand in der Zahl der Sklaven, die sich hauptsächlich aus den Kriegsgefangenen ergänzten. Die weiblichen Sklaven verheirateten sich ohne weiteres mit Freien niedrigen Ranges, und deren Nachkommenschaft wurde den Freien zugezählt. Manche wurden auch als zweite Frauen oder Konkubinen von den Häuptlingen aufgenommen, und deren Kinder vermochten zu Macht und Einfluß zu gelangen, obgleich sie immer das Stigma ihrer Herkunft trugen. Diese Sklaven bildeten nicht einen Stammesbesitz, sondern gehörten individuellen Eigentümern. Sie waren auch nicht ethnisch oder kulturell, so weit man sehen kann, anderer Herkunft als ihre Herren. Die Beziehungen zwischen ihnen und ihren Herren waren die besten, sie verrichteten Handarbeiten, waren gut genährt und untergebracht. Allerdings gab es für sie keinen anderen Schutz als den ihres Herrn, dessen Zorn sie ausgesetzt waren. Außerdem bestand für sie die Gefahr, für Menschenopfer verwendet und bei einem Fest verzehrt zu werden. Sie konnten niemals Land besitzen, da dieses dem Stamm gehörte.

Das wichtigste soziale Band bildete die Verwandtschaft. Mitunter waren in einem Hause die Familien mehrerer Brüder vereinigt oder auch von Kindern und Kindeskindern. Eine solche Gruppe hieß *whanau*. Es war eine Großfamilie, die sich mit der slavischen *derevnia* vergleichen läßt. Der Zusammenhang unter ihr war stark. Die Anzahl der in ihr vereinigten Personen wechselte außerordentlich; die größte bekannt gewordene Zahl von Köpfen einer solchen *whanau* beträgt 92. In einem solchen Fall nahm sie wahrscheinlich einen ganzen Dorfabschnitt ein; gewöhnlich war sie jedoch nur in ein oder zwei Hütten untergebracht. Sie bildete die soziale und wirtschaftliche Einheit. Außer gemeinsamen Beschäftigungen im Wohnhaus unter der Leitung ihres Oberhauptes gingen die einzelnen verschiedenen Tätigkeiten nach. Im Süßkartoffel- (*kumara-*) Feld der Gemeinde hatte sie ein oder mehrere Parzellen, die von ihr gemeinsam bestellt wurden. Auch die Aalreusen und Kanus besaß sie gemeinsam. Die Fischerei und Fangrechte übten die einzelnen als Angehörige ihrer Großfamilie aus. Die wechselseitige Hilfeleistung unter den mit ihrem ganzen Leben verbundenen Leuten ermöglichte eine erfolgreiche Tätigkeit. Andererseits war die Großfamilie unabhängig und auf sich selbst gestellt. Sie hing von ihrem Oberhaupt ab, der sie nach Beratung mit den anderen leitete. Nur in Angelegenheiten, die das Dorf oder den Stamm betrafen, war sie nicht mehr allein zuständig.

Wuchs die Großfamilie infolge ihrer natürlichen Vermehrung an und stieg ihre Bedeutung, so wurde sie als *hapu*, als „Sippe" angesehen und dementsprechend bezeichnet. Das ging jedoch in formeller Weise vor sich. Einige einflußreiche Personen schlugen vor, daß etwa die Leute, die als *Ngati-Kahu*, die sich nach ihrem Vorfahren *Kahu* benannten, nunmehr als hapu bezeichnet werden sollen. Dies setzt jedoch voraus, daß ihr Ahne als Persönlichkeit von Ruf angesehen wurde. Mitunter wurde auch eine Frau als Ahnin einer solchen Sippe anerkannt.

Eine Sippe war keine exogame Gruppe. Im Gegenteil wurden die Ehen mit Vorliebe innerhalb derselben geschlossen, sofern die Partner nicht nahe miteinander verwandt waren. Doch bestanden in der Beziehung keine festen Vorschriften. Die Zugehörigkeit zur Sippe wurde sowohl nach väterlicher wie nach mütterlicher Abstammung ermittelt. Gehörten die Eltern verschiedenen Sippen an, so wurden die Kinder beiden zugerechnet; gehörten sie zu gleichen, so erwarben die Kinder eine doppelte Qualifikation für ihre Mitgliedschaft in der Sippe. Eine Sippe umfaßte gewöhnlich mehrere Hundert Mitglieder.

In der Regel lebten in einem Dorf nur die Mitglieder einer einzigen Sippe; war es sehr groß, so mochten sich mehrere darin befinden. In einem solchen

Fall waren deren Wohnplätze jedoch durch niedrige Zäune oder Palisaden voneinander getrennt. Eine große Sippe konnte sich aber auch über mehrere kleine Dörfer oder Niederlassungen verteilen, oder nahm nur den einen Bezirk eines Dorfes ein.

Die größte Verwandtschaftsgruppe der Maori war der Stamm, *iwi*. Er umfaßte eine Anzahl miteinander verwandter Sippen, deren Mitglieder ihre Abstammung auf einen gemeinsamen Ahnen zurückführten. Das Prinzip der gemeinsamen Abstammung galt also in gleicher Weise für die Großfamilie (*whanau*), die Sippe (*hapu*) mit endogamer Tendenz, und den Stamm. Darauf war die Gesellschaft der Maori aufgebaut (Firth [29] 100).

Die Stämme leiteten sich wieder von den Leuten ab, die in Neuseeland um ungefähr 1350 n. Chr. auf hauptsächlich 6 großen Kanus gelandet waren und aus Tahiti und Raratonga kamen. Sie hatten im Lande bereits eine Bevölkerung vorgefunden, die auf früheren Wanderzügen nach den neuseeländischen Inseln gekommen war. Doch deckt sich die Stammesbildung nicht ganz mit den Kanubesatzungen. Die Erinnerung an die letzteren war noch lebendig und existierte als „*waka*"-Kanu für diejenigen weiter, deren Ahnen zu der Besatzung einer der berühmten Kanus aus dem 14. Jahrhundert gehört hatten. Dieses Band war mehr ein ideell gefühlsmäßiges, nicht eigentlich ein politisches.

In der Stellung der Häuptlinge spielte die Polygynie eine wichtige Rolle. Ihr Rang, Ansehen und ihre Autorität beruhten allerdings zunächst auf der Abstammung. Dazu kam, wie schon ausgeführt, die Bedeutung des Seniorats. Allein dies alles mußte durch entsprechende Repräsentation gefestigt werden, insbesondere durch eine freigebige Gastfreundschaft. Dies erforderte Verfügung über Mittel, „Reichtum". Es mußten Speisen, wie getrockneter Schellfisch und andere Leckerbissen, verteilt werden können. Auch hatte ein großer Häuptling seine Gefolgsleute zu unterhalten. Schließlich waren bei „öffentlichen Bauten", wie die von Kanus oder Gemeindehallen, Festmahlzeiten zu bestreiten und sonstige Belohnungen zu vergeben.

Sein Einkommen stammte teils von Geschenken seines eigenen Volkes, teils von den Besuchern, der größte Teil mußte jedoch durch seine eigene Arbeit, die seiner Frauen, Sklaven und Diener, also durch seine Hofhaltung, bestritten werden. Daraus ergibt sich die Bedeutung der Vielweiberei und auch der Sklaven. Natürlich funktionierte der Häuptling auch als Bevollmächtigter und Verwalter des Stammesgutes. Insbesondere war er der Hüter der Ahnenschätze und des Stammeslandes.

Trotz der starken Bindung durch das Leben in der verwandten Gemeinde darf man die Bedeutung des Individuums in allen diesen Verbänden der Großfamilie, der Sippe und des Stammes nicht unterschätzen. In dieser Gesellschaft herrschte immer noch ein mächtiges Gefühl der Unabhängigkeit und demokratischer Lebensauffassungen. So konnten einzelne Leute den Vorschlägen und Entscheidungen sehr wohl widersprechen, ohne daß der Häuptling in der Lage war, einen Zwang auszuüben (122). Allerdings stand ihm in krassen Fällen das Recht des *muru* zu, nämlich der Plünderung des Hofes eines Widerspenstigen, das jedoch nur in äußersten Fällen angewendet wurde. Der Häuptling suchte vorwiegend durch seine Autorität, sein *mana*, zu wirken. Dazu diente außerdem der strenge Zeremonialismus und die das ganze Leben durchziehende Schulung im „richtigen Verhalten".

Aus alledem geht hervor, daß es niemals äußerste Armut oder Mangel an Nahrung für den einzelnen gab, aber auch keine Klasse existierte, die in voller Muse nur von ihrem Besitz lebte. Schon die Tatsache, daß die Bande der Verwandtschaft entscheidend waren, trug zu einem gewissen Ausgleich bei. Vor allem aber fehlte Geld und der Gelderwerb in dem wirtschaftlich-sozialen System. Der Reichtum bestand in „Juwelen" und in der Verfügung über Nahrungsmittel und Geschenke. Als Träger des Wirtschaftskapitals kann man hauptsächlich die Frauen und zum Teil die Sklaven bezeichnen. Die Bezahlung für die Arbeit enthielt keine Entlohnung der Anstrengungen, sondern war eine Auszeichnung, eher ein Symbol der Anerkennung, die dem Verfertiger oder Künstler in den Augen seiner Genossen zuteil wurde. Die Antriebe zur Arbeit und auch zur Ersparnis entspringen nicht so sehr rationalistischen Erwägungen über die Bedeutung der erlangten materiellen Vorteile als dem Verlangen nach sozialer Anerkennung und Auszeichnung.

Ob das Fehlen des starken Zeremonialismus und der komplizierten Staffelungen, wie wir ihnen sonst in der zentral-polynesischen (Willms. [24]) und mikronesischen Gesellschaft begegnen, als Ergebnis einer Rückbildung zu einfacheren Verhältnissen zu betrachten ist, oder ob, wie wahrscheinlicher, vielleicht von vorne herein infolge anderer sozialer Konstellationen, etwa dank einer verhältnismäßig großen Zahl von Einwanderern gegenüber einer kleineren der älteren Bewohnerschaft oder dgl., demokatischere Sitten erhalten blieben, mag in diesem Zusammenhang dahingestellt bleiben.

b) Naßkultur und geschichtete Gesellschaft auf Palau.

Männer Fischer, außerdem Vogelsteller, Handwerker. Frauen bestellen in terassenförmigen Sümpfen Taro; strenge Arbeitsteilung unter den Geschlechtern. Lebendiges Halbierungssystem, das sich in den Siedlungs- und Wohnungsverhältnissen drastisch spiegelt. Er verbindet sich mit einer Staffelung der Großfamilienvorstände (Häuptlinge) innerhalb der Hälften. Weitgehende Spezialisierung und Funktionalisierung der Großfamilien, Dörfer und Gaue unterstützt die soziale Verflochtenheit. Der Einfluß der Frau wird durch ihre Tätigkeit für eine verlässliche Ernährungsgrundlage begründet. Die extrem mutterrechtlichen Großfamilien bilden die sozialen und wirtschaftlichen Einheiten. Der Gesellschaft der Männer und ihrer Organisation steht eine solche der Frauen gegenüber. Progressive Altersbünde. Die vorehelichen und nebenehelichen Beziehungen sind organisiert und legalisiert neben der Ehe. Statt vorübergehenden Zusammenschlusses der ins Reifealter eintretenden Generation finden sich Bünde von Generationsstaffeln auf Lebenszeit.

Ähnlich wie auch auf anderen mikronesischen Inseln z. B. auf Yap (Senfft [07], Müll.-W. [17]), Kusae (Sarf. [19/20]), Truk (Boll. [27]), bei den Chamorro der Marianen-Inseln (Fritz [04]) oder auf den zentralpolynesischen Inseln

(Willms. [24]) usw. herrscht auch auf Palau (Krämer [26]) eine ziemlich komplizierte Gliederung des Volkes. Die einzelnen Gemeinden besitzen eine große Selbständigkeit und führten viele Kämpfe miteinander. Die Siedlungen und ebenso die Häuptlingshallen sind auf einem Halbierungssystem (s. § 5/a) begründet, das auf ein älteres Stadium der sozialen Organisation hinweist, über das sich die kompliziertere Staffelung der Gesellschaft aufbaute.

Die Palauer teilen ihren Archipel in eine Reihe von Gauen, an deren Spitze ein Oberhäuptling steht, der am Hauptort wohnt. In den übrigen Dörfern gibt es Dorfschulzen. Jeder Gau, jedes Dorf und jede Familie hat ihren Geist (*galíd*); der Priester heißt ebenfalls *galíd*. Jedes größere Dorf besitzt 10 — ursprünglich nur 7 — Häuptlinge (*arubak*), deren Gemeinschaft (*klobak*) einen besonderen Namen führt. Parallel mit diesen gibt es 10 (7) weibliche Häuptlinge (*ardil*) des Ortes, „Dorfmütter". Je ein Häuptling und eine „Dorfmutter" gehören einem „Haus" (*blai*) an, deren ebenfalls 10 (7) vorhanden zu sein pflegen. Die Frauenhäuptlingin (*ardil*) ist nicht die Gattin des Häuptlings, sondern eine Verwandte von ihm aus der gleichen Sippe (*keblīl*). Die Häuptlinge und Dorfmütter werden von I bis X (VII) nummeriert und tragen die Titel der betreffenden Häuser (*blai*). Daneben können beliebig viel titellose Wohnhäuser vorhanden sein, die auch *blai* heißen. Die Führung im Dorf pflegt aber nur dem Hause Nummer I und II (Haupthäuser), beziehungsweise deren mit Titel ausgestatteten Häuptling und Häuptlingin zuzufallen. Die anderen 8 Häuser verteilen sich auf zwei Hälften, deren jede dem einen oder anderen der Haupthäuser Gefolgschaft leistet. Demgemäß unterscheidet man „zwei Seiten" im Dorfe. (Es scheint sich hier um eine etwas ähnliche Teilung zu bandeln wie im Fall der Bánaro (T. [21] 12ff) am Töpferfluß in Neu-Guinea.

Diese Dorfteilung kommt auch darin zum Ausdruck, daß jede Seite ihr eigenes Bootshaus besitzt und wenigstens auch je ein Klubhaus (*bai 1 gál de begel*). Außerdem aber noch besondere Festhallen (*bai 1 pelú*). Alle diese Bauten werden wieder nach zwei Seiten unterschieden.

Die Anlage des Dorfes gleicht in den Grundzügen der der Polynesier mit einem Platz (*marae*) in der Mitte bei der Dorfhalle, die von Steinpflaster umgeben ist, auf dem die Gäste bei Versammlungen und Festen, ganz ähnlich wie z. B. auf Samoa, sich niederlassen. Übrigens sind auch die Straßen auf Palau gepflastert. Diese Steinwege sind Prunkbauten zur Erinnerung an erfolgreiche kriegerische Unternehmungen. An einem Ende des Steinwegs befindet sich gewöhnlich ein Klubhaus als Wache zum Schutz gegen feindliche Angriffe. An den Steinwegen liegen die Wohnhäuser nicht in Reihen, sondern abseits vom Wege oft ganz versteckt und regellos hingestreut. Die Häuser I bis X sind gewöhnlich an den besten Plätzen, I und II in nächster Nähe der Dorfhalle errichtet. Unmittelbar beim Dorfe trifft man auf einige Tarofelder, die meist den ersten 10 Familien gehören.

Die erwähnten „Häuptlinge" sind Vorstände von bevorzugten Großfamilien, von denen der erste Häuptling primus inter pares ist. Jedem Häuptling (*rubak*) steht auf der Gegenseite des Hauses ein „Freund" gegenüber.

Beide schicken sich bei Essensverteilungen etwas zu. Außerdem nimmt der andere beim Tode seines Freundes die aus Taro bestehende Seelenspeise entgegen. Er darf das Haus des toten Freundes überfallen und sich dem Begräbnis widersetzen, bis ihm zwei der üblichen Glasperlen-Geldstücke übergeben werden. Jede Hälfte des Hauses (*blai*) hat auch einen eigenen Boten für Helferdienste des Häuptlings (Krämer [26] 292ff).

Die Häuptlingswürde wird durch ein besonderes Zeremoniell, die „Titelverleihung", übertragen, das bei den einzelnen Familien nicht vollständig gleich war. Die Verleihung des Titels *a Raklai* der Oberhäuptlingschaft von *Melekéiok* im Gau *Ngatelngál* geschah in der Weise, daß man, wenn der letzte Häuptling starb, für den Kandidaten eine Hütte auf dem Steinpflaster vor dem Titelhaus errichtete und eine weibliche Verwandte als seine Dienerin bestellte. Ein Schwager von ihm sorgte für das Essen, das er einen Monat lang liefern mußte. Während dieser Zeit verbrachten die übrigen Häuptlinge von Melekéiok die meiste Zeit des Tages in der Haupthalle, doch schliefen sie zu Hause. Am Ende der vorgeschriebenen Isolierung wurde ein großer Holzteller mit Früchten aller Art gefüllt und an die einzelnen Häuptlinge verteilt. Der neue Titelhäuptling steuerte eine Art Mandelkuchen dazu bei. Der Häuptling des Hauses II schmückte nun den Kandidaten und begab sich mit diesem zu den versammelten Häuptlingen. Vor dem Eingang zur Halle blieb er stehen und sagte einen Zauberspruch. Hierauf trat der neue *a Raklai* durch die Stirntüre in die Halle und nahm links Platz, zerlegte den erwähnten Kuchen und verteilte ihn an die übrigen Häuptlinge. Dann begab er sich in seine Isolierhütte zurück und erwartete dort Geldgeschenke von 5 Häuptlingen. Aber es bedurfte noch einer weiteren Tat zur Erlangung des erwähnten Titels. Man pflegte zu sagen: so lange ein *a Raklai* eingeschlossen ist, zittert ganz Palau. Der Eingeschlossene wartete nämlich, daß ihm ein Kopf gebracht wird, für den er kostbare Wertstücke im üblichen Glasperlengeld bezahlt. Angehörige bestimmter Männerbünde waren inzwischen auf Kopfjagd gegangen. Vorher mußte er sich mit diesen aber zu den befreundeten Orten begeben haben und deren Oberhäuptlingen Stücke von Glasperlenjuwelen geschenkt haben. Als Gegengabe erhielt er von ihnen etwas minderwertiges Perlengeld, das er an die Häuptlinge seines Dorfes abgeben mußte. Erst nach Erledigung dieses umständlichen Zeremoniells hatte er den Titel, um den er sich bewarb, erlangt und konnte sich als „Oberhaupt von *Ngatelngál* und seiner Hauptstadt *Melekéiok*" betrachten. Er muß aber, solange er im Amte war, seinen eigenen Koch haben, und durfte nicht fremde Nahrung essen, wie es auch bei bestimmten anderen Häuptlingen der Fall war. Er durfte auch nicht aus einem fremden Gefäß essen oder trinken, und seine Teller durften von niemandem außer ihm benutzt werden (Krämer [19] 99f).

Die Verleihung des Titels *a Jbedul* in *Goréor*, das mit dem oben erwähnten *Melekéiok* im Streit zu liegen pflegte, ging in etwas anderer Weise vor sich. Hier erbaute der neue Häuptling ein neues Residenzhaus nach dem Tode des alten Titelträgers (213f). Überall hielt man sich an andere Überlieferungen, doch immer mit Pedanterie und ängstlichem Zeremoniell, damit es dem Kandidaten im neuen Amt gut geht.

Während man bei der Vergebung der männlichen Titel nicht immer streng auf die Abstammung aus dem betreffenden Titelhaus (*blai*) achtete, war das bei den Frauen anders. Die Frauen, die einen Titel bekommen, mußten auch notwendigerweise zum Stamm des Hauses gehören. An der Spitze dieser Frauenhäuptlinge standen die Dorfmütter. Der Rat der ältesten Frauen war für ein Haus stets von größter Bedeutung. Er verhängte z. B. Strafen für die Überschreitung alter Sitten. Es ist vorgekommen, daß eine alte Häuptlingin einen Häuptling wegjagte und ohne ihn regierte.

Im alten Palau beseitigte man den alten Oberhäuptling, wenn er lästig fiel. Namentlich wenn ein ehrgeiziger junger Neffe oder Vetter heranwuchs, trat für ihn diese Gefahr ein. Der Drängende bedurfte aber der Zustimmung der ältesten Frauen und auch die anderer angesehener Häuptlinge, die er erkaufte, „um die Schuld abzuwaschen". Viele Titelhäuptlinge wurden in alter Zeit oft schon nach wenigen Monaten getötet, und zwar vor allem im mächtigen *Melekéiok*. Es handelte sich um eine Rache gegen die Mächtigen oder Gewalttätigen, die hier noch nicht eigentlich, wie in anderen Fällen, namentlich bei Hirtenstämmen, sakral eingekleidet ist. Es wird berichtet, daß die Neffen oder Vettern erst auskundschafteten, wo das neuerworbene Geld ist; denn die Familienjuwelen bewahrte die Häuptlingin auf, die Familienmutter.

Nach der Ermordung des Oberhäuptlings erfolgte das „Binden" seiner Ehefrau, der man eine Schlinge um den Hals legte, um zunächst den Aufbewahrungsort des Geldes zu erfahren. Hierauf versammelten sich die Häuptlinge, es erfolgte der Aufruf der Krieger durch Hornsignale, man bewarf das Haus des Ermordeten, in dem der Nachfolger weilte, mit Steinen und Speeren, ein Scheingefecht zur sinnbildlichen Bestrafung des Übeltäters. Der Nachfolger bezahlte nun den Angreifern, aber auch den Dörfern seines Gaues und anderen Nachbarn größere und kleinere Geldstücke. Jedenfalls mußte er ziemlich viel entrichten und konnte darum seine Tat nur wagen, wenn er selbst viel Geld hatte. Der Ermordete wurde ohne Ehren im Stillen beigesetzt. Denn da der Titel gewaltsam von ihm genommen war, galt die Leiche nicht mehr als heilig, und die Trauer blieb auf die nächsten Familienangehörigen, die ihm wohl wollten, beschränkt. Anders, wenn ein Titelhäuptling in Amt und Würden starb; dann mußte das mit dem Titel verbundene mana-artige Fluidum wie ein Segen (s. T. [R. L.] „Mana", „Segen") mit einem Bündel geknoteter Kokos- und Taroblätter an den Nachfolger übertragen werden.

In der Häuptlingshalle hatte ein jeder seinen angestammten Platz, ebenso im Wohnhaus. In dieser Beziehung herrschte eine spießbürgerliche Ordnung. Eine Reihe von Ehrenbezeugungen mußten beobachtet werden: man hatte vor dem Häuptling gebückt vorüber zu gehen, in kauernder Stellung zu reden, auf den Fersen sitzend und den Händen auf dem Rücken, wenn befragt; lautes Sprechen und Lärm war untersagt. Wurde einem Großhäuptling Nachricht überbracht, so teilte der gemeine Mann diese erst leise einem niedrigeren Häuptling mit, der ebenfalls mit leiser Stimme sie dem Großhäuptling, das Gesicht zur Seite gewendet, weitergab. Beim Verlassen eines

Hauses hatten die niedrigen zuerst zu gehen, die höchsten zuletzt (aus Angst vor meuchlerischen Überfällen). Auf Berührung einer Häuptlingsfrau stand Todesstrafe, auch bei Beschimpfung (Krämer [26] 294ff).

Die einzelnen Häuser, Dorfschaften und Gaue erfreuten sich gewisser Sonderrechte, die darauf hinaus laufen, daß von irgendwelchen historischen Ereignissen her oder aus anderen Gründen besondere Verhaltungsweisen, insbesondere bei Festen und dgl., der einen gegen die anderen traditionell geworden waren. Im Gau *Ngarárd* z. B. fiel dem Dorf *Ngabúked* als Besonderheit der Fang und Verkauf von Dugong (Seekuh) zu. Wegen einer historischen Begebenheit durften die Leute eines Gehöftes einem anderen bei Besuchen Boote wegnehmen (Krämer [19] 52). Die jungen Leute des Dorfes *Ulimang* saßen bei einem Fest in *Melekéiok* erhöht, und eine Frau des I. Hauses von *Udes* setzte sich zu ihnen; dabei erhielt der Häuptling des Hauses V von *Ulimang* ein Geldstück. *Melekéiok* stellte auch Mädchen (*mongol*) für die Dorfhalle (62). Die Leute des Dorfes *Keklau* hatten das Recht, in dem Dorfe *Ngardolókok* Halsschmuck wegzunehmen, und bliesen daher, wenn sie sich bei einem Besuche dem Dorfe näherten, die Tritonsmuschel. Die Sitte wurde damit gerechtfertigt, daß *Keklau*-Leute von dort herstammen. Dieselbe Sitte galt bei *a Ngeaur*. Ebenso waren zwei weitere Orte von demselben hier angeführten Stammort abgezweigt und unterhielten freundschaftlichen Verkehr mit ihm. *Ngardolókok* übte auch Asylrecht aus, wenn Angehörige seiner Tochterdörfer in Kämpfe verwickelt waren. Mit diesen sogenannten Vorrechten gingen besondere Tätigkeiten der betreffenden Dörfer Hand in Hand. So wurden in dem Dorfe *Ngeóng* von *Ngabúked* Töpfe hergestellt. In Galap war ebenfalls die Töpferei bekannt, während als Vorrecht auch hier Fang und Verkauf des Dugong bestand. Die Besonderheit von *Keklau* lag im Haifischfang, doch war auch Fang und Verkauf des Dugong hier üblich. In *Melekéiok* wurde Haifischfang, Fang und Verkauf des Dugong betrieben und Armbänder hergestellt. Als Besonderheit war hier die Stellung von Mädchen (*mongol*) für die Dorfhalle von *Imeungs* üblich, zum Dank dafür, daß bei einer großen Hungersnot dieses Dorf den Leuten von *Melekéiok* Lebensmittel gesandt hatten. Andererseits stellten die Dörfer *Ngebúreg* und *Ngivál* Mädchen für die Dorfhalle von *Melekéiok* und ersteres schickte noch Geschenke an Brotfrucht. Die Leute von *Melekéiok* durften Dugong-Armbänder tragen (92). Im Gau *Ngaragúmelbai* verfertigte man die besten Kanus von Palau, während als besondere Vorrechte das Flechten von Matten und das Blasen der Tritonmuschel galt. Im Dorf *Goréor* wurde von den Häuptlingen ebenfalls das Dugong-Armband getragen. Bei den großen Festen fielen den Häuptlingen gewisse Funktionen zu. Sie mußten sich ferner von dem Häuptling von *a Irai* zum großen Taubenessen der Jahreszeit einladen lassen. Sie besaßen das Recht, fremde Boote, die bei der Insel *Malágal* passierten, zu durchsuchen und Taro und Fische ihnen zu entnehmen. Bei den großen Tänzen durfte das Dorf *Goréor* Tritonsmuscheln blasen und neuerdings Kanonen abschießen (Krämer [19] 87, 205).

Aus diesen Angaben geht die enge soziale Verflochtenheit der einzelnen Gaue und Dörfer hervor, aber auch gleichzeitig die Besonderheit jedes einzelnen Ortes, der sich auf diese Weise in das gesamte Netzwerk von Gesellungsbeziehungen einfügte. Diese Art einer historisch-traditionellen Spezialisierung bildete die Grundlage für den gesamten sozialen Aufbau dieser Gemeinwesen. Dabei muß besonderes Gewicht darauf gelegt werden, daß es sich nicht immer allein um wirtschaftliche Besonderheiten handelt, sondern um allgemeine funktionelle Spezialitäten, insbesondere bei den festlichen Zeremoniellen.

In den Hauptorten der 10 Gaue bedingte der Titel des I. Residenzhauses (*blai*) die Oberhäuptlingschaft im Gau. Jeder dieser zehn Oberhäuptlinge bezeichnete sich als „Häuptling von Palau". Somit betrachtete sich ein jeder von ihnen als ersten der ganzen Inselgruppe. Indessen herrschte tatsächlich nur selten einer dieser Gaufürsten auch nur zeitweise über wenige Gaue. Soweit die Ermittelungen reichen, gelang es nur dem Häuptling von *Goréor* einmal zu Ende des 18. Jahrhunderts, mit Hilfe der Engländer einige Gaue und Ortschaften von *Melekéiok* zu zerstören und andere unter seine Botmäßigkeit zu bekommen (Krämer [19] 215).

Die Dinge lagen auf Palau schwieriger als etwa auf Samoa. Denn auf Palau handelte es sich um 10 Gaufürstentümer, auf Samoa dagegen genügten vier Titel der drei wichtigsten Landschaften, um das Königtum über das ganze Inselgebiet auf einem Haupt zu vereinigen. In Palau wären mindestens fünf nötig gewesen, nämlich die der fünf ersten Residenzhäuser (*blai*). Es ist aber nicht einmal festzustellen, ob auch nur zwei solche gleichzeitig in den Besitz einer einzigen Persönlichkeit gelangten, obgleich es häufig vorkam, daß ein Häuptling mehrere kleinere Residenzhaustitel (*blai*-Titel) besaß, wie z. B. *Gobak* von *Goréor* (Krämer [19] 231). Jedenfalls waren die Gaufürsten hier selbständiger, auf Samoa dagegen bestand eine stärkere Tendenz, die kulturelle und soziale Einheit auch durch eine politische Persönlichkeit zu versinnbildlichen. Es ist möglich, daß die Bündnisse und Freundschaften zwischen den einzelnen Gauen auf Palau, sowie die unaufhörlichen Fehden, nicht nur unter den Gauen, sondern auch unter den Dorfschaften, einer politischen Vereinheitlichung im Wege standen. Bezeichnend ist übrigens die Rolle, die früher die Kopfjagd im Lande gespielt hatte und die eine Quelle beständiger Kleinkämpfe war. Nur bei völligem Friedenszustand, der durch gegenseitige Geldgaben (Bürgschaften) gesichert wurde, konnten die betreffenden Landschaften frei untereinander verkehren (Krämer [26] 297ff).

Wie schon erwähnt, bildete die Grundlage des sozialen Lebens auf Palau die Großfamilie (*keblîl*), die einen besonderen Namen besitzt. Sie trug den Namen ihres Residenzhauses mit der Vorsilbe *ngar*. Die Gaunamen wie *Ngaramlungûi*, *Ngaragûmelbai*, deuten darauf hin, daß diese aus Bezeichnungen von Familienverbänden entstanden sind, genau so wie auf Samoa, wo das Präfix *sa* denselben Zweck erfüllt. „Leiter" des *keblîl*, der Großfamilie, war der Häuptling des Residenzhauses (*blai*). Die Frauen standen unter der Aufsicht der „Hausmutter". Ein derartiges Großfamilienhaus besteht aber nicht nur aus Blutsverwandten, sondern auch aus Verschwägerten. Es setzt sich aus einer Anzahl von 2 bis 10 und mehr Kleinfamilien zusammen, die manchmal noch in Nebenhäusern untergebracht waren. Jede der Familien erhob den Anspruch auf bestimmte Tarofelder. Ihr fielen weiterhin bestimmte Funktionen innerhalb der Großfamilie in traditioneller Weise zu. Die leitenden Großfamilien I und II hatten gewöhnlich noch eine Anzahl anderer Residenzhäuser (*blai*) in ihrer Gefolgschaft. Diese Gefolgshäuser heirateten meist nicht untereinander. Die Großfamilie wurde also gewissermaßen noch auf die Gefolgshäuser ausgedehnt. Es ist wohl möglich, daß diese Gefolgsfamilien sich aus jüngeren Generationen der leitenden älteren Hauptresidenzhäuser abzweigten. Die Gefolgshäuser hatten insbesondere die Verpflichtung, bei großen Festen oder bei Erbauung von Häusern und dgl. durch Arbeit oder Geld beizusteuern und wurden wieder vom Haupthaus unterstützt und geschützt (Krämer [19] 227ff; [26] 290).

Die Organisation in Großfamilien brachte es mit sich, daß die Bedeutung der Kleinfamilie darin verblaßt. Die ehelichen Verhältnisse werden durch extremes Mutterrecht gekennzeichnet. Meistens hatte ein Mann nur eine Frau, bei Reichen waren in früherer Zeit aber zwei bis sieben möglich, nur mußte dann eine jede ihr Haus haben. Ansehen und wirtschaftliche Gründe waren für die Polygamie maßgebend, nicht sexuelle. Von einer Hochzeit war früher keine Rede; die Eheschließung ging meist ohne jede Feierlichkeit vor sich, aber der Gatte mußte seiner Frau bald ein kleines Fest geben. Die Erwerbung der Frau erfolgte durch Geschenk eines Juwelenstückes, dessen Wert vom persönlichen Reichtum und dem Ansehen der Familie abhing; danach bemaß sich auch die Stellung des Ehemannes. War er jung, arm, ohne Haus, so war seine Gabe klein; dann lebte er im Hause seines Schwiegervaters und verrichtete dort Arbeit; er erwarb somit die Frau auf die weitverbreitete Art des Abverdienens. Dieses Eheband galt als sehr locker. Winkte ein Verdienst für die Frau, z. B. als Hetäre (*mongol*) in eine Halle einzutreten, so ging sie vielleicht davon, und er konnte auch gehen. — Anders, wenn Zahlung geleistet worden war. — Gelegentlich kam es auch zu Entführungen, doch war die Zahlung von Juwelengeld bei der Eheschließung meist ausschlaggebend. — Manchmal wurde von der Familie der Frau ein Heiratsvermittler in Anspruch genommen, und hohe Frauen pflegten ehedem nach einer kleinen Taro-Gabe die Hochzeit zu befehlen. — In der Mehrzahl der Fälle war indessen der Mann der werbende Teil. Dies kam ja durch den Brautkauf zum Ausdruck. Außerdem hatte der Mann, wenn die Frau dem ersten Kinde entgegensah, Zahlungen zu leisten.

Die Bedeutung der Frau besteht in der Bestellung der Tarofelder. Taro bildet einerseits die wichtigste Nahrung, andererseits kann ein Mann schon seines Ansehens halber seinen Taro nicht selbst bauen. Dadurch bleibt er von der Frau abhängig und kann keinen Hausstand ohne sie gründen. Die Hauptnahrungsquelle wird somit von den Frauen monopolisiert, was für deren Stellung von allergrößter Bedeutung ist. Die Frau half dem Manne nicht aus, wenn er in geldliche Notlage geriet, dies besorgten nur seine weiblichen Verwandten. Der Mann mußte seiner Frau Geld geben, wenn diese es z. B. für ihren Bruder gebrauchte (vgl. z. B. die ebenfalls extrem mutterrechtlichen Einrichtungen bei den Trobriandern, wie sie im zweiten Abschnitt bei Erörterung des Mutterrechts beschrieben werden; s. Mal. [22]). Daher galt der Häuptling, der viele verheiratete Schwestern oder Basen hatte, als reich, weil diese es waren, die ihm bei der Bezahlung von Festen unterstützten.

Die Frau war mit ihren Kindern sozusagen nur Gast im Residenzhaus (*blai*) ihres Eheherrn und hatte keinen Anspruch auf den Besitz, der seit alters fest zum Hause gehörte, vor allem auch nicht auf das Land und die Taro-Felder, die als „Unterlage des Titels" galten, eine Art Fideikommis des Residenzhauses bildeten. Die Kinder eines Mannes wurden dem Stamme der Frau zugerechnet, sie beerbten nicht den Vater, sondern den Mutterbruder. Eben deshalb durfte auch der Mann das Geld seiner Frau nicht berühren; ebensowenig das, was seine Tochter etwa als Hetäre (*mongol*) verdiente. Dieses gehörte rechtlich ihrer Mutter.

Die Mißheirat einer adligen Frau mit einem niedrigen Mann war verpönt und wurde mit einer Strafe belegt, wie z. B. Entziehung des Titels, Verlust des Taro-Feldes, Verbot bei Tänzen aufzutreten usw.; sie konnte auch zur Auswanderung gezwungen werden, und das Familienhaupt mußte Strafe bezahlen.

Der Ehebruch wurde als Diebstahl aufgefaßt, zumal die Frau in der Regel gekauft oder abverdient wurde. Doch konnte auch eine Ehefrau als Hetäre (*mongol*) in eine Halle eintreten. Wußte der Ehemann davon, so stand dem weiter nichts entgegen, zumal so Geld ins Haus kam. Anders, wenn es ohne seine Einwilligung geschah. Der Ehebrecher mußte vor allem Geld geben und konnte sich dadurch von der Todesstrafe freikaufen, die dann eintrat, wenn das Vergehen in der Heimat der Frau begangen worden war. Es kam aber auch vor, daß der Mann den Ehebrecher krumm und lahm schlug. Gingen die Ehegatten auseinander, so zahlte der Mann oft einige Juwelenstücke als Scheidungsgeld. Manchmal tauschten sie gegenseitig Geldstücke.

Knaben- und Mädchenweihen bei Eintritt der Geschlechtsreife gab es auf Palau nicht. Der Eintritt der Reifezeit und der ihr folgenden Jahre war hier, wie auf anderen mikronesischen und polynesischen Inseln, durch freie Liebe gekennzeichnet, die indessen durch die Rolle, die das Geld spielte, eine gewisse Organisation erhalten hatte und zu einer Art freier Prostitution umgewandelt worden war. — Die Defloration erfolgte früh, und zwar durch die Mutter auf künstlichem Wege. Darauf wurde die Tochter der Reihe nach zu den angesehensten Häuptlingen geschickt, bei denen sie jedoch immer nur einmal verweilte. Von jedem erhielt sie ein Stück Juwelengeld. War das Mädchen alt genug, so trat sie in eine Dorfhalle als Hetäre (*mongol*) ein. Das geschah jedoch nicht in ihrem eigenen Dorf, sondern stets in einem anderen. In dieser Beziehung bestanden Verpflichtungen von Dorf zu Dorf, wie schon angedeutet. Insbesondere war die Stellung von Mädchen ein Tribut, der nach Niederlagen den besiegten Dörfern auferlegt wurde. Im letzteren Falle mußten die Hetären auf beliebige Zeit und ohne Entlohnung im Siegerdorf verbleiben. Als Grundsatz galt, daß das Mädchen nicht öffentlich abreiste, sondern, wenn auch nur scheinbar, gewaltsam geholt wurde. Gewöhnlich verblieb das Mädchen etwa drei Monate in der Halle und lebte

a. Fertig gepflanztes Jamsfeld in Vao. (Neue Hebriden, Südsee.) Aus Speiser [23]. — b. In der Küche des Königs sind die Frauen mit dem Reiben von Hirsekorn beschäftigt, um daraus Bier zu bereiten. Dorf Okondo bei Niangara, Uele-Distrikt, belgischer Kongo. Aus Lang u. Akeley [15] 292.

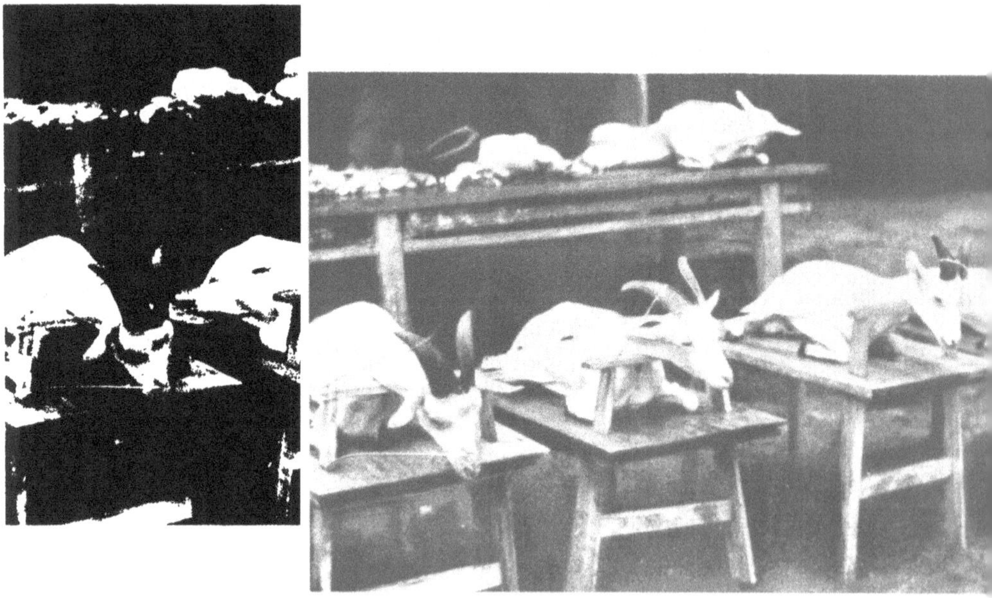

a. Gerichte in Holztellern für Gäste im Bai. (Palau, Karolinen-Inseln, Südsee.) Aus Krämer [26] — b. Ziegenopfer in Anam, wie es früher auch in China dargebracht wurde. Alle drei Jahre findet am 18. März, 15 Minuten vor 3 Uhr morgens auf einem öffentlichen Platz. in Verbindung mit vielen anderen Zeremonien, insbesondere die Opferung von Büffeln. Schweinen und Ziegen statt. Aus Meynard [28].

dort mit den Männern zusammen, hörte von ihren Taten, Kriegszügen, Politik usw. Doch wäre es irrig anzunehmen, daß hier ein promiskes Zusammenleben vor sich gegangen wäre; jedes Mädchen wählte durch Anbieten ihrer Handtasche ihren besonderen Liebhaber, ihren Beschützer, auf dessen Matte sie schlief und der nach Ablauf ihrer Besuchszeit ihr den Lohn in Gestalt eines kleinen Juwelengeldstückes durch den seine Tochter abholenden Vater bezahlte. Das Mädchen war ihrem Liebhaber zur Treue verpflichtet, wurde sie ihm untreu, so konnte er die Zahlung verweigern. Doch hinderte dies viele Mädchen nicht, sich heimlich noch mit anderen einzulassen, oder auch ihren Liebhaber zu wechseln, wenn dieser einverstanden war. Das Essen brachten die Frauen des Ortes, die früher selbst ein gleiches Leben geführt hatten. Die Hetären hielten die Halle rein, holten Wasser und trockene Kokosblätter für das Feuer, putzten die Lampen usw. Sie standen unter dem Schutz der Halle und hielten ihrerseits streng dazu. Ehe das Abschiedsgeschenk geleistet wurde, brachten die Verwandten des Mädchens ein Essen für die Mitglieder der Halle. Selbst verheiratete Frauen gingen, wie schon oben erwähnt, gelegentlich in eine Halle und verdienten Geld.

Mitunter schlossen sich mehrere Frauen zusammen, die eine Art Frauenklub bildeten und zu einem Männerklub oder zu einer Häuptlingsresidenz eines fremden Ortes wanderten. Derartige Liebesausflüge hießen *blolóbol* und dauerten meist sieben Monate bis zu einem Jahr. Während der Abwesenheit der Frauen brachten ihre Angehörigen diesen monatlich, in der Regel sieben Mal, also in sieben Booten, ein Essen, jeder Häuptling zwei Körbe Taro, Fisch und süße Speisen; meist war es der ältere Klub, der das Essen herstellte und nach dem Ort brachte, an dem sich die Frauen aufhielten, die es den dortigen Häuptlingen zum Verteilen gaben. Am Schlusse wurden wieder Juwelengeldgeschenke gewechselt.

Diese Liebesausflüge dienten namentlich zur Herstellung guter Beziehungen zwischen zwei Ortschaften. Es handelte sich also bei derartigen nebenehelichen Anbahnungen um ähnliche Freundschaftsverbindungen, wie wir sie z. B. bereits bei den Eskimo kennen lernten (vgl. dazu auch den zweiten Abschnitt, Nebenehe). Allerdings gelangen auf Palau derartige Friedensversuche mit Austausch der Frauen nicht immer. Es kam vor, daß man die eingeladenen Frauen zur Befriedigung der Rachgier für früher begangene und scheinbar vergessene Untaten mißhandelte und sie z. B. auf einem Scheiterhaufen verbrannte (Krämer [26] 274ff),

Von besonderer Bedeutung waren auf Palau die Männerbünde, die ähnlich wie derartige Verbände in Neu-Guinea (s. zweiten Abschnitt, Bünde) eine Gruppe von Gleichaltrigen umfaßten, und die daher zum altern und absterben verurteilt waren. Jede Generation sah daher einen neuen Klub, der auch einen neuen Namen annahm. Doch wiederholten sich die Namen innerhalb weniger Generationen. Der Bund selbst war aber immer ein neuer. Ein solcher, *gáldebegel* genannt, hatte militärische und politische Bedeutung, Verteidigung des Dorfes, Ausführung der Häuptlingsbeschlüsse und der Gemeindearbeiten. Die Angehörigen schliefen in einer Halle zusammen, und wenn einer sich an den unternommenen Arbeiten oder Kriegszügen nicht beteiligte, so hatte er oft hohe Geldstrafen zu entrichten. Die beiden Seiten eines Dorfes sollten im Bund gleichmäßig vertreten sein, und der Führer der einen Seite konnte nicht ohne Zustimmung der anderen handeln. Eine der Hauptaufgaben bestand im Schutz der Tabu-Ordnungen und der guten Sitte. Besonders wurde ein zeremonielles Fischen betrieben. Der Hauptsport scheint jedoch im Holen von Kopftrophäen bestanden zu haben. Mit dem Gewinne einer solchen Trophäe waren weitläufige Festlichkeiten und Tanzbesuche verbunden.

Parallel zu diesen Bünden gab es auch Frauenklubs, die ähnlich wie die der Männer organisiert waren, aber natürlich in ihrer Art ihren Einfluß geltend machten, z. B. einmal die Männer mit ihren Hetären aus einer Halle verjagten, oder von einem Häuptlingshaus Besitz ergriffen und dgl.

Am Nahrungserwerb sind auf Palau Mann und Frau gleichmäßig beteiligt, die Frau hauptsächlich durch Bebauung der Taro-Felder, die das „tägliche Brot" liefern, und durch Kochen, während dem Manne die anstrengende Fischerei zufällt, das Herbeischaffen des Palmweines, das Holen der Kokosnüsse usw. Der auf Palau und auch sonst auf den mikronesischen und polynesischen Inseln gezogene Taro wächst in Sümpfen, während die Arten Melanesiens Trocken-Taro sind. Die Taro-Sümpfe werden künstlich, gewöhnlich in der Nähe eines Mangrove-Sumpfes, angelegt. Die Felder sind von fliesendem Wasser berieselt und gleichen darin Reisfeldern. Sie fallen treppenförmig ab, so daß eine Terasse unter der anderen liegt. Getrennt sind sie durch Dämme, auf denen Wege führen, und neben diesen Wegen, manchmal auch auf ihnen, befinden sich kleine Wasserläufe. Die Felder sind alle schon vor langen Zeiten angelegt, und man weiß heute nicht mehr auf Palau, wie diese Anlagen vorgenommen wurden.

Ein Taro-Sumpf besteht aus vielen, 20, 30 oder mehr Feldern, und ein Feld wiederum aus verschiedenen Teilen, die für die Eingeborenen leicht erkennbar sind. Fast jedes Einzelfeld (*meséi*) enthält einen, manchmal auch noch einen zweiten Abschnitt, in dem man die Knollen für Feste oder zum Verkauf beläßt, und der bei der täglichen Entnahme geschont wird. Dieses Abteil heißt *a ulebóil*. Die kleinsten Stücke, die der täglichen Taro-Entnahme dienen, sind oft nur wenige Quadratmeter groß. Zu einem Dorf gehören mehrere Anlagen von Feldern, die zwischen dem Festland und den Mangroven eingebetet liegen. Eine Frau besitzt durchschnittlich 4 bis 5 Einzelfelder (*meséi*) in einer Gesamtanlage. Die einzelnen Sumpfanlagen unterscheiden sich nach ihrer Qualität. In tiefen Sümpfen, in denen die Frauen bis zur Brust versinken, wächst großer, etwas grober Taro mit langen Wurzelfasern, die zu einer bestimmten Art von Kleiderschürzen verwendet werden. Flachere Sümpfe, die den Frauen nur bis zum Knie reichen, liefern in schon weniger als 6 Monaten reife Knollen, die bedeutend kleiner, aber an Geschmack besser sind. Die Pflege des Taro-Feldes ist eine schwere, unangenehme Arbeit, durch die sie aber die Ernährungsgrundlage für die Inseln schaffen. Jeden zweiten bis dritten Tag geht die Frau ins Taro-Feld, um dort Knollen zu holen. Die 10 bis 20 Wurzeln, die einen Taro-Korb füllen, nehmen im Sumpf ein bis zwei Quadratmeter ein. Die Stelle, welche abgeerntet wurde, arbeitet man sodann 1 bis $1^1/_2$ Meter tief um, hebt den zähen Schlamm heraus und häuft ihn an anderer Stelle auf; harter Boden wird zur Seite gebracht, als Dünger grüne Blätter und Gras zu unterst in den Sumpf nach einer bestimmten Reihenfolge gelegt, und hierauf der Schlamm zurückgepackt, jedoch umgekehrt und von einer anderen Stelle. Der vorher zu unterst gelegene Schlamm kommt jetzt obenauf, schließlich wird die Oberfläche geebnet. Nach einigen Tagen bepflanzt die Frau das betreffende Sumpfstück neu. Manche Frauen arbeiten ihr Feld sogleich um, nachdem sie ihm den Taro entnommen haben, andere lassen es noch eine Weile anstehen. Ist bei besonderen Anlässen, z. B. bei Festen, ein größeres Stück abgeerntet worden, so tun sich mehrere Frauen zu dessen Umarbeitung zusammen, auch Männer sollen zuweilen dabei helfen. Sumpffelder, die längere Zeit brachliegen, bedecken sich mit Gras und Binsen. Um Dünger zu gewinnen, geht die Frau in den Busch oder auf das Grasfeld und holt geeignete Blätter, die sie in große Körbe preßt und auf dem Kopf nach dem Felde trägt. Mit einer kleinen, scharf geschnittenen Perlmuschel pflegt man die Wurzeln von den Stengeln zu trennen, die mit den daran sitzenden Blättern als Stecklinge benutzt werden, um in den vorbereiteten Schlamm gesteckt zu werden (Krämer [26] 49ff).

Weniger wichtig als etwa auf Samoa oder gar in Truk ist die Brotfrucht auf Palau. Auch die Banane, Yams, Zuckerrohr sind von geringerer Bedeutung. Als Genußmittel dienen vor allem Betelnuß und Tabak. Von den Haustieren wird außer dem Hund seit geraumer Zeit das Schwein gehalten. Der Nahrungserwerb der Männer findet hauptsächlich durch Jagd auf Vögel und Fang von Fischen statt. Zum Vogelfang wird außer dem Bogen auch das Blasrohr und insbesondere die Schlinge verwendet. Eine besondere Rolle fällt naturgemäß dem Fischfang zu (63ff).

Auf die handwerkliche und Handelstätigkeit hier noch einzugehen, würde zu weit führen (s. Krämer [26] 107ff und insbesondere im vorliegenden Werk unter „Wirtschaft"). Die Geldgier wird bei Krämer [26] S. 159 drastisch geschildert.

Die Erinnerung an die Vergangenheit knüpft sich bei den Palauern an die Geschichte von Familien und Häusern. Dabei scheint, daß die späteren Ankömmlinge über die früheren Besitzer des Landes ein Übergewicht erlangten und sich die alteingesessenen Familien assimilierten. Wahrscheinlich führten aber die Eroberer selbst, wie es häufig der Fall ist, untereinander mit Hilfe einer Gefolgschaft von älter Ansässigen wiederholt Krieg (Krämer [19] 6f, 96ff; s. a. [17]).

§ 7. a) *Die Bewässerungswirtschaft anwendenden zentralisierten politischen Gebilde des vorkolumbischen Peru und des alten Zentral-Amerikas.*

Starke Beteiligung der Männer am Feldbau. Staffelung eines Feldbauadels über eine assimilierte Bevölkerung durch ein schematisiertes sakrales System. Domestiziertes Tragtier: Lama und Alpaca. Sakrales Königtum, verhältnismäßig selbständige Gaufürsten. Geschichtliche Wechselfälle.

Für die extreme Gestaltung einer hauptsächlich auf Feldbau beruhenden gestaffelten und geschichteten Gesellschaft kann die Organisation des altperuanischen Staates der Inka angesehen werden. Ohne auf die Einzelheiten hier eingehen zu können, soll nur ganz kurz ein ungefähres Bild dieser Organisation entworfen werden. Allerdings darf man dabei nicht vergessen, daß auch diese ihre besondere Entstehungsgeschichte hatte und daß uns hauptsächlich nur der zeitliche Querschnitt zugänglich ist, der eben in der Epoche, als die Spanier im 16. Jahrhundert ins Land kamen, sich ermitteln läßt.

Als Grundlage der Organisation ist die Familiengruppe *ayllu* anzusehen. Die Organisation bediente sich zur Zusammenfassung eines Zehner- und Fünfersystems. An der Spitze von je 10, 50, 100, 500, 1000 und 10000 Familien waren besondere Beamte (*camayu*) eingesetzt. Es wird natürlich die Frage sein, wie weit die wirkliche Zahl der Familien mit der des nominellen Systems sich tatsächlich deckte. Höchst wahrscheinlich bestand schon vor der Überschichtung durch das Inkavolk eine Gliederung der Peruaner, welche die Grundlage für die spätere Beamtenorganisation bildete.

Die niedrigeren Beamten unterstanden der Jurisdiktion der höheren, so daß ein streng hierarchisches, gegliedertes System von Macht und Autorität sich aufbaute. Allerdings erfreuten sich die Häupter von vielleicht später assimilierten Stämmen wie der *Chancas* und *Quito* verhältnismäßig großer Unabhängigkeit. Die gesamte hierarchische Beamtenschaft stand in einem Schutz- gegen Treueverhältnis zum nächst Höheren im Rang, und an der Spitze befand sich der Sonnenkönig.

Mit dem Autoritätsprinzip verband sich das der Fürsorge wie des Vaters für seine Kinder, aber auch ein starker Gemeinschaftsgeist innerhalb der Dorfgemeinde. Die Abhängigkeit war eine allgemeine, die sich nicht auf einzelne Funktionen beschränkte, so daß sie infolgedessen verhältnismäßig einfach war.

Dasselbe Oberhaupt, das die Arbeit leitete, führte auch die Oberaufsicht über die Feste, derselbe, der das Leben von Missetätern opferte, wachte auch über die Erhaltung des Lebens, so wie das gleiche Gesetz, das Frondienste forderte, auch Nahrung und Unterhalt gewährte.

Durch die politische Organisation wurde die Arbeit so geregelt, daß für die nötige Ernährung, Kleidung und Wohnung gesorgt wurde, aber auch das Regierungssystem selbst diesen eigenartigen „Zellenstaat" sicherte. Alle Übertretungen der hierarchischen-kollektivistischen Grundlagen wurden auf das strengste bestraft, z. B. ein aufständisches Dorf nach der Wüste geschickt und vernichtet, aber auch unbotmäßige Beamte wurden oft mit ihren Frauen und Kindern getötet. Die geringste Strafe für ein Dorf bestand in der Auslieferung seiner Waffen.

Jährlich kontrollierten die Beamten die Dörfer, um sich über deren Bedarf zu unterrichten, aber auch darauf zu achten, daß nicht zu viel verbraucht wurde. Bis in alle Einzelheiten griffen sie in das persönliche Leben ein, auch durften sich die Mädchen nicht ohne ihre Zustimmung verheiraten. Verheirateten konnten sie ihre Frauen wegnehmen und anderen geben. Die Söhne konnten sie für die Blutopfer wegführen.

Alles, was über die Norm der üblichen Bedürfnisse hinausging, z. B. der Gebrauch einer Hängematte, das Tragen von Gold-, Silber- und Mosaikschmuck, von feinen Geweben als Kleidung usw., wurde als besondere Gunst des Königs verliehen.

Die gesamte Bewirtschaftung der Felder war nicht nur überhaupt Pflicht, sondern die Wahl des Zeitpunktes für die Aussaat, die Bewässerung und die Ernte wurden genau vorgeschrieben. Zur Arbeit in den Feldern sowie zu den handwerklichen Verrichtungen waren alle von den fünfjährigen Kindern an bis zu den Greisen verpflichtet. Handwerker sollten so weit wie möglich in jedem Dorf vertreten sein. Auch deren Arbeit war sowohl für Männer wie für Frauen vorgeschrieben.

Die Erzeugnisse wurden in der Weise verteilt, daß jede Familiengruppe nach ihrer Kopfzahl Saatgut erhielt. An die Zentralverwaltung mußten Abgaben in natura entrichtet und gewisse Arbeiten geleistet werden, insbesondere für den Straßenbau. Alle Abgaben wurden nach Cuzco geschafft, falls kein unmittelbarer Austausch erfolgte, wie im Falle von Nahrungsmitteln und Stoffen, die nach gewissen Speichern in den Provinzen kamen. Ein großer Teil davon diente zum Unterhalt der Krieger. Jedem Oberhaupt der Provinzen standen Soldaten zur Verfügung, um die Ordnung aufrecht zu erhalten (Minn. [28] 14ff).

Die Funktionen der oberen Beamten waren nicht erblich, sondern der Inka besetzte sie mit Persönlichkeiten seiner Verwandtschaft. Doch folgte oft der Sohn dem Vater nach. Auch entnahm er den Nachfolger für die Regierung einer Provinz der betreffenden Gegend und nicht einer anderen. Die unteren Posten der Hierarchie scheinen hauptsächlich auf dem Wahlwege besetzt worden zu sein. Das Oberhaupt von 100 Familien wurde von den 10-Familienvorstehern gewählt, und wahrscheinlich das Oberhaupt von 1000 Familien von den 100 Familienhäuptern. Das Oberhaupt von 10 Familien wurde von den 10 Familienvätern gewählt, wie das heute noch in der Nachbarschaft von Cuzco jährlich der Fall ist. Eine Schranke trennte die Häupter der 100 Familien von ihren Übergeordneten; die letzteren gehörten der Adelshierarchie an.

Es scheint hier somit ein ganz ähnliches System bestanden zu haben, wie wir es z. B. in der polynesischen und mikronesischen Südsee finden, aber auch unter Hirtenvölkern, das nämlich darin besteht, daß die Angehörigen der obersten Sippe sich über das ganze Land, das sie beherrschen, verteilen und auf diese Weise ihren Einfluß ausüben. Doch fehlte es nicht an Privatbesitz namentlich von Haus und Hof (Bd. [28] 99ff; Trim. [25a] 587ff). Das gewöhnlich sakral, d. h. durch die Geistesverfassung und Wertskala des Adels gebundene Oberhaupt ist zunächst nur diejenige Persönlichkeit, in die symbolisch die Beziehungsfäden unter der die Macht ausübenden Schicht zusammenlaufen. So wird auch gesagt, daß sich häufig bei Lebzeiten die Adelsherren selbst nach ihrem Nachfolger umsahen und diesen hierauf dem Inka präsentierten, der gewöhnlich ihre Wahl bestätigte. Nach einigen sollen es die Brüder, nach anderen die Söhne gewesen sein, die zur Nachfolge berufen wurden. Auch scheint es, daß die Kinder der

Hauptfrau bevorzugt wurden, insbesondere, wenn sie am Hofe des Inka gedient hatten. Indessen scheint es hier keine festen Normen gegeben zu haben.

Die Familie, von der bereits gesagt wurde, daß sie die Grundlage für den politischen Aufbau des Wirtschaftsstaates bildete, scheint den Bestandteil einer Kaste gebildet zu haben. Doch nahm man die Frau gewöhnlich von einem anderen Dorf. Eine scharfe Scheidung trennte den Adel, der seine Hauptfrauen nur seinen eigenen Reihen entnahm. Da der Inka wiederum eine bevorzugte Stellung einnahm, kamen für ihn als Hauptgattinnen nur Frauen von höchstem Rang in Betracht, so daß die Auswahl unter ihnen verhältnismäßig klein war. Im übrigen war aber die Ehe zwischen Bruder und Schwester verboten. Es bestand eine ähnliche Beschränkung in der Gattenwahl, wie wir sie auch in Ägypten und Siam finden.

Weit verbreitet war die Ehe auf Probe, wie wir sie auch sonst kennen. Der Inka verheiratete sich mit 20 Jahren, die Leute aus dem Volk mit 25, spätestens mit 30, die Mädchen zwischen 15 und 18 Jahren. Es bestand die Sitte, daß der Bruder die Frauen des Verstorbenen erbte, also das Levirat. Eine außerordentlich starke hausväterliche Gewalt wurde über die Frauen ausgeübt, doch waren Frauen und Mädchen streng geschützt, und wer sie verletzte, mußte der Todesstrafe gewärtig sein.

Ohne hier auf weitere Einzelheiten eingehen zu können, sei darauf hingewiesen, daß in Mexiko und bei den Maya-Völkern trotz gewisser Ähnlichkeiten in den Grundzügen der politisch-sozialen Verfassung doch durchaus selbständige Gestaltungen sich schon aus dem Schicksal ihrer Wanderungen und ihrer Geschichte ergaben (Gen. u. Ch. [27]; s. a. Verr. [29]).

Die alten Yucateken, die Bewohner der Halbinsel Yucatan, waren in totemistische Klans geteilt, die an bestimmten Orten lokalisiert waren. Die Städte und Dörfer führten den Namen der Familie, die sie bewohnte. Die Autorität lag in den Händen eines Ältesten, der den Titel „Vater" (*yum*) führte. Als diese Klans zu größeren Einheiten zusammengefaßt wurden, stand an der Spitze der letzteren ein *holpop*, während eine ganze Provinz von einem *batab* verwaltet wurde. Diese wiederum gehorchten einem „König" (*halach-uinic*), der auch der Oberpriester des Ganzen war, jedoch auch die militärische Führung hatte (Gen. u. Ch. [27] 185ff).

Die Organisation der Mayapan war jedoch nicht immer die gleiche im Laufe ihrer Geschichte, und die einzelnen Einheiten trennten und vereinigten sich im Laufe der Jahrhunderte. Während in der älteren Zeit ein Bund der Yucateken bestand, wurde dieser nach dem Fall des Königs von *Chichen-Itza* Anlaß für die Könige von Mayapan, sich gegen das Volk tyrannisch zu verhalten und zwar gestützt auf fremde Truppen. Dies führte zu einer Revolte der Yucateken und hierauf zu einer Teilung des Landes (Gen. u. Ch. [27] 103ff).

Dieser Umstand zeigt, daß diese Staaten auch verfassungsmäßig mancherlei Veränderung durchmachten und wir uns hüten müssen, gerade diejenige Verfassung als charakteristisch für ein Volk als Ganzes zu betrachten, die sie zu der Zeit besaßen, als sie „zufällig" mit den Europäern zuerst in Berührung traten.

b) *Die ältesten, auf Bewässerungswirtschaft beruhenden politischen Gebilde Chinas.*

Die Arbeit der Männer ist dem Bau von Bewässerungsanlagen gewidmet, die der Frauen bleibt beim eigentlichen Pflanzen. Agglomeration von Großhäuptlingsschaften (Gaufürstentümern), Höfe von Lehensherren mit ministerialer Beamtenschaft, zusammengefaßt durch einen König, dessen politische Zentralgewalt (schon wegen der Verkehrsschwierigkeiten) sich nur mit Hemmungen durchsetzt. Die Vereinheitlichung wird um so mehr auf dem Wege geistiger Ausgleichung und Schematisierung durch ein ethisch-religiös-magisches System angestrebt. Daher „sakrales" Königtum. Verwaltung und Organisation der Dörfer ebenfalls nach festem Schema. Assimilation fremder (Wildbeuter-)Stämme. Weitgehende bäuerliche Viehhaltung, auch von Großvieh, Rindern und Pferden, aber kein Hirtentum. Spezialisierte Handwerke. Markthandel am Hofe des Lehensherrn (unter Schutz und Aufsicht einer Frau) als Verteilungszentrum. Wesentlich friedliche schrittweise Expansion.

Im Anschluß an die oben gekennzeichnete Organisation eines extremzentralistisch-kommunistischen Feldbauerstaates sei eine flüchtige Skizze des ältesten Chinas hier angefügt, das ebenfalls ein Zellenstaat von Feldbauern darstellt, der erst später durch Hirtenstämme Umwandlungen erfuhr. Die bisherigen Forschungen lassen nur bis zum Beginn des 8. vorchristlichen Jahrhunderts einigermaßen sichere Nachrichten erkennen. Damals gehörten den eigentlichen Chinesen die bebauten und bewässerten Ebenen im Becken des Gelben Flusses. Die Höhen befanden sich in den Händen von „Barbaren", offenbar von Wildbeuterstämmen. Die terrassierten Bewässerungsanlagen von Shansi bildeten das Kernland der *Ti.* Man kann zwei Gruppen unterscheiden, von denen die eine östlich in der großen Ebene des unteren Gelben Flusses zu suchen ist, während die andere sich westlich in den Tälern des Wei und des Fên ausdehnte. Dazwischen befanden sich große Mengen von Fremdvölkern eingesprengt, die beide Gruppen voneinander völlig trennten. Daß diese „Barbaren" erst später eine Trennung herbeiführten, ist nicht wahrscheinlich, denn diese waren tatsächlich die Herren der Hochländer. Die Pfade für eine Einwanderung nach China bilden im Osten die Ebene und im Westen die Täler und Zuflüsse des Gelben Flusses; die Berge stehen den Einwanderungen gerade als Hindernisse im Wege. Eine genaue Untersuchung der geographischen Gruppierung der Chinesen und „Barbaren" im 8. Jahrhundert zeigt, daß beide untereinander sehr verschieden waren. Die Chinesen in den Tälern des Wei und des Fên waren offenbar Fremde unter Eingeborenen, die sie zur Zeit noch nicht assimilieren oder hatten verdrängen können, und von denen wichtige Bestandteile noch lange in der Mitte der Chinesen sich erhielten. Die Verteilung ihrer Ansiedlungen zeigt, wie sie den Flüssen entlang hinaufstiegen und sich in den gut bewässerten Talbecken niederließen, die sie zu bebauen begannen, im übrigen aber die Eingeborenen des Berglandes, das schwer zugänglich und für ihre Zwecke ungeeignet war, in Ruhe ließen. Es handelte sich hier also um die offenbar fortschreitende Ausbreitung einer Feldbauerbevölkerung, die — im Gegensatz zu den Hirten — immer nur allmählich von Ort zu Ort rückt.

Bei der östlichen Landbauerbevölkerung lagen die Dinge anders. Ihr Land war trotz seiner Ausdehnung rein chinesisch und keine Gruppen von „Barbaren" in der Nähe. Diese befanden sich erst in den Bergen des Westens oder des Ostens oder in den Sümpfen des Südens. Hier sind keine Spuren einer späteren Kolonisation zu finden, wie im Wei-Tal. Auf jeden Fall machen die Niederlassungen am Mittel- und Unterlauf des Gelben Flusses den Eindruck eines viel größeren Alters als wie im Tale des Wei. Es scheint, daß die Verwandten der frühesten chinesischen Zivilisation unter den Stämmen in der südöstlichen Nachbarschaft zu suchen sind und nicht im zentralen oder nördlichen Asien (Masp. [28] 440/1). Darauf weisen Ähnlichkeit der Sprache, der religiösen Vorstellungen und der sozialen Organisation hin. Die Beziehungen gehen außer nach Birma und Siam insbesondere nach Tibet. Es handelte sich somit um eine wesentlich Feldbau treibende sesshafte Bevölkerung, die erst später von mongolischen und mandjurischen Hirtenstämmen überschichtet wurde.

Im Anfang werden sie wohl mehr vorübergehende Rodungen benutzt haben, wie es die *răi* der Völker des oberen Tonkin sind, die immer nach einigen wenigen Jahren wieder verlassen werden, um andere in Arbeit zu nehmen. Darauf weist vielleicht auch die Sitte der alten chinesischen Bauern hin, ihre Felder von der Mitte des Frühlings an bis zum Ende des Herbstes völlig zu verlassen und in Gruppen von je drei Familien in gemeinsamen Hütten auf ihren Feldern zu leben. Es ist eine Sitte, die auch im malaischen Archipel (Borneo) und in Südamerika z. B. bei den Arhuacos gefunden wird (s. § 2). Vermutlich ist dieses Feldbauerntum von Südwesten her nach China vorgedrungen.

Die Feldbestellung war auf das innigste mit einem Entwässerungssystem verbunden, das die Errichtung von Deichen gegen die Überschwemmungen und das Graben von Kanälen zur gewünschten Wasserversorgung notwendig machte, ganz ähnlich wie in Mesopotamien und Ägypten. Alle diese Arbeiten haben sich jedoch in Zeiten abgespielt, die vor dem Eindringen des Lichtes der Geschichte in diesen Ländern liegen. Sie dürften immerhin der Zeit nach viel jünger sein als die Wasserwerke der Sumerer, die etwa schon im 4. Jahrtausend v. Chr. vollendet wurden. Sie unterscheiden sich soziologisch und wirtschaftlich auch dadurch, daß sie in China zunächst noch ohne Einwirkung des Hirtentums erfolgt sein dürften.

Hauptsächlich wurde Hirse und Sorgum gebaut, südlich vom Gelben Fluß Reis, und Weizen nahezu überall. Außerdem pflanzte man Bohnen, Kürbisse, Hanf und Indigo. Die Felder wurden von Zeit zu Zeit neu verteilt und bildeten Parzellen von ungefähr einem Quadrat *Li* (15—20 Hektar). Jedes davon machte 1 *Ching* (Dorfschaft) aus, das aus 9 gleichen Feldern („Hufe") bestand, die 8 Familien gemeinsam bebauten. Jeder Familie fiel der Ertrag eines Feldes (Hufe) zu, der Ertrag des neunten Feldes, des allgemeinen Feldes (der „Almende" — *kung t'ien*) fiel an den König oder Lehensherrn als Steuer. In der Nähe der Felder, aber zerstreut über die Ebene, befanden sich kleine Ansammlungen von Lehmhütten, die Winterwohnungen der Bauern, die in Gruppen von 25 die kleinsten religiösen und administrativen Abteilungen darstellten.

Diese kleinen Weiler oder *Li* von ungefähr 200 Einwohnern (die 25 Familien von 3 Dorfschaften — *Ching*) bildeten eine Verwaltungseinheit, die sehr an den russischen *Mir* oder die südslavische *Zadruga* (s. zweiten Abschnitt A) erinnert. Sie besaßen je einen Altar für den Erdgott, eine Schule und einen Markt. Der Weiler wurde nur im Winter bewohnt, im Frühling begab man sich zu je drei Familien in die großen gemeinsamen Hütten auf den Feldern. Die Dorfschaft produzierte alles selber, was sie brauchte: außer den Körnerfrüchten und den Haustieren noch Stoffe, Seide usw.; sie war also eine im wesentlichen wirtschaftlich „autarche" Einheit. Der Überschuß wurde zum Markt gebracht. Dieser befand sich an der Nordseite der Niederlassung. In Städten, in denen Lehensherren residierten wurde er von dessen Frau gleich bei der ersten Gründung der Niederlassung eingerichtet, während des Lehensherr selbst den Ahnentempel und den Altar des Erdgottes errichtete. Der Markt bestand aus einem großen Viereck, auf dem die Bauern und Höker, geordnet nach den Waren, die sie verkauften: Korn, Seide, Vieh, Sklaven, Töpfe usw., sich zusammenfanden.

Die kleinen Schlösser der Feudalherren waren jedoch abseits errichtet. In jedem hielt dieser Hof mit seinen Frauen, Kindern und Dienern. Dazu gehörten auch abhängige Adlige, Junker aus seiner eigenen Familie, oder kleine Vasallen, die für ihn die Funktionen von Priestern, Schreibern und Kriegern verrichteten, kurz Leute, die man als „Ministerialen" bezeichnen kann. Die Schlösser waren alle nach einem einheitlichen Muster erbaut, das den rituellen Prinzipien entsprach. In der Mitte befand sich die Audienzhalle, die nach dem Süden ging, und vor der ein großer Hof angelegt war, in dem die Funktionäre und Vasallen sich nach ihrem Rang zu den großen Audienzen ordneten. Westlich von der Audienzhalle lag der Ahnentempel und östlich der Altar des Erdgottes; dahinter schloß sich ein anderer Hof mit dem Wohnhaus an, während vorne ein Weg zum Eingangshof mit seinem monumentalen Südtor führte. Das ganze war von Mauer und Graben umgeben, um es gegen plötzliche Angriffe zu schützen. Im nächsten Umkreis waren die Häuser der Beamten, Schreiber und Priester erbaut, wie auch der Handwerker und Diener am Hofe. Manchmal umfaßte eine weitere Mauer auch noch deren Wohnungen. So stellte die ganze Residenz eine kleine Stadt dar. *Menzius* spricht von einer, deren Umfang der Außenmauer 7 *Li* = ungefähr 3000 Meter betrug. Man war der Ansicht, daß, wenn die Mauer einer solchen Residenzstadt, die keine Hauptstadt war, über 3000 Fuß = ungefähr 600 Meter Länge ausmachte, sie eine Gefahr für den Staat bedeutete. Die Hauptstadt der östlichen *Chou*-Dynastie, *Lo-yi*, deren Mauern 17200 Fuß = etwa weniger als 4000 Meter im Umfang umfaßten, galt prinzipiell als die „größte Stadt" im Reich.

Das religiös fundierte Schema macht sich auch hier geltend wie in anderen sozialen Organisationen. Es bildet das Rückgrat der eigenartigen Kultur, die es durch einen starken Zwang gleichartiger Verhaltungsweisen und Wertstaffelungen durchsetzte. Führer und Verbreiter dieses Schemas ist eine Oberschicht, augenscheinlich die eigentlichen Erfinder und Träger von Feldbau und Wasserwirtschaft, die nach und nach sich verschiedene Wildbeuterstämme assimiliert und dienstbar gemacht hatten.

Die Ausbreitung dieser Feldbaukultur fand nur langsam und schrittweise statt, nicht in der Form von Massenabspaltungen und Massenabwanderungen wie bei Hirten. In der ältesten und zugänglichen Zeit befand sich das Chinesentum unter einer großen Zahl kleiner Herren, die im 8. Jahrhundert v. Chr. am unteren Gelb-Fluß auf etwa 100 zu schätzen sind. Es dürften ungefähr ähnliche Verhältnisse geherrscht haben, wie wir sie jetzt aus der alten sumerischen Zeit des 3. und 4. Jahrtausend v. Chr. kennen zu lernen beginnen, und wie sie wohl auch für das Ägypten des alten Reiches gelten werden.

Diese chinesischen Fürsten, *ch'u-hou*, waren Herrscher in politischen und religiösen Angelegenheiten und nur einer schwachen Oberherrschaft des „Königs", eines Oberherrn, untergeordnet. Sie stellten Dynasten dar, die bei ihrer Thronbesteigung oder während der Regierung an ihre Brüder, Vettern und Kinder Ländereien (als Lehen) für deren Unterhalt vergaben, sie bildeten somit eine Adelsschicht, die sich über das Land ausgebreitet hatte. Nur solche unter ihnen, die aus irgend welchen Gründen sich zurückgesetzt fühlten oder durch Hofintrigen benachteiligt waren, mochten sich zur Auswanderung entschließen.

Es fand eine beständige Assimilation der „Barbaren" teils durch Frauen, teils durch Sklaven und Gefolgsleute statt, wodurch sich eine starke Vermischung mit ihnen vollzog. Für die Expansion der Feldbauer kam hauptsächlich der Westen in Betracht, später auch der Süden. In den Ahnentempeln wurden sorgfältig Listen der verstorbenen Fürsten seit der ältesten Zeit geführt. Trotzdem verlieren sich viele davon in das Legendarische.

Über die Art der Expansion und die Gründung von neuen Kolonien gibt es Erzählungen, die das Suchen nach einem geeigneten Platz von dem Führer *Liu* schildern, wie er mit „zahlreichen Massen von Gefolge" nach einer geeigneten Niederlassung Ausschau hielt: „er stieg die Hügel hinauf, er stieg wieder herunter in die Ebene" ... Seine Ausrüstung zur Wanderfahrt wird vorher beschrieben: „er bündelte getrocknetes Fleisch und Korn in Taschen und Säcken mit unergründlichem Boden, um seine Leute zusammen zu halten zur Ehre seines Stammes. Dann begann er mit Pfeilen und Bogen, mit Schilden und Speeren, mit Äxten groß und klein seinen Marsch". Nachdem er nun einen Platz gefunden hatte, erbaut er zunächst eine Ringmauer aus Erde und bietet eine rituelle Mahlzeit seinen Begleitern, die ihn „als Herrn anerkennen und ehren". In einer anderen Erzählung wird von dem alten vertriebenen Führer *T'an-fu* erzählt, daß er von den „Barbaren" aus dem Orte gejagt wurde, wo er für seine Leute „töpferofenförmige Hütten und Höhlen gebaut hatte, bevor sie noch richtige Häuser errichteten". Sowie er an einem neuen Platz angekommen war, der durch Vorzeichen als geeignet befunden wurde, errichtete er zunächst einen Ahnentempel und erbaute hierauf einen kleinen Ringwall aus Erde von 5000 Fuß = ungefähr 1200 Meter im Umfang, dann seine Audienzhalle und den Palast, schließlich den Altar für den Erdgott. Sowie die Arbeit des Rodens fortschreitet, ziehen sich die „Barbaren" zurück, „die Eichen und das Unkraut wurden dünner, die Reisewege wurden eröffnet, die Horden der *Keun* verschwanden entsetzt und atemlos".

Im allgemeinen scheint die Expansion friedlich in unbewohnte Landstriche der Sumpfdickichte vor sich gegangen zu sein. Diese rodete man und legte die Bewässerungsanlagen an. Erst in der Folgezeit dürften sich die Konflikte mit den Eingeborenen ergeben haben, zumal deren Art der Nahrungsbeschaffung mehr extensiven Charakter trug und darum größeren Raum erforderte — das Dilemma, das sich stets beim Zusammentreffen von intensiven und extensiven Methoden der Landnutzung einstellt. Daher versuchten die „Barbaren" wohl die Eindringlinge, die Feldbauer mit ihrer Wasserwirtschaft, zu vertreiben, die sich nunmehr gegen erstere zu verteidigen hatten. Unter vielerlei Schicksalsschlägen vollzog sich aber trotzdem eine allmähliche Assimilation und Absorbtion der Völker mit extensiver Wirtschaft durch die mit intensiverer Nützung des Bodens und einer gestaffelten politischen Organisation.

Erst im 6. und 5. Jahrhundert v. Chr. drangen die chinesischen Feldbauern auch nach dem Norden zu vor. Die Ausdehnung nahm dann aber den Charakter einer mehr systematischen Eroberung an.

Indessen darf nicht außer Acht gelassen werden, daß neben dem Kleinvieh auch schon Großvieh in dieser Zeit gehalten wurde, das offenbar auf dem Wege der Infiltration von den nördlichen und nordwestlichen Hirtenstämmen hereingelangt war. Nichtsdestoweniger trägt diese älteste Zeit durchaus den Charakter einer Feldbauernkultur. Es handelt sich in China um Bauern mit Viehhaltung, nicht um Hirten. Damit steht auch im Zusammenhang, daß neueste Forschungen (Quist. [15]) Spuren mutterrechtlicher Auffassungen feststellten.

Die starke Tendenz zur Systematisierung und Schematisierung der Einrichtungen weist darauf hin, daß sie aus rationalistischen Überlegungen entsprungen ist, somit als konstruktive Überlagerung des realen Lebens betrachtet werden muß. Diese Schematisierungen spiegeln das Weltbild wieder und die Vorstellungen von Leben und Lebensprozeß überhaupt. Dazu gehört insbesondere das Hervortreten einer Zahlenmystik. Die politische und soziale Ordnung, die in dieses Schema eingefügt wird, betrachtet im alten China den König als Beherrscher „alles Landes unter dem Himmel", d. h. der ganzen Welt. Dementsprechend verehrt er Himmel und Erde, während der einzelne Stamm nur den Bergen und Flüssen seines Gebietes opfert und außerdem den Göttern des Landes, nämlich des Erdbodens und der Feldfrüchte. Sowohl der König als auch seine Minister erhalten den Befehl des Himmels und werden von ihm ernannt; sie sind also „von Gottesgnaden". Als Beauftragter des Himmels muß der König dem Beispiel Gottes folgen und alle an Tugend übertreffen. Er hat vor allem Gott, Himmel und Erde, seine Ahnen zu verehren und ihnen Opfer darzubringen. Dementsprechend soll er sich auch verhalten, soll klug und aufrichtig sein. Ein Fürstenwort darf niemals gebrochen werden, denn „der gute Glauben ist das Juwel des Staates und das, worauf das Volk sich verläßt". Man erwartet vom König, daß er für Lebensmittel, für Opfer und für Trauerzeremonien sorgt und daß er Treue, Gerechtigkeit und Tugend ehrt. Ein Fürst soll sparsam sein, die Trachten- und Luxusvorschriften beachten und die Rangunterschiede einhalten. Dann flößt er seinen Beamten Respekt ein und die werden ihm nachahmen (Forke [27] 55).

Ähnliche Forderungen werden an die Minister gestellt, die treu zu ihnen halten sollen, auf deren Unterweisungen, Warnungen und Ermahnungen der König aber zu hören hat, wenn er nicht Gefahr laufen will, daß das Volk rebelliert. Von den Beamten werden keine Fachkenntnisse verlangt, sondern nur die für ihr Amt nötigen moralischen Eigenschaften.

Das Volk soll wie unmündige Kinder beschützt werden; dabei wird auf die Hilfsbedürftigkeit Gewicht gelegt. Vier Klassen der Bevölkerung wurden unterschieden: Beamten, Bauern, Handwerker und Kaufleute, die in dieser Reihenfolge bewertet wurden. Zuerst kommen die Gelehrten, wir würden sagen, die „Intelligenz", aus welcher das Beamtentum hervorgeht, das den Staat verwaltet, dann die Bauern, die für die Ernährung sorgen und bis in die Neuzeit die Hauptstützen des Staates waren, zuletzt die Kaufleute, die als der am wenigsten produktive Stand gelten. Die Verbindung zwischen dem König und dem Volke wird durch die Beamten hergestellt. Der Herrscher sorgt für das Volk dadurch, daß er durch Verehrung der Geister deren Gnade erwirkt und so den Lebensunterhalt erleichtert und es gegen feindliche Angriffe mit Militärmacht schützt. Auch das Kriegswesen ist in enger Beziehung zur Moral gebracht. Wenn das Volk reichlich zu leben hat, wird seine Tugend in Ordnung, alle Handlungen vorteilhaft, die Einzelheiten wohl abgepaßt, die günstigen Zeiten beobachtet und alles zu glücklichem Ende gebracht werden. Zwischen Oberen und Unteren besteht Eintracht, und auf keiner Seite zeigt sich ein Widerspruch. Alles, was verlangt wird, wird ausgeführt, und jeder kennt seine Pflicht.

Eine gute Regierung hat zur Voraussetzung die loyale Liebe des Fürsten zu seinem Volke und den treuen Dienst der Geister durch die Priester, nämlich den Beter und den Chronisten, der zugleich die Funktionen eines Astrologen und Priesters ausübt. Der Fürst muß nur das Wohl seines Volkes am Herzen haben, und die Worte der Priester müssen angemessen und aufrichtig sein. Wenn der Landesherr nur seinem Vergnügen lebt, während das Volk darbt, und die Priester Heuchler sind, so taugt die Regierung nichts. Die Geister beachten genau die Lage des Volkes. Wenn infolge der günstigen Lage des Volkes die Opfergaben vorzüglich sind, wenn der Landbau sich frei entfalten kann, die Jahre gut sind, das Volk in Frieden lebt, alle die Tugend üben und es wenig böse Menschen gibt, dann sind die Opfer den Geistern angenehm, und sie senden zum Dank dem Volk ihren Segen.

Zum Schutz für den eigenen Staat werden drei Tugenden empfohlen: Loyalität, Treue und Demut. „Loyalität ist die korrekte Betätigung der Tugend, Treue ist das Band der Tugend und demütigende Nachgiebigkeit die Grundlage der Tugend".

Besonderes Gewicht wird auf die Beobachtung der Sitte gelegt, die darin besteht, jedem die ihm zustehende Ehre zu erweisen. Dabei kommt es auf den Rang an. Jeder muß den ihm gebührenden Rang aufrecht erhalten „um die Ehrfurcht scharen sich alle Tugenden". — „Die Sitte ist der Stamm des Staates und die Ehrfurcht das Gefährt der Sitte." Mißachtung der Sippe und respektloses Benehmen kann vom Himmel durch Unglücksfälle bestraft werden, unter Umständen sogar einen unnatürlichen Tod zur Folge haben. Ja, die Verletzung der Sitte soll im Kriege sogar zu Niederlagen führen können, indem derjenige, der sie mißachtet, es überhaupt an der nötigen Sorgfalt fehlen läßt, auch beim Passieren von Engpässen nicht auf seiner Hut ist und dann von den Feinden ereilt wird.

Als besonders verabscheuungswürdig gilt der Mangel an kindlicher Liebe und brüderlicher Gesinnung. Die Trennung der Geschlechter gilt als ein Staatsgrundgesetz. Es gilt nicht einmal als statthaft, daß Männer und Frauen dieselbe Art von Geschenken darbringen. Ihr Verkehr, namentlich das Auftreten der Frauen in der Öffentlichkeit, soweit es überhaupt möglich ist, ist durch ganz bestimmte Vorschriften und Zeremonien geregelt, deren Nichtbeobachtung den unnatürlichen Tod des Herrschers als Strafe des Himmels herbeiführen kann. Auch übermäßiges Trinken kann einen Staat zugrunde richten. Bei den offiziellen Festbanketts und Trinkgelagen, die mit Bogenwettschießen verbunden waren, wurden besondere Trinkwarte eingesetzt, die darauf zu halten hatten, daß sich die Gäste gesittet betrugen. Da es damals noch keine heiligen Bücher gab, so galten die Weisen der Vorzeit und die Herrscher der früheren Dynastien, deren Taten in der Überlieferung lebten, als Vorbilder des Volkes. Ebenso wie die Verehrung des Alters hat bei den Chinesen auch die Verehrung des Altertums von jeher als besondere Tugend gegolten (Forke [27] 53ff).

Trotz dieser ethischen und moralischen Schematisierung dürfte auch im alten China der Ablauf der Ereignisse sich mit den idealen Forderungen wiederholt in Widerspruch gesetzt haben. Namentlich war die Oberherrschaft eines Königs oder Kaisers mannigfachen Wechselfällen ausgesetzt und die Unterordnung der einzelnen Staatsfürsten oft eine mehr nominelle. Unter den letzteren kam es oft zu blutigen Kriegen um die Vorherrschaft. Es scheint, daß zu einer Zeit schwacher Zentralgewalt ungefähr in der Mitte des 6. vorchristlichen Jahrhunderts die einzelnen Gaufürstentümer nördlich vom Yang-tse sich zu einer Art demokratischen Staatenbund zusammen schlossen, und zwar unter *Sung-Hsiang Hsü* aus dem Fürstentum von *Sung* im Süden von *Honan*, der aus der *Yin*-Dynastie stammte (Morg. E. [26] 50ff).

§ 8. *Die Gesellungsgestaltung der Pflanzenspezialisten.*

Wenn wir kurz die technischen Voraussetzungen des Feldbaues überblicken, so müssen wir verschiedenen Unterschieden Rechnung tragen. Diese beziehen sich teils auf die Arbeitsmethoden und die Arbeitsorganisation.

Betrachten wir die technischen Geräte unter dem Gesichtspunkt des akkumulativen Fortschritts, so müssen wir vom Grabstock als dem einfachsten Gerät ausgehen, das bereits die Sammlerin gebraucht. Auch der primitivste Feldbau kennt nur den Grabstock, mit dem die Frau Schößlinge in den

Boden pflanzt oder kleine Gruben zum Versenken der Samen sticht. Die Tätigkeit des Mannes beschränkt sich auf Rodung oder Vorbereitung des Geländes für die Anlage der Pflanzung.

Je nach den Möglichkeiten scheinen von diesen primitivsten Formen der Bodenbestellung zwei oder drei Varianten abgezweigt zu sein, die bereits eine größere Beteiligung des Mannes am Feldbau mit sich bringen. Zunächst ist es die Naßkultur, die auch in ihrer primitivsten Form hauptsächlich Frauenarbeit gewesen sein dürfte, worauf etwa das Beispiel von Palau hinweist. Technisch muß die einfachste Naßkultur als bloße Sumpfbepflanzung den umständlichen Bewässerungsanlagen, wie sie mit der Terrassierung und der Anlage von Kanälen verbunden ist, vorausgegangen sein. Die Anlage der Terrassierung und die Kanalisationsarbeiten zur richtigen Wasserverteilung, zur Be- und Entwässerung war Sache der Männer. Damit aber wuchs in indirekter Weise der Anteil der Männer an der Versorgung mit vegetabilischen Nahrungsmitteln. Die Männer wurden so zur Arbeit erzogen. Wie unter den Wildbeutern derjenige am höchsten angesehen ist, der die reichste Beute heimbringt, gilt bei den Feldbauern zunächst die beste Arbeit als vorbildlich und ehrenvolle Pflicht auch des politischen Führers, wie bei den Maori.

Je wichtiger die Feldbestellung wird, während die Jagd der Männer zurücktritt, je mehr die Bedeutung der Feldbestellung als Ernährungsgrundlage, welche die Frauen bieten, Anerkennung findet, um so höher steigt die Bewertung des Frauenbesitzes, insbesonders auch der Töchter, die eine Arbeitskraft vorstellen, die von anderen nur unter besonderen Bedingungen erworben werden kann.

Der Anteil der Männer an der Arbeit der Feldbestellung kommt nicht allein bei der Bewässerungswirtschaft zum Ausdruck, sondern auch beim Bestellen trockenen Landes, vor allem im Pflanzen von Bäumen, wie besonders markant bei den *Marind-anim*. Im übrigen besteht die Männerarbeit hauptsächlich in einer Vorbereitung des Bodens. Es scheint, daß zunächst der Grabstock als Spaten zum Aufbrechen der Erde Verwendung fand, wie in Peru, bei den Maori und vielleicht auch im prähistorischen Europa, wie der Stechspaten von den Hebriden vermuten läßt. Dieser Spaten, der fälschlich als „Fußpflug" bezeichnet wurde, erfuhr durch die Männer dadurch eine Veränderung, daß er aus zwei Holzstücken zusammengesetzt wurde und wenigstens einen Dorn zum Aufstützen des Fußes zu einer besseren Ausnützung der Menschenkraft erhielt.

Eine andere Variante, die man kaum aus dem Stechspaten wird herleiten können, ist die Hacke, die entweder direkt vom Grabstock abgezweigt ist oder von vorneherein ein anderes Prinzip zum Ausgangspunkt hatte. Auch mit der Hacke wurde der Boden aufgelockert. Stechspaten und Hacke konvergieren somit dem gleichen Zweck entgegen. Auch werden beide von den Männern gehandhabt. Sie stellen an sich zunächst verschiedene Methoden zur Erzielung des gleichen Erfolgs dar. Die Hacke enthielt jedoch noch besondere Möglichkeiten ihrer Ausgestaltung, die dem Stechspaten versagt war. Es ist auch möglich, daß die Hacke auf weicherem Boden, der Stechspaten auf härterem Boden Verwendung fand, oder daß der Stechspaten eine besondere Spezialisierung für den härteren Boden darstellt. Wie immer das sei, schließt sich an die Verwendung der Hacke, unter dem Gesichtspunkt des akkumulativen Fortschritts gesehen, eine besondere Verwendung dadurch an, daß man sie offenbar zunächst im weichen schlammigen Boden mit Menschenkraft zog und Furchen für die Aussaat von Körnerfrüchten schuf. Dadurch, daß die Feldbauern im Besitz von Großvieh gelangten, kamen sie wohl auf die Idee, das Vieh zum Ziehen der Hacke zu verwenden. So entstand aus der Hacke der Pflug.

Die Tatsache, daß man vor den Pflug Ochsen oder Maultiere spannte, kastrierte oder nicht fortpflanzungsfähige Tiere, wird wohl sicher durch Vorstellung von mystischen Zusammenhängen zwischen der Fortpflanzungskraft der Tiere und der Fruchtbarkeit des Bodens zu begründen sein. Der Schritt zum Anspannen der Tiere ist offenbar erst nachträglich mit mystischen Gedankengängen und Zeremonien ausgestattet worden. Rationalistisch technischer Fortschritt verbindet sich gewöhnlich erst nachher mit mystischen Reflektionen über das Erreichte, in das man dann häufig viel mehr hineindeutet, als man ursprünglich im Sinn hatte.

Alles in allem wird die Entwicklung des Feldbaues durch eine wachsende Anteilnahme der Männer gekennzeichnet, die immer mehr den Boden vorbereiten helfen, auf dem die Saat aufsprießen soll und deren Wachstum sie durch die verschiedensten magischen Mittel nachzuhelfen versuchen. Von besonderer Bedeutung sind die großen Terrassierungs- und Kanalisierungsarbeiten auch soziologisch, weil durch sie große Menschenmengen organisatorisch gebunden werden. Dies geschieht nicht auf dem Wege der Eroberung, sondern des Heranziehens von Wildbeuterstämmen, und zwar vielfach durch deren Frauen, beziehungsweise durch Mischheiraten mit ihnen.

Die Höherentwicklung im Feldbau wird gekennzeichnet:

1. durch bessere Vorbereitung des Bodens,
2. durch entsprechende Wasserversorgung,
3. durch mehr Gewächse,
4. durch vielfältigere Methoden der Verarbeitung zur Nahrung,
5. durch Konservierungsmethoden,
6. durch handwerkliche Hilfsmittel, die eine technische Vervollkommnung aller erwähnten Fertigkeiten ermöglichen,
7. durch höhere Wirtschaftsorganisation, die eine stärkere Anspannung der Arbeit herbeiführen.

Der letztere Faktor, der ein Herunterdrücken zu einer wirtschaftlichen Verschuldung, zu hörigenhafter Abhängigkeit oder Versklavung nach sich zieht, ist vom moralischen Standpunkt aus kein „Fortschritt", während er unter rein organisatorischen Gesichtspunkten und solchen gesteigerten Arbeitsertrags als „Verbesserung" zu werten ist. Mit solchen Widersprüchen ist aber das Fortschrittsproblem gepflastert. Was als „Fortschritt" in dem einen Gebiet anzusprechen ist, bringt schwere Mißstände oder Schädigungen auf den anderen mit sich. Darum ist denn auch jede „Fortschrittsbewegung" auf einer Seite durch schwere Konflikte und rückläufige Bewegungen auf anderen Gebieten bedroht.

So bringt der technische Fortschritt etwa des Feldbaues Situationen des sozialen Lebens mit sich, die zu starken Unterschieden in der Lebenshaltung führen, zu Beschränkungen der persönlichen Freiheit und Unabhängigkeit, zu einer „Lebensunsicherheit", wie sie namentlich auch die nicht wirtschaftlich ausgebeutete Sklaverei kennzeichnet, die wir von unseren ethischen Standpunkten aus verurteilen. Allerdings wäre die Frage aufzuwerfen, die in diesem Zusammenhang nicht erörtert werden kann, wie weit von einem allgemein menschlichen Standpunkte aus, der in der Tat alle Kulturen der Erde zur Grundlage nimmt, ein Maßstab zu finden wäre, der einen relativ objektiven „Fortschritt" ermessen ließe. Derartige Erörterungen müssen indeß einem anderen Orte vorbehalten bleiben.

Bemerkenswert ist die Tatsache, daß offenbar nachwirkend aus der Zeit des Wildbeuterlebens auch bei den Feldbauern die Ernte als Nutzungsertrag der ganzen Gemeinde betrachtet wird. Dasselbe gilt vielfach auch für den Jagd- und Fangertrag von Vogelstellern oder Fischern, wie bei den Maori. Die größeren Gemeinden, die sich gleichsam wie neue Zellen den anderen anfügen und von gemeinsamen Oberhäuptern geleitet werden, verfahren nach dem gleichen Prinzip. Auf diese Weise scheinen die Gemeinwesen mit streng durchgeführter Abgaben- und Verteilungswirtschaft entstanden zu sein, als deren klassisches Beispiel der alte Inkastaat von Peru gelten kann.

Man hat es dabei also nicht mit besonderen Erfindungen zu tun, sondern vielmehr mit dem konservativen Befolgen eines uralten Prinzips, beziehungsweise mit dessen Anwendung auf Agglomerationen von Gemeinden. Doch darf man dabei nie vergessen, daß diesem „kommunistischen" Prinzip der Nahrungsversorgung einerseits eine starke Betonung des sonstigen Eigentums und insbesondere der persönlichen Selbständigkeit gegenüber zu stehen pflegt, wie das für die Maori gilt.

Der Feldbau verbindet sich fast stets auch mit der Pflege von Tieren. Während wir bei den Wildbeutern nie ein anderes Halten als von Lieblingstieren finden, besitzen die Feldbauern regelmäßig Haustiere, jedoch stets nur kleinere Tiere, wie Ziege, Schaf, Lama, Schwein, Hund, Hühner und Truthühner. Wie weit sich diese Tiere zu den heute vorfindlichen Feldbauervölkern erst in den letzten Jahrhunderten verbreitet haben, bedarf insbesondere für die Südsee und Afrika noch sorgfältiger Einzeluntersuchungen. Das präcolumbische Amerika kennt bekanntlich außer dem Hund als Haustier nur das Lama in Peru und den Truthahn. Ziege oder Schaf, manchmal auch beide, sind die wichtigsten Haustiere der Feldbauern in Afrika, das Schwein im südöstlichen Asien und der Südsee. All dies Kleinvieh wird indessen gewöhnlich nicht herdenweise gehalten, sondern zu wenigen Stücken.

Das Halten von Großtieren, insbesondere des Rindes, ist wohl von den eigentlichen Hirtenvölkern ausgegangen und auf dem Wege der Infiltration zu den Feldbauern gelangt, wie das etwa für China gilt. Allerdings dürfte

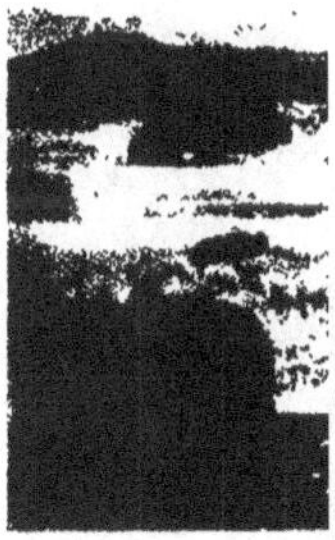

a. Das Dorf eines
Teil eines großen
sind aus Lehm;
Die Mauern sind
Akeley [15]. — b. T'Intellust. Steinhäuser mit einigen Reiser-Hütten, wo Heinrich Barth und seine Begleiter um 1850 lagerten. Aus Rodd [26].

a. Eisenstücke in der Form von Speerspitzen, die zusammen mit dem Hund und Stücken rohen Eisens den Kaufpreis für eine Frau darstellen. Der Häuptling entscheidet in öffentlicher Versammlung über die Angemessenheit des Preises. Aus Lang [15]. — b. Dangar, ein hervorragender Häuptling der Mangbetu, auf einem Stuhl, rechts und links seine Leibdienerinnen, hinter ihm sein Volk. Aus Lang [15].

die Verwendung von Großtieren, insbesondere der Rinder durch Feldbauern, insoferne eine Abänderung erlitten haben, als hier, wie schon erwähnt, die Umstellung zum Ziehen des Pfluges erfolgte. Damit aber wird eine besondere Phase im akkumulativ technischen Prozeß symbolisiert, die auch von außerordentlichen, sie begleitenden sozialen und politischen Veränderungen gekennzeichnet wird, die den Übergang zu einem Kulturhorizont bildet, den die archaischen Beamtenstaaten repräsentieren, die auf der Verbindung von Ackerbau, Viehzucht und Handwerk beruhen.

Die geographischen Faktoren machen sich bei Feldbauern in einer anderen Art geltend als bei Wildbeutern. Letztere lassen die Gegend und den Lebensraum auf sich einwirken, sie entziehen sich den Gefahren dadurch, daß sie ihnen ausweichen, daß sie dem Wild, das zu gewissen Zeiten hier oder dort auftaucht, nachziehen oder dorthin wandern, wo sie Früchte ernten können. Anders die Feldbauern. Obgleich wir uns von ihrer Seßhaftigkeit namentlich dort, wo der Grabstockbau betrieben wird, keine übertriebenen Vorstellungen machen dürfen, sind sie doch viel mehr ortsgebunden als die Wildbeuter. Aber nicht nur das, sondern sie treten aktiv bei der Wahl des Landes auf. Ihre Methoden der Nahrungsbeschaffung sind verhältnismäßig mehr erstarrt, sie sind spezialisiert und suchen ihrer Spezialisierung gemäß das dazu gehörige Land aus, ähnlich wie wir das auch bei den Hirten kennen lernen werden. Solche spezialisierten Methoden haben überall eine große Beharrungskraft und sind außerordentlich schwer abzuändern. Übergänge und Änderungen vollziehen sich gewöhnlich nur auf dem Wege von rasslichen Mischungen. Erst durch die Veränderung der Familientradition kann nämlich die kulturelle Beharrungskraft der überlieferten Erziehung in der nächsten Generation gebrochen werden.

Was die Gesellschaften der Feldbauern von denen der Wildbeuter unterscheidet, ist ihre größere Vermehrung, ihre menschenreicheren und darum zusammengesetzteren Einheiten und die weiter ausgreifende Gesellung unter diesen Einheiten selbst. Das Anzeichen für die Vergesellung der Einheiten bilden, wie wir sahen, Siedlungserscheinungen.

Die Bedeutung der Siedlungsvorgänge macht sich hauptsächlich in zweierlei Richtung geltend: 1. durch die W ü r f e l u n g verschiedener Volks- oder Stammesbestandteile, die in verhältnismäßig naher Nachbarschaft sich niedergelassen haben, wie das in den verschiedensten Gegenden beobachtet werden kann: an der Küste von Neu-Guinea, in Südamerika, in den verschiedensten Teilen des westlichen und östlichen Afrika usw. Die auf den Karten konstruierten scheinbar einheitlichen Gebiete sind irreführend. Tatsächlich liegen die Dinge dort überall so, wie heute noch in verschiedenen Gegenden des südöstlichen Europa oder des Balkans, wo man in naher Nachbarschaft Dörfer verschiedener Nationalität antreffen kann. Diese Würfelungserscheinungen führen aber früher oder später zu einer anthropologischen und kulturellen Vermischung.

Der zweite Siedlungsfaktor besteht darin, daß die Angehörigen einer und derselben Siedlung v e r s c h i e d e n e n S i p p e n angehören, wie wir dies bei den *Marind-anim* kennen gelernt haben, oder wie das auch auf Palau der

Fall ist, wo jedoch bereits eine gewisse Abhängigkeit bei Sippen minderer Herkunft zu konstatieren ist.

Auf diese Weise ergeben sich zweierlei Ausgangspunkte für ein Staffelungssystem: der eine beruht auf dem Kontakt von Stämmen verschiedener Herkunft und Kulturtradition, wie das beim Zusammentreffen von Feldbauern und Wildbeutern oder von Hirten mit Feldbauern deutlich in Erscheinung tritt. Es führt zur Überschichtung der einen Gruppe über die andere. Das Halbierungssystem des ganzen Stammes knüpft an einen Frauenaustausch unter zwei Völkern an, die aber durch fortgesetzte Wechselheiraten bereits beiderseits einen hohen Grad von Mischung und Kulturangleichung erreicht haben, so daß die beiden Hälften als gleichberechtigte Teile eines Ganzen erscheinen (s. a. Zweiten Abschnitt). Dieses „große" Halbierungssystem ist offenbar einem kleineren Halbierungssystem gedanklich nachgebildet, das aber auf einer ganz anderen gedanklichen Basis aufgebaut ist, nämlich auf dem Tausch der Frauen unter zwei befreundeten Gruppen, die sich wie die beiden Geschlechter einander gegenüber treten.

Dem letzteren Halbierungssystem entspricht die sich stets wiederholende, mehr oder weniger ausgeprägte Spaltung der sozialen Einheiten in eine Männer- und eine Frauengruppe. Einer solchen sind wir besonders bei den *Marind-anim*, bei den Maori und auf Palau in prägnanter Form begegnet. Eine solche Spaltung aller Einheiten in eine Männer- und eine Frauengesellschaft geht auf ähnliche Erscheinungen zurück, wie wir schon unter den Wildbeutern fanden. Dabei sind die Tendenzen zu beachten, die sich gelegentlich. in anderer Weise bei den *Marind-anim*, in anderer Weise auf Palau, gegen die Dauerpaarung in der Ehe richten. Die Ehe erscheint hier ganz besonders stark durch wirtschaftliche Faktoren bestimmt, während das sexuelle Leben zu einem erheblichen Teil sich vor und neben der Ehe abspielt, auf den mikronesischen Inseln vielfach sogar in einer organisierten und institutionsmäßigen Form sanktionierter Liebesverhältnisse und Liebesfeste, auf Neu-Guinea bei den Bánaro z. B. von institutionsmäßigen nebenehelichen Verbindungen.

Dieses Zurücktreten der Kleinfamilie geht Hand in Hand mit einer stärkeren Betonung der Großfamilie oder der Sippe und ist vielleicht dadurch herbeigeführt worden, daß zur Anlage von Bewässerungssystemen wie auf Palau das Zusammenarbeiten größere Mengen von Männern erforderlich war.

Dort, wo ein primitiverer Feldbau weiter bestand und wo auch keine großen Überschichtungen erfolgten, erhielt sich die Tendenz, zwischen gewissen Sippen zu heiraten, eine Übung, die durch den sogenannten „exogamen Totemismus" gekennzeichnet wird und sich bereits bei Wildbeuterstämmen wie den Australiern findet. Dabei muß allerdings beachtet werden, daß (wie in dem Artikel „Totemismus" des Reallexikons der Vorgeschichte ausgeführt) der Totemismus schwer zu definieren ist und auf außerordentlich vielerlei mystische Beziehungen zwischen Mensch und Tier oder Pflanze oder Gegenstand oder Geist angewendet wird, daß ferner der australische Totemismus oft ganz andere Formen annimmt als der von Neu-Guinea oder

der von Neu-Irland oder von Nord-Amerika. Die Verwendung des Schlagwortes Totemismus ist daher geeignet, vielfach irre zu führen. Die Karten die sich begnügen, Verbreitungsgebiete „des Totemismus“ zusammen zu stellen, werfen gewöhnlich heterogene Gedankengänge zusammen. Denn bei dem Totemismus handelt es sich tatsächlich um religiöse Auffassungen, die ganz unabhängig sind von der Verbreitung gewisser Heiratsordnungen. Diese Heiratsordnungen, von denen hier die Rede ist, wie wir sie z. B. bei den *Marind-anim* fanden, haben verhältnismäßig wenig mit dem politischen Leben zu tun.

Wie immer dies sein mag, jedenfalls haben wir schon bei verhältnismäßig einfachen sozialen Organisationen ein starkes Streben nach beabsichtigter Organisation festzustellen, nach einer Ordnung der wichtigsten Lebensverhältnisse, die schließlich zu den verschiedenartigsten Institutionen führten. Als solche Organisationen sind die Heiratsordnungen oder die Zusammenschlüsse zu Großfamilien oder Sippen aufzufassen. Bei all diesen handelt es sich um eine Symbiose von nicht mehr ganz nahe verwandten Menschen, die aber doch auf verwandtschaftlicher Basis beruht. Fast immer verschmelzen die Ordnungen mit religiösen Vorstellungen. Man wird sagen können, daß die sozialen Ordnungen in außerordentlichem Maße emotionell getragen werden, dazu aber der aus dem Stande der Kenntnisse und des Wissens schöpfende Intellekt ein der örtlich-zeitlichen Geistesverfassung entsprechendes Gedankensystem konstruiert. Man darf indessen nicht vergessen, daß nicht nur die Sippenheiratsordnung mit bestimmten „totemistischen Gedankengängen verknüpft ist, sondern, daß auch das Halbierungssystem z. B. auf Neu-Irland (Peek. [10]) oder bei Inlandstämmen des südwestlichen Neu-Guinea totemistischen Charakter zeigt (Wirz [24]), während totemistische Gedankengänge auch beim Fehlen von Heiratsordnungen bestehen können, wie z. B. in Nordamerika.

Die Symbiose wirkt sich nicht nur in den Heiratsordnungen, sondern auch in der politischen Organisation aus. Dabei dürfen wir nicht vergessen, daß es sich dabei immer um Abläufe handelt, also um Veränderungen der Form des Zusammenschlusses, Überdies entsprechen diese Veränderungen der politischen Form keineswegs immer der Veränderung von Heiratsordnungen. Die politische Form selbst muß jedoch wiederum vom Schicksal des einzelnen politischen Verbandes unterschieden werden. Auf diese Weise haben wir also dreierlei verschiedene Abläufe, die natürlich immer ineinander verschlungen sind und einander beeinflussen — eine Unterscheidung, die bei der Aufstellung von Übersichten gewöhnlich völlig außer Acht gelassen wird.

Ohne auf die verschiedenen Wanderungen z. B. im melanesischen Gebiet hier näher eingehen zu können (vgl. Fried. [29]) sei nur darauf hingewiesen, daß die manigfachsten rasslichen und sprachlichen Einheiten besonders an der Küste des nördlichen und südlichen Neu-Guinea oft in der buntesten Weise durcheinander gewürfelt sind. An den einen Stellen kann man z. B. eine stark pygmäoide Bevölkerung feststellen (T. [17]), die eine sogenannte papuanische Sprache redet, an anderen sind Völker eines mehr melanesischen oder proto-polynesischen Typs Träger einer papuanischen Sprache, während die melanesischen Kulturen wieder unter sich durch verschiedene charakteristische Merkmale zu einzelnen Bereichen zusammen gefaßt werden können. Die sogenannten papuanischen Sprachen aber weichen derart von einander ab, daß sie nur schwer unter einen Hut zu bringen sind. Alle diese Verschiedenheiten häufen sich manchmal in der nächsten Nachbarschaft (Murr. H. [25] 26ff). Dazu kommen noch Reste von Geräten, wie Töpfen oder Steinmörsern, die heute nicht mehr in Gebrauch sind, und die auf weiter zurückliegende Wanderungen deuten.

Der Feldbau mit der Möglichkeit, gerade in seinen höheren Formen größere Menschenmengen zu vereinigen und Völker niedriger Technik wie z. B. Wildbeuter sich zu assimilieren, rückte die Bedeutung des geselligen Zusammenlebens in den Vordergrund. Dabei hat das Hervortreten des Alters als der Träger der Kenntnisse sowohl auf männlicher wie auf weiblicher Seite große Bedeutung. Denn damit scheint auch das Seniorat, das wir auch bei Feldbauern finden, seine Begründung zu erhalten. Es ist offenbar aus Reflexionen und Spekulationen im Anschluß an die dem Alter zugestandene Autorität entstanden und schließlich zu einer starren Verhaltungsform, zu einer Einrichtung geworden, die sich als Bestandteil der Geistesverfassung in den Erstlingsopfern und dgl. religiös-weltanschaulich zu erkennen gibt.

Als besondere Konstellation haben wir hier die Heranziehung von Wildbeuterstämmen zu buchen, deren Männer zum Ausbau der so überaus wichtigen Bewässerungsanlagen in den verschiedensten Gegenden herangezogen und deren Frauen in der Naßkultur unterrichtet wurden. Allerdings dürfen wir uns das nicht so vorstellen, daß man die Erwachsenen sogleich unmittelbar anstellte, sondern daß immer erst die folgende Generation von Mischlingen und deren Verwandten mehr oder minder in die neue Technik hineinwuchs.

Durch derartige Mischlinge wurde zweifellos die innere Staffelung gefördert, wie das namentlich im mikronesischen und polynesischen Gebiet der Fall war. Allerdings wissen wir nicht, wie weit der Gedanke an derartige Staffelungen bereits von den Einwanderern mitgebracht wurde. Die Übertragung von politischen und sozialen Institutionen durch Wanderungen wird man sich ja hauptsächlich in der Form vorzustellen haben, daß irgendeine Auffassung von der notwendigen Ordnung des sozialen Lebens bei manchmal verhältnismäßig kleinen Scharen in den Köpfen von ein paar Kanu voll Leuten lebte, sich dann aber den besonderen Existenzbedingungen an Ort und Stelle anzupassen hatte. Auf diese Weise erklärt sich auch ein teilweiser Isomorphismus der Vorgänge in Feldbauer- und Hirtenkulturen, wie wir das noch sehen werden. Damit hängt weiterhin auch eine gewisse Ähnlichkeit des Ablaufes zusammen. Jede Gestaltung muß aber zunächst selbst aus der Korrelation der Zustandsverhältnisse erfaßt werden, die sich aus den Beziehungen der Gesellschaftsteile zur Gesamtheit ergeben. Dazu gehören natürlich auch die sehr unterschiedlich zu wertenden Kontaktphänomene.

Man wird nicht sagen können, daß die soziale Staffelung immer notwendigerweise über die ethnische gegangen sein muß. Namentlich dort, wo auf dem Wege über die Verschuldungen von Einzelnen, wie in Afrika oder auf der Gazelle Halbinsel, auf Palau usw., wirtschaftliche Abhängigkeiten innerhalb derselben Gausiedelung entstanden sind. Allerdings könnte man dagegen mit Recht einwenden, daß es sich in allen diesen Fällen nicht um „ursprünglich" homogene Gemeinden handelt, vielmehr namentlich um solche, bei denen der wirtschaftlich gebundene Sippenverband, wenn er auch politisch weiter besteht, doch sich in selbständige Familienwirtschaften aufgelöst hat. Denn wir müssen stets scharf unterscheiden, welche Funktion einer Großfamilie oder Sippe innerhalb der Gesellungseinheit nach der politischen, wirtschaftlichen, sozialen oder kultisch-religiösen Seite zufällt, So kann es z. B. kultisch-religiöse Sippen geben, während das wirtschaftliche Leben völlig an die Einzelfamilien gebunden ist.

Daraus stammt auch die Verschiedenheit, die trotz des Vorhandenseins von Sippen sehr andersartige Formen politischer Führung gestattet. Besonders lehrreich ist in dieser Hinsicht das Beispiel der Aufspaltung der politischen Führung auf den Banks-Inseln und den Neuen Hebriden: im Norden die Geheimen Gesellschaften, im Süden aristokratisches Häuptlingstum. In die Geheimen Gesellschaften rettete sich offenbar eine „Geistesaristokratie", die Familien einer bestimmten Kulturschicht. Später gestatteten sie den Zutritt auf plutokratischer Basis. Doch vermochten sie sich den politischen Einfluß überwiegend zu sichern. Wenn man die Geheimen Gesellschaften mit „Kirchen" vergleicht — sit venia verbo —, so könnte man, ebenfalls mit der entsprechenden Erlaubnis für den Ausdruck, die von den Geheimen Gesellschaften beherrschten Gemeinwesen als „Kirchenstaaten" ansprechen.

Anders wieder liegen die Dinge bei den Großfamilien auf Palau. Hier tritt die familial-wirtschaftliche Funktion in den Vordergrund. Sie ist in gewissem Sinne „antifamilial" eingestellt und führte zu einem starken Abbau der kleinfamilialen Bande, ein Umstand, der bei seinem ersten Bekanntwerden bekanntlich zu argen Mißdeutungen im Sinne einer „ursprünglichen Promiskuität" führte. Auch bei den *Marind-anim* stellten wir ähnliche Tendenzen fest, die dort indessen, vielleicht wegen der größeren Wichtigkeit der Baumpflanzungen der Männer, zu einem Adoptionssystem führten. Jedenfalls vollzieht sich das Geschlechtsleben in beiden Fällen sehr stark außerhalb und neben der Ehe.

Während auf Palau die Großfamilie und andere Institutionen das Kleinfamilienleben sozusagen aufzehren, bleibt doch für das Individuum reichliche wirtschaftliche Betätigung — trotz des Nahrungskommunismus. Ja, die Sucht nach Gelderwerb wird mit allem Nachdruck von sämtlichen Berichterstattern betont. So finden sich trotz des Nahrungskommunismus persönliche Auszeichnung, aristokratische Staffelung, Unterschiede des Reichtums und Besitzes. Letzteres gilt insbesonders auch für die Maori.

Die Abläufe der Gesellungsgestaltungen selbst sind hauptsächlich deshalb verschieden, weil auch die Konstellationen der „Ausgangsstadien" ungleich sind. Schon in der Technik des Feldbaues fanden wir ja erhebliche Unterschiede, bei denen nicht allein die Art der Verteilung der Arbeit zwischen den Geschlechtern eine Rolle spielt, sondern auch das Verhältnis der einzelnen politischen Einheit zu ihren Nachbarn, also die „außenpolitischen" Situation, von entscheidender Bedeutung ist.

Darin tritt häufig ein Wandel dadurch ein, daß nahe miteinander verwandte Familien oder Familiengruppen, die nur einer oder wenigen Sippen angehören, sich über ein weiteres Gebiet ausdehnen, in dem sie jeweils Gefolgsleute besitzen. Zweifellos liegt in der Heranziehung solcher Gefolgsleute der Kern zur späteren Staatsbildung. Wenn wir das Material, das uns auf völkerkundlichem Gebiet zur Verfügung steht, untersuchen, so finden wir, daß die frühere Auffassung, als würde der Staatsbildung immer „Unterwerfung" zugrunde liegen, sich keineswegs aufrecht erhalten lassen kann. Es sind Vorgänge ganz anderer und viel komplizierterer Natur, bei denen eine gewisse technische und geistige Überlegenheit, aber auch wirtschaftliche Ausnutzung eine viel wichtigere Rolle spielte, als die Anwendung von brutaler Gewalt, so wie man sich dies früher dachte. Man darf sich überhaupt die Staatsbildung nicht als einen so einfachen und einlinigen Vorgang vorstellen. Offenbar gab es verschiedene Wege, von denen der eine über den Feldbau, der andere über das Hirtentum führte, und hier die zellenartigen Anhäufungen von miteinander durch Verwandtschaft verbundenen Einheiten bedingte, bei den Hirten dagegen vielfach zu großzügigen, aber mehr flüchtigen netzartigen Einordnungen von auf weitere Räume verteilten Gebieten führte.

Schon hier muß betont werden, daß erst aus dem Zusammentreffen von Hirten und Feldbauern durch Zerschlagen der Sippenverbände ein Familienindividualismus entstand, der zu einer rationalisierten Macht führte, die sich auf ein abhängiges Beamtentum stützte. Den Weg dazu bildeten zweifellos Kämpfe und Raubunternehmungen, hauptsächlich der Großviehhirten. Auf diesem Umwege also hat wohl die Anwendung von Gewalt auch ihre Rolle bei Staatsbildung gespielt.

Innerhalb des Feldbauertums treffen wir wiederum auf verschiedene Formen und Wege, bei denen die oben gekennzeichneten Ausgangspunkte der Würfelung heterogener Völker und der Sippenagglomeration innerhalb der gleichen somatisch kulturellen Gruppe zunächst entscheidend sind.

Im folgenden Prozeß aber macht sich wieder je nach den besonderen Konstellationen sowohl unter den Schichtungen, zu denen Würfelungen Anlaß geben, wie unter den Staffelungen, die namentlich durch die Monopolisierung von Besitz, Tauschwerten oder Fertigkeiten, durch die eine Sippe unter mehreren zusammenlebenden entsteht, eine starke Tendenz zu einer „Rehomogenisierung", zum Wiederausgleich, geltend, wie z. B. unter den Maori. Das Bestehen von geheimen Gesellschaften, wie z. B. auf einem Teil der Banks-Inseln und der Neuen Hebriden, weist darauf hin, daß eine besondere Schicht von Trägern besonderer Überlieferungen sich von den anderen abschloß, um dem kulturellen Ausgleich Widerstand zu leisten. Die geheimen Gesellschaften mit ihrem kirchenähnlichen, aber exklusiven Charakter, sind von den Männerbünden zu unterscheiden, die sich über das gesamte Volk erstrecken, wie etwa auf Palau. Letztere weisen in ihrer Gestalt als Altersorganisationen wiederum zweierlei Formen auf, wie wir sie als wichtige Varianten einerseits bei den *Marind-anim*, andererseits auf Palau kennen lernten, nämlich die stabilen Altersvereine, durch die ein jeder im Laufe seines Lebens hindurchgeht, sind der mit dem Altern einer Generationsschicht progressiv aufsteigende, das ganze Leben hindurch vereinigte Bund. Zu einer starken zentralistischen Organisation mit despotischem Charakter scheint es fast nirgends unter den Feldbauern gekommen zu sein. Denn auch die Gestaltungen bei den Peruanern tragen einen vorwiegend sakralen Charakter; die politische und wirtschaftliche Selbständigkeit der Gaufürsten darf nicht unterschätzt werden.

Wenn von einer „sakralen" Macht der Fürsten und insbesondere der Könige bei den Feldbauern geredet wird, so drückt sich darin, politisch gesehen, eine Beschränkung der Macht durch die bevorzugten aristokratischen Familien aus, der gewöhnlich auch die Priester und Zauberer entstammen und der die führenden Persönlichkeiten der geheimen Gesellschaften angehören.

Im allgemeinen kann man von starken demokratischen Neigungen der Feldbauern reden, die vorwiegend in genossenschaftlich-gemeinwirtschaftlichen Großfamilien zusammengeschlossen sind, auch dort, wo eine aristokratische Staffelung oder Schichtung Platz gegriffen hat. Auf diese Weise haben sie zweifellos einen außerordentlich wichtigen Beitrag für die Organisation der Arbeit und des Wirtschaftens geleistet. Die handwerkliche Tätigkeit wurde bei ihnen naturgemäß sehr gepflegt und hat stellenweise bereits zu starken Spezialisierungen geführt. Dagegen tritt, gerade bei der Betonung einer wirtschaftlichen Zentralisation in den Kleinfamilien der Handel, namentlich der Außenhandel im Verhältnis zu den Hirten zurück. Wir werden sehen, daß die Hirten selbst das Handwerk verhältnismäßig weniger ausgebildet haben, um so mehr Neigung zum Handel zeigen, namentlich um ihre einseitige animalische Ernährung durch vegetabilische Kost zu ergänzen, daß somit bei ihnen häufig der Familienindividualismus gegenüber dem Sippenkommunismus vieler Feldbauern überwiegt. Das hindert natürlich nicht, daß auch bei den Feldbauern persönliches Eigentum außerhalb des Bereiches der Nahrungsversorgung keineswegs fehlt.

Der sakrale Charakter des Häuptlingtums, das mit der Leitung der Ernährungswirtschaft betraut ist, und dem damit auch die Sorge für das Gedeihen der Ernten aufgebürdet wird, bringt es mit sich, daß auf dem Wege von Spekulationen der Häuptling auch für Ereignisse verantwortlich gemacht wird, die nach unserer Auffassung über die Menschenmacht hinausgehen. Der Mann an der Macht, der den gesamten Wirtschaftsprozeß der Großfamilie, Sippe oder Gemeinde leitet, soll auch im Bund mit den Mächten stehen, die die Menge von Regen bestimmen, die gerade für das Gedeihen der Ernte notwendig ist. So muß er selbst direkt oder durch seine Priester oder Zauberer für die richtige Wassermenge sorgen, für die Vermeidung von

Ungewitter, unwillkommenen Überschwemmungen oder Dürre usw. Für all dies wird er ebenso verantwortlich gemacht wie für die Befolgung des richtigen Zeremoniells bei Festen oder für den Ausgang von Kämpfen. Für den einzelnen ist der Besitz der Macht ein Glücksspiel. Wenigstens muß er sich auf Zauberei verstehen und mit den Priestern und Magiern gutes Einvernehmen halten. Der kulturelle Horizont des Feldbauertums hat auch seine Begrenztheiten des geistigen Horizonts.

Im Ablauf der Ereignisse, insbesondere bei dem Zusammentreffen verschiedener Lebenseinstellungen, wie etwa von Feldbauern und Wildbeutern, ergibt sich zunächst, daß die führende Schicht oder Sippe mit Neuerungen vorangeht, den Fortschritt bewirkt, während sich nachher durch Vermischung der Fortschritt verbreitet, zum Gemeingut der gesamten Gesellschaft wird und die Kulturbasis erweitert.

Eine Erweiterung der Kulturbasis kann sich auf verschiedene Weise vollziehen: nicht nur aus dem Ablauf des stammesgebundenen Geschehens heraus, sondern auch durch Berührung, ja durch Fernwirkung von außen her. Die Erscheinungen in einzelnen Teilen Afrikas oder Asiens, z. B. in China, deuten darauf hin, daß die Viehhaltung der Feldbauern durch Nachbarstämme stark beeinflußt wurde. So akkulturierten die Pfleger von Pflanzen auch eine gewisse Pflege des Viehes. Uralt verbunden mit dem Feldbauerntum dürfte wohl das Halten von Kleinvieh sein. Die Schweinezucht mag sich vielleicht in Anlehnung an die Naßkultur herausgebildet haben, da das Schwein ein Sumpftier ist. Anders das Halten von Großvieh. Man wird annehmen müssen, daß bei Feldbauerstämmen der malaischen Inseln oder des ältesten Chinas das Halten von Büffeln, von Rindern und Pferden auf eine „Infiltration" aus Hirtenländern zurückzuführen ist. Namentlich scheinen die Feldbauer das Vieh der Hirten anders verwendet zu haben als die letzteren. Die Feldbauer werden es wohl gewesen sein, die die Großtiere zu Tragtieren und Zugtieren umwandelten, vielleicht auch als handwerklich begabte Stämme die Wolle der Schafe zu nützen begannen. Sie waren es ja sicher, die den Ochsen oder das Maultier zum Ziehen der Hacke verwendeten und damit die Grundlage für die Zivilisation des Pflugbaues legten.

In diesem Zusammenhang muß schließlich noch darauf verwiesen werden, daß angesichts des ganzen Charakters des Feldbauerntums die Sklaverei und die Hörigenschaft nicht nach wirtschafts-rationalistischen Methoden genützt wurde. Die Sklaven waren wohl Helfer, wie wir das bei den Maori fanden, dank ihrer sakralen Entwertung. Sie konnten auch stets, wie wir das z. B. auch aus Nord- und Südamerika wissen, zu Opferzwecken verwendet werden, aber es fehlte vollkommen der Gedanke, die Last der Arbeit den Sklaven und Hörigen aufzubürden. Sklaverei ist mehr eine Entziehung des sozialen Ranges, Hörigentum eine Anerkennung traditioneller Führerschaft, aber nicht mit dem Gedanken der Nützung von „menschlichem Kapital". Die Ansätze dazu liegen nur hie und da vor, vielleicht aber am stärksten unter dem Einfluß des Hirtentums in Afrika in der Nützung der weiblichen Arbeitskraft für wirtschaftliche Zwecke.

Wenn wir zum Schluß versuchen, eine ungefähre Kennzeichnung der Feldbauvölker zu wagen, so kann selbstverständlich nur soweit davon gesprochen werden, als die psychischen Folgen dabei in den Vordergrund gestellt werden, die mit der Feldbestellung verbunden sind, insbesonders aber mit der dafür charakteristischen Arbeitsteilung, welche die Frau mit dem wesentlichen Geschäft des Pflanzens betraut. Die besonderen sippenmäßigen Anlagen oder rassenmäßigen Neigungen müssen hier außer Acht gelassen werden.

Überblickt man die Varianten der Feldbauer, so ist auch zu berücksichtigen, daß, wie schon ausgeführt, viele Feldbauerstämme gemischt sind, daß sie fremde Wildbeuterstämme aufgenommen und sich assimiliert haben. Wanderungen und mannigfache historische Prozesse veränderten die „ursprünglichen" Feldbauer, kurz die „heutigen" Feldbauer haben nicht selbst den Feldbau oder die in Frage kommenden Veränderungen immer und notwendig selbst „erfunden". Aber auch die „Übernahme" oder Nachahmung fremder Methoden ist keineswegs immer ohne gewisse Abänderungen oder Verbesserungen vor sich gegangen.

Allein bei der Frage einer charakterlichen Prägung kommt vor allem ja die Art der Beschäftigung selbst in Frage. Gerade so wie unter den verschiedensten heutigen Nationen etwa der Industriearbeiter einen besonderen Typ vorstellt, so ist dies noch mehr in den primitiven, das ganze Leben viel universeller umfassenden Verhältnissen beim Feldbauer oder Hirten der Fall. Dabei kommt es viel weniger auf das rein Physiologische der Ernährungsart an, die übrigens auch nicht zu unterschätzen ist, weniger auch auf die bloß wirtschaftlichen Methoden des Nahrungserwerbs und der damit verbundenen Begünstigung oder Zurückdrängung gewisser Anlagen und der Entfaltung von Eigenschaften, als vor allem darauf, daß eine bestimmte Form der Nahrungsgewinnung bei einem primitiven Stande der Technik eine sehr universelle Art der körperlichen und geistigen Betätigung und Übung bedeutet, eine Konzentrierung der Aufmerksamkeit nach bestimmten Richtungen, ein Hinlenken des Lebensinteresses, das den ganzen Menschen nach allen seinen Seiten mit sich reißt. Die Art des mehr oder minder seßhaften Lebens, das Zusammenleben in großen Gesellschaften kommt hinzu, in denen der Einzelne auf das genaueste von seinen Mitmenschen beobachtet und kritisiert wird, wodurch bei aller Unabhängigkeit doch eine drückende persönliche Unfreiheit und Unselbständigkeit groß gezogen wird, die sich in dem extrem konservativen Geist auswirkt, der gerade ein Zeichen dieser streng gebunden demokratischen Gesellschaften ist. Man denke an die treffende Schilderung von Kruyt, § 5.

Schon bei den Wildbeutern konnten wir beobachten, wie sehr trotz der prinzipiell gleichen „Form" der Nahrungsversorgung doch große Unterschiede sich im Leben der Stämme dank den verschiedenen geographisch-klimatischen Bedingungen ergaben. Dazu kommt bei den Feldbauern noch die erst hier einsetzende Verschiedenheit der politischen Gestaltung. Die Eigenheiten und Spezialitäten der einzelnen Völker treten hier in Erscheinung. Die Naturvölker sind alle S p e z i a l i s t e n in ihrer Art. Die ihnen fern stehenden Schreibtischforscher haben sie stets für zu einheitlich genommen. Mit den Eigenarten ist es ähnlich wie etwa mit der Fülle ihrer konkreten Ausdrücke: Man hat kein Wort für Rind, aber eine Menge Bezeichnungen für die rote, schwarze, weiße Kuh usw., für die Kuh, die noch nicht geboren hat, die einmal gekalbt hat, die Färse, für die ältere usw., auch kein Wort für Kokospalme, sondern nur für den Keimling, die Einjährige usw. So begegnen wir einer Unzahl von Varianten des konkreten Lebens und der Gestaltungen, ohne heute auch immer im Stande zu sein, die treffende soziologische Allgemeinbezeichnung zu finden.

Gegenüber den Wildbeutern fällt uns bei den Feldbauern die mehr gesicherte Lebensführung auf, ein größeres „Wohlleben". Dieses gibt auch Anlaß zu den vielen Festen und Orgien. Daß dabei die große Selbständigkeit der Frauen und ihre wichtige Stellung für den Mann ins Gewicht fällt, hat viel Wahrscheinlichkeit für sich. Diese Orgien scheinen ebenso die Unterbrechung eines im übrigen arbeitsreichen Lebens der beiden Geschlechter darzustellen, wie die Kopfjagdunternehmungen, Blutrachefehden und andere Gehässigkeiten, die trotz einer verhältnismäßigen Friedfertigkeit der Feldbauer doch etwas wie ein gelegentliches „Amoklaufen" bedeuten, ein über alle Maßen heftiges Hervorbrechen ungezügelter Leidenschaften gerade in einer sonst recht beherrschten Gesellschaft. Dazu gehört auch der bei ihnen verbreitete und häufig zeremonielle Genuß von Erregungs- oder Berauschungsmitteln wie Kava, Betelnuß, Tabak usw.

Die Feldbauer sind unzweifelhaft Systematiker und Dogmatiker. Das zeigt die Ordnung etwa der Sippen-Heiratsordnungen, der Halbierungssysteme, die Bevorzugung einer gewisser Anzahl von Residenzhäusern in der Rangstaffelung der Sippen auf Palau, einer zahlenmäßigen Einteilung der Verwaltung im alten Peru und im alten China. Die Dogmatik zeigt sich nicht nur in den manchmal recht seltsamen totemistischen Gedankengängen, sondern auch im Festhalten an merkwürdigen Anschauungen wie, in den Trobriandinseln, an dem Glauben, daß für die Konzeption die Kohabitation, also die Rolle des Mannes irrelevant ist.

Etwas, das uns sehr sympatisch berührt, ist die soziale Auszeichnung auf Grund von Leistung: der Gedanke, den z. B. die Kultur der Maori besonders stark herausgearbeitet hat, daß der Häuptling durch seine persönlichen höchsten Leistungen die anderen übertreffen soll, und dies auch zu tun unternimmt. Die Führung versucht hier die werkmeisterliche mit der politischen Seite zu verbinden. Die Pflege des Handwerks tritt bei den Feldbauern namentlich im Verhältnis zu den Hirten, wie wir noch sehen werden, nachdrücklich hervor. Sie assimilieren sich auch früh handwerkliche Spezialisten und geben Anstoß zu einem Güteraustausch, der zweierlei Wurzeln hat: einerseits den Verteilungsmechanismus, der von den Häuptlingen, Großhäuptlingen, Fürsten usw. aus geleitet wird, andererseits aber den Kleinhandel der Frauen, die die Erzeugnisse ihrer Felder tauschen. Der erstere enthält gewissermaßen den Keim zum „Ausland- oder Großhandel" hauptsächlich der Männer, der letztere für den Markthandel, der neben dem Verteilungsmechanismus der großen zentralisierenden Speicherwirtschaften überall Platz greift.

Die Häuptlinge und Fürsten der Feldbauer unterscheiden sich nachdrücklich von denen der Hirten dadurch, daß erstere sakral gebunden bleiben und die Macht nicht rationalistisch nützen, nicht als Räuber auftreten. Auch die Expansion der Feldbauer trägt einen völlig andren Charakter. Die Wanderungen gehen schrittweise vor sich, als ein sachtes Rücken von Ort zu Ort, ein tastendes Suchen nach neuen Plätzen zur Anlage von Pflanzungen. Diese selbst aber erfordern in der Tat eine besondere ortsgebundene Pflege, namentlich, wo es sich um Bewässerungsanlagen handelt, deren zivilisatorische Bedeutung schwer überschätzt werden kann.

Diese Dinge erfordern gerade bei den höheren Feldbauern eine Organisation, die sich auch schon in den politischen und Heiratsordnungen auswirkt, wie wir sahen. Die Feldbauer sind bei den Expansionen keine „Imperialisten", sondern eher Gründer neuer Tochtervölker und Niederlassungen, sie sind „Kolonisatoren", aber keine „Eroberer".

Dementsprechend sind ihre Staatsbildungen auch „Zellenstaaten", Agglomerationen von nur wenig zentralisierten Einheiten, die, wie erwähnt, mehr durch eine gemeinsame Kultur und Tradition und deren Symbole zusammengehalten werden als durch politische Macht.

Darum spielen auch die Priester und die Zauberer eine so wichtige Rolle, zumal das Gedeihen der Gesamtheit mit den übermenschlichen Mächten verflochten vorgestellt wird, wie es sich im Gedeihen der Feldfrucht in der Tat dem Menschen aufdrängt.

B. Die Pfleger von Vieh und die Hirten.

§ 1. Das Problem der Domestizierung.

Die pflegliche Behandlung von Tieren, um von ihnen Nutzen zu ziehen, ist vermutlich eine spätere Errungenschaft der Menschheit als das Pflanzen und Betreuen der Gewächse. Wenn wir auch bei Wildbeuterstämmen das Halten von Tieren finden, so dient es doch ausschließlich dem Vergnügen und nicht einem bestimmten Nutzen. Man könnte sich vorstellen, daß das älteste Haustier, der Hund, auf diese Weise zur Symbiose mit den Menschen gebracht wurde. Indessen sind zweifellos bei den einzelnen Tieren, die heute domestiziert sind, sehr verschiedene Methoden im Laufe der Zeit eingeschlagen worden. Man wird dabei keineswegs verallgemeinern dürfen, da die Lebensweise eines jeden dieser Tiere von vorneherein spezifisch war und daher andere Reize von Seite des Menschen erforderte, wenn es in Symbiose mit ihm treten sollte. Tatsächlich hat die Zähmung der einzelnen Tiere auch keineswegs bei allen die gleiche Stufe erreicht, und es scheint, daß im Laufe seiner Geschichte der Mensch viele zwecklose Versuche mit Tieren unternahm, wie z. B. im alten Ägypten mit den Gazellenherden, den Löwen, den Hyänen usw., ohne zu einem dauernden Erfolg zu gelangen. Die von Ed. Hahn vertretene Auffassung, daß der Zähmung der Tiere, insbesondere des Rindviehes, sakrale Zeremonien mit ihnen vorausgegangen seien, dürfte den

Ablauf der Ereignisse eher umkehren, vorausgesetzt, daß man das Rationale im primitiven Denken scharf vom mystischen Einschlag, der es durchzieht, überhaupt zu scheiden wagt.

Man wird vor allem die Zähmung derjenigen Tiere, die in großen Herden leben, von solchen, die in kleineren Rudeln auftreten, zu unterscheiden haben.

Es ist bezeichnend, daß bei den Feldbauern bereits eine Anzahl von gezähmten Tieren zu finden ist. Zu diesen gehört außer dem Hund namentlich bei den Feldbauern mit Naßkultur das Schwein. Es scheint, daß dieses als Sumpftier gelegentlich der Bearbeitung der Sümpfe für Pflanzungen vermutlich durch Auflesen von frischen Würfen durch Frauen gezähmt wurde. Ob Ziege und Schaf, das wir heute z. B. in Afrika ziemlich allgemein in Verbindung mit dem Feldbau antreffen, von den Feldbauern selber gezähmt wurde oder von anderen Völkern, die sich von vorneherein auf die Ernährung durch Fleisch oder Ziegenmilch eingestellt hatten, muß bis auf weiteres dahingestellt bleiben. Wahrscheinlicher dürfte wohl das letztere sein, so daß wir ursprüngliche Schaf- und Ziegenzüchter anzunehmen hätten, die besonders um das Mittelmeerbecken wohnten. Von diesen dürfte dann bei der starken Ausstrahlung, die von diesen Gegenden insbesondere nach Afrika ausging, die sich aber auch früh östlich nach Asien hin erstreckte, dieses Kleinvieh zu einem festen Bestand vieler Feldbauern geworden sein. Sowohl beim Schwein wie bei den Ziegen handelt es sich um Tiere, die zunächst der Ernährung dienen. Anders beim Schaf und beim Lama. Bei den primitiveren Völkern wird das Schaf auch des Fleisches wegen gehalten. Die ältesten Darstellungen aus dem alten Sumer zeigen indessen bereits die Schafschur, die Nutzung seiner Wolle. Die höheren Kulturen treiben somit die Schafzucht aus anderen Gründen, als wegen der Verspeisung der Tiere allein. Das Lama hat bei den alten Peruanern anscheinend überhaupt nur als Lasttier gegolten.

Komplizierter liegen die Dinge bei den größeren Tieren. Sicher wurden diese zunächst hauptsächlich wegen des Fleisches gejagt, wie wir das etwa von den Indianern wissen, die ihren Büffelherden folgten. Während man sich aber bei den kleineren Tieren eine Einzelzüchtung durch Aufziehen der Jungen vorstellen kann, dürfte das bei den größeren Herdentieren schwerer denkbar sein. Besonders wichtig ist dabei die Zähmung des Rindes. Man kann sich höchstens nach Analogie der vorkolumbischen Büffeljäger unter den Indianern Amerikas vorstellen, daß ganze Sippen bestimmten Büffelherden folgten, wie das namentlich aus den zeremoniellen Jagden, die sie veranstalteten, hervorgeht. Dieser Zeremonialismus war wohl gleichzeitig der Ausdruck einer sorgfältigen Behandlung der Tiere, allerdings eines Zaubers, der jedoch, wie der Fruchtbarkeitszauber, der ja auch von australischen Wildbeutern angewendet wird, sehr praktische Zwecke verfolgte. Aus diesem Grunde ist es kaum möglich zu sagen, was etwa „früher“ gewesen sei, das Jagen oder der Jagdzauber, das Pflanzen oder der Pflanzungszauber, das Tierhalten oder der Zauber der Tierbetreuung. Die zauberischen Zeremonielle bilden nur eine Seite des Verhaltens gegen die Tiere, sind aber im Grunde rationalistisch gemeint, wenngleich dieser Rationalismus in einem uns mystisch scheinenden Gewande auftritt (s. T. [R. L.] „Primitives Denken“, „Zauber“, „Totemismus“). Dazu kommt, daß fast immer die Menschen in eine religiöse Einstellung zu den Mächten gelangt sind, von denen sie abhängen oder sich abhängig wähnen. Das tritt sowohl gegenüber Jagdtieren (z. B. Bären bei den Ainu) und dgl. auf, als auch gegen Pflanzen. Ganz besonders aber dort, wo eine verhältnismäßig einseitige Ernährung von einer einzigen Pflanzen- oder Tierart und deren Gedeihen abhängt. Denn diese Pflanzen oder Tiere betrachtet der egozentrisch denkende, naive Mensch als die unmittelbaren Spender der Ernährung und Schutzmächte seiner Existenz. Aus denselben Gründen wurde ja auch dem Sippenhaupt, der Adelsschicht, dem politischen Führer und Fürsten sakrale Verehrung entgegengebracht, er geradezu vergöttlicht.

Es hat viel Wahrscheinlichkeit für sich, daß die Milchgewinnung zunächst bei dem Kleinvieh, insbesondere bei den Ziegen, begonnen hat und dann erst auf die Kühe übertragen wurde. Dafür spricht die Methode des Melkens von hinten wie bei den Ziegen in den altsumerischen und babylonischen Darstellungen. Auch ist mit der Verbreitung der Rinder nicht überall auch die der Milchgewinnung erfolgt. In ganz Ostasien z. B. dienen die Rinder teils zum Tragen von Lasten, teils werden sie des Fleisches wegen gehalten, doch werden sie nicht gemolken. Ein Zeichen dafür, daß diese wesentlich feldbauenden Völker gewissermaßen nur aus zweiter Hand das Rindvieh erhielten. Das Buttern verbindet sich in der Regel mit der Milchgewinnung, nicht jedoch die Käsebereitung. Auch hier scheint die Herstellung von Käse aus Ziegenbutter, wie bei den Berbern Nordafrikas, älter zu sein als die aus Kuhbutter.

Komplizierter liegen die Dinge bei anderen großen Haustieren, beim Pferd und beim Kamel, sowie beim Büffel. Im allgemeinen scheint es, daß ursprünglich einzelne Sippen sich nur auf das Halten ganz bestimmter Herdentiere spezialisiert hatten. Bei der Berührung verschiedener Stämme, bei Frauentausch oder Kämpfen und dgl. wurden fremde Tiere übernommen, wodurch das Stammesleben oft in erheblicher Weise umgestaltet wurde. Während z. B. die Pferdeherden bei manchen zentralasiatischen Stämmen den Sippenbesitz bildeten, brachte die Einführung des Rindes eine Loslösung derjenigen Familien mit sich, die in den Besitz der Rinder gelangt waren, und weiterhin Unterschiede im „Reichtum“ der Kleinfamilien. Ähnliche Vorgänge dürften sich bei der Erwerbung des Kamels unter den Berberstämmen abgespielt haben. Auch im Falle des Übergangs zur Viehzucht überhaupt, wie etwa bei den südamerikanischen Goajiro-Indianern von Columbien, führt der neuerworbene Viehbesitz unter den Kleinfamilien zu einer plutokratischen Staffelung. Namentlich in Stämmen, wie es die mongolischen Hirten sind, die vielerlei Tierarten halten: Pferde, Kamele, Schafe, Ziegen, finden sich erhebliche Besitzunterschiede. Als reich gilt dort eine Familiengruppe, die etwa 1000 Pferde, 100 Kamele und noch eine entsprechende Zahl von Schafen und Ziegen besitzt.

Die pflegliche und sorgfältige Behandlung des Viehes äußert sich gewöhnlich in festen Sitten der Tierbehandlung, der Wartung und insbesondere des Melkens. Unter den Stämmen, die augenscheinlich ältere Traditionen wahren, wie z. B. die Hirtenstämme von Uganda im östlichen Afrika, wird das Melken ausschließlich von den Männern vollzogen, wie überhaupt die Sorge für das Rindvieh im östlichen Afrika ausschließlich den Männern zufällt. Die starke Betonung dieser Fürsorge für das Rindvieh dürfte hier nicht allein darauf zurückzuführen sein, daß die Domestizierung dereinstens durch die Männer erfolgt ist, sondern höchstwahrscheinlich auch noch darauf, daß in diesen Gegenden die Hirtenstämme auf Feldbauern trafen, deren Frauen sie sich bemächtigten, wahrscheinlich nachdem sie die Männer erschlagen hatten. In traditioneller Weise blieb sodann bei den Mischlingsnachkommen die Sorge für das Vieh Männerangelegenheit, die für den Feldbau Frauensache.

Das Hirtentum ist auf die alte Welt beschränkt geblieben. Es hat somit ursprünglich eine viel kleinere Verbreitung gefunden als der Feldbau. Diese Tatsache allein weist darauf hin,. daß die Zähmung von Haustieren überhaupt eine verhältnismäßig späte Errungenschaft sein dürfte, später jedenfalls als das Ziehen von Kulturpflanzen. Im vorkolumbischen Amerika findet sich bekanntlich außer dem Hund, dem Lama und Alpacca, sowie dem Truthahn kein anderes Haustier. Natürlich bliebe die Hypothese zur Diskussion, ob vielleicht spätere Einwanderer, die auf Schiffen über den großen Ozean das polynesische Gebiet besiedelten und die amerikanische Küste erreicht hatten, nichts früher von Viehzucht gewußt hatten, oder ob es Stämme waren, denen die Viehzucht nichts Unbekanntes gewesen ist, denen bloß die Tiere unterwegs verloren gingen.

Wie sehr indessen die Einführung von domestizierten Tieren einen Übergang nicht nur zur Viehzucht überhaupt ermöglicht, sondern sogar zu kultischem Verhalten anregte, lehrt einerseits das weiter unten gegebene Beispiel der Goajiro-Indianer, andererseits etwa das der Hidatsa von Nordamerika mit ihrem Pferde-Zeremoniell (s. Wls. [24]).

Die große Bedeutung des Hirtentums für die soziale Gestaltung und als Anreiz zu besonderen Abläufen in den politischen Vorgängen der durch sie zusammengefaßten Gemeinwesen wird in den folgenden Darlegungen sich zeigen. Vorher soll aber noch an dem Problem der Rentierzähmung gezeigt werden, daß diejenigen Stämme, die heute als Hirten auftreten, oft ehemalige Wildbeuterstämme waren, die sich das Hirtentum aneigneten oder denen die Viehhaltung direkt gelehrt wurde. Dadurch aber werden die Untersuchungen für die Entstehung der Viehzucht erst kompliziert. Bemerkenswert ist aber, wie der Reiz der Viehzucht in den verschiedensten Gegenden und unter im übrigen mannigfaltigsten Bedingungen außerordentlich viel Ähnliches mit sich bringt. Nicht nur das, sondern wir werden sehen, daß bei einer stärkeren Vergesellung, die eine Staffelung bedingt, ähnliche Erscheinungen auftreten, wie beim Feldbau. Ein solcher Isomorphismus zeigt bereits an, daß die sozial-psychischen Faktoren gegenüber der Form der Nahrungsgewinnung stellenweise zu überwiegen beginnen.

Zum Schlusse soll, wie gesagt, noch dem Zähmungsproblem des Rentieres Aufmerksamkeit zugewendet werden.

Eine zweifellos große Rolle bei der Zähmung der Tiere hat vermutlich die Jagd mit einzelnen gezähmten Exemplaren gespielt, wie wir sie von den verschiedensten Völkern her kennen. Dieser Gedanke entsprach dem auch sonst üblichen Verfahren, wie es im Vorbildzauber, beziehungsweise der Vorbildwirkung zum Ausdruck kommt. Vielfach verkleidet sich der Mensch bei der Jagd als das betreffende Tier, das er anschleicht, z. B. der Eskimo als Seehund, der Buschmann von Südafrika als Strauß, der Apache-Jäger als Antilope usw.; der Samojede setzt das Hirschgeweih zu diesem Zweck auf und ahmt auf einer Pfeife den Ruf des Bullen nach (Hatt [19] 100ff). Ein späteres Verfahren, das sich an die Verkleidung anschließt, besteht offenbar in der Verwendung einzelner gezähmter Tiere, z. B. von Locktieren. Die Lappen verwendeten z. B. im 17. Jahrhundert weibliche Rentiere, die sie festbanden und schossen dann auf die sich nahenden Böcke. Ähnliches wird auch von den Koryaken und Tschuktschen berichtet. Eine andere Methode bestand darin, Rentierbullen loszulassen, deren Geweih mit Riemen umschlungen war. Nahte sich ein wilder Bulle und begann einen Kampf, so verstrickte er sich in den Geweihen des anderen und konnte vom nachfolgenden Jäger leicht erschossen werden. Aus den germanischen Volksrechten sind ähnliche Formen der Jagd mit gezähmten Hirschen, Wisenten und Ur bekannt. Zum Anlocken der Rentiere verwendete man Salz, und es mußte für einen Stamm von Rentierjägern verhältnismäßig leicht gewesen sein, nicht nur eine Zahl von jungen Rentieren zu fangen und zu zähmen, sondern auch Verbindung mit einer bestimmten Herde zu unterhalten. Dazu diente namentlich der Besitz einzelner gezähmter Tiere (Hatt 109). Dadurch, daß der Jäger einen Trupp gezähmter Tiere auf seinem Territorium hielt, konnte er deren wilde Stammesgenossen, namentlich in der Brunstzeit, anlocken. Statt eine Rentiermaske auf seinen Kopf zu setzen und sich bei der Jagd als Rentier zu verkleiden, konnte sich der Jäger nunmehr des Locktieres bedienen, wie das bis heute bei den tungusischen und samojedischen Rentierhältern der Fall ist. So bildete sich eine wechselseitige Anteilnahme zwischen einer Gruppe von Jägern und einer Herde von Tieren heraus. Dabei tritt auch die Bedeutung des Einzelnen in Erscheinung, der als Neuerer die technische Erfindung eines Locktieres machte, die schließlich von der ganzen Gemeinde aufgenommen und in Anwendung gebracht wurde. Namentlich scheint der Hunger nach menschlichem Urin (offenbar wegen der darin enthaltenen Salze) verführerisch auf das Rentier gewirkt zu haben, während das zahme Tier aus naheliegenden Gründen vom Jäger gehütet und geschont wurde. Auf diese Weise, muß man annehmen, wurden die Beziehungen zwischen Menschengemeinde und Rentierherde begründet.

Ein wichtiger Schritt bildete weiterhin die Dressur des Rentieres zum Ziehen der Schlitten. Zweifellos verwendeten die Rentierjäger früher Hunde zum Ziehen, wie dies heute noch in Sibirien und bei den Eskimos der Fall ist. Sowohl Schlitten wie Geschirr in Sibirien weisen darauf hin. Der Rentierschlitten der Lappen scheint sich indessen aus dem Handschlitten herausgebildet zu haben. Sowohl die Sitte der Eigentumsmarken wie die des Zerschneidens dürfte sehr alt sein. Alte kastrierte Tiere bilden einen festen Bestand der Herden. Man entdeckte wohl früh, daß sie sich immer ruhig verhalten und daß sie fetter und stärker werden als die Böcke.

Die größere Gestalt der domestizierten Rentierherde im Vergleich zu den wilden ist sowohl für die Tundren wie für die skandinavischen Berge charakteristisch. Offenbar hat dazu die Sorge um gute Weideplätze durch den Menschen beigetragen. Wo domestizierte Herden entstanden, ging ein allmähliches Aussterben der wilden Rentiere Hand in Hand, und zwar offenbar infolge einerseits des Abschießens, andererseits wegen der Monopolisierung der Weiden durch die gezähmten Tiere, die von dem Menschen für diese verteidigt wurden.

Trotz allem scheint es, daß die Zähmung des wilden Rentieres ein schwieriger Prozeß war, der nur selten versucht wurde und zwar mit jungen Kälbern. Die Zucht der Rentiere scheint sowohl von der des Rindes wie der des Pferdes beeinflußt zu sein und zwar namentlich in einer späteren Periode, während sie in der Frühzeit durch das Hundehalten angeregt wurde. Wenn in chinesischen Quellen berichtet wird, daß die Rentierzucht in Sibirien im 5. Jahrhundert unserer Zeitrechnung durch Milchgewinnung gekennzeichnet wird, so ergibt sich daraus, daß das Melken offenbar im Anschluß und unter dem Einfluß der Kuhhaltung anderer Stämme — auf dem Wege der „Induktion" — ausgebildet wurde. Die Entstehung des Rentierzüchtens muß darum sicher sehr viel weiter nach rückwärts datiert werden. Der Grad der Domestizierung kann sicher nicht ohne weiteres zu einem Gradmesser des Alters gemacht werden, weil die Domestizierung nicht allein durch Umweltfaktoren bestimmt wird, sondern in noch höherem Maße von der Gesamtveranlagung der betreffenden Tierrasse abhängt. Wurde doch auch die Domestikation der verschiedensten Tiere, wie z. B. der Gazellen, Löwen, Hyänen, in Ägypten versucht, ohne daß sie sich halten konnte, weil die Rassenanlage der betreffenden Tiere dies nicht gestattete. Andererseits dürfte die Rentierzucht verhältnismäßig jung sein. Sie hat z. B. nicht den amerikanischen Kontinent erreicht, sondern gelangte östlich nur bis zu den Tschuktschen. Hingegen kamen gewisse Jagdmethoden auf das Rentier nach Amerika.

Ob die Domestikation des Rentiers bei den Tschuktschen und Koriaken selbständig vor sich ging, bei den Tungusen und Sojoten durch die turkomongolische Pferdezucht ausgelöst wurde und wiederum bei den Samojeden und Ostjaken abermals unabhängig zustande kam (Wikld. [18]) muß dahingestellt bleiben. Die verschiedenen Typen des Haltens allein würden zum Beweise dafür noch nicht ausreichen. Das Treiben in Umzäunungen als Jagdmethode (Sirl. [16]) kann man nicht ohne weiteres als besonders erfolgreichen Weg zur Zähmung gelten lassen.

§ 2. Ungeschichtete Kleinviehhirten: Frauen Sammlerinnen oder Feldbauerinnen.

a) Die Tamgak der westlichen Sahara.

Schaf- und Ziegenhirten, die offenbar als Relikte aus alter Zeit sich in einzelnen Teilen der großen nordafrikanischen Wüste erhalten haben, sind die Tamgak, die von den Tuareg als „Immedideran" bezeichnet werden. Die Tuareg lassen sie als von „vornehmer Abkunft" gelten, sie sind nicht negroid, reden aber eine Sprache, welche die Tuareg nicht verstehen. Sie sollen in einem sehr primitiven Zustand leben und weder Häuser oder Hütten, noch Zelte, sondern nur niedrige Windschirme aus Stein oder Holz oder ausgespannten Häuten oder Gras errichten und mögen vielleicht mit den „Leukaethiopiern" des Altertums zusammenzubringen sein. Eine Variante bildet das sogenannte „Ziegenvolk", das der *Kel Ulli*, das heute, sowie ihre Nachbarn die Tuareg, allerdings auch schon Kamele besitzt (Rodd [26] 52, 307f).

b) Arabische Kleinviehhirten.

Ungeschichtete Sippen, die nur von Schaf- und Ziegenzucht leben, finden wir auch am Rande der arabischen Wüste. Während die echten „Araber" mit ihren Kamelen weit in die Steppen und Wüsten hineinziehen, können sich die „Schwarzen", die ihren Namen nach dem dunkelhaarigen Vieh ihrer Herden führen, aus deren Häuten auch ihre dunklen Zelte hergestellt werden, nicht in die Wüste hineinwagen. Nur wo reichlich Wasser vorhanden ist und entsprechender Pflanzenwuchs, dürfen sie lagern. Sie gelten als verwandt mit dem seßhaften Volk der Städte. Sie unternehmen nicht große Raubzüge wie die Beduinen, sie müssen den letzteren vielmehr eine Steuer bezahlen für den Schutz, den diese ihnen angedeihen lassen. Die Kleinviehhirten gehen manchmal zum Feldbau über, legen Häuser und Weiler an und überlassen ihre Ziegen und Schafe den Sippen der Beduinen. Letztere können dann auch nicht mehr in die offene Wüste gehen, sondern müssen sich zwischen den Städten und den kleineren Siedlungen des Randgebietes aufhalten, und werden auf diese Weise selbst „Schwarze". Gibt es keine starke Regierung, die die bevölkerten Gegenden zu schützen vermag, so daß die Sicherheit von Leben und Eigentum leidet, so werden die Dauerwohnungen wieder mit dem Feld vertauscht und die Feldbauern gehen wiederum zum Halten von Kleinviehherden über. Niemals aber können sie echte Beduinen werden, weil diese sie nicht als gleich anerkennen würden. Der Ausdruck „Beduine" hat somit eine engere, aristokratische Bedeutung. Auf Grund ihres Wohnens werden diejenigen als „Araber" bezeichnet, die in Zelten leben, doch sind nicht alle „Araber" „Beduinen", sondern nur diejenigen, die als Kamelzüchter den größeren Teil des Jahres im Innern der Wüste verbringen. Viele der Kleinviehhirten leben auch in Städten oder Dörfern, die sie während der Regenzeit aber verlassen, um in Zelte zu übersiedeln. Im Herbst legen sie Felder an und verlassen dann mit ihren Ziegen und Schafen die Dörfer. Ende April und im Mai kehren sie, wenn die Ernte bevorsteht, heim (Musil [28] 44f).

c) Ungeschichtete Rentierhirten, Uriankhai des Jenissei-Beckens, Sibirien.

Hier sind die Männer Jäger und Sammler, die Frauen Viehzüchterinnen; somit das umgekehrte Verhältnis der Geschlechter wie sonst beim Hirtentum.

Auch das Gerben ist Sache der Frauen. Möglicherweise entstammen die Frauen einem Hirtenstamm, der sich mit Wildbeutern vermischt hat. Schichtung oder Staffelung fehlt. Bemerkenswert ist, daß das Fischen bei einem anderen Stamm spezialisiert ist, während die Uriankhai weder Fischer noch Schiffer sind, obgleich sie in einem Lande voller Wasseradern, Seen und Fischreichtum leben. Die Tradition, die sie wahrscheinlich von anderswoher mitgebracht haben, war hier stärker als der Reiz zu einer Anpassung an die Umgebung. Handel besteht.

Am oberen Jenissei-Becken leben einerseits die Rentiere haltenden Gemeinden der Uriankhai, andererseits in den Prärіegegenden verwandte Stämme mit Pferden, Rindern, Schafen und Ziegen. Die Rentierhälter leben in größeren Höhen. Bemerkenswert ist, daß ein Teil dieser Rentier-Uriankhai hellhaarig und blauäugig ist, vielleicht eine Folge alten uigurischen Einschlags (Carr. [13] 1 218). Im Sommer bildet die Rentiermilch die Hauptgrundlage ihrer Ernährung in Verbindung mit Wurzeln einer Pflanze, die mit Hacken im Walde ausgegraben wird. Im Winter leben sie von den zerstoßenen Wurzeln dieses selben Krautes und vom gesalzenen Fleisch der im letzten Herbst erlegten Jagdtiere. Das Rentierfleisch bildet eine seltene Delikatesse. Denn so lange als Jagdwild vorhanden ist, soll dieses nicht in Anspruch genommen werden. Von den Händlern kaufen sie heute Tee und, wenn möglich, noch Zucker und etwas Weizenmehl.

Die Nahrung der anderen Stämme besteht in Stutenmilch oder „*Kummis*", Käse und Hammel, je nach dem Ertrag der Herden. Aus Birkenrinde werden Gefäße und Lagergeräte hergestellt. Die Frauen sind außerordentlich geschickt in der Herrichtung von Häuten, zu der sie Milch verwenden, um sie geschmeidig zu machen. Die Rentierhäute werden namentlich für Zaumzeug und Matten verwendet. Steinsalz, das bei ihnen gefunden wird, verhandeln sie weiter. Den Hauptteil der Tätigkeit nimmt insbesondere bei den Frauen und Kindern eine sorgfältige Wartung der Rentiere ein. Diese werden geritten, aber hauptsächlich dienen sie als Tragtiere. Die Männer gehen auf die Jagd, teils um Fleischnahrung zu besorgen, teils der Felle wegen, die sie an die Russen und Chinesen verhandeln. Letztere verlangen Abgaben von neun Fellsorten.

Obgleich Jäger und Fänger, sind diese scheuen Rentierhälter keine Fischer. Von dem Fischreichtum ziehen sie keinen Nutzen, nur das sogenannte „Seevolk", eine kleine Abteilung des *Toji*-Stammes. Obgleich diese Rentier-Uriankhai in einem Lande voller Flüsse und Seen leben, vermögen sie doch keine Boote, auch nicht solche aus Birkenrinde, zu erbauen, die sie sonst in der verschiedensten Weise verwenden. Zum Übersetzen der Flüsse werden nur kleine Flösse errichtet.

Die Rentierhälter müssen im Sommer höhere Regionen aufsuchen, da es in den niedrigeren für die Tiere zu warm wird. Im Herbst bewegen sie sich nach entfernteren Höhenzügen oder gehen in die Wälder zur Jagd. Im Winter findet der Handel mit den Russen statt, wobei die verschiedenen Lagergemeinden sich an den herkömmlichen Punkten zum Handel treffen.

Das Familienleben scheint ein sehr gutes zu sein. Die Männer übernehmen namentlich nach außen alle Verantwortlichkeit für die Handlungen ihrer

Frauen. Vorherrschend ist ein starkes Verlangen nach Kindern, insbesondere nach Knaben. Da diese Stämme jetzt Buddhisten sind, wird ein Teil der jungen Männer dem Lamaismus gewidmet. Eine besondere Rolle spielen Ringkämpfe. Die Toten setzt man auf Berghöhen den wilden Tieren aus (Carr. [13] 1 197ff).

d) Mischlinge von Hirten und Wildbeutern, Hottentotten.

Männer: Hirten, Frauen: Sammlerinnen von Feldfrüchten. In der Steppe wichtigster Eigentumsanspruch die Wasserquellen. Die Sippe als Grundlage der sozialen und politischen Organisation. Unausgebildetes Häuptlingtum. Gefolgschaft Fremdstämmiger bildet den Ansatz zu einer Staffelung. Heiratsverbote innerhalb der Sippe und der Verwandtschaft im Vetterngrade.

Eine Mischung der Hirtenstämme mit Wildbeutern stellen die südwestafrikanischen Hottentotten dar. Einer ihrer Stämme sind die *Nama*, von deren Unternehmungen im Zusammenhang mit der Schilderung der *Bergdama* die Rede war. Da diese Völker heute zum größten Teil entweder europäisiert oder ausgerottet sind, ist man hauptsächlich auf Berichte aus jüngerer und fernerer Vergangenheit angewiesen.

Diese nomadischen Hirtenstämme besaßen früher reiche Herden großknochigen und langhörnigen Rindes, sowie von fettschwänzigen haarigen Schafen. Sie zogen von Quelle zu Quelle, um Wasser und Weiden für ihr Vieh aufzusuchen. Der wichtigste Eigentumsanspruch bezog sich auf die Quellen und Wasserstellen in den Flußbetten, da diese wichtiger als der Landbesitz waren. Zu diesen *Nama* stießen zu Anfang des 19. Jahrhunderts Splitter verschiedener Mischlinge, die weißes Blut aufgenommen hatten und mit einem Sammelnamen als *Orlans* bezeichnet wurden. Anfangs erwarben sie Rechte an Wasserstellen durch Zahlung kleiner Tribute, später jedoch kam es zu Kämpfen, bei denen die *Orlans* durch den Besitz von Feuerwaffen, in den sie gekommen waren, die Oberhand gewannen. Soweit die historischen Erinnerungen zurückverfolgt werden können, waren die *Nama* in ungefähr sieben Stämme geteilt, die alle ihre Abstammung von den gleichen Ahnen herleiteten. Jeder dieser Stämme besaß seinen anerkannten Häuptling und erhob auf bestimmte Wasserstellen Anspruch. Heute sind mehrere dieser Stämme ausgestorben, oder ihre Stammeseinheit ist völlig untergegangen.

Die früheren Stämme setzten sich aus einer Anzahl von Sippen mit Vaterfolge zusammen, und unter diesen Sippen beanspruchte eine das Seniorat, ähnlich wie wir das auch bei verschiedenen Feldbauerstämmen fanden. In der Seniorsippe war die Häuptlingschaft unter den Männern erblich. Jede Sippe benannte sich nach dem Ahnen, unter dem sie zuerst Anspruch auf Selbständigkeit erhoben hatte. Die Kleinfamilien, aus denen die Sippen bestanden, führten keinen besonderen Namen. Erst heute benennen sie sich nach holländischen oder anderen europäischen Eigennamen.

Die Sippen bildeten natürlich auch in früherer Zeit nichts Starres. Insbesondere konnten große Familien Anspruch auf eigene Weidegründe erheben, Angehörige anderer Familien oder Sippen ausschließen und so im Laufe der Zeit zu selbständigen Sippen aufrücken oder wenigstens Untersippen bilden. In ähnlicher Weise konnte auch aus einer Sippe ein Stamm entstehen, während andere Stämme oder Sippen durch Kämpfe zugrunde gingen.

In früheren Zeiten war das Lager der *Nama* von einer großen kreisrunden Dornhecke umgeben, die von einem Eingang im Norden und einem im Süden durchbrochen wurde. Im Innern der Hecke befanden sich, ähnlich wie das auch aus Rhodesien bekannt ist, die Hütten des Stammes. Gelegentlich lagerte ein ganzer Stamm auf solche Weise. Jedenfalls waren am Lager des Stammeshäuptlings Vertreter aller Sippen anwesend, wenn die Sippen selbst sich auch wo anders befanden. (Diese Maßregel erinnert an die Organisationsform des Königshofes bei den Hirtenstämmen von Uganda.) In der Mitte des weiten Kreises hielt sich das Vieh zur Nacht auf. Besondere Hürden, Kraals, wurden für die Kälber und Lämmer angelegt, niemals aber für das Rindvieh oder die Schafe, weder früher noch heute. Diese Tiere befinden sich in der Nacht immer vor der Hütte ihres Besitzers.

Ihre ganze Geschichte hindurch bildete bei den *Nama* die Sippe die stärkste soziale Einheit. Jede Sippe konnte, wenn sie wollte, sich von den anderen trennen, aber die Familie mußte auf jeden Fall zur Sippe halten. Unter diesen Umständen war der Stammeshäuptling nichts anderes als der erste unter gleichen. Die Leitung der Angelegenheiten des Stammes lag darum tatsächlich in den Händen der Sippenalten. Heirat unter den Sippenmitgliedern war streng verboten. Die Sippe beschützte ihre Angehörigen auf jeden Fall, und aus dem Anfang des vorigen Jahrhunderts sind zahlreiche Beispiele von Blutrache bekannt, die auch unter Angehörigen von Sippen des gleichen Stammes geführt wurden.

Die Hottentotten hatten früher Vielweiberei, jedoch nicht in gleicher Weise wie die Bantu-Feldbauern. Heute sind sie äußerlich monogam, ohne daß sich jedoch die Grundlagen ihrer Sexualsitten geändert haben. Es kommt z. B. vor, daß eine Zahl junger Mädchen und Burschen die gleiche Hütte teilen. Die Jungverheirateten bleiben bei der Familie, bis ein neuer Hausstand gegründet ist. Die Hausstände werden in einer bestimmten Weise im Lager gruppiert. Zunächst befinden sich die Brüder einer Familie beieinander; der Vater hat seine verheirateten Söhne zur Rechten, und zwar den ältesten an der äußersten Peripherie, den jüngsten zunächst der Hütte, während zur Linken sich die verheirateten Töchter befinden, die sich noch nicht zu den Gesippen ihres Gatten begeben haben, oder eine verwitwete Schwester oder Tochter, die wieder heimgekehrt ist. Entferntere Verwandte befinden sich ebenfalls zur Linken, insbesondere Knechte, die man nicht eigentlich Sklaven nennen kann, aus dem Volk der Bergdama. Diese Knechte können heiraten, wie sie wollen, werden auch weder gekauft noch verkauft, sie bleiben im Gefolge derselben Familie. Man kann sie am besten als „Familienknechte“ bezeichnen. Sie wurden oft als kleine Kinder von den Hottentotten, namentlich nach den zahlreichen Kriegen, aufgenommen, bei denen die Familien der Bergdama zerstreut und die Kinder hilflos im Veld verlassen sich fanden. Sie wurden als Hirtenknaben verwendet und rechneten sich selbst zur Familie. Heute findet eine starke Vermischung dieser Bergdama mit den *Nama*-Hottentotten statt, doch scheint sie in früheren Zeiten selten gewesen zu sein (Hrnl. [25] 17).

Die Beschreibung dieses Vorganges ist deshalb besonders wertvoll, weil sie ein Bild von zweifellos sehr häufigen Vorgängen bietet und zeigt, wie eine Staffelung und Gefolgschaft von Fremdstämmigen oder Mischlingen entstehen kann. Wie so häufig, müssen wir uns diese Vorgänge über wenigstens zwei oder mehrere Generationen verteilt vorstellen. Namentlich geht daraus hervor, daß kriegerische Ereignisse nicht zu einer unmittelbaren „Unterwerfung" führten, sondern nur als Schrecken dienten, der Anlaß dazu gab, daß Kinder der bedrängten Stämme, die ihren Zusammenhang mit ihren Sippenverbänden verloren hatten, sich in den Schutz und die Gefolgschaft der Sieger begaben.

Im Verwandtschaftssystem der *Nama* tritt namentlich bei den Anreden die Bedeutung des relativen Alters stark hervor, worauf schon das erwähnte Senioratssystem hinweist. Früher war die Verheiratung unter der ersten Vetternschaft auf jeden Fall verboten, obschon nicht bei allen Stämmen in gleicher Weise. Die Verehrung für das Alter drückte sich auch darin aus, daß unter mehreren Brüdern der älteste immer einen Ehrenplatz einnahm und die erste Stimme bei allen Verhandlungen hatte. Zwischen Brüdern und Schwestern herrschte eine zeremonielle Scheu, so daß sie nicht direkt zueinander reden durften. Dagegen bestanden die weitestgehenden Freiheiten unter den übrigen Angehörigen gleichen Alters unter den beiden Geschlechtern. Während eine Frau den Kindern ihres Bruders gegenüber große Zurückhaltung an den Tag legte, erwies ein Mann den Schwesterkindern Nachsicht und alle Freundlichkeit. Das Verhältnis eines Mannes zu den Schwestern seiner Frau war und ist bis heute fast dasselbe wie das zu seiner eigentlichen Frau. Das gleiche gilt für die Beziehungen einer Frau zu ihren Schwägern, also geschwisterliche Anteilnahme am Sexualleben. Der Schwiegermutter gegenüber zeigte ein Mann Scheu und gebrauchte besondere Formen der Anrede.

Während in der ganzen Geschichte der Hottentotten freundliche Beziehungen, Besuche und Zwischenheiraten unter den Stämmen zu finden sind, ist es doch niemals zu irgendeiner engeren Verbindung unter diesen Stämmen gekommen, selbst wenn sie in Gefahr schwebten (Hrnl. [25] 1ff).

§ 3. a) Gestaffelte Kamel-Hirten, Tuareg.

Die Männer gebrauchen die Kamele als Lasttiere; die Frauen züchten Ziegen und Schafe, welche die Ernährungsgrundlage bilden, teils durch das Fleisch, das sie liefern, mehr noch durch Milch, Butter und Käse. Außerdem stampfen sie Hirse und Weizen, backen und sortieren Datteln. Die Körnerfrüchte werden nicht durch eigenen Feldbau der Berber-Frauen gewonnen, sondern nur durch den von Sklavinnen oder auf dem Wege des Handels. Kein eigenes Handwerk, außer in Leder und Matten. Männer: Schneider. Regierung patriarchalisch.

Staffelung der Gesellschaft, wobei den Hörigen die Verwaltung der Kamele und die Handelsgeschäfte zufallen, und Handwerk, Schmiedefamilien. Tendenz zur Organisation von Sippen in politische Bünde (Kel-Owi).

Männer: Kamelhirten; Frauen: Kleinviehzüchterinnen. Staffelung der Familien, Hörige und Sklaven.

Die Berberstämme der Sahara sind heute Kamelhirten, die außerdem noch Esel, Ziegen und Schafe halten. Bei ihnen sind wir in der Lage, einen Einblick in die sonst verhüllte Vergangenheit zu machen. Diese zeigt, daß gerade das am höchsten geschätzte Tier, das heute den Mittelpunkt bildet, um dessen Besitz alles Streben kreist, nach dem der Reichtum und soziale Einfluß eines Mannes gemessen wird, das Kamel, das letzte Haustier ist, das diese Stämme erst im Laufe der arabischen Expansion erwarben. Wahrscheinlich hat der Besitz gerade dieses wichtigen Tieres, das große praktische Bedeutung für die Durchquerung der Wüste als Lastträger und für die Handelsexpeditionen hatte, und seine große Überlegenheit gegenüber dem Esel, dem zweifellos ältesten Lasttier dieser Stämme, dereinst beigetragen, die früher vermutlich vorhandenen Sippenverbände aufzulösen und den Privatbesitz der Familien zu begründen, wie wir das z. B. bei sibirischen Stämmen beobachten können. Das Rindvieh, das bekanntlich schon früh nach Ägypten gelangt ist, konnte indessen wegen der Trockenheit der nordwestafrikanischen Gebiete dort nicht Fuß fassen.

Die Ernährung der Berberstämme beruht in erheblichem Maße auf der Zucht von Ziegen und Schafen, die bei ihnen zweifellos seit jeher die Grundlage des Unterhalts bildet. Jedoch leben die Tuareg nicht allein vom Fleisch

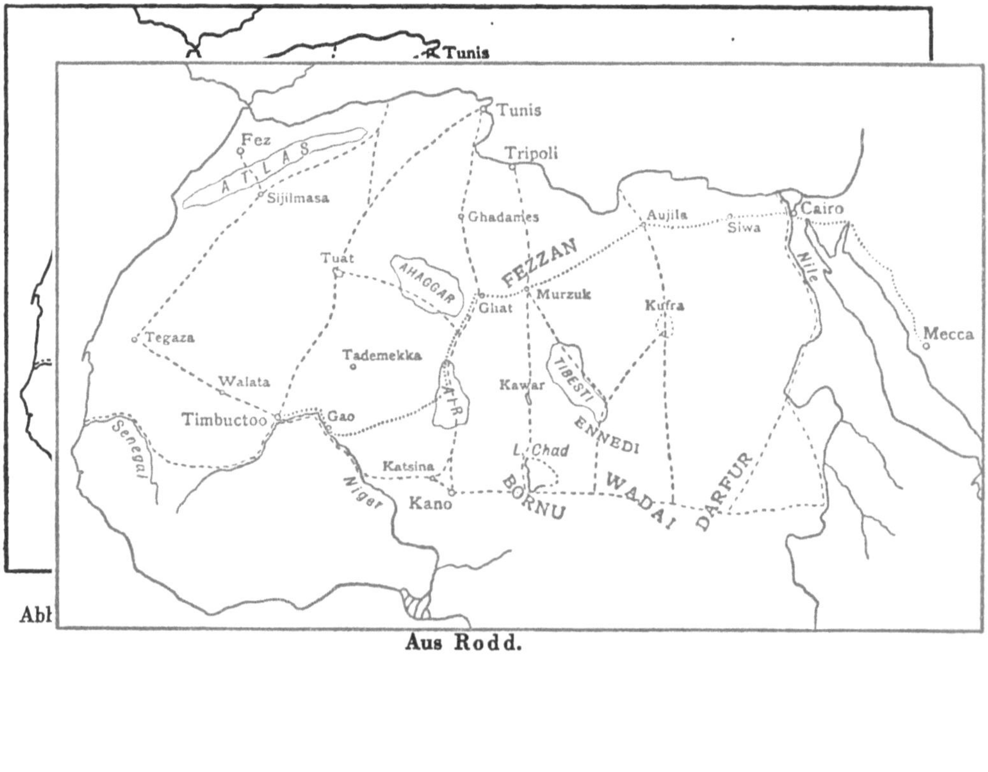

Abl

Aus Rodd.

dieser Tiere, sondern auch von Butter und Käse, also von den Erzeugnissen einer ausgebildeten Milchwirtschaft am Kleinvieh (Rodd [26] 158).

Dazu kommt als vegetabilische Nahrung außer Datteln nur noch Hirse und Grassamen, die durch die Arbeit der Frauen, vor allem der Sklavinnen, hauptsächlich aber durch Handel erworben werden.

Die Tätigkeit der Frauen beschränkt sich heute darauf, die Hausarbeit zu verrichten, Ziegen und Schafe zu weiden, Butter und Käse zu machen, Hirse und Weizen zu stampfen und zu backen und Datteln zu sortieren. Die Tuareg-Frau verrichtet keinerlei Arbeit im Garten, diese bleibt ausschließlich den schwarzen Sklaven und Sklavinnen überlassen. Gegenstände aus Leder und Matten stellen sie wohl her, können aber weder spinnen noch weben. Im Zuschneiden und Nähen von Kleidern sind die Männer geschickter als die Frauen. Ein großer Teil der Zeit wird von den jungen Mädchen dem Tanz, Gesang und der Dichtung gewidmet, wie denn überhaupt die Stellung der Frau sehr vorteilhaft ist. Auch das Essen wird von den Frauen zusammen mit den Männern eingenommen (vgl. dazu die Stellung der Frau bei den Schania von Aurès, im Departement Konstantine; bei Gaudry [29]).

Trotz des ausgesprochenen Patriarchats wird der Status eines Menschen in Air, wie auch sonst unter den Tuareg, durch die Kaste und Zugehörigkeit seiner Mutter bestimmt. Die Kinder werden der Mutter und nicht dem Vater zugeschrieben. So gehören z. B. die Kinder einer Frau, die außerhalb ihres Stammes heiratet, ihrer und nicht ihres Mannes Sippe an. Nach dem Tode ihres Vaters kehren die Kinder zusammen mit der Mutter zu ihrem Stamm zurück. Stirbt die Mutter jedoch früher, so verbleiben sie erst beim Vater für einige Zeit, kehren aber schließlich zur Muttersippe zurück. Dies tritt auch dann ein, wenn Kämpfe zwischen der Sippe ihres Vaters und ihrer Mutter ausbrechen (Rodd 149). — Heiratet ein Mann eine Sklavin aus einem anderen Stamm, so wird diese Eigentum von des Gatten Stamm auf dem Wege des Kaufes oder der Zahlung eines Heiratsgeldes. In einem solchen Falle gehören die Kinder der Vatersippe zu. — Daran zeigt sich die wiederholt gemachte Beobachtung, daß bei selbständiger Stellung der Frau das Kind ihrer Sippe zufällt, während der Frauenkauf Hand in Hand mit einer rechtlichen Versklavung der Frau geht und mit dem Anrecht auch auf die Kinder verbunden ist, die dann der väterlichen Sippe folgen.

Die soziale Verfassung ist bei den Tuareg auf einer Rangordnung aufgebaut, die zunächst aristokratischen Charakter trägt. Danach staffeln sich die Stämme, und innerhalb der Stämme die Familien. Überdies kommt aber der Reichtum an Kamelen in Betracht: innerhalb der Stämme üben bevorzugte Familien, von denen Hörige und Sklaven abhängig sind, einen großen Einfluß aus. Außerdem wird ein Unterschied zwischen den in Abhängigkeit geratenen Tuareg und den Negern und Negermischlingen gemacht.

Solche in Abhängigkeit geratene Tuareg heißen *Imghad* und gehörten ursprünglich verschiedenen Stämmen an. Sie sind Abkömmlinge von Familien und Individuen, die im Kriege gefangen und nachher freigelassen wurden, die aber immer mit diesem Makel innerhalb ihrer Tuareggesellschaft behaftet bleiben. Sie befanden sich in einem Klientelverhältnis zu einem vornehmen Stamm (Rodd [26] 137) — ganz ähnliche Verhältnisse, wie wir sie etwa bei den Maori unter Feldbauern vorfanden! Isomorphismus, der aus ähnlichen Konstellationen, nicht aus „Übertragung" zu erklären ist!

Diese *Imghad* sind jedoch nicht allein Tuareg, sondern in ihnen sind auch seit den ältesten Zeiten, vielleicht schon seit dem Neolithikum, besiegte Fremdvölker aufgegangen. Nur die erwähnten vornehmen Stämme werden als die echten Tuareg betrachtet, die *Imajeghan*. Aber sowohl die einen wie die anderen besitzen heute die gleiche Kultur, und es fanden im Laufe der Zeit unter ihnen Mischungen statt, so daß die Staffelung unter ihnen heute mehr als eine soziale, denn eine ethnische zu betrachten ist. Dazu kommt noch, daß im Laufe der Zeit mehr und mehr *Imghad* aus dem eigenen Volk hinzukamen, d. h. daß infolge der Kämpfe bald die einen bald die anderen Stämme vom Mißgeschick im Krieg ereilt wurden.

Nur die erwähnten vornehmen Stämme, die *Imajeghan*, dürfen Kriege unternehmen oder Frieden schließen. Wenn ein *Imghad*-Stamm Kriegsgefangene macht, so fallen diese seinem Oberherrn zu und können auch nur durch ihn wieder freigelassen werden. Im letzteren Falle gelangen die Freigelassenen auf die gleiche Stufe wie die *Imgahd*, die sie fingen.

In Air kann man drei Klassen von *Imghad* unterscheiden: 1. solche die mit ihrer Herrensippe, dem *Imajeghan*, schon vor ihrer Einwanderung nach Air verbunden waren und die vielleicht aus Fezzan stammen; 2. solche, welche die ursprünglichen Bewohner von Air vor der Tuareg-Erorbeung waren, damals aber nicht versklavt, sondern in ein Vasallenverhältnis hinabgedrückt wurden; 3. Tuareg fremder Stämme, Araber oder südliche Negroide, die vor verhältnismäßig kurzer Zeit auf aus Air unternommenen Raubzügen in Gefangenschaft gerieten.

Die *Imghad* sind Hörige: die kollektiv abhängig sind als Sippen von Sippen, von einem vornehmen Stand oder einer Mehrheit von Stämmen. Sie werden nicht als deren Eigentum betrachtet, sondern es besteht ein Schutz- gegen Treue-Verhältnis. Ein *Imghad*stamm kann seine Herren nicht wechseln. Aber wenn ein Hörigenstamm ganz oder zum Teil von einer freien, vornehmen Sippe gefangen wird, kann es vorkommen, daß die gefangenen Hörigen in Abhängigkeit von zwei verschiedenen vornehmen Gruppen geraten.

Die Abhängigkeit eines *Imghad*-Stammes drückt sich darin aus, daß der vornehme Stamm, vor alle, dessen Häuptling unter den Hörigen Recht spricht, bzw. es autorisiert — ein Verhältnis, das an die Zustände bei den Menomini-Indianern gemahnt. In kleineren Angelegenheiten entscheidet das Oberhaupt der Hörigen, dessen Entscheidung stillschweigend vom Oberhaupt des Herrenstammes bestätigt wird, nur in wichtigeren Fällen muß diese Bestätigung ausdrücklich eingeholt werden. Der Hörigenstamm kann von seinem Herrn auch kollektiv in Strafe genommen werden. Bei Heiratsverträgen steht den *Imajeghan* ein Einspruchsrecht zu; außerdem beanspruchen sie einen Teil des Heiratskaufgeldes. Die wichtigste Funktion der *Imghad* besteht darin, die Kamele ihrer Herren für lange Zeitperioden zu verwalten und mit diesen Handelsreisen zu unternehmen. Sie handeln kollektiv als Agenten der Vornehmen. Die Nachkommenschaft der Kamelherde wird zu gleichen Teilen unter den Viehpächtern und ihren Herren geteilt; die eingegangenen Tiere müssen aber ersetzt werden, andererseits obliegt den Herren der Schutz ihrer Hörigen.

Auf diese Weise sind die *Imghad* die tätigen Mitglieder der Gemeinde, welche tatsächlich die Geschäfte führen. Namentlich hat sich unter den modernen Einflüssen ein Rückgang des Karawanenhandels empfindlich geltend gemacht, der die wichtigste Quelle des Einkommens der vornehmen Tuareg bildete. Die *Imghad* kommen in eine immer günstiger sich gestaltende wirtschaftliche Lage, so daß tatsächlich die soziale Unterscheidung gegenüber den Vornehmen zusammenzubrechen anfängt. Überdies machen die *Imghad* zahlenmäßig die Stärke eines jeden *Imagjehad*-Stammes aus. Obgleich die *Imghad* die Initiative zu einem Kampf nicht ergreifen dürfen, tragen sie doch immer Waffen und begleiten ihre Herren (142).

Zu dieser sozialen Unterscheidung zwischen Vornehmen und Hörigen kommt noch eine weitere unter den vornehmen Stämmen selbst. Eine Reihe auszeichnender Benennungen, wie z. B. „Königsvolk", soll vor allem den Unterschied zwischen dem alten Landadel und einer heraufgekommenen Handelsplutokratie kennzeichnen. Andere Stämme, wie z. B. die *Kel Owi*, stehen gesondert da und besitzen eine eigene Verwaltung (Rodd 144).

Die Regierung eines jeden kleinen oder großen Tuareg-Stammes ist patriarchalisch. Der Häuptling eines vornehmen Stammes führt im Kriege an und spricht im Frieden Recht. Im Rat mit den Familienhäuptern übt er die Autorität über die seinem Klan hörigen *Imghad*-Stämme aus. Eine so große Bedeutung auch diesem Rat der Familienhäupter zukommt, spielt der Klanhäuptling darin doch mehr eine beratende Rolle, als erster unter Gleichen. Auch wird seine Funktion nicht notwendigerweise vererbt. Die Familienhäupter beherrschen ihren Haushalt samt den Sklaven ziemlich unabhängig (147).

Manchmal vereinigen sich mehrere Stämme unter einem gemeinsamen Führer (*agoalla*), namentlich wenn sie miteinander verwandt sind. Auch schließen sich Stämme vorübergehend oder dauernd zu Bündnissen zusammen, hauptsächlich aus militärischen Gründen, wie z. B. der *Kel Owi*-Bund in Air, der eine wichtigere Stellung einnimmt, als mehr vorübergehende Verbindungen. Für die Angehörigen bedeutet er mehr moralische als materielle Verpflichtungen. Im Falle des *Kel Owi*-Bundes handelt es sich anscheinend um Stämme, die einer feindlichen Bevölkerung der gleichen Rasse wie sie selbst zu begegnen hatten. Doch ist der Führer des *Kel Owi*-Bundes nur als Verwaltungsbeamter zu betrachten, nicht als Herrscher (148).

Der Anführer des Bundes (*Anastafidet* = Kind des *Tafidet*) muß ein Adliger sein, der jedoch nicht immer der gleichen Familie entnommen wird. Er bekleidet dieses Amt nur vorübergehend, und zwar auf drei Jahre. Tatsächlich wird seine Amtsführung in Air alljährlich durch die Stämme des *Kel Owi*-Bundes beaufsichtigt, wenn diese im Herbst mit der großen Salzkarawane nach *Bilma* ziehen. Das Abzeichen seiner Anführerwürde ist eine Trommel. Nach Beendigung seiner Amtszeit verliert er seine offizielle Autorität, doch wird ihm immer Achtung erwiesen, in Staatsangelegenheiten fragt man ihn häufig um Rat. Bekleidet er seine Würde mit Erfolg, so kann er auch drei weitere Jahre wieder gewählt werden. Während der letzten 50 Jahre gab es ungefähr 6 *Anastafidet*, die in *Assode* im Zentralgebiet von Air residierten. Der *Anastafidet* hatte den Bund am Hofe des Sultan von Air zu vertreten und die Freiheit des Durchzuges der Karawanen durch Air und Damergu zu sichern; denn davon hängt das Wohlergehen der Stämme ab. Daraus geht hervor, daß diese auf demokratisch-republikanischer Basis gewählten Persönlichkeiten ständige Botschafter waren, welche die Stammesinteressen vertraten. Die Beeinträchtigung der quer durch die Wüste führenden Handelszüge während des Weltkrieges beraubte den *Kel Owi*-Bund seiner Erwerbsgrundlage und den „Botschafter" damit seines Zweckes.

Der *Anastafidet*, der durch vier Agenten unterstützt wurde, bezog kein Gehalt, sondern man erwartete von ihm reichliche Geschenke. Seine Stellung brachte jedoch Entschädigungen mit sich, die ihm seine Auslagen ersetzten. Selbstverständlich hing seine Stellung wie die des Sultans von der Persönlichkeit seines Trägers ab, einzelne konnten ihren Einfluß im ganzen Lande ausüben, andere traten völlig in den Hintergrund (146).

Die Zahl und der Einfluß der *Imajeghan* wurde nicht allein durch die schon oben erwähnten Faktoren zurückgedrängt, sondern auch noch rein zahlenmäßig dadurch, daß die Zahl der adligen Frauen überhaupt beschränkt war und der Respekt, der ihnen entgegengebracht wurde, es unmöglich machte, sie zu Konkubinen zu nehmen. Dazu kam noch, daß ein adliger Vater die Kinder von einer Sklavin oder einer Hörigen, die er zur Frau genommen hatte, wenn er hinreichend mächtig war, in den Stand der *Imajeghan* hineinbringen konnte. Die alten Gesetze der Nachfolge wurden namentlich in dem stark von kaufmännischen Interessen bewegten *Kel Owi*-Bund nachlässig gehandhabt (151).

Die handwerkliche Tätigkeit, die hauptsächlich von den *Imghad* ausgeübt wird, kreist besonders um die Ausrüstung des Kamels für die Reit- und Tragzwecke, die Herstellung von Sandalen und Kleidern und betätigt sich in Mattenflechterei, Lederarbeit und Töpferei, sowie schließlich in der Verfertigung von Eisen- und Silbergegenständen durch besondere Familien.

Die Tuareg, deren Spuren man bis in die ältesten Zeiten Nordafrikas nachgehen kann, und die vermutlich schon zur fünften ägyptischen Dynastie, sicher aber zur Zeit der zwölften, in Ägypten auftraten, haben sich offenbar in wiederholten Wellen nach dem Süden und Südosten ausgedehnt. Bei dieser Gelegenheit stießen sie immer wieder auf Negerstämme, mit denen sie zum Teil Handel trieben, die sie aber auch zum Teil von sich in Abhängigkeit brachten. Insbesondere geschah dies durch Mischlinge, die mitunter große Reiche begründeten, wie z. B. das von *Bornu*. Auf diese Reichsgründungen wird noch in einem anderen Zusammenhang eingegangen werden.

Der Einfluß der Tuareg hat jedoch weit über den Sudan hinaus, insbesondere nach dem Süden hin ausgestrahlt. Dies war um so bedeutungsvoller, als die Berberstämme im Norden an der Mittelmeerkultur teil hatten und Bestandteile derselben wenigstens bis an das Niger-Gebiet weiterleiteten.

Trotz ihrer unüberwindlichen Abneigung gegen seßhaften Bodenbau sind diese beweglichen Hirten sowohl für die politische Entwicklung, besonders in der südlichen Sahara und im Sudan, als auch für die Bereicherung an zivilisatorischen Bestandteilen für einen erheblichen Teil von Afrika von entscheidender Bedeutung geworden.

b) Rezenter Übergang zum Hirtenleben, bei den Goajiro-Indianern von Columbien.

Großviehhirtentum einer früher wahrscheinlich feldbautreibenden Bevölkerung mit extremem Mutterrecht. Keine Sippen. Privateigentum an Groß- und Kleinvieh. Aristokratische Staffelung hauptsächlich auf Grund des Viehbesitzes, das auch sonst als Wertmaßstab dient. Schuldverhältnisse.

Daß in verhältnismäßig wenigen Jahrhunderten, ja in noch viel kürzerer Zeit, frühere Jägerstämme sich zu Viehhaltern herauszubilden vermögen, zeigt, wie schon erwähnt, das Beispiel der amerikanischen Indianer. Bei den *Goajiro*-Indianern an der karibischen Küste von Columbien zwischen Magdalena-Strom und dem See Maracaibo in Südamerika, bildet der Herdenbesitz die Grundlage des Reichtums. Dieser kommt nämlich bei den Bußezahlungen für Verletzungen der Sitte in Betracht. Schneidet sich z. B. ein Mann oder verletzt er sich sonst irgendwie selbst, so muß er an die Verwandten seiner Mutter, denen seine Sippe zugerechnet wird, dafür Buße zahlen, daß er „Blut der Sippe vergossen" hat und denen, die seine Verletzungen sahen, „Sorge und Tränen bereitete". Derjenige, der irgend einen Gegenstand einem anderen geliehen hatte und davon verletzt wurde, muß ebenfalls Buße zahlen. Wer den Namen eines Verstorbenen auch ganz unabsichtlich erwähnt, begeht eine schwere Verletzung der Sitte und muß dementsprechend hohe Buße an die Verwandten des Betreffenden entrichten, wenn er nicht sogar ihrer Blutrache zum Opfer fällt.

Obgleich also für derartige Bußen der Besitz von Vieh, mit dem die Zahlungen geleistet werden, sehr notwendig erscheint, ist doch Geburt und Abstammung noch wichtiger für die soziale Struktur der Bevölkerung. Doch eröffnet der Besitz die Möglichkeit zu einem Aufstieg in der nächsten Generation. Ein reicher Mann niedriger Herkunft kann z. B. ein Mädchen einer höheren Klasse heiraten. In diesem Fall werden seine Kinder der Sippe der Mutter zugerechnet und erben ihre soziale Stellung. Er selbst hingegen bleibt von untergeordnetem Rang. — Da die Abstammung in der mütterlichen Linie berechnet wird, stehen ihm die Kinder seiner Schwester näher als seine eigenen. An diese geht auch sein Vermögen, während wiederum die Brüder seiner Frau erheblichen Einfluß auf seine eigenen Kinder ausüben. Es ist auch der mütterliche Onkel, der die Heiraten zustande bringt, d. h. die Mädchen verkauft. Jeder kann so viele Frauen erwerben, als er kaufen kann. Wir haben hier das verhältnismäßig seltene Beispiel von ziemlich extrem mutterrechtlichen Hirtenvölkern, ein Fall, der wohl darauf zurückzuführen ist, daß die erwähnten Stämme ihre mutterrechtlichen Auffassungen bereits besaßen, bevor sie zur Viehzucht übergingen, ja daß sie vielleicht von den ihnen benachbarten Feldbauerstämmen der Arhuacos abgezweigt sind.

Dem würde kaum entgegenstehen, daß sie heute einen ganz anderen sozialen Typ darstellen. Sie verachten den Feldbau, leben vom Fleisch der Schafe und Ziegen, die sie in großen Herden halten und sind wegen ihres Besitzes an Rindern, besonders aber an Pferden und Maultieren, an der ganzen Küste berühmt. Vegetabilien handeln sie ein. Sie führen ein unabhängiges Leben als Viehzüchternomaden; in der Trockenzeit müssen sie ihre Herden an Ziehbrunnen tränken. Sie pflegen nicht wie ihre Nachbarn Koka zu kauen und sind gute Geschäftsleute, die sich den Erfordernissen der modernen Zivilisation anzupassen verstehen (Mason [26] 41).

Die hier erörterten Goajiro-Indianer sind aus dem Grunde besonders interessant, weil sie einen Stamm vorstellen, der zum Großviehhirtentum erst in nachcolumbischer Zeit übergegangen sein kann. Die sozialen Verhältnisse, wie wir sie heute bei ihnen finden, sind also nichts Ureigenes, sondern erst in den letzten Jahrhunderten, und zwar ohne Beeinflussung durch Hirtenstämme der alten Welt, entstandene Sitten. Bei diesem verhältnismäßig isolierten Stamm ist somit ohne fremde Beeinflussung nur aus den „sozialen Reizen", die der Besitz von verschiedenen Großvieharten verlieh, der Ansatz zu einer sozialen Staffelung gegeben worden, zumal, vielleicht durch den Einfluß der Europäer, von vorneherein kein gemeinsamer Sippenbesitz an Vieh existierte, sondern von vorneherein vermutlich Privateigentum an Vieh. Daß die Abstammung in der mütterlichen Linie berechnet wird, deutet vielleicht darauf hin, daß die erwähnten Indianer von ihren heutigen Nachbarn, den Arhuacos abgezweigt, oder einzelne herausgelesen wurden. Natürlich besteht auch die Möglichkeit, daß durch die Europäer Indianer verschiedener Herkunft aus ganz anderen Gegenden verpflanzt wurden, wie etwa im 17. und 18. Jahrhundert Westafrikaner nach der Cap-Kolonie. Wie immer das sein mag, sind doch diese Menschen mit mutterrechtlichen Traditionen durch die Viehhaltung allein nicht vaterrechtlich geworden. Aber während unter den Arhuacos strenge Gleichheit herrscht, bürgerte sich hier eine Aristokratie ein, die mit Gesichtspunkten wirtschaftlichen Besitzes verknüpft ist.

c) Würfelungs- und Berührungseinflüsse unter den sibirischen Goldi, Mandschu und den Tungusen.

Rentierhirten und Wildbeuterstämme, die von ihren westlichen und südlichen Nachbarn in verschiedener Weise beeinflußt wurden und im Laufe der Geschichte Zivilisationsbestandteile teils voneinander, teils von ihren Nachbarn übernahmen. Dazu gehört außer dem Hausbau insbesondere auch die Anlage von Feldern und in Verbindung damit die kultische Übernahme des Schweines. Tradition und fremder Einfluß wirken auf dem ähnlichen geographischen Raum durcheinander. Diejenigen Stämme, die sich der Aufnahme von Bestandteilen des Kulturbesitzes der mit reicherer Zivilisation ausgestatteten südlichen Völker versperren, sinken in der aus der Würfelung entstehenden Schichtung nach unten. Sippenverfassung vorherrschend.

Als ein Volk, das den verschiedensten Einflüssen ausgesetzt war, die auf Grund moderner Forschungen heute einigermaßen entblättert werden können, sind die *Goldi* des östlichen Sibiriens, die teils Beziehungen zu den Mandschus, teils zu den nördlichen Tungusen unterhalten, aber auch dem Einfluß der chinesischen Kultur sich nicht zu entziehen vermochten. Ihr Name stellt wohl eine russische Korruption aus *Xödö* dar, wie sie sich selbst bezeichnen. Die Chinesen nannten sie *Yu-pi-ta-tse* = Fischhautbarbaren. Ihrer Sprache nach gehören sie dem südlichen Zweig der tungusischen Gruppe an; die Mandschus betrachten sie als Verwandte, obgleich sie nicht des gleichen Ursprungs wie diese sind.

Den Grundstock dürften die südlichen Tungusen bilden, die seit früher Zeit Elemente der chinesischen Kultur sich aneigneten und auf diese Weise Überlegenheit und Einfluß gegen ihre Nachbarn erlangten. Andererseits zeichneten sich die nördlichen Tungusen von den südlichen und auch von den paläoasiatischen Sippen durch ihre Jagdmethoden aus. Im allgemeinen scheint sich bei der Bildung der *Goldi* ein Prozeß der Absorption der nördlichen durch die südlichen und vielleicht auch noch durch palaeoasiatische Gruppen vollzogen zu haben, zu denen namentlich noch Mandschu-Elemente traten. Man kann vielleicht vier verschiedene Wellen annehmen:

Die erste Welle vor dem 10. Jahrhundert brachte nicht sehr zahlreiche Gruppen der nördlichen Tungusen, wahrscheinlich Rentierzüchter, den Amur-Fluß herunter zum *Ussuri*, und vielleicht auch zum *Sungari*-Becken, die sich hauptsächlich mit der dortigen vorwiegend paläoasiatischen Stämmen vermischten. Die *Goldi* breiteten sich in kleinen Gruppen neben den Giliaken oder auch anderen paläoasiatischen Gruppen im südlichen Tungusenlande aus. Einzelne wie die *Xamnagan* und deren Verwandte gaben die Rentiere auf und gerieten unter starken mongolischen Einfluß, einige wie die *Udehe* wurden später durch die Koreaner und Chinesen zur Rückwanderung nordwärts gezwungen. Die *Solon* und ein Teil der transbaikalischen Tungusen, die nicht Rentierzüchter waren, wurden halb mongolisiert und nannten sich *Evenki*, während andere sich nur nach den Örtlichkeiten benannten, wo sie wohnten, oder die Namen benutzten, mit denen sie von ihren Nachbarn bezeichnet wurden.

Die zweite Welle fand im 12. Jahrhundert statt und brachte die Rentierzüchter nach der Gegend, welche die erste Welle der nördlichen Tungusen verlassen hatte. Auf diese Weise wurden sie Nachbarn der letzteren und der palaeoasiatischen Gruppen. Dies führte zu einer Aufspaltung in verschiedene Gruppen: die *Negidals*, *Orochi*, die früher Rentierzüchter waren, die *Oroki* von Sachalin, die noch Rentierzüchter sind. In Transbaikalien hinterließ diese Welle vermutlich die Rentier-Tungusen im Barguzin-Distrikt, der sich am besten für die Rentierzucht eignet, während die *Nugal* möglicherweise derselben Welle angehörten und von der nordwestlichen Mandschurei Besitz ergriffen.

Die dritte Welle ist in das 17. Jahrhundert zu setzen, nachdem die Mandschus das Amur-Tal verlassen hatten, teils wegen der russischen Invasion, teils weil sie Leute brauchten, um ihre Herrschaft über China zu festigen.

Sie brachte die *Kumačcen*, die *Biračen*, *Khingan* und vielleicht die *Nerčinsk*-Rentier-Tungusen und andere kleinere Gruppen von den Abhängen des großen Khingan-Gebirges, die *Gančen*, *Jalčen*, *Naunčen* usw. Diejenigen, die in der Mongolei und in der Mandschurei ansässig geworden waren, verloren dort ihre Rentiere. Die *Nugal* wanderten von der Mandschurei nach dem nördlichen Transbaikalien, wo sie mit anderen Neuankömmlingen sich vermischten oder ganz verschwanden. Andere Sippen der Rentier-Tungusen, die in der Nachbarschaft des Baikalsees lebten, gingen ostwärts. Die chinesische Wanderung hatte eine zweite Rückwärtsbewegung der *Udehe* und *Biračen* und der Stämme in der Nachbarschaft der *Goldi* am oberen Lauf des Amurs zur Folge.

Die vierte Welle begann im 19. Jahrhundert und dauert noch an. Mit ihr kamen die Rentier-Tungusen aus dem Amur-Bezirk nach der mandschurischen Hochebene und die Rentier-Tungusen des jakutischen Bezirks nach der Amur-Gegend und dehnten sich immer weiter ostwärts aus bis Sachalin. Alle diese Gruppen nennen sich *Evenki*, eine Bezeichnung, die mit den nördlichen Tungusen, die Rentierzüchter sind, zusammenhängt. Mit dieser Welle kamen auch die Jakuten, die mit den Rentier-Tungusen zusammen lebten. Diese Welle scheint die letzte zu sein, die nunmehr diejenigen nördlichen Tungusen erschöpft, die südlich von den Jakuten leben. Allein die Wanderungen der übrigen nördlichen Tungusen kommen vielleicht noch nicht zu Ende, weil in Sibirien noch andere Gruppen von nördlichen Tungusen leben, die unter gewissen Bedingungen Wanderungen antreten.

Der geschichtliche Wandel, den wir an den Prae-Tungusen bis hinauf zu den *Goldi* verfolgen können, dürfte sich etwa in der Weise darstellen, daß die Prae-Tungusen, nachdem sie das nördliche China verlassen hatten, sich nord- und ostwärts ausdehnten und ihre äußerste Vorhut in der Berggegend der Mandschurei zum Stillstand kam. Die besten Wasserwege und die beste Landschaft war von palaeoasiatischen Gemeinden besetzt, den Vorfahren der Giliaken, Koreaner und vielleicht Ainu. Allmählich vermischten sie sich mit der ortsansässigen Bevölkerung und kamen in nahe Berührung mit den Vorfahren der Mongolen und Türken. Da sie von fremden Stämmen umgeben waren, verloren sie ihren früheren zivilisatorischen Bestand, vereinfachten die komplexe Morphologie ihrer Sprache und nahmen vielfach die Lebensart der ortsansässigen Bevölkerung an. Schließlich kamen sie in Berührung mit dem Chinesentum und bildeten den südlichen Zweig der Tungusen. Ihre Ausdehnung nach dem Norden scheint sich sehr langsam vollzogen zu haben und dürfte nicht vor dem Abflauen des palaeoasiatischen Einflusses, d. h. nach dem 10. Jahrhundert, erfolgt sein. Zu dieser Zeit trafen sie auf die erste Welle der nördlichen Tungusen, der Vorfahren der *Goldi*, *Udehe* usw., die bereits von palaeoasiatischen Stämmen im Tale des Amur, vielleicht auch des *Ussuri*- und *Sungari*-Flusses beeinflußt waren. Die kulturelle Überlegenheit, die sie aus ihrer Berührung mit den Chinesen zogen, erleichterte ihnen, diese nördlichen Tungusen „zu verschlingen" und unter ihren Einfluß zu bringen. Sie kamen auch in Berührung mit den Giliaken und Ainu. In dem Völkergemisch, das unter dem Namen der Mandschus bekannt ist, ging auch ein Teil von ihnen auf. Die Manschus versuchten namentlich alle die nördlichen Tungusen aufzusaugen, die ihre Rentiere verloren hatten und in die Zivilisation und Sprache der Manschus aufzugehen gezwungen waren. Die *Goldi* waren somit aller Wahrscheinlichkeit nach ursprünglich ein Stamm der nördlichen Tungusen, vielleicht Rentierzüchter, die sich auch *Evenki* nannten. Gegenwärtig tragen sie Spuren verschiedener ethnischer Beeinflussung, der sie im Laufe der Geschichte ausgesetzt waren, und sind namentlich behaftet mit den Stempel chinesischer und russischer Einwirkungen (Shirok. [26] 166ff).

In groben Zügen wurde hier versucht, die Fülle von Wanderungen und Berührungen zu kennzeichnen, die uns das Geschick der *Goldi* dank den Untersuchungen von Lopatin und Shirokogoroff enthüllt. Auch im einzelnen sind Episoden aus diesen Ereignisketten von größter soziologischer Bedeutung, weil hier durch Tatsachen illustriert werden kann, was sonst der allzu rationalistisch verfahrenden soziologischen Spekulation überlassen bleibt. So sehen wir z. B. aus dem Folgenden, wie die Würfelung nebeneinander lebender Stämme zu Schichtungen führen kann.

In welcher Weise Wanderungen und Berührungen einerseits zusammenschließen, andererseits sprengend durch Annahme neuer Lebensformen wirken, mag an den Wanderungen der Rentier-Tungusen gezeigt werden (Shirok. [26] 162ff, s. a. Klpr. [1826] 90). Im 12. und 13. Jahrhundert ereignete sich im Amur-Becken eine große Katastrophe. Einige große Kulturzentren, große Städte und Festungen, wurden durch eine Invasion der Mongolen zerstört und die Bevölkerung vernichtet. Nach dem Zusammenbruch ihrer meteorhaften Expansion zogen in die leeren Gegenden im Becken des Amur und *Sungari* die *Negidals*, *Orochi* und vielleicht *Nugal*, Stämme, die teils Rentierzüchter waren, teils aber ihre Rentiere und was damit zusammenhing, verloren hatten. Die Bewegung nach Süden wurde außerdem durch andere Tungusen-Gruppen unterstützt, die von Norden her nachdrängten. Indessen war der Unterlauf des Amur und *Sungari* schon seit der ersten lange andauernden tungusischen Wanderung vom Süden her besetzt. Die erste Wanderung, bei der die Chinesen sich östlich ausbreiteten, brachte die Tungusen oder ihre Vorfahren, die Prae-Tungusen, von ihrer ursprünglichen Heimat im gegenwärtigen China zwischen Gelbfluß und dem Yangtze-Fluß nach der Süd-Mandschurei und weiter. Diese Bewegung verband sich mit einer Rückwärtsbewegung nach Norden.

Die Vorfahren der Goldi trafen auf eine Bevölkerung, die zivilisatorisch sehr fortgeschritten war, und fanden sich genötigt, ihre Gewohnheiten des Lebens an Flußufern zu ändern. Die Vorfahren der Mandschus, die sich bereits in einem hohen Stadium der Assimilation an das Chinesentum befanden, beeinflußten die Neuankömmlinge, die ihre früheren Bräuche und Sitten allmählich verloren.

Dies geschah indessen nicht in gleicher Weise. Die *Udehe*, die isoliert in einem unwirtlichen Winkel des Ussuri-Landes lebten, bewahrten ihre ursprünglichen Traditionen besser als die *Goldi*. Letztere bildeten aber trotz des starken Mandschu-Einflusses eine deutlich abgetrennte ethnische Einheit, die später in die Mandschu-Organisation (die südlichen Tungusen) als *Iči*-Mandschu (moderne Mandschus) eingeordnet wurden, während die echten südlichen Tungusen als *Fè*-Mandschu (alte Mandschus) von ihnen sich unterschieden. Die *Kumarčen*, *Birarčen*, *Khingan* und *Solon* bewahrten weiterhin ihre halb unabhängige Existenz und wurden als „inferiore Völker" betrachtet, als solche, die in einem geringeren Grade sinifiziert, dem chinesischen Einfluß unterworfen worden waren. Den *Negidals*, *Udehe* u. a. wurde die Unabhängigkeit als Mandschu-Untertanen niedrigsten Ranges gelassen. — (Ähnliche Vorgänge dürften sich etwa im Sudan oder bei den Berberstämmen Nordafrikas abgespielt haben.)

Die Goldi nun, die im Jahre 1915 zusammen ungefähr 4000 Männer und Frauen im Seegouvernement ausmachten und 28000 im Becken des *Sungari*-Flusses, leben heute hauptsächlich von Jagd und Fischerei, nur wenig von Feldbau, kleinem Handel und Handwerk. Sie benutzen Hunde als Zugtiere, die vom gleichen Schlag sind wie die der Giliaken. Gegenwärtig verwenden sie auch das Pferd, namentlich am *Sungari*-Fluß. Durch den Hund als Zugtier unterscheiden sich die *Goldi* von den Mandschus, heute den typischen Pferdezüchtern, obgleich die Vorfahren der Mandschus, wie aus Sagen und Riten erschlossen werden kann, Hunde ebenfalls als Zugtiere verwendeten. Die nördlichen Tungusen halten außer dem Pferd namentlich das Rentier. Die Benutzung der Hunde als Zugtiere bringt sie in Zusammenhang mit den Giliaken und anderen palaeoasiatischen Völkern. Auch in der geschickten Handhabung der Harpune zum Fischen schließen sie sich diesen an. Andererseits haben die *Goldi* mit den Mandschus eine bestimmte Methode der Angelfischerei gemein, die hauptsächlich von den Frauen bei beiden Völkern geübt wird. Bemerkenswert ist auch die Benutzung von Wassergefäßen aus gestampfter und gebrannter Erde, wie sie auf neolitischen Fundstellen am Amur und im *Ussuri*-Land gefunden werden. Es weist darauf hin, daß sie früher, bevor sie Töpfe von den Märkten einhandeln konnten, allgemein solche irdenen Gefäße verwendeten. Heute treten an deren Stelle eiserne Kessel wie unter den Tungusen, Mandschus und Mongolen. In vielerlei Formen benutzen sie auch Geräte aus Birkenrinde. Die Jagdmethoden der *Goldi* gleichen in allen Einzelheiten denen der nördlichen Tungusen am oberen Amur. In der Herstellung von Körben und Matten sind die *Goldi* sehr geschickt, wie auch die Mandschus, während die nördlichen Tungusen darin unerfahren sind. Die *Goldi* vom *Sungari* und *Ussuri*-Fluß treiben Feldbau und bedienen sich dabei derselben Methoden wie die Mandschus und Chinesen. Der Feldbau beginnt sich auch unter den nördlichen Tungusen auszubreiten, die in der Nachbarschaft der Mandschus und Chinesen leben. Unter diesem Gesichtspunkt stellen die *Goldi* einen fortgeschritteneren Zustand fremden Einflusses dar. Eine wichtige Rolle unter den Goldi spielt das Sammeln wilder Pflanzen, Wurzeln und Kräuter, das übrigens auch von den Mandschus in ausgedehntem Maße getrieben wird. Bei den *Goldi* ist das Schwein ein Opfertier wie bei den Mandschus und wird auch in der gleichen Weise zubereitet. Nur durch den Genuß von rohen Fischen unterscheiden sich die *Goldi* von den Mandschus und den nördlichen Tungusen. Fisch bildet überhaupt die Grundlage der Ernährung bei den Goldi, wodurch sie mit den Giliaken, die ebenfalls Ichtyophagen sind, gleichzustellen sind. Die Ernährungsbasis der Mandschus bildet hingegen Hirse, die der Tungusen Fleisch.

Mit der Fischnahrung der *Goldi* hängt auch ihre Bearbeitung von Fischhäuten zusammen, durch die sie sich ebenso wie ihre Nachbarn, die Giliaken und andere palaeoasiatische Völker, auszeichnen. Allerdings verstehen sich auch die nördlichen Tungusen auf Bearbeitung von Fischhäuten, die sie neben den Bälgen von Rentieren und anderen Vierfüßlern für die Bekleidung verwenden, während die *Goldi* nur für die Winterkleidung Häute und Pelze verschiedener Tiere bearbeiten. Die Mandschus benutzen chinesische Stoffe, obgleich sie die Kunst des Webens kennen. Chinesische Chroniken erwähnen Hanfstoffe unter der früheren Bevölkerung der Mandschurei. Weder die *Goldi* noch die nördlichen Tungusen verstehen zu weben, sie beziehen ihre Stoffe von den Chinesen und Russen. In Form und Schnitt der Kleider gleichen sich die drei in Betracht kommenden Gruppen außerordentlich mit Ausnahme der Rentier-Tungusen. Offenbar diente das Muster der Mandschus den anderen als Vorlage. Der Sommerhut von konischer Form, der unter den *Goldi* verbreitet ist, kommt auch bei den Giliaken, Japanern, Chinesen und südlich bis zum malaischen Archipel vor, er ist offenbar von sehr altem Ursprung und charakteristisch für die Küstenbevölkerung des östlichen Asiens. Er ist unbekannt unter den nördlichen Tungusen.

Die Siedlungsform der *Goldi* gleicht der der halbseßhaften nördlichen Tungusen der Mandschurei und des oberen Amur-Laufes. Man erbaut vereinfachte chinesische Häuser mit kleinen Küchengärten, die zu Dörfchen vereinigt werden; aber von Zeit zu Zeit zieht man wieder nach neuen Niederlassungsplätzen. Im Sommer errichten die *Goldi* halbkreisförmige Zelte, deren Gerüst aus leicht biegsamem Holz und Weiden besteht, die man mit Birkenrinde eindeckt. Derartige Hütten findet man als Jagdunterkunft bei den Rentier-Tungusen der Mandschurei und Transbaikaliens. Unter den *Goldi* des *Sungari*-Flusses benutzt man einen Wigwam in konischer Form wie bei den nördlichen Tungusen der Mongolei, der Mandschurei und Sibiriens. Die Unterkunft für die Winterjagd gleicht bei den *Goldi* der chinesischen Jagdhütte und dürfte wohl von den Chinesen übernommen oder durch die Mandschus zu den *Goldi* gelangt sein. Als Fischer bedienen sich die *Goldi* verschiedener Formen von Kanus, deren verbreitetste der Einbaum ist, der wohl den palaeoasiatischen Völkern angehört. Die nördlichen Tungusen bevorzugen ein leicht tragbares Kanu aus Birkenrinde. Die *Goldi* kennen auch ein leichtes Kanu aus Holzplanken, benutzen aber keine Wasserfahrzeuge aus irgendeinem Tierfell. Der drittgenannte Typ des Plankenkanus stammt offenbar von den Chinesen; die Mandschus bedienen sich nur dieser Form.

Die soziale Organisation der *Goldi* beruht auf exogamen Sippen (mit Vaterfolge), die *xala* genannt werden. deren Sippenbezeichnung mit der der Mandschus übereinstimmt. Die Sippenorganisation der nördlichen Tungusen der Mandschurei und Mongolei ist in den Hauptzügen die gleiche wie die der *Goldi* und heißt auch da „*kala*"; dagegen bedienen sich die Rentier-Tungusen der Mandschurei eines jakutischen Ausdrucks und die von Transbaikalien eines mongolischen. Die Sippennamen der *Goldi* stimmen auch mit denen der nördlichen Tungusen überein und dürften von diesen herstammen.

Unter den *Goldi* beherrscht ebenso wie unter den nördlichen Tungusen ein Altenrat das Sippenleben, während unter den Mandschus eine allgemeine Versammlung der Sippenmitglieder stattfand, die einen Häuptling, „*mokunda*", als Geschäftsführer wählte. Die *Goldi*sippe veranstaltete alljährlich ein Opfer mit Schweineblut für die Sippengeister, woran die Frauen aber nicht teilnahmen. Unter den Mandschu, deren Frauen besondere Versammlungen abhalten, wird eine Oberfrau gewählt, aber die Frauen dürfen nicht an den Versammlungen der Männer teilnehmen, obgleich sie beim Schweineopfer zugegen sind.

Die Familienform, die mit dem Sippensystem und den Wirtschaftsbedingungen zusammenhängt, gleicht der der Mandschus, aber unter den *Goldi* finden sich nicht so große Familien. Immerhin belaufen sich einige auf 25 Angehörige, doch ist die durchschnittliche Familie kleiner, ungefähr ebenso stark wie unter den nördlichen Tungusen der Mandschurei. Die Stellung der Frau ist nicht so ungünstig, wie es uns auf den ersten Blick scheinen mag. Vor der Ehe erfreuen sich die Mädchen aller Freiheiten und zwar in weiterem Ausmaß als unter den Mandschus. Die Freiheit der verheirateten Frauen, während der Abwesenheit des Mannes nach Belieben sexuellen Verkehr zu pflegen, wie das unter den nördlichen Tungusen üblich ist, kommt unter den *Goldi* auch vor, doch mit der Einschränkung, daß der Mann möglicherweise dafür Vergeltung üben kann, wenn er vom Verhalten seiner Frau erfährt. Der sexuelle Verkehr mit den Frauen der Brüder und der Vettern scheint bei den *Goldi* verbreiteter zu sein. Eine Frau, die von dieser Seite her eine Aufforderung erhält, ist verpflichtet, sie anzunehmen, allerdings unter dem Vorbehalt, daß ihr Gatte von der Tatsache nichts erfährt. In diesem Punkt ähnelt die Sitte der *Goldi* der der Mandschus und weist auf vermutlich früher bestandene Heiratsbeziehungen zwischen den *Goldi* und Mandschus. Zum Levirat besteht bei den *Goldi* eine Verpflichtung, sowie auch unter den nördlichen Tungusen, während es gegenwärtig unter den Mandschus unbekannt ist. Die Polygamie scheint unter den *Goldi* weiter verbreitet zu sein als unter den Mandschus und unter den nördlichen Tungusen. Es ist möglich, daß dies durch besondere örtliche Umstände bedingt und vielleicht auch durch den Verfall des Sippensystems, das eine Heiratsordnung aufgestellt hatte, herbeigeführt wurde.

Die Heiratssitten der *Goldi* unterscheiden sich von denen der nördlichen Tungusen und Mandschus. Die Hochzeit findet im Hause der Brautfamilie statt, in dem auch die erste Nacht verbracht wird, wonach die Braut noch einige Zeit im Hause ihrer Mutter verbringt, während der Bräutigam seinerseits nach Hause sich begibt. Später wird die Braut zum Hause des Bräutigam-Vaters gebracht, wo eine fingierte Entführung vor sich geht. Danach betritt sie das Haus, in dem ein Opfer an den Geist des Feuers veranstaltet wird. Zunächst bleibt die Mutter bei ihr und wacht darüber, ob ihre Tochter auch freundlich behandelt wird. Die Heirat kann sofort rückgängig gemacht werden, wenn die Mutter mit dem Verhalten ihres Schwiegersohnes nicht zufrieden ist. Unter den Mandschus findet keine formelle Entführung statt, doch wird der Braut, bevor sie das Haus betritt, der Schleier entrissen. Ähnliche Zeremonien bestehen bei den nördlichen Tungusen von Transbaikalien.

Faßt man die Sitten und Bräuche zusammen, so findet man, daß die *Goldi* in einigen mit den Mandschus, in anderen mit den nördlichen Tungusen übereinstimmen. Primitivere Formen scheinen sich bei den Goldi besser erhalten zu haben als bei den Mandschus. Die Sitte der Entführung findet ihre Analogie besonders unter den Giliaken. Die Art, wie der Brautpreis bestimmt wird, die Ausstattung, das Zusammenbringen der Paare, Tabus und Verbote, Geburtsriten usw. zeigen keine erheblichen Unterschiede unter den hier in Rede stehenden Völkern.

Weit verbreitet unter den Goldi ist auch die Blutrache, die indessen unter den nördlichen Tungusen nicht vorzukommen scheint, während sie bei den Mandschus nur schwach verbreitet ist, vielleicht als Folge autoritärer Einflüsse.

Verschiedene Tätigkeiten werden bei den *Goldi* genossenschaftlich vorgenommen und beruhen auf Gegenseitigkeit. Dazu gehört vor allem der Hausbau und alles, was mit der Beschaffung und Aufspeicherung der Nahrung zusammenhängt. Vor allem ist dafür auch entscheidend, daß gewisse Tätigkeiten innerhalb kurzer Zeit durchzuführen sind. Dazu gehört die Errichtung von Häusern des chinesischen Typs, die wegen der klimatischen Verhältnisse rasch fertig gestellt werden müssen. Ähnliches gilt für den Forellenfang, dessen Technik eine große Zahl von Fischern erfordert, die innerhalb von wenigen Tagen die vorbeikommenden Fischzüge abzufangen haben. Die Aufspeicherung der Nahrungsmittel ist gleichfalls durch die Schwankungen der Jahreszeit bedingt.

In ihren schamanistischen und religiösen Auffassungen unterscheiden sich die *Goldi* nicht wesentlich von den anderen beiden hier zum Vergleiche herangezogenen Stämmen, obgleich auch hier gewisse Unterschiede zu verzeichnen sind. Die zeremonielle Jagd auf den Bären und sein Verspeisen ist unter den *Goldi* stärker ausgebildet als unter anderen tungusischen Gruppen und vielleicht am geringsten unter den Mandschus, wo er indessen auch eine nicht unbedeutende Rolle spielt. Am meisten ist der Bärenkult unter den Giliaken, Ainu und *Oldscha* ausgebildet. Daneben wird noch dem Tiger besondere Aufmerksamkeit zugewendet, der indessen besonders bei den Mandschus eine große Rolle spielt. Ein ausgebildetes System von Geisterglauben haben die Manschus von den Chinesen übernommen; von diesen ist auch einiges zu den *Goldi* gedrungen, weniger zu den nördlichen Tungusen der Mandschurei. In Bezug auf den Schamanismus und den mit diesem verbundenen Geisterglauben finden sich Analogien mit den Tungusen und Mandschus. Die Funktionen des Schamanen und seine Berufung durch Geister gleicht in den Hauptzügen den Sitten der Tungusen. Die Mandschus halten eine Art von Wettbewerb und Prüfung der Kandidaten ab, die sich bei den *Goldi* nicht findet und auch unter den nördlichen Tungusen unbekannt zu sein scheint. Die Tracht der Schamanen unter den *Goldi* ist etwas anders als die der mandschurischen Schamanen. Die Begräbnissitten weisen auf gewisse chinesische Einflüsse hin.

Auf der hier angefügten Tafel kommen die verschiedenen am Werke gewesenen ethnischen Faktoren übersichtlich zum Ausdruck. Auch darin ist selbstverständlich nur eine beschränkte Zahl von charakteristischen Elementen herausgegriffen (Shirok. [26] 123ff).

ÜBERSICHT

über die zivilisatorischen Elemente unter den Goldi (Shirok. [26] 155).

Komplex	vorhanden:	fehlend:
Palaeo-asiatischer Komplex	Hund als Zugtier	
Palaeo-asiatischer Komplex	Fische als Grundlage der Ernährung	Untergrund-
Palaeo-asiatischer Komplex	Fischfang mit der Harpune (bekannt unter den Tungusen)	häuser
Palaeo-asiatischer Komplex	Blutrache (vermutlich in Übung unter den Tungusen)	
Palaeo-asiatischer Komplex	Entführung als Heiratsbraut	Rock
Palaeo-asiatischer Komplex	Abschälen von Bäumen (beim Schamanismus usw.)	
Palaeo-asiatischer Komplex / Mandschu Komplex	Sammeln von Wurzeln und Kräutern	
Palaeo-asiatischer Komplex / Mandschu Komplex	Rock im Kostüm der Schamanen (palaeoasiatischen Ursprungs?)	
Mandschu Komplex – Chinesischer Komplex	Chinesischer Kegelhut	
Mandschu Komplex – Chinesischer Komplex	Chinesischer Kanutyp	
Mandschu Komplex – Chinesischer Komplex	Flechterei (von Mandschu Ursprung)	
Mandschu Komplex – Chinesischer Komplex	Chinesische Häuser	
Mandschu Komplex – Chinesischer Komplex	Chinesische Eisenwaffen (den Tungusen bekannt)	Schürze (?)
Mandschu Komplex – Chinesischer Komplex	Jagdmethoden	
Mandschu Komplex – Chinesischer Komplex	*fučxi* und *mafa*	
Mandschu Komplex – Chinesischer Komplex	Feldbau als Ernährungsgrundlage	
Mandschu Komplex – Chinesischer Komplex	Eßstäbchen	
Mandschu Komplex – Chinesischer Komplex	Körbe und Matten	
Mandschu Komplex – Chinesischer Komplex	Methoden des Feldbaues	Webekunst
Mandschu Komplex – Chinesischer Komplex	Form der Kleidung (abgeändert durch die Mandschus)	Töpferkunst
Mandschu Komplex – Chinesischer Komplex	Schmuck	
Mandschu Komplex – Chinesischer Komplex	Zusammenlebende Großfamilie	
Mandschu Komplex – Chinesischer Komplex	Chinesische Seelenauffassung	
Mandschu Komplex – Chinesischer Komplex	enduri (chinesischen Ursprungs)	
Mandschu Komplex – Chinesischer Komplex	Sekundärer Einfluß des Buddhismus	
Mandschu Komplex – Chinesischer Komplex	Bestattungssitten	
Mandschu Komplex	Pferd	Reusenfischerei
Mandschu Komplex	Fischen mit Angelhaken	Wahl des Sip-
Mandschu Komplex	Schwein (Ritualtier)	penhäuptlings
Mandschu Komplex	Mandschu-Hut mit Zopf	*p'jorun*
Mandschu Komplex	Gens-Sippe (*xala*)	saman
Mandschu Komplex	Rasseln (*siša*) in der Schamanentracht	Messingvögel
		auf dem Scha-
		manenhut
Nord-tungusischer Komplex	Hirschgeweih auf dem Schamanenhut	
Nord-tungusischer Komplex	Wiege für das Nomadenleben	
Nord-tungusischer Komplex	Lebensunterhalt von der Jagd	
Nord-tungusischer Komplex	Geräte aus Birkenrinde	Rentierkomplex
Nord-tungusischer Komplex	Fellbekleidung	Typischer offe-
Nord-tungusischer Komplex	Kegelzelt (bei den Sungari Goldi)	ner Rock
Nord-tungusischer Komplex	Malu	Schmuck (ge-
Nord-tungusischer Komplex	Birkenrindenkanu (seit kurzem bei den Goldi verschwunden)	tupft, zugespitzt
Nord-tungusischer Komplex	Lange Schneeschuhe	etc.)
Nord-tungusischer Komplex	Sippennamen	*burkan* (mon-
Nord-tungusischer Komplex	Schamanengeister *se* (*v*)	golischen Ur-
Nord-tungusischer Komplex	Halbkreisförmige Hütte	sprungs)

§ 4. Hirten-Feldbauer-Mischkulturen von Afrika.

Alle diese Völker befinden sich in relativ starker Bewegung. Es sind Rindviehhirten, bei denen die Frauen Feldbau treiben. Offenbar das Ergebnis aus Kämpfen einer Hirtenbevölkerung, die sich einer negroiden Feldbauerbevölkerung assimilierte und mit ihr verschmolz. Im Anschluß an die Kämpfe Hervortreten eines autoritativen Häuptlingtums, das sich hauptsächlich persönlich auswirkt. Stellenweise starke militärische Organisationen. Der Sippenverband überwiegend im Rückgang.

Der Kontakt zwischen Hirten- und Feldbauerbevölkerung ist historisch und soziologisch keineswegs immer in gleicher Weise vor sich gegangen. Auf einem breiten Streifen des ganzen östlichen Afrikas finden sich heute die Ergebnisse der Berührung und Mischung dieser beiden Spezialisten in der pfleglichen Behandlung von Tier oder Pflanze vor, und zwar in der Weise, daß die Männer Rinderhirten sind, während die Frauen Feldbau betreiben und Kleinvieh halten. Daneben spielt die Jagd für die Männer noch eine gewisse Rolle. Alle die afrikanischen Völker des gedachten Typs befinden sich auch heute noch in relativ großer Bewegung. Die innere Staffelung ist jedoch nicht sehr bedeutend, obgleich überall ein autoritatives Häuptlingtum zur Geltung gelangt ist. Hie und da konnten auch nicht unbedeutende politische Organisationen festgestellt werden wie z. B. bei den Wahehe. Mitunter traten namentlich militärisch kräftige Führerpersönlichkeiten in den Vordergrund, die in einigen Fällen (Mandschu, Zulu) zu institutioneller Vertiefung und Dauer im Stammesleben Anlaß gaben, oder aber doch nur mehr ephemerer Natur waren, wie z. B. in Südafrika zur Zeit des Kaffernkönigs *Faku*, der im Jahre 1868 verstarb und das Land zwischen *Mtata* und *Mzimkulu* vom Meere bis zum Drachengebirge beansprucht hatte (Kropf [89]). Die kriegerischen Wanderungen, wie wir sie von den Betschuanen oder den *Mantati*, *Barolong*, den *Bakuena* usw. kennen (Stow [05]), zeigen das Eindringen der Kuhhirten in das Gebiet der Wildbeuterstämme von Buschmännern, die allmählich in einem langsamen, über Jahrhunderte sich ausdehnenden Prozeß hier zurückgedrängt wurden.

a) Die südostafrikanischen Hirten-Bauer-Mischlinge.

Das Hirtentum der Männer ist stark sakral gebunden. Im Anschluß an den Hackbau der Frauen Aufspeicherung der Kornernte und Mahlen des Korns. Halten von Ziegen, Schafen und Geflügel durch die Frauen. Der Rinderbesitz dient zum Erwerb der Frauen. Eine verhältnismäßig gleichberechtigte Stellung von Hirtentum und Feldbau geht Hand in Hand mit einer Verteilung von vaterrechtlichen und mutterrechtlichen Gesichtspunkten. Der Anspruch des Häuptlings auf den Boden des Gaues rührt daher, daß der Häuptling den souveränen Anspruch seiner Gaugemeinde vertritt. Rat von Häuptling und Dorfschulzen, vor dem Gerichtsverhandlungen stattfinden. Sippe und Siedlungsgemeinschaft (Dorf) in Konkurrenz. Freie und Sklaven.

Bei den meisten dieser Stämme, unter denen die *Thonga* zunächst herausgegriffen werden mögen, wird den Rindern gegenüber ein zeremonielles

Verhalten beobachtet, ihr Besitz ist für Reichtum und soziale Geltung entscheidend, insbesondere werden sie für den Kauf der Frauen verwendet, die zur Vermehrung der Familie beitragen sollen. Für die Feste, insbesondere bei der Hochzeit, werden nur Ochsen in zeremonieller Weise geschlachtet. Auch zur Herbeiführung des Regens dienen sie als Opfertiere (Jun. [27] 2 48).

Daneben werden sowohl Ziegen und Schafe als auch Geflügel gehalten. In den religiösen Riten spielt aber nur die Ziege eine Rolle. Die Bestellung der Felder erfolgt durch die Frauen, aber mit einer Hacke. Auch die Rodung des Feldes nimmt die Frau vor. Das Roden ist in diesen Wiesen- und Steppenlandschaften keine schwierige Arbeit (Jun. 2 20f). Auf einem Felde sollen alle wichtigen Zerealien und Vegetabilien gepflanzt werden, nur Bohnen nicht, die „tabu" sind. Düngung kennt man hier nicht. Die Ernte wird in Speichern aufbewahrt.

Grund und Boden gehört offiziell dem Häuptling, und nur durch ihn kann er in den Besitz einer Familie übergehen. Niemand kann Land kaufen, sondern es wird ihm kostenlos zugeteilt, wenn er sich anzusiedeln wünscht. Hat er dazu Erlaubnis vom Oberhaupt bekommen, so kann er soviel davon in Besitz nehmen, als er für seinen Unterhalt benötigt. Die Abgrenzung der einzelnen Grundstücke wird durch den Dorfschulzen vorgenommen. Stirbt Vater oder Mutter, so geht das Besitztum an die Söhne über, welche die Felder unter ihre Frauen verteilen (Jun. 2 6).

Auch bei den Owambo (Tönj. [11] 60ff) und bei den Herero (Irle [06]) liegen die Dinge ähnlich. Die Versorgung des Großviehes ist Angelegenheit der Männer, die sich nur noch mit der Instandhaltung des Gehöftes und vor allem der darin liegenden Viehkrals beschäftigen. Die Aussaat für die Anlage der Gärten wird durch die Frauen und jungen Mädchen besorgt. Der Mann und jede seiner Frauen besitzen ein bestimmtes Stück Land und eigene Kornspeicher für die Aufbewahrung der Ernte. Das Wasser herbeizuschaffen und das für die täglichen Mahlzeiten erforderliche Mehl zu stampfen und zu kochen, ist ebenfalls Aufgabe der Frauen.

Die meisten dieser Stämme verbinden vaterrechtliche und mutterrechtliche Zugehörigkeit. Bei den Herero fällt z. B. das Vieh an die mütterliche Sippe zurück, während das vom Familienhaupt persönlich erworbene an den ältesten Sohn der ältesten Schwester gelangt.

Am klarsten treten diese Verhältnisse unter den *Jla*-sprechenden Völkern des nördlichen Rhodesien zutage (Smith u. D. [20] 1 283ff). Dort ist der Klan (*mukoa*) mutterrechtlich und trägt totemistischen Charakter, während die patriarchale und vaterrechtlich orientierte Familie, eine Großfamilie, den Mann mit seiner Frau oder seinen Frauen und deren Kindern sowie einige Nebenverwandte und Sklaven unter der Autorität des Mannes umfaßt. — Die Dörfer sind bei den *Jla*-sprechenden Völkern je nach der Größe kreisförmig angelegt und zerfallen wieder in eine Anzahl kleinerer Einheiten. Ein oder mehrere derartiger Siedlungen bilden einen Gau (*Chishi*). Dessen Bewohner setzen sich aus zwei Schichten zusammen, aus Freien und Sklaven. Die Herrschaft in den Gauen liegt in der Hand von Häuptlingen. Besteht ein Gau aus mehreren Siedlungen, so besitzt jedes Dorf und jeder Dorfteil ein besonderes Oberhaupt, einen Schulzen. Der Häuptling und die Schulzen bilden einen Rat, der die Streitigkeiten ordnet und Gerichtsfälle entscheidet. Früher sollen die Häuptlinge noch unter einem Oberhäuptling, einem Fürsten, gestanden haben. Heute ist jeder Häuptling mit seinem Gau unabhängig. Soweit sich die Geschichte der *Ba-ila* zurückverfolgen läßt, wurde das Volk durch innere Streitigkeiten auseinandergerissen und hat außerdem durch Einbrüche auswärtiger Feinde oft schwer gelitten (Smith u. D. 1 17ff, 109ff, 298ff).

b) Nilotische Hirten-Bauer-Mischlinge des nordöstlichen Afrika.

Männer: Hirten und Jäger, Frauen: Feldbauerinnen, die Geflügel halten. Die Männer beteiligen sich stark am Feldbau mittels der Hacke. Trotz der emotionellen Stellung zum Rindvieh vorwiegend vegetarische Ernährungsgrundlage. Schafe und Ziegen werden von beiden Geschlechtern besorgt. Für die soziale Staffelung kommt neben der Abstammung der Reichtum an Herden, besonders an Kühen, in Betracht. Diese dienen zum Erwerb der Frauen. Verleihen von Vieh. Auflösung der Sippen durch die Siedlungsgemeinschaft und die Ballung um militärische Führer. Hervortretende Kriegerorganisation. Das Handwerk, das teils von Männern, teils durch Frauen ausgeübt wird, nicht reich gegliedert. Töpferei durch Männer, Sonderstellung der Schmiede. Obgleich die Niloten eine andere Rassenzusammensetzung aufweisen und eine andere Sprache sprechen, gleicht der soziale Aufbau wegen der Ähnlichkeit der sozialen Situation und Konstellation dem südafrikanischen in den Hauptzügen.

Die Gesellschaft der Lango des nordöstlichen Uganda und der angrenzenden Gebiete ist offenbar hervorgegangen aus einer Hirtenbevölkerung von Galla-Stämmen, die sich mit den negroiden Feldbauerinnen vermischt haben. Wir finden bei ihnen stark hervortretende Züge des Hirtentums, verbunden mit einem umfassenden Feldbau, für den sich das Land gut eignet. Auch hier hat sich also die Hirtenbevölkerung nicht wie bei den Stämmen des westlichen Uganda von der Feldbaubevölkerung fern gehalten, sondern es sind Vermischungen der einzelnen Sippen eingetreten, die aber untereinander eine Rivalitätshaltung und damit eine Kampfeinstellung gegeneinander großzogen. Gleichzeitig haben sich Wertmaßstäbe besonders des Viehbesitzes geltend gemacht, die neben einer Staffelung nach sakral empfundener Abstammung zur Betonung des profanen Reichtums führten.

Im übrigen sind die Zustände bei den einzelnen Volksstämmen namentlich der weiter nördlich gelegenen Gebiete sehr verschieden. In nächster Nachbarschaft leben, wie z. B. schon Munz. [83] auseinandergesetzt hatte, Stämme sehr verschiedener Lebensführung, teils Großviehhirten, teils Feldbauern mit Kleinviehherden, und politisch zeigen diese Völker bald eine aristokratische Staffelung, bald eine demokratische Organisation. Außerdem finden sich allenthalben, wenn auch in verschiedener Verteilung, Sklaven.

Die Lango, die hier als repräsentativ für die nilotische Mischbevölkerung hauptsächlich deshalb gewählt wurden, weil von ihnen eine ausgezeichnete, modern durchgeführte Beschreibung vorliegt, zerfallen in eine Reihe von ursprünglich wahrscheinlich totemistischen unabhängigen Sippen oder Klans, die streng exogam sind und die Tendenz zu einer weiteren Unterteilung aufweisen. Natürlich ergeben sich im Laufe der Zeit, namentlich in Verbindung mit den Kämpfen, Veränderungen in diesen Klans, so daß Klansplitter sich mit größeren Klans zusammen schließen und neue bilden (Dribg. [23] 189ff).

Die einzelnen Klans scheinen stets in starker Bewegung gewesen zu sein und zerstreuten sich darum gelegentlich. Der Anspruch auf das Land wurde aber früher offenbar von dem ganzen Klan als solchem erhoben. Heute indessen dürfte eine größere Seßhaftigkeit eingetreten sein. Das Dorf ist an die Stelle des Klans getreten. Innerhalb des Dorfes machen sich jedoch die Unterschiede unter den Familien geltend, die verschiedenen Sippen angehören. Der Besitz ist heute überwiegend Familienbesitz. Wenn ein Fremder im Dorfe wohnt und von den übrigen Erlaubnis dazu erhält, kann er das gemeinsame Land ebenso wie die übrigen nutzen. Zieht eine Dorfschaft weiter, so behält sie ihre Rechtsansprüche auf das alte Land auf ein oder zwei Jahre, bis auf dem neuen Gebiet die Ernte gereift ist und bis sie das alte Land nicht mehr brauchen. Solches Land wird dann frei für die Besitzergreifung durch andere. Innerhalb der Dorfschaft hat jedes Mitglied seinen Teil am Land. Das System einer gemeinsamen Bebauung durch Gruppen von Leuten (*wangtich*) ist aber eine persönliche und individuelle Angelegenheit der Arbeitshilfe. Das Land, das einer umgebrochen hat, kann er so lange nutzen, als es ihm beliebt. Irgendeine förmliche Landverteilung an die Individuen findet aber nicht statt; sie ist das Ergebnis wechselseitigen Einverständnisses, nur bei Zwistigkeiten entscheidet der Dorfschulze. Denn Land ist reichlich vorhanden (Dribg. 170ff). — Diese Zustände, denen wir immer und immer wieder begegnen, erklären sich daraus, daß der sogenannte Sippenbesitz hoheitsrechtlichen Charakter trägt, nicht privatrechtlichen. Der privatrechtliche Anspruch wird durch Arbeit innerhalb des Landes einer souveränen Sippe durch seine Sippenangehörigen oder die in die Sippe Aufgenommenen erworben.

Die politische Organisation der Lango ist sehr lose. In den letzten 5 Generationen wenigstens gestatteten die zahlreichen kleinen Kämpfe zur Erbeutung von Rindern und die Jagdunternehmungen keine weitergehenden Zusammenschlüsse. Man kann sagen, daß ihre Organisation vor allem militärisch bestimmt war. In jedem Dorf befand sich ein *jago* oder Rottenführer, dessen Aufgabe es war, seine Rotte unter einem *rwot* oder Haufenführer zu leiten. Das Amt eines Rottenführers (*jago*) befand sich im Besitz einer bestimmten Familie, die den geeignetsten Mann dafür auf Lebenszeit stellte. Der Haufenführer entsprach ungefähr einem Häuptling. Ihm war eine verschiedene Zahl von Rottenführern, manchmal 3, ausnahmsweise 9 bis 10, untergeordnet. Für größere Unternehmen schlossen sich mehrere Haufenführer unter einem Kriegshauptmann (*twon lwak* = Stier der Menge) zusammen. Der letztere wurde nicht erwählt; sein Titel hing von seinem Erfolg ab. Er war also derjenige, dem sich die anderen bei den Raubunternehmungen wegen seiner größeren kriegerischen Geschicklichkeit freiwillig untergeordnet hatten. Seine Stellung war darum begehrt, weil mit ihr auch ein größerer Anspruch auf Beute verbunden war. Unter den einzelnen Kriegshauptmännern herrschte große Rivalität um die Gefolgschaft der einzelnen Dörfer, abermals eine Quelle für Kämpfe.

Daraus geht hervor, daß die Sippenorganisation, die vielleicht die Grundlage der früheren Feldbauerbevölkerung gebildet hatte, durch die kriegerischen und räuberischen Unternehmungen der Hirten und deren Mischlingsnachkommen zerstört worden war, so daß nunmehr der Einzelbesitz der Familien, insbesondere im Anschluß an den Beuteanteil der militärischen Führer, die Oberhand gewonnen hatte. — Man muß übrigens immer unterscheiden, welche Funktion der Sippe zufällt, ob sie etwa nur die Grundlage für eine Heiratsordnung bildet, ob sie einen kultisch zeremoniellen Verband bildet, oder ob sie wirtschaftlich und politisch lebenskräftig dasteht. Die Bedeutung der Sippe in letzterer Beziehung ist bei den Lango zerstört worden, sie gründet sich auf den Gedanken, von einem gemeinsamen Ahnen abzustammen, und auf die religiöse Notwendigkeit, zahlreiche Verbote und Meidungen zu beobachten, die bei den einzelnen Sippen verschieden sind. Außerdem sind sie exogam, denn die Verheiratung sowohl nach der väterlichen wie nach der mütterlichen Sippe wird nicht gestattet, insofern auch hier wie in Südafrika eine Vermengung vaterrechtlicher und mutterrechtlicher Gesichtspunkte. Eine Frau tritt in die Sippe ihres Gatten ein und hat sich nunmehr nach deren Vorschriften zu richten, während die Verbote ihrer Abstammungssippe nicht mehr beobachtet zu werden brauchen; in diesem Fall setzt sich somit einseitig das Patriarchat durch. Man ersieht daraus, daß die Sippe vorwiegend nur eine kultisch-zeremonielle Funktion zu erfüllen hat und auch noch mit der Heiratsordnung in Verbindung steht. Häufig spalten sich die Sippen wieder in Untergruppen. Die Zugehörigkeit zur Sippe wird aber immer durch Geburt erworben und kann auf keinem künstlichen Weg erlangt werden, doch kann in der Gegend des Nilufers unter Individuen Blutsbrüderschaft geschlossen werden (189ff).

Der Stamm der Lango als solcher hatte, so weit die Überlieferung reicht, auch früher keine gemeinsame Regierung. Doch ist es nicht ausgeschlossen, daß in weiter zurückliegenden Zeiten vielleicht doch eine solche vorhanden war. Wenigstens wird erzählt, daß es vor langer Zeit einen König gab, dem die anderen Führer untergeordnet waren. Indessen gehen die Berichte darüber auseinander. Außerdem saßen die Lango vor 120 bis 200 Jahren weiter nördlich. Es wäre immerhin möglich, daß sie etwa unter einem gemeinsamen Führer südlich gezogen waren und sich dann wieder in kleine Gemeinden auflösten. Der Überlieferung nach sollen die Lango unter drei Häuptlingen in die Gegend gelangt sein, die sie heute bewohnen; unter diesen dreien wird *Ekangoro* als der oberste angegeben. Da man jedoch meint, daß er vom Himmel gekommen sei, ist die mythische Verkleidung ersichtlich, die den Beweis erbringt, daß hier bereits innerhalb von vier oder fünf Generationen die historische Überlieferung ins Mythische vernebelt wird.

Das Dorf wurde nur durch eine formlose Zusammenkunft der Familienhäupter regiert, die indessen immer mit dem militärischen Rottenführer (*jago*) oder mit dem Haufenführer (*rwot*) sich zu besprechen hatten, sowohl wenn es sich um Streitigkeiten innerhalb des Dorfes, als auch mit Fremden handelte. Indessen standen ihnen keine Einrichtungen zur Verfügung, um ihre Beschlüsse, wenn es zu solchen kam, durchzuführen, sondern ihr Einfluß war ein rein moralischer. Diese „Ratsversammlungen" kann man daher im besten Fall als Schiedsgerichte bezeichnen, aber nicht als Gerichtshöfe. Noch weniger besaßen sie irgendeine Exekutivgewalt. Obgleich es eine Reihe von traditionellen Bußen gab, griff man immer wieder zur Gewaltanwendung und zur Blutrache. Die Einzelfamilie fand in dieser Richtung Schutz an der Sippe, zu der sie gehörte. Die Blutrache konnte oft mehrere Generationen hindurch andauern. Mord war früher nur schwer durch Buße zu sühnen, dagegen genügte bei Ehebruch die Zahlung einer Kuh, einer Färse und eines Stieres an den Gatten der Frau. Doch kann der Beschuldigte sich durch Anrufung eines Gottesgerichtes reinigen, z. B. durch Besprechen einer Ziege. Wenn diese uriniert (was im Sinne einer Ejakulation von Semen gedeutet wird), so wird er als schuldig erkannt, wenn sie jedoch defäziert oder nichts von sich gibt, als unschuldig betrachtet (204ff).

Wie sehr die Lango, obwohl die Jagd hier, wie auch in Südafrika, eine nicht unbedeutende Rolle für die Ernährung spielt, und obgleich die Männer auch beim Feldbau helfen, im Grunde doch die Hirtentradition noch immer hochhalten, zeigt ihre intensive Liebe für ihr Rindvieh. Nicht selten erheben die Frauen einen Klagegesang geradeso wie für einen menschlichen Toten, wenn ein Stück Rindvieh umgestanden ist oder bei einem feindlichen Einfall getötet wurde. Dieses Verhalten kann nicht mit der Deutung erledigt werden, daß das Rind „den wertvollsten Besitz" der Leute bildet, zumal es tatsächlich gar nicht die Grundlage ihrer Ernährung ausmacht. Es sind ideelle, oder besser „gefühlsmäßige" Momente, welche die Lango mit dem Rindvieh verbinden, ähnlich wie es auch bei den Dinka, den Massai und zahlreichen anderen Stämmen des östlichen Afrika der Fall ist. Sowohl Rindvieh als auch Ziegen und Schafe können von ihren Besitzern noch lange, nachdem sie von ihnen weg waren, oder selbst wenn sie in einer großen fremden Herde eingereiht sind, erkannt werden. Ja, der Besitzer kann sogar die Nachkommenschaft einer Kuh, die durch seine Hand gegangen ist, und deren weitere Geschichte feststellen, ohne daß Brandstempel in Anwendung kommen. Zwei bis drei Rinderarten, deren Verbreitung mit Raubzügen zusammenhängen, werden angetroffen. Auch hat die Rinderpest in den neunziger Jahren des vorigen Jahrhunderts die Bestände in einzelnen Gegenden empfindlich geschädigt und verschoben. In den Herden kommen viele Bullen vor, weil die Lango, nicht so wie die Massai, diese nicht töten. So kommt es, daß eine Herde manchmal zu einem Drittel aus Stieren besteht.

Die Herdenwirtschaft ist nicht ganz einfach. Wenn ein Dorf nur wenig Rindvieh hat, wird dieses bei Freunden außerhalb untergebracht, um sich die Mühe der Errichtung einer Hürde, eines Kral, zu sparen. Aber auch in Dörfern, wo eine Hürde besteht, vergeben die Dorfbewohner ihre Kühe an Freunde außerhalb, um sie von geeigneten Bullen belegen zu lassen. Dort verbleiben sie, bis sie gekalbt haben, manchmal mehrere Jahre. Die Hüter der Pflegebefohlenen werden entsprechend der Länge an Zeit entschädigt. Wurden mehr Kälber als nur eines geboren, so pflegt man das zweite dem Hüter zu überlassen. Diese Sitte leitet sich wahrscheinlich daher ab, daß man das Vieh, oder wenigstens einen Teil davon, auf diese Weise gegen Überfälle versichern wollte. Sie mag aber auch zur Vermeidung von zu starker Inzucht und auch zwecks Wechsel des Weidefutters vorgenommen worden sein. Die Hürde wird sorgfältig auf entsprechendem Boden angelegt, wo das Wasser in der Regenzeit verlaufen kann und nicht nach dem Dorf zu rinnt. Sie umschließt häufig einen kleinen Hügel mit Bäumen, die Schatten gewähren und an denen sich das Vieh reiben kann. Die kleinen Kälber werden nicht im Kral gehalten, sondern in den Wohnhäusern. Die Dorfherde läßt man des Morgens ungefähr um 8 Uhr auf die Weide unter der Bewachung kleiner Jungen aus dem Dorf, die ihr Geschäft ausgezeichnet verstehen. Manchmal beteiligen sich daran auch ältere Männer, namentlich wenn die Herde sehr groß ist und Löwengefahr besteht. Des Mittags kehren sie zum Melken der Kühe zurück und verbringen den Nachmittag unter schattigen Bäumen. Zwischen ½6 und 6 Uhr werden sie zurück in den Kral getrieben.

Das Rindvieh wird niemals zum Ziehen verwendet; im Feldbau gebraucht man nicht den Pflug, sondern die Hacke. Die Kühe dienen nur für die Milchabgabe und werden vom Besitzer oder seinen Kindern gemolken. Wenn er keine Kinder hat, so besorgt das Melken der Hirte, aber auf keinen Fall eine Frau. Diese strenge Abschließung von den Frauen dürfte vor allem damit zu erklären sein, daß die weibliche Bevölkerung als von der Feldbaubevölkerung herstammend betrachtet wird und daher der Hirtentradition fremd gegenübersteht.

Die Milch wird oft nicht frisch getrunken, sondern man läßt sie häufig noch mit Hilfe einer Wurzel und von Beimischung des Kuhurin dick werden. Kuhurin wird auch zum Reinigen der verschiedenen Gefäße verwendet. Die Buttermilch wird getrunken und Butter sowohl als Nahrung wie auch zum Salben verwendet. Hauptsächlich gibt man sie dem Schwager ab, von dem die Kühe als Heiratssteuer der Frau gegeben wurden. Der Besitz an Rindvieh ist das Symbol sozialer und wirtschaftlicher Auszeichnung, namentlich wegen seiner Verwendung für den Frauenkauf.

Obgleich man Ziegen und Schafe hält, werden die ersteren doch vorgezogen, wie man sagt wegen ihrer besseren Vermehrung, aber auch weil die Sitte den Frauen verbietet Schafe zu essen. Weder die Schafe noch die Ziegen werden gemolken, ihre Milch bleibt ausschließlich den Lämmern und Zicken vorbehalten. Sie werden von kleinen Jungen des Dorfes in einer einzigen Herde auf die Weide getrieben, kehren nachts jedoch zu den Häusern der einzelnen Besitzer zurück, um von diesen in ihre Kleinviehhürde gesperrt zu werden. Man treibt sie nicht weit weg vom Dorf, sondern läßt sie in der nächsten Nachbarschaft grasen. Wenn Regen hereinbricht, treibt man sie sofort heim, weil sie sonst leicht zugrunde gehen. Auch unter dem Kleinvieh gibt es verschiedene Arten. Hühner eines degenerierten Mittelmeertypus sind sehr klein und dürften verhältnismäßig spät eingeführt worden sein. Außerdem hält man noch Hunde, von denen einige für die Jagd dressiert sind.

Am Feldbau beteiligen sich, wie schon angedeutet, die Männer durch Roden und Umgraben des Bodens mit einer langen Hacke in stehender oder knieender Stellung. Dabei wird der Schaft weit unten ergriffen und vom Körper abgehalten, die Schläge nach innen geführt. Das Gras hat man gewöhnlich schon einen Monat vor der Aussaat umgebrochen und liegen gelassen, die Bäume gefällt und ihre Zweige geknickt. Nach einiger Zeit verbrennt man die Reiser und das Gras und hackt den Boden auf, jedoch nicht sehr tief, um die Wurzeln zu beseitigen. Das Pflanzen findet nicht wie bei Stecklingen oder bei Reis einzeln statt oder in Reihen, sondern, da es sich um Samen auf trockenem Boden handelt, durch Ausstreuen. Manchmal auch ohne Trennung der Arten: Sorghum, Hirse und Mais durcheinander, oder Hirse und Semsem, oder als weitere Kombination Taubenbohnen und Hirse. Vor der Aussaat werden noch Blätter einer heiligen Pflanze über die Samen verteilt, um ein gutes Keimen herbeizuführen. Auch sonst werden noch Zaubermittel, z. B. gegen bösen Blick, auf die Pflanzung angewandt. Frauen und Kinder sind hauptsächlich beim Jäten tätig, wenn die Saat heranreift. Ebenso helfen sie bei der Ernte. Dazu verwendet man entweder Messer oder Sichelringe mit einer scharfen Kante. Zur Abfuhr des Kornes in die Speicher bedient man sich eines besonderen Verfahrens der Bündelung. Das Korn wird erst, nachdem die ganze Ernte fertig ist, in das Dorf gebracht. Die Ernte wird nicht nur durch kleine Vögel bedroht, sondern besonders oft durch Elefanten, und am Nilufer manchmal durch Flußpferde und andere Tiere geschädigt.

Obwohl die Lango hauptsächlich Kornesser sind, verkaufen sie doch einen nicht unerheblichen Teil ihrer Ernte an die *Basoga* und *Baruli*, um dafür Kupferringe für sich und ihre Frauen einzuhandeln.

Jede Frau besitzt ihr besonderes Haus, das errichtet wird, wenn sie ein Kind geboren hat. Haus und Hof gelten dann als ihr persönliches Eigentum. Für jede seiner verschiedenen Frauen muß der Mann besondere Felder und besondere Speicher anlegen. Die Frau bereitet das Bier für sich selbst und ihren Mann. Im allgemeinen leben die verschiedenen Frauen der polygynen Familie in Freundschaft miteinander, obgleich gelegentlich Eifersuchtsszenen vorkommen. Nicht selten ereignet es sich, daß Frauen, wenn sie altern, den Gatten selbst veranlassen, eine jüngere Frau zu nehmen.

Der Vater ist verpflichtet, seinen Sohn mit einer Frau zu versorgen; die Mittel dazu bietet die Verheiratung seiner Tochter. Wenn er als Waise keine anderen Verwandten von seines Vaters Seite hat, oder wenn diese zu arm sind, so wird er von seinem Mutterbruder mit einer Frau versorgt. Hier tritt also ein mutter- rechtlicher Zug in die im übrigen vaterrechtlich orientierte, durch das Hirtentum überwiegend beeinflußte Gesellschaft der Lango auf. Andererseits wandert durch die Kaufsummen ein bestimmter Kuhbesitz, der gegen die Frauen getauscht wird, herum. Überdies schlingt die Verpflichtung zu Abgaben an Butter, wie wir oben sahen, von Seite des Gatten an seinen Schwager eine dauernde gesellschaftliche, sich wirtschaftlich auswirkende Beziehung zwischen die Schwäger.

Da die Frauen vom Vater für den Sohn gekauft werden, so ist deren Zahl vom Besitz des Vaters abhängig, aber auch von der Menge der in der Familie befindlichen Mädchen, die zur Vermehrung der wichtigsten Wertträger, des Rindviehes, beitragen.

Die Vereinbarungen über die Höhe des Kaufpreises werden unter den beteiligten Familien geheim geführt. Die Zustimmung des Mädchens ist insofern wesentlich, als sie nicht zu einer unerwünschten Heirat gezwungen werden kann. In der Regel gehen ihr jedoch verhältnismäßig intime Beziehungen voraus. Doch finden auch Verlobungen unter den Kindern oder selbst noch zu erwartenden Kindern statt. Daraufhin wird oft eine Färse oder ein Stier oder eine Kuh verborgt, die später in den Kaufbetrag eingerechnet werden soll. Die Verbote, innerhalb der Verwandtschaft zu heiraten, werden streng eingehalten. Der für das Mädchen erzielte Kaufpreis wird unter die Verwandtschaft verteilt, und zwar in folgender Weise: zwei Färsen und ein Bulle an den Bruder der Braut von der gleichen Mutter, oder in Ermangelung eines solchen an einen Stiefbruder oder den Vater; eine Färse an den Mutterbruder, eine Kuh an die entfernteren männlichen Verwandten. Die Kuh gehört dem ältesten, deren Kälber, die geboren werden, kommen an die jüngeren zur Verteilung. Später, wenn ein Kind in der jungen Ehe geboren wird, muß der Gatte der Mutter noch eine weitere Färse an seine Schwiegermutter mit einer Ration Milch liefern, und einen Bullen zum Schlachten an die Großmutter seiner Frau mütterlicherseits, sowie eine Färse (in letzterer Zeit ist auch ein Bulle gestattet) an die Tante seiner Frau väterlicherseits, die dieses Tier für ihren Sohn oder zu erwartenden Sohn aufhebt. Die Prinzipien der Verteilung bleiben immer die gleichen, unabhängig von der Höhe der Gesamtsumme. Im westlichen Gebiet der Lango, wo das Rindvieh ausgestorben ist, wird der Kaufbetrag in Ziegen geleistet, deren Zahl zwischen 45 und 80 schwankt; auch hier findet eine ähnliche Verteilung statt. Manchmal bilden noch Speere, Hacken und sogar Hühner einen Teil der Heiratsausstattung.

Eine Zahl von Familien, vielleicht von zugewanderten, beschäftigt sich in traditioneller Weise mit gewissen Handwerken. Dazu gehören die Schmiede und Trommelbauer. Bei den Schmieden handelt es sich um Lohnarbeiter, denen man die Eisenbarren in Form von Schaufelblättern zu bringen hat. Denn der Lango-Schmied kann nicht das Eisen aus dem Erz herausschmelzen; er ist nur imstande, eine gewisse Verfeinerung vorzunehmen. Eine besondere Art von Schmieden beschäftigt sich mit der Herstellung von Ringen aus Eisen oder Messing, wofür die importierten Bronzedrähte verwendet werden. Dies weist darauf hin, daß bei der starken Spezialisierung dieser Handwerker die sogenannten p r i m i t i v e n G e l d f o r m e n in Gestalt von Spaten, Speerspitzen, Messern in roher Form, ursprünglich eine Barrenform darstellen, die erst einer verfeinerten Behandlung harren. Eben wegen des Barren-Charakters waren sie zum Handel besonders geeignet. Es wurden somit „Halbfabrikate“ getauscht, die schließlich ein jeder noch nach seinem Belieben durch seinen Handwerker in die von ihm gewünschte Form umschmieden lassen konnte. Für die Gewinner des Metalls aus den Erzen war es bequemer, nur eine traditionelle Form herzustellen und in den Handel zu bringen.

Die Schmiede sind bei den Lango nicht sehr zahlreich, obgleich ihre Menge zunimmt. Sie wohnen am Rande der Dörfer. Jeder Schmied hat einen Lehrling oder Gehilfen, gewöhnlich aus seiner Verwandtschaft, der den Blasebalg bearbeitet und die Arbeit vorbereitet.

Die Töpferei ist bei den Lango nicht auf ein Handwerk beschränkt, sondern die Töpfe werden von den Männern der Familie hergestellt, während die Frauen die Erde dazu aus den Flußbetten herbeischaffen. Vielfach werden Töpfe, dort wo sich keine geeignete Tonerde findet, von *Banyoro* gebracht, die sie gegen Nahrungsmittel vertreiben. Auch Matten, Stricke und Öl werden daheim, hauptsächlich von den Frauen, verfertigt; Körbe sowohl von Männern wie von Frauen.

Bemerkenswert ist hier, ähnlich wie wir das z. B. auch bei südafrikanischen Völkern finden, ein festes Wertverhältnis zwischen Getreide und Vieh, sowie zwischen Kleinvieh und Großvieh. Außerdem sind noch gewisse Zugaben üblich. Der Kauf einer Kuh oder eines Stieres erfordert z. B. ganz unabhängig von dem Preis, der bezahlt wurde, noch einen „Speer" für seinen Schwanz, der besonders in Rechnung gestellt wird. Man könnte dabei von einem sakralen zeremoniellen, einem symbolischen Preis reden. Auch wenn die volle Kaufsumme bezahlt worden ist, darf der Käufer sein Tier nicht wegholen, bevor der Speer nicht übergeben worden ist. Ebenso muß ein Mann, der eine Kuh oder einen Stier verkauft oder einen Leihvertrag über ein solches Tier abschließt, zum Zeichen, daß seine Absichten ehrlich sind, Schmutz von den Hufspuren des Rindviehs in der Hürde aufnehmen und über die gekaufte Kuh werfen, sodann sich nach der anderen Seite wenden und etwas auf die übrigen Rinder werfen, um damit zu versinnbildlichen, daß er dasselbe Schicksal für die übrigen Kühe wünscht, wie für die von ihm erworbene.

c) Westafrikanische Mischkultur mit ausgeprägter Schichtung bei den Kpelle.

Eine Feldbaubevölkerung ist durch eine geschrumpfte Schicht von ehemaligen Hirten überlagert, aber bereits zu einer sozialen Einheit vermengt. Starke Beteiligung der Männer an der Feldbestellung mit der Hacke. Die Frauen beschränken sich auf die eigentliche Pflanzungstätigkeit, außerdem auf Kochen usw. Mannigfaltigkeit der angebauten Pflanzen. Holz- und Flechtarbeiten, Schmiede. Handel nicht stark entwickelt. Schichtung der Bevölkerung in Freie, Hörige und Sklaven. Mächtige Sippen mit Mutterrecht. Diesen begegnen patriarchale Tendenzen der politischen Herrschaft. Gegenüber dem König selbständige Dorfschulzen, die aus den Sippen hervorgegangen sind. Sakrales Königtum mit wirtschaftlicher Oberaufsicht, aber Tendenz zur eigennützigen Rationalisierung der Macht, aber kein Feudalwesen. Organisierte Hofhaltung. Streben nach Monopolisierung und Verwirtschaftlichung der Frauen, trotzdem deren Stellung günstig. Abhängigkeitsverhältnisse entstehen durch Verschuldung beim Frauenkauf. Matronatyp der Hauptfrau. Die Macht der Geheimbünde beeinträchtigt die Besitzer der politischen Herrschaft. Gesetze in kasuistischer Form ausgesprochen. Gerichte und Gottesurteile. Verhängung von Strafen durch die königliche Autorität.

Das soziale System der Kpelle kann als repräsentativ für die Staatsbildungen Westafrikas herausgegriffen werden. Die Dinge liegen in Westafrika, das den verschiedenartigsten Einflüssen, seit den ältesten Zeiten, namentlich schon über die Mittelmeerkulturen ausgesetzt war, ganz anders als im Osten des Kontinents. Gewerbe, Handel und namentlich der Feldbau spielen hier eine stark hervortretende Rolle. Die Kultur der Öl- und der Raphia-Palme, von Reis, Mais, Süßkartoffeln, Erdnüssen, Erbsen, Bohnen usw., die im Laufe der Jahrzehnte und bereits der Jahrhunderte ihren Weg hierher gefunden hatten, gestatteten die Grundlagen für die pflanzliche Ernährung, aber auch für den Handel mit pflanzlichen Produkten, ganz anders auszubilden, als bei mehr abgelegenen Naturvölkern. Obwohl die Viehhaltung nicht fehlt, tritt sie doch in ihrer Bedeutung gegenüber der Pflanzenzucht zurück. Besitzer des Rindviehs sind meistens die Häuptlinge. Das Rind ist kein eigentliches Nutztier, wird auch nur selten als Tauschmittel verwendet, es dient vielmehr der sozialen Auszeichnung und Repräsentation. Nur bei großen Totenfeiern oder vor dem Aufbruch zu einem Kriegszug wird ausnahmsweise ein Rind geschlachtet. Es sieht so aus, als hätte man es mit den äußersten und verkümmerten Ausläufern der Volkssplitter von Hirten zu tun, die nur im Zeremoniell die Erinnerung an frühere Sitten bewahren. — Im Norden nimmt der Viehreichtum zu: man trifft dort das großhörnige Mandingo-Rind und eine kleinhörnige Art, nur selten das Buckel-Rind aus dem nördlichen Grasland. An erster Stelle in der Viehhaltung steht die Ziege, die sich im und beim Dorf ihre Nahrung sucht, seltener ist das Mähnenschaf. Das Rindvieh weidet tagsüber an den Wegen in der Nähe des Dorfes und wird Abends und bei Regenwetter in eine große runde Hütte getrieben. Eine verhältnismäßig untergeordnete Rolle spielt Jagd- und Fischfang.

In der Zeit zwischen Dezember und Januar wird das Land für den Feldbau hergerichtet. Gras, Gesträuch und niedrige Bäume werden von den Männern mit dem Buschmesser in üblicher Weise niedergelegt, trocknen gelassen und dann verbrannt. In der Rodung werden im Februar Maniokstecklinge gepflanzt, und danach wird der Reis gesät und sorgfältig eingeharkt. Mais pflanzt man gern auf auseinander geschlagenen Termitenhügeln. Den Reis muß man gegen die große Zahl von Webervögeln dauernd bewachen. Die Ernte fällt in die Zeit von Oktober bis Dezember. Die Frauen schneiden die Ähren mit einem Messer ab und bündeln sie in einer auf dem Felde errichteten Scheuer. Von hier aus holt die Hausfrau nach Bedarf, löst die Körner durch Reiben, um sie im Haushalt zu gebrauchen. In manchen Gegenden wird der Reis sofort nach der Ernte gedroschen und das Korn in Körben aufbewahrt, die über einen Meter in Höhe und Durchmesser fassen. Nach ein- bis zweijähriger Benutzung läßt man das Feld brach liegen und nimmt ein neues Stück von Busch oder Urwald unter Rodung. Infolgedessen befinden sich die Felder oft in weiter Entfernung vom Dorf. Da man abends nicht immer heimkehren kann, werden auf dem Felde Hütten errichtet, auf deren

Dachboden außerdem der geerntete Reis aufbewahrt wird. Um diese Feldhütten herum ist meistens ein kleiner Garten mit Gemüsepflanzungen und Fruchtbäumen angelegt. Auch an den Häusern im Dorfe legt man solche Gärten mit allerlei Gemüsepflanzen an (Westm. [21] 25ff). Die Verteilung der Arbeit überläßt das Pflanzen der Manioksteckinge beiden Geschlechtern gemeinsam. Doch fällt der Frau das Aussäen des Reises zu; ebenso das Verjagen der Vögel, die den Reis gefährden, und das Bündeln der Ernte. Im übrigen kocht die Frau, holt Wasser und Feuerholz.

Die Familie bildet einen Bestandteil der Sippe, der sie auch einen Teil des Arbeitsertrags abzuliefern hat. Die Familie besteht aus dem Mann mit seinen Frauen und deren Kindern, die zusammen ein Gehöft bewohnen — wie dies auch typisch für alle Mandingo-Stämme ist (Delaf. [12] 3 61ff). Sind mehrere Frauen da, so führt oft jede oder einige zusammen einen gemeinsamen Haushalt, und der Mann ist abwechselnd Gast einer seiner Frauen. Manchmal lebt ein Teil der Ehefrauen auf Farmsiedlungen und führt dort ein Sonderdasein, wie wir noch sehen werden.

Die Kleinfamilie wird an Bedeutung durch die Sippe überragt, deren Haupt ihr ältestes männliches Mitglied, der „Alte", ist, sofern sich dieser im Vollbesitz seiner körperlichen und geistigen Kräfte befindet. Sie setzt sich aus den Brüdern und Vettern dieses Sippenhauptes, sowie aus dessen Kindern, Enkeln und Urenkeln zusammen. Auch sämtliche im Besitz der Sippe befindlichen Hörigen werden dazu gerechnet. Alle in der gleichen Generation stehenden Sippenmitglieder reden einander als Großvater, Vater, Bruder, Sohn usw. an und entsprechend auch die weiblichen Angehörigen. Eine Heirat bringt keine Änderung in der Sippenzugehörigkeit, jeder der Ehegatten verbleibt in der Sippe, in der er geboren ist, und untersteht den Weisungen seines Sippenhauptes, einerlei ob er am gleichen Orte wohnt oder nicht. Die Kinder aus einer Ehe gehören zur Sippe der Mutter, nicht zu der des Vaters, auch führt der älteste Bruder die Aufsicht über die Kinder seiner Schwester und sorgt für deren Erziehung. Eine Reihe mutterrechtlicher Züge ist auch aus der Vergangenheit und von benachbarten Stämmen bekannt, doch treten daneben auch vaterrechtliche gelegentlich auf. Der Mutterbruder hat das Recht, im Falle der Verschuldung seiner Sippe die Schwesterkinder dem Gläubiger als Pfand zu geben, ohne daß der Vater Einspruch dagegen erheben kann. Erbrechtlich aber gehören die Kinder zum Vater; sie beerben wohl auch den Mutterbruder, aber nur als Nebenerben ohne gesetzlichen Anspruch. Diese väterliche Erbfolge innerhalb der Familie ist eine Erscheinung, der wir ja häufig begegnen, und die auf patriarchale Tendenzen zurückzuführen ist. Tatsächlich liegt die Sorge für Erziehung und Fortkommen der Kinder weit mehr in der Hand des Vaters als des mütterlichen Onkels. Man kann sagen, daß heute die Tendenz besteht, die Vaterfolge in der Familie stärker zur Geltung gelangen zu lassen.

Trotzdem fühlt sich auch heute noch das Haupt einer Sippe für deren sämtliche Angehörigen verantwortlich. Er hat zwar nur in Ausnahmefällen, bei Krankheit oder Arbeitsunfähigkeit, für ihren Unterhalt zu sorgen, aber seine Stimme ist ausschlaggebend in allen wichtigen Entscheidungen, so bei Verlobungen, beim Eintritt eines Kindes in die Geheimbundschule, bei Verhandlungen mit der Obrigkeit usw. Die Sippenangehörigen unternehmen nichts ohne seine Zustimmung. Hat ein Mitglied eine Morgengabe zu zahlen, Gerichtskosten zu entrichten, vor Gericht ein Pfand zu stellen oder ist es tief verschuldet, so darf es auf die Unterstützung des Sippenvaters rechnen, der aus dem Sippengut einen Teil der Ausgaben beisteuert: oder er hilft mit seinem Privatvermögen aus und veranlaßt seine Verwandten, ein gleiches zu tun. Ein Sippenmitglied wird nie im Stich gelassen, außer wenn es ein hartnäckiger Schuldenmacher ist, der die Sippe zu ruinieren droht. Einen solchen kann das Sippenhaupt öffentlich in Verruf erklären und jede Verantwortung für ihn ablehnen.

Prinzipiell ist die Anzahl der Sippen festgelegt, da jeder Neugeborene von vorneherein einer bestimmten Sippe angegliedert wird. Tatsächlich entstehen aber doch neue Sippen, und zwar in der Weise, daß sich eine Kleinfamilie in einer unbebauten Gegend ansiedelt, dort ein neues Dorf gründet und so seine Nachkommen allmählich zu dem Rang einer eigenen Sippe aufsteigen. Damit geht indessen das Gefühl der Zusammengehörigkeit mit der Muttersippe nicht verloren, wird aber um so loser, in desto mehr Sippen sich die ursprüngliche Sippe verzweigt. Trotzdem aber bewahren sie noch eine Einheit durch das gemeinsame Tabu, durch das Verbot des Genusses eines bestimmten Tieres, einer Pflanze oder gewisser Handlungen. Alle Angehörigen des gleichen Tabu bilden unter sich eine Brüderschaft, auch wenn ihnen das Bewußtsein, Stammverwandte zu sein, längst abhanden gekommen ist. Tabugenossen sind einander uneingeschränkte Hilfe schuldig.

Am deutlichsten kommt dies in der Fremde zum Ausdruck. Hat ein Mann nicht dort zufällig einen persönlichen Freund, so erkundigt er sich nach seiner Ankunft, ob im Orte Tabugenossen wohnen. Bei diesen genießt er Gastrecht, Schutz und Beistand und wird wie ein naher Verwandter behandelt. Da unter den Angehörigen verschiedener Stämme oder Völker die Zahl der Tabu-Tiere und -Pflanzen beschränkt ist, kommt es vor, daß Angehörige verschiedener Stämme oder Völker dasselbe Tabu besitzen. Auch in diesem Fall übt die Tabugemeinschaft die gleiche Wirkung unter sonst fremden Männern aus. Überdies können mehrere Tabuverbände untereinander verwandt oder verbündet sein, woraus ein Freundschaftsverhältnis aller Glieder der beiden Teile entsteht. Z. B. darf vor Gericht einer des anderen Unschuld beschwören, auch wenn er vom Gegenteil überzeugt ist, ohne die sonst auf dem Meineid ruhende magische Bestrafung fürchten zu müssen (Delaf. [12] 3 106). Das Tabu vererbt sich vom Vater auf die Kinder, die häufig daneben noch das der Mutter annehmen. Die Frau behält bei ihrer Verheiratung ihr eigenes Tabu, fügt ihm aber manchmal das ihres Mannes hinzu (Westm. [21] 54ff).

Neben der Sippe und dem Tabuverband, dem mehrere Sippen angehören können, besteht das Dorf als Siedlungseinheit. Manchmal ist eine Dorfgemeinschaft nur von einer Sippe bewohnt, aber häufig überschneidet sich Sippe und Dorfgemeinde. Bewohnen mehrere Sippen gemeinsam ein Dorf, so hat eine jede ihr besonderes örtliches Oberhaupt. Daneben findet sich aber noch ein Dorfschulze, der die verschiedenen Sippenhäupter als Ratsversammlung um sich vereinigt. Die Dörfer sind von sehr verschiedener Größe. Neben Weilern von 4 bis 5 Hütten gibt es Ortschaften, die bis zu 100 und mehreren hundert Hütten zählen. Rechnet man auf eine Hütte drei Personen, so kann man die größten Dörfer im südlichen Kpelle-Land auf etwa 300 Einwohner veranschlagen. Deutlich kann man wahrnehmen, wie nach Norden zu die Dörfer größer und stattlicher werden und das Leben darin einen gefestigteren Charakter zeigt. Dörfer von 1000 bis 3000 Einwohner sind im Norden des Landes keine Seltenheit. Die Dörfer kann man ihrer Entstehung nach in drei Typen einteilen. Jedes „Königreich“ hat einen Hauptort, in dem sich die Residenz des Oberhäuptlings befindet. Diese wird gewöhnlich mit Recht als die älteste Ortschaft einer solchen Großhäuptlingschaft angesehen, als der Platz, an dem der Stamm oder die Sippe auf der Einwanderung in das Land seine erste Niederlassung gründete. Dieser Mutterort ist in der Regel auch der an Bewohnerzahl größte, obgleich nicht immer. Es gibt auch Fälle, in denen ein „Königreich“ zwei gleichberechtigte Mutterorte hat. Die Gleichberechtigung kommt dann darin zum Ausdruck, daß der Oberhäuptling seine Residenz abwechselnd an einem der beiden Orte nimmt. Von dem Mutterort aus haben sich neue Dörfer gebildet, am häufigsten in der Weise, daß auf den entfernten Feldern, wie das schon oben geschildert wurde, kleine Niederlassungen entstanden, in denen man während der Feldarbeit wohnte. Waren sie günstig gelegen, so wurde daraus eine Dauersiedlung, die Familie vergrößerte sich, andere schlossen sich ihr an, und es entstand ein Dorf, das in den meisten Fällen den Namen des Gründers trägt. Deren Bewohner sind sich bewußt, eine Abzweigung des Mutterortes zu bilden, dem sie auch politisch unterstehen. Die dritte Gattung bilden kleine Fernweiler, die noch nicht den Rang eines Dorfes erreicht haben.

Die Dörfer sind häufig an erhöhten Plätzen besonders in unmittelbarer Nähe eines Wasserlaufes angelegt, die Häuser unregelmäßig eng aneinander gebaut, so daß man oft Mühe hat, sich zwischen ihnen zu bewegen. In der Mitte des Dorfes ist ein kleiner Platz freigelassen, an dessen einer Seite sich gewöhnlich das Versammlungshaus befindet. Zu dieser engen Bauart nötigte die früher allgemein übliche Befestigung der Ortschaften durch Graben, Wall und Pallisaden. Heute sind die Befestigungsanlagen größtenteils, wo sie vorhanden waren, in Verfall begriffen. Früher führte um die Stadt oft eine vier- bis fünffache Pallisadenreihe, die aus engstehenden Pfählen mit oder ohne Lehmbewurf oder aus Pfählen mit verbindendem Flechtwerk mit Lehmbewurf bestand. Hinter jeder Pallisadenreihe war auf der Innenseite ein Graben mit Wall aufgeworfen. Sie wurden von mächtigen, in Zapfen beweglichen Holztoren durchbrochen. Innen hatte man in Abständen Leitern aufgestellt, auf denen Wachtposten ihren Platz hatten und von denen aus sie mit Steinschleudern, Pfeilen oder Flinten den Feind beschießen konnten.

Die meisten Dörfer sind sauber gehalten, und zwar hauptsächlich wegen der Befürchtung, daß mit Abfällen böser Restezauber getrieben werden könnte. Das öffentliche Leben des Dorfes spielt sich in den Versammlungshäusern ab, deren sich in jedem Dorfe eines, in größeren mehrere befinden. Hier sitzen die Männer und flechten Matten oder Fischnetze, trocknen die gefangenen Fische am Feuer, schaukeln sich in den Hängematten oder erörtern Tagesereignisse; durchreisende Fremde stellen hier ihre Lasten ab, bereiten ihre Mahlzeit und eröffnen mit den Einheimischen einen kleinen Handel. Hier werden auch alle Verhandlungen und Streitigkeiten erledigt, die Leiche jedes erwachsenen Verstorbenen wird hier vor der Beerdigung aufgebahrt, die Totenfeier abgehalten und das sich daran anschließende Trinkgelage. Auch der Häuptling lädt auf den Abend die Männer des Ortes zu einem Trunk ins Versammlungshaus. Fast nie trifft man Frauen hier.

Wenn auch die Einzelfamilie, der Mann mit seinen Frauen, Kindern und Sklaven, die letzte politisch wirtschaftliche Einheit darstellt (77, 78), so bildet doch die Sippe die eigentliche Grundlage des politischen und wirtschaftlichen Lebens. Die Dorfhäuptlingschaft liegt gewöhnlich in der Hand desjenigen „Sippenalten" aus derjenigen Sippe, deren Mitglieder die betreffende Siedlung gegründet hatten. Die hinzukommenden Familien pflegen sich ohne weiteres diesem zu unterstellen. Sind mehrere Sippen da, deren Rang im Alter und Ansehen gleich erscheint, so kann aus ihnen abwechselnd von der Ratsversammlung der Dorfschulze gewählt werden. Auf das Amt des Dorfschulzen sucht gern der Oberhäuptling Einfluß zu gewinnen, wenngleich es selten ist, daß er einen seiner Söhne oder Verwandten oder sonst eine ihm genehme, aber nicht folgeberechtigte Person in dieses Amt bringt. Möglich ist eine solche Willkür bei einer jungen oder von Hörigen und Sklaven des Oberhäuptlings gegründeten Niederlassung, oder wenn der Machthaber ein Kriegskönig, ein Eroberer ist. Daraus geht hervor, daß in diesen Gegenden die feste Sippenorganisation, die offenbar mit ihren starken mutterrechtlichen Zügen ein Ergebnis des Feldbauerntums darstellt, einen Schutzwall gegen die Übergriffe und die Herausbildung einer despotischen Herrschaft bildete.

Der Dorfschulze, der bei den Kpelle also zumeist Vertreter der ältesten und angesehensten Sippe ist, repräsentiert die Siedlung gegenüber dem Oberhäuptling, dem er für öffentliche Ordnung, Handhabung der Rechtspflege und die Ausführung der von diesem oder dem Leiter des Geheimbundes, des *Poro*-Bundes, ergangenen Anordnungen verantwortlich ist. Jedoch ist er immer nur das ausführende Organ der aus den Sippenhäuptern sich zusammensetzenden Ratsversammlung, in der er wohl den Vorsitz führt, ohne deren ausdrückliche Bevollmächtigung er aber keine öffentliche Handlung vornehmen darf. Zwangsmittel stehen dem Dorfschulzen und seinen Ratsleuten nur im Falle von Verbrechen zur Verfügung. Im übrigen hängt es ganz von ihrem persönlichen Einfluß ab, wie sich die Dinge im Dorfe gestalten.

Die oberste politische Macht liegt im Kpelle-Land bei den Königen oder Oberhäuptlingen (*kālon*). Der König ist ursprünglich das angesehenste Sippenhaupt in der ältesten Niederlassung des Stammesteiles, der heute das Königreich bildet. Die beim Anwachsen der Bevölkerung des Hauptortes auswandernden Familien blieben, nachdem sie selber eigene

Dörfer gegründet hatten, doch in lebhaften Beziehungen und einem Verhältnis pietätvoller Anhänglichkeit zum Mutterort. Teils wegen der größeren Sicherheit gegen äußere Feinde, vor allem aber wegen des Segens der im Mutterort begrabenen Ahnen. So blieb die ganze Familiengruppe durch Bande der gemeinsamen Abstammung und der religiösen Pietät verbunden, an ihrer Spitze stand der jeweilige Patriarch dieser Gruppe. Diese Familiengruppe bildet noch heute den Grundstock der Bevölkerung in den Königreichen der Kpelle, wenn auch vielfach gelockert und erweitert durch Wanderungen innerhalb des Stammes und durch Anschluß fremder Elemente, sowie durch das Vordringen der Kpelle selbst in andere Stammesgebiete. So umfaßt z. B. das Königreich *Densu* eine Reihe *Gola*-Dörfer, in anderen Dörfern wohnen zerstreut oder gruppenweise *Gbundi*, *Gbunde*, *Vai*, *Mende*, *Bassa*, *De* und *Kru*. Fremdstämmige unterstehen ohne weiteres dem Häuptling, in dessen Gebiet sie sich niedergelassen haben. Hiervon machen nur manche Mandingo-Kolonien eine Ausnahme, die ein eigenes Oberhaupt haben und einen Staat im Staate bilden, sie müssen aber dafür in der Regel eine Abgabe an den Kpelle-König zahlen, oder sich gewisse Rechte, wie das Sammeln von Brennholz, das Ernten von Palmnüssen, die Benutzung der Fähren und Brücken, gegen Gebühren erkaufen. Die Zahl der Königreiche im Kpelleland kann nicht genau festgestellt werden, sie wird auf ungefähr 50 geschätzt. Die Größe eines solchen Gebietes und die Zahl der zugehörigen Dörfer wechselt natürlich. Das kaum mittelgroße Gebiet des Königreiches *Densu* umfaßt beispielsweise 23 Dörfer, unter denen sich einige *Gola*-Dörfer befinden. Der König selbst hat eine Gola-Mutter und einen Kpelle-Vater. Wie unsicher die Abgrenzung ist, zeigt der Umstand, daß der König von *Densu* einige Ortschaften auf dem rechten Ufer des Pauls-Flusses als die seinen beansprucht, während sie ihm von den Nachbarn abgesprochen werden (81, 89ff).

Das Recht auf die Nachfolge eines Königs vererbt sich nicht auf eine bestimmte Person, sondern auf mehrere, manchmal untereinander verwandte gleichberechtigte Familien, aus denen in einer gewissen Reihenfolge der König entnommen wird. Die Regel ist, daß der älteste überlebende Bruder oder, falls ein solcher nicht vorhanden ist, der älteste Vetter die Nachfolge übernimmt. Erst wenn aus der gleichen Generation kein Überlebender mehr da ist, kommt die nächste in Betracht, also ein Sohn oder Neffe. Bei den *Mende* kann auch eine Frau die Oberhäuptlingswürde einnehmen; eine solche heiratet nicht, hält sich aber einen Liebhaber, den sie nach Belieben wechselt (Btty. [15] 110). Diese darf auch dem *Poro*-Bunde angehören, von dem alle übrigen Frauen auf das strengste ausgeschlossen sind. Sie nimmt also die Stellung einer „Erbtochter“ ein.

Häufig treten nach dem Abscheiden eines Königs mehrere Bewerber um die Nachfolge auf, jeder gestützt auf besondere Vorzüge: auf höheres Alter, Beliebtheit bei der Bevölkerung, auf seinen Reichtum, oder als Nächstberechtigter infolge Geburt. Jeder sucht sich unter den Dorfschulzen und den Sippenhäuptern Anhang zu verschaffen. Sind mehrere Parteien annähernd gleich stark, so kann es ein Jahr und länger dauern, bis man zu einer Einigung gelangt. Bevor der Neuerwählte sein Amt antritt, hat er sich Gebräuchen zu unterziehen, die ihn mit seinen verstorbenen Vorgängern in mystische Verbindung setzen und deren Regierungskraft auf ihn übertragen sollen.

Der König ist nominell der oberste Herr in seinem Reich. Ihm steht die Entscheidung über Krieg und Frieden zu, ihm unterliegt die Verwaltung des Landes, er bildet in allen gerichtlichen Entscheidungen die letzte Berufungsinstanz, hat das Recht, Todesurteile zu fällen und zu begnadigen, auf seinen Ruf tritt das Heer zusammen, um einen Kriegszug zu unternehmen, er ist der Vertreter seines Reiches gegenüber anderen und überwacht auch die zum Wohl des Landes auszuübenden religiösen Handlungen. Er gilt auch als Eigentümer des Landes, seiner Reichtümer und seiner Bewohner — eine offenbar von der despotischen Hirtenherrschaft übernommene Auffassung, die aber in der Praxis nicht mehr aufrecht zu erhalten war. Denn er ist tatsächlich nichts anderes als der Vollstrecker des Stammeswillen, der sich durch die Familien- und Sippenhäupter ausspricht und ohne deren Zustimmung er keine wichtige Entscheidung fällen kann. Die Initiative zu Maßnahmen geht ebenso häufig von den Sippenhäuptern oder Dorfschulzen aus, wie vom König. Eine weitere erhebliche Einschränkung erleidet die königliche Macht durch den Einfluß des *Poro*-Pabstes, des Hauptes der religiösen Stammesgemeinschaft, des Geheimbundes, der dem Gemeinwesen oft seinen Willen aufzwingt. Dieser *Poro*-Pabst kann Versammlungen anberaumen, zu denen der König erscheinen muß, von denen er ihn aber auch ausschließen kann. Dabei werden Streitigkeiten zwischen zwei Orten desselben Königreiches, oder auch solche zwischen zwei Königreichen, die Einleitung eines Hexenprozesses, oder die Abhaltung einer *Poro*-Schule verhandelt. Während der König sich stets mit den Sippenhäuptern auseinanderzusetzen hat, verhängt der *Poro*-Pabst seine Strafen nach freiem Ermessen und vollzieht sie, selbst Hinrichtungen, durch seine geheimen Agenten.

Dem König obliegt auch die Instandhaltung der Verkehrswege. Der Nachrichtendienst zwischen der Hauptstadt und den übrigen Ortschaften oder Hauptstädten anderer Reiche liegt in der Hand der Königsboten (*kēla*), die einen Königsstab oder einen Elefantenschwanz als Ausweis tragen. Dem durch einen solchen Boten überbrachten Befehl leistet jedermann unverzüglich Folge. Von Zeit zu Zeit macht der König selber eine Reise durch sein Gebiet, um wichtigere Angelegenheiten persönlich zu ordnen, oder er schlägt in einem anderen als dem Hauptort für Wochen oder Monate seine Residenz auf. Seine Sorge richtet sich vor allem auf die Vermehrung seines persönlichen Vermögens, und die meisten Regierungshandlungen sind für ihn in erster Linie Geschäfte, die Einnahmen daraus bilden sein Gehalt. Die Verrichtungen, die dem Wohle des ganzen Reiches dienen sollen, sind hauptsächlich religiöser Natur: Herstellung von Stadtzaubern, Verteilung von Abwehrzaubern, Berufen der Geisterjäger, Sorge für das Darbringen der Stadtopfer und Weihgaben. In wirtschaftlicher Beziehung verfügt er allerdings auch das Reinigen der Wege oder verbietet, Palmfrüchte vor der Reife zu ernten. Derartige Maßnahmen sind durch altes Herkommen etwas Selbstverständliches geworden oder geschehen auf Verlangen der Dorfschulzen, die daran unmittelbar interessiert sind. Das Königtum beruht somit auf sakraler Grundlage, ist verbunden mit einer wirtschaftlichen Oberaufsicht, gebraucht aber die Macht rationalistisch in eigennütziger Weise.

Die Steuerleistungen der Untertanen bestehen in Arbeiten oder Naturallieferungen an den König. Alle bestellen gemeinsam sein Feld, helfen beim Einbringen seiner Ernte, beim Erbauen seines neuen Wohn- oder Versammlungshauses, tragen für ihn Lasten. Von der Jagdbeute erhält er einen bestimmten Anteil an Fleisch, ferner von Elefanten Schwanz und Stoßzähne (also Elfenbein), vom Leoparden Zähne und Fell (mit Leopardenfell war bekanntlich der altägyptische Pharao bekleidet, wenn er opferte). Abwechselnd müssen alle Dörfer des Reiches dem König Nahrungsmittel zur Beköstigung seiner Gäste liefern.

Der Hauptbesitz des Königs besteht jedoch in seinen Weibern, Sklaven und Hörigen, deren Produktionskraft in Feldbau, Jagd, Fischfang, gewerblichen Arbeiten, Lastentragen um Lohn seinem persönlichen Vermögen zugute kommt. Sie bilden die Bestandteile seiner Hofhaltung. Außerdem müssen fremde Siedler, die mit Einwilligung des Königs sich in dessen Lande niedergelassen haben, von sämtlichen Erzeugnissen ihrer Felder die Erstlingsfrüchte und auch die wertvolleren Stücke der Jagdbeute dem König abliefern. Eine bedeutende Einnahmequelle bilden ferner die Geschenke, die Durchreisende dem König für Gewährung von Nachtquartier und Unterhalt bringen und die zu einem Tauschhandel geführt haben. Endlich fließen ihm Einkünfte aus den Gerichtsverhandlungen zu, die unter seinem Vorsitz stattfinden und für die beide streitende Parteien Gebühren entrichten müssen. Dies alles erfordert wie die gesamte Einrichtung der königlichen Macht Organisations- und Dispositionsfähigkeit, die ein nicht geringes geistiges Niveau voraussetzt.

Diesen Einnahmen des königlichen Haushaltes stehen auch erhebliche Lasten gegenüber. Dazu gehört vor allem der Unterhalt aller seiner Frauen, Diener und Sklaven. Wenn auch viele von diesen ihre eigene Wirtschaft führen, aus denen sie ihre regelmäßigen Bedürfnisse bestreiten, so hat der König doch in allen außerordentlichen Fällen für sie einzutreten, z. B. bei fremdem Besuch für Unterkunft und Beköstigung zu sorgen, die Bewirtung bei größeren Versammlungen, Festen und *Poro*-Feiern zu tragen, die Königsboten, Dorfschulzen, Reisenden, Wahrsager, Ratsleute, Polizisten oder Beamten der Regierung mit Freigebigkeit zu empfangen und endlich die Schulden solcher Leute zu decken, die ihm Mädchen geschenkt haben.

Das Auftreten eines Königs ist einfach, er unterscheidet sich in seinem Äußeren kaum von anderen, nur daß sich in seiner Begleitung stets mehrere Leute befinden: einige Ratsherren oder Minister, ein paar Sklaven, die Opferfrau und vielleicht noch eine Sklavin. Für zeremonielle Umzüge hatten die Könige einen Tragkorb, in dem sie sich der Länge nach hinlegten und der von den Männern auf dem Kopf getragen wurde. Längere Reisen werden aber zu Fuß gemacht unter Begleitung des erwähnten Gefolges.

Untereinander sind die einzelnen Königreiche völlig unabhängig; doch bestehen in normalen Zeiten Beziehungen, die durch königliche Boten vermittelt werden. Am häufigsten haben solche Gesandtschaften, die stets von einem angemessenen Geschenk begleitet werden, die Austragung eines Rechtshandels zum Gegenstand. Handelt es sich um wichtige Angelegenheiten wie die Verbindung mehrerer Stämme zu einem gemeinsamen Kriegszug, so wird die Besprechung der Oberhäuptlinge und ihrer vornehmsten Ratgeber in dem Wohnort des Ältesten unter ihnen anberaumt. Solche Zusammenkünfte finden unter Zuziehung der *Poro*-Leiter und ihres Gefolges auch dann statt, wenn der Zeitpunkt für die Abhaltung der *Poro*-Schulen in verschiedenen Stämmen festgelegt werden soll. Da ein *Poro*-Leiter gleichzeitig in mehreren Königreichen je einer Schule vorstehen kann, bildet er schon dadurch ein geeignetes Verbindungsglied zwischen mehreren Reichen (89ff).

Die Mädchen werden häufig im Kindesalter, manchmal sogar vor ihrer Geburt, verlobt, die Heirat findet gewöhnlich unmittelbar im Anschluß an die Entlassung des Mädchens aus der *Sande*-Schule (dem Frauen-Bund), der Burschen aus der *Poro*-Schule (dem Männer-Bund) statt. Die Bewerbung eines jungen Mannes um ein schon erwachsenes Mädchen findet durch Vermittelung der beiderseitigen Eltern statt. Dabei wird das Mädchen um seine Einwilligung ausdrücklich gefragt. Als Kaufpreis oder Morgengabe sind Geschenke an Tuch, Öl, Reis, Matten und dgl. üblich. Leben ein Mann und ein Mädchen als Eheleute ohne vorherige Zustimmung der Eltern zusammen, so ist es üblich, daß der Ehegatte seinen Schwiegereltern ein Geschenk nach seinem Vermögen macht. Sklaven und Hörige werden von ihren Herren verheiratet, ohne daß sie um ihre Zustimmung gefragt zu werden brauchen, wenn auch ausgesprochene Wünsche gelegentlich berücksichtigt werden. In der Regel trachtet der Besitzer seine Sklaven und Sklavinnen untereinander zu verheiraten.

Häuptlinge erwerben ihre Frauen ebenfalls durch Kauf, aber daneben erhalten sie viele als Geschenk. Wer sich aus irgend einem Grunde bei ihnen beliebt machen will, schenkt ihnen eine Tochter oder eine Nichte, wohl auch eine Sklavin. Doch wird letztere nicht so hoch gewertet, wie eine Einheimische. Meistens sind es infolge einer gerichtlichen Verurteilung oder einer rückständigen Morgengabe (Frauenkaufgabe) verschuldete Stammesgenossen, die sich auf diese Weise mit dem Häuptling verschwägern, um sich aus ihren Schwierigkeiten zu ziehen. Mit der Annahme des Geschenkes übernimmt der Häuptling sämtliche Verpflichtungen seiner neuen Verwandtschaft, die sich damit allerdings auch in ein Abhängigkeitsverhältnis zu ihm begibt. Auf diese Weise wird „Gefolgschaft" erworben. Gibt umgekehrt der König einem Großen eine seiner Töchter zur Frau, so wird das meistens ein teures Geschenk. Der Schwiegersohn muß für diese Auszeichnung eine Fülle von Gegengaben leisten. Häuptlinge und andere Wohlhabende besitzen neben ihren eigentlichen Frauen Sklavinnen, die sie durch Tausch erworben oder an Zahlungsstatt angenommen haben. Wenn sie als Kaufobjekt auch bedeutend niedriger im Werte stehen als eine Tochter des Landes, so unterscheidet sich ihre gesellschaftliche Stellung kaum wesentlich von den übrigen Frauen. Allerdings haben sie sich den Weisungen der Hauptfrau unbedingt unterzuordnen (58ff).

Die Anzahl der Frauen ist entscheidend für den Reichtum und das Ansehen eines Mannes. Das bedeutet jedoch nicht notwendig eine niedrigere gesellschaftliche Stellung der Frau, noch schließt es das Vorhandensein wirklicher Zuneigung zwischen den Ehegatten aus. Besonders bei der Heirat der ersten Frau sprechen oft persönliche Gefühle mit, während die späteren Eheschließungen meist nichts anderes sind als eine Besitzvermehrung. Die zuerst Geheiratete bleibt auch stets die Hauptfrau, die das besondere Vertrauen ihres Mannes besitzt, seine Wertsachen und sein Geld in Verwahrung hat, ihm sein Essen vorsetzt, für seine persönlichen Bedürfnisse sorgt und soweit wie möglich stets in seiner Nähe ist. Ihre Stellung wird durch weitere Heiraten ihres Mannes nicht geschädigt, sondern gehoben, denn sie ist von da an die Hausmutter, „*matrona*", die Herrin der anderen Frauen, die auch über deren Lebenswandel zu wachen hat. Es ist darum keine Seltenheit, daß eine verheiratete Frau im Einverständnis ihres Mannes unter ihren Freundinnen und Bekannten sich Nebenfrauen sucht. Jedenfalls darf sie erwarten, vor der Heirat neuer Frauen von ihrem Manne gehört zu werden. Bei der minderbemittelten Bevölkerung ist die Einehe vorherrschend.

Die Bedeutung der Vielweiberei besteht darin, daß die Frauen eine Kapitalanlage darstellen. Für die Würde eines Häuptlings oder Königs ist es unerläßlich, viele Frauen zu haben. Bei einem König beträgt ihre Zahl von 100 bis 200. Von diesen sind aber nur drei oder vier beständig um ihn: die schon erwähnte Hauptfrau, ferner die Jochfrau, die Reisefrau, die ihren Herrn bei größeren Ausgängen zu begleiten hat, und die Opferfrau, deren Gegenwart den Häuptling vor üblen Einflüssen schützt, somit eine Art Frauengarde. Die übrigen Frauen werden auf Dörfer und Feldweiler verteilt, wo jede ihr eigenes Stück Land, ihre Hütte und selbständigen Haushalt besitzt. Sie haben nur die Pflicht, ihren Gatten bei Durchreisen bei sich aufzunehmen. Diese Frauen haben fast alle einen oder mehrere Liebhaber, dem sie gegen Geschenke ihre Gunst erweisen. Dies wird vom Gatten der Frauen jedoch häufig ausgenützt, um vom Ehebrecher Geschenke zu erpressen. Obwohl eine sittliche Pflicht zur ehelichen Treue bei beiden Ehegatten unbekannt ist, wird der Ehebruch von Seite des Mannes als „Eigentumsschädigung" aufgefaßt. In bestimmten Abständen werden alle Frauen an den Hof ihres Mannes gerufen, wo sie ihre Liebhaber zu nennen haben. Dabei wird die Hilfe eines Ordallegers in Anspruch genommen, um die Frauen leichter zu einem Geständnis zu bewegen. Die Frau muß ihrem Liebhaber von dem Geständnis Mitteilung machen, und dieser hat sofort dem beleidigten Ehemann eine vorläufige Entschädigung zu schicken, außerdem eine später in einer Verhandlung festzusetzende Buße zu entrichten. Auf diese Weise bilden die Frauen eine Quelle regelmäßiger Einnahme. — Einen Teil seiner Frauen gibt der König an seine Sklaven und Hörigen ab.

Nach diesen Ausführungen sehen wir, daß die Gesellschaft der Kpelle in drei soziale Schichten zerfällt: 1. Freie, im Lande aus altansässigen

Familien geborene Leute, die das eigentliche Kpelle-Volk bilden und deren vollgültiges Mitglied der Jüngling nach Verlassen der *Poro*-Schule wird. Nur sie wählen den Oberhäuptling, nur sie können in der Regel zu Ehrenstellungen in der politischen Gemeinde, im *Poro*-Bund und anderen Geheimbünden, gelangen. Ein Freier darf weder vom Oberhäuptling, noch von einem Privatmann verkauft werden, es sei denn wegen eines schweren Verbrechens. Wohl aber kann das Sippenhaupt einen Freien in Pfandhaft geben. Zu den Freien werden auch Kinder solcher Frauen gerechnet, die in einem Kriege gefangen und Sklavinnen geworden sind, während man Kinder gekaufter Sklavinnen häufig den Sklaven gleichstellt. Auch hier liegt also wiederum das Gewicht auf der mütterlichen Abstammung. Wird ein Freier kriegsgefangen, so ist er damit zu einem Sklaven geworden, wurde jedoch das geforderte Lösegeld entrichtet, so kehrt er in den Stand der Freiheit zurück.

2. Zu den Hörigen rechnen die Kinder von Sklaven und deren Nachkommen in allen folgenden Geschlechtern, sofern sie im Hause des Herrn ihrer Eltern geboren sind und verbleiben; ferner Leute, die aus eigenem Antrieb, hauptsächlich wegen Verschuldung, Hörige geworden sind oder als Kinder von ihren Eltern oder ihrem Vormund dem König geschenkt wurden, einschließlich ihrer Nachkommen. Auch ein Höriger kann nicht verkauft werden, doch besteht für ihn nicht die Möglichkeit des Freikaufs, wie für einen Sklaven. Nichtsdestoweniger erhalten sie als Belohnung für besondere Verdienste oft die Freiheit. Den Hörigen nahe stehend sind die fremden Siedler, die häufig, um sich einer drohenden Verurteilung zu entziehen, ihr eigenes Stammesgebiet verließen und bei einem fremden König Zuflucht suchten. Sie haben, wie schon erwähnt, einen Pachtzins von den Erträgnissen ihres Feldbaues und ihrer Jagd dem König zu entrichten. Ihre Nachkommen sind ohne weiteres Freie.

3. Die Sklaven setzen sich hauptsächlich aus Kriegsgefangenen zusammen, die nicht innerhalb der gesetzten Frist von ihren Angehörigen eingelöst wurden. Geringer an Zahl sind solche, die durch Verschulden oder infolge eines schweren Vergehens in Sklaverei geraten sind. Im Handel bezieht man die Sklaven stets aus einem möglichst fernen Gebiet, weil bei ihnen die Gefahr des Weglaufens geringer ist. Ihr Los ist nicht gerade ein hartes, aber sie stehen in der gesellschaftlichen Wertung niedriger als die Hörigen und unterscheiden sich von den letzteren dadurch, daß sie nach Belieben ihres Besitzers verkauft oder verschenkt werden können. Obgleich ihre Arbeitskraft ihrem Herrn gehört, überläßt dieser ihnen wie auch den Hörigen doch ein Landstück zu eigener Bebauung (als „*peculium*"), schenkt ihnen einen Teil des im Dienst eines Dritten gewonnenen Arbeitslohnes und gibt ihnen dadurch die Möglichkeit, sich ein eigenes Vermögen zu erwerben (80f).

Die den Kpelle benachbarten westafrikanischen Völker zeigen vielerlei Varianten des hier geschilderten repräsentativen Typs, so z. B. die Ewe-Stämme (Spieth [06] 102ff), die Yoruba sprechenden Völker (Ellis [94] 163ff), die Aschanti (Ratty. [23] 218ff) oder die Kreuzflußneger Kameruns (Mansf. [08] 177ff) usw. Allenthalben handelt es sich um eine Feldbaubevölkerung, die durch Splitter von Hirtenstämmen überschichtet und zusammengefaßt ist. Von dem Hirtentum ist hier mehr, dort weniger, namentlich im Zeremoniell und gewissen religiösen Auffassungen, erhalten geblieben, während sich das Feldbauerntum dem gegenüber stark behauptete, augenscheinlich wieder stärker durchsetzte. Daran knüpft sich eine mäßige Staffelung mit Sklavenbesitz. Die Großhäuptlingschaften oder Königtümer gründen sich auf ein Abgabensystem, dazu kommt eine wirtschaftliche Abhängigkeit durch Verschuldung namentlich gelegentlich des Frauenkaufs, die selbständige Existenzen veranlaßt, bei reicheren Schutz zu suchen und in deren Gefolge einzutreten. Dadurch wird der Sippenverband stellenweise erschüttert. Die Grundlage der Ernährung bildet überall eine Verbindung von Feldbau, an dem auch der Mann in nicht unerheblicher Weise beteiligt ist, mit Kleinviehzucht. Das Handwerk ist vielfach nach zahlreichen Spezialfertigkeiten verzweigt. Der Handel nimmt oft eine für die Lebensführung der Gemeinde wichtige Stellung ein, ruht aber als Großhandel überwiegend in der Hand der Sippenhäupter, Dorfschulzen oder Könige, die durch das Abgaben- und Verteilungssystem, wie es aus der Tradition der Feldbauern und schon der Wildbeuter bekannt ist, Nutzen ziehen zur Stärkung ihrer Macht. Der Kleinhandel ist Sache der Frauen. Die Rechtsgestaltung hat zumeist dank der ausgebildeten Autorität der Großhäuptlinge oder Könige Formen angenommen, die oft zu einer Festlegung in gewissen allgemeinen Sätzen führten, also zur Formulierung von in kasuistischer Fassung ausgesprochenen Normen. Dies bedeutet einen außerordentlichen geistigen Fortschritt in der Handhabung des Rechts, das in seiner primitiveren Gestalt nur die konkreten ähnlichen Vorgänge als Muster verwendet. Dazu kommt ein als traditionell eingebürgertes Prozeßverfahren, in dem regelmäßig Zuflucht beim Gottesgericht gesucht wird. Doch erschöpft sich das Recht hier nicht mehr in traditionellen Bußen, sondern die fürstliche Autorität vermag Strafen zu verhängen, die bis auf Leben und Tod reichen.

In die erwähnten sozialen Systeme des westafrikanischen Typs fällt auch das weiter südlich liegende Volk der Loango, das früher durch Großkönige regiert worden war, die ihrerseits von dem Herrscher des alten Kongoreiches abhängig gewesen sein sollen, wie der Portugiese Odoardo Lopez aus der zweiten Hälfte des 16. Jahrhunderts berichtet (Pech.-L. [07] 143ff).

§ 5. Geschichtete Hirten-Feldbauer-Gemeinwesen mit den Anfängen staatlicher Institutionen.

Im allgemeinen sehen wir eine relativ friedliche Infiltration von Hirtennomaden, die in eine feste Symbiose mit den älter ansässigen Feldbauern und Wildbeutern gelangt sind. Dabei handelt es sich nicht um „Unterwerfung", sondern überwiegend um das Aufsuchen der „Stärkeren", bei denen die in einander sich befehdende Sippen gespaltenen Feldbauer Schutz finden. Gerade in der Minderzahl der eindringenden Hirtensippen scheint deren Stärke gelegen zu haben. Ihre Familien wahrten zunächst wenigstens den verwandtschaftlichen Zusammenhalt. An die Ballung eines Gefolges von Feldbauersippen schlossen sich gelegentlich noch fremde Zuzügler, namentlich Handwerkerfamilien. Mit der Gefolgschaft war Geschenktausch verbunden, der später einseitiger wurde und die Form von Tributen annahm. Die Staffelung innerhalb der Hirtenaristokratie, die offenbar ursprünglich einer einzigen Sippe entstammte, ermöglichte eine straffe Zusammenfassung der Macht, zumal unter sakralen Gesichtspunkten. Charakteristisch ist hier die stark betonte aristokratische Vermeidung einer Vermischung mit den anderen Völkern auf religiöser Grundlage. Zwar kommt es in späterer Zeit ebenfalls zu Mischungen, aber doch nur in beschränktem Ausmaß und in anderer Weise und unter anderen sozialen und politischen Gegebenheiten als in den „Mischungskulturen". Dadurch hat der Ablauf der Veränderungsreihen von vorneherein hier einen anderen Ausgangspunkt und nimmt einen anderen Weg.

a) Niloto-hamitische Bahuma-Hirten und Bantu-Feldbauern, die Bahera und Banyoro von Uganda (Ostafrika).

1. *Die Hirten widmen sich mit religiöser Hingebung der Pflege der Rinder, insbesondere der Kühe. Die Frauen helfen bei der Milchwirtschaft und beim Buttern. Sakrale Beziehungen zwischen Frauen und Kühen. Sippenexogamie. Anteilnahme der Sippengeschwister am Sexualleben. Der Sippenzusammenhang wird zusehends durch Bevorzugungen des Königs durchbrochen. Dieser stützt sich in wachsendem Maße auf Hörige und Fremde. Neben dem „Uradel" wird ein „Ministerialenadel" durch königliche Belohnungen geschaffen. Dieser ermöglicht auch das Aufsteigen um den König verdienter Angehöriger der Feldbauern. Viel stärkeres Durchsetzen des königlichen Einflusses im Lande durch von ihm direkt abhängige Personen und Familien neben den Angehörigen der adligen Sippenhäupter, als etwa bei den Kpelle. Durch die große Zahl vom König als solchem abhängiger Personen wird die Institution des Königtums und seine despotische Macht gefördert. Denn diese „neuen Emporkömmlinge" finden ihrerseits am König gegenüber dem Sippenadel ihre Stütze.*

2. *Die Feldbauer haben mancherlei Einrichtungen von den Hirten übernommen. Sie sind die tätigen Glieder des Gemeinwesens. Starker Anteil der Männer am Feldbau, auch am Handwerk. Vielleicht durch den Tributzwang eine andere Verteilung von Männer- und Frauenarbeit als bei ungeschichteten, unter paläotechnischen Voraussetzungen lebenden Völkern. Starkes Sippenleben, das aber hie und da auch bereits durch familiale Bevorzugungen zersetzt zu werden beginnt. Angliederung fremder Volkssplitter, besonders als Handwerker.*

Das Zusammentreffen von Hirten- und Feldbauerstämmen ist von größter soziologischer Bedeutung für den Beginn von Vorgängen, die in bestimmter Weise ablaufen. Wichtig ist der Unterschied, der von vorneherein für die Art des Zusammentreffens gemacht werden muß. Dabei kommt es nicht nur darauf an, wie sich das Zahlenverhältnis von Hirten und Feldbauern zu einander stellt, sondern auch auf die Festigkeit des inneren politischen Gefüges, das Zusammenhalten der Familien und Sippen, und insbesondere die Lebendigkeit und Tradition des Staffelungsgedankens, der aus dem Erwerb von Gefolgschaft ungefähr in der Weise herrührt, wie wir ihn bei den Hottentotten entstehen sahen. Für die Beobachtung des erwähnten Ablaufes ist außerdem entscheidend, in welchem Stadium des Prozesses wir in der Lage sind, unseren Querschnitt zu legen, der historisch weit genug zurück verfolgt werden kann, um die Veränderungsreihen festzustellen.

In dieser Beziehung sind die Forschungen von Rosc. [23/a/b] bei den *Bakitara* und *Banyankole* von Uganda, Ostafrika, besonders aufschlußreich. Wir sehen hier zunächst, selbst bis heute noch, Feldbauer neben Hirtenvölkern ziemlich getrennt und unvermischt nebeneinander leben. Erst allmählich verstärken und komplizieren sich die Beziehungen zwischen beiden Völkern, die von ganz verschiedener Herkunft und Lebenstradition sind, außerdem auch andere Landesteile bewohnen, da für die Bebauung des Bodens und das Weiden der Herden ein verschiedener Charakter der Gegend wünschenswert ist. Während ursprünglich die einen den anderen auf dem Wege der Gleichheit einander begegneten, hat sich im Laufe der Zeit, anscheinend als Ergebnis von Mischungen und im Anschluß an die innere Staffelung unter den Hirten, ein Schichtungssystem herausgebildet, das eine weitgehende Organisation des wirtschaftlichen Lebens ergreift.

1. Wenden wir uns zunächst den Hirten zu. Sie sind auf Rinderzucht spezialisiert und leben überwiegend von der Milch der Kühe und von Butter. Die Steppenlandschaften dienen ihnen und ihren Herden als Wohngebiet, den Feldbauern der niedrige Busch, und den Jägern der Urwald. Auch in rassenanthropologischer Beziehung zeigen sich, wie z. B. Czekanowski von Ruanda berichtet, in die Augen springende Unterschiede zwischen den nilotohamitischen Hirtenstämmen der *Batutsi* und ihren ihnen untertänigen Feldbauern, so daß die lokalen Unterschiede unter den einzelnen Provinzen dem gegenüber verschwinden. Auch dort sind diese privilegierten Minoritäten, die sich durch ihre körperliche Konstitution und ethnische Tradition von den anderen abheben, vor verhältnismäßig nicht allzu langer Zeit, vor einigen Jahrhunderten, in das Land eingewandert. In loser Abhängigkeit von ihnen stehen auch die Jägerstämme der *Batwa*, wie dies z. B. durch die Untersuchungen an den *Kivu*-Pygmäen beleuchtet wurde (s. Schum. [01]).

Die Staffelung der Hirtenbevölkerung unterscheidet sich von der der oben erwähnten berberischen *Tuareg* hauptsächlich dadurch, daß sich hier aus der Aristokratie ein allerdings sakrales Fürstentum herausgebildet hat. Unter den Berberstämmen fehlt dieses. Es ist, wie wir noch sehen werden, dagegen im Sudan unter anderen hamitischen Rinderhirten ebenfalls entstanden. Dagegen trägt es dort einen anderen Charakter, wo sich die gestaffelte Berberaristokratie über die negroiden Feldbauer schichtete. Während außerdem hier der Rinderbesitz den Maßstab der sozialen Geltung und des wirtschaftlichen Reichtums bildet, ist es bei den Berbern der Besitz an Kamelen. Da die *Tuareg* Mohammedaner sind und das Kamel bei ihnen erst etwa zu Beginn des Mittelalters Verbreitung fand, ist das Kamel trotzdem kein sakrales Tier, sondern das Schaf, die Ernährungsgrundlage dieser Hirten aus ältester Zeit. Die hier in Rede stehenden ostafrikanischen Völker dagegen sind Heiden geblieben und stehen offenbar seit sehr langer Vergangenheit mit dem Kuhkult in Verbindung.

Bei den oben erwähnten *Bakitara* (oder *Banyoro*) war die Landschaft in ungefähr 10 Gaue gegliedert, die von dem Hirtenadel regiert wurden. Die „Gaugrafen" selbst hatten ihre Residenz hauptsächlich am Hofe des Fürsten, sie sollten sich in der Nähe des Königs aufhalten, sowohl wegen des Zeremoniells als auch um ihm jeden Morgen Bericht zu erstatten. An Ort und Stelle im Gau befand sich ein Vertreter des Gaugrafen, der in beständiger Verbindung mit seinem Herrn stand, welcher indessen alle Verantwortung für die Handlungen seines Vertreters trug. Obgleich der König den Gaugrafen ernannte, war es doch üblich, daß der Sohn dem Vater folgte; doch mußte der König den Nachfolger bestätigen. Dem Gaugrafen unterstanden wieder kleine Häuptlinge aus der Hirtenkaste, deren Bestätigung ebenfalls dem König zustand. Die Gaugrafen waren verantwortlich für die Rinderherden ihres Distrikts und zwar sowohl für die des Königs als auch für die von Privatleuten, eine Verantwortlichkeit, die ebenfalls sakralen Charakter trug. Fügte ein Löwe oder ein anderes wildes Tier oder auch menschliche Feinde seiner Herde Schaden zu, so oblag es dem Gaugrafen, eine Jagd zu organisieren und die als heilig geltenden Kühe an dem zu rächen, der ihnen Übel angetan hatte.

Die Pflegefunktion, welche die Hirten für ihr Vieh übernommen hatten, wurde mit extremer Gewissenhaftigkeit durchgeführt und hatte sie in Bann und Abhängigkeit von ihrer „Erfindung" und „Entdeckung", der Viehhaltung, gebracht. Auch Fallgruben für das Wild, die von Jägern angelegt worden waren, mußten geschlossen werden, wenn Gefahr für die Rinderherde bestand. Der Gaugraf sollte nicht nur die Bewohner seines Distriktes kennen, sondern auch insbesondere wissen, wie viele Kühe sich in jedem Kral befanden, um den „Königsboten" zu informieren, der periodisch erschien, die „Kuhsteuer" einzufordern. Vor allem war es aber die Aufgabe des Gaugrafen und seiner Unterbeamten, darauf zu achten, daß zwischen den Hirten der Königsherde, die auf alle Distrikte verteilt waren, und den Privathirten keine Streitigkeiten entstanden. Er war die oberste Behörde, an die sich ein jeder im Gau wenden konnte.

Obwohl die Feldbauerbevölkerung ihre Streitigkeiten zunächst vor ihr eigenes Oberhaupt im Dorf brachte, konnten sie doch an den Gaugrafen appellieren. Ihre Sachlieferungen und Arbeitsleistungen ergingen auf dem Wege der Hirten-Unterhäuptlinge an den Gaugrafen.

In jedem Distrikt gab es von den erwähnten Behörden unabhängige Delegierte des Königs, die besondere Bauernschaften unter sich hatten, die nur sie zur Arbeit für den König unmittelbar heranziehen konnten. Außerdem gab es viele *Batangole* aus der persönlichen Dienerschaft des Fürsten, Leute, die keineswegs immer der Hirtenaristokratie angehörten, die aber vom König für geleistete Dienste mit Bauernlehen entlohnt worden waren. Diese waren nur dem König, nicht dem Gaugrafen, verantwortlich.

Außerdem gab es Häuptlinge, die aus der Feldbauerschicht hochgekommen waren und als *Banyoro* oder Freigelassene bekannt waren. Auch diese verdankten dem König ihren Aufstieg. Sie wurden von ihren Angehörigen mit großem Respekt behandelt. Eine weitere Klasse besaß Land als freie Eigentümer oder *Bataka*, denen der König für geleistete Dienste kleinere Grundstücke verliehen hatte.

Daraus geht deutlich hervor, wie neben der ursprünglichen Adelsgliederung der König durch rationalistischen Gebrauch seiner Macht Persönlichkeiten verschiedener Herkunft auf dem Wege privater Auszeichnung durch Land- und Viehrenten an sich kettete, nicht nur an seine Person, sondern an die Institution des Königtums überhaupt. Auf diese Weise waren Privatansprüche der Familien an Grund und Boden entstanden. Ein Teil dieser Leute konnte direkt von dem Gaugrafen, nicht auf dem Umwege über die Unterhäuptlinge, zur Besteuerung herangezogen werden, andere waren davon überhaupt befreit.

Ein Teil des freien Besitzes der Boden bestellenden Bevölkerung befand sich in der Hand der *Buzairwa*, die von alters her Land besaßen, das der König respektierte. Doch konnten auch sie zu öffentlichen Arbeiten, z. B. zu Bauten für den König, herangezogen werden. Man ersieht daraus, in welcher Weise das Königtum eine Bresche in die Vorherrschaft, in die Hirtenaristokratie gelegt hatte. Es sind Vorgänge, die sich offenbar in den altorientalischen Staaten, etwa im alten Ägypten, in ziemlich ähnlicher Weise abgespielt haben dürften.

Die Bakitara-, ebenso wie die Banyankole-Hirten zerfallen in eine Anzahl totemistischer Sippen. Ihr Leben spielte sich nach strengen Regeln ab, die u. a. die scharfe Durchführung einer vorwiegenden Milchkost verlangten. Ihr Leben mit dem umständlichen Zeremoniell war von der Symbiose zwischen Mensch und Kuh beherrscht. Besaß ein Mann der Hirtenkaste selbst nicht Kühe, so erwarb er seinen Lebensunterhalt dadurch, daß er die Kühe eines der Großen des Landes beaufsichtigte. Vegetabilische Kost, nämlich Hirse oder wilde Bananen, wurde erst seit verhältnismäßig sehr kurzer Zeit in die Ernährung einbezogen.

Die reichen selbständigen Herdenbesitzer oder *Bahuma*, der eigentliche Hirtenadel, war nur dem König, nicht dem Gaugrafen, verantwortlich. Sie waren an keinen Gau gebunden, zogen im Lande mit ihren Herden umher und errichteten je nach Bedarf für Monate oder Jahre mehr oder minder dauerhafte Krals. Den Aufenthalt wechselten sie schon aus sanitären Gründen, ohne jedoch immer gleich weit weg zu ziehen.

Bei ihnen befanden sich als Gefolge immer einige Feldbauern, die dauerhaftere Unterkünfte in der Nähe ihrer Felder anlegten und zurück blieben, wenn ihre Hirtenherren weggezogen waren. Diese Bauern konnten sich gelegentlich auch einem anderen Herren anschließen. Da sie von großer Wichtigkeit für die Hirten waren, die sich in einem gewissen Sinn von ihnen abhängig gemacht hatten, und da sie Schafe und Ziegen hielten sowie verschiedenerlei Arbeiten verrichteten, die von der Hirtenschaft als entwürdigend angesehen wurden, waren die Hirtenherren bemüht, sich nicht allzu weit von ihren Bauern zu entfernen. Sie errichteten ihre Hauptkrale in der Nähe und ließen einen Teil ihrer Herden unter Aufsicht von bediensteten Hirten nach gutem Weideland suchen.

Letztere gehörten ebenfalls der Aristokratie an, waren jedoch verarmt, besaßen vielleicht einige wenige Kühe, hatten aber von einem reichen Herdenbesitzer Vieh übernommen, um dadurch die Bedürfnisse ihrer Familie, von Weib und Kindern, an Milch zu befriedigen. Man rechnete zwei Kühe als ausreichend für einen Mann, einschließlich Frau und Kind wenigstens drei Kühe. Die Herden wurden in Pacht gewöhnlich zu je 100 Stück vergeben. Diese wurden mit einem Bullen in einem Kral untergebracht, den 6 bis 12 Männer und Jungen besorgten. Die Wartung der Rinder unterlag ausschließlich dem männlichen Geschlecht, ein Fingerzeig dafür, daß das Halten von Rindvieh als „Erfindung" der Männer galt.

Die sonstigen Lebensbedürfnisse erwarben die Hirten auf dem Wege des Handels. Speere, Messer, Milchtöpfe, Wassergefäße und andere Gegenstände wurden im Tausch gegen Fleisch, Butter oder Häute, also Kuhprodukte erworben oder auch durch Verkauf von Schafen oder Ziegen aus Herden, welche die hörige Feldbauernbevölkerung hütete. Ebenso wurde Salz, das für die Gesundheit der Kühe als nötig befunden war, durch Tausch erworben.

Die Arbeit der Frauen gliederte sich in die Viehhaltung ein; sie bestand in der Reinigung der Milchtöpfe und der Butterbereitung, die durch Hin- und Herschütteln des Butterfasses vorgenommen wurde. Die Reinigung geschieht durch Räuchern, manchmal aber nur durch Waschen mit dem Urin einer Kuh. Jedes Gefäß hat seinen besonderen Platz und Zweck. Die Kinder beaufsichtigten hauptsächlich die Kälber. Man nahm an, daß jede Beschäftigung, welche eine Frau ermüdet oder nicht den Ansatz von Fett bei ihr fördert, in magischer Weise auch das Wohl der Kühe beeinträchtigt. Erst in neuerer Zeit wenden sich die Frauen von ärmeren Hirten auch dem Anbau von Hirse, wilden Bananen, Mais und Kartoffeln zu, obgleich ihnen alle Arbeit außer der Besorgung von Milch, Milchtöpfen und Milchprodukten verboten war. Die Veränderung vollzieht sich also unter dem Einfluß einer Notlage, aber auch nach einer Erschütterung der Ritualvorschriften durch Rassen- und Kulturmischung, nicht zuletzt aber auch dank einer rationalistischen Emanzipation von der alten Geistesverfassung durch europäischen Einfluß.

Die Männer pflegten die Milch frisch zu trinken, die Frauen und Kinder gedickt oder die Buttermilch. Die Männer aßen häufig abends ein Stück Rindfleisch, von dem sie den Frauen Reste übrig ließen, und tranken danach Bier, erst am nächsten Morgen wieder Milch.

Die Heiratsordnung beruhte auf der Sippenexogamie. Heirat in die Sippe der Eltern oder Großeltern war verboten, erst in die der Urgroßeltern erlaubt. Obgleich in den oberen Klassen der Hirtenkaste Monogamie vorherrschte, war es bei einem der letzten Könige üblich geworden, mehr als ein Weib zu nehmen. Früher war die Annahme einer zweiten Frau nur dann erlaubt, wenn die erste steril war. Oft wurde auch die erste vorher entfernt, bevor man die zweite nahm. Ähnliche Grundsätze galten auch für die Feldbauerbevölkerung. Trotz der erwähnten Einehe galt es doch für einen Mann als zulässig, mit den Frauen aller derjenigen Männer Beziehungen zu unterhalten, die seine Sippengenossen waren und die er als seine „Brüder" bezeichnete. Unter diesen gab es also keinen „Ehebruch".

Jede Vermischung zwischen Hirten und Feldbauern war früher völlig ausgeschlossen; nachdem aber die Könige angefangen hatten, Hörige, die sich um sie verdient gemacht hatten, dadurch hochkommen und reich werden zu lassen, daß sie sie zu Freien oder *Banyoro* machten, wurde in dieses Heiratsverbot eine Bresche gelegt, und manche Tochter eines armen Hirtenaristokraten wurde einem „Neureichen" zur Ehe gegeben. Aus den Kindern solcher Mischehen entstand eine besondere Schicht, die von den Hörigen hochgeachtet, von den reinblütigen Kuhhirten jedoch nicht als gleich angesehen wurde. Von dieser Seite her wurden auch die strengen Sitten der Speiseverbote erschüttert, die z. B. besondere Reinigungszeremonien nach dem Genuß von Zerealien vorschrieben.

Man ersieht daraus, daß die Anfänge zu einer komplizierteren Vergesellschaftung und zur Staatsbildung nicht auf dem Weg der unmittelbaren kriegerischen Unterwerfung vor sich gingen, sondern von der Verselbständigung der Familien innerhalb der Adelsschicht ihren Ausgang nahmen und insbesondere durch die Heraushebung des Königtums herbeigeführt wurden, das sich auf Hörige und Fremde mit seiner Macht stützte. Es ist bezeichnend, daß sich die Kämpfe der Bakitara-Hirten keineswegs gegen die Feldbauer richteten, mit denen sie seit jeher mild umgingen und denen gegenüber die Hirten trotz ihrer eigenen Minderheit eine soziale und geistige Organisation bildeten, die den in zahllose unabhängige Gemeinden zerstückelten Feldbauern restlos überlegen war. Die Hauptfeinde der Bakitara waren die *Baganda*, also die Hirtenaristokratie des Nachbarlandes. Dabei scheint es sich um eine Art traditioneller, fast sportlicher Gegnerschaft gehandelt zu haben, wie wir sie isomorph auch unter Feldbauern, z. B. auf Jap oder Fiji, finden.

Die außerordentliche Einseitigkeit und Spezialisierung dieser sonst friedlichen, auf Milchernährung eingestellten Kuhhirten brachte es mit sich, daß sie trotz ihrer großen politischen Begabung und Geschicklichkeit sich in außerordentlichem Maße ihrer ritualistischen Dogmatik gewidmet hatten und von Betätigungen, die außerhalb des Kreises ihres Kuhkultes lagen, insbesondere auch vom Handwerk absahen. Die Hörigen dagegen waren genötigt, sich nach vielen Seiten hin zu betätigen, und erlangten auf diese Weise mancherlei Geschicklichkeiten und Künste, von denen noch die Rede sein wird.

Auch die Jagd wurde ausschließlich in den Dienst der Viehhaltung gestellt; Jagdunternehmungen wurden hauptsächlich zur Vertreibung von Löwen und anderen gefährlichen Tieren veranstaltet, nur Elefanten ihres Fleisches, weniger ihres Elfenbeines wegen gejagt.

Die rechtsprechende Autorität stellte in allen Dingen der König dar, an den auch alle Berufungen gelangten. Der Erbgang fand in der männlichen Linie statt, die Lehensbeamtenschaft konnte jedoch ihr Erbe erst nach zeremonieller Einsetzung durch den König antreten. Der Erbe übernahm auch die Sorge für die Witwe des Verstorbenen. Befand sich unter den Frauen des Verstorbenen seine Mutter, so wurde diese eine geehrte Bewohnerin seines Hauses, die anderen Witwen jedoch nahm er als seine Frauen auf, falls sie nicht vorzogen, zu ihrem Klan zurückzukehren.

2. Das Leben der Feldbauern, der *Bahera*, die von der soeben beschriebenen Hirtenbevölkerung abhängig sind, bewegt sich innerhalb eines ganz anderen sozialen Systems. Rein technisch machen sich Unterschiede zwischen diesen Feldbauern und anderen, etwa am Kongo (*Boloki*), dadurch geltend, daß hier nicht der Grabstock, sondern die Hacke verwendet wird und zwar in den Händen der Männer, nicht der Frauen. Außerdem kennt man Düngung und Bewässerungsanlagen, die, wenn möglich, terassenförmig gestaltet sind; in Ruanda wird Fruchtwechsel beobachtet.

Gegenüber der relativ stärkeren raßlichen Einheitlichkeit der Hirten, der *Batutsi*, weisen in Ruanda die Feldbauern, die *Bahutu*, wesentlich heterogenere Züge auf. Ihr kleinerer Wuchs, gedrungener Körperbau, die kürzeren unteren Extremitäten unterscheiden sie in auffallender Weise von dem überschlanken, hochgewachsenen Hirtenadel. An dem vielgestaltigeren Äußeren der Feldbauern trägt ihre verschiedene Herkunft ihr Teil bei, vor allem die Einwanderung aus dem Kongo-Becken. Außerdem ist soziologisch wichtig, daß kleine zuwandernde Gemeinden häufig die Neigung zeigen, sich in ihrer Tätigkeit zu spezialisieren, namentlich in Bezug auf Handwerk oder Handel, um sich so einem größeren Verband einzuordnen.

Die Feldbauerbevölkerung unter den Bakitara hat, wie schon angedeutet, verschiedene Arbeitsleistungen für den König zu übernehmen, so für ihn Bauwerke zu errichten, Schafe oder Ziegen zu weiden oder Kriegsdienste zu leisten. Weil dadurch die Männer oft längere Zeit von ihrer Siedlung fern gehalten wurden, fiel der Frau häufig die Last des Einerntens der Felderträgnisse zu, obgleich sonst Männer und Frauen während der Erntezeit gemeinsam tätig waren. Vielleicht hängt auch der Übergang der Feldbearbeitung an den Mann unter Anwendung der Hacke, sowie Düngung und Bewässerung mit einer Intensivierung der Feldbestellung zusammen, die durch die Anforderungen von Tributen durch die Adelsschicht bedingt wurde.

Männliche und weibliche Tätigkeit greifen im übrigen bei der Feldarbeit beständig ineinander über: die Tenne machte der Mann mit Kuhdung und einem Stock zurecht. Die Frau drosch das Korn von der Ähre dadurch, daß sie diese mit einem kurzen Stock schlug. Die Beförderung des Kornes nach dem Speicher war wieder Sache des Mannes. Mais wurde in geringen Mengen angebaut, viel mehr dagegen Bohnen und Erbsen, die man trocknete und für den Gebrauch in der Zeit der Dürre aufbewahrte. Auch pflanzte man dreierlei Arten wilder Bananen. Die Feldbauern genossen auch Honig, der den Hirten verboten war, weil man fürchtete, daß dadurch ihre Herden Schaden leiden könnten. Eine wilde Bananenart, *mbide*, wurde zum Bereiten von Bier verwendet. Die meisten Feldbauern pflanzten auch Tabak, der sowohl von Männern wie Frauen geraucht, und von den Hirten eingetauscht wird. Die Bauernbevölkerung besitzt als wichtigste Haustiere Ziegen und Schafe, die auch hier, wie in vielen ähnlichen Fällen, als Wertträger für den Frauenkauf verwendet wurden. In früheren Jahren war das Halten von Kühen den Bauern verboten. Erst in neuerer Zeit dürfen sie auch Kühe erwerben. In Ruanda wagt ein Bauer kaum die Rindviehzucht. Außer Kleinvieh halten sie auch Geflügel. Hunde finden sich sowohl bei den Hirten als bei den Hörigen.

Nicht alles Kleinvieh, das sich bei den Bauern findet, ist ihr Eigentum, sondern viele Schafe und Ziegen haben die Bauern zur Pacht von den Hirten. Dieses Kleinvieh übernahmen sie gerne zur Pflege und vermengten es mit ihrem eigenen Vieh, um dieses gegen Beraubung und Pfändung sicher zu stellen. Als Pachtzins erhielt der Bauer gewöhnlich jeden dritten Wurf der ihm anvertrauten Herde. Ziegen wurden auch für Opfer verwendet und dann von einem Mann mit einer Keule erschlagen, sonst dienten sie nur für Festmahlzeiten. Die Ziegen weideten gewöhnlich die Kinder, die Schafe die Frauen. Die Bauern aßen Geflügel und auch Eier, verhandelten sie auch, während die Kuhhirten nur selten Geflügel hielten.

Ihre Bauten, bienenkorbähnliche Hütten, mußten die Bauern unter Hinzuziehung ihrer Dorfgenossen zur Bittarbeit natürlich selbst errichten, wobei gewisse Arbeiten den Männern, andere den Frauen in herkömmlicher Weise zufielen.

Die handwerkliche Tätigkeit lag ausschließlich in den Händen der Bauern. Die Töpferei wurde sowohl von den Männern wie von den Frauen vorgenommen, aber die Töpfe besserer Sorte, die als Abgaben an den König oder an reiche Herdenbesitzer abgeliefert wurden, verfertigten die Männer: ein Hinweis, durch welche Faktoren etwa der Übergang der Töpferei aus den Händen der Frauen in die der Männer herbeigeführt worden sein könnte. Überdies gab es eigene Töpfer für den König, die einer besonderen Sippe angehörten, bei der die Söhne in die Fußstapfen ihrer Väter traten. Überdies gab es noch Töpferhandwerker, die Ware für den allgemeinen Gebrauch herstellten. Sie repräsentierten eine besondere Kunst und pflegten sich gewöhnlich einem Häuptling anzuschließen. Vielleicht ist die Töpferei durch Einwanderung von Stämmen in diese Gegend gebracht worden, die sich in der schon oben angedeuteten Art für diese Tätigkeit früher spezialisiert hatten. Die älteren Gefäße scheint man nicht aus Ton, sondern aus Holz hergestellt zu haben. Sie wurden von besonderen Holzschnitzern verfertigt, die wiederum spezialisiert waren in solche, die Milchgefäße, Waschbütten, Fleischnäpfe und Wassereimer für die Kühe, also Kleingeräte, herstellten, und in andere, welche die Kanus für den Nil und den Albertsee bauten. In neuerer Zeit entstand noch eine weitere Zunft von Holzarbeitern, nämlich Schreiner, die Bettgestelle, Stühle und andere Tischlerarbeit verfertigen. Eine besondere Berufsklasse bildeten weiterhin die Holzschnitzer des Königs, welche Trommeln, Milch- und Fleischtöpfe für seinen Haushalt anfertigten.

Ein Handwerk, das einzige, welches sowohl die Feldbauern als auch die Hirten ausübten, war die Gerberei, die ausschließlich von Männern betrieben wurde, und von denen wiederum besondere Leute dem König dienten.

Gewinnung und Verarbeitung von Eisen war in der Landschaft von Kitara unter drei Kategorien von Berufen verteilt. Die Schmelzer konnten verschiedenen Sippen der Hörigenkaste angehören. Die von ihnen hergestellten Barren wurden von den Rohschmieden übernommen, die dem Eisen verschiedene Formen gaben, aus denen die dritte Handwerkerschaft, die Feinschmiede, die für den Gebrauch bestimmten Stücke herstellten. Die ganze Arbeit war reichlich durchsetzt von den verschiedensten Zeremonien, die man für eine erfolgreiche Herstellung der Gegenstände für erforderlich hielt. Die Fertigwaren wurden in der Regel auf Bestellung angefertigt.

Kitara war ein wichtiges Zentrum des Salzhandels. Das Salz wurde in *Katwe* am Eduard-See und in *Kibero* am Albert-See gewonnen. Die hauptsächlichste Arbeit dafür wurde von den Frauen geleistet, die den Sand umwühlten, wuschen und das Wasser verdunsten ließen. Die Männer schlepppten dazu Feuerholz heran und bauten die Hütten, andere fischten oder jagten Nilpferde, deren Fleisch besonders geschätzt war.

Aus alledem ist die vielseitige Tätigkeit zu ersehen, die teils unmittelbar von den Feldbauern verrichtet wurde, teils von ihnen angegliederten fremden Sippen und Stämmen spezialisierter Handwerker. Die Grundlage der politischen Organisation dieser Schicht lag in den Sippen, die auch für ihre Genossen Blutrache übten. Das Ausmaß an Rache der geschädigten Sippe hing z. B. in Ruanda von seiner Kopfstärke ab. Die einzelnen Sippen unterschieden sich insbesondere durch totemistische Speiseverbote voneinander, ein Umstand, der auf alteingelebte Gesellung dieser Sippen untereinander deutet. Wo in Ruanda der *Batutsi*-Staat noch nicht genügend Fuß gefaßt hat, wie z. B. in *Bugoye* und vor allem in *Mulera*, steht die Sippe im Vordergrund. In *Nduga* dagegen haben die Sippen eine geringe politische Bedeutung. Die letztere ist proportional dem Grade der räumlichen Konzentration der Klangenossen. Verbinden sich mehrere Sippen untereinander, so können sie eine sehr bedeutende Rolle spielen.

Man ersieht hieraus, daß die Grundlage der politischen Organisation dieser Schicht in den einander gleichgeordneten, miteinander auf dem Boden der Gleichheit vergesellten Sippen liegt, die unter Umständen einen großen Machtfaktor darstellen. Der Einfluß der Oberschicht von Hirten besteht darin, die Gleichordnung innerhalb der Feldbauer-Handwerkerschicht aufzulösen, insbesondere die Sippenverfassung durch familiale Bevorzugungen zu zerstören. Wenn man von *Mulera* über *Bugoye* nach *Nduga* geht, so kann man nacheinander die einzelnen Phasen von Staatsbildung beobachten (Czekn. [17] 246). Man sieht hier, wie die unabhängigen undifferenzierten Sippen zunächst in das Bereich der mannigfachen Abhängigkeitsverältnisse hineingezogen und dann absorbiert werden.

Dabei spielt noch die Heranziehung der Wildbeuterstämme, der *Batwa*, eine wichtige Rolle. In neuerer Zeit war der Erwerb von Reichtum an Elfenbein von großer Bedeutung für den Machtzuwachs geschickter Häuptlinge der Feldbauer. So entstanden aus diesen mächtige Sippenhäuptlinge, die den Hirten Schwierigkeiten bereiten konnten, die aber andererseits wieder vom Hirtenstaate gebraucht und durch Vergünstigungen in ihre Organisation einbezogen wurden, so daß in Ruanda auf diese Weise eine neue Nobilität aus dem Kreise der *Bahutu* in die *Batutsi*-Hirten eindringt, ganz ähnlich wie bei den Bakitara und Banyankole. Dem Aufstieg bevorzugter Persönlichkeiten und Führer aus der Feldbauernschicht entspricht ein Herabsinken verarmter Hirten. Auf diese Weise bereitet sich langsam eine Umstellung vor, die von der ethnischen Schichtung zur rein sozial beruflich wirtschaftlichen Klassenbildung überleitet.

Die Familie umfaßt bei den Feldbauern von Ruanda den Familienvater mit seinen Frauen und Kindern. Die Eheleute essen in der Öffentlichkeit nie zusammen, doch ist die Stellung der Frau keineswegs schlechter, als Mutter nimmt sie eine geschätzte Stellung ein. Im Norden von Ruanda, wo die *Bahutu* bis jetzt noch ganz frei sind, ist die Heirat ein Akt von großer Wichtigkeit. In *Nduga*, wo die Bauern keine politische Bedeutung besitzen, haben auch ihre Heiraten keine Bedeutung. Dementsprechend sind die Kaufpreise für die Frauen im Norden hoch, bei den *Nduga* niedrig. Die Stabilität der Verbindungen ist auch im Norden größer als im Süden. In Mulera, wo der Klan von großer Bedeutung ist, läuft die Heirat auf einen Tauschakt zwischen zwei Klans hinaus.

Im allgemeinen besteht auch bei den Feldbauern von *Bakitara* Einehe. Bei der Zahlung des Kaufpreises wurde der Wert einer Kuh dem von 5 Ziegen gleichgesetzt. Die Zahlung wurde gewöhnlich in Ziegen und Muschelgeld geleistet, wobei eine Ziege wiederum 200 bis 400 Kauri-Muscheln hoch geschätzt wurde. Wie bei den Hirten wurde auch bei den Bauern der Kaufpreis unter die Anverwandten des Mädchens verteilt, ihre Arbeitskraft wird also diesen abgekauft, ganz ähnlich wie wir das auch bei vielen homogenen Feldbauerstämmen fanden, etwa bei den Kai-Leuten von Neu-Guinea. Die Verhältnisse haben sich also in dieser Beziehung weder bei den Hirten noch bei den Feldbauern geändert und wurden auch durch die politischen Staffelungen und Schichtungen nicht weiter in Mitleidenschaft gezogen.

Der Erbe mußte bei der Bauernbevölkerung erst von seiner Sippe als solcher anerkannt werden und dann noch durch den Hirtenherrn, dem er zugeteilt war, dem König oder einem Großbesitzer von Vieh bestätigt werden. Es sind die beiden ausschlaggebenden politischen Machtfaktoren, die privaten Besitz ausdrücklich anzuerkennen verlangen: die alte Sippe und die neu aufkommende politische Staffelung. Im allgemeinen erbte der älteste Sohn, doch konnte dieser auch zu Gunsten eines jüngeren verzichten. In einem solchen Fall übernahm der letztere auch die Witwen seines Vaters, ganz ähnlich wie bei den Hirten.

b) Der Sudan.

Der Sudan zeigt zwar mancherlei Ähnlichkeiten mit der Wirtschaft und der politischen Organisation von ostafrikanischen Würfelungs-Schichtungskulturen, hat jedoch viele Eigenheiten ausgebildet, die ihm eine besonders zu behandelnde Stellung anweisen.

Die Unterschiede gegenüber der benachbarten westafrikanischen Sphäre bestehen hauptsächlich darin, daß in der letzteren das Feldbauerntum vorherrschend ist. Die Einflüsse des Rinder-Hirtentums sind dort in politischer Beziehung assimiliert worden, wenn auch auf religiös-zeremoniellem Gebiet Tra-

ditionen des Hirtentums erhalten blieben. Dort ist die Bevölkerung von Kuhhirten offenbar von vorneherein verhältnismäßig sehr schwach an Zahl gewesen und wurde mit der Zeit von den Feldbauerstämmen, mit denen sie sich vermischte, zu einer kulturellen Einheit verschmolzen, in der u. a. nur der Gedanke an ein autoritäres Häuptlingtum festen Fuß faßte und zu einem Dauerbesitz wurde. Diesen steht eine bodenständige Sippenorganisation der Feldbauern gegenüber, die nur selten ihre wirtschaftlich-politische Bedeutung verlor.

Im sudanesischen Gebiet dagegen sind vielerlei Völker verschiedener Herkunft und Methoden des Nahrungserwerbs und der Lebensführung durcheinander gewürfelt. Die ethnischen Einheiten zeigen unter dem vielfach ausschlaggebenden Einfluß des Rindenhirtentums (nicht von Kamelhirten wie im Norden) die Tendenz, ähnlich wie in Uganda und Ruanda, ein kastenmäßiges Eigenleben zu führen. Denn das Hirtentum wirkt nicht assimilierend wie der Feldbau, sondern läßt den einzelnen Gruppen die selbständigen Traditionen ihres Nahrungserwerbes oder ihrer handwerklichen Spezialitäten, um zu vorteilhaften Tauschabkommen zu gelangen, die praktisch bald auf Tribute hinauslaufen.

Auch hier zeigt sich, ähnlich wie in Ostafrika, ein verhältnismäßig friedliches Verhalten der zunächst einsickernden Rinder-Hirtenstämme. Der Übergang zu kriegerischen Unternehmungen dürfte erst später, teils dadurch herbeigeführt worden sein, daß eine Sicherung der Tributleistungen notwendig war, teils durch den Umstand, daß fremde Stämme sich unter den Schutz der Hirten stellten, die auf solche Weise Gefolgschaft erhielten, die ihnen zahlenmäßig eine Überlegenheit sicherte und so eine Ausdehnung ihres Einflusses ermöglichte. Die Erfolge scheinen bei einzelnen Gruppen zu Raub und Kampforganisationen geführt zu haben.

Schließlich dürfen wir nicht vergessen, daß der Sudan diejenige Gegend Afrikas ist, die am reichsten an geschichtlicher Vergangenheit ist, wenn auch ein gut Teil davon sich bis heute noch in Dunkel hüllt. Seit den Zeiten der Pharaonen des alten Ägypten, während der Zeit der kolonialen Expansion Karthagos, in nächster Nachbarschaft der griechischen und römischen Einflüsse auf die nordafrikanische Küste bildete der Sudan das Hinterland, zu dem unmöglich nicht auch Gedankenwellen aus diesen zeitweiligen Zentren der Kultur hätten dringen müssen. Ja, vielleicht schlummert noch der Rest einer eigenen Berberkultur ältesten Datums ungehoben unter Sand und Schutt. So ist hier der geschichtliche Kontakt immerhin greifbarer als an anderen Orten Afrikas oder bei anderen „Naturvölkergemeinden".

Die Staatsbildung im Norden des eigentlichen Westafrika, im Sudan, in den Gegenden also, in denen zunächst die Hirtenstämme der Berber mit der negroiden Feldbauernbevölkerung sich berührten und in die wieder Völkerwellen und Kulturströmungen vom Osten her einwirkten, die Handwerk und Handel befruchteten, hat einen wesentlich anderen Charakter als weiter im Süden. Das Hirtenelement ist hier einflußreicher; der Landschaftscharakter, insbesondere das Fehlen verkehrshindernder Flüsse und Gebirge sowie großer Wälder, die verhältnismäßig weiten Ebenen machten eine leichte Verbindung der Völker möglich (Meyer P. C. [97]; Delaf. [12]). Seit dem Mittelalter kam es hier zu teilweise mächtigen Staatsgebilden, die bis weit nach

Süden ihren Einfluß ausstrahlten. Der Anbau von Kola, Baumwolle, Sorghum und die Gewinnung von Gold trugen namentlich unter der Führung der *Hausa* und *Mande Diūla* zur Entwicklung des Handels bei. Dazu kam die von altersher bestehende Sklaverei. Seit dem 11. Jahrhundert drang der Islam nach dem Süden vor bis zur Bucht von Guinea bei Lagos und zur Sierra-Leone Küste. Dadurch erhielt der westliche Sudan den Charakter großer Mannigfaltigkeit der in ihm durcheinander gewürfelten und zum Teil auch vermischten Völker, deren jedes seine besonderen Charaktere und Institutionen im Laufe seiner historischen Schicksale herausgestaltete. Man hat es mit einer Spezialisierung ganzer Völker zu tun. Die unruhigen *Fulbe*-Hirten des flachen Landes, die *Hausa*-Städte, die feldbauenden *Bambara* oder *Sonrhay*, die sich in verhältnismäßig kleinen Gemeinden dazwischen seßhaft hielten, zeigen eine Würfeluug verschiedenster Typen im gleichen Lebensraum. Dazwischen sitzen weiterhin Völkersplitter von Wildbeutern, wie die *Komono*, *Dokhosiē*, *Tiēfo* u. a. Noch viel mehr als in Ostafrika leben Völker sehr verschiedener sozialer und wirtschaftlicher Organisation neben- und durcheinander. Manchmal verhältnismäßig dicht beieinander, ja völlig ineinander gemengt. Als ein solcher niedriger, weiter südlich wohnhafter Feldbauer-Kleinviehzüchterstamm wurde oben der der *Pangwe* beschrieben. Trotz des verhältnismäßig selbständigen Stammeslebens waren natürlich innerhalb der überlieferten Tradition Nachahmungen und Übernahmen fremder Kenntnisse und Fertigkeiten, Ansichten und Einrichtungen und ihre breite Vermengung und Durchdringung hier weiter fortgeschritten als in Ostafrika. Den staatsbildenden Kräften stand hier eine größere Mannigfaltigkeit von Völkern, Kenntnissen und Traditionsbestandteilen, namentlich auch der Ausläufer der nicht allzuweit entfernten Hochkulturen des Mittelmeeres, des Nillandes und Asiens zur Verfügung. So gelang es häufig, aus diesem Born zivilisatorischer Rüstung Nutzen für die soziale Gestaltung zu ziehen. Als Führer ragen im Westen die *Mandingo*, im Osten die *Hausa*-Stämme hervor, auf die ethnisch namentlich der Einfluß der oben behandelten Berber (s. die *Tuareg*-Hirten) ausschlaggebend gewesen sein dürfte. Die Verschiebung der Völker läßt sich hier vor allem in der Richtung nach Süden und Osten hin erkennen, die *Fulbe* bewegten sich namentlich dem Osten zu, die *Mandingo* nach dem Süden und Osten, die *Mõssi* nach dem Osten. Eine sekundäre Bewegung lenkte die *Hausa* durch den Kola-Handel nach Südwesten, während die *Fulbe*-Hirten bei der Gründung des Reiches *Massina* einen rückläufigen Weg von *Gando* nach Westen und Nordwesten einschlugen (Meyer P. C. [97]; s. a. Hgb. [30]). Weiterhin treten dem ost-westliche Strömungen von Auffassungen und Ansichten gegenüber, wie z. B. das Verhüllen des Königs vor dem profanen Blick (Schilde [29] 158ff).

Während die *Fulbe*-Hirten verhältnismäßig einheitlich und hell sind, zeigen die *Hausa*-Händler der Städte keinen ausgesprochenen Typ, sondern Übergänge nach allen Seiten hin, dank der Vermischung mit den zahllosen Negerstämmen. Diesen treten in kastenartiger Absonderung wieder verschiedene Handwerk-treibende Stämme gegenüber, wie die *Laūbe*-Tischler am Senegal, die *Måbube*-Weber, die *Gergassåbe*-Schuster, die *Wåilube*-Schneider, die *Wambaibe*-Sänger, die *Waulûbe*-Bettler usw. Alle diese ethnischen Berufsgruppen besitzen ihre eigene Tradition und sind sippenmäßig gebunden. Vielfach haben sie ihre eigene Sprache verloren und sind in den politischen Gebilden der anderen aufgegangen, deren Sprachen sie annahmen.

Bezeichnend ist auch hier, daß die Ausbreitung der einzelnen Stämme einen verschiedenen Charakter trägt. Expansion und Wanderung ist nichts, das man nach einem begrifflichen Schema behandeln kann, sondern man muß der Eigenart der Methoden Rechnung tragen, deren sich in traditioneller Weise ein Volk zu bedienen pflegt und nach der es auf bestimmte sich darbietende Konstellationen reagiert. Die Ausbreitung der mohammedanisch gewordenen *Fulbe*-Hirten war zunächst mehr friedlich als kriegerisch. Diese friedliche Expansion hielt so lange vor, als es sich nicht um Erlangung von politischem Übergewicht, sondern von Weideland handelte. Die *Fulbe* treten als Rinderhirten auf und unterscheiden sich dadurch von den Berbern, die, wie oben erwähnt, ursprünglich Ziegenhirten waren und zu Beginn des Mittelalters das Kamel als auszeichnenden Besitz erwarben. Das alte Nomadenleben behielten sie bei diesen infiltrationsartigen Wanderungen bei, durch die sie sich in die freigelassenen Räume zwischen die auf eine andere Spezialität des Nahrungserwerbes eingestellten Völker dieses Gebietes schoben. Von Zeit zu Zeit und hie und da gehen sie zu verhältnismäßig festen Wohnsitzen über, offenbar durch Vermischung mit anderen Stämmen. Die Frauen und Mädchen verkaufen dann in den Städten Milch und Butter.

Die große moralische Überlegenheit ihrer einheitlichen Leitung schafft ihnen politisches Übergewicht gegenüber den kleinen untereinander verfeindeten Bauern und Wildbeuterstämmen. Die politischen Fähigkeiten der Hirten werden hauptsächlich durch das Betreuen und Steuern ihrer Herden im weiten offenen Raum geweckt worden sein. Besonders deutlich tritt die Verschiedenheit des politischen Zusammenschlusses in der Hand von Hirtenstämmen im Vergleich zu Feldbauern in Erscheinung. Dort, wo die Feldbauerstämme vorherrschen, wie etwa auch noch bei den *Kpelle*, bei den *Mandingo*-Stämmen und auch bei den in Städten angehäuften *Hausa*, setzt sich die politische Organisation aus einer Anzahl von in einer Hand vereinigten größeren oder kleineren Zahl von Dörfern zusammen, die ohne Rangunterschied Anhäufungen von politischen Einheiten, von „Zellen“, darstellen. Der Feldbau erfordert nicht Ausschau nach Abgaben in großer Menge für eine ganze Volksschicht, nicht Tribute von Fremdvölkern. Anders bei der Überlagerung durch Hirten, die ihr Nomadenleben beibehalten haben. Ihre Herrschaft dehnt sich viel weiter aus, sie umfaßt lose eine große Zahl von Stämmen sehr verschiedener Art und deckt kein Gebiet völlig gleichmäßig, sondern breitet sich wie mit einem Netz von Maschen verschiedener Größe verhältnismäßig oberflächlich über abgabepflichtige Völker. Damit vollzieht sich aber der Übergang zu einem kriegerischen Leben, das bestrebt ist, den Zufluß der Tribute nicht stocken zu lassen. Schutzsuchende und Unterworfene werden zur Verstärkung der Kampftruppen verwendet. So kommt es bei einer fortschreitenden Mischung mit den verschiedenen Splittern der Tributvölker einerseits zur Anlage von befestigten Siedlungen um die Hofhaltung der größeren und kleineren Hirtenhäuptlinge, andererseits zur Entwicklung eines Feudalsystems. Der Ausgangspunkt für die organisatorische Zusammenfassung vieler Menschen ist hier anders. Denn es werden Stämme verschiedener Methoden der Lebensführung einbezogen. Während sich in den politischen Gebilden der Feldbauer eine Assimilierung dadurch einstellt, daß die Fremden zur Arbeit herangezogen werden, liegen hier die Dinge anders. Eine Assimilierung der Fremden in der Methode der Nahrungsgewinnung erübrigt sich, ja ist nicht einmal wünschenswert, weil gerade die Spezialerzeugnisse der Fremden für die einseitig ernährten Hirten in Frage kommen: sie brauchen Cerealien. Aus diesem Grunde, weil sie sich auf Versorgung durch andere Menschen einstellen, werden aus ihnen „Hirten der Menschen", „Politiker".

Man kann sagen, daß es zwei Wege zur Staatsbildung gibt, der eine läuft über den relativ demokratischen Zellenstaat der Feldbauer, der andere, geleitet von Hirten oder Hirtensplittern, über den eines geschichteten und gestaffelten aristokratischen Lehenswesens. Daß der letztere keineswegs überall gleich ist und auch je nach den besonderen Verhältnissen und dem Ablaufstadium bald die militärische, bald die politisch-wirtschaftliche Seite des Feudalsystems, namentlich angesichts der Naturalwirtschaft und der Schwierigkeit der Verkehrswege, mehr in den Vordergrund rückt, steht außer Frage (vgl. dazu Hintze [29]).

Die Staatsbildung wurde im Sudan noch durch die Bildung von großen Städten mit 30 bis 40000 Einwohnern und mehr, wie sie etwa die Städte *Kano* und *Timbuktu* aufweisen, unterstützt. Diese Staatsbildungen tragen indessen immer noch einen stark persönlichen Charakter und werden durch die Fähigkeit der Herrscher in außerordentlichem Maße bedingt. Dazu kommt das wechselnde Verhalten der Völker und Stämme in den Randzonen als ein unsicherer Faktor, durch den die „Grenzen" eines Reiches fortwährenden Schwankungen ausgesetzt sind. Aus diesem Grunde ist es auch unmöglich, bei allen derartigen Staatsbildungen feste Grenzen nach europäischem Begriff festzulegen. Auf einem großen Raum werden mannigfaltige Stämme unter eine Oberschicht und ein Oberhaupt, oder unter eine Familie oder Sippe vereinigt, wie das namentlich durch die Staaten der *Fulbe*-Hirten geschieht. Da aber, wie erwähnt, das Persönliche für die Existenz dieser Staaten eine entscheidende Rolle spielt, werden sie durch ein ungeheures Auf und Ab je nach der Fähigkeit und Bedeutung der despotischen Führer gekennzeichnet.

§ 6. Lehensstaatliche Gestaltung bei den Äthiopiern.

Eine bereits in sich gestaffelte und wahrscheinlich aus Bestandteilen verschiedener Herkunft zusammengesetzte Adelsschicht, Rindviehhirten und Pferdezüchter, Besitzer von Schaf- und Ziegenherden, umfaßt netzartig verschiedene

Völker und Stämme unter einem König. Die sakrale Gebundenheit ist bereits von einer Rationalisierung der Macht durchbrochen. Ein System der Abgaben und der Verteilung. Die Bauern verwenden bereits den Pflug und pflanzen vielerlei Arten von Kulturgewächsen. Pflügen ist Männerarbeit, ebenso das Behacken des Bodens, das Säen und Anbauen, das Ernten und Dreschen. Den Frauen obliegt das Jäten des Unkrautes und die vielerlei Tätigkeiten des Hausfleißes in den teilweise zu Herrenhöfen ausgebauten Familienwirtschaften. Die Bauern halten auch Schafe, Ziegen, Esel und Maultiere. Erhebliche Besitzunterschiede. Das Rindvieh bildet den entscheidenden Wertmaßstab für den Reichtum, zumal die Sippen in kleinere und größere Familien mit Sklaven aufgelöst sind. Neben dem Haus befinden sich besondere Gärten noch außer den Feldern. Die Reichtumsunterschiede haben in erheblichem Maß die Bevorzugung der Abstammung erschüttert. Große Zahl berufsmäßiger Handwerker. Reiseunternehmungen von Großkaufleuten. Eingestreute Vertreter niedrigerer Sippen und Völker. Die Familie ist stark patriarchalisch gestaltet, doch fehlt es nicht an mutterrechtlichen Zügen. Entscheidendes Hervortreten der Hauptfrau (matrona). Schätzung der Jungfrauschaft. Organisatorisch abgetrennte Rechtspflege.

Von den hier zuletzt beschriebenen, zumeist auf persönliche Kraft aufgebauten Despotien des Sudans unterscheiden sich die sakral begründeten Staatseinrichtungen etwa Abessiniens und des Hochlandes von Kaffa, des alten Äthiopien. Eben die Heiligkeit kennzeichnet einen Brauch als Institution, unterscheidet ihn von dem Wirken durch persönlichen Einfluß, durch das eigengesetzliche „Mana" des Einzelnen. Abstrakte traditionelle Ämter bilden hier ein festes Gerüst, in dem die Persönlichkeiten vorgeschriebene Funktionen übernehmen. Dadurch erhalten diese politischen Gebilde Staatscharakter. Die Frage, ob der Staatscharakter bei diesen Völkern selbst zur Ausbildung gelangt ist oder nicht, dürfte in diesem Zusammenhang irrelevant sein. Auch die Reiche der Sudanstämme, etwa von Bornu u. dgl., wie sie Barth [57], Nchtg. [79—82] und Rohlfs [75] schildern, standen außer unter verschiedenen anderen, insbesonders unter islamischen Einflüssen. Es handelt sich hier aber darum, Repräsentanten vorzuführen, welche bereits an der Schwelle zur Staatsbildung stehen, die ein besonderes Schicksal für die Menschen bedeutet. Im groben gesprochen kann die Staatsbildung als Markstein angesehen werden, etwa so wie der Besitz der Lautschrift, die Einführung des Ackerbaues mit dem Pflug und dem Zugtier, eines gesatzten Rechtes, fester Gerichte usw., Einrichtungen, die in diesem Zusammenhange nicht mehr behandelt werden können, weil dies den hier in Aussicht genommenen Raum sprengen würde.

Die politischen Gestaltungen des alten Äthiopien haben ihre eigene Geschichte. Nach dem Bericht des Manoel d' Almeyda aus dem 17. Jahrhundert gab es in Abessinien neben dem Kaiser eine hohe Würde, die man „*beteudet*" nannte und die bei zwei Persönlichkeiten, einer „zur Rechten" und einer „zur Linken", ruhte (ähnlich wie wir das bei den Lango kennen lernten). Diese beiden übten tatsächlich die ganze Regierungsgewalt aus, da die Kaiser — etwa so wie die Häuptlinge der Maori oder der frühere Mikado von Japan, wie die Herrscher der Inka und Azteken in Amerika — als „hochheilig“ galten und mit niemandem persönlich verhandelten, sich auch nicht sehen ließen (vgl. a. Schilde (29) 151ff). Auch hier wie in Japan emanzipierten sich eines Tages die Kaiser göttlichen Ursprungs von dieser Art doppeltem Schogunat und ernannten an Stelle der „*beteudet*“ persönliche Adjutanten, die als „*ras*“ (Haupt) bezeichnet wurden und die Stelle von persönlichen Ministern des Kaisers und von obersten Feldherrn einnahmen (Schmidt M. [13, 14] 345ff, s. a. Rbs. [29] 233ff). Hiermit scheint sich eine Rationalisierung der Macht durchgesetzt zu haben, die insbesondere zur Einbeziehung anderer Staaten wie des Kaffitscho-Reiches führte. Letzteres war noch bis in die jüngste Vergangenheit (1897) ein sakral organisierter Staat zwischen Omo und Nil im eigentlichen kuschitischen Äthiopien (Bieb. [20] 118ff).

Diese ursprünglich sakralen Staaten sind durch eine Oberschicht von Hirten nach dem Prinzip des oben gekennzeichneten Netzstaates gebildet worden. Sie umfassen verschiedenartige Völker mit besonderer traditioneller Lebensführung, ihre Umgrenzung ist außerordentlich verschwommen und unsicher: Völker, die auf ganz heterogener Basis leben, Wildbeuter, Hirten verschiedener Art, Landbauern, spätere Einwanderer, gewerbetreibende Kasten, Händlersippen, spätere Zuwanderer, alle Art Fremde, kurz ein heterogenes Völkergemisch von vielerlei Traditionen wird hier unter einen Hut versammelt. Bei einzelnen dieser Stämme tritt die Sippenorganisation stark hervor und nimmt kastenähnlichen Charakter an, namentlich bei Handwerkern und Händlern, während unter den Landbauern und Städtebewohnern, auch bei der Hirtenschicht, die Bedeutung der Sippe einschrumpft oder sich nur auf das zeremoniell-religiöse Leben zurückgezogen hat. Die Schicksale des bunten ethnischen Mosaiks sind verschieden. Auch in Bezug auf die Siedlungsformen ergibt sich angesichts der traditionellen Arten des Nahrungserwerbes kein einheitliches Bild. Neben Hirtennomaden und auf Dörfer verteilten Bauern gibt es befestigte Städte mit Märkten und Toren und vorübergehende Niederlassungen wandernder Händler. Zusammengehalten wird das Reich, in dem sich auch zellenstaatliche Gebilde erhalten können, durch ein Abgaben- und Verteilungssystem des obersten Herrschers, das, wie wir sahen, gedanklich als fortlaufende Linie aus der primitivsten Macht des Großfamilienhauptes von Jäger- und Sammlervölkern konstruiert werden kann.

Von dem oben beschriebenen Hirtenkönig der Bakitara oder Banyankole von Uganda (Ostafrika) unterscheidet sich der abessinische Machthaber dadurch, daß er ein reichhaltigeres Völkergemenge vereinigt und daß die Struktur der Aristokratie dort viel einfacher ist, während im äthiopischen Gebiet verschiedene Gruppen und Schichten von Adelsverbänden in Frage kommen. Es ist durchaus berechtigt, wenn ein solcher Herrscher sich als „König der Könige“ bezeichnet, da ihm in der Tat eine Reihe von Großhäuptlingen oder Königen untergeordnet sind. Es sind Vorgänge, die ja auch aus dem alten Orient reichlich bekannt sind.

Die Konkurrenz der Bevollmächtigten des Königs gegenüber den verhältnismäßig selbständigen Sippenhäuptern tritt auch hier noch zutage. Je nach den individuellen Schicksalen einer Landschaft oder eines dem Reiche angegliederten Stammes ist aber das Verhältnis zwischen den Königsboten oder Statthaltern und den angestammten Sippen- oder Kastenbevollmächtigten ungleich. Das Kaiserreich Kaffa z. B. umfaßte außer dem Stammland noch 20 in dieses einverleibte Gebiete, den gesamten Südwesten der äthiopischen Hochländer (Bieb. 128ff). Die lokalen Königtümer zerfielen wieder in Gaue mit Gaugrafen. Doch waren von deren Einfluß einige Städte ausgenommen. Jede Gaugrafschaft teilte sich in mehrere Gemarkungen. Einzelne Sippen oder Familien der Kaffitscho siedeln auch außerhalb der Grenzen ihres eigentlichen politischen Wohngebietes. Ihr Brauch und ihre Sitten üben weit über das Wohngebiet des Volkes hinaus beträchtlichen Einfluß.

Gegenüber dieser schematischen Einteilung ist zu beachten, daß die Bevölkerung in 9 ihrer Abstammung, Religion und Sprache nach verschiedene Stämme (*várō*) aufgespalten ist, die auch somatisch ein ungleiches Äußere zeigen, also das Völkergemisch, das sich hier traf, bestätigen. Die Adelsschicht der *Gonga* oder *Gongitscho* hat den schlanken Wuchs der Hirtenvölker und ist verhältnismäßig hell. Auf sie ist die Begründung des Kaiserreiches Kaffa zurückzuführen, und ihre Zahl machte im Jahre 1905 etwa die Hälfte der seßhaften Bewohner des Landes aus; sie betrug angeblich etwa 500000. Man ersieht daraus, daß der Anteil der Hirtenbevölkerung im Vergleich etwa zu westafrikanischen Gemeinwesen verhältnismäßig groß ist. Aus der oben angegebenen Ziffer kann somit die Bevölkerung von ganz Kaffa auf eine Million veranschlagt werden. Schon aus dieser Zahl ist ersichtlich, um wie viel größere Menschenmengen es sich hier handelt als etwa in den Königreichen der Kpelle.

Die Viehzucht wird hier trotz des starken Hervortretens der Hirtenbevölkerung stets in Verbindung mit dem Landbau betrieben. Es haben sich somit Mischungen vollzogen. Neben Rindern, Schafen, Ziegen, Eseln tritt hier das Pferd in Erscheinung. Mit fast einem jeden dieser Tiere wird man eine bestimmte ursprüngliche ethnische Einheit als Züchtergemeinde zu verbinden haben. Natürlich muß nicht notwendigerweise die Mischung dieser Urzüchter sich in Äthiopien selbst vollzogen haben, doch geht daraus ein Zusammentreffen verschiedener ethnischer Strömungen hervor. Besonders wichtig ist dabei das Auftreten des Pferdes, das ausschließlich zum Reiten dient und nicht weiter südlich zu finden ist. Das gleichzeitige Vorkommen des Esels, des ältesten Tragtieres der Berber, ermöglicht die Zucht von Maultieren bei den in Kaffa ansässigen *Amhara*; es wird zum Reiten und mitunter auch zum Befördern von Lasten verwendet. Das Kamel ist hier ebenso unbekannt geblieben wie das Hausschwein der Feldbauer mit Bewässerungskultur.

Die Zahl der in den einzelnen Gehöften gehaltenen Haustiere ist verschieden groß. Sie beträgt ungefähr 2 bis 30 Rinder, einige Schafe und Ziegen, ein oder mehrere Pferde und Esel, mitunter auch Maultiere, eine kleinere oder größere Anzahl Hühner und mindestens einen Hund. Den eigentlichen Herdenbestand machen somit die Schafe und Ziegen aus, bei den Wohlhabenden die Kühe. Das Kleinvieh wird gewöhnlich von den Knaben geweidet; die Hörigen der Statthalter und der Inhaber von Hirtenlehen warten Rinder. Allwöchentlich sammelt der Richter oder Vogt (*bailiff*) die aus der Milch des Pflegeviehes gewonnene Butter bei den Hörigen ein; diesen verbleibt die Buttermilch. Außerdem wird noch Quark (*mókō*), jedoch nicht Käse bereitet. Zur Gewinnung von Zibeth hält man Zibethkatzen, außerdem ist die Ziegenwirtschaft verbreitet.

Die Landgüter der Bauern liegen gewöhnlich isoliert, das Gehöft, mit kleinen Gärten am Hause, in der Mitte der Felder. Letztere werden mit der Hacke sowohl durch Männer als durch Frauen bestellt. Außer dem Roden obliegt den Männern das Behacken des Bodens, das Säen und Anbauen, sowie das Ernten und Dreschen, den Frauen, d. h. den Gattinnen des Hausvaters, dessen Töchtern und Sklavinnen, das Jäten des Unkrautes. Hier kommt auch schon der Pflug in Anwendung für den Anbau von Hirse, Sorghum, Dagussa, Gerste, Emmer, Mais, Weizen, Linse, Bohne, Lein, Zuckerrohr usw. Pflügen ist natürlich Männerarbeit. In neuerer Zeit hat auch die Anpflanzung von Kaffee und Baumwolle sowie eine Nutzung der Wälder Platz gegriffen. Mineralische Produkte werden heute ebenfalls in mehreren Gauen Kaffas gewonnen, zumeist Raseneisenstein, der gewöhnlich offen zutage liegt, aber auch Gold.

Eine beträchtliche handwerkliche Tätigkeit üben die Frauen daheim aus. Daneben gibt es, wie schon erwähnt, berufsmäßige Handwerker, die jedoch stets daneben noch Landbau und Viehzucht betreiben, wie etwa die Schmiede, Tischler, Gerber, Sattler, Weber. Die Frauen der Gerber pflegen zu töpfern, und das Handwerk des Webers tritt in Verbindung mit der Schneiderei und dem Nähen auf. Die Handwerker arbeiten teils auf Bestellung, teils auf Vorrat für den Verkauf auf Märkten. Ein Teil des Wohnhauses dient ihnen als Arbeitsstätte, nur die Schmiede sind in besonderen Werkräumen tätig, die Seiler, Gerber, Töpferinnen und Weber gewöhnlich im Hofe ihres Gehöftes. Die Schmiede verrichten auch Zimmermannsarbeit bei den Kunden. Lohnarbeiter in der Stellung als Lehrlinge oder Gesellen kennt man nicht, denn die handwerkliche Kunst wird in der Familie fortgepflanzt. Handelt es sich aber etwa um grobe Hilfe beim Bau von Häusern und dgl., so greift die Bittarbeit der Nachbarn ein, die sich gegenseitig Freundschaftsdienste gegen nachherige Bewirtung erweisen, hauptsächlich unter dem Gesichtspunkt, daß das nächste Mal der heutige Helfer die Mühe desjenigen beansprucht, dem er behilflich war. Schließlich leisten Hörige oder Sklaven Fronarbeit. Erst in jüngster Zeit ist das Halten von Tagelöhnern, Handlangern oder Hilfsarbeitern aufgekommen. Dabei handelt es sich um kleine Bauern, die sich zur Leistung bestimmter Arbeiten verdingen (Bieb. 325ff).

Der Handel wird zum Teil als Großhandel gewerbsmäßig von Händlern oder Großkaufleuten betrieben — ähnlich wie auch bei Ngalla und Somal (Paulsch. [93] 295ff, [96] 112ff, 292ff.) — Hier sind es vornehmlich die *Nagado*, die als Großkaufleute auftreten. Die eigenen Erzeugnisse des Hausfleißes und der kleinen Handwerker werden stückweise zum Verkauf auf

Märkte, vielfach durch die Frauen, gebracht. Die Großhändler ziehen entweder mit den von ihnen in *Kaffa* oder *Adis-Ababa* oder *Harar* angekauften Waren als Wanderhändler von Markt zu Markt und mit den eingetauschten Waren wieder zurück. Jeder Kaufmann betreibt sein Geschäft für sich auf eigene Rechnung, aber mitunter vereinigen sich mehrere zu einer gemeinsamen Handelsunternehmung, oder sie veranstalten eine Reise für Rechnung europäischer, indischer oder arabischer Handelshäuser. Über ihre Geschäfte führen sie nie Buch (425ff). — Die Maße und das Geldwesen zeigen ebenfalls eine für Afrika sehr hohe Ausbildung. — Das gleiche gilt von Recht und Gericht.

Darauf kann hier nicht weiter eingegangen werden. Ebensowenig ist hier eine umständliche Darstellung des Ehe- und Familienlebens möglich. Nur darauf darf hingewiesen werden, daß offenbar im Zusammenhang mit dem Hirtentum und der autoritativen Gliederung die patriarchalischen und vaterrechtlichen Tendenzen hervortreten und sich vielfach die sippenmäßigen Bindungen lockern. Dazu kommt eine plutokratische Zersetzung der Sippe in patriarchalische Einzelfamilien mit Sklavenbesitz, Dienerschaft und Tendenz zu ausgebildeter Polygynie, also die Herrenfamilie mit Gutshof. Zugleich stellt sich die Haupt- und Hausfrau als „matrona" ein, während eine Schätzung der Jungfrauenschaft ganz andere Auffassungen kennzeichnet als namentlich bei Feldbauern. Gleichzeitig ist die Prostitution verbreitet. Ganz ähnliches erfahren wir von den *Somâl* (Paulsch. [96] 286) oder von den abessinischen Stämmen der *Arussi-galla* (Zahn 173). Doch fehlt es neben diesen patriarchalischen Tendenzen nicht an einzelnen mutterrechtlichen Zügen.

Die Rationalisierung des sakralen Machtbesitzes stützt sich nicht auf die Hilfe des Adels, sondern im Gegenteil auf die Angehörigen der unteren Schichten, auf Mischlinge und selbst Stammesfremde, Kriegsgefangene und Sklaven. Dadurch wird von oben aus das Beispiel einer familialen Verselbständigung mit dem Besitz aus der individuellen Kriegsbeute oder mit der vom Herrscher verliehenen Belohnung gegeben. Die plutokratischen Einflüsse gehen parallel neben der des königlichen Beamtentums und verwischen dadurch die ethnischen Ursprünge mehr und mehr. An Stelle der ethnischen Gliederung und Kastenschichtung tritt die Staffelung der Beamtenhierarchie, der Hörigkeit und des Sklaventums, kurz eine soziale Klassenbildung ohne Rücksicht auf die ethnische Tradition.

§ 7. Die soziale Rolle des Hirtentums.

Nicht alle Viehhälter sind, wie bereits wiederholt betont wurde, als Hirten zu betrachten. Soweit sich die Viehhaltung und die Verwendung von Vieh zu verschiedenen Zwecken mit anderen Tätigkeiten verbindet, sobald es nicht emotionell betont im Vordergrunde der gesamten Lebenshaltung steht, treten auch nicht die Erscheinungen auf, die für das Hirtentum bezeichnend sind, die seine Schwäche und seine Stärke gleichzeitig ausmachen. Man könnte sagen, daß diese in einer eigensinnigen, in sakraler Form verkleideten Beschränkung auf das Halten bestimmter Tiere, hauptsächlich der Rinder, besteht, wie das in besonders extremer Form bei verschiedenen ostafrikanischen Kuhhirten zutage tritt. Diese Starrheit in Sitte und Brauch, die extreme Spezialisierung der ganzen Lebenshaltung auf die Viehherden, bedingt sowohl eine sehr einseitige Einstellung der Ernährung als auch eine Beschränkung der handwerklichen Tätigkeit.

Beides ist Anlaß, daß die Hirten versuchen, mit anderen Völkern, mit anderen Spezialisten, in Verbindung zu treten. Sie sind zweifellos das aktive Element, das die Initiative ergreift, gegenüber den mehr passiven Feldbauern und den scheuen Wildbeutern. Diese Aktivität verstrickt sie in eine Fülle von Problemen, in Auseinandersetzungen mit fremden Menschen, die sie „behandeln" müssen. Die Probleme werden in verschiedener Weise gelöst, zunächst auf der Basis des das ganze primitive Leben durchziehenden Prinzips der adäquaten Vergeltung, des Austausches relativ gleichwertiger Produkte, kurz des Handels oder des Geschenketausches, seltener des Frauentausches. Es scheint, daß viele Hirten bei ihrer extremen Spezialisierung zu letzterem nicht geneigt waren. Aus diesen Hemmungen entstanden Schwierigkeiten, die vor allem durch ein Überlegenheitsgefühl der Hirten verstärkt wurden.

Indeß war das Verhalten der Hirten keineswegs immer gleich. Sehen wir doch z. B. in Ostafrika in verhältnismäßig naher Nachbarschaft Stämme, die sich augenscheinlich von vorneherein vermischt hatten, andere die bis in die jüngste Zeit Vermischungen vermieden. Ähnliches gilt auch für den Sudan. Dadurch ergaben sich aber verschiedenartige Probleme für die Stellung der Hirten zu den Stämmen ihrer Umgebung. Viele dieser Hirtenstämme sind friedlich, andere dagegen haben sich zu typischen Räuber- oder Kriegerstämmen ausgebildet und zwar in einer Weise, wie das unter Feldbauern niemals beobachtet werden kann. Diese kriegerischen Organisationen von Hirten, wie etwa der Sulu oder der Mandschu oder der Mongolen stellen ebenfalls Extremerscheinungen im Hirtenleben dar.

All dies ist von der größten Bedeutung für die politische Organisation. Die politischen Gefüge der Feldbauern zeigen wohl auch Staffelungen und die Entstehung eines Häuptlingtums auf sakraler Grundlage; allein es scheint, daß die Entstehung von staatlichen Institutionen durch das Hirtentum in außerordentlichem Maß gefördert wurde, und zwar auf zweierlei Wegen: 1. durch die Schaffung einer von den Sippen unabhängigen, sie allmählich überlagernden Zentralgewalt, die in der Hand eines Königs ruht, und 2. durch die Rationalisierung der Macht, die sich bewußt auf Fremde, Hörige, Sklaven und alle diejenigen stützt, die außerhalb des Sippentums stehen. Allerdings bedeutet diese Rationalisierung der Macht keinen plötzlichen Übergang und auch keine prinzipielle Abkehr von den sakralen Grundlagen, zumal auch diese in rationalistischer Weise zu brauchen sind.

Die Theorie von der Entstehung des Staates bedarf nach den repräsentativen Beispielen, die an uns vorübergezogen sind, ganz erheblicher Berichtigungen. Man hat vielleicht mehr aus politischem Ressentiment denn aus Kenntnis der Tatsachen Theorien aufgestellt, die in recht einfacher Weise eine Entstehung des Staates aus „Unterwerfung" erspekulierten. Die Dinge müssen wir uns sehr viel umständlicher und auch keineswegs immer gleichartig vorstellen. Wir sahen, daß ein freiwilliges Aufsuchen von Schutz bei Stärkeren und Mächtigeren sowohl von Einzelnen wie von ganzen Gemeinden, Sippen oder Sippensplittern unternommen wurde, wodurch die letzteren in eine Abhängigkeit gerieten. Dem brauchen keineswegs Kämpfe vorausgegangen zu sein. Vielfach waren, wie wir sahen, derartige Klientelverhältnisse das Ergebnis von Verschuldung, also von wirtschaftlichen Vorgängen, nicht von Gewaltanwendung.

Derartige Verschuldungen entstanden namentlich dort, wo der Sippenverband wirtschaftlich oder politisch bereits erschüttert war. Die Erschütterung selbst dürfte vor allem entweder durch Kriege und Kämpfe herbeigeführt worden sein, oder aber durch Erwerb von irgendwelchen persönlichen Auszeichnungen, sei es durch Beute an Sklavinnen oder Sklaven (Kindern) in Kriegen, sei es durch das Auftauchen von Stämmen mit neuen Tierarten, wie etwa mit Rindern bei Pferdezüchtern oder mit Kamelen in den Gegenden, in denen man Esel, Ziegen und Schafe hielt, oder endlich durch andere Wertträger wie Muscheln (Kauri), Gold-, Kupfer- und Eisenringe und dgl. Dadurch entstanden Rivalitäten um das soziale Ansehen unter den einzelnen Familien und machten die Bahn frei für eine mehr oder minder weitgehende Verselbständigung der Kleinfamilien mit ihrem Besitz an Knechten und Mägden und für die Entstehung von Herrenhöfen. Bestand ein Sippenverband noch weiter, so mochte dieser auf zeremonielles und religiöses Gebiet beschränkt bleiben. Man wird daher gut tun, wenn man von „Sippen" spricht, jedesmal zu beachten, worin die gemeinsame Betätigung der Sippe liegt.

Nicht immer müssen es auch kriegerische Handlungen gewesen sein, die die Wildbeuter veranlaßten, sich Feldbauern zuzugesellen, oder die den Feldbauern als Anreiz dienten, sich in den Schutz von Hirten zu begeben. Dabei muß man weiterhin einen Unterschied machen zwischen solchen Einzelfällen und dem Übergang ganzer Gemeinden. Einerseits hat sicher der Anblick der Hirtenstämme mit ihren Herden, besonders von Großvieh, sowohl auf Wildbeuter wie auf Feldbauern einen höchst ungewöhnlichen und mysteriösen Eindruck gemacht, etwa so wie auf uns ein Dompteur. Dadurch war die Veranlassung gegeben, den Hirten eine mystische Bedeutung im Sinne von Trägern besonderer Kräfte, eines „Mana", beizulegen und ihre Überlegenheit anzuerkennen. Das Überlegenheitsgefühl, das wir so häufig bei Hirten gegenüber Feldbauern finden, ist ihnen, wie in allen derartigen Fällen, zunächst durch die Gegenseite ermöglicht worden. Tatsächlich hat die Weidewirtschaft die Sorge für die richtige Auswahl der Weiden und das zweckmäßige Betreuen der Tiere ein großzügigeres Disponieren und einen weiter reichenden Überblick über wirtschaftliche und soziale Vorgänge bei den Hirten unterstützt und sowohl in örtlicher Beziehung wie geistiger Hinsicht eine Orientiertheit hervorgerufen, die sie zu überlegener Führerschaft geeignet machte. Die Geisteseinstellung des Wildbeuters und auch die des Feldbauers reicht im allgemeinen über einen Jahresablauf nicht hinaus.

Das hindert indessen nicht, daß Hirten (die Kipsiki oder Lumbwa) zum Feldbau übergingen (Bart. [23] 50) oder Feldbauern, wie wir an den Goajiros sahen, Hirten wurden. Überraschend ist dabei zu sehen, wie einige Einrichtungen weiter fortleben, etwa das Mutterrecht bei zu Hirten gewordenen Feldbauern, andere jedoch, z. B. die soziale Staffelung, sich sofort im Anschluß an die familiale Zersetzung der Sippe durch auszeichnenden Besitz einstellen. Man ersieht daraus, daß auch den einzelnen sozialen oder politischen Einrichtungen keineswegs immer der gleiche Dauerwert beigemessen werden kann: im allgemeinen beharren die Dinge solange, bis nicht neue sozialpsychologische Reize auftreten. Ist das aber der Fall und ist die Möglichkeit zu besonderen sozialen Auszeichnungen gegeben, so scheint die Umstellung sehr rasch und unter den verschiedensten sonstigen Bedingungen, mit allenthalben paralleler Tendenz sich einzufinden.

Manchmal ist die Grenze zwischen Viehzüchterleben und Jägertum sehr verschwommen wie etwa bei ostsibirischen Stämmen. Das dürfte namentlich bei solchen Völkern der Fall sein, die verhältnismäßig spät, in diesem Fall zum Halten der Rentiere, übergegangen sind und durch Berührung mit anderen Stämmen von diesen neue Techniken des Nahrungserwerbes annahmen. Dazu kommen als fördernder oder hemmender Faktor geographische Bedingungen, die wir ebensowenig außer acht lassen wie überschätzen dürfen.

Nicht zu übersehen ist, daß diejenigen Völker, die heute ein einseitiges Hirtenleben führen, wahrscheinlich ebensowenig als die Erfinder oder Entdecker der pfleglichen Behandlung der Tiere zu betrachten sind wie die heutigen Grabstock- oder Hackbauern. Dieser Umstand macht es so außerordentlich schwierig, von zeitgenössischen Zuständen auf Entstehungsfragen zurückzuschließen, zumal inzwischen nicht nur die Menschen, sondern auch die betreffenden Tiere, die wir heute zu den Haustieren zählen, nicht unerheblichen Wandlungen im Laufe der Jahrtausende ihrer Domestizierung unterworfen waren. Im allgemeinen wird man vielleicht sagen können, daß das Hirtentum mehr bei Steppenbewohnern aufgekommen sein dürfte, der Pflanzenbau in vorwiegend mehr feuchten Gegenden.

Ein besonderer Vorgang ist die Mischung unter Stämmen teils gleicher, teils verschiedener Methoden der Nahrungsgewinnung. Diese Mischungsvorgänge dürften sich im allgemeinen in zweierlei Weise abgespielt haben: in kriegerischer dadurch, daß die Männer erschlagen und die Frauen etwa als Feldbauerinnen von den Hirten verwendet wurden, was zu einer gewissen Degradierung der Frauen führte, dazu nämlich, wie wir das in weiten Gebieten Afrikas finden, daß die Frauen in extremer Weise als Wertbestandteil der Männerwirtschaft dienen, was zu Monopolisierungstendenzen und verhältnismäßig hochgeschraubten Kaufpreisen führte, die wiederum mit einem Verschuldungssystem verquickt wurden. Das veranlaßte in der Folge eine wirtschaftliche Erschütterung der Gleichheit der Familien innerhalb der Sippe und ermöglichte auch das Aufkommen eines prominenten Häuptlingtums.

Der anderen Art der Mischung liegt ein weitläufigerer und interessanterer Prozeß zugrunde. Er hat seinen Ausgangspunkt zunächst in einer scharfen Isolierung der Hirten, Feldbauer und Wildbeuter voneinander, wie etwa in Uganda; eine Isolierung, die um so leichter aufrecht zu erhalten war, als jede der Hauptmethoden der Nahrungsgewinnung auch eine andere geographische Beschaffenheit des Landes zur Voraussetzung hatte und die betreffenden Spezialisten sich die ihnen am geeignetsten dünkenden Ländereien reservierten. — Indessen läßt sich bei dauernder Nachbarschaft eine Abschließung der durcheinander gewürfelten Sippen und Stämme nicht durchführen. Es entstehen Mischungen, die nicht nur anthropologisch von Wichtigkeit sind, sondern die auch eine Veränderung in den Traditionen, herkömmlichen Einstellungen und Wertungen herbeiführen. Ihre soziologische Bedeutung beruht darin, daß die Mischlinge anfangen, eine Zwischenschicht zu bilden, die einerseits von den Hirten nicht voll genommen wird, andererseits unter den Feldbauern sich höheren Ansehens erfreut. Dadurch geben sie wohl Anlaß zu einer teilweisen Überbrückung der Isolierung, schaffen jedoch andererseits neue Spannungszustände, die vor allem auf die Zweitklassigkeit ihrer Stellung zurückgeht. Es scheint, daß gerade sie sich zum Ausgleich dieser Unterordnung besonders hervortun wollen. Dieses wiederum führt teils zu kriegerischen Unternehmungen mit Fremden, teils dazu, sich gegen ihre Feldbauernschaft besonders aufzuspielen, ihre Ansprüche diesen gegenüber zu steigern und den symbiotischen Austausch in einseitige Besteuerung ohne Entgelt umzuwandeln. Die großen kriegerischen Organisationen, die wir z. B. unter den Sulu Südafrikas oder unter den Mandschus von Sibirien finden, gehen gerade auf ehrgeizige Mischvölker zurück.

Das Besteuerungssystem verbindet sich mit einem Verteilungsmechanismus, dem außerordentlich große Bedeutung für die Staatsbildung zukommt. Es wurde schon betont, daß diese Verteilungsgewalt des Herrschers eine Einrichtung ist, die wir schon vom primitivsten Wildbeutertum her kennen. Nur spielt sie dort eine andere Rolle insofern, als die Gemeinde klein ist und die Beiträge von den Mitgliedern stammen, an die sie verteilt werden. Aber schon die Zeremonien der *Sulava* (Trobriand-Inseln) oder der *Potlatsches* der Nordwestamerikaner zeigen eine bevorzugte Verteilung, allerdings wesentlich zeremoniellen Inhalts, wenn auch nur gelegentlich bestimmter Feste durch den Häuptling. In Äthiopien wiederum hat die Verteilungsgewalt eine große Bedeutung für den Unterhalt erlangt wie bei den Wildbeutern, ihr fällt jedoch eine ganz andere Funktion zu, nämlich daß sie einen Teil der Mitglieder des Gemeinwesens zu Gebenden stempelt, andere zu Empfangenden. Der Empfang fällt den Beamten des Königs zu, also den von ihm beauftragten Leuten, die sich von allen möglichen Seiten her rekrutieren, zunächst um seine Macht überhaupt zu stützen, dann aber, um eine „Verwaltung" als Institution aufzubauen, die nicht von mehr oder minder zufälligen Einzelpersönlichkeiten und deren Leistungen abhängt, sondern von unpersönlichen Ämtern.

Das Sinnfällige dieser Ämter, das Konkrete, liegt, wie auch beim institutionsmäßigen Häuptling- und Königtum in Symbolen mannigfachster Art. Diese Symbole, mögen sie nun in Krone, Zepter, Mantel usw. (Hoc. [27]), in Armringen, Bemalungen, Tätowierungen, Leopardenfellen, Federzier, Ohrenklappen, Keulen oder Stäben, Wedeln oder Fächern, Matten, Stühlen oder Thronen, Musikinstrumenten und dgl. mehr bestehen (Schilde [30]), sind die eigentlichen Träger des Amtes eines Königs, Vasallen oder Beamten. Man könnte mit einer gewissen Übertreibung sagen, daß der Staat mit der Schaffung solcher Symbole beginnt. Diese werden auf die Beamtenschaft ausgedehnt, die in Äthiopien wie auch im alten Ägypten aus solchen der „Reichsverwaltung" und der „Hofhaltung" bestehen. Besonders deutlich kommen die anfänglichen Bestrebungen der Königsmacht, sich gegenüber den Sippen durchzusetzen, bei einem Vergleich zwischen dem westafrikanischen Kpelle-Staat und den Gemeinwesen der Uganda-Hirtenvölker zum Ausdruck.

Die Abfolge der Typen kann nicht im Sinne einer geradlinigen Entwicklung verstanden werden, wie nochmals zu betonen ist, sondern höchstens als eine logische Projektion auf gewisse Sitten und Einrichtungen. Außerdem führt sowohl der Feldbau als auch das Hirtentum zu größeren Ballungen mit Institutionen, jedoch zu solchen verschiedener Gestaltung, wie sie einerseits durch die zellenartige Anhäufung gleichberechtigter Sippen hauptsächlich bei den Feldbauern gekennzeichnet wird, und in dem netzartigen Einfangen heterogener Gemeinwesen durch Hirten. Das Hirtentum erschöpft sich jedoch nicht in dieser Form der politischen Gestaltung allein, sondern daneben finden wir noch einfachere Formen vor, und außerdem die schon einmal erwähnten militärischen Organisationen, von denen noch im zweiten Abschnitt bei der Erörterung der politischen Gestaltung ausführlicher die Rede sein wird. Schließlich müssen wir uns immer vor Augen halten, daß sowohl in Afrika als auch in Asien die Staatsbildungen, die unserer Beobachtung heute erreichbar sind, nicht nur häufig auf eine wechselvolle Geschichte zurückblicken, in deren Verlauf verschiedene Völker in ihnen aufgegangen sind, sondern daß auch Auffassungen und Institutionen von anderen Gemeinwesen her, namentlich von den alten Kulturzentren, beständig wirksam waren.

Aus diesem Grunde kann eine bestimmte Form der sozialen oder politischen Gestaltung nicht ohne weiteres als Index für die „kulturelle" oder „zivilisatorische" „Höhe" verwendet werden; wie denn überhaupt derartige Klassifizierungen niemals auf Grund eines einzigen Merkmals allein, wenn überhaupt, vorgenommen werden können. Man darf hier ebensowenig mit einseitigen „Tests" arbeiten wie etwa in der persönlichen Charakterologie.

Hier sollte der Versuch unternommen werden, einerseits die Gestaltungen zu untersuchen, welche die Gesellung im Anschluß an die besonderen Methoden des Nahrungserwerbes annimmt, andererseits aber auch zu beobachten, welche isomorphen Erscheinungen zutage treten, wenn die Menschen dichter zusammen leben und Staffelungen und Schichtungen sich einstellen.

Alle diese Fragen waren nicht auf Grund von irgendwelchen Spekulationen zu untersuchen, nicht durch irgendein Schema zu lösen, sondern auf Grund der üppig wuchernden Fülle von Vorgängen und Abläufen der Wirklichkeit darzustellen.

Es sollte hier nicht eine geographische Beschreibung einzelner Erdteile oder Verbreitungsgebiete dieser oder jener Einrichtungen gegeben werden, sondern die soziologischen Gestaltungen überhaupt typenmäßig erfaßt und in ihren Bedingtheiten und Zusammenhängen aufgezeigt werden.

ABKÜRZUNGEN UND LITERATUR-VERZEICHNIS

Abrh. [14] Abraham, Die neurotische Exogamie 1914 (Img. 3).

Ac. [80] Acosta, History of the Indies 1880.

Adr. [1775] Adair, The History of the American Indians 1775.

Ad. [13] Leonhard Adam, Stammesorganisation und Häuptlingstum der Tlinkitindianer 1913 (Z. vgl. Rw. 29).

Albst. [89] E. Alabaster, Notes and Commentaries on Chinese Criminal Law 1889.

Alv. [25] F. Alverdes, Tiersoziologie 1925.

Amr. [82/95] Karl von Amira, Nordgerm. Obligationenrecht 1882 u. 1895.

Amr. [22] von Amira, Die germanischen Todesstrafen, Untersuchungen zur Rechts- und Religionsgeschichte 1922 (Abh. Bayer. Ak. 31).

Amds. [10] Amundsen, Short Cut to the W. Mandarin 1910.

Andr. [80] R. Andree, Die Asyle 1880 (Glob. 38).

Andr. [85] Richard Andree, Aggri-Perlen 1885 (Z E 17).

Ang. [25] Jaime de Angulo, Kinship Terms in Some Languages of Southern Mexico 1925 (A A 27).

Ank. [18] B. Ankermann, Totenkult und Seelenglaube bei afrikanischen Völkern 1918 (Z E 50).

Antn. [23] G. Antonucci, Der Stein der Zahlungsunfähigen. Ein Beitrag zur rechtswissenschaftlichen Volkskunde Italiens 1923 (Z. vgl. Rw. 40).

Armstr. [24] W. E. Armstrong, A Unique Monetary System 1924 (E J 34).

Arn. [13] Arnoux, Le culte de la société secrète des Imandwa au Ruanda 1913 (Anthr. 8).

Asm. [11/a] Asmis, Die Stammesrechte des Bezirks Atakpame (Togo) 1911 (Z. vgl. Rw. 25).

Asm. [11/b] Asmis, Die Stammesrechte der Bezirke Misahöhe, Anecho und Lome-Land (Togo) 1911 (Z. vgl. Rw. 26).

Ast. [07] Aston, Shinto 1907.

Aub. [70] Auerbach, Das jüdische Obligationenrecht 1870.

Autr. [08] Autenrieth, Recht der Kissiba 1908 (Z. vgl. Rw. 21).

Avon [15] Avon, Vie sociale des Wabenda au Tanganika 1915 (Anthr. 10—11).

Babl. [82] Babelon, Du Commerce des Arabes dans le nord de l'Europe, avant les croisades. Athenée Oriental I 1882.

Bachf. [61] Bachofen, Das Mutterrecht 1861.

Bachf. [70] Bachofen, Die Sage von Tanaquil 1870.

Bachf. [97] Bachofen, Das Mutterrecht. 2. Aufl. 1897.

Bac. [14] Bacon, The Song of Roland 1914.

Bad.-Pow. [96] Baden-Powell, The Indian Village Community 1896.

Balkh. [19] Balkrishna, Economics in Ancient India 1919 (IJE 2).

Baml. [11] G. Bamler, Die Tami (in Neuhauß: Dtsch.-Neu-Guinea 3) 1911.

Bar. [15] Leo Barbar, Gewohnheitsrechte aus Bulgarien 1915 (Z. vgl. Rw. 32).

Bar. [16] Barbar, Ein Denkmal des Bulgarischen Rechts 1916 (Z. vgl. Rw. 33).

Barb. [17] Barbeaux, Iroquoian Clans and Phratries. Parallel between the N. W. Coast and Iroquoian Clans and Phratries 1917 (AA 19).

Barth [57] Barth, Reisen und Entdeckungen in Nord- und Zentral-Afrika 1857ff.

Bart. [18] Barton, Miscellaneous Babylonian Inscriptions 1918.

Bart. [23] Barton, Notes on the Kipsikis or Lumbwa Tribe of Kenya Colony 1923 (JRAI 53).

Bart. [22] R. F. Barton, Ifugao Economics 1922 (UCPAAE 15).

Bsdw. [25] Herbert Basedow, The Australian Aboriginal 1925.

Bast. [89] A. Bastian, Indonesien IV. (Borneo und Celebes) 1889.

Bates [24] Bates, Elf Jahre am Amazonas 1924.

Bd. [28] Louis Baudin, L'empire socialiste des Incas (Travaux et mémoires de l'Institut d'Ethnologie V. Paris) 1928.

Baum. H. [26] H. Baumann, Vaterrecht und Mutterrecht in Afrika 1926 (ZE 58).

Baum. O. [94] Oskar Baumann, Durch Massailand zur Nilquelle 1894.

Btty. [15] K. J. Beatty, Human Leopards. An Account of the Trials of Human Leopards before the Special Commission Court; with a Note on Sierra Leone, past and present 1915.

Beav. [20] Wilfred N. Beaver, Unexplored New Guinea 1920.

Beck [24] Walter Beck, Das Individuum bei den Australiern 1924 (StFIL.—IV—EE 6).

Beech [15] M. W. H. Beech, Africa, East. Pre-Bantu Occupants of East Africa 1915 (Man 15).

Beech [17—18] Mervyn H. Beech, Kikuyu System of Land Tenure 1917—18 (JAS 17).

Bell [24] Bell, Tibet Past and Present 1924.

Bellon [16] Bellon, Personen- und Ortsnamen der Tschi-Neger 1916 (MSOSpr. 19).

Blw. [96] G. v. Below, Das Duell in Deutschland. Geschichte und Gegenwart 1896.

Blw. [23] G. von Below, Die Entstehung der mittelalterlichen Stadtgemeinde 1923 (Jb.NSt 120).

Benzg. [07] Immanuel Benzinger, Hebräische Archäologie. 2. Auflg. 1907.

Berg [86] L. W. C. van den Berg, Le Hadhramaut et les colonies arabes dans l'Archipel Indien 1886.

Bergm. [26] Sten Bergman, Vulkane, Bären und Nomaden, Reisen und Erlebnisse im wilden Kamtschatka 1926.

Berkk. [13/a] H. Berkusky, Der Einfluß abergläubischer Vorstellungen auf das wirtschaftliche und soziale Leben der Naturvölker 1913 (ZSw.[NF] 4).

Berkk. [13/b] H. Berkusky, Das Bodenrecht der primitiven Stämme Indonesiens 1913 (Z. vgl. Rw. 29).

Bern. [25] Ulrich Berner, Die wirtschaftlichen Grundlagen für Entstehung und Verbreitung von Hackbau, Gartenbau und Ackerbau 1925 (ZE 57).

Brhd. [14] Anna Bernhardi, Frühgeschichtliche Orakelknochen aus China 1914 (BA 4).

Bernh. [89] Bernhöft, Zur Geschichte des europäischen Familienrechts 1889 (Z. vgl. Rw. 8).

Bernh. [19] F. Bernhöft, Römisches Geschlechtsrecht 1919 (Z. vgl. Rw. 36).

Bert. [20] le Colonel Bertrand, Quelques notes sur la vie politique, le développement, la décadence des petites sociétés bantou du bassin central du Congo 1920 (RIS 1/3).

Best [98] Elsdon Best, Ark of the „Whare Pora": Notes on Clothing of the Ancient Maori usw. 1898 (TNZI 31).

Best [02] Elsdon Best, Maori Nomenclature 1902 (JRAI 32).

Best [17/a] Elsdon Best, Some Place Names of Islands of the Society Group 1917 (JPS 26).

Best [17/b] Elsdon Best, The Land of Tara 1917 (JPS 26).

Best [23] Elsdon Best, The Origin of the Maori 1923 (JPS 32).

Best [24] Elsdon Best, The Maori 2 vols. 1924 (Memoirs of the Dominion of New Zealand 5, 1 und 2).

Best [25] Elsdon Best, Maori Agriculture 1925 (NZDMB 9).

Bieb. [16] Bieber, Geschichte der Könige von Kaffa. Überlieferungen der Kaffitscho oder Gonga 1916 (MSOSpr. 19).

Bieb. [20] J. Bieber, Kaffa 1920 (Anthrop.-Bibl. 2/2).

Bieb. [22] Bieber, Geschichte des Kaffaisch-äthiopischen Kriegs, eine Überlieferung der Kaffitscho oder Gonga 1922 (MSOSpr. 23—25).

Bing. [92] Binger, Du Niger au Golfe de Guinée 1892.

Bleek [28/a] D. F. Bleek, The Naron. A Bushman Tribe of the Central Kalahari 1928 (UCTPSALL).

Bleek [28/b] Dorothea Bleek, Buschmänner von Angola 1928 (A. f. Anthr. NF 21).

Bleek u. Ll. [11] J. W. Bleek u. L. C. Lloyd, Specimens of Bushman Folklore 1911.

Bley [14] P. Bley, Sagen der Baininger auf Neupommern 1914 (Anthr. 9).

Boas [88] F. Boas, The Central Eskimo 1888 6. ARBE (1884—85).

Boas [97] Franz Boas, The Social Organisation and Secret Societies of the Kwakiutl Indians 1897 (Report Un. Stat. Nat. Mus. for 1895).

Boas [07] Franz Boas, The Eskimo of Baffin Land and Hudson Bay 1907 (AMNH 15).

Boas [21] Franz Boas, Ethnology of the Kwakiutl 1921 (ARBAE 35).

Boas [22] Boas, The Avunculate among the Vandau (Portuguese South-Africa) 1922 (AA 24).

Boas [23] Franz **Boas**, Notes on the Tillamook 1923 (UCPAAE 20).
Boas [24] Franz **Boas**, America and the Old World 1924 (CIA 21).
Bog. [04—10] W. **Bogoras**, The Chukchee Publications of J. N. P. E. 7 1904—10 (MAMNH).
Bog. [10] W. **Bogoras**, The Eskimo of Siberia 1910 (J. N. P. E. 8).
Bog. [25] Waldemar **Bogoras**, Ideas of Space and Time in the Conception of Primitive Religion 1925 (AA 27).
Böhm [98] Otto **Böhm**, Die Kornhäuser in Indien, Rußland etc. 1898 (MVw.St. 26).
Bold. [25] Gustaf **Bolinder**, Die Indianer der tropischen Schneegebirge. Forschungen im nördlichsten Südamerika 1925.
Boll. [27] P. Laurentius **Bollig**, Die Bewohner der Truk-Inseln 1927 (Anthrop.-Bibl. 3/1).
Born [04] **Born**, Einige Beobachtungen ethnograph. Natur über die Oleai-Inseln 1904 (MDSch. 17).
Bgv. [1772] **Bougainville**, Reise um die Welt 1772.
Bgl. [08] C. **Bouglé**, Essai sur le régime des castes 1908.
Bowd. [1819] **Bowditch**, Mission from Cape Coast Castle to Ashantee 1819.
Bowd. [1820] **Bowditch**, Mission to Ashanti 1820.
Byl. [15—16] V. **Boyle**, The Marking of Girls at Ga-anda 1915—16 (JAS 15).
Brdbg. [15] Erich **Brandenburg**, Über Felsarchitektur im Mittelmeergebiet 1915 (MVAG. 19).
Brandst. [22] Elsa **Brandström**, Unter Kriegsgefangenen in Rußland und Sibirien 1914—20. 1922.
Brandt [80] **Brandt**, Norsk Retshistorie 1880.
Braung. [25] Richard **Braungart**. Die Nordgermanen 1925.
Brtk. [19—20] **Breitkopf**, Wucher und Schuldsklaverei in Kpando (Togo) 1919 — 1920 (Anthr. 14/15).
Brel. [27] Bernhard **Breloer**, Kantaliga-Studien I. Das Grundeigentum in Indien 1927.
Brt. [17] **Breton**, Relationship in Ancient Guatemala 1917 (Man 119).
Brt. [20] **Breton**, An ancient Mexican picture map 1920 (Man 20).
Brew. [23] A. B. **Brewster**, The Hill Tribes of Fiji 1923 (Man 66).
Brdg. [84] T. **Bridges**, Moeurs et Coutumes des Fuégiens 1884 (BSAP 3/7).
Briff. [27] **Briffault**, The Mothers III 1927.
Brk. [00] P. H. **Brinker**, Charakter, Sitten und Gebräuche speciell der Bantu Deutsch- Südwestafrikas 1900 (MSOSpr. 3).
Brode [05] **Brode**, Tippu Tip, Lebensbild eines zentralafrikanischen Despoten, nach seinen eigenen Angaben dargestellt 1905.
Brown A. R. [10] A. R. **Brown**, Marriage and Descent in North Australia 1910 (Man 10).
Brown A. R. [12/a] A. R. **Brown**, Beliefs concerning Childbirth in some Australian Tribes. Nr. 96. 1912 (Man 12).
Brown A. R. [12/b] A. R. **Brown**, Marriage and Descent in North and Central Australia 1912 (Man 12).
Brown A. R. [12/c] A. R. **Brown**, The Distribution of Nation Tribes in Part of Western Australia 1912 (Man 12).
Brown A. R. [13] A. Radcliffe **Brown**, Three Tribes of Western Australia 1913 (JRAI 43).
Brown A. R. [18] A. R. **Brown**, Notes on the Social Organization of Australian Tribes I 1918 (JRAI 48).
Brown A. R. [22] A. Radcliffe **Brown**, The Andaman Islandere 1922.
Brown. A. R. [23] Radcliffe A. **Brown**, Notes on the Social Organization of Australian Tribes 1923 (JRAI 53).
Brown G. [10] George **Brown**, Melanesians and Polynesians 1910.
Brown J. M. [18] J. Macmillan **Brown**, Raivavai and its Statues 1918 (JPS 27).
Brown J. T. [21] J. T. **Brown**, Circumcision Rites of the Becwana Tribes (Bantu) 1921 (JRAI 51).
Brown J. T. [26] J. Tom **Brown**, Among the Bantu Nomads, a record of forty years spent among the Bechuana (South Africa) 1926.
Browne G. [15] G. St. J. Orde **Browne**, Africa, East: Circumcision. The Circumcision Ceremony in Chuka 1915 (Man 15).
Browne J. [56] James **Browne**, Die Eingeborenen Australiens 1856 (PM) 443ff.
Br. [92] **Brunner**, Deutsche Rechtsgeschichte 1892.
Br. [05] **Brunner**, Grundzüge der deutschen Rechtsgeschichte II 1905.
Büch. [93—22] Karl **Bücher**, Die Entstehung der Volkswirtschaft 1893—1922.

Büch. [24] Karl Bücher, Arbeit und Rhythmus 1924.
Buck [25] P. H. Buck, 1925 (JPS 34/1).
Buell [28] Raymond Leslie Buell, The Native Problem in Africa 1928.
Blrg. [53] Bulmerincg, Das Asylrecht 1853.
v. Bül. [06] Werner von Bülow, Das ungeschriebene Gesetz der Samoaner 1906 (Glob. 89).
Brckh. [1830/a] J. L. Burckkardt, Reisen in Arabien 1830.
Brckh. [1830/b] J. L. Burckhardt, Notes on the Bedouins and Wahabys 1830.
Burr. [13—14] Burrows, The Human Leopard Society of Sierra Leone 1913—14. (JAS 13).
Busch. [22] G. Buschan, Illustr. Völkerkunde I 1922.
Bshn. [19] Bushnell, Native villages and village sites east of the Mississippi 1919 (BBAE 69).
Bshn. [22] Bushnell, Villages of the Algonquian, Siouan and Caddoan Tribes, West of the Mississippi 1922 (BBAE 77).
Bus. [92] Busolt, Die griech. Staats- und Rechtsaltertümer 1892 (Handb. d. klass. Altertumswiss.).
Bus. [20] Busolt, Griechische Staatskunde 1920.
Bux. [29] L. H. Dudley Buxton, China. The Land and the People 1929.
Byh. [23] Byhan, Nord- Mittel- und West-Asien 1923 (in Buschan Ill. Völkerk. 2).
Cpb. [22] Dugald Campbell, In the Heart of Bantuland 1922.
Crdn. [21] Cardinall, Customs at Death of King of Dagomba 1921 (Man 52).
Clh. [1682] Carlholm, Tractatus de asylis Upsala 1682.
Carp. [19] Edward Carpenter, Intermediate Types among Primitive Folk. A Study in Social Evolution 1919.
Carr. [13] Douglas Carruthers, Unknown Mongolia. A Record of Travel and Exploration in North-West Mongolia and Dzungaria. 2 Bde. 1913.
Cas. [24] Enrique Casas, La Covada y el origen del Totemismo 1924.
Cat. Geo. Catlin, Letters and Notes on the Manners, Customs and Conditions of the North American Indians, 2 vols. 1841.
Chamb. [11] Ralph V. Chamberlain, The Ethno-Botany of the Gosiute Indians of Utah 1911 (MAAA 2/5).
Chamb. [13] Chamberlain, Place and Personal Names of the Gosiute Indians of Utah 1913 (Proceed. Am. Philos. Soc. 59).
Chdr. [04] Chandra, The Hierarchy of the Dalai-Lama 1904 (JASBB 73).
Chttp. [22] Chattopadhyay, Levirate and Kinship in India 1922 (Man 22 Nr. 25).
Chinn. u. Beav. [14—15] E. W. P. Chinnery u. W. N. Beaver, im Annual Report, Commonwealth of Australia, Papua 1914—15.
Chinn. u. Beav. [15] E. W. P. Chinnery u. W. N. Beaver, Notes on the Initiation-Ceremony of the Koko-Papua 1915 (JRAI 45).
Church [12] C. G. E. Church, Aborigines of South America 1912.
Cszk. [97] S. Ciszewski, Künstliche Verwandtschaft bei den Südslaven 1897.
Cochr. [05] Cochrane, The Shans 1905.
Cod. [91] R. H. Codrington, The Melanesians, their Anthropology and Folk-Lore 1891.
Cohn [23] Ludwig Cohn, Spuren der Araber in der Südsee 1923 (DGB 39).
Coll. [23] O. J. A. Collet, Le régime des clans et le matriarcat à Sumatra 1923. RIS 3/2).
Collc. [23] Collocott, Marriage in Tonga 1923 (JPS 32).
Cook [20] O. F. Cook, Foot-Plow Agriculture in Peru 1920 (ARBRSI for 1918).
Cb. [11] Coombe, Islands of Enchantment 1911.
Coop. [17] J. M. Cooper, Bibliography Tierra del Fuego 1917 (BBAE 63).
Cord. [69] Cordier, De l'organisation de la famille chez les Basques 1869.
Coud. [23] Coudenhove, Feminism in Nyassaland 1923 (Atlantic Monthly).
Coult. [27] G. G. Coulton, Five Centuries of Religion 1927.
Crass. [07] F. Crasselt, Japanische Schrift und Sprache und der japanische Unterricht darin 1907 (Glob. 92).
Crawl. [02] Ernest Crawley, The Mystic Rose 1902.
Crawl. [09] E. Crawley, The Idea of the Soul 1909.
Crév. [83] Crévaux, Voyage dans l'Amérique du Sud 1883.
Crooke [14] Crooke, The Stability of Caste and Tribal Groups in India 1914 (JRAI 44).
Crooke [19] Crooke, Nudity in India in Custom and Ritual 1919 (JRAI 49).

Cun. [94] H. Cunow, Die Verwandtschaftsorganisationen der Australneger 1894.

Cun. [96] Heinrich Cunow, Die soziale Verfassung des Inkareichs 1896.

Cun. [12] Heinrich Cunow, Zur Urgeschichte der Ehe und Familie 1912.

Cun. [26] Heinrich Cunow, Die Wirtschaft der Natur- und Halbkulturvölker 1926.

Cun. [27] Heinrich Cunow, Wirtschaftsformen der ind. Arier, der Italiker, Kelten und Germanen 1927.

Cur. [15] Adolphe Louis Cureau, Savage Man in Central Africa 1915.

Curr [83] Curr, Recollections of Squattering in Victoria 1883.

Curr [86—87] Edward M. Curr, The Australian Race 1886—87.

Curtis [23] Curtis, A History of Mediaeval Ireland 1923.

Czap. [14] M. A. Czaplicka, Aboriginal Siberia, a Study in Social Anthropology 1914.

Czap. [16] Czaplicka, Hastings Encyclopaedia of Religion and Ethics XI 1916.

Czekn. [17] Jan Czekanowski, Forschungen im Nil-Kongo-Zwischengebiet 1917.

Dlm. [99] Dahlmann, Das altindische Volkstum 1899.

Dall [77] Dall, Tribes of the Extreme N.-W. (Alaska) Contributions to N.-Am. Ethnol. 1877.

Damm [22] Hans Damm, Die Zweikampfspiele in den gymnastischen Spieleu der Indonesier und Südseevölker 1922.

Dk. [88—89] Danks, Marriage Customs in the New-Britain group 1888—89 (JRAI 18).

Dann. [06] Dannert, Zum Rechte der Herero 1906.

Dpp. [1671] O. Dapper, Eigentliche Beschreibung der Inseln in Afrika 1671.

Dpp. [1717] Dapper, Exoticus Curiosus. Africa-America- und Asiatische Curiositäten 1717.

Dar. [89] Rodolphe Dareste, Etude d'hist. du droit 1889.

Darg. [83] v. Dargun, Mutterrecht und Raubehe und ihre Reste im germanischen Recht und Leben 1883.

Darg. [92] Lothar v. Dargun, Mutterrecht und Vaterrecht 1892.

Darg. [95] v. Dargun, Ursprung und Entwicklungsgeschichte des Eigentums 1895

Darmst. [80] James Darmesteter, The Zend Avesta (part I) Vendidad (Fargard VII) in Sacred Books of the East IV (1880) 1880.

David [04] J. David, Notizen über die Pygmäen des Ituriwaldes 1904 (Glob. 86, 193ff.).

Dav. [26] D. S. Davidson, Family Hunting Territories of the Tribes of Tierra del Fuego 1926 (Indian Notes u. Monographs 5 : 395—410).

Dav. [28] D. S. Davidson, Family Hunting Territories in N-W-America 1928. (Indian Notes u. Monographs 46 : 1—34).

Davy [22] Davy, La foi jurée 1922.

Daws. [81] J. Dawson, Australian Aborigines 1881.

Deac. [29] A. Bernard Deacon, Notes on Some Islands of the New-Hebrides 1929 (JRAI 59).

Dcy. [24] Decary, Notes Ethnographiques sur les populations du district de Maromandia 1924 (RETP).

Dehn Günther Dehn, Proletarische Jugend 1929.

Delaf [12] Maurice Delafosse, Haut-Sénégal-Niger 1912.

Delbr. [90] Delbrück, Die indogermanischen Verwandtschaftsnamen. Ein Beitrag zur vergl. Altertumskunde 1890 (Abh. d. phil.-hist. Kl. d. sächs. Ges. d. Wiss. 2).

Delbr. [95] Delbrück, Das Mutterrecht bei den Indogermanen 1895 (Preuß. Jahrb. 79).

Dlst. [10] Deloustal, La justice dans l'ancien Anam (traduction et commentaire du Code des Lê) 1910 (BFE-O 10).

Dempw. [14] Otto Dempwolff, Beiträge zur Volksbeschreibung der Hehe 1914 (BA4).

Dempw. [24—25] Dempwolff, Das Verwandschaftssystem der Kâte. (Neu-Guinea) 1924—25 (ZESpr. 20).

Denn. [10] R. E. Dennett, Nigerian Studies 1910.

Des. [12] Desai, Brahma, an Account of the Central Doctrine of Hindu Theology as Understood in the East and Misunderstood in the West 1912 (The Hibbert Journal 10/8).

Desc. [22/a] P. Descamps, Comment les conditions de vie des sauvages influent leur natalité 1922 (RIS 3/1).

Desc. [22/b] Paul Descamps, Le mariage par achat 1922 (RIS 30).

Desc. [23/a] P. Descamps, La natalité et la Mortalité chez les demi sauvages 1923 (RIS 3/2).

Desc. [23/b] Paul Descamps, L'Agglomération de la Population chez les peuples chasseurs. Les Annales de Geographie 1923.

Desc. [23/c] Paul Descamps, La propriété chez les sauvages 1923 (RIS 3/1).

Desc. [23—24] Paul Descamps, L'atelier chez les sauvages 1923—24 (RIS 4/1).

Desc. [24] Paul Descamps, La promiscuité est-elle primitive? 1924 (RIS 5).

Desc. [25/26] Paul Descamps, Le rôle social de la cueillette 1925/26 (RIS 6/1).

Desc. [26] Paul Descamps, Les diverses formes du marriage chez les sauvages 1926 (RIS 6/2).

Dtzn. [20] H. Detzner, Vier Jahre unter Kannibalen 1920.

Dirr [25] Adolf Dirr, Aus dem Gewohnheitsrecht der kaukasischen Bergvölker 1925 (Z. vgl. Rw. 41/1—2).

Djr. [13] S. Djoritsch, Verbrechen und Strafe im Gesetzbuch des serbischen Zaren St. Dušan 1913 (Z. vgl. Rw. 30).

Döhne [1843] Döhne, Das Kaffernland und seine Bewohner 1843.

Dopsch [09] A. Dopsch, Sozial- und Wirtschaftsverfassung der Alpenslaven 1909.

Dopsch [18][1]) [20][2]) Alfons Dopsch, Wirtschaftliche und soziale Grundlagen der europäischen Kulturentwicklung aus der Zeit von Caesar bis auf Karl den Großen 1918/1920.

Dopsch [21] Alfons Dopsch, Die Wirtschaftsentwicklung der Karolingerzeit 1921.

Dopsch [27] Alfons Dopsch, Der Kulturzusammenhang zwischen der spätrömischen und frühgermanischen Zeit in Südwestdeutschland 1927 (KblGvdtGAV 75).

Dribg. [23] J. H. Driberg, The Lango, a Nilotic Tribe of Uganda 1923.

Dribg. [29] J. H. Driberg, Inheritance Fees 1929 (Man 29/5 Nr. 64).

Duarte u. Rub. [05] Castillejoy Duarte u. Ernst Ruben Die Hausgemeinschaft im heutigen spanischen Gewohnheitsrecht 1905 (Z. vgl. Rw. 17).

Dukes [21] Dukes, Psychoanalytische Gesichtspunkte in der jurid. Auffassung der Schuld 1921 (Img. 7).

Dund. [13] Dundas, The Wawanga and other Tribes of the Elgon District, Brit. East Afrika 1913 (JRAI 43).

Dund. [15] Charles Dundas, Organization and Laws of some Bantu Tribes in E.-Afrika 1915 (JRAI 45).

Dund. [21] Hon. Charles Dundas, Native Laws of Some Bantu Tribes of East Africa 1921 (JRAI 51).

Dg. [17] von Dungern, Adelsherrschaft im Mittelalter 1917.

Durh. [10] Durham, High Albania and its Custom 1910 (JRAI 40).

Durh. [20] M. E. Durham, Ritual Nudity in Europe. Nr. 83, 1920 (Man 20).

Durh. [23] M. Edith Durham, The Seclusion of Maidens from the Light of the Sun and a further Note on the Bird Tradition in the Balkan 1923 (Man 61).

Ehrr. [91] Ehrenreich, Materialien zur Völker- u. Sprachkunde Brasiliens 1891.

Ehrr. [97] P. Ehrenreich, Anthropologische Studien über die Urbewohner Brasiliens 1897.

Eick. [27] E. Frh. v. Eickstedt, Der Stammbaum von Rabindranath Tagore 1927 (AfRG-B 20/1).

Eick. [28] E. Frh. v. Eickstedt, Über das Aussterben der Negritos auf den Andamanen 1928 (ARGB 21/1).

Ekk. [14] Ekken, Ein japanischer Fürstenspiegel 1914 (MSOSpr. 7).

Elb. [12] Johannes Elbert, Die Sunda-Expedition des Vereins für Geographie und Statistik zu Frankfurt a. M. 1912.

Eldrg. [23] Frank R. Eldridge, Oriental Trade Methods 1923.

Ellis [87] A. B. Ellis, The Tshi-Speaking Peoples 1887.

Ellis [90] Ellis, Ewe Speaking Peoples 1890.

Ellis [94] A. B. Ellis, The Yoruba speaking Peoples of the Slave Coast of West Africa 1894.

Engels [84] Engels, Der Ursprung der Familie 1884.

Erdl. [09] Erdland, Die Stellung der Frauen in den Häuptlingsfamilien der Marschall-Inseln 1909 (Anthr. 4).

Erdl. [14] P. A. Erdland, Die Marshall-Insulaner 1914 (Anthrop.-Bibl. 2/1).

Erkes [19] Erkes, China 1919.

Ev.-Prtch. [29] E. E. Evans-Pritchard, The Study of Kinship in Primitive Societies 1929 (Man 29/11 Nr. 148).

Eylm. [08] E. Eylmann, Die Eingeb. der Kolonie Süd-Australien 1908.

Fhlb. [22] P. E. Fahlbeck, Die Klassen und die Gesellschaft 1922.

Falk [25] Kurt Falk, Gleichgeschlechtliches

Negerleben bei einigen Stämmen Angolas 1925 (A. f. Anthr. 20).
Faye [23] Faye, Notes on the Southern Maidu 1923 (UCPAAE 20).
Fehr [06] Fehr, Fürst und Graf im Sachsenspiegel 1906 (Ber. ü. d. Verh. d. kgl. sächs. Ges. d. Wiss. zu Leipzig 58).
Fehr [08] Hans Fehr, Der Zweikampf 1908.
Fehr [10] Fehr, Hammurapi und das salische Recht 1910.
Fehr [12] Fehr, Deutsches Recht und jüdisches Recht 1912 (Z. f. Rg. 39).
Fehr [16] Fehr, Die Staatsauffassung Eikes von Repgau 1916 (Z. f. Rg. 37)
Fehr [23] Hans Fehr, Das Recht im Bilde 1923.
Feist [13] S. Feist, Kultur, Ausbreitung und Herkunft der Indogermanen 1913.
Fergs. [27] J. C. Ferguson, Political Parties of the Northern Sung Dynasty 1927 (JN-Ch-BRAsSoc. 58).
Ferr. [22] Ferrand, Voyage du marchand arabe Sulaymân en Inde et en Chine rédigé en 851 suivi de remarques par Abû Zayd Hasan vers 916, traduit de l'arabe etc. 1922.
Fwk. [12/a] Fewkes, The cave dwellings of the old and new worlds 1912 (ARBAE for 1910).
Fwk. [12/b] Jesse Walter Fewkes, Casa Grande, Arizona und Antiquities of... Arizona 1912 (ARBAE 28).
Fwk. [19] Fewkes, Praehist. Vill., Castles a. Towers S. W. Colorado 1919 (BBAE 70).
Ffk. [07—08] Ffoulkes, The Fanti family system 1907—08 (JAS 7).
Fick [97] R. Fick, Die soziale Gliederung im nördl. Indien zu Buddhas Zeit 1897.
Finsch [14] O. Finsch, Südseearbeiten 1914 (Abh. d. Hambg. Kol.-Inst. 14).
Firth [25/a] R. W. Firth, The Maori Carver 1925 (JPS 34).
Firth [25/b] R. W. Firth, Economic Psychology of the Maori 1925 (JRAI 55).
Firth [26] R. W. Firth, Some Features of Primitive Industry 1926 (EJ Supplement, The Economic History Series Nr. 1).
Firth [29] Raymond Firth, Primitive Economics of the New Zealand Maori 1929.
Fischel [13] Fischel, Le Thaler de Marie-Therèse 1913 (Archives Sociologiques 28).
Fischer [11] Fischer, In welcher Form haben die Balkanvölker ihr Getreide verzehrt? 1911 (Anthrop. Korr.-Bl. 42).
Fischer [13] E. Fischer, Die Rehoboter Bastards 1913.
Flach [93] Flach, Les Origines de l'ancienne France II 1893.
La Fl. [21] Francis La Flesche, The Osage Tribe 1921 (ARBAE 36).
Flt. [88] Alice C. Fletcher, Glimpses of Child-Life among the Omaha-Tribe of Indians 1888 (JAmF-L 1/2).
Flt. u. La Fl. [11] Alice C. Fletscher u. F. La Flesche, The Omaha Tribe 1911 (ARBAE 27).
Forbes [85] Forbes, A Naturalist's Wanderings in the Eastern Archipelago 1885.
Forke [27] Alfred Forke, Geschichte der alten chinesischen Philosophie 1927 (Hambg. Univ. Abh. a. d. Geb. d. Altertk. 25).
Frst. [1780] Georg Forster, Johann Reinhold Forsters Reise um die Welt II 1780.
Fox [19—20] C. E. Fox, Social Organization in San Cristoval (Salom. Islands) 1919—20 (JRAI 49—50).
Fox [24] C. E. Fox, The Threshold of the Pacific 1924.
Frck. [25] A. H. Francke, Tibetische Hochzeitslieder 1925.
Frk. [15] E. Franke, Die geistige Entwicklung der Negerkinder 1915 (Beitr. z. Kultur- u. Universalgesch. 35).
Frk. [20] Franke, Studien zur Geschichte des konfuzianischen Dogmas und der chinesischen Staatsreligion 1920.
Frkf. [22] Frankfurter, Beiträge zur Geschichte und Kultur Siams 1922 (MSOSpr. 23—25).
Frstdt. [81] Frauenstädt, Blutrache und Totschlagsühne im deutschen Mittelalter 1881.
Fraz. [07] Frazer, Adonis, Attis, Osiris 1907.
Fraz. [10] J. G. Frazer, Totemism and Exogamie 1910.
Fraz. [11/a] J. G. Frazer, The Magic Art II 1911.
Fraz. [11/b] J. G. Frazer, The Golden Bough 1911.
Fraz. [11/c] Frazer, The Dying God 1911 (The Golden Bough III).
Fraz. [13] J. G. Frazer, Balder the Beautiful 1913 (Golden Bough 3).
Fraz. [19] James George Frazer, Folk-Lore in the old Testament 1919.
Fraz. [20/a] J. G. Frazer, Folk-Lore in the Old Testament 1920.
Fraz. [20/b] James G. Frazer, The Mackie

Ethnological Expedition to Central Africa 1920 (Man 20).
Fraz. [22] J. G. Frazer, The Belief in Immortality 1922.
Fraz. [28] J. G. Frazer, Der goldene Zweig 1928 (dtsch. Übersetzung).
Friedc. [05] Georg Friederici, Die Schifffahrt der Indianer. Stud. u. Forsch. zur Menschen- und Völkerkunde. H. 1 1905.
Friedc. [29] Georg Friederici, Zu den vorkolumbischen Verbindungen der Südsee-Völker mit Amerika (Anthr. XXIV) 1929.
Frdr. [92] Friedrichs, Zum japanischen Recht 1892 (Z. vgl. Rw. 10).
Friend-P. [04] Friend-Pereira, The Khonds 1904 (JASBB 73/3).
Fritz [04] G. Fritz, Die Chamorro 1904 (Ethn. Notbl. 3/3).
Frijs [72] J. A. Frijs, Wanderungen in den drei Lappländern 1872 (Glob. 22).
Frl. [10] Frölich, Die Gerichtsverfassung von Goslar im Mittelalter 1910 (Unters. z. dt. Staats- u. R.-Gesch. 103).
Fromm [12] P. Fromm, Ufipa — Land und Leute 1912 (MDSch. 25).
Fuld [87] Fuld, Das Asylrecht im Altertum und Mittelalter 1887 (Z. vgl. Rw. 7).
Füllb. [06] Fülleborn, Das deutsche Njassa- und Ruwuma-Gebiet 1906.
Furn. [99] Furnes, Life in the Luchu Islands 1899 (BFMSAUP 2/1).
Gaine [07] Gaine, Imperial Gazeteer of India I 1907.
Garn. [90] Garnett, The Woman of Turkey. The Christian Women 1890.
Gstg. [10] John Garstang, The Land of the Hittites 1910.
Gaudfr.-D. [01] Gaudefroy-Demombynes, Les cérémonies du marriage chez les indigènes de l'Algérie 1901.
Gaudry [29] Mathéa Gaudry, La Femme Chaouia de L'Aurès 1929.
Gen. u. Ch. [27] Genet u. Chelbatz, Histoire des peuples Mayas-Quichés (Mexique, Guatémala, Honduras) 1927 (Bibl. d'études historiques 1).
Genn. [09] A. van Gennep, Les rites de passage 1909.
Genn. [21] A. van Gennep, Classe rurale, Noblesse et Nationalité 1921 (RIS 2).
Genn. [29] A. van Gennep, La distinction des sexes dans les cérémonies du baptême en Savoie 1929 (StMStR 5/1—2).
Gnt. [09] L. Gernet, L'approvisionnement d'Athènes en blé au V et VI siècles 1909.
Ghy. [23] Ghurye, Dual Organization in India 1923 (JRAI 53).
Gibbs [77] Gibbs, Tribes of N-Washington and NW-Oregon Contributions to N-Americ. Ethnol. 1877.
Gierke [17] J. von Gierke, Die Geschichte des deutschen Deichrechts 1917 (Unters. z. dtsch. Staats- u. Rechtsgesch).
Gierke O. [86] Otto Gierke, Der Humor im deutschen Recht 1886.
Gierke O. [10] O. Gierke, Schuld und Haftung in dem ält. deutschen Recht 1910 (Unters. z. dtsch. St.- u. Rgesch. 100).
Gshg. [04] Giesenhagen, Die Wohnstätten der Malaien auf Java und Sumatra 1904 (Münch. Orient. Ges. in „Asien" 5).
Giff. [18] E. W. Gifford, Clans and Moieties in S.-California 1918 (UCPAAE 14).
Giff. [22] Gifford, Californian Kinship Terminologies 1922 (UCPAAE 18).
Giff. [23] E. W. Gifford, Pomo Lands on Clear Lake 1923 (UCPAAE 20/5).
Giff. [26] E. W. Gifford, Miwok Lineages and the Political Unit in Aboriginal California 1926 (AA 28).
Giff. [29] Edward Winslow Gifford, Tongan Society 1929.
Glm. [19] Gilmore, Use of Plants by the Indians of the Missouri River Region 33. 1919 (ARBAE).
Glotz [20] Gustave Glotz, Le travail dans la Grèce ancienne 1920.
Gml. [1751—52] Gmelin, Reise durch Sibirien 1751—52.
Goetz [13] Georg Goetz, Niedere Gerichtsbarkeit und Grafengewalt 1913 (Unters. z. dt. Staats- u. R.-Gesch. 121).
Goetz [12] L. K. Goetz, Das russische Recht 1912 (Z. vgl. Rw. 28/31).
Gogitsch. [01] Philipp Gogitschayschwili, Gewerbe in Gorgien 1901 (Z. ges. Stw., Ergänzungsh. 1).
Goldw. [13] A. A. Goldenweiser, The Principle of Limited Possibilities in the Development of Culture 1913 (JAmF-L 26).
Goldw. [14] Goldenweiser, The Social Organization of the Indians of North-America 1914 (JAmF-L 27).
Goldw. [21] A. A. Goldenweiser, Four Phases of Anthropological Thought 1921 (PASS 16, 50ff.).
Goldw. [22] A. A. Goldenweiser, Early Civilization 1922.

Goldsch. [23] Goldschmidt, Ein alter Brauch im heutigen Rußland 1923 (W. u. S. 8).
Gldz. [89] Goldziher, Mohammedanisches Recht in Theorie und Wirklichkeit 1889 (Z. vgl. Rw. 8).
Goods. [17] Willystine Goodsell, A History of the Family as a Social and Educational Unit 1917.
Gouldbg. [15—16] Gouldsburg, Customary Law of the Awemba 1915—16 (JAS 15).
Grbn. [05] Fritz Graebner, Kulturkreise und Kulturschichten in Ozeanien 1905 (ZE 37).
Grbn. [06] F. Graebner, Wanderung und Entwicklung sozialer Systeme in Australien 1906 (Glob. 90).
Grbn. [08] F. Graebner, Die sozialen Systeme in der Südsee 1908 (ZSw 11).
Grbn. [09/a] Fritz Graebner, Methoden in der Ethnologie 1909.
Grbn. [09/b] F. Graebner, Die melanesische Bogenkultur und ihre Verwandten 1909 (Anthr. 4).
Grßh. [95] Richard Graßhoff, Die allgemeinen Lehren des Obligations-Rechtes nach der Rechtsschule des Imam Eschschafi 'i Diss. Königsberg 1895.
Gray [25] Gray, Sacrifice in the Old Testament, its Theory and Practice 1925.
Gressm. [09] Gressmann, Altoriental. Texte und Bilder zum alten Testamente II. 1909.
Grb. [21] Grimble, From Birth to Death in the Gilbert Islands 1921 (JRAI 51).
Grimm [1840] Jacob Grimm, Weistümer 1840.
Grimm [99] Jacob Grimm, Deutsche Rechtsaltertümer 1899.
Grll. [08] Grinnell, Early Cheyenne Village 1908 (AA 20).
Grosse [28] Grosse, Wirtschaftsverhältnisse im alten China etc. 1928 (OR 9/5).
Grn. [76] Grunau, Preußische Chronik 1876.
Gupte [17] Gupte, Folk-Lore in Caste Proverbs. 1917 (JASBB 13).
Gutm. [22] Gutmann, Die Ehrerbietung der Dschagganeger gegen ihre Nutzpflanzen und Haustiere 1922 (Afges.P 48).
Gutm. [23/a] Bruno Gutmann, Die Bindekräfte im Banturecht und ihre Bedeutung für die Erhaltung afrikanischen Volkstums 1923 (Z. vgl. Rw. 40).
Gutm. [23/b] Bruno Gutmann, Die Imkerei bei den Dschagga 1923 (AfAnthr. NF 19).
Gutm. [26] Bruno Gutmann, Das Recht der Dschagga 1926.
Hbldt. A. [22] A. Haberlandt, Afrika (in Buschan Ill. Völkerk. I) 1922.
Hbldt. M. [23] M. Haberlandt, Ostasien (in Buschan Ill. Völkerk. II) 1923.
Hadd. [90] Haddon, Western Tribes of Torres Straits 1890 (JRAI 19).
Hadd. [12] Haddon, The Houses of New Guinea 1912 (Festskrift tillegnat Edv. Westermarck).
Hadd. [19] Haddon, The Kopiravi Cult of the Namau, Papua 1919 (Man 19).
Hadd. u. Riv. [01] Haddon u. Rivers, Cambridge Anthrop. Exped. to Torres Straits 1901 (Rep. 5).
Hadf. [20] E, Hadfield, Among the Natives of the Loyalty Group 1920.
Hg. [10] Hagar, The four Seasons on the Mexican Ritual of Infancy 1910 (AA 13).
Hag. [08] B. Hagen, Die Orang Kubu auf Sumatra 1908 (Veröffentl. a. d. städt. Völker-Museum Frankfurt a. M. 2).
Hahl [97/a] A. Hahl, Rechtsverhältnisse und Rechtsanschauungen der Eingeborenen 1897 (in NKW 13).
Hahl [97/b] A. Hahl, Nachrichten über Kaiser Wilhelms Land 1897.
Hahl [01] Hahl, Mitteilungen über Sitten und rechtliche Verhältnisse auf Ponape 1901 (Ethn. Notbl. 2/2).
Hahl [01—02] A. Hahl, Mitteilungen über Sitten und rechtliche Verhältnisse auf Ponape 1901/1902 (Ethn. Notbl. 2/2 u. 3/2).
Hahl [02] A. Hahl, Feste und Tänze der Eingeborenen von Ponape 1902 (Ethn. Notbl. 3/2).
Hahl [07] A. Hahl, Das mittlere Neu-Mecklenburg 1907 (Glob. 91).
Hahn E. [08] Ed. Hahn, Thronende Herrscher und hockende Völker 1908 (ZE).
Hahn E. [14] Eduard Hahn, Von der Hacke zum Pflug 1914.
Hahn E. [18] Ed. Hahn, Sitzende Könige und hockende Völker 1918 (ZE).
Hahn I. [19] Ida Hahn, Dauernahrung und Frauenarbeit 1919 (ZE 51).
Hall [79] Hall, Narrative of the Second Arctic Expedition ed by Nourse 1879.
Hall [28] H. R. Hall, The Civilization of Greece in the Bronze Age 1928 (The Rhind Lectures 1923).
Hallw. [28] A. Irving Hallowell, Recent

Changes in the Kinship terminology of the St. Francis Abenaki 1928 (ACIA 12).
Hal. [24] Haloun, Contributions to the History of Clan Settlement in Ancient China 1924 (AM 1).
Hambr. [08] Paul Hambruch, Wuwulu und Aua 1908.
Hambr. [11] Paul Hambruch, Die sogenannten Ruinen von Matolenim auf Ponape 1911 (Anthr. Korr.-Bl. 42).
Hambr. [14—15] Paul Hambruch, Nauru 1 u. 2 1914—15.
Hamt. [20—21] Hamilton, Land Tenure among the Bantu Wanyika of East Africa 1920—21 (JAS 20).
Hammstr. [22] Magnus Hammarström, Ein Minoischer Fruchtbarkeitszauber 1922 (AAAH 3).
Hrsp. [29] Pierre Harispe, Le Pays Basque 1929.
Harrgt. [12] John P. Harrington, Tewa Relationship Terms 1912 (AA 14).
Harris. [24] Harrison, Evolution of Domestic Arts 1924 (HHMus.).
Hartl. [09] E. S. Hartland, Primitive Paternity 1909.
Hartl. [12] E. S. Hartland, Dinka Laws and Customs: a Parallel 1912 (Man 12 Nr. 12).
Hstg. [11] Hastings, Encyclopaedia of Ethics and Religions s. v. Kings Foucart 1911.
Hatt [19] Gudmund Hatt, Notes on Reindeer Nomadism 1919 (MAAA 6/2).
Hauer [26] Hauer, Huang-Ts'ing K'ai-Kuo Fang-Lüeh. Die Gründung des Mandschurischen Kaiserreiches 1926.
Havf. [13] Haverfield, Ancient Town-Planning 1913.
Heber [16] Arthur Heber, Familie und Clan, Stände und Regierung in der japanischen Vortaikawazeit 1916 (ZSw. NF 7).
Heck [27] Philipp Heck, Die Standesgliederung der Sachsen im frühen Mittelalter 1927.
Hckth. [03] Heckethorn, Geheime Gesellschaften, Geheimbünde und Geheimlehren 1903.
Heepe [20] Heepe, Weitere Yaundetexte 1920 (ZESpr. 10).
Heepe [28] M. Heepe, Suaheli Chronik von Pate 1928 (Mitt. Sem. Or. Spr. 31).
Heikel [88] Heikel, Die Gebäude der Ceremissen, Mordwinen, Esten und Finnen 1888 (JSFOu. 4).
Heikel [94] Axel Heikel, Antiquités de la Liberie occidentale conservées dans les musées de Tomsk etc. 1894 (JSFOu. 12).
Heimp. [26] Heimpel, Allgemeine Wirtschaftsgeschichte des Mittelalters 1926 (VSWG 19).
Heine-G. [21] Robert Heine-Geldern, Mutterrecht und Kopfjagd im westlichen Hinterindien 1921 (MAGW 51).
Heine-G. [23] R. Heine-Geldern, Südostasien 1923 (in Buschan Ill. Völkerk. II).
Hlbg.-B. [26] Helbing-Bauer, Die Tortur, Geschichte der Folter im Kriminalverfahren aller Zeiten und Völker 1926.
Hllg. [03] A. Hellwig, Das Asylrecht der Naturvölker 1903 (Berliner Jurist. Beiträge).
Hmp. [25] Joh. Hempel, Die israelitischen Anschauungen von Segen und Fluch im Lichte altorientalischer Parallelen 1925 (ZDMG 79).
Hen. [29] Richard Hennig, Die liparischen Inseln im Lichte der Sagenwelt 1929 (GZ 35/9).
Heng. [29] Georg Henning, Der See Kitay 1929 (In Memoriam Karl Weule).
Henry [10] Jos. Henry, Les Bambara, leur vie psychique, éthique, sociale et religieuse 1910 (Anthr. 1/2).
Htg. [23] Hentig, Zur Psychologie der sozialen Schichtung 1923 (Z. f. ges. Neurol. u. Psychiatrie 84).
Herm. [05] Hermann, Beiträge zu den idg. Hochzeitsgebräuchen 1905 (IF 17).
Hersk. [23] Melville J. Herskovits, Some Property Concepts and Marriage Customs of the Vandan 1923 (AA 25).
Hersk. [26] Herskovits, The Cattle Complex 1926 (AA 28).
Hertz [81] John E. Hertz, Über Verwendung und Verbreitung der Kaurimuschel 1881 (Mitt. Geogr. Ges. Hamburg).
Herz [94] Herz, Die Sage vom Giftmädchen 1894 (Abh. Bayr. Ak. philosoph.-philolog. Klasse 20/1).
Herzbg. [29] Alexander Herzberg, Das Stabilitätsprinzip in der modernen Psychologie 1929 (An. Phil. 8 7/8).
Herzg. [19] Herzog, Aus der Geschichte des Bankwesens im Altertum 1919 (Abhandlungen d. Gießener Hochschulgesellschaft I).
Heus. [11] Andreas Heusler, Das Strafrecht der Isländersagas 1911.

Heus. u. R. [22] Heusler u. Ranke, Fünf Geschichten von Ächtern und Blutrache 1922.
Hw. [20] I. N. B. Hewitt, A Constitutional League of Peace in the Stone Age of America 1920 (ARBRSI for 1918).
Hildb. [78] I. M. Hildebrandt, Ethnogr. Not. üb. d. Wakamba u. ihre Nachbarn 1878 (ZE 10).
Hill-T. [07] Hill-Tout, Salish and Déné 1907.
Hintze [29] Otto Hintze, Wesen und Verbreitung des Feudalismus 1929 (Sb. pr. Ak. Wiss. ph.-h. 20).
Hirt [05] Hermann Hirt, Die Indogermanen 1905.
Hirz [02] Hirzel, Der Eid 1902.
His [01] R. His, Das Strafrecht der Friesen 1901.
His [20] His, Strafrecht des deutschen Mittelalters 1920.
Hobh. L. T. [28] L. T. Hobhouse, Über einige der primitivsten Völker 1928 (ZVS 4).
Hobh. L. T. [29/a] L. T. Hobhouse, Friede und Ordnung bei den primitivsten Völkern, innerhalb der Gruppe 1929 (ZVS 5).
Hobh. L. T. [29/b] L. T. Hobhouse, Das Verhältnis zwischen Gruppen und Stämmen bei den primitivsten Völkern 1929 (ZVS 5).
Hobh. M. T. [23] M. T. Hobhouse, Morals in Evolution 1923.
Hobl. [10] Hobley, British-East-Africa Kikuyu Customs and Beliefs Circumcision Rites 1910 (JRAI 40).
Hobl. [11] Hobley, Further Researches into Kikuyu and Kamba Religions Beliefs and Customs 1911 (JRAI 41).
Hoc. [10] A. M. Hocart, A Tongan Cure and Fijian Etiquette 1910 (Man 10).
Hoc. [12] A. M. Hocart, On the Meaning of Kalou and the Origin of Fijian Temples 1912.
Hoc. [13/a] A. M. Hocart, On the Meaning of the Fijian Word Turunga 1913 (Man 13).
Hoc. [13/b] A. M. Hocart, Fijian Heralds and Envoys 1913 (JRAI 43).
Hoc. [13/c] A. M. Hocart, The Fijian Custom of Tauvu 1913 (JRAI 43).
Hoc. [14/a] A. M. Hocart, Notes on Fijian Totemism 1914 (Anthr. 9).
Hoc. [14/b] A. M. Hocart, Note on the Dual Organisation in Fiji 1914 (Man 14).
Hoc. [15/a] A. M. Hocart, Chieftainship in the Pacific 1915 (AA 17).
Hoc. [15/b] Hocart, The Right of the Sister's Son 1915 (AA 17).
Hoc. [15/c] A. M. Hocart, Fiji: Ethnography. Ethnographical Sketch of Fiji 1915 (Man 15).
Hoc. [15/d] A. M. Hocart, Fiji. The Dual Organisation in Fiji 1915 (Man. 15).
Hoc. [16] A. M. Hocart, The Common Sense of Myth 1916 (AA 18).
Hoc. [19] Hocart, Early Fijians 1919 (JRAI 49).
Hoc. [20] A. M. Hocart, (R. H. Lowie, Plain Indian Age-Societies: Historical and Comparative Summary, APAMNH 11/13 1916) Nr. 41, 1920 (Man 20).
Hoc. [21] Hocart, Fijian Chiefs a recantation 1921 (Man 50).
Hoc. [23/a] Hocart, The Uterine Nephew 1923 (Man 4).
Hoc. [23/b] A. M. Hocart, Convergence of Customs 1923 (FL 34, 224).
Hoc. [24/a] A. M. Hocart, Maternal Relations in Indian Ritual 1924 (Man 24).
Hoc. [24/b] Hocart, The King's Justice 1924 (Man 54).
Hoc. [27] A. M. Hocart, Kingship 1927.
Hod. [07] Frederick Webb Hodge, Handbook of American Indians 1907 (BBAE 30).
Hrnl. [25] Winifred Hoernle, The Social Organization of the Nama Hottentots of Southwest Africa 1925 (AA 27).
Hoffm. [98] A. Hoffmann, Rechtsverhältnisse und Rechtsanschauungen der Eingeborenen 1898 (Nachr. a. Kais. Wilh. Land 14).
Hgb. [30] S. J. Hogben, The Muhammedan Emirates of Nigeria 1930.
Hll. [05] A. C. Hollis, The Masai 1905.
Holm [88] G. Holm, Ethnologisk Skizze af Angamagslikerne. Den østgrønlandske Expedition 1888 (Mit. über Grönland Bd. 10).
Holsti [13] Rudolf Holsti, The Relation of War to the Origin of the State 1913 (Helsingfors Philosoph. Dissertat. 3).
Hoot. [16] E. A. Hooton, Preliminary Remarks on the Archaeology and Anthropology of Tenerife 1916 (AA 18).
Hose [26] Charles Hose, Natural Man, a Record from Borneo 1926.
Hose u. McD. [01] Hose u. McDougall, The Relations between Men and Animals 1901 (JRAI 31).

Hose u. McD. [12] Charles Hose u. William McDougall, The Pagan Tribes of Borneo 1912.
Hough [26] Walter Hough, Fire as an agent in Human Culture Smithson-Inst. 1926 (BBAE 139).
Hought. [06] Houghton, The Characteristics of Iroquoian village sites of Western New-York 1906 (AA 18).
Hought. [22] Houghton, The traditional origin and the naming of the Seneca nation 1922 (AA 24).
How. [14] Howard, A History of Matrimonial Institutions 1914.
Hwtt. [98] Howitt, Transactions R. S. V. 1898.
Hwtt. [04] A. W. Howitt, Native Tribes of South-East-Australia 1904.
Hwtt. u. F. [80] Howitt u. Fison, Kamilaroi und Kurnai 1880.
Hwtt. u. F. [85] A. W. Howitt u. Lorimer Fison, On the Deme and the Horde 1885 (JRAI 14).
Hübn. [13] Rudolf Hübner, Grundzüge des deutschen Privatrechts 1913.
Hutt. [21] I. H. Hutton, A Voyage to Africa 1821.
Igl. [90] Inglis, Bible Illustrations from the New-Hebrides 1890.
Irle [06] I. Irle, Die Herero 1906.
Ivtzk. [15] N. Ivanitzky, The System of Kinship amongst the Primitive Peoples as determined by their mode of grouping 1915 (Man 15 Nr. 93).
Ivtzk. [22] N. Ivanitzky, Les institutions des primitifs Australiens 1922 (RIS 2).
Ivtzk. [22—23] N. Ivanitzky, Les institutions des primitifs australiens 1922—1923 (RIS 3/1).
Ivič [74] Ivič, Die Hauskommunion 1874.
Iwtsch. [96] Iw. Iwantschoff, Primitive Formen des Gewerbebetriebes in Bulgarien 1896.
Jac. [25] G. Jacob, Die ältesten Spuren des Wechsels 1925 (MSOSpr. 28).
Jarv. [1847] Jarves, History of the Hawaiian Islands 1847.
Jel. [13] Joseph Jelitto, Die peinlichen Strafen im Kriegs- und Rechtswesen der Babylonier und Assyrer 1913.
Jenks [11] Albert Ernst Jenks, Bulu Knowledge of the Chimpanzee 1911 (AA 13).
Jess. [22] D. Jenness, The Life of the Copper Eskimos 1922 (Report of the Canadian Arctic Expedition 1913—18, vol. XII—Southern Party 1913—16).
Jerm. [13] Alfred Jeremias, Handbuch der altorientalischen Geisteskultur 1913. (1929²)
L. Jn. [1632] Le Jeune, Brieve Relation 1632.
Jev. [76] Jevons, Geld und Geldverkehr 1876.
Jochls. [08/a] Waldemar Jochelson, Material Culture and Social Organization of the Koryak 1908 (MAMNH 10).
Jochls. [08/b] Jochelson, The Koryak (The Jesup N.-Pacific Exped.) 1908 (MAMNH 10/2).
Jochls. [10] W. Jochelson, The Yukaghir and Yukaghirised Tungus 1910 (I-NPE 9).
John [63] S. St. John, Life in the Forests of the Far East 1863.
Johs. [21] R. S. Johnson, The History of the Yorubas 1921.
Jolly [96] I. Jolly, Recht und Sitte 1896.
Joust. [23] M. Joustra, Mimang Kabau 1923.
Joy. P. W. [03] P. W. Joyce, A Social History of Ancient Ireland 1903.
Joy. Th. A. [12] Th. A. Joyce, South American Archaeology 1912.
Joy. Th. A. [14] Thomas A. Joyce, Mexican Archaeology 1914.
Joy. Th. A. [26] Thomas A. Joyce, Central American and West Indian Archaeology 1926.
Jul. [24] Julien, Le culte du boeuf à Madagascar 1924 (RETP 5/19).
Junk. [79] W. Junker, Die älg. Äquatorialprovinzen. Reisen im Westen des weißen Nil 1879 (PM 25).
Junk. [90] Wilhelm Junker, Reisen in Afrika 1890.
Jun. [98] Henri A. Junod, Les Ba-Ronga 1898.
Jun. [10] H. A. Junod, Les conceptions physiologiques des Bantous sudafricains et leur tabous 1910 (Rep. d'Ethnol. et de Sociol. 1).
Jun. [12] Henri A. Junod, The Life of a South-African-Tribe 1912.
Jyb. [10] Juynboll, Handbuch des islamischen Gesetzes 1910.
Kahrst. [19] Kahrstedt, Die spartanische Agrarwirtschaft 1919 (Hermes 54).
Kahrst. [22] U. Kahrstedt, Griechisches Staatsrecht 1922.
Kandt [04/a] Richard Kandt, Gewerbe in Ruanda 1904 (ZE 36).
Kandt [04/b] Richard Kandt, Caput Nili 1904.

Krst. [20] Rafael Karsten, Contributions to the Sociology of the Indian Tribes of Ecuador 1920 (AAAH 1/3).

Krtz. [07] Karutz, Nach den Höhlenstädten Südtunesiens 1907 (Glob. 92).

Katō [26] Genchi Katō, A Study of Shintō, the Religion of the Japanese Nation 1926.

Kaufm. [10] Hans Kaufmann, Die Auin 1910 (MDSch. 23).

Kays. [17—18] Kayser, Die Eingeborenen von Nauru 1917—18 (Anthr. 12—13).

Kt. [25] Kenton, The Jesuit Relations and Allied Documents, Travels and Explorations of the Jesuit Missionaries in North-America 1610/1791, 1925.

Keyl. [13—18] Nils Keyland, Om renslakten och beredningen af renhudar hos Frostvikens lappar 1913—18 (JSFQu. 30—31).

Keyss. [11] Ch. Keysser, Aus dem Leben der Kaileute in Neuhauß Deutsch-Neu-Guinea III, 1911.

Khdk. u. V. [06] Khandekar u. Vaidya, The Bombay Hereditary Office Act (Appendix) Poona 1906.

Kgly. [97] Kingsley, Travels in West Africa 1897.

Klmr. [04] Klamroth, Deutsch-Ostafrika, Synode Heheland 1904 (Berl. Miss. Ber.).

Klpr. [1812] Julius v. Klaproth, Reise in den Kaukasus und nach Georgien 1812.

Klpr. [1826] J. v. Klaproth, Tableaux historiques de l'Asie depuis la Monarchie de Cyrus jusqu' à nos jours 1826.

Kltsch. [06] Kleintitschen, Die Küstenbewohner der Gazelle-Halbinsel 1906.

Kleiw.-Z. [15] Kleiweg-de-Zwaan, Vorstellungen übvr den Diebstahl bei den Eingeborenen des indischen Archipels 1915 (IAE 22).

Kleiw.-Z. [22] Kleiweg-de-Zwaan, Die Insel Nias bei Sumatra I, 1922.

Kleiw.-Z. [23] Kleiweg-de-Zwan, Une curieuse coutume à l'âge de la puberté 1923 (Revue Anthropologique 33).

Kleiw.-Z. [25] Kleiweg-de-Zwaan, Kindermord in dem Ind. Archipel 1925 (MM 1/1).

Kleiw.-Z. [30] J. P. Kleiweg-de-Zwaan, Bijgeloof in den Indischen Archipel in zake Overspel 1930 (TNAaGen 2e Ser. 47/2).

Klemm [99] Klemm, Ordal und Eid in Hinterindien 1899 (Z. vgl. Rw. 13).

Kltm. [08] Klutmann, Anal. d. nat.-grusinischen Oblig. R. 1908 (Z. vgl. Rw. 21).

Knabh. [17] A. Knabenhans, Arbeitsteilung und Kommunismus im australischen Nahrungserwerb 1917 (Festschrift für Ed. Hahn).

Knabh. [19] Alfred Knabenhans, Die politische Organisation bei den australischen Eingeborenen 1919.

Knapp [05] G. F. Knapp, Staatliche Theorie des Geldes 1905.

Knorrg. [26] Knorringa, Emporos, Data on Trade and Trader in Greek Literature from Homer to Aristotle 1926.

Koch-G. [11—13] Th. Koch-Grünberg, Vom Roroima zum Orinoco 1911—13.

Koehne [91] Koehne, Das Recht der Kalmücken 1891 (Z. vgl. Rw. 9).

Kohler [82] Josef Kohler, Rechtshistorische und rechtsvergleichende Forschungen 1882 (Z. vgl. Rw. 3).

Kohler [85] J. Kohler, Zur Lehre von der Blutrache 1885.

Kohler [88—89] Kohler, Die Wirklichkeit und Unwirklichkeit des islamischen Rechts 1888—89 (Z. vgl. Rw. 7/8).

Kohler [89/a] Josef Kohler, Indische Gewohnheitsrechte 1889 (Z. vgl. Rw. 8).

Kohler [89/b] Josef Kohler, Über das vorislamitische Recht der Araber 1889 (Z. vgl. Rw. 8).

Kohler [92/a] Josef Kohler, Die Gewohnheitsrechte der Provinz Bombay 1892 (Z. vgl. Rw. 10).

Kohler [92/b] Josef Kohler, Recht der Azteken 1892.

Kohler [97] Kohler, Die Rechte der Urvölker Nord-Amerikas 1897 (Z. vgl. Rw. 12).

Kohler [00] Kohler, Das Banturecht 1900 (Z. vgl. Rw. 14).

Kohler [02] Kohler, Recht der Papua 1902. (Z. vgl. Rw. 15).

Kohler [05/a] Josef Kohler, Die Bantus der Elfenbeinküste 1905 (Z. vgl. Rw. 18).

Kohler [05/b] Josef Kohler, Gemeindeschaft und Familiengut im israelitischen Recht 1905 (Z. vgl. Rw. 17).

Kohler [05/c] Josef Kohler, Milchverwandtschaft bei den Etruskern 1905 (Z. vgl. Rw. 18).

Kohler [06] Josef Kohler, Altsyrisches und armenisches Recht 1906 (Z. vgl. Rw. 19).

Kohler [13] Jos. Kohler, Recht auf den Salomo-Inseln und dem Bismarckarchipel nach Thurnwald 1913 (Z. vgl. Rw. 29).

Kohler [16/a] Kohler, Lebens- und Rechtsgebräuche der Bulgaren 1916 (Z. vgl. Rw. 33).

Kohler [16/b] Josef Kohler, Die Rußkaja Prawda und das altslavische Recht 1916. (Z. vgl. Rw. 33).

Kohler [19] Kohler, Über die malaiischen Adats 1919 (Z. vgl. Rw. 36).

Kohler-U. [13] Kohler-Ungnad, Assyrische Rechtsurkunden 1913.

Klr. [06] Kohlrausch, Zweikampf 1906.

Kjff. [27] George P. Kojeuroff, Some Centributions to the Anthropology of the Buriats 1927 (JN-Ch-BRAsSoc. 58).

Kolb [1719] Peter Kolb, Caput bonae spei hodiernum d. i. Vollständige Beschreibung des afrikanischen Vorgebirges der Guten Hoffnung 1719.

König [24—25] Herbert König, Der Rechtsbruch und sein Ausgleich bei den Eskimos 1924—25 (Anthr. 19/20).

König [25] König, Die Genesis 1925.

Kopp. [15—16] W. Koppers, Die ethnologische Wirtschaftsforschung 1915—16 (Anthr. 10—11).

Kopp. [24] Wilh. Koppers, Unter Feuerland-Indianern 1924.

Kornm. [27] Ernst Kornemann, Die Stellung der Frau in der vorgriechischen Mittelmeerkultur 1927 (Orient und Antike 4).

Köster [24] Köster, Schiffahrt und Handelsverkehr des östlichen Mittelmeeres im 3. u. 2. Jahrtausend v. Chr. 1924 (Beih. z. Alt. Orient).

Kvlk. [90] M. Kovalewsky, Tableau des origines et de l'évolution de la famille et de la propriété 1890.

Kvlk. [93] Maxime Kovalewsky, Coutume contemporaine et Loi ancienne, droit cout. Ossétien 1893.

Kvlk. [06] Maxime Kovalewsky, Coutumes Contemporaines des Ossètes 1906.

Krafft [14] Max Krafft, Die Rechtsverhältnisse der Ovaknanjama und Ovandonga 1914 (MDSch. 27).

Krämer [02—03] Augustin Krämer, Die Samoa-Inseln 1902—03.

Krämer [06] Augustin Krämer, Hawäii Ostmikronesien und Samoa 1906.

Krämer [08] Augustin Krämer, Studienreise nach den Zentral- und Westkarolinen 1908 (MDSch. 21) S. 169ff.

Krämer [17, 19, 26] Augustin Krämer, Palau I. Bd. 1917; II. Bd. 1919; III. Bd. 1926 (Hamburg. Wiss. Stiftung).

Krämer [28] Augustin Krämer, Der Taro und die Naßkultur 1928 (PM 74 5/6).

Krämer-B. [16] Elisabeth Krämer-Bannow, Bei kunstsinnigen Kannibalen der Südsee 1916 (Wanderungen auf Neu-Mecklenburg 1908—09).

Krapff [58] Krapff, Reise in Afrika 1858.

Krause F. [24/a] Fritz Krause, Das Wirtschaftsleben der Völker 1924 (Jedermann's Bücherei).

Krause [24/b] Krause, Die Epoche der Mongolen. Ein Kapitel aus der Geschichte und Kultur Asiens 1924 (MSOSpr. 26—27).

Krauß [85] S. Krauß, Sitte und Brauch der Südslaven 1885.

Krauß [07] Krauß, Das Geschlechtsleben in Glaube, Sitte und Brauch der Japaner 1907.

Kr. [77] Alfred v. Kremer, Kulturgeschichte des Orients 1877.

Krickbg. [18] Krickeberg, Die Totonaken 1918 (BA 7).

Krickbg. [22/a] Krickeberg, Völkerkunde 1922.

Krickbg. [22/b] W. Krickeberg, Amerika 1922 (in Buschan Ill. Völkerk. I).

Kroeb. [09] Kroeber, Classificatory Systems of Relationship 1909 (JRAI 39).

Kroeb. [17/a] A. L. Kroeber, The Tribes of the Pacific Coast of North America 19. Congress of Americanists 1917.

Kroeb. [17/b] A. L. Kroeber, Zuñi Kin and Clan 1917 (APAMNH 18).

Kroeb. [22] A. L. Kroeber, Elements of Culture in Native California 1922 (UCPAAE 13).

Kroeb. [23/a] A. L. Kroeber, American Culture and the Northwest Coast. Components of American Culture 1923 (AA 25/1).

Kroeb. [23/b] Kroeber, Anthropology 1923.

Kroeb. [25] A. L. Kroeber, Handbook of the Indians of California 1925 (BBAE 78).

Kroeb. [27] A. L. Kroeber, Arrow Release Distributions 1927 (UCPAAE 23/4).

Krohn [94] Krohn, La manière ancienne des Lapons de faire le commerce 1894 (JSFQu. 12).

Krone [13—18] Krone, Kaleva und seine Sippe 1913—18 (JSFOu. 39).

Kropf [89] A. Kropf, Das Volk der Xosa-Kaffern im östlichen Südafrika. Ein Beitrag zur afrikanischen Völkerkunde 1889 (BerlinerAfrikan. Missions-Gesellschaft).

Krglw. [27] Kruglewski, Das Strafrecht als Kulturfaktor 1927.
Kruyt [29] Alb. C. Kruyt, The Influence of Western Civilisation on the Inhabitants of Poso (Central Celebes) in B. Schrieke, The Effect of Western Influence on Native Civilisations in the Malay Archipelago 1929.
Kuby. [73—74] J. Kubary, Die Lagune von Ebon, nach briefl. Mitteilungen 1873—1874.
Kuby. [85] Kubary, Die Sozialen Einrichtungen der Palauer 1885.
Kuby. [95] J. S. Kubary, Ethnographische Beiträge zur Kenntnis des Karolinen-Archipels. 1895.
Kuby. [85—95] J. S. Kubary, Ethnogr. Beiträge zur Kenntnis der Karolinen-Inselgruppe 1885—95.
Kuip. [21] J. F. Kuiper, Japan en de Buitenwereld in de 18 Eeuw 1921.
Külz [19—20] L. Külz, Die Abhängigkeit der geistigen und kulturellen Rückständigkeit der Naturvölker von ihren endemischen Krankheiten 1919—20. (Anthr. 14—15).
Lac. [40] B. F. Leguével de Lacombe, Voyage à Madagascar et aux îles Comores 1840 (1823—1830).
de Lacp. [92] Terrien de Lacouperie, Catalogue of Chinese Coins from the VIIth Century B. C. to A. D. 621, including the series in the British Museum hg. von R. St. Poole 1892. 1892.
Lamb. [00] Lambert, Néo-Calédoniens 1900.
Lamb. [01] Le Père Lambert, Moeurs et Superstitions des Néo-Calédoniens 1901.
Landtm. [20] Gunnar Landtmann, Papuan Magic in the Building of Houses 1920 (AAAH 1).
Lang [07—08] Andrew Lang, The Origin of Terms of Human Relationship Proceedings of the British Academy 3 1907—08.
Lange [12] Lange, Die Lehensfürsten nach der Schlacht von Sekigahara 1600; 1912. (MSOSpr. 15).
Lgf. [19—20] Gösta Langenfeldt, On the Origin of Tribal Names 1919—20 (Anthr. 14/15).
Lasch [06] Richard Lasch, Der Eid 1906.
Latte [20] Kurt Latte, Heiliges Recht in Griechenland 1920.
Laufer [18] B. Laufer, The reindeer and its domestication 1918 (MAAA 4/2).
Laum [24] Bernhard Laum, Heiliges Geld, eine histor. Untersuchung über den sakralen Ursprung des Geldes 1924.
Lavl. [75] Laveleye, Les lois des Bretons 1875 (Rev. des deux mondes 8).
de Lavl. [91] Emile de Laveleye, De la propriété et ses formes primitives 1891.
Legd. [11] Legendre, The Lolos 1911 (ARBRSI).
Lts. [13—18] T. V. Lehtisalo, Zur Jagd bei den Juraksamojeden 1913—18 (JSFOu. 30—31).
Leist [84] Leist, Graeco-italische Rechtsgeschichte 1884.
Leist [92][1]), [96][2]) Leist, Altarisches jus civile 1892/1896.
Ltn. [81] Leitner, A Sketch of the Bashgeli Kafirs and their Language (Kalasha) 1881 (JUSII).
Ltn. [89] G. W. v. Leitner, The Hunza and Nagyr Languages 1889.
Len. [24] Lenoir, Les Expéditions maritimes etc. 1924 (L'Anthrop. 34).
Len. [24—25] Raymond Lenoir, Les conditions de la fabrication en Mélanésie occidentale 1924—25 (RIS 5/2).
Len. [24—25] Raymond Lenoir, Sur l'institution du Potlach 1924—25 (Revue philosophique).
Lenz [95] Oskar Lenz, Über Geld bei Naturvölkern 1895.
Leroy [25] Olivier Leroy, Essai d'introduction critique a l'étude de l'économie politique 1925 (Les théories de K. Bücher et l'ethnologie moderne).
Lesser [29] Alexander Lesser, Kinship Origins in the Light of some Distributions 1929 (AA 31/4).
Lss. [1839] Lesson, Voyage autour du monde sur la corvette. La Coquille 2 1839.
Letn. [97] Letourneau, L'évolution du Commerce 1897.
Letn. [99] Ch. Letourneau, La monnaie chez les races de couleur 1899 (Bull. Soc. d'Anthropologie).
Letn. [93] A. Hanoteau et Letourneux, La Kabilie et les coutumes Kabiles III 1893.
Lew. [69] Lewin, The Hill Tribes of Chittagong etc. 1869.
Lew. [70] T. A. Lewin, Wild Races of S.-E. India 1870.
Lewk. [13] Jan St. Lewinski, The Origin of Property and the Formation of the Village Community 1913 (Lectures Lon-

don School of Economics and Political Science 30).
Liebm. [97] F. Liebermann, Die Gesetze der Angelsachsen 1897.
Lpm. [04] Liepmann, Duell und Ehre 1904.
Ltd. [13] Alfred Liétard, Au Yun-nan Les Lo-LoP'O 1913 (Anthr. 1/5).
Ling-R. [96] Ling-Roth, The Natives of Sarawak and Brit. N.-Borneo II 1896.
Lvgst. [57] David Livingstone, Missionary Travels and Researches in South Africa 1857.
Lwth. [19—20] Loewenthal, Ein Gottesurteil der alten Mexikaner 1919—20 (Anthr. 14—15).
Lwth. [23] John Loewenthal, Isländische Rechtssymbole in Altamerika 1923 (Z. vgl. Rw. 40).
Lwth. [26] John Loewenthal, Spuren der Isländerfahrten in Nova Scotia 1926 (MAGW 56).
Lopt. [22] J. A. Lopatin, Goldi of the Amur, Ussuri Rivers 1922 (Vladivostok Branch of the Amur Section of the Russian Geogr. Soc. 17).
Lowie [11] Lowie, Dance Associations of the Eastern Dakota 1911 (APAMNH 11/12).
Lowie [12/a] Robert H. Lowie, On the Principle of Convergence in Ethnology 1912 (JAm.F-L 25).
Lowie [12/b] Lowie, Social Life of the Crow Indians 1912 (APAMNH 9).
Lowie [12—16] Lowie, Societies of the Arikara Indians 1912—16 (APAMNH 2).
Lowie [13/a] Lowie, Societies of the Crow, Hidatsa a. Mandan Ind. 1913 (APAMNH 11).
Lowie [13/b] Lowie, Crow Military Societies 1913 (APAMNH 11/13).
Lowie [15] Robert H. Lowie, Exogamy and the Classificatory System of Relationship 1915 (AA 17).
Lowie [16] Lowie, Plain Indian Age Societies, Histor. and Compar. Summary 1916 (Pap. Am. Mus. Nat. Hist. 11/13).
Lowie [17] Lowie, Notes on the Social Organization and Customs of the Mandan, Hidatsa and Crow Indians 1917 (APAMNH 21/1).
Lowie [19/a] R. H. Lowie, The Matrilineal Complex 1919 (UCPAAE 16).
Lowie [19/b] Lowie, The Tobacco Society of the Crow-Indians 1919 (APAMNH 21/2).
Lowie [20] R. H. Lowie, Primitive Society 1920.
Lowie [22] Lowie, The Avunculate in Patrilineal Tribes 1922 (AA 24).
Lowie [24] Lowie, Minor Ceremonies of the Crow-Indians 1924 (APAMNH 21/5).
Lowie [25] R. H. Lowie, Primitive Religion 1925.
Lumh. [92] Karl Lumholtz, Unter Menschenfressern 1892.
Lundg. [30] Hendrik Lundegardh, Klima und Boden in ihren Wirkungen auf das Pflanzenleben. 2. Aufl. 1930.
Ltk. [1835—36] Lütke, Voyage autour du monde exécuté par ordre de Sa Maj. Nicolas I. 1826—29. 1835—36.
Macd. [16] Macdonald, The Evolution of Coinage 1916.
Macdll. u. K. [12] Macdonell u. Keith, Vedic Index 1912.
Mac K. [26] Mac Kern, Functional families of the Patwin 1926 (UCPAAE 13).
Mac. L. [22] Mac Leed, The Family Hunting Territory and Lenape Political Organization 1922 (AA 24).
Mac Lnn. [65] Mac Lennan, Primitive Marriage 1865.
Mac Lnn. [76] Mac Lennan, Ancient History 1876.
Mac Lnn. [85] Mac Lennan, The Patriarchal Theory 1885.
Mac Ld. [22] William Christie Mac Leod, The Family Hunting Territory 1922 (AA 24).
Mac Ld. [23] William Christie Mac Leod, On the Significance of Matrilineal Chiefship 1923 (AA 25).
Mac Ld. [24/a] William Christie Mac Leod, The Origin of the State, reconsidered in the Light of the Data of Aboriginal North America. Diss. Univ. Pennsylvania, Ph. D. Philadelphia 1924.
Mac Ld. [24/b] William Christie Mac Leod, Natchez Political Evolution 1924 (AA 26).
Mac Ld. [25] William Christie Mac Leod, Debtor and Chattel Slavery in Aboriginal North America 1925 (AA 27).
Mac Neill [21] Mac Neill, Celtic Ireland 1921.
Mac Neill [21—24] Mac Neill, Ancient Irish Law. (The Law of Status and Franchise) 1921—24 (Proceedings of the R. Irish Academy 36).
Maine [60] Maine, Ancient Law 1860.
Maine [71] Maine, Village Communities in the East and West 1871.
Maine [75] Maine, Lectures on the Early History of Institutions 1875.

Malc. [23] L. W. G. Malcolm, Notes on Birth, Marriage and Death Ceremonies of the Eyap Tribe, Central Cameroon 1923 (JRAI 53).
Malc. [24] L. W. G. Malcolm, Sex Ratio in African Peoples 1924 (AA 26).
Malc. [25] Malcolm, Note on the Seclusion of Girls among the Efik at old Calabar 1925 (Man 69).
Malc. [26] Malcolm, The Social-Political Organisation of the E-Ĝap Tribe, Central Cameroon 1926 (Anthr. 21).
Mal. [13] B. Malinowski, The Family among Australian Aborigines 1913.
Mal. [15] Malinowski, The Natives of Mailu 1915 (TRSSA 39).
Mal. [21] Malinowski, The primitive economics of the Trobriand Islanders 1921 (EJ 31).
Mal. [22] B. Malinowski, Argonauts of the Western Pacific 1922.
Mal. [23/a] Malinowski, The Sexual Psychology of the Savages Psyche 1923.
Mal. [23/b] Malinowski, The Psychology of Sex in Primitive Societies 1923 (Psyche 4/2).
Mal. [23—24] Malinowski, Psyche 1923—1924.
Mal. [24] Malinowski, Mutterrechtliche Familie und Ödipus-Komplex 1924. (Img 10).
Mal. [25] Malinowski, Forschungen in einer mutterrechtlichen Gemeinschaft 1925 (ZVS).
Mal. [26] Malinowski, Crime and Custom in Savage Society 1926.
Mal. [28] B. Malinowski, The Anthropological Study of Sex 1928 (Verh. d. I. int. Kongr. f. Sexualforsch. 1926).
Mal. [29] B. Malinowski, The Sexual Life of Savages 1929.
Mal. [30] B. Malinowski, Kinship 1930 (Man 30/17).
Mltz. [73] von Maltzan, Reisen nach Südarabien 1873.
Man [82] E. H. Man, On the Original Inhabitants of the Andaman Islands 1882 (JAI 12).
Man [85] E. H. Man, On the Andaman Islands and their Inhabitants 1885 (JRAI 14).
Mg. [14] Mangin, Les Mossi (Soudan occidental) 1914 (Anthr. 9).
Mansf. [08] Alfred Mansfeld, Urwald Dokumente, Vier Jahre unter den Croßflußnegern Kameruns 1908.
Marb. [26] Marbach, Die Bezeichnungen für Blutsverwandte 1926 (Img 12).
Mark. [22—23] Jega Market, With map of the Hausa Trade Routes 1922—23 (JAS 22).
Marqu. [13] Marquard, Die Benin-Sammlung des Reichsmuseums für Völkerkunde in Leiden 1913.
Mart. [67] von Martius, Zur Ethnographie Amerikas, zumal Brasiliens 1867.
Marx [07] A. Marx, Die Bücher Mose und Josua 1907.
Mason [26] I. Alden Mason, Coast and Crest in Columbia 1926 (JAMNH) „Nat-Hist.“).
Masp. [77] G. Maspero, Geschichte der morgenländischen Völker 1877 (Histoire ancienne 1/50).
Masp. [28] Henri Maspero, The Origins of the Chinese Civilizations 1928 (ARBRSI for 1927).
Math. [10] John Mathew, The Origin of the Australian Phratries etc. 1910 (JRAI 40).
Matt. [80—83] Washington Matthews, Navajo Silversmiths 1880—83 (ARBE 2nd).
Maurer [1835] von Maurer, Das griechische Volk vor und nach dem Freiheitskampf I 1835.
Maurer [08] Maurer, Verwandtschaft und Erbrecht nach altnordischem Recht 1908.
Maurz. [26] Maurizio, Pflanzen, die vor jedem Anbau zur Nahrung dienten 1926 (Ber. d. dtsch. botan. Ges. 44/3).
Maurz. [27/a] Maurizio, Der Ährenschnitt, die Sichel und das Ährenlesen 1927 (Journal für Landwirtschaft).
Maurz. [27/b] A. Maurizio, Die Geschichte unserer Pflanzennahrung von den Urzeiten bis zur Gegenwart 1927.
Mbg. [00] R. v. Mausberg, Die antike Hinrichtung am Pfahl oder Kreuz 1900 (ZK 7).
Mauss [23—24] Mauss, Essai sur le don, forme archaique de l'échange 1923—24 (L'année sociologique NF 1).
Maxw. [23] Constantia Maxwell, Irish History from Contemporary Sources 1923.
Mayer [11] Ernst Mayer, Der germanische Uradel 1911 (ZSavStftRg. germ. Abt. 32).
Mayer [16] Ernst Mayer, Zur Lehre vom germanischen Uradel 1916 (APAMNH 37).

Mayer [20—21] Ernst Mayer, Das altspanische Oblig. R. 1920—21 (Z. vgl. Rw. 38/39).
Mayer [24] Ernst Mayer, Germanische Geschlechtsverbände und das Problem der Feldgemeinschaft 1924 (ZSavStftRg. germ. Abt. 44).
Mayne [80] John D. Mayne, A Treatise on Hindu Law. and Usage 1880.
Mayne [83] I. D. Mayne, Hindu Law and Usage 1883.
Mc Gov. [23/a] Mc Govern, Am. Head Hunters of Formosa 1923.
Mc Gov. [23/b] Mc Govern, Unter den Kopfjägern auf Formosa 1923.
Means [18] Philip Ainsworth Means, Pre Columbian Peruvian Chronology and Culture 1918 (Man. 18).
Means [23] Philip Ainsworth Means, Some Comments on the Inedited Mannscript of Poma de Ayala 1923 (AA 25)
Mehlis [21] C. Mehlis, Raetia und Vindelicia bei Claudius Ptolemäus. Zur Lösung der Räterfrage 1921 (AfAnthr. NF. 18).
Mehlis [23] C. Mehlis, Die „Städte" und Verkehrswege bei Claudius Ptolemäus im Südosten der Germania megale 1923 (AfAnthr. NF. 19).
Mehlis [26] Claudius P. Mehlis, Über Alldeutschland 1926.
Meier [09] P. Jos. M. S. C. Meier, Mythen und Erzählungen der Küstenbewohner der Gazelle-Halbinsel (Neu-Pommern) 1909 (Anthr. 1/1).
Meier [13] P. J. Meier, Die Zauberei bei den Küstenbewohnern der Gazelle-Halbinsel, Neupommern, Südsee 1913 (Anthr. 8).
Meinhf. [26] Carl Meinhof, Die Religionen der Afrikaner in ihrem Zusammenhang mit dem Wirtschaftsleben 1926 (ISKf Ser.A 7).
Mein. [75—76] C. E. Meinicke, Die Inseln des Stillen Ozeans 1875—76.
Meissn. [11] Bruno Meissner, Schafschur in Babylonien 1911 (OLZ 14).
Meissn. [20] Bruno Meißner, Babylonien und Assyrien I 1920.
Mell. [23] Melland, In Witch-Bound Africa 1923.
Mercer [12] Mercer, The Oath in Babylonian und Assyrian Literatur 1912.
Merk. [23] Gero von Merkardt, The Palaeolithic Period in Siberia: Contributions to the Prehistory of the Yenisei Region 1923 (AA 25/1).
Merker [04] A. Merker, Die Masai 1904.
Mestf. [00] Mestorf, Glasperlen aus Frauengräbern der Bronzezeit 1900 (Mitt. Anthrop. Vereins in Schleswig-Holstein 13).
Meyer Ed. [07—09] Eduard Meyer, Geschichte des Altertums² 1907—09.
Meyer Ed. [10] Ed. Meyer, Kleine Schriften 1910.
Meyer F. [05] Felix Meyer, Wirtsch. u. Recht der Herero 1905.
Meyer Fr. E. [13] Fr. E. Meyer, Über d. Schuldr. der dtsch. Schweiz im 13. bis 17. Jh. 1913 (Unters. z. dtsch. St.- u. Rgesch. 115).
Meyer H. [16] H. Meyer, Die Barundi 1916.
Meyer K. [20] Kuno Meyer, Aus dem Nachlaß Heinrich Zimmers 1920 (ZCPh. 9).
Meyer O. P. [13] O. P. Meyer, Fischerei bei den Uferleuten des nördl. Teiles der Gazelle-Halbinsel, und speziell auf der Insel Vuatam, Neupommern 1913 (Anthr. 8).
Meyer P. C. [97] Paul Constantin Meyer, Erforschungsgeschichte und Staatenbildung des Westsudan, mit Berücksichtigung seiner historischen, ethnologischen und wirtschaftlichen Verhältnisse 1897 (Erg. Heft Nr. 121 zu PM 26).
Mich. [25/a] Truman Michelson, The Mythical Origin of the White Buffalo Dance of the Fox Indians 1925 (40. ARBAE for 1918—19).
Mich. [25/b] Truman Michelson, The Autobiography of a Fox Indian Woman 1925 (40. ARBAE for 1918—19).
Mielke [20—21] Mielke, Die Herkunft der Runddörfer 1920—21 (ZE 52).
Mielke [26] Mielke, Die Entstehung und Ausbreitung des Straßendorfes 1926 (ZE 58).
Mgd. [23] Migeod, Arab Origins at Garun Gabbas 1923 (Man 55).
Mikl. [88] Miklosich, Die Blutrache bei den Slaven 1888 (Denkschr. Wien. Akad. Phil.-hist. Kl. 36).
Milne [24] Milne, The Home of an Eastern Clan 1924.
Minn. [28] Paul Minnaert, Les Institutions et le Proit de l'Empire des Incas 1928 (Société des Americanistes de Belgique).
Mitch. [81] Mitchell, The Past in the Present, what is Civilization 1881.
Mitch. [24] Waldemar Mitscherlich, Eine

Wirtschaftsstufentheorie. Skizze des ökonomischen Werdens der germanisch-romanischen Völker 1924.
Mtt. [12] Mitteis, Papyruskunde 1912.
Ms. [05] Mommsen, Zum ältesten Strafrecht der Kulturvölker 1905.
Mkji. [24] Mookerji, Men and Thought in Ancient India 1924.
Moore [23] Riley D. Moore, Social Life of the Eskimo of St. Lawrence Island 1923 (AA 25).
Morl. u. Yu. [28] Moreland u. Yusuf Ali, Akbar's Land-Revenue System as described in the Ain-i-Akbari 1928.
Morg. [71] Morgan, Systems of Consanguinity and Affinity of the Human Family 1871 (Smithson. Inst. Contributions to Knowledge 17).
Morg. [13] de Morgan, Feudalism in Persia, its Origin and Development and present condition 1913 (ARBRSI).
Morg. E. [26] Evan Morgan, A League of Nations in Ancient China 1926 (JN-Ch-BRAsSoc. 57).
Morg. L. [77] L. Morgan, Ancient Society 1877.
Morg. L. H. [51] Lewis H. Morgan, League of the Ho-de'-no-Sau-nee or Iroquois 1851.
Mor. [15] Eduard Moritz, Die ältesten Reiseberichte über Deutsch-Südwestafrika 1915 (MDSch. 28).
Morley [20] S. G. Morley, The Inscriptions at Copan 1920.
Mos. [88] Moser, Durch Zentralasien 1888.
Moss [20] Moss, Nabaloi Law and Ritual 1920 (UCPAAE 15).
Moszk. [10] Moszkowski, Beiträge zur Entwicklungsgeschichte des Wohnhauses in Ost-Sumatra 1910 (A f. Anthr. 9).
Moszk. [11] Max Moszkowski, Vom Wirtschaftsleben der primitiven Völker 1911 (Probleme der Weltwirtschaft 5).
Moszk. [12] Max Moszkowski, L'économie des peuples primitifs 1912 (Revue économique internationale).
Mühlst. Hans Mühlestein, Über die Herkunft der Etrusker 1929.
Müller [03] W. M. Müller, Die alten Ägypter als Krieger und Eroberer in Asien 1903 (AO 5,1).
Müll.-W. [17] W. Müller-Wismar, Yap 1917.
Münzer [20] F. Münzer, Römische Adelsparteien und Adelsfamilien 1920.
Munz. [59] W. Munzinger, Sitten und Recht der Bogos 1859.
Munz. [64] W. Munzinger, Ostafrikanische Studien. 1. Auflage 1864.
Munz. [83] W. Munzinger, Ostafrikanische Studien, 2. Auflage 1883.
Murie [12—16] Murie, Pawnee Societies 1912—16 (APAMNH 2).
Murphy [25] Murphy, The Romance of Science 1925 (NGM 48).
Murr. [12] Murray, Papua or British New-Guinea 1912.
Murr. H. [25] Herbert Murray, Papua of to-day, or an Australian Colony in the Making 1925.
Murr. M. [15] Margaret Murray, Royal Marriages and matrilineal Descent 1915 (JRAI 45).
Murr. M. [18] M. A. Murray, Child Sacrifice among European Witches 1918 (Man 18).
Musil [28] Alois Musil, The Manners and Customs of the Rwala Bedouins 1928 (Am. Geogr. Soc. Or. Explor. a. Studies Nr. 6).
Nchtg. [79—82] Nachtigal, Sahara und Sudan 1879—82.
Nalm. [08] Nalimov, Zur Frage nach den ursprünglichen Beziehungen der Geschlechter bei den Syrjänen 1908 (JSFOu. 25).
Nans. [91] Frithjoff Nansen, Eskimoleben 1891.
Negl. [03] von Negelein, Die Stellung des Pferdes in der Kulturgeschichte 1908 (Glob. 84/22).
Nels. [99] W. Nelson, The Eskimo about Bering Strait 1899 (ARBAE 18/1).
Neum. [19] D. Neumann, The Eskimo, Nome (Alaska) 1919.
Neur. [18] Neurath, Antike Wirtschaftsgeschichte 1918.
Nev. [21] Neville, Initiation Rites among the Matabele 1921 (Man).
Newb. [1839] Newbold, Political and Statistical Account of the Brit. Settl. in the Straits of Malacca 1839.
Nieb. [00] H. J. Nieboer, Slavery as an Industrial System 1900.
Ndn. [13] Felix Niedner, Islands Kultur zur Wikinger-Zeit 1913 (Sammlung Thule).
Niese [03] Richard Niese, Das Personen- und Familienrecht der Suaheli 1903 (Z. vgl. Rw. 16).
Nigm. [08] E. Nigmann, Die Wahehe 1908.

Nlss. [27] Nilsson, Staat und Religion im alten Griechenland 1927 (Sc. 6).

Nmdj. [19—20] Nimuendajû, Bruchstücke aus Religion und Überlieferung der Sipaia-Indianer 1919—20 (Anthr. 14/15).

Nrd. [23] Georg Nioradze, Die Berg-Ossen und ihr Land 1923.

Nss. [24] Nissen, Die Südwestgrönländische Landschaft und das Siedlungsgebiet der Normanen 1924 (AGAk. 15).

Nops. [23] Franz Baron von Nopcsa, Die Herkunft des nordalbanischen Gewohnheitsrechtes, des Kanun Lek Dukadžinit 1923 (Z. vgl. Rw. 40).

Nord. [12] Erland Nordenskiöld, Indianerleben 1912.

Nord. [29] Erland Nordenskiöld, L'Apiculture Indienne 1929 (Journal de la Société des Américanistes de Paris N. S. XXI, p. 169—182).

Nutt. [25] Zelia Nuttall, The Gardens of Ancient Mexico 1925 (ARBRSI for 1923).

O'B. [11] O'Brien, Some Matrimonial Problems of the Western Border of India 1911 (F-L 22).

Oldbg. [97] Oldenberg, Zur Geschichte des indischen Kastenwesens 1897 (ZDMG 51).

Oldbg. [06] Hermann Oldenberg, Buddha. Sein Leben, seine Lehre, seine Gemeinde 1906.

Oldbg. [23] Oldenberg, Die Upanishaden 1923.

D'Orb. [1844] A. D'Orbigny, Voyage dans l'Amérique méridionale 3 1844.

Orschk. [16] Haralampi Oroschakoff, Ein Denkmal des bulgarischen Rechts 1916 (Z. vgl. Rw. 33).

Østp. [29] J. Østrup, Orientalische Höflichkeit. Formen und Formeln im Islam 1929.

O'Sullv. [10] Hugh O'Sullivan, Dinka Laws and Customs 1910 (JRAI 40).

Overb. [27] Hans Overbeck, Malaiische Weisheit und Geschichte 1927.

Paas. [16—29] H. Paasonen, Sur quelques mots relatifs à l'agriculture empruntés par les langues finno-ougriennes au proto-aryen ou à l'aryen ancien 1916—29 (JSFOu. 34).

Pall. [1771] P. S. Pallas, Reisen durch verschiedene Prov. des russischen Reichs I 1771.

Pall. [1776—1801] P. S. Pallas, Sammlung historischer Nachrichten über die mongolischen Völker 1 1776—1801.

Panh. [28] K. H. Panhorst, Deutschland und Amerika. Ein Rückblick auf das Zeitalter der Entdeckungen und der ersten deutsch-amerikanischen Verbindungen 1928.

Papf. [19—20] Papafio, The Gã Homowa Festival 1919—20 (JAS 19).

Ppph. [24] Max Pappenheim, Kritische Untersuchungen zum Rasengang der Isländersaga 1924 (Archiv f. d. ges. Psycholog. 46).

Parker [10] Arthur C. Parker, The Origin of the Iroquois Silversmithing 1910 (AA 12).

Parker [16] Parker, The Constitution of the five nations Albany 1916 (The Univ. of the State of New York State Museum Bull. 184).

Park. [87] Parkinson, Im Bismarck-Archipel 1887.

Park. [07] R. Parkinson, 30 Jahre in der Südsee 1907.

Pars. [13] Elsie Clews Parsons, Religion and Chastity 1913.

Pars. [15—16] Elsie Clews Parsons, The Reluctant Bridegroom 1915—16 (Anthr. 10—11).

Pars. [16/a] Elsie Clews Parsons, Holding Back in Crisis Ceremonialism 1916 (AA 18).

Pars. [16/b] Parsons, The Zuñi La'mana 1916 (AA 18).

Pars. [16/c] Elsie Clews Parsons, A Few Zuñi Death Beliefs and Practices 1916 (AA 18).

Pars. [17] Parsons, Ceremonial friendship at Zuñi 1917 (AA 19).

Pars. [21] Parsons, Hopi Mothers and Children 1921 (Man 58).

Pars. [21—22] Parsons, A narrative of the Ten'a of Anvik, Alaska 1921—22 (Anthr. 16/17).

Pars. [25] Parsons, Laguna Genealogies 1925 (APAMNH 19).

Pars. [29] Elsie Clews Parsons, The Social Organization of the Tewa of New Mexico 1929 (MAAA 36).

Ptdg. [05] Partridge, Cross River Natives 1905.

Partsch [09] Partsch, Griechisches Bürgschaftsrecht I 1909.

Pass. [95] Passarge, Adamaua 1895.

Pass. [07] S. Passarge, Die Buschmänner der Kalahari 1907.

Paulsch. [93, 96] Philipp Paulitschke, Ethnographie Nordost-Afrikas. 1. Bd. 1893; 2. Bd. 1896.

Plss. [14] Paulssen, Rechtsanschauungen der Eingeborenen auf Ukarra 1914 (BA 4).

Paulss. [22] Franz Paulsson, Rechtsanschauungen der Wagogo 1922 (BA 6).

Peake [22] Herold Peake, The English Village, the Origin and Decay of its Community 1922.

Peake [27] Harold Peake, The Beginning of Civilization 1927 (JRAI 57).

Pech.-L. [77] Pechuël-Lösche, Aus dem Leben der Loango-Neger 1877 (Glob. 32).

Pech.-L. [78] Pechuël-Lösche, Indiscretes aus Loango 1878 (ZE 10).

Pech.-L. [07/a] Pechuël-Lösche, Loango Expedition 3,2 1907.

Pech.-L. [07/b] E. Pechuël-Lösche, Volkskunde von Loango 1907.

Pds. [14] Pedersen, Der Eid bei den Semiten 1914.

Peek. [08] Peekel, Die Verwandtschaftsnamen des mittleren Neu-Mecklenburg 1908 (Anthr. 3).

Peek. [10] P. G. Peekel, Religion und Zauberei auf dem mittleren Neu-Mecklenburg 1910 (Anthrop.-Bibl. 2/3).

Pen. [07] Penard, De Menschetende Aanbidders der Zonneslang 1907.

Perry [23] Perry, The Children of the Sun 1923.

Petrie [20] W. M. Flinders Petrie, History in Tools 1920 (ARBRSI for 1918).

Pfst. [25/a] Friedrich Pfister, Volkskunde, Religion und Religionswissenschaft 1925 (Blätter zur bayr. Volkskunde 10).

Pfst. [25/b] Friedrich Pfister, Weiteres zu den Ortsneckereien 1925 (Blätter zur bayr. Volkskunde 10).

Phill. [25/a] George Brinton Phillips, The Metal Industry of the Aztecs 1925 (AA 27).

Phill. [25/b] George Brinton Phillips, The Primitive Copper Industry of America 1925 (AA 27).

Phillps. [16] J. H. Phillipson, Notes on the Galla 1916 (Man 16 Nr. 107).

Pitt-Riv. [25] Pitt-Rivers, Aka Island, Ethnogr. and Sociological Features of a South-Sea Pagan Society 1925 (JRAI 55).

Playf. [09] Playfair, The Garos 1909.

Pli. [26] Hans Plischke, Von den Barbaren zu den Primitiven. Die Naturvölker durch die Jahrhunderte Leipzig, F. A. Brockhaus 1926.

Pli. [29] Hans Plischke, Das Zeitalter der Weltumseglungsfahrten und die Naturvölker. Ein Beitrag zur Geschichte der Völkerkunde 1929 (A Anthr. NF. XXII/2).

Ploss-B. [13] Ploss-Bartels, Das Weib in der Völkerkunde 1913.

Poky. [17] Pokorny, Eskimo-mongolisches in der vorarischen Bevölkerung des britischen Inselreiches. Beiträge zur ältesten Geschichte Irlands 1917 (ZCPh. 11 u. 12).

Ppg. [1835] E. Pöppig, Reise in Chile, Peru u. auf d. Amazonenstrom 1835.

Post [87] Post, Afrikanische Jurisprudenz 1887.

Post [94—95] Alb. Herm. Post, Grundriß der ethnologischen Jurisprudenz 1. Bd. 1894; 2. Bd. 1895.

Pwll. [23] E. A. Powell, („Worlds Work" Märzheft) 1923.

Pow. [77] S. Powers, Tribes of California Contrib. to N 1877 (American Ethn. 3).

Prwt. [19] Prawoto, Dievenbij geloof op Midden-Java 1919 (TTLV 58).

Preiss [13] H. Preiss, Die Bestrafung des unverschuldeten sozialschädlichen Tatbestandes im japan. Recht 1913 (Z. vgl. Rw. 29).

Preuss, [19—20] K. Th. Preuss, Forschungsreise zu den Kágaba-Indianern der Sierra-Nevada de S. Marta in Kolumbien 1919—20 (Anthr. 14—15).

Preuss [21] K. Th. Preuss, Religion und Mythologie der Uitoto 1921.

Prev. [94] A. de Preville, Les Sociétés Africaines 1894.

Price [82/3] Price, On Aggri Beads 1882/3 (JRAI 12).

Prtz. [25] R. Prietze, Wüstenreise des Haussa-Händlers Mohammed Agigi 1925 (MSOSpr. 28).

Prtch. [66] Pritchard, Polynesian Reminiscences 1866.

Quty.-P. [13—14] Quartey-Papafio, The Use of Names among the Gãs or Accra People of the Gold Coast 1913—14 (JAS 13).

Quev. [19] Samuel A. Lafone Quevedo, Guarani Kinship Terms 1919 (AA 21).

Quist. [15] Martin Quistorp, Männergesellschaft und Alterklassen in China 1915 (MSOSpr. 18).

Rad. [10] Paul Radin, Clan Organization of the Winnebago 1910 (AA 12).
Rad. [13] Paul Radin, Personal Reminiscences of a Winnebago Indias 1913 (JAmF-L 26).
Rad. [14] P. Radin, Peyote Cult of the Winnebago 1914 (JRP 7/1).
Rad. [15] Paul Radin, The Social Organization of the Winnebago Indians. Canada Dpt. of Mines, Geol. Survey 1915 (Mus. Bulletin Nr. 10, Anthrop. Series Nr. 5).
Rad. [23] Paul Radin, The Winnebago Tribe 1923 (ARBAE 37).
Rad. [25] Paul Radin, Maya, Nahuatl, and Tarascan Kinship Terms 1925 (AA 27).
Radff. [84] Wilhelm Radloff, Aus Sibirien I 1884.
Rsch. [04] Rascher, Grundregeln der Baining-Sprache 1904 (MSOSpr. 7).
Rasm. [08] Knud Rasmussen, The People of the Polar North 1908.
Rasm. [21] Knud Rasmussen, Greenland by the Polar Sea. The Story of the Thule Expedition from Melville Bay to Cape Morris Jesup 1921.
Ratty. [16] R. J. Rattray, The Iron Workers of Akpafu 1916 (JRAI 46).
Ratty. [23] R. J. Rattray, Ashanti 1923.
Ratty. [25] Rattray, Cross-Cousin Marriages (Ashanti) 1925 (JAS 24).
Read [18] Carveth Read, No Paternity 1918 (JRAI 48).
Reche [14] Otto Reche, Zur Ethnographie des abflußlosen Gebietes Deutsch-Ostafrikas 1914 (Abhdlg. d. Hambg. Kolonialinstituts 17).
Rh. [92] Rehme, Das Recht der Amaxosa-Kaffern 1892 (Z. vgl. Rw. 10).
Rehse [10] H. Rehse, Kiziba 1910.
Reik [16] Reik, Die Pubertätsriten der Wilden 1916 (Img 4).
Reim. [14] Julius Reimers, Der Lehenstaat in Georgien 1914 (Beitr. z. Kultur- u. Universalgesch. 31).
Rein-W. [25] Anna Rein-Wuhrmann, Mein Bamumvolk im Grasland von Kamerun 1925.
Reitzst. [23] von Reitzenstein, Das Weib bei den Naturvölkern 1923.
Rhamm [02] Rhamm, Der Verkehr der Geschlechter unter den Slaven in seinen gegensätzlichen Erscheinungen 1902 (Glob. 82).
Rhys [01] John Rhys, Celtic Folklore, Welsh and Maux 1901 (F-L 12).
Rich. [14] Richards, South India 1914 (Man 14 Nr. 97).
Rcht. [08] Richter, Kultur und Reich der Marotse 1908 (Beitrag z. Kultur- und Universalgeschichte 8).
Rckts. [25] O. Ricketson, Burials in the Maya Area 1925 (AA 27).
Ried. [85] J. G. F. Riedel, Galela und Tobeloresen Ethnogr. Notizen 1885 (ZE 17).
Ried. [87] J. G. F. Riedel, Sluik- en kroesharige rassen 1887 (Revue Coloniale Internationale, Amsterdam).
Rsly. [91] Risley, Tribes and Castes of Bengal 1891.
Riv. [06] W. H. R. Rivers, The Todas 1906.
Riv. [09] Rivers, Totemism in Polynesia and Melanesia 1909 (JRAI 39).
Riv. [14/a] Rivers, Kinship and Social Organization 1914.
Riv. [14/b] W. H. R. Rivers, History of Melanesian Society 2 vols. 1914.
Riv. [15/a] W. H. R. Rivers, Melanesia. Melanesian Gerontocracy 1915 (Man 15).
Riv. [15/b] W. H. R. Rivers, The Boomerang in the New-Hebrides 1915 (Man 15 Nr. 59, 85).
Riv. [15/c] W. H. R. Rivers, Descent and Ceremonial in Ambrim 1915 (JRAI 45).
Rbts. [96] Scott Robertson, Kâfics of the Hindu-Kush 1896.
Rbts. [02] Robertson, Erromanga, the Martyr Island 1902.
Rbl. [96] Robley, Moko or the Maori Tattooing 1896.
Rockh. [91] Rockhill, The Land of the Lamas 1891.
Rodd [26] Francis Kennell Rodd, People of the Veil, being an account of the Habits, Organisation and History of the Wandering Tuareg Tribes which inhabit the Mountains of Air or Asben in the Central Sahara 1926.
Róh. [15] Róheim, Killing the Divine King 1915 (Man 13).
Róh. [23] Róheim, Nach dem Tode des Urvaters 1923 (Img 9).
Róh. [30] Geza Róheim, Animism, Magic and the Divine King 1930.
Rohlfs [74¹)—75²)] Gerhard Rohlfs, Quer durch Afrika 1874—75.
Rosc. [11] J. Roscoe, The Baganda 1911.
Rosc. [21] John Roscoe, 25 Years in East Africa 1921.
Rosc. [22] John Roscoe, The Soul of

Central Africa. A general account of the Mackic Ethnological Expedition 1922.
Rosc. [23/a] John Roscoe, The Bakitara 1923.
Rosc. [23/b] John Roscoe, The Banyankole 1923.
Rosc. [23/c] Roscoe, Die Zustände bei den Bakitara und Banyankole Afrikas 1923.
Rosc. [24] John Roscoe, The Bagesu and other Tribes of the Uganda Protectorate 1924.
Rose [10] H. A. Rose, Fictitions Kinship in the Punjab 1910 (Man 10).
Rose [11] Rose, On the Alleged Mother-Right in Early Greece 1911 (F-L 22).
Rose [22] Rose, Legitimation and Adoption in Hindu-Law 1922 (Man 96).
Rsth. [28] Rosthorn, Ursprung der Chinesen 1928 (Ber. d. Forsch.-Inst. f. Osten u. Orient 88).
Rostvzff. [26] Rostovtzeff, The Social and Economic History of the Roman Empire 1926.
Roth Lg. [90] H. Ling Roth, The Aborigines of Tasmania 1890.
Roth W. E. [97] W. E. Roth, Ethnological Studies among the North-West Central Queensland Aborigines 1, 1897.
Roth W. E. [03] W. E. Roth, North Queensland Ethnographic Bulletin 5, 1903.
Roth W. E. [06] W. E. Roth, North Queensland Ethnographic 1906 Bulletin 8.
Roth W. E. [24] W. E. Roth, An Introductory Study of the Arts, Crafts and Customs of the Guiana Indians 1924 (ARBAE 38).
Rouff. [09] Rouffaer, Waar kwamen de radselachtig Moetisalah's (Aggri-kralen) in de Timorgroep oorsprongkelijk van daan? 1909 (BTLVNI 6/6).
Routl. [10] W. S. Routledge, With a prehistoric people (Akikuya) 1910.
Roys [23] Ralph L. Roys, The Ritual of the Chiefs of Yucatan 1923 (AA 25).
Rpp. [1840] Rüppel, Reise in Abessinien 1840.
Russ. [08] Frank Russell, The Pima Indians 1908 (ARBAE 26).
Ruth [20] Ruth, Zeugen und Eideshelfer in den deutschen Rechtsquellen des Mittelalters 1920 (Unters. z. dtsch. Staats- u. Rgesch. 133).
Rütm. [24] L. Rütimeyer, Ur-Ethnographie der Schweiz. Schriften d. Schweizer. Gesellsch. f. Volkskunde 1924.
Rtt. [28] Eldon Rutter, The Holy Cities of Arabia 1928 Vol. 1.
Rys's [01] John Rys's, Celtic Folklore, Welsh and Maux 1901 (F-L 12).
Sach. [97] Ed. Sachau, Muhammedanisches Recht nach schafiitischer Lehre 1897.
Saff. [26] William E. Safford, The Potato of Romance and of Reality 1926 (ARBRSI for 1925, 509ff.).
Salin [26] Salin, Civitas Dei 1926.
Sands. [20] Meredith Sanderson, Relationship among the Wa-Yao 1920. (JRAI 50).
Sands. [22—23] Sanderson, Some Marriage Customs of the Wahenga, Nyassaland 1922—23 (JAS 22).
Sands. [23] Meredith Sanderson, The Relationship Systems of the Wagonde and Wahenga Tribes 1923 (JRAI 53).
Sandv. [83] Olivier de Sanderval, De L'atlantique au Niger par le Foutah-Djallon 1883.
Sapir [16] E. Sapir, Terms of Relationsahip and the Levirate 1916 (AA 18).
Saras. [92] P. u. W. Sarasin, Die Weddas 1892.
Sarf. [19—20] E. Sarfert, Kusae. Ergebnissse d. Südsee Exped. 1908—10 der Hamburg. Wiss. Stiftung 1919—20. I. Bd. 1919; II. Bd. 1920.
Srgt. [24] R. Louisa Sargent, The Size of the Slave Population at Atkens during the fifth and fourth Centuries before Christ 1924 (UIStSS 12/3).
Sav. [26] Saville, In Unknown New-Guinea 1926.
Schad. [15] Schadee, Heirats- und andere Gebräuche bei den Mansela- und Nusawele-Alfuren etc. der Insel Seram 1915 (JAE 22).
Schbst. [21—22] Schebesta, Parak-Institution im Bogia-Distrikt unter den Sepa 1921—22 (Anthr. 16—17).
Schbst. [27] Paul Schebesta, Bei den Urwaldzwergen von Malaya 1927.
Schbst. [28] Paul Schebesta, Orang Utan, bei den Urwaldmenschen Malayas 1928.
Schenk [12] A. Schenk, La Suisse préhistorique 1912.
Scherm. [24] L. Scherman, Brahmanische Siedlungen im buddhistischen Birma 1924 (Asia Major 1).
Schilde [29] Willy Schilde, Ost-westliche Kulturbeziehungen im Sudan 1929 (In Memoriam Karl Weule).

Schilde [30] Willy Schilde, Die afrikanischen Hoheitszeichen 1930 (ZE 1/3).
Schinz [91] Schinz, Deutsch-Südwest-Afrika 1891.
Schlaghf. [10] Otto Schlaginhaufen, Über Siedlungsverhältnisse in Süd-Neu-Mecklenburg 1910 (ZE 42).
Schmidt M. [13] Max Schmidt, Zur Rechtsgeschichte Afrikas aus altholländischen Berichten 1913 (Z. vgl. Rw. 30).
Schmidt M. [16] Max Schmidt, Zur Rechtsgeschichte Afrikas. Aus portugiesischen Berichten 1916 (Z. vgl. Rw. 34).
Schmidt M. [17] Max Schmidt, Die Aruaken 1917.
Schmidt M. [18] Max Schmidt, Zur Rechtsgeschichte Afrikas, aus portugiesischen Quellen 1918 (Z. vgl. Rw. 35).
Schmidt [08] P. W. Schmidt, Die Stellung der Aranda unter den australischen Stämmen 1908 (ZE 40).
Schmidt [09] P. W. Schmidt, Die soziologische und religiösethische Gruppierung der australischen Stämme 1909 (ZE 41).
Schmidt P. W. [15—16] P. W. Schmidt, Totemismus, viehzüchterischer Nomadismus und Mutterrecht 1915—1916 (Anthr. 10—11).
Schmidt P. W. [19—20] P. W. Schmidt, Mutterrecht und Kopfjagd im westlichen Hinterindien 1919—20 (Anthr. 14—15).
Schmidt R. [22] R. Schmidt, Beiträge z. Ind. Erotik 1922.
Schmidt u. K. [24] P. W. Schmidt u. P. W. Koppers, Gesellschaft und Wirtschaft der Völker (I. Teil von „Völker und Kulturen“ in „Der Mensch aller Zeiten, Natur und Kultur der Völker der Erde“ Bd. III) 1924.
Schdr. [24] Schneider, Die Entstehung von Burg- und Landgemeinden in Italien 1924 (Abhandlungen zur mittleren und neuen Geschichte 68).
Schdr. O. [05] O. Schneider, Muschelgeld-Studien 1905.
Schdr. A. [20] Anna Schneider, Die sumerische Tempelstadt 1920 (Staatswissenschaftl. Beiträge 4)
Schfd. [12] Schönfeld, Die Mongolen und ihre Paläste und Gärten im mittleren Gangestale 1912 (ZDMG 66).
Schoof [00] Wilhelm Schoof, Die deutschen Verwandtschaftsnamen 1900. (Zeitschr. f. hochdeutsche Mundarten 1).
Schoolc. [51—55] Henry R. Schoolcraft, Information resp. the History, Condition and Prospects of the Indian Tribes of the United States 1851—55.
Schrd. [04] Schrader, Die Schwiegermutter und der Hagestolz 1904.
Schrd. [05] O. Schrader, Über die Bezeichnung der Heiratsverwandtschaft bei indogermanischen Völkern 1905 (IF 17).
Schrd. [16] O. Schrader, Die Indogermanen 1916.
Schramm [22—23] Schramm, Das Herrscherbild in der Kunst des früheren Mittelalters 1922—23.
Schrck. [59] L. von Schrenck, Reisen und Forschungen im Amur-Lande III 1859.
Schr. [11] Schreuer, Die Thronerhebung des dtsch. u. frz. Königs 1911 (Festschrift f. Otto Gierke).
Schr. [16] Hans Schreuer, Das Recnt der Toten. I. Teil 1916 (Z. vgl. Rw. 33).
Schrieke [28] B. Schrieke, Het Communisme ter Sumatra's Westkust 1928.
Schröder [28] E. E. W. Gs. Schröder, Nias ethnographische, geographische und historische Aanteekeningen en Studien 1928 (AA 30/1).
Schub. [20] W. Schubart, Rom und Ägypten nach dem Gnomon des Idios Logos 1920 (ÄZ 56).
Schulte [00] Schulte, Geschichte des mittelalterlichen Handels und Verkehrs zwischen Westdeutschland und Italien I 1900.
Schlt. [22] Adolf Schulten, Tartessos 1922.
Schulz [19] Schulz, Vom Prinzipat zum Dominat 1919 (Stud. z. Gesch. u. Kult. d. Altert. 9).
Schultze [07] Leonhard Schultze, Aus Namaland und Kalahari 1907.
Sch.-Ew. [24] Erich Schultz-Ewerth, Samoanisches Recht 1924.
Sch.-Ew. [25] E. Schultz-Ewerth, Samoan. R. in d. Eingeb. R. d. ehem. Dtsch. Kolonien 1925.
Schum. [01] Schumacher, Kultur- und Handelsbeziehungen des Mittelrheingebiets und insbesondere Hessens während der Bronzezeit 1901 (Westd. Zeitschr. 20).
Schum. [27, 28] P. P. Schumacher, Expedition des P. P. Schumacher zu den zentralafrikanischen Kion Pygmäen 1927, 1928 (Anthr. 22, 23).
Schurtz [98] Heinrich Schurtz, Grundriß einer Entstehungsgeschichte des Geldes 1898.

Schurtz [00] Heinrich Schurtz, Das afrikanische Gewerbe 1900 (Schr. d. fstl. Jablonowski'schen Ges. 34).
Schurtz [02] H. Schurtz, Altersklassen und Männerbünde 1902.
Schst. [14] P. F. Schuster, Die sozialen Verhältnisse des Banjange-Stammes 1914 (Anthr. 9).
Schwt. [25] G. Schwantes, Das Beil als Scheide zwischen Paläolithikum und Neolithikum 1925 (AfAnthrNF 20).
Schwg. [14] Schweiger, Der Rittus der Beschneidung bei den Zulu 1914 (Anthr 9).
Schwft. [78] G. Schweinfurth, Im Herzen Afrikas 1878 (1. Auflg.).
Schwft. [18] G. Schweinfurth, Im Herzen von Afrika 1918 (2. Auflg.).
Schwft. [26] Schweinfurth, Über wild gesammelte Arten von Reis in Afrika 1926 (Ber. d. dtsch. botan. Ges. 44/3).
Schwenz. [15] W. Schwenzner, Zum altbabylonischen Wirtschaftsleben 1915 (MVAG 19).
Schwenr. [17] Schwenzner, Das geschäftliche Leben im alten Babylonien nach den Verträgen und Briefen dargestellt 1917 (Der alte Orient 16).
Schwdl. [94] E. Schwiedland, Kleingewerbe und Hausindustrie in Österreich 1894.
Seeb. [03] F. Seebohm, On the Early Currencies of the German Tribes 1903 (VSWG 1/2).
Seidl. [94] Seidlitz, Die Abchassen 1894 (Glob. 66).
Seiw. [26] Seiwert, Die Bagielli, ein Pygmäenstamm des Kameruner Urwaldes 1926 (Anthr. 21).
Slgm. C. G. [10] C. G. Seligmann, The Melanesians of British New Guinea 1910.
Slgm. C. G. [11] C. G. Seligmann, The Veddas 1911.
Slgm. B. Z. [17] Brenda Z. Seligman, The relationship systems of the Nandi, Masai and Thonga 1917 (Man 17).
Slgm. B. Z. [21] Brenda Z. Seligman, A note on the Genealogic Method 1921 (Man 21).
Slgm. B. Z. [23] Brenda Z. Seligman, Studies in Semitic Kinship 1923 (BSchOSt. 3/1).
Slgm. B. Z. [24] Brenda Z. Seligman, Marital Gerontocracy in Africa 1924 (JRAI 54).
Slgm. B. Z. [25/a] B. Z. Seligmann, Problems of Social Organisation 1925 (Man 25 Nr. 31 u. 33).
Slgm. [25/b] Seligmann, Social Organization of the Lotuko 1925 (Sudan Notes and Records 8/2).
Slgm. B. Z. [29] Brenda Z. Seligman, Incest und Descent: Their Influence on Social Organization 1929 (JRAI 59).
Senfft [96] Arno Senfft, Die Insel Nauru 1896 (MDSchG 101ff.).
Senfft [03] Ethnographische Beiträge über die Karolinen-Insel Yap 1903 (PM 49).
Senfft [07] Arno Senfft, Die Rechtssitten der Jap-Eingeborenen 1907 (Glob. 91).
Sethe [12] Sethe, Das Fehlen des Begriffs der Blutschande bei den alten Ägyptern 1912 (ÄZ 50).
Sethe [18] Sethe, Zum Inzest des Snefru 1918 (ÄZ 54).
Seuf. [22] Seufert, Urkunden zur staatlichen Neuordnung unter der Han-Dynastie 1922 (MSOSpr. 23/25).
Shirok. [24] Shirokogoroff, Social Organization of the Manchus 1924 (JASN-ChB 3).
Shirok. [26] S. M. Shirokogoroff, Northern Tungus Migrations in the Far East (Goldi and their ethnical affinities) 1926 (JN-Ch-BRAsSoc. 57).
Shl. [25] Ruth Shonle, Peyote, the Giver of Visions 1925 (AA 27).
Siev. [18—19] Sievers, Metrische Studien 1918—19 (Abh. d. phil.-hist. Kl. d. sächs. Akad. d. Wissensch. 35).
Sim. [14] E. H. Simon, Beiträge zur Kenntnis der Riu-Kiu-Inseln 1914.
Sirl. [06/11] Sirelius, Über die primitiven Wohnungen der finnischen und obugrischen Völker 1906—11 (Finnisch-Ugrische Forschg. 6, 8, 9, 11).
Sirl. [16—20/a] U. T. Sirelius, Die Zähmung des Renntieres 1916—20 (JSF-Ou. 33).
Sirl. [16—20/b] Sirelius, Über die Art und Zeit der Zähmung des Rentiers 1916—20 (JSFOu. 35).
Skt. u. Blgd. [06] W. W. Skeat u. Ch. O. Blagden, Pagan Races of the Malay Peninsula 1906.
Sk. [11] Skinner, A Comparative Sketch of the Menomini 1911 (AA 13).
Sk. [12—16] Skinner, Jowa Societies, The Plain Ojibway, Kansa Organizations 1912—16 (APAMNH 2).
Sk. A. [13] Alanson Skinner, Social life

and Ceremonial Bundles of the Menomini Indians 1913 (APAMNH 13).
Sk. A. [15/a] Alanson Skinner, Associations and Ceremonies of the Menomini Indians 1915 (APAMNH 13).
Sk. [15/b] Skinner, Societies of the Jowa, Kausa and Ponca Indians 1915 (APAMNH 11/19).
Sk. H. D. [15/c] H. D. Skinner, The Carving Tools of the Maori 1915 (JPS 24).
Sk. [16] Skinner, Political Organization etc. of the Plains-Ojibway and Plains-Cree Indians 1916 (APAMNH 11).
Smith [80—83] Erminnie A. Smith, Myth's of the Iroquois 1880—83 (ARBAE 2).
Smith E. W. [27] Edwin W. Smith, The Golden Stool 1927.
Smith Ell. [29] Grafton Elliot Smith, The Migrations of Early Culture, a Study of the Significance of the Geographical Distribution of the Practice of Mummification as Evidence of the Migration of Peoples and the Spread of certain Customs and Beliefs (second impression) 1929.
Smith H. J. [25] Harlan J. Smith, Sympathetic Magic and Witchcraft among the Bellacoola 1925 (AA 27).
Smith P. [19] Percy Smith, Aryan and Polynesian Points of Contact (The fatherland of the Polynesians) 1919 (JPS 28).
Smith R. [03] Robertson Smith, Kinship and Marriage in Early Arabia 1903.
Smith u. D. [20] Edwin W. Smith u. Dale, The Ila-Speaking Peoples of Northern Rhodesia 1920.
Smyth [78] R. Brough Smyth, The Aborigines of Victoria with notes relating to the habits of the natives of other parts of Australia and Tasmania 2 vols 1878.
Soerg. [22] W. Soergel, Die Jagd der Vorzeit 1922.
Somlo [09] Felix Somlo, Der Güterverkehr in der Urgesellschaft 1909.
Sommer [21] Sommer, Beschreien und Besprechen b. idg. Urvolk WuS 1921.
Sopp. [87] C. A. Soppitt, A short account of the Kuki-Lushai Tribes on the north-east frontier 1887.
Speck [15/a] F. G. Speck, The Family Hunting Territories and Social Life of Various Algonkian Bands of the Ottawa Valley 1915 (Memoir 70).
Speck [15/b] F. G. Speck, The Family Hunting Band as the Basis of Algonkian Social Organization 1915 (AA 17).
Speck [19] Frank G. Speck, The Functions of Wampum among the Eastern Algonkian 1919 (MAAA 6/1).
Speck [23/a] Frank G. Speck, Mistassini Hunting Territories in the Labrador Peninsula 1923 (AA 25).
Speck [23/b] F. G. Speck, Algonkian Influence upon Iroquois Social Organization 1923 (AA 25/2).
Speck [25] F. G. Speck, Algonkian Influence upon Iroquois Social Organization 1925 (AA 25/2).
Speiser [23] Felix Speiser, Ethnographische Materialien aus den Neuen Hebriden und den Banks-Inseln 1923.
Spenc. [14] Baldwin Spencer, Native Tribes of the Northern Territory of Australia 1914.
Spenc. u. G. [99] Baldwin Spencer u. F. J. Gillen, The Native Tribes of Central Australia 1899.
Spenc. u. G. [04] Spencer u. Gillen, The Northern Tribes of Central Australia 1904.
Spenc. u. G. [12] B. Spencer u. F. J. Gillen Across Australia 2 vols. 1912.
Spenc. u. G. [27] Spencer u. Gillen, The Arunta 1927.
Sprb. [16] Sperber, Die Schreiben Mohammeds an die Stämme Arabiens 1916 (MSOSpr. 19).
Spiegbg. [95] Wilhelm Spiegelberg, Arbeiter und Arbeiterbewegung im Pharaonenreich unter den Ramessiden (ca. 1400—1100 v. Chr.). 1895
Spier [23] Leslie Spier, Southern Diegueño Customs 1923 (UCPAAE 20).
Spier [25] Spier, The Distribution of Kinship systems in North-America 1925 (Univ. of Washington Publications in Anthropology 1/2).
Spiess [05] Spiess, Blicke in das Zauber- und Götterwesen der Anilõer Westafrikas 1905 (MSOSpr. 8).
Spiess [22/a] Carl Spiess, Fünf Abhandlungen zum Kultus der Eweer in Togo 1922 (BA 6).
Spiess [22/b] Carl Spiess, Der Legba-Kult in seinen verschiedenen Formen an der Westafrikanischen Küste 1922 (BA 6).
Spieth [06] Spieth, Die Ewe-Stämme 1906.
Spd. [17] Herbert J. Spinden, Ancient Civilizations of Mexico and Central America 1917 (AMNH Handbook 3).

Sprg. [92] Sprenger, Eine Skizze der Entwicklungsgeschichte des muslimischen Gesetzes 1892 (Z. vgl. Rw. 10).

Stly. [78] Stanley, Through the Dark Continent 1878.

Stly. [85] Stanley, The Congo 1885.

Stnn. [15] Hugh Stannus, Africa, East. Pre-Bantu Occupants of East Africa 1915 (Man 15).

Stnn. u. D. [13] Stannus u. Davey, The Initiation Ceremony for Boys among the Yao of Nyassaland 1913 (JRAI 43).

Stck. [88] Starcke, Die primitive Familie 1888.

Stasch. [17] F. Staschewski, Die Banjangi 1917 (BABeih. 8).

Stearns [89] Robert E. C. Stearns, Ethno-Conchology: a Study of Primitive Money 1889 (ARBRSI for 1887/II p. 297).

Stby. [17] H. P. Steensby, An Anthropogeographical Study of the Origin of the Eskimo-Culture 1917 (Meddelelser om Gronland 53).

Stef. [13] V. Stefánsson, My Life with the Eskimo 1913.

Stef.-A. [19] W. Steffánsson-Anderson, Arctic Expedition 1919 (APAMNH 14).

Steinen [86] Karl von den Steinen, Durch Central-Brasilien. Expedition zur Erforschung des Schingu 1886.

Steinen [94] Karl von den Steinen, Unter den Naturvölkern Zentral-Brasiliens 1894, 1. Aufl.

Steinen [97] Karl von den Steinen, Unter den Naturvölkern Zentral-Brasiliens 1897, 2. Aufl.

Stnm. [01] Steinmetz, L'Ethnologie et l'anthropologie criminelle. Travaux du 5 me Congrès d'Anthropologie Criminelle 1901.

Stnm. [03] S. R. Steinmetz, Rechtsverhältnisse von eingeborenen Völkern in Afrika und Ozeanien 1903.

Stnm. [28] S. R. Steinmetz, Ethnologische Studien zur ersten Entwicklung der Strafe 1928.

Sten. [91] P. von Stenin, Das Gewohnheitsrecht der Samojeden 1891 (Glob. 60).

Stbg. [05] Sternberg, The Gilyak 1905.

Stbg. [11] Theodor Sternberg, Der Geist des chinesischen Vermögensrechtes 1911 (Z. vgl. Rw. 26).

Stbg. [12] Sternberg, The Turano-Ganowánian System and the Nations of N-E Asia 1912 (Internat. Congress of Americanists Proceedings of the 18. Session).

Stssy. [03] Stiassny, Die Pfählung, eine Form der Todesstrafe 1903.

Stit. [25] Stites, Economics of the Iroquois 1925.

Stoll [08] Otto Stoll, Das Geschlechtsleben in der Völkerpsychologie 1908.

Stow [05] G. W. Stow, Native Races of South Africa 1905.

Strehl. [07—20] C. Strehlow, Die Aranda und Loritja-Stämme in Zentral-Australien; bearb. v. M. Frh. v. Leonhardi (Veröffentlichungen des Völker-Museums Frankfurt a. M.) 1907—20.

Stresm. [23] E. Stresemann, Religiöse Gebräuche auf Seran 1923 (TBGKW 62/2).

Strong u. Sch. [25] William Duncan Strong u. W. Egbert Schenk, Petroglyphs near the Dalles of the Columbia River 1925 (AA 27).

Struck [21] Bernhard Struck, Die Kaphottentotten 1921 (AfAnthr.NF 18).

Stüb. [96] Stübel, Samoanische Texte 1896 (Veröffentl. a. d. Mus. f. Völkerk. Berlin 6).

Studer [01] Studer, Die prähistorischen Hunde 1901 (ASchwPalG 28).

Stuhlm. [94] Fr. Stuhlmann, Mit Emin Pascha ins Herz von Afrika 1894.

Stuhlm. [10] Franz Stuhlmann, Handwerk und Industrie in Ostafrika 1910.

Sumn. [01] W. G. Sumner, The Yakuts 1901 (JRAI 31).

Sumn. [06] William Graham Sumner, Folkways, a Study of the Sociological Importance of Usages, Manners, Customs, Mores and Morals 1906.

Swant. [04—05] John R. Swanton, The Thlinkeet 1904/05 (ARBAE 26).

Swant. [08] John R. Swanton, Social Condition Beliefs and Linguistic Relationship of the Tlingit Indians 1908 (ARBAE 26).

Swant. [11] John R. Swanton, Idian Tribes of the Lower Mississippi 1911 (BBAE 43).

Swant. [12] John R. Swanton, A foreword on the Social Organization of the Creek Indians 1912 (AA 14).

Sweet [19] Sweet, Roman Emperor Worship 1919.

Talb. [14—15] Talbot, Woman's Mysteries of a Primitive People 1914—15 (JAS 14).

Taux. [27] L. Tauxier, La religion Bambara 1927.

Teit [00/a] J. Teit, The Thompson Indians of British Columbia 1900 (AMNH 2).

Teit [00/b] J. Teit, Publications of the Yesup North Pacif. Exped. 1900.
Temp. [99] R. C. Temple, Beginnings of Curreney 1899 (JRAI 29).
Tess. [13] Günther Tessmann, Die Pangwe 1913.
Tess. [23] G. Tessmann, Die Bubi auf Fernando Po 1923.
Tess. [28] Günter Teßmann, Menschen ohne Gott. Ein Besuch bei den Indianern des Ucayali 1928.
Thalb. [14] W. Thalbitzer, The Ammassalik Eskimo I 1914.
Thev. [1575] Thevet, La cosmographie universelle II 1575.
Thiln. [20] G. Thilenius, Primitives Geld 1920 (AfAnthr. 18).
Thom. [06/a] N. W. Thomas, Kinship Organisations and Group Marriage in Australia 1906.
Thom. [06/b] N. W. Thomas, Natives of Australia 1906.
Thom. [10/a] N. W. Thomas, Anthrop. Rep. on the Edo-Speaking Peoples of Nigeria 1910.
Thom. [10/b] N. W. Thomas, Pottery-making of the Edospeaking Peoples, South-Nigeria 1910 (Man 10 Nr. 53).
Thom. [10/c] N. W. Thomas, The Incest Tabu 1910 (Man 10).
Thom. [19—20] Thomas, Who were the Manes? 1919—20 (JAS 19).
Thom. [21] N. W. Thomas, Twins in the Yoruba Country 1921 (Man 21).
Thurn [83] E. F. Im Thurn, Among the Indians of Guiana 1883.
T. [01] R. Thurnwald, Staat und Wirtschaft im alten Ägypten 1901 (ZSw. 4).
T. [02] R. Thurnwald, Staat und Wirtschaft im alten Ägypten 1902 (ZSw. 4).
T. [03/04] R. Thurnwald, Staat und Wirtschaft in Babylon zu Hammurabi's Zeit 1903/04 (JbNSt. 26, 27).
T. [09] R. Thurnwald, Reisebericht 1909 (ZE).
T. [10/a] R. Thurnwald, Im Bismarckarchipel und auf den Salomo-Inseln 1906—1909; 1910 (ZE).
T.]10/b] R. Thurnwald, Das Rechtsleben der Eingeborenen der deutschen Südseeinseln, seine geistigen und wirtschaftlichen Grundlagen 1910 (Blvgl.-RwVw. 6).
T. [10/c] R. Thurnwald, Ermittlungen über Eingeborenen Rechte der Südsee 1910 (Z. vgl. Rw. 23).
T. [11] R. Thurnwald, Die Denkart als Wurzel desTotemismus 1911(KDGA 42).
T. [12/a] R. Thurnwald, Stufen der Staatsbildung bei Urzeitvölkern 1912 (Z. vgl. Rw. 25).
T. [12/b] R. Thurnwald, Probleme der ethno-psychologischen Forschung 1912.
T. [12/c] R. Thurnwald, Forschungen auf den Salomo-Inseln und dem Bismarck-Archipel I. Lieder und Sagen; II. Volk, Staat und Wirtschaft 1912.
T. [13] R. Thurnwald, Ethno-psychologische Studien an Südseevölkern 1913 (Beiheft 6 der ZaPs.).
T. [16] R. Thurnwald, Vorstöße nach dem Quellgebiet d. Kais. Augusta Fl. usw. 1916 (MDSch. 29).
T. [17] R. Thurnwald, Vorläufiger Bericht über Forschungen im Innern von Deutsch-Neu-Guinea in den Jahren 1913—15; 1917 (ZE).
T. [19/20] R. Thurnwald, Die Psychologie des Totemismus 1917/18; 1919/20 (Anthr. 12/13 u. 14/15).
T. [20] R. Thurnwald, Sociale Organisation und Verwandtschaftsnamen bei Primitiven 1920 (Z. vgl. Rw. 36).
T. [21/a] R. Thurnwald, Die Gemeinde des Bánaro. Ehe, Verwandtschaft und Gesellschaftsbau eines Stammes im Innern von Neu-Guinea 1921 (auch Z. vgl. Rw. 38, 39).
T. [21/b] R. Thurnwald, Entstehung von Staat und Familie 1921 (BlvglRwVw. 16).
T. [22] R. Thurnwald, Psychologie des primitiven Menschen 1922 (in Handb. f. vgl. Psychologie, hg. v. G. Kafka).
T. [23] R. Thurnwald, Die Gestaltung der Wirtschaftsentwicklung aus ihren Anfängen heraus (in „Erinnerungsgabe für Max Weber — Die Hauptprobleme der Soziologie" hg. v. Palyi) 1923.
T. [24] R. Thurnwald, Zur Kritik der Gesellschaftsbiologie 1924 (AfS 52).
T. [RL] R. Thurnwald, Artikel im Reallexikon der Vorgeschichte, hg. v. Max Ebert 1924—29 (unter Nennung des Stichwortes in Anführungszeichen, z. B. T[RL] „Staat"), „Askese", „Asyl", „Auslese", „Blutrache", „Eid", „Fasten", „Fehde", „Feste", „Feuer", „Fluch", „Fremder", „Freundschaft", „Friedlosigkeit", „Frohnung", „Gastfreundschaft", „Geburt", „Gelübde", „Gewere", „Handschlag", „Hirte",

„Idol", „Jagd", „Kannibalismus", „Kleidung", „König", „Kulturkreis", „Leben", „Mana", „Mark", „Meidung", „Menschenopfer", „Moral", „Nahrung", „Namen", „natürliche Siebung", „Omen", „Opfer". „Orakel", „Primitive Kultur", „primitives Denken", „Rätsel", „Rausch", „Reinigung", „Saturnalien", „Segen", „Siebung", „Siedlung", „Schrift", „Staat", „Tabu", „Technik", „Tobiaszeit", „Totemismus", „Totenkultus", „Vergeltung", „Wette", „Wüstung", „Zauber".

T. [26/a] R. Thurnwald, Führerschaft und Siebung 1926 (ZVS 2).

T. [26/b] R. Thurnwald, Vortrag bei der VI. Tagung der Deutschen und Wiener Anthropologischen Gesellschaft in Salzburg 1926.

T. [26—27] R. Thurnwald, Die Auswirkung der Technik auf das soziale Leben und die Geistesverfassung sowie das Problem des Fortschritts. Tagung der Anthrop. Ges. in Salzburg 1926—27 (MAGW).

T. [27/a] R. Thurnwald, Probleme einer empirischen Soziologie 1927 (ZVS 3/3).

T. [27/b] R. Thurnwald, Das Symbol in ethnologischer Beleuchtung 1927 (ZKÄ 3/4).

T. [27/c] R. Thurnwald, Symbol im Lichte der Völkerkunde 1927 (ZAeKw. 21).

T. [27/d] R. Thurnwald, Die Lüge in der primitiven Kultur 1927.

T. [28/a] R. Thurnwald, Bequemes Denken 1928.

T. [28/b] R. Thurnwald, Ethnologie und Psychoanalyse in „Die Psychoanalyse" 1928.

T. [29] R. Thurnwald, Grundprobleme der vergleichenden Völkerpsychologie 1929 (Z.gesStw. 87/2).

T. [30/a] R. Thurnwald, Die Südseekolonien; papuanisches und melanesisches Gebiet südlich des Äquators einschließlich Neu-Guinea 1930.

T. [30/b] R. Thurnwald, Papuanisches und melanesisches Gebiet südlich des Äquators einschließlich Neuguinea 1930 (Sonderdruck aus „Das Eingeborenenrecht").

Tischl. [87] Tischler, Über Aggry-Perlen und über die Herstellung farbiger Gläser im Altertume 1887 (Schriften der physik.-ökonom. Ges. Königsberg 27).

Tobien [40] E. S. Tobien, Die Blutrache nach altem russischen Recht. Diss. Dorpat 1840.

Todd [13] Todd, The Primitive Family as an Educational Agency 1913.

Tönj. [11] Hermann Tönjes, Ovamboland 1911.

Tord. [25] Emil Torday, On the Trail of the Bushongo 1925.

Tout. [27] J. Toutain, L'Economie Antique 1927.

Trg. [06] Paul Traeger, Die Troglodyten des Matmata (Tunis) 1906 (ZE 38).

Treg. [90] Edw. Tregear, The Maoris of New-Zealand 1890 (JRAI 19).

Treg. [04] Edward Tregear, The Maori Race 1904.

Trem. [12] A. J. N. Tremearne, The Tailed Head-Hunters of Nigeria 1912.

Trem. [13] A. J. N. Tremearne, Hausa Superstitions and Customs 1913.

Trem. [14] A. J. N. Tremearne, The Ban of the Bori 1914.

Trem. [15] A. J. N. Tremearne, Bori Beliefs and Ceremonies 1915 (JRAI 45).

Trenk [10] Trenk, Die Buschleute der Namib 1910 (MDSch. 23).

Trim. [25/a] H. Trimborn, Der Kollektivismus der Inkas in Peru 1925 (Anthropos XX).

Trim. [25/b] Hermann Trimborn, Straftat und Sühne in Alt-Peru 1925 (ZE).

Trim. [27] Hermann Trimborn, Die Gliederung der Stände im Inka Reich 1927 (Journal de la Société des Americanistes de Paris XIX).

Troll. [78] Trollope, South Africa 1878.

Trb. [87] H. C. Trumbull, The Blood Covenant 1887.

Tschud. [85] von Tschudi, Das Lama in seinen Beziehungen zum altgermanischen Volksleben 1885 (ZE 17).

Turn. [61] George Turner, 19 Years in Polynesia 1861.

Turn. [84] George Turner, Samoa a hundred Years ago and long before 1884.

Übsch. [11—13] J. Überschaar, Preußisches und Japanisches Verfassungsrecht 1911—1913 (MDGNVO 14).

Unger [26] E. Unger, Summerisch-Akkadische Kunst 1926.

Unger [27] E. Unger, Assyrische und Babylonische Kunst 1927.

Utješn. [59] Utješenovič, Die Hauskommunion der Südslaven 1859.

Vovbg. [25] Vanoverbergh, Negritos of Northern Luzon 1925 (Anthr. 20).

Vanv. [00] M. O. Vanville, Ronelles en bronze et monnaíes Gaulois décou-

vertes ensemble à Ambleny (Aisne) 1900 (BMSAP 5. sér. 1).
Varges [03] Varges, Der deutsche Handel von der Urzeit bis zur Entstehung des Frankenreichs 1903 (Programm des Realgymnasium Ruhrort).
Vedd. [23] H. Vedder, Die Bergdama 1923.
Velten [03] C. Velten, Sitten und Bräuche der Suaheli 1903.
Vbgg. [21—22] Verbrügge, La vie des pionniers chinois en Mongolie 1921—22 (Anthr. 16—17).
Verr. [29] A. Hyatt Verrill, Old Civilizations of the New World 1929.
Via. u. Bernd. [10] Viaene u. Bernard, Le régime de la propriété chez les Lessa 1910 (Congo Belge, Bubl. Soc. R. Belge de Géogr. 34).
Vierk. [11] A. Vierkandt, Die Anfänge der Verfassung und Verwaltung in Kultur der Gegenwart 1911.
Vierk. [22] Vierkandt, Die genossenschaftl. Gemeinwesen der Naturvölker 1922 (Festschrift f. Ed. Seler).
Vinogd. [20] Paul Vinogradoff, Outlines of Historical Jurisprudence I 1920.
Vs. [65] Auguste Vinson, Voyage à Madagascar au couronnement de Radama II 1865.
Vlvs. [24] B. Vlavianos, Zur Lehre von der Blutrache 1924.
Vogel [23] Werner Vogel, Die hist. Grundl. d. chines. Strafrechts 1923 (Z. vgl. Rw. 40).
Voigt [02] Voigt, Die röm. Klassifikation von jus divinum und humanum 1902 (Ber. ü. d. Verhandl. d. sächs. Ges. d. Wiss. Bd. 54).
Voigt [20] Andreas Voigt, Theorie des Geldverkehrs 1920 (ZSw. II).
Volk. [00] M. Th. Volkov, Une nouvelle découverte monétaire à Kiev 1900 (BMSAP 5. sér. 1).
Vdheyd. [27] M. Vonderheyden, La Berbérie Orientale Sous la dynastie des Benou'l-Arlab 800—909; 1927.
Vrm. [15—16] Vormann, Die Initiationsfeiern der Jünglinge und Mädchen bei den Monumbo-Papua, Dtsch.-Neu-Guinea 1915—16 (Anthr. 10—11).
Vrm. [17—18] P. F. Vormann, Über das tägliche Leben der Papua 1917/18 (Anthr. 12/13).
Wagm. [23] Ernst Wagemann, Allgemeine Geldlehre 1923.
Wahle [24] Ernst Wahle, Vorgeschichte des deutschen Volkes 1924.
Waitz-G. [64] Waitz-Gerland, Anthropologie der Naturvölker 1864.
Wll. [18] W. D. Wallis, Indo- Germanic relationshipterms as historical evidence 1918 (AA 20).
Wandr. [27] C. Wandres, Tiernamen in der Nama- und Bergdama-Sprache etymologisch erläutert. 1927 Festschrift Meinhof).
Wang [13] Ching dao Wang, Die Staatsidee des Konfuzius und ihre Beziehung zur konstitutionellen Verfassung 1913 (MSO-Spr. 16).
Wrtt. [27] Warnotte, Les origines sociologiques de l'obligation contractuelle 1927.
Watm. [25] T. T. Waterman, Village Sites in Tolowa and Neighboring Areas of Nortwestern California 1925 (AA 27).
Webst. [08] H. Webster, Primitive Secret Societies 1908.
Webst. [11] Hutton Webster, Secret Associations in Australia and Melanesia 1911 (JRAI 41).
Webst. [16] Hutton Webster, Rest Days, a Study in Early Law and Morality 1916.
Webst. [24] Hutton Webster, Secret Societies and Subversive movements 1924.
Wd. [05] Wedell, Das Sachen- u. Vertragsrecht und d. polit. Organ. der Suaheli 1905 (Z. vgl. Rw. 18).
Weeks [14] Weeks, 30 Jahre am Kongo 1914.
Wellh. [97] J. Wellhausen, Reste arabischen Heidentums 1897.
Werner [06] H. Werner, Anthropologische, ethnologische und ethnographische Beobachtungen über die Heikum- und Kung-Buschleute 1906 (ZE 38).
Werner [15] A. Werner, Africa, East. Some Galla Notes 1915 (Man 15).
Wesn. [89] M. R. Wesnitsch, Die Blutrache bei den Südslaven 1889 (Z. vgl. Rw. 8).
West [80] West, Sacred Books of the East V 1880.
West [82] E. W. West, Pahlavi Texts. II. The Dâdistâni-Dînîk 1882 (Sacred Books of the East 18).
West u. B. [84] West u. Bühler, Digest of Hindu Law 1884.
Westm. [12] Westermann, The Shilluk People 1912.
Westm. [21] Diedrich Westermann, Die Kpelle 1921.
Westm. [19] W. L. Westermann, The Development of the Irrigation System of Egypt. 1919 (Classical Philology 14).

Westmck. [01] E. Westermarck, The History of Human Marriage 1901.
Westmck. [08] E. Westermarck, The Origin and Development of Moral Ideas 1908.
Westmck. [14] Edward Westermarck, Marriage Ceremonies in Morocco 1914.
Weule [12] K. Weule, Die Urgesellschaft und ihre Lebensfürsorge 1912.
Weule [16] Karl Weule, Der Krieg in den Tiefen der Menschheit 1916.
Wheel. [10] C. G. Wheeler, The Tribe and Intertribal Relations in Australia 1910.
Whyte [10] G. D. Whyte, The Incest Tabu 1910 (Man 10 Nr. 54).
Wied [1820][1]) [1821][2]) M. von Wied, Reise nach Brasilien in den Jahren 1815 bis 1817. 1820—21.
Wied-N. [32—34; 39—41] M. Wied-Neuwied, Reise in das Innere Nord-Amerikas 2. Bde. 1832—34, 1839—41.
Wiers. E. D. Wiersma, Körperbau verschiedener Rassen und Konstitutionen 1929 (ZaPs 33/1—3).
Wieth-K. [24] Wieth-Knudsen, Feminismen 1924.
Wikld. [18] K. B. Wiklund, Om Renskotselns Uppkomst (Ymer) 1918.
Wikm. [20] K. Rob. V. Wikman, Die Magie des Webens 1920 (AAAH 1).
Wilda [1842] W. E. Wilda, Das Strafrecht der Germanen 1842.
Wlk. [83] Wilken, Het strafr. bij de volken van het malai. ras. 1883.
Will. [20] Williams, Soc. Skandinavia in the Viking Age 1920.
Will. [23] F. E. Williams, The Pairama Ceremony in the Puari Delta, Papua 1923 (JRAI 53).
Will. [24] Williams, The Social and Political Systems of Central Polynesia 1924.
Willms. [12] Williamson, The Mafulu 1912.
Willms. [24] Robert W. Williamson, The Social and Political Systems of Central Polynesia 1924.
Willghb. [09] Willoughby, Notes on the Initiation Ceremonies of the Beewana 1909 (JRAI 39).
Willghb. [23] W. C. Willoughby, Race Problems in the New Africa 1923.
Wls. [22] Wilson, Ancient Drains, Maori Drains, North Aukland 1922 (JPS 31).
Wls. [24] Gilbert L. Wilson, The Horse and the Dog in Hidatsa Culture 1924 (APAMNH 15/2).
Wilk. [03] Paul Wilutzki, Vorgeschichte des Rechts 1903.
Wing [21] van Wing, Etudes Bakongo 1921 Histoire et Sociologie.
Winth. [28] Joseph Winthuis, Das Zweigeschlechterwesen 1928 (FVS 5).
Wirz [22/a] Paul Wirz, Die religiösen Vorstellungen in den Mythen der Marind-anim von Holländ.-S.-Neu-Guinea 1922.
Wirz [22/b] Paul Wirz, Die Marind-anim I 1922.
Wirz [24] Paul Wirz, Anthropologische und Ethnologische Ergebnisse der Central Neu-Guinea Expedition 1921—22; 1924 (N-G 16/1).
Wirz [25] Paul Wirz, Die Marind-anim von Holländisch-Süd-Neu-Guinea 2/3 1925.
Wissl. [13] Wissler, Societies and Dance Associations of the Blackfoot Indians 1913 (APAMNH 11/14).
Wissl. [22] Clark Wissler, The American Indian 1922.
Wssm. [88] Wolf von Wissmann, Im Innern Afrikas 1888.
Witte [19—20] Witte, Beiträge zur Ethnographie von Togo 1919—20 (Anthr. 14 und 15).
Wln. [03] Wlainatz, Die agrar-rechtlichen Verhältnisse des mittelalterlichen Serbien. 1903.
Zahn [12] H. Zahn, Die Jabim 1912 (in Neuhauß: Dtsch.-Neu-Guinea III).
Zahn [14] Heinrich Zahn, Erzählungen und Sagen der Yabim I 1914 (BA 4).
Zahn [23] Walter Zahn, Aus dem Eheleben der Arussi-Galla in Abessinien 1923 (AfAnthrNF 19).
Zech [04] Graf Zech, Land und Leute an der Nordwestgrenze von Togo 1904 (MDSch. 17).
Zeller [23] Moritz Zeller, Die Knabenweihen 1923.
Zeltn. [14] Fr. de Zeltner, Les Tonareg du Sud 1914 (JRAI 44).
Zimm. [22] Zimmermann, Lateinische Kinderworte als Verwandtschaftsbezeichnungen 1922 (KZ 50).
Zintgff. [95] E. Zintgraff, Nord-Kamerun 1895.
Zorč. [97] Milovan Zoričič, Die bäuerlichen Hauskommunionen in den Königreichen Kroatien und Slavonien. Arbeiten des 8. Internat. Kongresses für Hygiene und Demographie in Budapest 1894; 1897.

A.A. = American Anthropologist.
A.A.A.H. = Acta Academiae Aboensis, Humaniora.

A.C.I.A. = Atti del Congresso Internaz. degli Americanisti, Roma.
A.f.Anthr. = Archiv für Anthropologie.
A.f.ges.P. = Archiv für die ges. Psychologie.
Afr. = Africa (London).
A.f.R.G.-B. = Archiv für Rassen- und Gesellschaftsbiologie.
A.f.S. = Archiv für Sozialwissenschaft.
A.G.Ak. = Abhandlungen aus dem Gebiet der Auslandskunde.
A.M. = Asia Major.
A.M.N.H. = American Museum of Natural History, Handbook Series.
An.Phil. = Annalen der Philosophie (F. Meiner, Leipzig).
Anthr. = Anthropos.
Anthrop.-Bibl. = Anthropol. Bibliothek.
A.P.A.M.N.H. = Anthropological Papers of the American Museum of Natural History, New York.
A.R.B.A.E. = Annal Report of the Bureau of American Ethnology (Smithsonian Institution), Washington.
A.R.B.E. Annual Report of the Burean of Ethnology, Washington.
A.R.B.R.S.I. = Annual Report of the Board of Regents of the Smithsonian Institution, Washington.
A.R.G.B. = Archiv für Rassen- und Gesellschafts-Biologie München.
A.R.N.W.-T.C. = Annual Report on the N.W. Tribes of Canada.
A.Schw.Pal.G. = Abh. d. schweiz. paläontolog. Ges.
Ä.Z. = Zeitschrift für Ägyptische Sprache und Altertumskunde.
B.A. = Baeßler Archiv Berlin.
B.B.A.E. = Bulletin of the Bureau of American Ethnology (Smithsonian Institution), Washington.
B.F.E.-O. = Bulletin de l'école Française d'extrême-orient.
B.F.M.S.A.U.P. = Bulletin of the Free Museum of Science and Arts of the Univ. of Pennsylvania.
Bl.vgl.Rw.Vw. = Blätter der Internationalen Vereinigung für vergleichende Rechtswissenschaft und Volkswirtschaftslehre.
B.M.S.A.P. = Bulletins et Mémoires de la Société d'Anthropologie de Paris.
B.S.A.P. = Bulletin de la Société d'Anthropologie de Paris.
B.Sch.O.St. = Bulletin of the School Oriental Studies.

B.T.L.V.N.I. = Bijdragen tot de taal-, land- en volkenkunde van Nederlandsch-Indie.
C.I.A. = Congrès International des Americanistes.
Class.Phil. = Classical Philology, Chicago.
D.G.B. = Deutsche Geographische Blätter.
E.J. = The Economic Journal.
Ethn.Notbl. = Ethnologisches Notizblatt.
F.L. = Folk-Lore London.
F.V.S. = Forschungen zur Völkerpsychologie und Soziologie, Leipzig.
Glob. = Globus.
G.Z. = Geographische Zeitschrift.
H.H.Mus. = Handbook Horniman Museum.
I.A.E. = Internationales Archiv für Ethnographie, Leiden.
I.F. = Indogermanische Forschungen.
I.J.E. = Indian Journal of Economics.
Img. = Imago.
I.S.Kf. = Institut for Sammenlignende Kulturforskning, Oslo.
J.Am.F.-L. = Journal Amer. Folk-Lore.
J.A.S. = Journal of the African Society.
J.A.S.B.B. = Journal Asiatic Soc., Bengal Branch.
J.A.S.N.-Ch.B. = Journal Asiatic Soc., N-China Branch.
Jb.N.St. = Jahrbücher für Nationalökonomie und Statistik.
J.N.-Ch.-B.R.As.Soc. = Journal of the North-China-Branch of the Royal Asiatic Society (Shanghai).
J.N.P.E. = Jesup North Pacific Expedition.
J.P.S. = Journal of the Polynesian Society.
J.R.A.J.=JournalRoyalAnthropologicalInstitut for Great Britain and Ireland, London.
J.R.P. Journal Relig. Psychologie.
J.R.S.N.S.W. = Journal Royal Society of New-South-Wales, Sydney.
J.S.A.P. = Journal de la Société des Américanistes de Paris.
J.S.F.Ou. = Journal de la Société Finno-Ougrienne.
J.U.S.I.I. = Journal of the United Service Institution of India.
Kbl.Gv.dt.G.A.V. = Korrespondenzblatt des Gesamtvereins der deutschen Geschichts- und Altertumsvereine, Berlin.
K.D.G.A. = Korrespondenzblatt der deutschen Gesellschaft für Anthropologie, Ethnologie und Urgeschichte.
M.A.A.A. = Memoirs of the American Anthropological Association, Lancaster, Pa.
M.A.G.W. = Mitteilungen der anthropologischen Gesellschaft in Wien.

M.A.M.N.H. = Memoirs of the American Museum of Natural History, New York.
M.D.G.N.V.O. = Mitteilungen der dtsch. Ges. f. Nat. u. Völkerk. Ostasiens.
M.D.Sch. = Mitt. a. d. dtsch. Schutzgeb.
M.G. = Mitteilungen über Grönland.
M.M. = Mensch en Maatschapij.
M.S.O.Spr. = Mitteil. Sem. orient. Sprachen.
M.V.A.G. = Mitt. Vorderasiatisch. Gesellsch.
M.Vw.St. = Münchener Volkswirtschaftliche Studien.
N.-G. = Nova-Guinea. Uitkomsten der Nieuw-Guinea-Expedities onder Redaktie van L. F. Beaufort en A. A. Pulle en L. Rutten. Leiden.
N.G.M. = National Geographical Magazine.
N.K.W. = Nachrichten über Kaiser Wilhelms Land und den Bismarck-Archipel; hg. von der Neu-Guinea Compagnie zu Berlin.
N.Z.D.M.B. = New Zealand Dominion Museum Bulletin.
O.L.Z. = Orientalistische Literatur-Zeitung.
O.R. = Ostasiatische Rundschau.
P.A.S.S. = Publications of the American Sociological Society.
P.M. = Dr. A. Petermann's Mitteilungen aus Justus Perthes Geographischer Anstalt, Gotha.
R.B.E.W. = Report Bureau of Ethnology, Washington.
R.E.T.P. = Revue d'Ethnographie et des Traditions populaires, Paris.
R.I.S. = Revue de l'Institut de Sociologie (Instituts Solvay — Université libre de Bruxelles).
R.L.Vg. = Reallexikon der Vorgeschichte, hg. v. Max Ebert 1924—29.
Sb.pr.Ak.Wiss.ph.-h. = Sitzungsberichte der preußischen Akademie der Wissenschaften, phil.-hist. Kl.
Sc. = Scientia.
St.F.I.L.-I.V.-E.E. = Staatliche Forschungsinstitute in Leipzig — Institut für Völkerkunde-, Ethnographie und Ethnologie, Leipzig.
St.M.St.R. = Studi e Materiali di Storia delle Religioni, Roma.
T.B.G.K.W. = Tijdschrift van het Batav. Genootsch. van Kunsten en Wetenschapen.
T.N.Aa.Gen. = Tijdschrift van het Kon. Nederlandsch Aardrijkskundig Genootschap, Leiden.
T.N.Z.I. = Transactions of the New-Zealand Institute.
T.R.S.S.A. = Transactions of the Royal Society of South Australia.
T.T.L.V. = Tijdschr. v. ind. Taal-, Land-, en Volkenkunde.
U.C.P.A.A.E. = University of California Publications in American Archaeology and Ethnology.
U.C.T.P.S.A.L.L. = University of Cape Town Publications of the School of African Life and Language (Cambridge Univ. Press).
U.I.St.S.S. = Univ. Illinois Studies in Social Sciences.
V.S.W.G. = Vierteljahrsschrift für Sozial- und Wirtschaftsgeschichte.
W. u. S. = Wörter und Sachen.
Ymer. = Ymer, Tidskrift utgiven av Svenska Sällskapet for Antropologi och Geografi.
Z.Ae.Kw. = Zeitschrift für Aesthetik und allgemeine Kunstwissenschaft.
Z.a.Ps. = Zeitschrift für angewandte Psychologie.
Z.C.Ph. = Zeitschrift für celtische Philologie.
Z.E. = Zeitschrift für Ethnologie, Berlin.
Z.E.Spr. = Zeitschrift für Eingeborenen Sprachen.
Z.f.Rg. = Zeitschrift für Rechtsgeschichte.
Z.ges.Stw. = Zeitschrift für die gesamte Staatswissenschaft, Tübingen.
Z.K. = Zeitschrift für Kulturgeschichte.
Z.K.Ä. = Zeitschrift für Kunstgeschichte und Ästhetik.
Z.Sav.Stft.Rg. = Zeitschrift der Savigny-Stiftung für Rechtsgeschichte.
ZSw. = Zeitschrift für Sozialwissenschaften.
Z.vgl.Rw. = Zeitschrift für vergleichende Rechtswissenschaft.
Z.V.S. = Zeitschrift für Völkerpsychologie und Soziologie, Berlin.

REGISTER

Deutsche Volkskunde

Handwörterbuch des deutschen Aberglaubens. Herausgegeben unter besonderer Mitwirkung von E. Hoffmann-Krayer und Mitarbeit zahlreicher Fachgenossen von Hanns Bächtold-Stäubli. Lexikonformat.
Band I: *Aal—Butzemann.* LXXI, 1764 Spalten. 1927/1928. Subskriptionspreis RM 44.— in Halbleder geb. 52.—
Band II: *C—Frautragen.* 1778 Spalten. 1930. Subskriptionspreis RM 45.—, in Halbleder geb. 53.—
(Handwörterbuch zur deutschen Volkskunde, herausgegeben vom Verband deutscher Vereine für Volkskunde, Abteilung I.)

Handwörterbuch des deutschen Märchens. Herausgegeben unter besonderer Mitwirkung von Johannes Bolte und Mitarbeit zahlreicher Fachgenossen von Lutz Mackensen. Lexikonformat.
1. Band. Lieferung I: *Abend—Amor.* VIII, 64 Seiten. 1931. Subskriptionspreis RM 5.—
(Handwörterbuch zur deutschen Volkskunde, herausgegeben vom Verband deutscher Vereine für Volkskunde, Abteilung II.)
Lieferung II: *Amor—Aulnoy.* Seite 65—144. 1931. Subskriptionspreis RM 5.—

Die Eingeweide. Lebens- und Seelenkräfte des Leibesinnern im deutschen Glauben und Brauch. Von Ernst Bargheer. Groß-Oktav. XV, 443 Seiten. Mit 8 Tafeln und 8 Abbildungen im Text. 1931. RM 28.—, in Leinen 30.—

Das Feuer im deutschen Glauben und Brauch. Von Herbert Freudenthal. Groß-Oktav. XL, 571 Seiten. Mit 11 Tafeln und 15 Textabbildungen. 1931. RM 38.—. in Leinen 40.—

Quellen zur deutschen Volkskunde. Herausgegeben von Dr. V. von Geramb, Privatdozent an der Universität Graz, und Dr. L. Mackensen, Privatdozent an der Universität Greifswald.
Erstes Heft: Arabische Berichte von Gesandten an germanische Fürstenhöfe aus dem 9. und 10. Jahrhundert. Ins Deutsche übertragen und mit Fußnoten versehen von Dr. Georg Jacob, o. Professor an der Universität Kiel. Groß-Oktav. V, 51 Seiten. 1927. RM 4.—
Zweites Heft: Die Knaffl-Handschrift, eine obersteierische Volkskunde vom Jahre 1813. Herausgegeben von Viktor von Geramb. Mit 4 einfarbigen und 4 mehrfarbigen Tafeln. 173 Seiten. 1928. RM 24 —
Drittes Heft: Volkskundliches aus Strafprozessen der österreichischen Alpenländer mit besonderer Berücksichtigung der Zauberei- und Hexenprozesse 1445 bis 1850. Herausgegegeben von Fritz Byloff. 68 Seiten. 1929. RM 8.—
Viertes Heft: Das Zerbster Passionsspiel 1507. Von Willm Reupke. VI, 65 Seiten. 1930. RM 6.—

Deutsche Volkskunde, insbesondere zum Gebrauch der Volksschullehrer. Im Auftrage des Verbandes deutscher Vereine für Volkskunde herausgegeben von John Meier. Oktav. IV, 344 Seilen. 1926. RM 10.—, in Leinen 12.—

Lehrproben zur Deutschen Volkskunde. Im Auftrage des Verbandes deutscher Vereine für Volkskunde hrsg. von John Meier. Oktav. 136 Seiten. 1928. RM 3.60, kart. 4.—

Deutsche Volkskunde im außerdeutschen Osten. Vier Vorträge von G. Brandsch, G. Jungbauer, V. Schirmunski, E. von Schwartz. Groß-Oktav. IV, 81 Seiten. 1930. RM 5.—

Jahrbuch für Volksliedforschung. Im Auftrage des Deutschen Volksliedarchivs mit Unterstützung von H. Mersmann, H. Schewe und E. Seemann herausgegeben von John Meier. I. Jahrg. 1928. RM 14.—, geb. 16.—. II. Jahrg. 1930. RM 14.—, geb. 16.—

Volkskundliche Bibliographie. Im Auftrage des Verbandes deutscher Vereine für Volkskunde herausgegeben von E. Hoffmann-Krayer. Oktav.
Für das Jahr 1917. XV, 108 Seiten. 1919. RM 2.—
Für das Jahr 1918. V, 126 Seiten. 1920. RM 2.—
Für das Jahr 1919. XVI, 142 Seiten. 1922. RM 2.—
Für das Jahr 1920. 212 Seiten. 1924. RM 6.—
Für die Jahre 1921 und 1922. XXVII, 414 Seiten. 1927. RM 18.—
Für die Jahre 1923 und 1924. XXXIII, 492 Seiten. 1929. RM 24.—

Zeitschrift für Volkskunde. Im Auftrage des Verbandes deutscher Vereine für Volkskunde mit Unterstützung von Johannes Bolte herausgegeben von Fritz Boehm. Lexikon-Oktav. Jährlich 3 Hefte im Umfang von etwa 7 Bogen. 1930. RM 18.—

FSC
www.fsc.org
MIX
Papier | Fördert
gute Waldnutzung
FSC® C083411

Kolibri 360 GmbH
Ferdinand-Jühlke-Straße 7
99095 Erfurt, Deutschland
produktsicherheit@kolibri360.de